美国的外交历程：
奥巴马政府时期大事纵览

AMERICAN DIPLOMACY:
AN OVERVIEW OF THE EVENTS OF THE
OBAMA ADMINISTRATION

李晓岗 ◎ 编

中国社会科学出版社

图书在版编目(CIP)数据

美国的外交历程：奥巴马政府时期大事纵览／李晓岗编 .—北京：
中国社会科学出版社，2017.4
　ISBN 978-7-5203-0416-0

　Ⅰ.①美…　Ⅱ.①李…　Ⅲ.①美国对外政策-研究-2009—2017
Ⅳ.①D871.20

　中国版本图书馆 CIP 数据核字（2017）第 094540 号

出　版　人	赵剑英
责任编辑	任　明
责任校对	韩天炜
责任印制	李寡寡

出　　　版	中国社会科学出版社
社　　　址	北京鼓楼西大街甲 158 号
邮　　　编	100720
网　　　址	http://www.csspw.cn
发 行 部	010-84083685
门 市 部	010-84029450
经　　　销	新华书店及其他书店

印刷装订	北京市兴怀印刷厂
版　　　次	2017 年 4 月第 1 版
印　　　次	2017 年 4 月第 1 次印刷

开　　　本	710×1000　1/16
印　　　张	31.25
插　　　页	2
字　　　数	523 千字
定　　　价	110.00 元

序　言

　　李晓岗同志所编的《美国的外交历程——奥巴马政府时期大事纵览》一书依照时间顺序，以翔实而准确的事实记录了奥巴马执政八年美国外交政策的发展轨迹，全面展示了这一时期美国对外关系的全貌。本书既全面翔实，又重点突出，对于头绪万千的美国外交进行了认真筛选。本书重点着墨于美国重大外交和国防安全事件的记述，又涉猎对外经贸关系，尽可能不遗漏任何美国对外关系的重大事件。不仅如此，本书重点突出白宫、国务院、国防部、财政部等主要涉外部门的工作。在涉外官员的级别上，本书定位以助理国务卿或助理部长层级以上官员的活动为主。而资料来源上，则以美国官方发布的消息为主，辅以《纽约时报》《华盛顿邮报》等重要媒体的新闻报道。为了使翻译准确到位，尤其是在编撰涉华的美国对外事件时，李晓岗还经常阅读中国政府网、外交部网站等正式发布的消息及新华社的报道，以便尽可能准确而权威。无论是从事件的筛选、用词的准确，还是翻译的到位，该书都充分展现了编撰者扎实良好的专业学术功底。

　　自 2009 年以来，李晓岗同志依照美国所美国外交室主任袁征研究员的安排，着手编撰美国外交大事记。在编撰过程中，李晓岗同志还应邀为美国研究所内部发行的《美国战略研究简报》和公开发行的《美国蓝皮书》提供简版的美国外交大事记。这本 50 万字的美国外交大事记正是李晓岗同志耗时八年多编撰出版的一项基础性成果，可谓"八年磨一剑"。为了准确翔实地编撰美国外交大事，李晓岗同志每天都花费大量时间和精力，访问、浏览美国白宫、国务院、国防部、财政部以及《纽约时报》《华盛顿邮报》等主要媒体网站，搜集、筛选和编译与美国外交相关的重大事件。毫无疑问，这本书对于研究奥巴马政府时期的美国外交政策具有重要的参考价值。

　　在奥巴马任内，国际格局发生了巨大的变化，美国面临的挑战远比想象得更为严峻，迫使奥巴马对美国的外交方略进行调整。金融危机来袭，西方发达国家复苏步伐不一，出现分化。新兴大国日益崛起，并在改变国际政治经济格局。大国战略博弈多维度展开，新一轮综合国力竞争更趋明显。非传统安全挑战的形势日趋严峻，全球治理机制明显滞后，大国合作倍显重要。全球化和一体化趋势发展迅猛，地区力量日益整合，各国、各地区之间相互依赖日益加深。奥巴马不得不面对美国实力相对下降的客观现实，实际操作过程中的实用主义色彩颇为浓厚，于是就出现了一个有趣的现象：奥巴马政府的对外政策中，理想主义的目标和现实主义的手法交织在一起，旨在转变外交理念，整合各种力量，维护美国的"世界领导权"。而"奥巴马主义"的出台正是在国际格局发生深刻变化、美国实力相对下降态势下的必然反映。

从奥巴马政府的外交理念和实际行动中我们可以看到，"奥巴马主义"的根本目标就是要保持美国的全球领导地位，继续有效地发挥领导作用。无论是理想主义的情怀，还是现实主义的手法，奥巴马都难以摆脱其历史局限性。自上台伊始，奥巴马就在不同场合强调美国的领导作用。2014 年 5 月，奥巴马在西点军校的讲演中明确表示，美国要继续领导世界 100 年，"我最基本的观点是：美国必须一如既往在世界舞台上发挥领导作用"。奥巴马政府奉行"巧实力"的理念，以此来推进美国对外战略。"奥巴马主义"强调秩序和规则，重视国际机制，着力推进美式民主与人权。"奥巴马主义"强调危机管控，慎用武力，注重外交手段，辅以经济制裁等多种手段来逼迫对手让步。奥巴马政府重视国际合作，侧重多边主义框架下解决问题，强调多元伙伴关系，让盟国和伙伴承担更多的责任和义务。相对于小布什政府，奥巴马政府更加重视联合国等国际机制的作用。与此同时，加强与盟友和伙伴的协商与合作，减少单边主义行为，既有助于改善美国的国际形象，也有助于减轻维持美国霸权的重负，这在美国实力相对下降的情势下就显得尤为重要。"奥巴马主义"主张与"敌对国家"进行对话和谈判以达成妥协。这尤其表现在奥巴马政府处理伊核问题和美古关系上。

作为首位黑人总统，年轻气盛的奥巴马有着强烈的使命感，颇为看重八年执政下来所留下的外交遗产，因此在一些重要问题上用力颇深。这包括：结束伊拉克、阿富汗两场战争、美国全球战略收缩、亚太再平衡战略、伊核协议、跨太平洋合作伙伴关系（TPP）、"跨大西洋贸易与投资伙伴关系协定"（TTIP）、气候变暖及美缅关系、美古关系改善等。而奥巴马指挥美军特种部队击毙基地组织领袖本·拉登也是美国反恐行动大书特书的一笔。毫无疑问，这些都将作为奥巴马的外交遗产写入历史教科书。

　　这里还需要特别指出的是，李晓岗同志编写的《美国的外交历程——奥巴马政府时期大事纵览》一书是中国社会科学院登峰计划优势学科项目资助出版的一项成果。自 1981 年美国研究所建立以来，美国外交就一直是我所研究的重点之一，也是我所最具影响力的学科。美国外交学科曾经涌现出数位国内外著名的学者，推出过一批优秀的成果，曾在国内学术界产生不小的反响。目前，美国外交研究室科研力量配置相对均衡，分工明确，主要领域都有专人跟踪和研究。大家在各自的领域辛勤耕耘，出版学术专著，发表高质量的学术论文。美国外交研究室科研人员还承担并完成了多项中国社会科学院重大或重点课题的研究工作，并完成中央多个部门委托的内部课题，时常参加有关部委的内部座谈会。2017 年初，中国社会科学院实施登峰计划，美国外交学科被推荐成为优势学科项目，获得特别资助。借此机会，我对李晓岗同志这本书的付梓表示衷心祝贺，也希望美国研究所的科研人员再接再厉，攀登高峰，奉献给读者更多优秀的科研成果来。

　　是为序。

郑秉文

中国社会科学院美国研究所所长

2017 年 6 月

目　录

上编　奥巴马第一任期

一　2009 年

1月20日　巴拉克·侯赛因·奥巴马宣誓就任美国第44任总统。在就职演说中，奥巴马称，美国"将开始以负责任的方式把伊拉克移交给伊拉克人民，并在阿富汗巩固来之不易的和平。我们将与多年的朋友和昔日的对手一道不懈地努力，减轻核威胁，以扭转全球变暖的厄运。我们不会在价值观念上退缩，也不会动摇捍卫它的决心"。

1月21日　美国参议院批准希拉里·克林顿任国务卿。

1月22日　美国总统奥巴马签署行政命令，调整美国国家安全政策，其主要内容包括：在一年内关闭关塔那摩监狱、重新评估现行审判恐怖犯罪嫌疑人的制度以及禁止对恐怖犯罪嫌疑人使用酷刑等。

美国总统奥巴马与国务卿希拉里·克林顿共同宣布任命前联邦参议员乔治·米切尔为总统中东事务特使，前美国驻联合国大使理查德·霍尔布鲁克为驻阿富汗和巴基斯坦总统特别代表。

1月23日　美国国务卿希拉里·克林顿向国际开发署员工发表讲话，称"我深信在增进美国国家安全方面，发展确实与国防和外交同等重要"。

1月26日　美国总统奥巴马的中东特使米切尔启程前往中东地区，访问埃及、以色列、约旦河西岸巴勒斯坦自治区和约旦，就巴以争端等问题与中东地区国家领导人举行会谈。

1月30日　中国国家主席胡锦涛同美国总统奥巴马通电话，就中美关系、国际金融危机、朝鲜半岛核问题、伊朗核问题等交换意见。

2月3日　英国外交大臣米利班德和德国外长施泰因迈尔同时到访美国，并分别与美国国务卿希拉里·克林顿举行会谈。希拉里提出应把阿富汗、伊朗和中东问题以及防止核扩散和反恐列为美国和北约盟国共同应对的重大挑战。

吉尔吉斯斯坦总统巴基耶夫在访问莫斯科期间宣布，吉政府决定关闭美国设在吉境内的马纳斯空军基地。

2月6日 美国副总统拜登率团出席慕尼黑安全政策会议，并在会上发表奥巴马政府首个对外政策讲话。他表示，美国将增加与外部世界的"接触"、"倾听"和"磋商"，同时希望美国的盟友在国际事务上做得更多。关于美俄关系，拜登说，现在是"重启"与俄罗斯关系的时候。尽管美俄之间仍存在分歧，但双方应该协力战胜塔利班和"基地"组织。关于伊朗核问题，拜登说，美国愿意与伊朗就核问题直接对话。但他同时警告，伊朗如果不放弃核武器计划以及支持恐怖主义，将会面对"压力和孤立"。拜登表示，美国将"在技术和成本可行的前提下"，继续在东欧部署反导系统计划，以对付来自伊朗的威胁。美国愿意与北约盟友和俄罗斯就此问题进行协商。

2月10日 美国铱卫星公司的"铱33"卫星与俄罗斯已报废的"宇宙2251"军用卫星在西伯利亚上空约790公里处相撞，这是太空中首次发生完整的在轨卫星相撞事件。

2月13日 美国国务卿希拉里·克林顿在亚洲协会发表演讲，首次在公开场合就美国的亚洲政策进行全面阐述。希拉里称美国不能单独解决世界问题，而世界没有美国也不能解决问题。"鉴于当今国际现实，我们的外交政策不能再仅仅是逐个针对各个国家或仅仅是将世界分成各个地区。通过明智的实力，我们将谋求建立能超越地域和政治疆界的伙伴合作关系"。希拉里表示，美国同中国保持一种积极的合作关系无论是对亚太地区还是对全球的和平与繁荣都是至关重要的。

2月16日 美国国务卿希拉里·克林顿访问日本。访日期间，先后会见日本外相中曾根弘文、防卫相滨田靖一、首相麻生太郎，讨论强化美日关系、金融和经济问题、气候变化、中东局势等问题，并签署驻冲绳美海军陆战队移驻关岛协定。此次亚洲之行是希拉里出任奥巴马政府国务卿以来首次外交出访。希拉里在日本表示，之所以首访亚洲，是因为在解决21世纪面对的问题时，美国和太平洋地区的良好关系"不可或缺"。她还表示，强化美日同盟，可以解决许多美国无法单独解决的问题。

2月18日 美国国务卿希拉里·克林顿访问印度尼西亚。访问期间，希拉里分别会见印度尼西亚总统苏西洛和外长维拉尤达，讨论发展和气候变化等问题。希拉里积极评价印度尼西亚在维护伊斯兰教派和谐、民主和妇女权利方面的努力。她还赞赏印度尼西亚支持举行控制气候变化影响国际会议的立场。希拉里表示，美国可能向印度尼西亚提供资金方面的援助。希拉里在会见东盟秘书长素林时表示，美国将启动与东盟签署《东南亚友好合作条约》进程，以与东盟建立更为紧密的联系。

2月19日 美国国务卿希拉里·克林顿访问韩国。访问期间，分别会见韩国外长柳明桓、总理韩升洙、总统李明博，讨论美韩关系、朝核问题、韩美自由贸易协定以及阿富汗重建等国际和地区问题。

美国总统奥巴马访问加拿大，这是他就任后的首次出访。奥巴马与加拿大总理哈珀讨论了北美自由贸易协定、环境、能源等问题。

2月20日 美国国务卿希拉里·克林顿访问中国。访问期间，分别会见中国国家主席胡锦涛、国务院总理温家宝、国务委员戴秉国、外交部长杨洁篪，讨论双边关系、朝核问题、金融危机、气候变化、能源等问题。希拉里表示，中美两国关系已经建立了牢固的基础，美方希望继续扩大中美之间的合作。

2月21日 美国司法部支持布什政府的立场，裁决关押在阿富汗拜格拉姆空军基地的恐怖嫌犯无权通过美国法院提出上诉。

2月24日 美国总统奥巴马在白宫会见到访的日本首相麻生太郎，就国际金融危机、朝核问题、阿富汗安全与重建等议题协调立场。这是自奥巴马就任美国总统以来，麻生太郎对美国进行的首次访问。麻生太郎也是奥巴马首次在白宫接待的外国领导人。

2月25日 美国国务院公布《2008年度各国人权报告》，再次对包括中国在内的世界190多个国家和地区的人权状况进行指责。声称中国"政府的人权记录仍然恶劣，在某些领域出现恶化。在本年度内，政府加剧了对藏族地区和新疆维吾尔自治区少数民族的严厉文化和宗教压制，增加了对异议人士和请愿者的拘押和骚扰，并继续严格控制言论自由和互联网"。

2月27日 美国总统奥巴马在位于北卡罗来纳州的勒琼军营发表演讲，宣布美国对伊拉克的新战略。作为新战略的第一部分，在2010年8月31日前，美国从伊拉克撤离大部分军队，结束作战任务，留下3.5万—5万兵力，负责支持伊拉克政府及其安全部队的军事行动。然后，在2011年底前撤回全部剩余部队。新战略的第二部分是继续通过外交、政治和发展手段，帮助伊拉克实现"和平"和"富强"。新战略的第三部分是美国与中东地区国家展开全面接触，包括伊朗和叙利亚在内，与该地区"朋友"和"伙伴"建立一个新框架，改善伊拉克和中东地区的安全形势。奥巴马还正式任命资深外交官、曾长期担任朝核问题六方会谈美国代表团团长的克里斯托弗·希尔出任美国驻伊拉克大使。

3月1日　美国国务卿希拉里·克林顿开始出访中东与欧洲，行程包括埃及、以色列、巴勒斯坦、比利时、瑞士和土耳其。

美国国务卿希拉里·克林顿抵达埃及红海城市沙姆沙伊赫，开始了上任后对中东地区的首次访问。

3月2日　美国国务卿希拉里·克林顿在沙姆沙伊赫会见埃及总统穆巴拉克，随后双方在沙姆沙伊赫出席加沙重建捐助方会议。希拉里在会上表示，美国新政府将致力于解决巴勒斯坦与以色列之间的争端并努力推动中东和平进程向前发展。中东和平进程不能"再遭受挫折或被延误"。希拉里宣布美国为加沙地带和约旦河西岸提供9亿美元人道主义和发展援助。

美国国务卿希拉里·克林顿访问以色列。访问期间，希拉里分别会晤以色列总统佩雷斯、总理奥尔默特、候任总理内塔尼亚胡、国防部长巴拉克以及外交部部长利夫尼等高层政府官员。会谈围绕加沙地带人道主义局势、以色列与巴勒斯坦伊斯兰抵抗运动（哈马斯）停火协议的制订、伊朗核问题等。这是希拉里就任国务卿以来首次访问以色列。希拉里强调，美国致力于实现"两国解决方案"，结束以巴冲突。

3月3日　美国总统奥巴马在白宫和英国首相布朗举行会晤。布朗是奥巴马就任美国总统后第一位造访白宫的欧洲国家领导人，双方讨论了金融危机、阿富汗问题、伊拉克问题等。

3月4日　美国总统奥巴马发表声明，将对津巴布韦制裁延长一年。该制裁措施已经自2003年3月6日起，分别在2005年11月22日和2008年7月25日延期。凡受到制裁的外国公司和个人，其在美国的一切资产都将被冻结，同时也禁止美国企业和个人与受制裁的外国公司和个人进行商业往来。

"五常加一"（P5+1，中国、法国、俄罗斯、英国和美国5个联合国安理会常任理事国和德国）的代表在维也纳对伊朗核项目的进展表示严重关注。6国发表声明指出："我们仍坚持致力于全面外交解决方案，其中包括直接对话，敦促伊朗抓住这个时机与我们进行接触，最大限度地利用各种机会通过谈判向前推进。"

美国国务卿希拉里·克林顿在约旦河西岸城市拉姆安拉会晤巴勒斯坦民族权力机构主席阿巴斯和外长法耶兹。

3月5日　美国国务卿希拉里·克林顿在布鲁塞尔出席北约外长非正式会议，讨论是否恢复与俄罗斯的正式接触以及阿富汗问题。希拉里在会上表示，北约与俄罗斯的对话应求同存异，不应在双方存在重大分歧的问题上"停止与俄对话"，因为对话有助于缓和紧张关系、有利于问题的解决。北约同意恢复与俄罗斯正式对话对双方均有好处，北约与俄在防扩散、军备控制、打击海盗和反恐等方面"能够而且必须合作"。

北约秘书长夏侯雅伯宣布，北约成员国外长在当天的会议上同意与俄罗斯恢复正式接触，北约与俄罗斯部长级磋商将在4月初的北约峰会后尽快举行。

3月6日　美国国务卿希拉里·克林顿在日内瓦会见瑞士外长卡尔米·雷伊，讨论双边关系和瑞银集团事件。双方同意避免瑞银集团事件升级，因为它关系到美瑞两国的共同利益。瑞银集团在美国有3万雇员，其中大部分在纽约。

美国国务卿希拉里·克林顿在日内瓦会见俄罗斯外长拉夫罗夫，这是美国奥巴马政府上台后美俄外长首次面对面会商。希拉里表示，这是美俄双边关系的一个新开端。不但是一个"改善双边关系的开端"，也是两国"在世界重要问题上发挥领导作用的开端"。双方还就通过谈判在年底前达成一项新的削减战略武器条约达成一致。

3月8日　美国国务卿希拉里·克林顿在安卡拉会见土耳其总理埃尔多安，双方讨论了伊拉克局势和阿富汗战争。希拉里宣布，奥巴马将在一个月之内对土耳其进行正式访问。希拉里赞扬土耳其在叙利亚与以色列的间接谈判中所起的作用。

3月9日　美韩军队在韩国开始举行"关键决心"联合军事演习。演习规模"史无前例"，参演美军官兵达到2.6万人，其中包括宙斯盾舰、核动力攻击潜艇和从本土调集来的核动力航母。演习期间还举行了代号为"秃鹫"的美韩联合野外机动军事演习。

3月10日　美国总统奥巴马在白宫与联合国秘书长潘基文会谈。这是奥巴马宣誓就职后与潘基文的首次会谈。双方就全球金融危机、环境气候变化、苏丹、阿富汗及中东局势、裁军与防止核武扩散、人权、联合国改革以及美国与联合国的关系等议题，广泛交换意见。

美国副总统拜登在布鲁塞尔北约总部参加北大西洋理事会会议并发表讲话。拜登说，美国政府正对其阿富汗政策进行全方位战略评估，将充分考虑北约盟友的意见和关切。这一评估过程将在4月初的北约峰会前完成。为稳定阿富汗局势制定共同的全面对策关系到美国及北约盟国的共同"重大安全利益"。美国和北约盟友在阿富汗的目标并不是"长期留在阿富汗"，而是在可以将一支能够保家卫国的阿富汗军队交给阿富汗人民后转身离开。

3月11日　中国外交部长杨洁篪在华盛顿与美国国务卿希拉里·克林顿举行会谈。双方一致认为，应对金融危机是中美今后一个时期的合作重点，双方应继续加强宏观经济政策的对话与协调，共同反对各种形式的保护主义，深化经贸与投资合作，为稳定国际金融形势、推进国际金融体系和机构改革、促进世界经济早日复苏发挥应有作用。双方就建立"中美战略与经济对话"机制的具体安排进行了协商，并达成共识。双方就伦敦金融峰会协调了立场，表示愿继续共同努力，推动峰会取得积极成果。

3月12日　美国总统奥巴马在白宫会见中国外交部长杨洁篪。美国副总统拜登、国务卿希拉里·克林顿、总统国家安全事务助理琼斯会见时在座。奥巴马表示，美中两国都负有重要的国际责任，美国积极致力于同中国发展更强有力的关系，共同应对各种全球性问题和挑战。当前，美中两国应加强合作，共同应对国际金融危机。美中加强能源、环保、气候变化等领域合作对两国、对世界都有利。美国反对贸易保护主义，将继续保持本国市场开放。双方还就朝鲜半岛局势、苏丹达尔富尔局势、南亚局势等交换了意见。关于美国海军监测船日前在中国专属经济区活动一事，杨洁篪重申了中方原则立场。

美国总统奥巴马致信国会称，伊朗政府的政策和行动对美国的安全与利益依然构成严重威胁，为此美国对伊朗的制裁将延长1年。

3月14日　美国总统奥巴马在华盛顿与到访的巴西总统卢拉举行非正式的周末会晤。卢拉是奥巴马就职后第一位访问美国的拉美国家领导人。双方讨论了应对国际金融危机、反对贸易保护主义、促进生物能源合作等问题。

3月17日　美国总统奥巴马在白宫会见爱尔兰总理科恩。

3月18日　美国总统奥巴马任命退役空军少将斯科特·格拉逊为苏丹事务特使。

美联储宣布再购买最高达7500亿美元的抵押贷款支持证券和最高达1000亿美元的机构债券，同时在未来6个月购买3000亿美元的长期国债，由此扩大了第一轮量化宽松政策的规模。

　　3月19日　美国国会众议院议长南希·佩洛西在国会大厦会见由全国人大外事委员会主任委员李肇星率领的中国全国人大代表团。双方积极评价了中国全国人大和美国国会之间的交往与合作对两国关系发展的重要作用，一致同意继续坚持和发展双方业已建立的定期交流机制。双方还就能源和气候变化等共同关心的问题交换了意见。

　　3月20日　美国总统奥巴马和副总统拜登在华盛顿会见苏联前领导人戈尔巴乔夫。美国白宫发言人吉布斯在新闻发布会上说，事先只是安排副总统拜登在白宫会见戈尔巴乔夫，并没有安排奥巴马与戈尔巴乔夫会见。当记者追问吉布斯此前为何不将这次会见通告媒体时，他说："总统经常在白宫里闲逛，有时就走进事先并没有安排他参加的会议。"拜登与戈尔巴乔夫会见的议题主要涉及美俄两国合作削减核武器问题。

　　美国国务院副发言人伍德在新闻发布会上说，美国谴责马达加斯加反对派领导人拉乔利纳迫使拉瓦卢马纳纳辞职而他自己掌握总统权力的过程，认为"这一系列事件相当于一次政变"。为此，美国将中止向马达加斯加提供一切非人道主义援助。

　　3月21日　美国总统奥巴马发表声明，对法国总统萨科齐作出的法国全面重返北约的决定表示欢迎，称此举将使美国及其跨大西洋伙伴得以进行更有效的合作，应对共同面临的安全挑战。

　　3月23日　美国副国务卿詹姆斯·斯坦伯格在布鲁金斯学会发表讲话时指出，奥巴马政府寻求在与印度签订的具有里程碑意义的核合作协议的基础上继续实现美印关系的历史性转变。

　　3月24日　美国国会众议院通过所谓纪念《与台湾关系法》30周年的决议案。

　　3月25日　美国总统奥巴马在白宫与到访的澳大利亚总理陆克文举行会晤，双方重申了两国的同盟伙伴关系，并就当前的世界经济形势、阿富汗局势、气候变化问题以及亚太局势等进行了讨论。这也是奥巴马与陆克文之间进行的首次面对面的会谈。

　　美国总统奥巴马在白宫会见到访的北约秘书长夏侯雅伯，讨论即将召开的北约峰会、与俄罗斯关系等问题。

　　美国国务卿希拉里·克林顿访问墨西哥，讨论美墨就"梅里达倡议"

（Mérida Initiative）开展合作问题。

3月27日　美国总统奥巴马在白宫宣布一项针对阿富汗和巴基斯坦的全面新战略，以打击"基地"恐怖组织，确保美国不再遭受恐怖袭击。根据这项新战略，除了之前宣布的向阿富汗增加1.7万人的作战部队的决定，美国还会在春末前再向阿增派大约4000人的兵力，以便将军事行动重点转向训练阿安全部队和扩大阿军队方面。他同时说，由于"基地"组织在巴阿边境地带活动，阿富汗的未来与巴基斯坦关系密切，因此美国需要将其对巴基斯坦的军事援助集中在军备和训练方面，以增强巴方打击恐怖分子的能力。与此同时，美国也将与国际组织合作，帮助巴基斯坦缓解经济危机。他呼吁国会在今后5年内每年向巴基斯坦提供15亿美元直接援助金，用于基础设施建设和边境经济发展。奥巴马说，美国寻求与巴基斯坦建立建设性外交关系，缓解双方紧张关系。奥巴马说，美国将与阿富汗和巴基斯坦建立常设的三边对话机制，加强在巴阿边境地带的情报共享和军事合作，应对贸易、能源和经济发展等共同关心的问题。

美国副总统拜登开始访问智利和哥斯达黎加，出席在智利比尼亚德尔玛举行的"进步治理峰会"，出席会议的还有阿根廷、巴西、智利、乌拉圭、英国、挪威等国领导人。

3月31日　美国国务卿希拉里·克林顿出席在海牙举行的"阿富汗问题国际会议"。希拉里在会上表示，没有阿富汗周边邻国的积极参与，阿富汗问题将难以解决。阿富汗的毒品、暴力、经济停滞、水资源管理、供电等问题都是地区性的挑战，需要地区性的解决方案。联合国负有协调地区努力的主要责任，美国将协助联合国履行这一责任。希拉里还呼吁国际社会支持北约主导的阿富汗行动。北约盟国应继续向阿富汗增加兵力和资金，加大培训阿富汗警察和军队的力度，在打击恐怖主义方面加强地区合作。美国政府支持阿政府与塔利班温和派的谈判。

4月1日　美国总统奥巴马在伦敦会见英国首相布朗。奥巴马强调，他与布朗都认为，金融危机是全球性的，因此需要"全球解决方案"。二十国集团的立场分歧"被大大地夸大了"。他来与会不仅要阐明美方立场，而且也是"来倾听"其他国家声音的。他表示相信，与会各方能够求同存异，最终"达成广泛的一致"。

美国总统奥巴马在伦敦会见俄罗斯总统梅德韦杰夫。美俄领导人在发表的联合声明中说，双方同意以一项新的、具有法律约束力的协议取代《削减和限制进攻性战略武器条约》，进而对两国进攻性战略军备逐步进行"新的和可验证的削减"。两国领导人承诺，将指示相关人员立即就起草新的协议进行谈判。

美国总统奥巴马在伦敦会见中国国家主席胡锦涛。胡锦涛表示，总统先生就职以来，在双方共同努力下，中美关系取得良好开局。当前，国际形势正处在复杂而深刻的变化之中，国际金融危机继续蔓延和深化，各种全球性挑战明显增多。中美无论是在应对国际金融危机冲击、推动恢复世界经济增长方面，还是在处理国际和地区热点问题、维护世界和平与安全方面，都拥有更加广泛的共同利益。当前中美关系正站在新的起点上，面临重要发展机遇。两国应该而且能够携手努力，共同建设 21 世纪积极合作全面的中美关系。胡锦涛指出，新时期中美关系应该具有以下特点。第一，应该是积极的关系。虽然两国社会制度、历史背景、文化传统、发展阶段不同，但双方都应该以积极的眼光看待对方，用积极的行动推进各领域对话和合作。第二，应该是合作的关系。双方应该携手应对 21 世纪人类社会面临的各种复杂棘手的挑战和问题，实现互利合作、共同发展。第三，应该是全面的关系。双方不仅应该深化经济、反恐、防扩散、执法、能源、气候变化、科技、教育、文化、卫生等领域交流合作，推动两军交往，还要加强在国际和地区事务以及全球性问题上的沟通和协调，不断充实两国关系战略内涵。胡锦涛强调，一个良好的中美关系不仅符合两国和两国人民根本利益，而且有利于促进亚太地区乃至世界的和平、稳定、繁荣。中方愿同美方一道，坚持从战略高度和长远角度出发，加强对话和交流，增进互信和合作，相互尊重和照顾彼此核心利益，妥善处理分歧和敏感问题。中美双方决定建立中美战略与经济对话机制，是推动新时期中美关系发展的重大举措。相信在双方国家元首特别代表的共同努力下，中美战略与经济对话一定会取得积极成果。奥巴马表示，美中关系是世界上最重要的双边关系。中国作为一个大国在令人瞩目地向前发展。美中两国不仅有着非常紧密的经济关系，而且在重大国际和地区问题上有着许多共同利益。很高兴双方建立了战略与经济对话机制，希望通过加强接触和对话，在双方关心的重大问题上取得进展。美方对两国关系在现有坚实基础上继续向前发展的前景感到乐观，赞同使两国关系变得更加积极、合作、全面。双方要相互尊重彼此核心利益，妥善处理分歧，使两国关系不断向前发展。两国元首一致同意建立中美战略与经济对话机制。王岐山副总理和戴秉国国务委员将作为中国国家元首特别代表分别负责经济对话和战略对话。希拉里·克林顿国务卿和蒂莫西·盖特纳财政部长将作为美国国家元首特别代表分别负责战略对话和经济对话。双方将于 2009 年夏季在华盛顿举行首轮对话。同时，双方将继续通过中美商贸联委会机制，促进两国经贸领域互利合作。两国元首同意进一步深化广泛领域的互利合作，加强能源、环境以及气候变化领域的政策对话和务实合作，恢复和扩大防扩散和其他安全问题磋商。两国元首对两国立法机构、地方、学术、青年等社会各界交往继续扩大表示欢迎，同意早日恢复人权对话。两国元首表示将致力于发展两军关系，推动两军关系继续改善和发展。关于应对国际金融危机，胡锦涛指出，当前，国际金融危机仍在蔓延和深化，给各国经济发展和人民生活带来严重影响。共同应对这场国际金融危机已成为国际社会面临的首要任务。中方欢迎美方采取的经济刺激计划，衷心希望这些措施能尽快见效，恢复金融市场稳定和经济增长。这场国际金融危机发生以来，中美两国进行了有效的协调和合作。我们愿同美方继续加强宏观经济政策协调，扩大经贸投资合作，推进国际金融体系改革，加强金融监管，共同维护国际金融稳定，积极推动恢复世界经济增长。奥巴马表示，美中两国经济关系非常强劲有力，给两国都带来好处，双方要在此基础上继续推进经贸合作。国际金融危机发生后，中国推出规模巨大的经济刺激计划，美国也推出振兴经济计划。希望二十国集团成员国都能采取经济刺激措施，以使世界经济恢复增长。同时要增加国际金融机构资源，加强金融监管，改革国际金融机构。美中两国还应该从长远角度讨论如何推动世界经济增长和发展。两国元首强调，中美作为两个主要经济体，将同各国一道努力推动世界经济恢复强劲增长，稳定国际金融体系，避免再度发生如此重大的危机。两国元首认为，中美两国采取的财政刺激措施已起到促进全球经济稳定的作用。两国元首一致认为，强有力的金融体系对于恢复经济增长至关重要，同意增加国际金融机构资源，以帮助新兴市场国家和发展中国家应对资金短缺，两国将同有关各方为此作出努力。双方一致表示坚定支持惠及各方的全球贸易和投资流动，承诺抵制保护主义，维护健康稳定的中美贸易关系。胡锦涛指出，尊重和照顾彼此核心利益，是确保中美关系健康稳定发展的关键。台湾问题是中美关系中最重要、最敏感的核心问题。当前，台海局势继续缓和改善，两岸关系步入和平发展轨道。无论台海局势如何变化，我们都坚定不移地坚持一个中国原则，坚决反对"台独"、反对"一中一台"和"两个中国"。

中方赞赏美方多次重申支持一个中国政策、遵守中美三个联合公报、反对"台独"，反对台湾加入仅限主权国家参加的国际组织。希望美方恪守承诺，妥善处理台湾问题，支持两岸关系和平发展。西藏自古以来就是中国领土不可分割的一部分。中国在西藏实行民族区域自治制度，依法保护公民的人权和宗教信仰自由，致力于保护西藏优秀传统文化。希望美方恪守西藏是中国领土不可分割的一部分、反对"西藏独立"的承诺，充分理解并尊重中方立场。奥巴马表示，美国政府坚定承诺奉行一个中国政策，坚持中美三个联合公报，这一立场不会变化。美方欢迎并支持两岸改善关系，并希望取得更大进展。西藏是中国领土的一部分，美国不支持"西藏独立"。两国元首同意保持密切沟通和协调，共同推动解决冲突，减缓引发地区和全球不稳定的紧张因素，包括共同促进朝鲜半岛核问题、伊朗核问题、苏丹人道主义援助、南亚局势等问题的妥善解决。胡锦涛邀请奥巴马于2009年下半年访华，奥巴马愉快接受了邀请。

4月2日　美国总统奥巴马出席二十国集团伦敦金融峰会。与会领导人着重就加强宏观经济政策协调、稳定国际金融市场以及推动国际金融体系改革等问题交换意见。二十国集团领导人还共同承诺反对保护主义，并致力于帮助发展中国家克服危机。与会领导人就国际货币基金组织（IMF）增资和加强金融监管等全球携手应对金融经济危机议题达成多项共识。

美国总统奥巴马在伦敦会见印度总理辛格，讨论双边关系等问题。

美国总统奥巴马在伦敦会见韩国总统李明博，双方讨论了半岛局势等问题。

美国总统奥巴马在伦敦会见沙特国王阿卜杜拉，双方讨论了中东局势等问题。

4月3日　美国总统奥巴马在斯特拉斯堡参加由法国和德国青年学生参加的"青年论坛"并发表演讲。奥巴马说，他的首次欧洲之行是为了修复美欧关系。奥巴马承认，美欧关系在过去几年迷失了方向。欧洲对美国批评太多，而美国也没有认识到欧洲可以在许多领域发挥领导作用。"这个星期我到欧洲来，是想恢复我们的伙伴关系。在这种关系中，美国应该仔细倾听我们的朋友和盟友的意见，并向他们学习，而我们的朋友和盟友和我们应分担责任。"美欧关系固然受到伊拉克战争的影响，但欧洲应该认识到，美欧双方当前仍面临"基地"组织的威胁。反恐、大规模杀伤性武器扩散、气候变化、经济危机等均需要美欧乃至全世界携手合作。

　　美国总统奥巴马在斯特拉斯堡会见法国总统萨科齐，讨论双边及美欧关系。奥巴马表示，法国是美国在世界上的第一个和最古老的盟友，并对萨科齐的领导能力加以赞扬。

　　共同参加北约60周年纪念峰会的美国总统奥巴马和德国总理默克尔在德国西部城市巴登-巴登举行双边会谈。双方就北约的角色与责任、北约在阿富汗的任务、北约新任秘书长人选、全球金融危机等问题交换了意见。这是奥巴马就任美国总统后对德国的首次正式访问。在会谈中，默克尔称赞美国的阿富汗新政策符合德国"安全网络"理念。她表示，德国在阿富汗不仅在军事方面，而且在民事重建和训练阿警察部队等问题上承担着"巨大责任"。此外，默克尔呼吁北约各国同意丹麦首相拉斯穆森担任新任北约秘书长。奥巴马表示，北约的角色与地位必须符合应对21世纪挑战的需要，建设共同的安全体系对德国也是机会。美国无意要求德国政府增加在阿富汗的军事投入，也不谋求北约在巴基斯坦驻军。奥巴马表示，美德关系是最重要的双边关系之一，两国的领导角色具有决定性意义。

　　4月4日　为期2天的北约峰会在法国东部城市斯特拉斯堡落下帷幕，会议决定任命丹麦首相拉斯穆森为下一任北约秘书长。峰会决定北约在阿富汗实施新战略，帮助阿富汗培养和建立自己的军事与安全力量，支持阿富汗经济发展。此外，与会各国还同意制定北约新战略构想，明确北约"在新世纪的方向"，有关文件将交由下次北约峰会批准通过。北约希望与俄罗斯建立"具有建设性的"关系。

　　4月5日　美国总统奥巴马在欧盟轮值主席国捷克首都布拉格出席欧盟—美国峰会，和欧盟27个成员国的领导人以及欧盟委员会主席巴罗佐、欧盟负责外交和安全政策的高级代表索拉纳和欧洲议会议长珀特林等官员讨论改善欧美关系、加强在阿富汗问题以及伊朗核问题上的合作，并协调在气候变化问题上的立场。

　　美国总统奥巴马在布拉格与捷克总统克劳斯举行会谈。

　　美国总统奥巴马在捷克首都布拉格发表演讲，重点阐述美国新政府在核安全问题上的立场。他说，美国有"道德义务"在核安全上采取行动，在削减核武库问题上起领导作用。美国政府将致力于建立一个无核武器世界，奥巴马许诺美国将做表率，但他指出核武器对美国安全必不可少，此生可能无法实现无核化目标。奥巴马说，美国政府将为实现无核世界这一长远目标而采取一系列"具体步骤",并将在一年内主持召开一个关于世界核安全的全球首脑会议。他说,首先要减少核武器在美国国家安全战略中的作用,并呼吁其他核大国效仿;2009年年内与俄罗斯完成大幅度削减美俄核武器的谈判;力争美国国会批准《全面禁止核试验条约》。另外,美国还将寻求达成一个可核查的终止核武器用可裂变材料的国际新条约。但奥巴马同时表示,只要世界上有核武器存在,美国就将保留一个安全和有效的核武库保持威慑。关于伊朗核问题,奥巴马说,伊朗对核武器和远程导弹的研发是对美国及其盟国的现实威胁,如果伊朗不做出让步,美国将继续推进在波兰和捷克部署导弹防御系统。

美国总统奥巴马就朝鲜实施发射活动发表声明说,美方将继续致力于通过六方会谈解决朝核问题。声明称,朝鲜当天发射的是"大浦洞-2"型导弹,这"违反了联合国安理会1718号决议"。声明还呼吁朝鲜避免采取进一步的行动。奥巴马表示,美国将立即与日本和韩国等盟国以及联合国安理会成员国磋商,将朝鲜发射导弹一事提交安理会讨论。

美国总统奥巴马抵达土耳其访问。期间,会见土耳其总统居尔和总理埃尔多安,在土耳其议会发表演讲。土耳其是奥巴马上任后访问的第一个伊斯兰国家。奥巴马表示:"美国与穆斯林世界的关系不能,也将不会仅仅基于反对'基地'组织的基础之上。我们探讨的是更为广泛的关系,是基于相互之间的利益和尊重。"美国政府支持以巴"两国方案",并将依照中东和平"路线图"以及2007年安纳波利斯会议制定的有关决议推动以巴和平进程。

中国外交部长杨洁篪与美国国务卿希拉里·克林顿通电话,就朝鲜宣布发射试验通信卫星事件等交换意见。

4月7日 美国总统奥巴马在事先未宣布的情况下突然飞抵巴格达,对伊拉克进行访问。这是奥巴马上任后首次访问伊拉克。访问中,奥巴马再次强调美国将按时从伊拉克撤军。

4月13日 美国总统奥巴马宣布一系列放宽对古巴限制的措施,其中包括解除对美国公民前往古巴探亲及向其在古巴亲属汇款的限制。

联合国安理会一致通过一份主席声明,谴责朝鲜发射活动,并要求朝鲜不再进行进一步的发射活动。

4月15日 美国财政部向国会递交"国际经济和货币政策的报告"。这是盖特纳就任财政部长以来财政部首次向国会递交这样的报告。报告集中对目前的金融危机在经济、金融和汇率方面对美国以及全球经济造成的影响进行了评估，同时也对在美国的国际贸易中占80%的21个经济体为恢复增长以及获得金融稳定所采取的政策措施进行了审核。报告中表示，没有证据表明有任何国家在2008年下半年非法操纵了其货币。

4月16日　美国总统奥巴马开始对墨西哥进行为期两天的访问，这是他首次作为总统访问拉美。奥巴马在墨西哥城与墨总统卡尔德隆举行会谈，双方主要讨论了打击毒品走私和非法移民问题。奥巴马说，美国必须提供更多的援助，协助墨西哥打击毒品犯罪。在墨西哥政府"奋勇"地打击祸及美墨两国的毒品团伙时，美国绝对必须担任"完全伙伴"的角色。

美国国务卿希拉里·克林顿开始访问海地、多米尼加以及特立尼达和多巴哥（陪同奥巴马）的行程。

4月16日　美国司法部发布关于中央情报局提高审讯"基地"组织嫌犯技术的四项备忘录。

4月17日　美国总统奥巴马赴特立尼达和多巴哥首都西班牙港参加第五届美洲国家首脑会议。奥巴马在开幕式上发表讲话说，美国寻求与古巴关系的"新开端"，但美古关系性质的改变不会"在一夜之间完成"。他承诺开启与其他美洲国家建立平等伙伴关系的"新时代"。

4月18日　美国国务卿希拉里·克林顿在圣多明各会见多米尼加总统费尔南德斯。在随后的记者会上，希拉里表示，美国之前奉行的对古巴政策已经"失败"，美国愿意同古巴进行对话。希拉里说："我们感觉（美国的对古巴）政策已经失败，我们将继续寻找更具建设性的方法推动双边关系向前发展。"

4月19日　美国总统奥巴马在特立尼达和多巴哥首都西班牙港与中美洲一体化体系8个成员国领导人举行会谈。双方就世界经济危机、贸易、移民和地区安全等问题交换了意见。奥巴马表示，美国与中美洲国家之间关系历史悠久，美国希望成为该地区国家"真正的伙伴"，共同面对移民、毒品等问题。

4月20日　美国总统奥巴马视察中央情报局（CIA）总部，表示中情局工作人员致力于保护美国的国家安全，他也将同样保护他们。他说："不要因为我们承认我们可能犯过一些错误而感到气馁。这样我们才能得到教训。不过我们愿意承认错误并继续工作这一事实才是我为什么以作为美国总统为荣的原因，也是你们以为中情局工作为荣的理由。"奥巴马还表示美国人民理解并赞赏中情局工作人员为保护美国而做出的工作和牺牲，并强调说中情局的成功往往是秘密的，而他们的失败却令他们受到公众苛责。奥巴马曾表示，水刑是一种酷刑，并且明令禁止，不过他也保证不会就逼供手法对中情局人员提起诉讼。

4月21日　美国总统奥巴马在白宫会见到访的约旦国王阿卜杜拉二世，双方主要讨论了巴以问题。奥巴马表示，希望以色列人和巴勒斯坦人在今后数周内拿出"善意姿态"，向中东和平进程注入新活力。

4月22日　美国国务卿希拉里·克林顿在众议院外交委员会做证，谈美国外交政策。希拉里称，"我们在今天世界所面临的挑战是无视国界的。没有任何挑战可以由美国单独应对，但也没有任何挑战可以在没有我们的主导作用的情况下得到解决"。希拉里表示，美国总统奥巴马和她本人都致力于与中国和俄罗斯建立建设性的关系，并坦率地解决彼此的分歧。

4月23日　美国总统奥巴马在国家大屠杀纪念馆发起的大屠杀纪念仪式上发表讲话。

美国国务卿希拉里·克林顿开始访问科威特、伊拉克和黎巴嫩之行。

4月24日　美国与俄罗斯两国高级外交官员为达成一项取代1991年削减战略武器条约的后续协议在罗马开始第一轮"非常有建设性的"谈判。

4月25日　美国国务卿希拉里·克林顿突访伊拉克，分析伊拉克安全局势，会见驻伊美军将领雷·奥迪尔诺。希拉里还会见了伊拉克总统塔拉巴尼、总理马利基和伊拉克政府其他官员，以及联合国秘书长驻伊拉克代表。希拉里称，伊拉克"现正朝着正确方向前进"。"我们想展示并加强我们对伊拉克人民的持续承诺，帮助伊拉克实现稳定、安全和自力更生。"

4月26日　美国国务卿希拉里·克林顿在贝鲁特会见黎巴嫩总统苏莱曼。对于黎巴嫩即将于6月7日举行的议会选举，希拉里表示，希望这是一次不受外界干涉的"公开、自由"的选举。希拉里在一份发放给随行记者的简短声明中指出："黎巴嫩人民必须能够在没有暴力威胁和不受外部干扰、公开和公正的选举中，选择他们自己的代表。我们与国际社会一道，支持黎巴嫩政府为达到这一目标所做出的努力。"

4月27日　美国总统奥巴马在美国国家科学院讲话时宣布，到2050年，美国将减少碳排放80%。

4月29日　奥巴马会见媒体，讨论他执政百天的政绩。美国总统国家安全事务助理詹姆斯·琼斯撰写署名文章，概括奥巴马当政100天的外交努力。

美国、印度以及日本的海上力量在日本冲绳以东海域开始举行代号为"马拉巴尔"的大规模海上联合演习，演习的主题是反潜和反舰作战。

5月5日 美国总统奥巴马在白宫会见以色列总统佩雷斯，讨论以色列外交、以巴关系、"两国方案"等问题。

美国国防部长盖茨访问埃及。盖茨在飞往埃及首都开罗的途中向随行媒体表示，美国与伊朗建立外交关系"不会牺牲（埃及）与沙特及那些与美国保有多年同盟、伙伴关系的海湾国家的长久关系"。盖茨还称，美国有意向伊朗伸手示好，但如果遭遇"闭门羹"，美国政府上下也会面对现实、坚定意志。盖茨在开罗会见埃及总统穆巴拉克，就美国在伊朗核问题上的新立场等共同关心的问题进行了讨论。盖茨说，美国处理伊朗问题的新方法，与美国和埃及、沙特以及其他中东地区友好国家之间的安全和政治关系并不冲突。在美国采取这种新方法后，美国和伊朗可能不久就会进行对话。盖茨说，埃及是美国重要的伙伴之一，两国之间存在着持续的军事合作。盖茨还赞扬了埃及在推动巴以和平进程方面的作用。

5月6日 美国总统奥巴马与中国国家主席胡锦涛通电话。胡锦涛表示，上月初，我们在伦敦二十国集团领导人第二次金融峰会期间举行了很好的会晤，一致同意共同努力建设21世纪积极合作全面的中美关系，并就建立中美战略与经济对话机制、共同应对国际金融危机、加强在重大国际和地区问题上的协调和合作达成广泛共识，把中美关系推向新的发展阶段。目前，两国有关方面正在认真落实我们达成的共识。中方愿同美方一道，推动中美关系健康稳定向前发展。奥巴马表示，很高兴同胡锦涛主席在伦敦进行了很好的会晤。这次会晤十分重要，规划了美中两国合作的发展前景，是两国战略性对话的良好开端。美方对中方为推进美中关系所做努力表示赞赏。胡锦涛对近来美国部分地区发生甲型H1N1流感表示诚挚慰问。胡锦涛表示，中国政府高度重视防范甲型H1N1流感，已迅速启动了应急机制。我们愿同世界卫生组织、美国等有关方面保持沟通、加强合作，共同应对这场人类公共卫生安全挑战。奥巴马感谢胡锦涛的慰问，表示美方采取了有效措施应对甲型H1N1流感，并将继续密切关注事态发展。奥巴马表示期待着在意大利举行八国集团同发展中国家领导人对话会议期间同胡锦涛见面，并期待着访问中国。双方还就当前朝鲜半岛局势和南亚局势等问题交换了意见。

美国总统奥巴马在白宫与阿富汗总统卡尔扎伊和巴基斯坦总统扎尔达里举行三方会谈，三方主要商讨如何打击塔利班和"基地"组织，如何发展地区经济、反腐败以及军事和情报合作等问题。

美国国防部长盖茨突然抵达阿富汗首都喀布尔，开始对阿富汗进行未经宣布的访问。期间他与阿富汗领导人就两国关系和阿富汗安全局势以及阿富汗大选问题进行会谈，另外他还视察了在阿富汗的美国部队，重点与驻阿美国部队领导人讨论此前奥巴马总统宣布向阿富汗增派 4000 名兵力问题。

5 月 7 日　美国总统奥巴马在白宫会见俄罗斯外长拉夫罗夫。奥巴马表示，2009 年是重启美俄关系的良好机会，保持高层会晤符合两国的共同利益，双方就核裁军、防扩散、伊核与朝核问题、阿富汗和巴基斯坦局势、中东和谈以及金融危机等一系列问题交换了意见。

5 月 13 日　美国国务卿希拉里·克林顿在纽约大学毕业典礼上发表讲话，鼓励青年一代化理想为行动，为全球合作奠定基础。

5 月 16 日　美国总统奥巴马提名犹他州共和党籍州长乔恩·亨茨曼为美国驻华大使（乔恩·亨茨曼的中文名字是洪博培）。

5 月 18 日　美国总统奥巴马、国务卿希拉里·克林顿在白宫会见以色列总理内塔尼亚胡。缓和美以紧张关系、推动以巴恢复和谈、协调美以两国应对伊朗核计划威胁的立场，是奥巴马与内塔尼亚胡此次会晤的核心议题。

5 月 19 日　为减少排放和减少美国对全球气候变暖的影响，美国总统奥巴马宣布计划制定新的汽车燃油效用标准，要求到 2016 年小客车和轻型卡车每加仑汽油至少平均行驶 35.5 英里。

美国国务卿希拉里·克林顿宣布，应巴基斯坦政府要求，美国将向巴基斯坦提供 1.1 亿美元紧急人道主义援助，用以帮助巴方应对在打击极端主义过程中引发的人道主义危机。希拉里当天在新闻发布会上宣布奥巴马政府的这一决定。她说，巴基斯坦人民及其政府正在同"威胁他们自己国家及我们集体安全的极端主义"进行斗争，与此同时，这个国家也正在面临严重的人道主义危机。美方认为，向巴基斯坦提供援助不仅是"该做的正确事情"，而且相信这对于美国和国际社会的安全至关重要，美国准备根据形势需要做得更多。这笔援助款将用于购置帐篷、发电机、收音机、急救包、食品、饮用水、药品、小麦、豆类等物资。

5 月 21 日　美国总统奥巴马在美国国家档案博物馆发表题为"保卫我们的安全和价值观"的演讲。奥巴马在演讲中强调，下令关闭关塔那摩监狱是正确之举，因为这座监狱玷污了美国的国际形象，违背了美国传统价值观，甚至为"基地"组织吸收更多成员提供了理由。奥巴马指出，关塔那摩监狱不仅损害了美国的道德权威，更危害了美国的安全利益。无论怎么计算，维持关塔那摩监狱的代价都要远远大于将其关闭所需的成本。

5月22日　美国总统奥巴马在美国海军学院毕业典礼上发表演讲。

5月24日　美国国会众议院议长南希·佩洛西率美国国会众议院代表团访华。期间，胡锦涛主席、温家宝总理和吴邦国委员长分别与佩洛西举行会谈。佩洛西表示，美中关系是重要的双边关系，愿通过此次成功访问进一步加深美中双方的相互了解，推动两国在能源、环境以及气候变化等领域的政策对话和务实合作，共同努力，为后代创造一个美好的环境。议员们对中国的快速发展表示祝贺和钦佩。双方还就能源安全、气候变化等问题交换了意见。

5月25日　美国总统奥巴马在白宫表示，朝鲜最近进行地下核试验和发射短程弹道导弹，对世界和平与安全构成严重威胁。

5月27日　美国国会参议院对外关系委员会主席约翰·克里在北京会见中国国家副主席习近平。习近平积极评价了中美关系。他说，奥巴马总统就职以来，在双方共同努力下，中美关系取得良好开局。上个月，两国元首在伦敦成功会晤，双方决定共同努力建设21世纪积极合作全面的中美关系，并就共同应对国际金融危机、建立中美战略与经济对话机制、加强双边领域和重大国际地区问题协调合作达成重要共识。这些重要成果为两国关系的发展指明了方向，注入了强大动力。习近平表示，中国政府始终高度重视能源环境和气候变化问题，将资源节约和环境保护作为基本国策。中美作为世界上最大的能源生产国和消费国，在能源环境领域面临许多共同挑战，也存在重要合作基础。两国可在节能、新能源、可再生能源、清洁能源等领域加强合作。气候变化问题是全人类共同面临的重大挑战、需要各国合作应对，这一合作应该坚持"共同但有区别的责任"原则。中国政府已经制定了应对气候变化的目标和任务，提出了应对气候变化的国家方案。中方愿同美方及其他有关各方一道，为哥本哈根会议取得成功做出贡献。克里表示，美中关系是21世纪最重要的双边关系之一，美国政府和国会高度重视发展美中关系。当前，美中两国面临许多重要课题，需要加强合作与协调，美方愿就此作出积极努力。双方还就共同关心的其他问题交换了意见。

5月30日　白宫发布《网络空间政策评估》报告，称来自网络空间的威胁已经成为美国面临的最严重的经济和军事威胁之一。白宫将成立网络安全办公室，其负责人将协调相关国家机构制定出美国的网络安全政策。

美国国防部长盖茨在新加坡举行的第八届"香格里拉安全对话"（"亚洲安全会议"）上发言，向亚洲盟友呼吁，应该减少对美国的依赖。美国在亚洲的战略角色将做出重大转变，由"保护者"转型为"合作伙伴"。亚洲各国应努力合作共同对抗潜在的威胁，诸如朝鲜和缅甸，还有跨国恐怖主义。美国希望和盟友及安全伙伴达成更多的合作关系，但这并不意味着削弱彼此的双边关系，反而希望透过多边的合作强化安全。美国将继续非常实际地转型，以反映美国整体战略的新思维。这使美国摆脱了传统意义上的单纯常规军事威慑，而转向在军事、外交、经济、文化及人道主义等方面采取融合一体的措施。除了常驻部队和对做出担保的直接行动承诺，美国将采取新方法，那就是任何时候都强调让伙伴建立自己的能力以对自己做较强的防卫。此外，盖茨表示，由于新出现或重新崛起的权力中心，如中国、俄罗斯、印度和印度尼西亚等，也需要为区域发展新的安全架构。美国希望看到其盟国同安全伙伴之间进行更多合作，建立更多多边关系。

5月31日　美国总统奥巴马特别代表财政部长蒂莫西·盖特纳首次访问中国。期间，胡锦涛主席和温家宝总理分别会见盖特纳。胡锦涛主席特别代表国务院副总理王岐山也会见了盖特纳，双方就国际及中美两国金融和经济形势、首轮中美战略与经济对话的准备工作等共同关心的问题交换意见。盖特纳表示，美中之间有着许多共同利益。美方愿在相互尊重基础上，同中方建立强有力的合作关系，共同应对国际金融危机，推动恢复世界经济增长，改革国际金融体系。美方希望加强同中方在贸易、提高能效、气候变化等领域的合作，并共同致力于维护地区和世界的和平稳定。

美国国务卿希拉里·克林顿出访萨尔瓦多、洪都拉斯和埃及（陪同奥巴马）。

6月1日　美国国务卿希拉里·克林顿在萨尔瓦多出席富内斯总统就职仪式。

6月2日　美国国务卿希拉里·克林顿在洪都拉斯参加美洲国家组织大会。

6月3日　中国国家主席胡锦涛同美国总统奥巴马通电话。胡锦涛表示，当前中美关系保持积极发展势头。两国各级别交往频繁，各领域合作不断加强。我们在伦敦会晤时达成的各项共识正在得到认真落实。中方愿同美方共同努力，扩大交流，深化合作，推动中美关系持续深入向前发展。奥巴马对美中关系发展感到满意，表示近期双方高层交往富有成果，美方愿继续同中方一道，就广泛的重要问题加强协调和合作，进一步推进两国关系发展。双方还就当前朝鲜半岛局势交换了意见。

美国总统奥巴马访问沙特阿拉伯，同沙特阿拉伯国王阿卜杜拉举行会谈，讨论巴以局势、伊朗核计划、反恐、国际金融危机等问题。

6月4日　美国总统奥巴马访问埃及，会见埃及总统穆巴拉克，讨论双边关系及中东局势。奥巴马在开罗大学发表旨在修复美国与伊斯兰世界关系的演讲。他表示，美国愿与伊斯兰国家建立"伙伴关系"，"携手解决"共同面对的问题。

6月5日　美国总统奥巴马到达德国东部城市德累斯顿，对德国进行不到24小时的短暂访问，会见德国总理默克尔。德国总理默克尔陪同奥巴马参观前纳粹集中营布痕瓦尔德。

美国总统奥巴马访问法国，在诺曼底会见法国总统萨科齐。

美国国务卿希拉里·克林顿在华盛顿与韩国外交通商部长官柳明桓举行会谈，双方讨论了双边关系、半岛局势等问题。

6月6日　美国总统奥巴马在法国与萨科齐、英国首相布朗、查尔斯王子、加拿大总理哈珀等参加诺曼底登陆作战65周年纪念活动。

6月12日　美国总统奥巴马在白宫会见津巴布韦总理茨万吉拉伊。奥巴马对茨万吉拉伊为使津巴布韦摆脱政治和经济困难所做的努力表示钦佩。宣布向津巴布韦提供7300万美元援助。奥巴马称，出于对津巴布韦民主、人权和法制的关切，7300万美元援助款不是提供给津巴布韦政府，而是直接提供给这个国家的民众。

联合国安理会一致通过关于朝鲜核试验问题的决议。决议针对朝鲜的核及弹道导弹活动，从禁止武器出口、加强货物检查、控制国际资金流动等五个方面加强了对朝鲜的制裁。

6月15日　美国总统奥巴马在白宫会见意大利总理贝卢斯科尼。奥巴马在会晤意总理后，对伊朗总统选举结果发表了看法，他对新闻界说，伊朗总统选举以来该国局势的发展令他"深感不安"，谁来担任伊朗领导人最终要由伊朗人自己决定，美国尊重伊朗的主权，不希望成为伊朗国内政治纷争中的"政治足球"。奥巴马表示，美国政府将继续寻求同伊朗接触。他说："当提到对我们国家安全利益的追求时，使用艰苦的、讲究实际的，以及对美伊两国间本质差异没有幻想的外交是必不可少的。"这是奥巴马首次对伊朗总统选举的结果发表评论。

韩国总统李明博访问美国。期间，分别会见美国总统奥巴马、美国贸易代表柯克、国防部长盖茨、财政部长盖特纳和国务卿希拉里·克林顿，就共同解决朝核问题及尽快批准韩美自贸协定等达成了众多共识。两国元首签署《美韩同盟未来展望》，强化同盟关系。双方还首次将朝鲜半岛出现紧急情况时，美国向韩国提供核保护伞，及常规军事力量的"延伸威慑"概念，在《美韩同盟未来展望》中文字化，形成有效应对朝鲜军事威胁的合作机制。

6月23日　美国总统奥巴马在白宫记者会上发表谈话，"强烈谴责"伊朗当局"非正义地"镇压对总统大选结果的示威。奥巴马反驳伊朗所称的美国干预伊朗内政的说法。他说他尊重伊朗的主权，并强调德黑兰当局的焦点不应该放在美国，而应该放在伊朗人民对政府合法性的看法上。

美国国防部长盖茨下令组建网络司令部。美国是世界上第一个提出网络战概念的国家，也是第一个将其应用于实战的国家。

为期两天的中美国防部第十次防务磋商在北京举行，双方代表团团长分别为中国人民解放军副总参谋长马晓天和美国国防部副部长米歇尔·弗卢努瓦。双方以小范围磋商和大范围会谈相结合的形式，就两军关系、台湾问题、国际和地区安全形势及其他共同关心的问题深入交换意见。中美国防部防务磋商机制始于1997年，迄今共举行了九次。该机制已成为两国防务部门加深了解、增进互信、加强交流与合作的重要渠道之一。此次磋商是美国奥巴马政府执政以来两国国防部首次举行防务磋商，旨在落实两国元首就致力于改善和发展两军关系所达成的共识。

6月24日　美国白宫和国务院同时宣布，美国在因关系恶化召回其驻叙利亚大使4年后，决定重新派遣驻叙大使。

6月26日　美国总统奥巴马在白宫会见到访的德国总理默克尔。双方就伊朗核问题、国际金融危机、气候变化、中东和平进程、阿富汗和伊拉克战争等共同关心的问题交换了意见。这是奥巴马2009年1月入主白宫以来首次在白宫会见默克尔。奥巴马称德国是美国的亲密盟友，并对默克尔的执政能力予以赞扬。在谈到伊朗核问题时，奥巴马说，伊朗坚持核计划及核活动有可能在中东地区引发危险的军备竞赛。关于伊拉克战争，奥巴马宣称伊拉克安全局势正在好转，当地的暴力活动已不像从前那样频繁。他认为，目前伊拉克所面临的主要挑战是什叶派穆斯林、逊尼派穆斯林和库尔德人三方在政治上达成一致，实现民族和解。谈及气候变化问题时，奥巴马坦言，美国在防止全球变暖的各种努力中落后于欧洲国家，在提高能源使用率方面还有许多工作要做。他表示希望美国众议院能够按照计划于当天晚些时候批准旨在减少温室气体排放量的《美国清洁能源与安全法》的法案。

6月27日　美国战斗部队开始从伊拉克主要城市撤出。

6月29日　美国总统奥巴马在白宫会见哥伦比亚总统乌里韦，双方讨论的问题包括打击毒品犯罪和恐怖主义、双边自由贸易协定以及在清洁能源和教育等领域的合作等。

7月6日　美国总统奥巴马对俄罗斯进行首次访问。在莫斯科与俄总统梅德韦杰夫举行会晤，双方就削减进攻性战略武器、阿富汗反恐、核不扩散等问题达成广泛共识。签署了关于进一步削减进攻性战略武器的框架文件，俄美双方打算将各自国家的核弹头削减一半，保留1500—1675枚，将各自核弹头的运载工具削减至500—1100件。

美国总统奥巴马在莫斯科新经济学院发表演讲。

7月7日　美国总统奥巴马在莫斯科与俄罗斯总理普京会谈。

美国总统奥巴马会见苏联前领导人戈尔巴乔夫。

7月8日　美国总统奥巴马访问意大利。期间，出席在意大利中部城市拉奎拉举行的八国集团首脑会议。八国领导人就世界经济、核不扩散、反恐以及阿富汗、伊朗和中东问题等议题进行广泛磋商，并邀请了30余名其他国家和国际组织领导人就不同主题举行对话会议，涉及的议题包括全球经济治理、气候变化、贸易问题、非洲发展和粮食安全等。会议期间，奥巴马与巴西总统卢拉、南非总统祖玛等举行双边会谈。

美国总统奥巴马访问梵蒂冈，与教皇本笃十六世会谈。

7月9日　美国总统奥巴马在意大利拉奎拉会见代表中国国家主席胡锦涛出席八国集团同发展中国家领导人对话会议的国务委员戴秉国。双方就中美关系和重大国际和地区问题交换了意见。奥巴马表示，美方重视美中关系，期待即将举行的美中战略与经济对话取得成果。美中就重大国际和全球性问题加强协调与合作至关重要，这符合两国和两国人民的共同利益。他期待着下半年对中国进行访问。

7月10日　美国总统奥巴马访问加纳并发表对非政策演讲。这是他自

2009 年年初上任以来第一次访问撒哈拉以南地区的非洲国家，也是自 2008 年 2 月美国前总统布什访问非洲一年半以来美国总统再次到访非洲，奥巴马在加纳表示，非洲事务具有全球影响，美国与非洲应结成相互负责的"伙伴关系"。他敦促非洲国家以"良政"配合西方国家对非援助。

7 月 15 日　美国国务卿希拉里·克林顿在对外关系委员会发表讲话，阐述美国外交政策的五项方针。这是希拉里就任国务卿以来首度公开全面阐述以"巧实力"为标志的奥巴马政府外交战略。希拉里称美国面临一系列国际挑战，从两场战争到巴以冲突，从暴力极端主义到核武器扩散，从金融危机到气候变化，从饥饿、贫困再到贫富差距、两极分化等。希拉里说，这些挑战都将影响到美国的安全和繁荣，并且威胁到世界的稳定和发展。"世界上的大事光靠美国一家是解决不了的，但是没有美国什么事也办不成。"她强调，现在的问题不是美国能否或是否应该担当领导，而是美国如何在 21 世纪领导世界。当前世界面临的两大现实，一是没有任何一个国家能够单独应对复杂的全球挑战，二是绝大多数国家都面临着相同的全球威胁。因此，美国将通过引导更多国家、组织和个人参与更大规模的合作，最大限度减少竞争，以实现世界从多极化向多伙伴化的转变。要实现美国主导下的世界和平与发展，必须依靠"巧实力"。"巧实力"体现在五个方面的具体政策途径：第一，计划更新和创造与伙伴国家加强合作的有效渠道；第二，谋求同那些与美国有不同观点的国家和组织进行有原则的接触；第三，将把"发展"作为美国实力的核心支柱；第四，要在冲突地区有效整合和综合运用军事及民间力量；第五，要充分利用包括经济实力和榜样力量在内的一切美国实力。

7 月 16 日　美国能源部长朱棣文和商务部长骆家辉在北京会见中国总理温家宝。温家宝说，当前中美各级别交往频繁，就应对国际金融危机、气候变化、反恐、防扩散等重大问题开展了富有成效的磋商与协调，推动了两国关系发展，也有利于加强国际合作。温家宝表示，中美要坚定不移地维护共同利益，密切沟通与合作，妥善处理分歧，使双边关系更加稳固和富有活力。经贸和能源合作是中美关系的重要组成部分，对促进两国经济增长和可持续发展具有重要意义。希望双方发挥中美战略和经济对话等重要机制的作用，在相互尊重基础上进行平等协商，以开放、创新、共赢的精神推动合作，更好地造福两国人民和国际社会。美方表示，美中关系是当前世界上最重要的双边关系。美方愿进一步加强同中方在经贸、能源、应对气候变化等领域合作，为促进世界可持续发展发挥重要作用。美方期待着即将举行的美中战略和经济对话取得积极成果，愿同中方一道推动双方关系不断向前发展。中国商务部长陈德铭，国家发展和改革委员会副主任、国家能源局局长张国宝参加了会见。

美国商务部长骆家辉同能源部长朱棣文在美国驻中国大使馆举行联合记者会。两人充分肯定了这次访华的成果，并对中国政府在环保和清洁能源开发和利用等方面做出的努力给予肯定和赞扬。朱棣文表示在与中国总理温家宝、副总理李克强的会晤中谈到有关环境保护、减少气体污染以及清洁能源利用等问题，并与这些领导人达成了共识。他也强调这只是合作的开始，中美两国在这些领域还有着很大的发展空间，希望两国政府能够共同努力使全球气候问题得到改善。朱棣文提到在与中国科技部万钢部长会晤后宣布将分别在中国和美国建立"中美清洁能源联合研究中心"，这有助于提升双边科技合作水平，共同应对气候变化、能源紧缺等全球性挑战。中美政府将各自投入 1500 万美元建立此中心并致力于研究清洁煤技术、建筑节能和清洁能源汽车等领域。

7 月 18 日   美国国务卿希拉里·克林顿开始对印度进行为期三天的访问。这是她担任美国国务卿后对印度的首次访问。

7 月 19 日   美国国务卿希拉里·克林顿出席美印战略对话会，讨论两国在反恐、能源、贸易等 5 个领域的战略合作。两国发表联合声明，签署有关国防、太空和科技合作的三项协议。

7 月 20 日   美国国务卿希拉里·克林顿在新德里会见印度总理辛格。

美国国务卿希拉里在印度南部港口城市金奈发表演讲，称印度"现在是时候发挥领导作用了"，敦促印度在整个亚洲地区发挥更大作用。她还敦促印度将"向东看"政策转化为从海上安全到人权等各种问题上更加强硬的立场。"我们鼓励你们不仅要向东看，还要继续与东面进行接触，并在东面发挥作用"。

美国国防部长盖茨宣布，美国陆军将临时扩编 2.2 万人，以满足伊拉克和阿富汗战争的需要。这是美军自 2007 年以来第二次扩编。

远在印度访问的美国国务卿希拉里·克林顿打电话给洪都拉斯临时总统米切莱蒂，鼓励他继续接受哥斯达黎加总统阿里亚斯的调停，并警告他如果协商失败将有不利后果。

7 月 21 日   美国国务卿希拉里·克林顿访问泰国。期间，出席在普吉岛举行的东南亚国家联盟十国外长会议。希拉里在泰国机场宣称，"美国回来了"，表示美国重视亚洲，要认真纠正过去"脱离亚洲"的趋势。

　　7月22日　美国总统奥巴马在白宫会见伊拉克总理马利基。双方表示，伊拉克与美国正进入"战略合作时代"。奥巴马说，美国将要求联合国取消1991年海湾战争以来对伊拉克所实施的经济制裁。双方讨论了减少伊拉克的暴力，撤出美军作战部队，伊拉克过渡到完全的自主权等重要议题。奥巴马表示，美国将按照计划在2011年底从伊拉克撤出全部军队。美国对伊拉克人民信守承诺。美国不谋求在伊拉克设立军事基地。

　　美国国务卿希拉里·克林顿在泰国普吉岛代表美国政府与东盟国家外长签署美国加入《东南亚友好合作条约》的文件。希拉里在与东盟国家外长会晤前的新闻发布会上说，美国已重返东南亚地区。美国将强化在东南亚地区的存在并加强与东盟国家接触。美国总统奥巴马和她本人认为，东南亚地区对全球进步、和平与繁荣至关重要。东南亚和东盟对美国的未来至关重要。美国正与东盟全面接触，共同面对广泛挑战。为此，美国政府决定"不久的将来"在印度尼西亚首都雅加达设立与东盟联络办事机构。

　　7月23日　美国国务卿希拉里·克林顿主持与湄公河下游国家——柬埔寨、老挝、泰国及越南——的外交部部长在泰国普吉岛举行美国与湄公河下游国家首次部长级会议，就与水资源、卫生和环境有关的问题展开讨论。双方发表联合新闻公报。

　　美国副总统拜登在格鲁吉亚首都第比利斯的格议会发表演讲，称格鲁吉亚是美国的重要战略伙伴，美将继续在安全保障、经济发展和民主改革等方面为格提供支持。

　　7月26日　美国国务卿希拉里·克林顿在全国广播公司访谈节目上说，伊朗对核武器的追求是"徒劳的"，美国不会允许伊朗拥有核武器。希拉里还表示，奥巴马政府希望以色列对于美国解决伊朗核问题的努力能够给予更多耐心，能够理解美国同伊朗进行对话是解决伊朗核问题的一个更好的途径。

　　7月27日　美国国务卿希拉里·克林顿和财政部长盖特纳以《同中国展开新的战略与经济对话》为题在《华尔街日报》联名撰文，倡导加强同中国的关系。

　　7月28日　首轮中美战略与经济对话在华盛顿闭幕。中国国家主席胡锦涛的特别代表、国务院副总理王岐山和国务委员戴秉国与美国总统奥巴马的特别代表、国务卿希拉里·克林顿和财政部长盖特纳共同主持了对话。美国总统奥巴马出席开幕式并致辞，会见中方代表团。双方发表《中美战略与经济对话框架下经济对话联合成果情况说明》，并公布如下五项联合成果。1. 关于中美关系。经中美双方确认，美国总统奥巴马将应中国国家主席胡锦涛邀请于今年年内访问中国。中美两军将扩大各级别交往，中国中央军委副主席于年内访问美国。双方争取于年底前举行下一轮人权对话。2. 关于中美经济、金融及相关领域的合作。中美两国将各自采取措施促进国内经济平衡和可持续的增长，以确保从国际金融危机中有力复苏。美方将采取措施增加国民储蓄率，并致力于在 2013 年前将联邦预算赤字占 GDP 的比例降至可持续水平；中方将扩大国内需求，增加消费对 GDP 增长的贡献。双方将共同努力建设强有力的金融体系，并且完善金融监管。美方将进行全面的金融监管改革，以构建一个更稳定的金融体系；中方将推动利率市场化和消费融资，加快审批合格境外机构投资者（QFII）投资额度至 300 亿美元。双方致力于构建更加开放的全球贸易和投资体系，并将共同抵制贸易保护主义。双方同意在改革和加强国际金融机构方面进行合作，增加包括中国在内的新兴市场和发展中经济体的发言权和代表性。3. 关于中美在全球性问题上的合作。双方谈判拟就了一份关于加强气候变化、能源和环境合作的谅解备忘录，双方将建立气候变化政策对话与合作机制。双方将共同致力于进一步加强《联合国气候变化框架公约》的全面、有效和持续实施，致力于当年底哥本哈根会议取得成功。双方决定通过油气论坛、能源政策对话和新建立的中美清洁能源研究中心继续开展务实合作。4. 关于中美在国际地区问题上的合作。双方表示将共同努力早日实现朝鲜半岛无核化，共同推动阿富汗和巴基斯坦的稳定和发展，在伊朗和中东事务等方面加强磋商，共同推动达尔富尔问题早日得到持久政治解决。双方都反对恐怖主义，承诺共同努力加强全球防扩散和军控机制；双方同意加强合作，打击跨国犯罪、恐怖主义、非法毒品贸易、海盗等跨国挑战。5. 关于中美战略与经济对话机制。双方都认为，中美战略与经济对话机制是新时期两国加深了解、增进互信、促进合作的重要平台。第二轮中美战略与经济对话定于 2010 年在北京举行。

美军太平洋司令部司令基廷在参加首轮中美战略与经济对话后对媒体说，美中两国同意恢复两军交往。

7 月 29 日 美国国务卿希拉里·克林顿和英外交大臣米利班德在华盛顿举行会谈，称阿富汗塔利班问题应通过实施军事、政治和经济的全面战略来解决。

7 月 30 日 美国总统奥巴马在白宫会见菲律宾总统阿罗约。奥巴马表示，双方谈论了菲律宾棉兰老的和平进程以及阿罗约在反恐方面取得的成果。"我很高兴，阿罗约总统在反恐方面的努力取得了很大的进展。"奥巴马赞赏阿罗约在棉兰老推动的和平进程，并相信这将有助于为菲律宾这块骚乱不断的土地带来和平与稳定。双方还就气候变化、反恐等共同关心的国际和地区问题交换了意见。奥巴马表示，美国希望加强同东南亚国家关系，并"任命"菲律宾为美国与东盟关系的"首席协调员"，期待菲在美国同东南亚国家关系互动中发挥"协调"作用。奥巴马表示，2009 年他将进行"东盟之旅"。阿罗约是奥巴马入主白宫后第一位受邀访美的东南亚国家元首。

8 月 3 日 美国总统奥巴马在白宫会见科威特埃米尔萨巴赫。奥巴马高度评价科威特在伊拉克战争中为美国等多国部队所提供的帮助。奥巴马表示相信，通过此次双边会晤以及两国政府的共同努力，美科关系不仅会得到强化，而且还可以增进海湾地区的和平与稳定。萨巴赫则表示，科威特将继续保持与美国同盟国的合作关系，支持美国主导下的中东和平进程。

美国国务卿希拉里·克林顿开始对非洲肯尼亚、南非、安哥拉、刚果民主共和国、尼日利亚、利比里亚及佛得角等 7 个国家进行为期 11 天的访问，这是她上任后时间最长的一次访问。

8 月 4 日 美国前总统克林顿对朝鲜进行 20 小时的"闪电式"访问，朝鲜最高领导人金正日与其会见，并下令特赦两名被朝鲜判刑的美国女记者。这两名女记者随后搭乘克林顿的专机回国。

8 月 5 日 美国国务卿希拉里·克林顿访问肯尼亚。在第八届"非洲增长与机会法论坛"上发表讲话，全面阐述美国对非洲的政策。希拉里在与肯尼亚总统齐贝吉和总理奥廷加会晤后表示，非洲经济的健康发展需要有负责任的政府。非洲能否取得进步取决于良好的管理及对法治的坚持，这些对于创造积极稳定的投资环境以及推动经济全面增长至关重要。她同时敦促肯尼亚政府落实 2008 年达成的协议内容，设立特别法庭审理 2008 年大选后的暴力事件肇事者。

8 月 7 日 美国国务卿希拉里·克林顿在比勒陀利亚会见南非外长马沙巴内。希拉里表示，希望加强与南非新政府的合作，进一步提升美国与南非的关系。

8月8日 美国国务卿希拉里·克林顿在南非港口城市德班会见南非总统祖玛。希拉里表示，两国总统都希望进一步发展双边关系，她与南非外交部部长正在落实两国总统的期望。双方还讨论了津巴布韦局势、索马里海盗问题以及苏丹局势等问题。

8月9日 美国总统奥巴马抵达墨西哥西部城市瓜达拉哈拉，首次出席北美峰会。这次会议是"北美安全与繁荣联盟"第五次首脑会议。三国就经济衰退、甲型流感、联合缉毒、国家安全、气候变化、清洁能源替代以及洪都拉斯政治危机等问题进行磋商。2005年3月，美国、加拿大和墨西哥三国领导人在美国得克萨斯州的韦科举行会晤时发起成立了"北美安全与繁荣联盟"，其主要目的是加强三国安全合作、促进共同繁荣。该联盟每年举行一次首脑会议。

美国国务卿希拉里·克林顿访问安哥拉，分别会见安哥拉总统多斯桑托斯、石油部长德瓦斯康塞洛斯，讨论加强两国关系等问题。安哥拉是美国重要的能源供应国。2008年安哥拉对美贸易额为190亿美元，其中90%为原油出口。

8月11日 美国国务卿希拉里·克林顿在刚果（金）东部城市戈马与刚总统卡比拉会见时表示，美国将尽力支持刚果（金）的发展。希拉里说，美国愿意和刚果（金）保持友好伙伴关系，刚果（金）资源丰富，潜力巨大，美国将尽力支持其发展。奥巴马政府将帮助刚果（金）打击反政府武装，维护大湖地区的安全与稳定。希拉里对刚果（金）和卢旺达两国元首近日在戈马的会谈表示欢迎。她说，美国鼓励刚果（金）积极发展与卢旺达及大湖地区其他国家的关系，这是重建和平的唯一方法。希拉里还宣布，美国政府已经同意向刚果（金）政府提供1700万美元现金，用于援助遭受性暴力的妇女，华盛顿方面还将为刚方培训一万名女警察，共同打击性犯罪。

8月12日 美国国务卿希拉里·克林顿访问尼日利亚。希拉里在首都阿布贾会见了尼日利亚总统亚拉杜瓦及其他领导人，讨论加强两国关系等问题。希拉里警告说，"基地"组织的势力现已渗透到了非洲北部，类似的恐怖组织将伺机寻找立足之地，然而原教旨极端主义是否会渗透到当地，则取决于尼日利亚本国人民（是否团结）。

8月13日 美国国务卿希拉里·克林顿在和利比里亚总统瑟利夫会谈后举行的新闻发布会上说，利比里亚是从战乱向民主过渡的成功范例。自从瑟利夫就任总统以来，利比里亚在基础设施建设和金融政策等方面取得了举世瞩目的成就，在她的领导下，利比里亚经济正逐步好转，美国会一如既往地支持利比里亚政府为国家重建所做的努力。随后，希拉里在利比里亚国民议会发表了演讲。她在演讲中敦促利比里亚议会议员为了国家的发展，放弃个人恩怨，团结一致。

8月14日　美国和哥伦比亚达成两国军事合作的初步协议。该协议允许美国在2019年之前使用哥伦比亚多个军事基地。

8月17日　美国总统奥巴马在亚利桑那州菲尼克斯对退伍军人团体发表讲话时说，阿富汗战争对美国而言并不是可选择的战争，而是必须要打的战争。这事关美国的根本利益，因此"值得打下去"。

8月18日　美国总统奥巴马与副总统拜登、国务卿希拉里·克林顿在白宫同埃及总统穆巴拉克举行会谈。奥巴马在会谈后对记者说，如果中东问题有关各方能够摆脱旧的思维模式，在解决巴以争端方面还是有机会取得进展的。

8月19日　美国国会众议院外委会主席霍华德·伯曼率领议员代表团访华。期间，在北京分别会见中国全国人大常委会委员长吴邦国、国务院副总理王岐山、外交部长杨洁篪。在会谈中，伯曼等议员说，高兴地看到美中关系呈现良好局面，面对21世纪全球性挑战，双方应共同努力，使两国关系更加密切，作为美国国会议员将继续为美中关系发展做出积极贡献。

美国陆军参谋长乔治·凯西访华。期间，与中国人民解放军副总参谋长葛振峰在北京举行会谈。凯西说，此次是自1997年以来，美军首次派出陆军参谋长访问中国，期待此访能够加深两军之间的理解与互信。他表示，愿与中方一道，加强两国陆军之间的交流、合作，以推动两军两国关系发展。双方就加强两国陆军交流与合作深入交换了意见。一致认为两国陆军应加强兵种部队、人道主义救援与减灾、文化体育领域的交流和中青年军官交流。双方还就陆军转型和现代化建设及共同关心的国际和地区问题交换了意见。

9月1日　美国总统国家安全事务助理詹姆斯·琼斯上将率领美国政府官员代表团赴波兰格但斯克，参加第二次世界大战爆发70周年的纪念活动。琼斯与波兰外长拉多斯瓦夫·西科尔斯基举行会谈，并向他重申美国对波兰安全"坚定和不动摇的承诺"。

9月6日　中国全国人大常委会委员长吴邦国开始对美国进行正式友好访问。这是中国全国人大领导人20年来首次访美。

9月10日　美国总统奥巴马在白宫会见中国全国人大常委会委员长吴邦国。奥巴马表示，美方愿与中方共同努力，推动美中关系取得更大更好的发展。美国副总统兼参议长拜登、国务卿希拉里·克林顿也分别会见了吴邦国。

中国全国人大常委会委员长吴邦国在华盛顿出席由美国友好团体联合举行的晚餐会并发表题为《中国的发展和中美关系》的演讲。

9月11日　美国总统奥巴马在五角大楼向"9·11"遇难者亲属讲话。奥巴马说，尽管已经过去8年，但"9·11"事件给美国人带来的伤痛依然无法被抹去。在这一天，不仅要悼念遇难者，缅怀在反恐战争中牺牲的士兵，还应坚定打击恐怖分子的决心，保卫国家。

美国总统奥巴马在白宫会见荷兰王储威廉·亚历山大和王储妃马克西玛。

9月14日　美国总统奥巴马在纽约华尔街就金融危机一周年发表讲话，呼吁国会尽快通过金融监管改革方案。奥巴马再次阐述金融监管改革的三项原则，即保护消费者、堵住金融系统和监管系统的漏洞、强化国际合作。他说，金融监管改革的根本目的是提高透明度、强化问责制。新政府上台后，他的经济团队迅速采取行动，稳定了信贷市场。奥巴马对政府迄今为止的"投资收益"颇为满意。称接受救助的银行已返回700多亿美元资金。不过，奥巴马警告说，金融体系虽然正在恢复常态，但"常态不应导致自满"，"不幸的是，一些金融机构正在误读形势，他们不是从危机中吸取教训，而是仍在忽视教训"。他强调政府干预资本市场的必要性，但同时强调自己仍然是自由市场力量的坚定信仰者。

9月15日　美国国家情报总监办公室发布的《2009年国家情报战略》报告称，当前美国国家安全面临的主要威胁不仅包括恐怖主义，还包括与全球经济危机、流行病和气候变化相关的威胁。报告称，由于美国掌握了更多的反恐情报和加强了反恐力度，防范"基地"恐怖组织发动袭击的能力得到提高。与此同时，全球经济危机、潜在的全球疫情大流行以及可能导致国家间争夺能源和水资源的气候变化，对美国国家安全构成新威胁。报告为美国情报机构确定了6个方面的任务：打击暴力极端主义；制止核武器和生化武器扩散；加强战略情报分析和预警工作；整合反间谍能力；加强计算机网络安全；为美国在阿富汗、伊拉克、墨西哥等海外地点的外交、军事和执法行动提供情报支持。该战略强调，由于美国的对手比以往任何时候都对窃取美国的秘密感兴趣，因此，美国的情报机构要重点加强针对美国计算机网络的盗窃和间谍行为的反间谍行动。美国每四年发布一次《国家情报战略》报告，是美国16个情报机构的工作指导性文件。

9月16日　美国奥巴马政府向国会提交《阿富汗和巴基斯坦战略进度评估》报告。报告称美国在阿富汗和巴基斯坦的总目标是破坏设在这两个国家的恐怖组织网络，削弱其策划和实施国际恐怖袭击的能力。在阿富汗，美国的目标是培养阿安全部队独立行动能力，以使其在反叛乱和反恐行动中发挥主导作用，从而减少美国援助；美国在巴基斯坦的目标是增强巴反恐能力。这份仅3页的文件缺乏具体政策细节，也没有设定目标期限，只表示美国政府将在2010年3月评估目标进展情况。

美国总统奥巴马在白宫南草坪举行的一次奥运会青年体育活动上致辞，支持芝加哥申办2016年奥运会。

9月17日　美国总统奥巴马在白宫宣布，美国政府决定放弃在波兰和捷克部署导弹防御系统计划，转而部署针对伊朗短程导弹的改进型防御系统。奥巴马说，这一决定是他的助手们一致建议的结果。新的系统将"更为全面"地"加强对所有北约盟友的保护"。美国五角大楼已确认美方对在欧洲部署导弹防御系统进行"一项重要的调整"。

9月18日　美国国务卿希拉里·克林顿在布鲁金斯学会发表讲话，阐述美国的外交议程。

9月22日　美国总统奥巴马在纽约出席联合国秘书长潘基文主持的联合国气候变化问题首脑会议并发表讲话。奥巴马称，我们这一代人应对气候变化这一挑战的行动将受到历史的检验，若不能大胆、迅速、齐心协力地应对挑战，就可能将一场无可挽救的灾难留给子孙后代。由于任何一个国家都无法单独应对这一挑战，美国与比以往更多的盟友和伙伴接触，以寻找解决方案。

美国总统奥巴马与中国国家主席胡锦涛在出席第64届联合国大会期间在纽约举行会谈，就中美关系和共同关心的国际和地区问题交换意见。胡锦涛表示，当前，中美关系总体上呈良好发展势头，我和总统先生在伦敦会晤时达成的各项共识正在得到落实。双方正在共同努力建设21世纪积极合作全面的中美关系。中美关系能在过去半年多时间里取得如此成绩，根本原因在于双方都能从战略高度、以全局眼光看待和处理彼此关系，都能把着力点放在加强对话、扩大合作上，都本着相互尊重、求同存异的精神处理好各种敏感问题和彼此关切。希望这些做法能够得到保持和发扬。胡锦涛指出，一个良好的中美关系不仅符合中美两国和两国人民根本利益，也有利于亚太地区乃至世界和平、稳定、繁荣。面对当前复杂多变的国际形势，中美拥有更加广泛的共同利益和更加广阔的发展前景。中方愿同美方一道，抓住机遇，深化合作，推动两国关系健康稳定向前发展。胡锦涛就进一步发展两国关系提出重要意见。第一，保持密切的高层交往。中方期待着奥巴马总统今年11月对中国进行国事访问，相信通过双方共同努力，这次访问将取得成功。第二，做好首轮中美战略与经济对话后续工作，同时推动两国在应对国际金融危机方面和经贸、反恐、防扩散、执法、能源、环境、人文等双边领域交流合作不断取得积极成果。第三，深化在重大国际和地区问题上的协调和合作，努力推动朝核、伊朗核、南亚等地区热点问题的妥善解决，加强在应对气候变化、粮食安全、全球核安全以及传染性疾病防治等全球性问题上的沟通和协调。第四，加强人文交流。双方应该推进两国人员交流、人才培养、语言学习等方面交流合作，夯实两国支持中美关系发展的社会基础。胡锦涛强调，双方应该尊重和照顾彼此利益和关切。台湾、涉藏、涉疆等问题事关中国主权和领土完整，牵动13亿中国人民的民族感情。我们重视美方多次重申坚持一个中国政策、遵守中美三个联合公报。希望美方以实际行动支持两岸关系和平发展。我们赞赏美方承认西藏是中国一部分、反对"西藏独立"的立场，希望美方理解和尊重中方在涉藏问题上的关切。乌鲁木齐"7·5"事件是一起由境内外"三股势力"策划组织的打砸抢烧严重暴力犯罪事件。希望美方理解和支持中方为打击暴力恐怖犯罪、维护国家统一、维护社会稳定所采取的措施，不允许"东突"分裂势力利用美国领土从事反华分裂活动。奥巴马感谢胡锦涛就进一步发展美中两国关系、扩大双方合作阐述的重要意见。他表示，美方致力于同中国建立积极合作全面的双边关系，并使其富有活力。发展同中国的合作对美国十分重要。他期待着即将对中国进行的访问，希望通过此访在全球、地区和双边各方面把两国关系提升到新的层次。奥巴马表示，扩大美中两国人文交流十分重要，两国政府应该全力支持民间往来。在台湾问题上，美方坚持一个中国政策立场没有改变。美方对两岸关系缓和表示赞赏，认为这有利于亚洲和平稳定。美国不支持"西藏独立"。在涉藏、涉疆问题上，美国尊重中国主权和领土完整。胡锦涛表示，美方对中国输美轮胎采取特保措施不符合两国利益，类似事情不应该再次发生。在当前经济金融形势下，中美双方更应该坚定反对贸易和投资保护主义。中方愿同美方一道，继续拓展经贸领域互利合作，通过平等协商妥善处理经贸摩擦，维护中美经贸关系健康稳定发展。国际金融危机发生以来，中国在面临经济困难的情况下保持人民币汇率稳定，这是对亚洲乃至世界的一个贡献。奥巴马表示，美国支持自由贸易，致力于继续拓展同中国的贸易关系。美方愿同中方通过对话和磋商解决经贸领域问题。为应对国际金融危机冲击，中国努力扩大内需、保持人民币汇率稳定，美方对此表示赞赏。胡锦涛指出，气候变化问题是国际社会面临的共同挑战，需要各国合作应对。发达国家应该按照《联合国气候变化框架公约》及其《京都议定书》确立的原则和"巴厘路线图"提出的要求，在2012年后继续率先减排，并为发展中国家应对气候变化提供帮助。中国高度重视气候变化问题并为此做出积极努力。相信在双方共同努力下，中美能源、环境、气候变化领域合作将取得更多成果。中方将以积极和建设性态度，为推动哥本哈根大会取得成功发挥应有作用。奥巴马表示，希望加强两国气候变化特别是清洁能源领域合作，把它作为两国关系的一个重要支柱，扩大两国共同利益，造福两国人民，共同为哥本哈根大会取得成功做出努力。双方还就朝鲜半岛局势、伊朗核问题等交换了看法。

美国总统奥巴马在纽约与以色列总理内塔尼亚胡、巴勒斯坦民族权力机构主席阿巴斯举行三方会谈。奥巴马在会谈时提出，巴以必须做好"妥协"准备。"巴勒斯坦在保障地区安全方面做出努力，但他们需要付出更多，停止挑衅"，"以色列讨论了关于限制定居点修建活动的举措，但他们需要将论述变成现实"。

9月23日　美国总统奥巴马在联大发言。奥巴马说，"在我就任总统时，全世界有很多人用怀疑和不信任的眼光看待美国，其中部分原因是对我国的误解和信息失实，还有一部分原因是对具体政策的反对，认为美国在某些关键问题上采取单边行动，不考虑他人的利益。这滋长了一种几乎是反射性的反美主义，而这种情绪又往往成为我们不采取集体行动的借口"。奥巴马还阐述了他执政9个月以来的有国际影响的政绩。如下令关闭设在关塔那摩湾的关押设施，打击"基地"组织、结束伊拉克战争等。奥巴马表示，美国不能独自解决全球目前最迫切的问题，呼吁各国领导人在应对挑战时分担更多的责任。奥巴马称："不能只是美国独自付出努力，那些过去指责美国独断独行的国家现在不能袖手旁观，等着美国独自去解决这些问题。""我们已通过口头和行动，寻求由各国参与的新架构。现在是我们共同承担责任，一同应对全球挑战的时候了。"

美国总统奥巴马与日本新任首相鸠山由纪夫在纽约举行首次会晤，双方强调了继续保持美日同盟的重要性。奥巴马说，美日同盟的重要性对美国外交政策而言是"决定性的"，美日同盟是两国近50年来安全和经济繁荣的"基石"。他祝贺鸠山由纪夫进行了一场"非同寻常的竞选"，并表示，鸠山将领导日本进行一场"重大的变革"。鸠山由纪夫则表示，日美两国关系是日本新政府外交政策的一个"关键支柱"。在当选日本首相之前，鸠山曾批评"美国领导的全球化"，并呼吁日本与美国建立"更为平等的"关系。因此，鸠山与奥巴马的首次会晤引起了舆论的广泛关注。

9月24日　联合国安理会举行核不扩散与核裁军峰会。美国总统奥巴马以安理会本月轮值主席的身份主持会议。安理会一致通过了第1887号决议。决议呼吁各国致力于推动防扩散与核裁军，为在全世界范围内全面消除核武器创造条件。这是安理会历史上首次专门就核不扩散与核裁军问题举行峰会。

美国常务副国务卿斯坦伯格在新美国安全中心发表演讲时提出"战略再保证"的概念，表示美国在保护本国利益的同时，也要适应中国崛起。美国及其盟友应明确表示欢迎中国作为一个繁荣而成功的大国的"到来"，而中国则应向世界其他国家保证，其发展和全球作用的扩大不会损害其他国家的安全和福祉。

9月25日　美国总统奥巴马在匹兹堡出席二十国集团领导人第三次金融峰会，与参会领导人就各国在促进经济复苏、改革国际金融体系以及反对贸易保护主义等问题上协调立场。奥巴马呼吁各方推动全球经济实现再平衡。

正在匹兹堡参加二十国集团金融峰会的美国总统奥巴马、法国总统萨科齐和英国首相布朗召开联合新闻发布会，三国确认伊朗在首都德黑兰以南的库姆附近"秘密"修建第二座铀浓缩设施。奥巴马说，三国于9月24日在维也纳向国际原子能机构提供详细证据，指证伊朗在过去数年间"秘密"修建这处核设施。伊朗方面破坏了"所有国家都必须遵守的规则"，构成对国际核不扩散努力的直接挑战。他称，这一核设施的规模和装置情况与民用设施不相符。

9月29日　美国总统奥巴马在白宫会见北约秘书长拉斯姆森。

10月1日　美国总统奥巴马在白宫就伊朗核计划发表声明，敦促伊朗在解决其核问题方面采取建设性行动。奥巴马说，当天在日内瓦举行的伊朗核问题国际会议是促使伊朗履行国际义务的"建设性开端"，接下来，"伊朗政府必须采取建设性行动"。他强调，"会谈不能代替行动"，伊朗必须首先对其核计划及核设施透明化的承诺作出证明。奥巴马要求伊朗在两周内允许国际原子能机构人员对日前披露的伊朗新的核设施进行"无拘无束"的核查。其次，伊朗必须采取具体步骤，使外界相信其核计划确实用于和平目的。奥巴马说，美国愿意在相互尊重的基础上与伊朗交往，只要伊朗以实际行动履行其义务，伊朗与美国的关系有望得到改善。但他同时说，在解决伊朗核问题方面，"我们的耐心不是无限的"。

10月2日 美国总统奥巴马夫妇赴瑞典哥本哈根，在国际奥委会发表讲话，但未能为芝加哥争取到2016年奥运会主办权。

10月6日 美国总统奥巴马在位于华盛顿郊区的美国国家反恐中心发表演说时表示，美国在反恐斗争中取得切实进步，在打击"基地"组织及其他恐怖组织的斗争中正在取得实打实的成果。他还说，美国情报人员理应得到全美国的感谢。这是奥巴马第一次到访国家反恐中心。美国国家反恐中心是2004年美国国会根据"9·11"事件独立调查委员会的建议批准成立的，隶属国家情报总监办公室。

10月9日 挪威诺贝尔委员会在奥斯陆宣布授予美国总统奥巴马2009年诺贝尔和平奖，奖励他"加强国际外交和各国人民间的合作"。

美国国务卿希拉里·克林顿开始出访欧洲，此行先后访问苏黎世、伦敦、都柏林、贝尔法斯特、莫斯科以及俄罗斯鞑靼斯坦首府喀山市。此行主要目标是与各国磋商伊朗核问题，并寻求各国对美国在阿富汗战争上的支持。

10月10日 美国"国会与行政部门中国委员会"发表2009年度涉华报告，借人权与法治问题攻击中国。除了指责中国的所谓"宗教问题"、"言论自由"、"劳工权利"、"司法改革"以及"西藏问题"外，还首次涉及所谓"新疆问题"。长达468页的书面报告不惜花费十分之一的笔墨来渲染新疆问题，仅"新疆"一词就出现了513次，"热比娅"的名字则出现了32次。报告在内容的叙述上也采取了避重就轻、黑白颠倒的惯用手法。例如，报告将导致197人死亡、数千人受伤的乌鲁木齐"7·5"打砸抢烧事件的起因归咎于"中国政府的镇压行动"，而对于以热比娅为首的"世维会"在境外策划并通过网络煽动暴力活动的事实则只字不提。

美国国务卿希拉里·克林顿在瑞士苏黎世出席亚美尼亚与土耳其签署实现两国关系正常化协议的仪式。这项由瑞士居中调解而达成的协议，希拉里助手称其具有"历史性"意义。

10 月 11 日　美国国务卿希拉里·克林顿在伦敦与英国首相布朗和外交大臣米利班德分别举行会晤。就阿富汗局势和伊朗核问题等国际问题交换意见。双方还就北爱尔兰问题交换了看法。希拉里表示，国际社会不能一直无限期地等待伊朗履行其国际责任。

10 月 13 日　美国总统奥巴马在白宫会见西班牙首相萨帕特罗。奥巴马要求西班牙调解美国与古巴的关系，让古巴当局做出更大的努力改善与美国的关系。奥巴马说，"请你告诉劳尔，如果他不迈出步子，我也不能迈。如果他们不迈步，我们将很难继续"。萨帕特罗回答说，西班牙外交大臣莫拉蒂诺斯今后几天将访问古巴。奥巴马说，"请告诉古巴当局，我们理解事情不可能一夜之间改变，我们过了一些年，如果向后看，应当明白那是开始变革的时期"。

美国国务卿希拉里·克林顿在莫斯科先后与俄罗斯外交部长拉夫罗夫及总统梅德韦杰夫会谈。双方就伊朗核问题及美国导弹防御计划部署等问题进行磋商。希拉里此行努力试图使俄罗斯改变立场，强硬对待伊朗核问题。

10 月 15 日　美国白宫发言人吉布斯宣布，美国总统奥巴马当天签署法案，批准向巴基斯坦提供 75 亿美元援助，以帮助该国加速发展经济、促进民主建设和进一步打击极端势力。吉布斯在声明中说，奥巴马签署援助巴基斯坦的法案强化了美国和巴基斯坦之间的伙伴关系。

10 月 19 日　美国负责东亚和太平洋事务的助理国务卿库尔特·坎贝尔表示，在确保朝核问题六方会谈能够恢复的情况下，美国将会考虑同朝鲜进行直接接触。

美国国务院发布新闻公告，介绍美国对苏丹的新战略。美国决定由以往的"孤立"转向"鼓励性接触"。美国政府于 1993 年将苏丹列入"支持恐怖主义国家"名单，于 1996 年开始对苏丹实施制裁。此后，苏丹政府曾谋求改善同美国的关系，但美国坚持将两国关系的改善同苏丹落实北南《全面和平协议》及解决达尔富尔问题挂钩，并拒绝将苏丹从"支持恐怖主义国家"名单中拿掉及解除对苏丹制裁。

10 月 20 日　美国总统奥巴马在白宫会见伊拉克总理马利基，讨论伊拉克安全局势等问题。

10 月 21 日　中国国家主席胡锦涛应约同美国总统奥巴马通电话，两国元首就双边关系、气候变化等问题交换了意见。奥巴马表示，非常高兴上个月在纽约和匹兹堡同胡主席见面，非常赞赏中方为二十国集团领导人匹兹堡峰会取得成功所作的大量努力，期待着 11 月访华并同胡主席就共同关心的问题交换意见。胡锦涛表示，期待着在北京同奥巴马总统就双边关系及重大国际和地区问题交换意见，中方愿同美方共同努力，推动此访取得成功，推动积极合作全面的中美关系进一步向前发展。关于气候变化问题，胡锦涛表示，将于 2009 年 12 月召开的哥本哈根会议是国际社会应对气候变化的一次重要会议。在《联合国气候变化框架公约》及其《京都议定书》的基础上，按照共同但有区别的责任原则和"巴厘路线图"确定的正确轨道，凝聚各方共识，推动哥本哈根会议取得成功，符合包括中美在内的有关各方共同利益。尽管目前谈判还存在许多问题需要解决，但只要各方携手努力，哥本哈根会议取得积极成果是有希望的，关键是要体现《联合国气候变化框架公约》及其《京都议定书》的基本原则，锁定"巴厘路线图"谈判已经取得的成果。胡锦涛强调，中美两国在气候变化领域面临共同挑战，拥有共同利益。双方在气候变化问题上开展合作，不仅有利于国际社会共同应对气候变化，而且对促进中美关系发展也具有重要意义。中方愿同包括美方在内的有关各方加强沟通、协调、合作，继续以积极的建设性态度为推动哥本哈根会议取得积极成果、共同应对气候变化挑战、促进全球可持续发展做出贡献。奥巴马说，哥本哈根会议即将召开，美方愿同各方一道推动会议取得成果。美中两国为应对气候变化分别采取了重要行动。双方应该共同努力推动哥本哈根会议为应对气候变化挑战采取具体的有意义的步骤，使会议取得成功。

美国总统奥巴马在白宫会见参议员约翰·克里，讨论阿富汗战争问题。

美国国务卿希拉里·克林顿在美国和平研究所发表讲话，阐述美国的核裁军方针，呼吁有核国家与无核国家共同应对核威胁，同时为和平利用核能提供便利。希拉里称，"美国眼下对朝鲜实施的制裁不会松动，除非朝鲜采取措施实现彻底的、可验证的无核化。朝鲜国家领导人不要抱有任何幻想。如果朝鲜拥有核武器，美国永远不会解除对它的制裁，不会实现美朝关系正常化。"希拉里说，国际原子能机构"缺乏有效实现其使命的工具或权力"，导致未能发现伊朗隐藏在库姆附近的铀浓缩工厂以及叙利亚"隐藏"的核反应堆。希拉里说，应该赋予国际原子能机构"新权力……例如，甚至可以在没有核材料痕迹前提下也能调查与核武器相关的活动"。"如果希望国际原子能机构能成为抵御核扩散的壁垒，我们必须赋予它履行职责所需要的权力。"希拉里说，"防止恐怖分子获得核武器在讨论和制订《不扩散核武器条约》当年并非考虑的重点"，"但是，现在这是考虑确保安全的重中之重"。

10 月 22 日　首届"中美清洁能源务实合作战略论坛"在北京开幕。中国国务院副总理李克强到场，并发表了题为"加强务实合作，促进可持续发展"的讲话。美国国务卿希拉里·克林顿、美国能源部长朱棣文通过视频向论坛发来了主旨演讲。中美两国政界、企业界和学术界人士 200 余人参会，就中美清洁能源合作的整体战略目标、两国在清洁能源领域的务实合作展开深入沟通和讨论，议题包括清洁煤的利用、太阳能、风能、生物质能、核能合作以及碳捕获技术、新型电网技术、低碳城市对话等领域的合作。

10 月 24 日　中国中央军委副主席开始对美国进行为期 10 天的正式访问。这是奥巴马政府执政以来中国中央军委领导人首次访问美国。

10 月 26 日　美国总统奥巴马在佛罗里达杰克逊维尔的海军航空基地向军人发表讲话。奥巴马说，他本人在审视阿富汗政策时将考虑到美国的最大利益，不会在这一问题上草率作出决定。"在使用军事力量保护美国人民或我们的切身利益方面，我从来不会犹豫。我也向你们保证，在考虑我们下一步的阿富汗政策时，这一点同样非常重要。在派遣你们前往危险战场这一严肃决定面前，我永远不会草率行事，除非万不得已，我不会让你们冒生命危险。"

美国参议院对外关系委员会主席约翰·克里呼吁美国暂缓向阿富汗增兵，并认为美军和北约驻阿富汗国际安全援助部队最高指挥官麦克里斯特尔提出的有关增兵申请过于草率。

美国国务院发布《2009 年度国际宗教自由报告》。对 198 个国家和地区的政府于 2008 年 7 月 1 日至 2009 年 6 月 30 日的宗教自由保护情况妄加评论。美国国务院在报告中承认中国在保障宗教自由方面取得进步，认为中国宪法保护正常的宗教活动。但报告继续将中国列为"特别关注国"，并以海外媒体的报道或反华组织提供的不实之词为依据，将中国政府为维护西藏、新疆等地的社会稳定、维护国家领土完整而采取的正义举措歪曲为"压制"宗教自由。报告继续将缅甸、厄立特里亚、伊朗、朝鲜、沙特阿拉伯、苏丹、乌兹别克斯坦列入"特别关注国"。美国国务院根据 1988 年通过的《国际宗教自由法》每年向美国国会提交年度国际宗教自由报告。

10 月 27 日　美国总统奥巴马向国会提交报告，宣布将对苏丹的制裁延长一年。这份制裁包括禁止美国公司在苏丹投资或有贸易往来、冻结苏丹政府在美国的资产等内容。

正在美国访问的中国中央军委副主席在五角大楼与美国国防部长罗伯特·盖茨举行会谈。盖茨说，两军关系是两国全面关系的组成部分，两军合作还有很大空间。两军关系要着眼扩大共同利益，突破反反复复、断断续续的情况，保持稳定发展。双方讨论了进一步改善和发展两军关系的方法和途径，就加强两军交流与合作达成以下七项共识。1. 加强高层互访。2010 年，美国国防部长盖茨访华。中国人民解放军总参谋长陈炳德上将和美军参谋长联席会议主席马伦上将实现互访。2. 扩大在人道主义救援和减灾领域的合作。结合军舰互访，举行复杂条件下的海空联合搜救演习和减灾交流。3. 深化军事医学领域合作，特别是在流行病防治领域的合作。进行专家之间的专题交流。4. 扩大两国陆军各领域的交流，同意工程兵开展交流。5. 加强中青年军官交流。双方领导人强调了这种交流的重要意义，同意 2010 年继续进行中青年军官互访。6. 促进两军文体交流。7. 为增进中美海上军事安全，进一步发挥现有外交渠道和磋商机制的作用，其中包括将于 2009 年 12 月举行的中美国防部工作会晤和海上军事安全磋商机制会议。

美国国务卿希拉里·克林顿开始访问巴基斯坦、中东、摩洛哥和埃及之行。

10 月 28 日　美国国务卿希拉里·克林顿抵达巴基斯坦，开始为期 3 天的访问。这是希拉里就任国务卿以来首次访问巴基斯坦。希拉里与巴基斯坦外长库雷希举行会谈。她在会后的联合新闻发布会上强调了两点。首先，美国将继续支持巴基斯坦打击境内塔利班武装和"基地"组织的反恐战争，"巴基斯坦在这场战争中并不孤单，这也是美国的战争"。其次，希拉里表示，今后美巴两国关系应该超越"反恐"，"翻开新的一页"。她含蓄批评美国前总统乔治·W. 布什在美巴关系上过于侧重巴基斯坦作为"反恐同盟"的价值，而忽视了双方关系的其他方面。"反恐仍是当务之急，但我们同时认识到，拓展我们在巴基斯坦的介入势在必行"，希拉里说，美国政府将帮助巴基斯坦发展能源等基础设施建设，创造更多就业和投资机会，提升教育和医疗水平。希拉里宣布，美国将提供首笔 1.25 亿美元，帮助巴基斯坦升级印度河德尔贝拉大坝发电站等电力设施。

为期两天的第二十届中美商贸联委会会议在杭州举行。中国国务院副总理王岐山与美国商务部长骆家辉、贸易代表柯克共同主持会议，美国农业部长维尔萨克出席会议。双方就反对贸易保护主义、加强能源合作以及环保、旅游、农业等领域经贸问题达成多项共识，取得重要成果。双方表示，中美两国应共同反对贸易和投资保护主义，恪守二十国集团峰会共识。双方一致认为，解决美对华贸易逆差的措施不是限制自中国的进口，而是在积极发展双边贸易中促进平衡。针对中方强调与关注的反对滥用贸易救济措施、放宽对华出口管制、全面解决中国禽肉输美限制、承认中国市场经济地位、为中国企业赴美投资创造公平环境等问题，美方表示，将加强与中方的沟通和磋商，避免滥用贸易救济措施。美方在进行出口管制体制改革进程中，将与中方合作，妥善解决中方关注的问题。修改相关规定，尽快解决中国禽肉输美问题；认真研究，推动解决中方关注的其他农产品检验检疫问题。美方承认中国在市场改革方面不断取得的进展，将尽快召开市场经济地位工作组会议，讨论承认中国市场经济地位问题。美方欢迎中国企业赴美投资，将确保中国企业，包括国有企业得到公平对待。也将进一步简化中国公民赴美签证手续，为签证申请提供便利。

10 月 29 日 美国总统奥巴马在多佛尔空军基地瞻仰从阿富汗运回的 18 名美军士兵遗体。

10 月 30 日 哥伦比亚外长贝穆德斯宣布，哥伦比亚已与美国签订关于美租用哥军事基地的协议。贝穆德斯代表哥伦比亚政府与美国驻哥伦比亚大使布朗菲尔德在哥伦比亚外交部"低调"签署了这项协议，协议于即日生效。根据这项军事合作协议，美国军方可以在反毒和打击恐怖主义行动中使用哥伦比亚至少 7 个军事基地，协议期限为 10 年。美国可在哥伦比亚驻扎最多为 800 名军人和 600 名执行合作协议的非军事人员。这些人员是为了帮助哥伦比亚打击国内贩毒和反政府武装。贝穆德斯说，该协议的签署证明了哥伦比亚打击贩毒和恐怖主义的决心。他表示，不会有大批的美国军人进驻哥伦比亚，这个协议的内容更多的是技术层面的合作。他强调说，协议的执行仅限于哥伦比亚境内，不会影响到第三国，也不会有外国军队借道哥伦比亚前往其他国家。

10 月 31 日 美国国务卿希拉里·克林顿在阿拉伯联合酋长国阿布扎比与巴勒斯坦民族权力机构主席阿巴斯会晤，以期重启巴以和平进程谈判。希拉里表示，以色列政府当前对犹太人定居点的限制措施已达史无前例的规模。阿巴斯则强调，以方全面停止犹太人定居点建设是恢复巴以和谈不可回避的前提，而目前以方拒绝停建位于约旦河西岸和东耶路撒冷的大约 3000 套住房的做法，更是令巴方无法接受。

美国国务卿希拉里·克林顿抵达耶路撒冷，分别与以色列总理内塔尼亚胡、外交部长利伯曼以及国防部长巴拉克举行了会谈。希拉里在会谈中表示希望以巴双方尽快恢复和谈，并重申了美国坚持以"两国方案"为框架促成以巴双方达成全面和平协议的立场。内塔尼亚胡则表示，以方愿意立即恢复与巴方的和谈，并致力于实现地区和平。但在此之前，以色列"犹太民族国家"的属性必须得到承认。

11月2日　美国国务卿希拉里·克林顿在摩洛哥马拉喀什参加第六届"未来论坛"并发表讲话。希拉里就推动重启中东和平进程广泛征求意见，并希望借此机会赢得阿拉伯国家在促成巴以和谈事务上的进一步支持。该论坛由大中东和北非地区国家、八国集团发起，与会者包括中东和北非国家政府的主要官员、主要发达经济体代表以及公民社会和私营企业领导人。

美国总统奥巴马在白宫会见瑞典首相赖因费尔特，双方就气候变化、经济政策等问题进行讨论。奥巴马强调了气候变化问题的重要性，并称美国与欧盟之间的经济政策协调将有助于创造岗位。奥巴马表示，瑞典在处理气候变化事宜上已成为领军者，瑞典、美国和欧盟以及全世界均关注沿着可持续发展经济道路走下去，就不会加速全球气候潜在恶化。

11月3日　德国总理默克尔访美，并在美国国会发表演讲，成为继1957年西德总理康纳德·阿登纳之后在美国国会发表演讲的首位德国总理。美德首脑在白宫就阿富汗反恐、伊朗核问题、气候变化及全球经济议题交换意见。奥巴马称，在诸多国际问题上，德国一直是美国"特别坚强的盟友"。

美国总统奥巴马在白宫会见欧盟轮值主席瑞典首相赖因费尔特、欧洲委员会主席巴罗佐以及欧盟外交事务高级代表索拉纳，讨论包括气候变化、全球经济以及阿富汗、巴基斯坦和伊朗问题。

11月4日　美国国务卿希拉里·克林顿访问埃及，分别会见埃及总统穆巴拉克、外长盖特。双方就巴以关系、伊朗核问题、也门局势和黎巴嫩组阁等地区性事务交换了意见。希拉里与埃及总统穆巴拉克会晤后对记者说，在巴以问题上，美国关于定居点的政策没有改变，不接受以色列修建定居点行为的合法性，并且坚持认为最好停止修建所有定居点，无论是目前在建的还是今后要建的。

欧盟-美国能源理事会在华盛顿成立，该理事会的主要职能包括：能源进口渠道多元化，绿色能源研究开发，促进美国与欧盟在能源领域与第三国合作，协调全球能源安全问题等。美国国务卿和能源部长代表美国直接参与能源理事会事务。

美联储宣布将总计购买达 1.25 万亿美元的抵押贷款支持证券和约 1750 亿美元的机构债。机构债的购买数额略低于美联储早先公布的 2000 亿美元，由此小幅缩减了第一轮量化宽松政策的规模。

11 月 5 日　美国总统奥巴马在白宫会见博茨瓦纳总统卡马，会晤议题主要包括政府治理、经济发展、自然资源可持续管理以及艾滋病防治等。

11 月 8 日　美国国务卿希拉里·克林顿开始为期 11 天的访问德国和亚洲行程。

美国国务卿希拉里·克林顿在柏林代表美国参加柏林墙倒塌 20 周年纪念活动。

11 月 9 日　美国总统奥巴马在白宫会见以色列总理内塔尼亚胡，讨论双边关系和巴以和平进程问题等。

11 月 10 日　美国国务卿希拉里·克林顿在新加坡参加亚太经合组织论坛部长级会议。

11 月 12 日　美国国务卿希拉里·克林顿开始对菲律宾为期两天的访问。希拉里在菲首都马尼拉与菲外长罗慕洛就美方进一步向菲遭受台风袭击地区提供援助及菲国内和平进程等问题举行会谈。希拉里在会谈结束后举行的记者招待会上说，在已向菲提供了 1400 万美元赈灾援助基础上，美国将再向菲律宾受台风和洪水袭击的地区提供 520 万美元赈灾和重建款项。希拉里表示，美国支持菲律宾政府和菲最大的反政府武装组织"摩洛伊斯兰解放阵线"之间争取和平的努力，并愿协助双方通过谈判达成一项最终和平协议，以结束菲南部棉兰老地区长达数十年之久的武装冲突。在回答有关美菲就《访问部队协议》重新谈判的提问时，希拉里说，美国致力于与菲律宾建立强有力的伙伴和盟友关系。美方不希望中止这项协议，并强调该协议是双方伙伴关系的"重要体现"之一。

11 月 13 日　美国总统奥巴马开始对日本为期两天的访问。期间，与日本首相鸠山由纪夫就支援阿富汗实现复兴、气候变化、核裁军等一系列问题进行会谈。奥巴马表示美国和日本是"平等伙伴关系"。

11 月 14 日　美国总统奥巴马在日本首都东京三得利音乐厅发表美国亚洲政策演讲。演讲话题涉及美日同盟、美中关系、朝鲜半岛无核化、亚洲太平洋地区贸易合作等。奥巴马表示，亚洲对全球的影响日渐提高，亚洲要有平衡和持续的经济增长，才可确保全球经济继续复苏。而应付气候变化、能源安全等议题，亦不能缺少亚洲的参与。美国是太平洋国家，与亚洲命运有密不可分的关系。美将与同盟国加强关系，并建立新的伙伴关系。奥巴马指出，中国的快速发展将会有助全球发展。美国不谋求遏制中国，并欢迎中国在世界上发挥更大的作用。在美日关系方面，奥巴马表示，"美日关系将永远是美国在这一地区的中心……美国在亚太地区的努力将基于与日本持续且焕发新活力的同盟关系之上"。美国对日本乃至亚洲的安全承诺"不可动摇"。美国将继续为日韩等同盟国提供核遏制力，朝鲜和伊朗应加入核不扩散体制。他还表示，美国愿为朝鲜提供"不同的未来"，使朝鲜摆脱孤立状态，但朝鲜必须履行其国际责任，重返六方会谈和核不扩散机制。他在讲话即将收尾时自称"美国首位'太平洋总统'"。

11月15日　美国总统奥巴马出席在新加坡举行的亚太经合组织领导人会议，奥巴马在新加坡宣布，2011年的亚太经合组织（APEC）领导人非正式会议将在他的故乡美国夏威夷举行。

美国总统奥巴马和东南亚国家联盟（东盟）十国领导人在新加坡举行会晤。奥巴马成为首位与东盟十国领导人会晤的美国总统。奥巴马和东盟轮值主席国泰国总理阿披实共同主持会议。东盟秘书长素林、东盟十国领导人出席会议并讲话。双方会后发表的联合声明说，双方将加强在全球和地区事务中的合作。双方同意，将于2010年举行第二次领导人会议。联合声明说，美国欢迎东盟按照其宪章，于2015年前建立共同体的计划。双方同意将加强协作，成立东盟-美国名人小组，支持东盟与美国深化在地区和全球事务中的合作。双方决心深化在反恐、预防打击跨国犯罪方面的合作。声明说，奥巴马宣布，美国将加强与东盟的接触，美国把东盟视为亚太地区推动和平、稳定和繁荣的重要伙伴。关于合作应对金融危机，声明说，双方决心从1997年亚洲金融危机和2008年国际金融危机中吸取教训，致力于国际经济和金融架构改革，防止全球经济再次陷入危机，推动地区和全球经济增长和复苏。声明说，东盟领导人欢迎美国与缅甸政府举行高级别对话以及美国与缅甸接触的政策。东盟领导人强调，缅甸实现民族和解，以自由、公正、广泛和透明的方式举行2010年大选具有重要意义。

美国总统奥巴马在新加坡会见俄罗斯总统梅德韦杰夫。

美国总统奥巴马在新加坡会见新加坡总理李显龙。

美国总统奥巴马开始对中国进行为期 4 天的国事访问。

11 月 17 日 美国总统奥巴马在北京会见中国国家主席胡锦涛。两国元首就中美关系定位与发展方向达成重要共识，双方一致同意，共同努力建设 21 世纪积极合作全面的中美关系，并将采取切实行动稳步建立应对共同挑战的伙伴关系。双方会谈后发表《中美联合声明》。双方高度评价中美战略与经济对话机制的重要作用，认为对话为两国增进理解、扩大共识、减少分歧、寻求对共同问题的解决办法提供了独特的平台。双方同意继续利用高层领导人的直接联系渠道就重大敏感问题保持及时沟通，将两国外长年度互访机制化，并鼓励两国其他部门高级官员经常互访。双方积极评价中国中央军事委员会副主席2009 年 10 月访美成果，表示将采取具体措施推进两军关系未来持续、可靠地向前发展。双方将共同做好 2010 年中国人民解放军总参谋长陈炳德上将访美和美国国防部长罗伯特·盖茨、美军参谋长联席会议主席迈克尔·马伦上将访华有关准备工作，积极落实两军已商定的各项交流与合作计划，包括提高两军交往的级别和频率。上述措施旨在加强双方开展务实合作的能力，增进对彼此意图和国际安全环境的理解。双方同意在平等互利基础上深化反恐磋商与合作，加强执法合作。双方积极评价《中美科技合作协定》签署 30 年来两国科技合作与交流取得的丰硕成果，同意通过中美科技合作联委会进一步提升两国在科技创新领域交流与合作的水平。双方期待本着透明、对等和互利原则，就航天科学合作加强讨论并在载人航天飞行和航天探索方面开启对话。双方承诺将落实最近签署的《中美两国农业部关于农业合作的谅解备忘录》。双方同意就卫生健康领域进一步开展联合研究，包括干细胞联合研究等。双方强调各国及各国人民都有权选择自身发展道路。各国应相互尊重对方对于发展模式的选择。双方都认识到，中国与美国在人权领域存在分歧。双方本着平等和相互尊重的精神处理有关分歧，并按照国际人权文书促进和保护人权，决定于 2010年 2 月底前在华盛顿举行下一轮中美人权对话。双方认为，人文交流对促进更加紧密的中美关系具有重要作用。美方将启动一个鼓励更多美国人来华留学的新倡议，今后四年向中国派遣 10 万名留学人员。中方欢迎美方上述决定。双方同意加紧商谈并于 2010 年续签《中华人民共和国政府和美利坚合众国政府文化协定二〇一〇至二〇一二年执行计划》，并适时在美合作举办第二届"中美文化论坛"。双方认为，21 世纪全球性挑战日益增多，世界各国相互依存不断加深，对和平、发展与合作的需求增强。中美在事关全球稳定与繁荣的众多重大问题上，拥有更加广泛的合作基础，肩负更加重要的共同责任。两国应进一步加强协调与合作，共同应对挑战，为促进世界和平、安全、繁荣而努力。双方认为，培育和深化双边战略互信对新时期中美关系发展至关重要。美方表示，美国致力于与其他国家共同努力应对所面临的最困难的国际问题。中方表示，欢迎美国作为一个亚太国家为本地区和平、稳定与繁荣作出努力。双方重申致力于建设 21 世纪积极合作全面的中美关系，并将采取切实行动稳步建立应对共同挑战的伙伴关系。双方强调台湾问题在中美关系中的重要性。美方表示奉行一个中国政策，遵守中美三个联合公报的原则。美方欢迎台湾海峡两岸关系和平发展，期待两岸加强经济、政治及其他领域的对话与互动，建立更加积极、稳定的关系。双方认为，中美两国在共同应对全球挑战方面开展合作，有助于促进世界繁荣与安全。双方重申 1998 年 6 月 27 日作出的关于不把各自控制下的战略核武器瞄准对方的承诺。双方认为，两国在推动和平利用外空方面拥有共同利益，双方同意采取步骤加强外空安全。双方同意通过中美战略与经济对话、两军交往等渠道就具有战略重要性的问题进行讨论。双方同意通过现有磋商和对话渠道，根据国际法准则，在相互尊重管辖权和利益的基础上妥善处理军事安全和海上安全问题。双方决心共同努力，推动全球经济实现更加可持续和平衡的增长。为此，双方注意到彼此强有力和及时的政策措施有助于遏制全球产出下降和稳定金融市场。双方同意延续现有举措以确保强健、可持续的全球经济复苏和金融体系。双方重申将继续在宏观经济政策领域加强对话与合作。双方承诺履行在首轮中美战略与经济对话、二十国集团峰会和在新加坡举行的亚太经合组织会议中作出的所有承诺。双方积极评价第二十届中美商贸联委会会议成果。双方重申在会议中所作承诺并期待其得到全面落实。双方认识到，在当前国际形势发生复杂深刻变化的情况下，中美在合作应对地区和全球安全挑战方面拥有共同责任。双方强调中美在亚太地区拥有广泛共同利益，支持构建和完善开放、包容、共赢的地区合作框架。双方将努力推动亚太经合组织在促进地区贸易投资自由化和经济技术合作以及东盟地区论坛在促进地区安全合作方面发挥更有效作用。双方就气候变化问题进行了建设性和富有成效的对话。双方强调气候变化是我们时代的重大挑战之一。双方认为应对这一挑战需要强有力的回应，国际合作是不可或缺的组成部分。双方相信，应对气候变化应该尊重发展中国家把经济和社会发展作为优先事项，并相信向低碳经济转型是促进所有国家经济持续增长和可持续发展的机会。

11 月 19 日　美国总统奥巴马访问韩国，与韩国总统李明博举行会谈，朝核问题是双方会谈的首要议题，双方还就发展面向未来的战略同盟关系的方案以及扩大两国人员和商品的交流合作等进行讨论。

美国国务卿希拉里·克林顿访问阿富汗，出席卡尔扎伊总统就职典礼。这也是希拉里作为国务卿首次访问阿富汗。希拉里在赴喀布尔途中对记者说，阿富汗正处于"关键时刻"。阿富汗政府的反腐力度还不够，尚不能显示其反腐决心。

11 月 24 日　美国总统奥巴马在白宫会见印度总理辛格。奥巴马称，在应对全球挑战和构建未来的过程中，印度是美国"不可或缺"的伙伴，美印两国加强合作有助于世界的安全与繁荣。"如今，我们是不凌驾于其他国家的两个全球引领者，我们致力于为所有国家构建一个安全和繁荣的未来。"奥巴马说，他将致力于落实美印民用核能合作协议。根据此前布什政府与印度政府签署的这项协议，美国将向尚未签署《不扩散核武器条约》的印度提供民用核能技术和核燃料，但前提是印度必须将民用核项目与军用核项目分离。奥巴马说，美国没有责任解决巴基斯坦与印度之间存在的争议，但美方愿意"促进两国的安全进程"。美国向巴基斯坦提供援助旨在帮助后者打击恐怖组织，并表示巴基斯坦在反恐问题上"正取得进展"。奥巴马说，一些实施恐怖袭击的极端组织经常在巴基斯坦领土之外地区活动，而巴基斯坦在斯瓦特河谷以及南瓦济里斯坦地区展开的大规模军事清剿行动正表明了巴基斯坦在打击恐怖主义问题上所取得的进展。美国和印度政府在华盛顿签署 6 项谅解备忘录，同意深化两国在全球安全与反恐、经济贸易与农业、文化教育与发展、卫生健康与疾病防控、环境保护与食品安全等领域的合作，以加强美印战略伙伴关系。美国和印度政府宣布成立名为"美印经济金融伙伴关系"的高级对话机制，以增进双方在经济、金融等问题上的相互理解并扩大合作。

11 月 30 日　美国总统奥巴马和国务卿希拉里·克林顿在白宫会见澳大利亚总理陆克文，双方主要讨论了气候变化、阿富汗局势等问题。

12 月 1 日　美国总统奥巴马在位于纽约州的西点军校发表全国讲话，宣布阿富汗战略的调整方案，其中包括 2010 年夏季之前向阿富汗增兵 3 万人以及美国从 2011 年 7 月开始逐步从阿撤军。奥巴马说，在对阿富汗战略进行全面评估后，他确信向阿富汗增兵符合"国家的重大利益"，而"18 个月后，我们的部队将开始回家"。他说，美国目前必须增兵才能增强阿富汗安全部队的能力，并最终以负责任的方式撤军。奥巴马说，作出以上决定是因为美国在阿富汗和巴基斯坦的安全利益受到威胁。而美国的反恐总目标仍是"破坏、瓦解和击溃"阿富汗和巴基斯坦境内的"基地"组织，防止其拥有在未来威胁美国及其盟友的能力。美国希望北约盟国提供更多部队，为美国 2011 年 7 月开始逐步撤军创造条件。他还说，巴基斯坦是美国在阿富汗取得成功的不可缺少的伙伴，美国将在共同利益、相互尊重和相互信任的基础上加强美巴关系。

12 月 2 日 美国国务卿希拉里·克林顿在众议院外交委员会举行的听证会上就阿富汗和巴基斯坦问题做证。

12 月 4 日 北约 28 个成员国外长和其他 16 个在阿富汗驻兵的非北约国家外长在比利时布鲁塞尔北约总部举行会议。美国国务卿希拉里·克林顿出席。会议主要讨论向阿富汗增兵问题。北约秘书长拉斯穆森在布鲁塞尔宣布，已有至少 25 个国家承诺在 2010 年向阿富汗增派约 7000 名士兵，以支持北约在阿富汗的行动。北约此举意在显示支持美国总统奥巴马的对阿富汗新战略。希拉里对各国的增兵承诺表示感激，认为盟国所做出的承诺"令人振奋"。

12 月 7 日 美国朝鲜政策特别代表博斯沃思在首尔会见韩国外交通商部朝鲜半岛和平交涉本部长、朝核问题六方会谈韩国代表团团长魏圣洛，就朝美对话的议题和方向进行事前协调。此外，他还同外交通商部长官柳明桓和青瓦台外交安保首席秘书金星焕等举行了会晤。

12 月 8 日 美国朝鲜政策特别代表博斯沃思开始对朝鲜进行为期 3 天的访问。美朝就履行"9·19 共同声明"的重要性、重开六方会谈的必要性达成"一定共识"。这是奥巴马执政后，美国朝鲜政策特别代表首次访朝。

12 月 10 日 美国总统奥巴马在挪威首都奥斯陆市政厅领取 2009 年诺贝尔和平奖，并在颁奖典礼上发表讲话。奥巴马为美国在伊拉克和阿富汗的战争进行了辩护。他说，战争工具在维护和平方面确实有其作用，虽然战争本身向来不是光荣的。

美国总统奥巴马在奥斯陆会见挪威首相斯托尔滕贝格，就挪美关系、气候变化、阿富汗战争以及妇女儿童权益等问题交换看法。

12 月 11 日 美国交通部长雷·拉胡德宣布，美国与日本达成一项"开放天空"航空协议，以促进两国人员和货物运输航空服务。根据这项协议，美日双方将取消目前对两国航空公司在飞行线路、目的地、班次乃至定价等方面的限制，允许两国航空公司依据市场需求选定或调整飞行线路以及航班次数。拉胡德在声明中表示，这一协议一旦生效，美日两国的消费者、航空公司以及两国经济将会从更具竞争力的价格和更便捷的服务中获益。为了达成这项协议，美日两国代表先后进行了五轮谈判。

12月12日　美国朝鲜政策特别代表博斯沃思开始对日本进行为期两天的访问，向日方通报此前访问朝鲜的相关情况。博斯沃思在记者招待会上说，他不知道朝核问题六方会谈何时重启，美国在今后数周内将与相关国家紧密合作，以"战略性的忍耐"加以应对。

波兰和美国签署《美国驻军地位协定》，为美国在波兰领土上派驻军队创造必要的法律条件。波兰国防部副部长科莫罗夫斯基同到访的美国负责军控和国际安全事务的副国务卿埃伦·陶舍在华沙正式签署了该协定。波美双方2008年10月开始就美国驻军地位问题进行协商。该协议不仅包含"爱国者"导弹的部署问题，还涉及双方在未来10年中的其他军事合作内容。按照计划，在协定生效约90天后，美国将从设在德国的军事基地运来一套"爱国者"导弹系统，并派遣一支由100—110名士兵组成的导弹部队。

12月14日　美国总统奥巴马在白宫会见黎巴嫩总统苏莱曼，就强化双边关系、实现地区全面和平以及落实联合国安理会相关决议等共同关心的问题交换意见。美国总统国家安全事务助理琼斯、国务卿希拉里·克林顿和国防部长盖茨也分别会见了苏莱曼。

美国国务卿希拉里·克林顿以"21世纪的人权议程"为题在乔治敦大学发表演说。希拉里称"我们制定的21世纪人权议程是为了促使人权成为人类的现实"。希拉里称奥巴马政府从四个方面将美国的人权原则付诸行动。第一，"对人权的承诺以普世公认的标准，以要求包括我们自己在内的每个人都遵循这些标准为起点"。第二，"我们在推进人权议程时必须务实而灵活——在坚持原则的前提下采取最有可能产生实效的做法"。第三，"支持公民和社区推动的改革。让人权成为人类现实的工程而不能只是政府的工程，它还需要个人之间和组织之间的合作，在社区内和国际上都是如此"。第四，"我们将扩大重点。我们必须继续加强非政府组织，巩固新生的民主体制"。

12月18日　美国总统奥巴马出席在丹麦首都哥本哈根举行的联合国气候变化大会并发表讲话。奥巴马称所有的主要经济体必须提出明确的国家行动减少各自的排放量，着手在气候变化问题上开创新局面。美国将履行已经做出的承诺：到 2020 年减排 17%，到 2050 年减排 80% 以上。同时，必须建立一种机制审查各国是否遵守承诺。

美国总统奥巴马会见在哥本哈根出席气候变化会议的中国国务院总理温家宝。奥巴马表示，应对气候变化，应遵循"共同但有区别的责任"原则。中国宣布的控制温室气体排放目标是雄心勃勃的，令人印象深刻，这对世界很重要。中国是发展中国家，面临的最大挑战是发展经济、消除贫困，不能苛求中国采取美国等发达国家应采取的步骤。美方对中方愿增加自主减排信息的透明度表示赞赏，愿同中方共同推动哥本哈根会议取得成果，并加强在气候变化领域的长期合作。

二 2010 年

1 月 6 日 美国国务卿希拉里·克林顿在彼得森国际经济研究所发表演讲时称，在维护美国利益与解决全球性问题上，发展援助和外交、国防政策一样重要，而且只有将它们综合运用，才能取得最佳效果。希拉里强调，奥巴马总统推动的援助计划将一改以往单向指令的做派，更注重与受援国进行协商。美国政府计划在 2010 年用于国际援助的预算较上一年增长了 9%，约达到 540 亿美元。

美国国防部批准雷神、洛克希德·马丁公司执行小布什政府 2008 年 10 月宣布的军售计划，向台湾地区出售"爱国者-3"型导弹防御系统等武器装备。

1 月 12 日 美国国务卿希拉里·克林顿在夏威夷檀香山就美国亚太政策发表演讲，"概要地说明指导美国继续与亚太地区进行积极接触和发挥领导作用的原则，以及我们处理多边合作问题的做法"。"首先，美国的同盟关系是我们进行地区参与的基石。除了我们通过条约建立的同盟之外，我们还致力于加强与其他主要参与国的关系。我们正在与印度开展战略对话，与中国进行战略与经济对话，与印度尼西亚建立全面伙伴合作关系。我们正在加强与越南等新合作伙伴以及新加坡等长期合作伙伴的关系。加强多边合作应该也必须尊重和发展久经考验的双边合作关系"。"其次，地区性机构和努力应促进我们的明确并逐渐得到认同的目标。这些目标包括加强安全和稳定、扩大经济机会和发展、促进民主和人权。为了推进地区安全，我们必须应对核扩散、领土争端和军备竞赛等问题，这些是二十一世纪将面临的持久威胁。为了增加经济机会，我们必须集中精力减少贸易和投资壁垒，提高市场透明度，推广更加平衡、包容、持久的经济增长模式。为了继续推动政治进步，我们必须支持保护人权和促进开放型社会的努力"。"第三，我们的机构必须具有效益并侧重于产生实效。成立和运作地区组织应该以具体而务实的精神为动力。更为重要的是，组织机构应产生实效，而非徒具虚名"。"第四，我们必须在力求取得这些成效时努力保持和增强灵活性。现在，在某些情况下，大型多边机构可能缺少必要的工具来处理具体的问题。在适当的领域，我们将参加以应对具体挑战为目标的非正式磋商，并将支持那些促进周边国家共同利益的次地区机构"。"第五，作为亚太地区国家，我们需要确定哪些组织将成为决定性的地区机构。每一个机构都有其作用和目的，但具有决定性的机构将包括所有的利益相关者。其中有些可能由来已久，如亚太经合组织；有些可能成立于近期，如东亚峰会；或者更有可能的是，它们是新老机构的结合。这是一个我们必须通过磋商和协调共同回答的关键问题。美国在亚太各种机构中的参与和领导作用可以让各方受益。我们能够以其他地区性角色所无法效仿或在某些情况下无法得到信任的方式提供资源和促进合作。然而，没有任何国家——包括我国在内——应谋求主宰这些机构"。希拉里最后称，"毫无疑问——如果本届政府开始执政时有怀疑的话——美国已经重返亚洲"。

美国国务卿希拉里·克林顿在夏威夷与日本外相冈田克也举行会谈，驻日美军普天间基地搬迁问题是两人讨论的焦点之一。希拉里表示，美方尊重日本政府在普天间基地搬迁问题上走的程序。美国理解日本政府有一些"复杂的问题"需要处理。但希拉里敦促日本政府在普天间基地问题上早作决定。她说，美国仍然认为应按照两国在 2006 年达成的驻日美军部署调整方案解决这一问题。这一方案是两国政府经过严肃思考与分析后得出的结果。除了普天间基地搬迁问题，双方还讨论了阿富汗局势、伊朗核问题、朝核问题、全球变暖、核不扩散与核裁军以及缅甸问题等。

联合国秘书长潘基文任命美国前总统克林顿担任联合国特使，领导对海地的救援和灾后重建工作。

1 月 13 日　美国总统奥巴马在首都华盛顿就海地发生强烈地震发表讲话，向地震遇难者表示哀悼。他表示美国将采取"迅速、协调、积极"的措施向海地提供援助。加勒比岛国海地当地时间 1 月 12 日下午发生里氏 7.3 级强烈地震，造成首都太子港大量人员伤亡。奥巴马邀请前任总统乔治·W. 布什和克林顿共同参与海地地震救援。

捷克副外长波亚尔和美国负责欧洲和欧亚事务的助理国务卿戈登在布拉格举行两国战略对话。戈登在记者会上表示，美国意识到同欧洲盟国，以及捷克进行合作的必要性。放弃在捷克建立反导雷达基地，重新制定反导防御计划将更好地保护美国和盟国。他还提到了不断增长的来自伊朗的弹道导弹的威胁，强调新的反导系统是针对任何此类风险的防御准备。美国和捷克 2008 年 8 月签署了有关美国在捷克建立反导雷达基地的协议。根据协议，美国应于 2010 年开始在捷克兴建这一基地。2009 年 9 月 17 日，美国总统奥巴马宣布调整美国在欧洲的导弹防御策略，放弃布什政府制定的在波兰和捷克部署导弹拦截装置及监测装置的计划，转而推出一项分阶段、更有针对性和操作性、更具效率的反导系统的部署方案。根据美国提出的新方案，如果波兰和捷克同意，美国最早将于 2015 年在两国部署改进型陆基"标准－3"型反弹道导弹。

1 月 16 日　美国国务卿希拉里·克林顿与美国国际开发署署长拉吉夫·沙赫访问海地并察看地震灾情。

1 月 19 日　美国国务卿希拉里·克林顿与国防部长盖茨和日本外相冈田克也与防卫相北泽俊美就《日美安全保障条约》修订 50 周年发表联合声明，称日美安保体制在 21 世纪也将"为维持日本安全及亚太地区的和平稳定发挥不可或缺的作用"。"日美同盟是地区稳定的基石"，并表示两国将在促进美军与自卫队合作等广泛领域"深化"同盟。声明回避了直接谈及悬而未决的冲绳美军普天间机场搬迁问题，仅指出为兼顾减轻当地的基地负担和维持威慑力两个方面，"将支持正在做出的努力"。针对朝鲜核、导弹开发和绑架问题，声明确认了两国在六方会谈中将"紧密合作"，并要求中国"在国际社会上发挥有责任的建设性作用"。在全球性课题方面，声明表示将防止大规模杀伤性武器扩散，进一步努力以实现"无核武世界"。此外还确认将在国际反恐、打击海盗、应对自然灾害及提供人道援助等方面开展合作。

美国国防部长盖茨访问印度。期间，与印度总理辛格、外交部部长克里希纳和国防部长安东尼进行会谈，希望印度能与美国签署《后勤支援协议》和《通信兼容与安全备忘录》。盖茨在与安东尼会晤后表示，《通信兼容与安全备忘录》能使美国向印度提供精密的通信仪器并交换地理和空间信息。他说，印度为其军队获得高端装备符合印度利益，美国已与多个最为紧密的盟友签署了这一备忘录，为他们提供额外的技术。他说，双方就这两项军事协定从 2002 年开始谈判。他认为，通过增加通信设备的兼容性和安全性，将极大地扩展两国防务关系。印度国防部则发表声明表示，印度需评估提议中的两个协定给印度带来的利益。

1 月 21 日　美国国务卿希拉里·克林顿公布《阿富汗和巴基斯坦地区稳定战略》，强调外交和发展在国家安全战略中的作用，并表示美国对阿富汗和巴基斯坦的发展援助在军事行动结束以后仍将持久进行。这一战略旨在通过加大对阿富汗和巴基斯坦两国长期民事援助力度，支持两国政府应对境内的极端主义威胁。这一战略由美国阿富汗和巴基斯坦问题特使理查德·霍尔布鲁克办公室制定，其突出特点是对美国在阿巴两国的民事援助安排作了纲领性规划。

根据这一战略，美国在阿富汗将加大对以农业为先导的重点产业援助，以创造就业机会，限制塔利班通过罂粟交易融资。在巴基斯坦，美方将在未来 5 年内向巴政府提供 75 亿美元民事援助，帮助巴方克服经济发展中面临的困难。此外，根据该战略，美国还准备动员其他国家，以构建一个"尽可能最广泛的"联盟，支持美国在阿富汗和巴基斯坦开展的行动，帮助两国实现稳定和繁荣，以抵抗极端势力的威胁。

美国国防部长盖茨开始为期两天的巴基斯坦之旅。盖茨对媒体表示，他访问巴基斯坦的主要任务是向其阐述美国在阿富汗的战略，美国希望成为巴的长期盟友。盖茨表示，美国正在考虑向巴基斯坦提供 12 架"影子"无人侦察机，以帮助巴安全部队提高搜集情报的能力。

美国国务卿希拉里·克林顿在华盛顿哥伦比亚特区新闻博物馆发表讲话，阐述互联网自由对社会进步和经济增长的重要性，宣布将把增进"连接自由"作为一项基本外交目标。希拉里宣称中国等国家加强了对互联网的审查，威胁了信息的自由流通，限制了言论自由。

1 月 22 日　美国前总统克林顿和布什前往海地，就震后长期的重建工作进行讨论。

1 月 25 日　美国国务卿希拉里·克林顿在蒙特利尔参加由加拿大发起的海地地震问题国际会议，各国及海地政府就海地的灾后重建以及经济发展问题进行了讨论。

1 月 27 日　美国总统奥巴马发表其就任后的首份国情咨文。此次国情咨文的主题包括"创造就业、处理财政赤字、帮助中产阶层和改变华盛顿"。在外交方面，阐述了他执政以来的成绩。"在阿富汗，我们增加了驻军数量，同时加紧训练阿富汗安全部队，使他们能够在 2011 年 7 月接管局势，而我们的部队届时可以开始撤回。我们帮助阿政府治理国家、减少腐败、支持所有阿富汗人的权利。在打击'基地'组织的同时，我们有责任将伊拉克交由该国人民管理。我作为候选人时曾承诺结束这场战争，如今作为总统的我正在这么做。我们的作战部队将在今年 8 月底前全部撤出伊拉克"。"如今，我们在进行两场战争的同时，还面临核武器这个可能是对美国人民最大的威胁"。称"因核试验与导弹试射朝鲜正遭受严厉制裁"。警告伊朗，"如果伊朗领导人继续无视其义务，将面临严重后果"。

美国国务卿希拉里·克林顿在伦敦出席也门问题部长级会议，就支持也门政府打击境内极端主义、向也门提供援助、支持也门政治与经济改革等问题与有关国家协调立场。

美国参议院批准本·伯南克连任美联储主席。

1月28日 美国国务卿希拉里·克林顿在伦敦出席阿富汗问题国际会议。这次会议旨在显示国际社会对于阿富汗未来以及卡尔扎伊政府提出的政治议程的支持。会议重点讨论了落实美方就阿富汗安全、治理、发展和国际民事援助等问题提出的战略。

美国总统奥巴马在佛罗里达麦克迪尔空军基地会见参加海地地震救援的机组人员。

1月29日 美国国务卿希拉里·克林顿在巴黎分别会见法国总统萨科齐和外交部部长库什内,就国际社会向海地提供援助,伊朗、也门、阿富汗和巴基斯坦等国局势以及其他问题交换意见。

美国国防部对外公布提请国会审议的对台军售案,将向台湾地区出售"黑鹰"直升机、"爱国者-3"反导系统、扫雷艇等总额近64亿美元的武器装备。

2月1日 美国总统奥巴马向国会提交2011财年预算案。预算案说,国会已经为伊拉克和阿富汗在2009年10月1日至2010年9月30日的2010财年批准拨款1300亿美元,但奥巴马政府希望追加330亿美元,用于向阿富汗增兵3万人的开支。在2010年10月1日至2011年9月30日的2011财年,奥巴马政府的战争拨款要求为1593亿美元。根据预算案,2011财年战争拨款包括116亿美元用于扩大阿富汗安全部队规模,还有12亿美元作为对巴基斯坦的军事援助,以便训练和装备巴基斯坦军队打击恐怖组织。除了战争拨款,奥巴马政府在2011财年的国防预算为5489亿美元,比2010财年增加3.4%。

美国国防部向国会提交2010年版《四年防务评估报告》,提出确定国防部未来工作重点的战略框架。这份报告体现了国防部长盖茨此前提出的工作重点,即在当前战争中取胜、防止和遏制冲突、准备应对广泛领域的突发事件,以及保持和增强美国志愿兵队伍。报告首次将当前战争冲突作为预算、政策和项目重点,确保美军人员及其家属获取所需的资源。此外,还要使美军重新实现平衡,更有能力应对当前在伊拉克和阿富汗的战争以及打击"基地"组织的行动。为此,美军要增加情报、监视和侦察资源,拥有更多直升机和反自制爆炸装置设备等,还要更加重视特别行动队。建立同盟和合作伙伴关系也是这份报告的重要主题之一。报告称，美国必须做好准备，应对正在浮现的各类型的安全挑战，其范围从其他国家的军事现代化，到非国家团体寻求以更加狡猾和更具破坏性的方式攻击美国及盟国和伙伴国。在这种威胁环境下，美国需要具备多样化的军事能力，适应可能出现的一切冲突。为实现这一目标，国防部必须从主要装备研发、采购到人员管理等各个方面继续改革运作方式。为应对在力量投送、慑止侵略，以及援助盟国和伙伴国等方面面临的潜在威胁，报告要求在新的海空联合作战构想、远程打击、太空与网络空间等方面给予比其他常规和战略现代化项目更多的关注和投入。此外，报告还特别关注防止和慑止冲突，要求加强与盟国和伙伴国的合作，以及与民事机构的整合。

　　美国国防部向国会提交 2010 年版《弹道导弹防御评估报告》。这是美国国防部迄今为止制订的第一份《弹道导弹防御评估报告》，从 2009 年 3 月开始至 2010 年 1 月完成。该报告全面评估了美国弹道导弹防御的政策、战略、计划和项目等内容。报告在国防部负责政策事务的副部长，负责采办、技术与后勤事务的副部长，以及参联会副主席的共同领导下制订。国务院、国土安全部、白宫行政管理和预算局以及情报界和国家安全事务工作小组也参与了报告的制订。此报告以评估弹道导弹对美国及其盟友构成的威胁开篇，称保护美国不受弹道导弹攻击的威胁，事关美国国家安全核心利益；称美军与盟友及合作伙伴面临的导弹威胁正日益加剧，美应审慎分析面临的威胁，优化资源与投资，并完善项目管理机制。随后，报告转入阐述美政府的相关战略、政策框架和优先任务。报告说明了美政府遂行国土防御任务的举措，强调了海外驻军、盟友及伙伴应对威胁所采取的措施。另外，报告还阐述了加强弹道导弹防御国际合作的详细措施。最后，报告强调了国防部导弹防御项目管理的一系列问题。

　　2 月 5 日　美国国防部长盖茨、副国务卿斯坦伯格在德国慕尼黑出席为期 3 天的第 46 届慕尼黑安全政策会议。

　　2 月 14 日　美国国务卿希拉里·克林顿在卡塔尔访问。在多哈出席"美国和伊斯兰世界论坛"并发表演讲。希拉里呼吁伊朗重新考虑她所称的"危险的政策决定"。称伊朗在核项目问题上所采取的行动，导致国际社会别无选择，只能对德黑兰采取更严厉的制裁。奥巴马政府希望和平解决伊朗核问题，"但这种耐心是有限的。""伊朗没有履行义务向国际社会证明其核计划是出于和平目的。"美国及其一些盟友正拟订新方案以促使伊朗改变其核计划。

2月15日　美国国务卿希拉里·克林顿访问沙特阿拉伯。

2月17日　美国"尼米兹"号航母战斗群开始对中国香港进行为期4天的访问。

2月18日　美国总统奥巴马在白宫会见达赖，美国国务卿希拉里·克林顿也于同日会见达赖。中国外交部副部长崔天凯召见美国驻华大使洪博培提出严正交涉。

2月22日　美国国务卿希拉里·克林顿、国防部长盖茨出席在华盛顿举行的为期两天的北约战略构想研讨会并发表讲话。希拉里呼吁北约与俄罗斯形成更密切的合作关系，但同时又重申美国不支持俄提出的新欧洲安全条约草案，认为欧洲安全问题应在现有机制内，特别是在北约—俄罗斯理事会框架内加以讨论。她说，北约不是俄罗斯的安全威胁之一。北约修订战略构想，是充分考虑到成员国面对的威胁性质发生了变化。无论是打击海盗，还是应对恐怖主义威胁、防止核武器扩散，都不可能以边境为界。盖茨在讲话中指出，正在进行的阿富汗战争，充分暴露了北约的根本弱点。他强调，北约欧洲成员国与美国的军事力量发展不平衡，对北约的行动能力构成挑战。欧洲的非军事化正成为21世纪实现真正安全和持久和平的障碍，北约欧洲成员国存在过度的反战文化。基于此，他呼吁对北约再次进行根本性改革。

2月24日　美国朝鲜政策特别代表博斯沃思访华，与中国政府朝鲜半岛事务特别代表武大伟会晤。双方就各方为重启六方会谈所作努力的现状、前景以及如何推进有关进程交换了意见。

2月25日　美国朝鲜政策特别代表博斯沃思访问韩国。

2月26日　美国国务卿希拉里·克林顿在华盛顿会见韩国外交通商部长官柳明桓，双方讨论了双边关系、半岛局势问题等。

美国朝鲜政策特别代表博斯沃思访问日本。

3月1日　美国国务卿希拉里·克林顿抵达乌拉圭首都蒙得维的亚，展开上任后对南美地区的首次访问。希拉里出席当天举行的乌拉圭新总统穆希卡的就职仪式，并和穆希卡以及即将离任的乌拉圭总统巴斯克斯举行会晤。

美国国务卿希拉里·克林顿访问阿根廷，与阿根廷总统克里斯蒂娜举行会晤。应克里斯蒂娜总统的请求，希拉里表示美愿就马尔维纳斯群岛主权争端充当阿根廷和英国双方的调解人。此外，希拉里对阿根廷近期推动的减债计划亦表示理解和支持。

　　3月2日　美国国务卿希拉里·克林顿访问智利，在圣地亚哥国际机场附近的空军基地与智利总统巴切莱特举行会晤。希拉里向智利政府移交了通信和发电设备及其他救灾物资，并表示美国政府将提供更多援助物资。两人在会晤中还讨论了美国向智利灾后重建提供长期低息贷款的可能性。希拉里当天还同智利当选总统皮涅拉举行了会晤。

　　美国常务副国务卿斯坦伯格与白宫国家安全委员会亚洲事务高级主任贝德开始对中国为期三天的访问，就中美关系有关问题与中方交换意见。

　　3月3日　美国国务卿希拉里·克林顿访问巴西，与巴总统卢拉及外长阿莫林就伊朗核问题、洪都拉斯以及巴美贸易等问题展开会谈，意在为美国总统奥巴马下半年访巴"铺路"。巴美两国此前在诸多国际和双边问题上存在分歧，此访因而备受关注。伊朗核问题是此次希拉里巴西之行的重要议题。美国坚持认为，对伊朗进行制裁的时刻"已经到了"。希拉里说："我们至今没有看到伊朗在这方面有任何努力，因此我们来与巴西朋友协商，因为我们不得不采取制裁措施了。"对此，巴西外长阿莫林持有不同意见。他说："现在大家看到的不利局面以前我们也看到过，我们认为还有再作尝试的可能性，我们将提议国际原子能机构负责人召集伊朗和其他国家进行谈判。"虽然两国在如何对待伊朗核问题上仍然存在一定分歧，但两国外长均强调，他们的目的事实上是一致的，那就是不让伊朗发展成一个核国家。在洪都拉斯问题上，巴西此前始终坚持洪2009年11月举行的大选无效，不承认军事政变后大选产生的新政府。但在与希拉里的会晤中，阿莫林在该问题上的态度趋于缓和，并对洪新总统洛沃的许多做法持赞赏态度。在双边问题上，美国政府补贴国内棉农而被巴西状告到世贸组织并最终决定对美国实施贸易报复的事件备受关注。巴美两国外长宣布，双方从下周起开始谈判，以解决贸易纠纷。巴美均表示已做好准备，寻求解决方法，而华盛顿方面将派技术人员到巴西商讨补偿措施。

　　3月4日　美国国务卿希拉里·克林顿在圣何塞会见哥斯达黎加当选女总统钦奇利亚，双方讨论了打击贩毒、新能源投资、加强两国经贸关系、加强航天领域合作等问题。希拉里宣布美国将恢复对洪都拉斯的援助。希拉里说，洪都拉斯的新总统洛沃值得华盛顿信任，洪都拉斯已经迈出重要和必要的步伐，值得承认和实现关系正常化。美国国务院已经向国会致信，通报将恢复对洪都拉斯的援助。

　　美国国务卿希拉里·克林顿在圣何塞参加有14个美洲国家外长和外贸部

长参加的第三届"美洲繁荣之路"部长级会议并做主旨发言。希拉里表示，希望美洲各国加强合作，协调行动，努力改善人民生活水平。关于打击美洲贩毒活动问题，希拉里表示美国必须减少毒品需求，从源头遏制贩毒。

美国总统奥巴马签署《2009年旅游促进法》，希望吸引更多的外国访客到美国旅游。

3月5日 美国国务卿希拉里·克林顿访问危地马拉。

3月8日 美国国防部长盖茨突访阿富汗，分别会见阿总统卡尔扎伊和北约驻阿国际安全援助部队最高指挥官麦克里斯特尔。

美国和韩国开始在韩国举行代号为"关键决心"的年度联合军事演习。大约1.8万名美军部队和超过2万名韩国军人参加演习。军演包括美军海军陆战队实弹射击、空中打击演习和城市巷战训练等内容。按韩美联合司令部方面的说法，"军演的目的是提高防御能力"。演习期间并举行代号为"秃鹫"的美韩联合野外机动军事演习。2009年"关键决心"军演期间，美国派遣航空母舰和2.6万名军人参加了演习。2010年演习规模小于2009年且没有美军航母参加。

3月10日 美国总统奥巴马致信国会说，"伊朗政府的行为和政策与美国在这一地区的利益背道而驰，对美国的国家安全、外交政策和经济继续造成不寻常的巨大威胁"。因此，他决定将美国制裁伊朗的第12957号行政令有效期延长一年。1995年3月，时任美国总统克林顿指责伊朗支持恐怖主义和谋求拥有核武器，因此签署了制裁伊朗的第12957号行政令。

3月11日 美国国务院发布《2009年度各国人权报告》。与前几年相比，2009年度的美国国别人权报告在指导思想、研究方法、总体框架和基本体例等方面，均保持了延续性和一贯性；对诸如政治异议人士、宗教和言论自由、妇女儿童保护、劳工保护等传统人权领域的关注也变化不大；对几个重点国家的"特别关照"还是一如既往。对与美国自身有敏感关联的伊拉克和阿富汗，最近几年的人权报告也给予了一定关注，通常都是先表扬其进展和成就，再批评其缺点和问题。不过，2009年度报告也并非毫无"新意"，除了其标榜的所谓"最新数据和资料"外，变化还体现在如下几方面。一是因应全球人权领域新发展，对某些人权保护的新领域，以及一些代表性的新型弱势群体给予了更多关注。比如，这份人权报告更详尽地记载了有关劳工权利、童子军、生育权、危害土著居民的行为，以及对同性恋、艾滋病病毒感染者和艾滋病患者的歧视。二是总结并突出"人权保护方面的最新挑战和趋势"。这份报告对不少国家和地区的非政府组织受到更多法规和政策约束的情况做了特别阐述，认为"有些政府在容纳非政府人权组织上，施加了越来越严厉的限制。它们试图约束这些组织进行登记和开展活动的能力，试图限制这些组织取得境外资助的能力。至少有25个政府已制定新的法律或条例"。三是对新科技及其伴生的人权问题给予了格外关注。一方面，报告高度评价互联网、手机等新技术"给促进全球人权状况改善带来的机遇"，同时，它也对一些国家利用新技术危害人权保护"表示担忧"。报告称，各类人权组织和活动家，正越来越多地使用互联网和电话短信等新的传播媒体，与更广泛的受众接触，但有些政府"非常了解这些新媒体的威力，正力图加以控制，并控制那些其使用方式确实带来麻烦而且侵犯个人隐私的人"。四是破天荒地对本国人权状况做了一定篇幅的说明和评估，对自己仍置身其中的伊拉克、阿富汗及"反恐前沿"巴基斯坦等国人权状况的批评，也更为直接、坦率。

3月17日　美国贸易代表柯克和印度商业与工业部长夏尔马代表两国在华盛顿签署促进贸易和投资合作的框架协议，双方承诺将经贸关系提升到一个新的高度。根据该协议，美印将促进双边投资，增强对彼此知识产权的保护，同时减少对彼此的商品贸易壁垒。柯克表示，美印贸易增长"前景无限"，双方在这方面加强合作，将有助于促进美国经济复苏和创造更多就业机会，同时也有助于印度经济持续增长。夏尔马表示，印度希望框架协议有助于促进印度清洁能源和环保技术研发以及基础设施建设。

3月18日　美国国务卿希拉里·克林顿抵达俄罗斯，开始为期两天的工作访问。出席中东问题四方国际会议是希拉里这次访俄首要任务，推动新的削减战略武器条约"关键阶段"谈判也是"重头戏"。期间，她分别会晤俄外长拉夫罗夫、俄总统梅德韦杰夫和俄总理普京。希拉里说，美俄有关削减进攻性战略武器新条约的谈判已取得实质性进展，美俄将于近期签署这一条约。当天，俄罗斯总理普京宣布，俄罗斯援建的伊朗布什尔核电站首个核电机组计划2010年夏季投入使用。希拉里与俄罗斯外长拉夫罗夫举行会谈。会后举行的联合新闻发布会上，二人就普京声明起争执。希拉里说，西方国家眼下在寻求进一步制裁伊朗，俄方这时宣布启动布什尔核电站会向伊朗政府发出错误信号。她敦促俄方延期启动核电机组。希拉里说，伊朗政府如果"打消世界疑虑或因国际制裁改变行为，就能寻求和平发展民用核能"。否则，在伊方没有证明不发展核武器的情况下推进任何核项目都会显得"仓促"。拉夫罗夫回应说，布什尔核电站长期受国际原子能机构严密监督。这一工程对说服伊方与国际原子能机构合作、履行《核不扩散条约》规定的义务必不可少。

3月19日　美国国务卿希拉里·克林顿与美中东问题特使米切尔在莫斯科参加由欧盟、联合国、俄罗斯和美国组成的中东和平四方集团会议。出席会议的还有联合国秘书长潘基文、俄罗斯外交部部长拉夫罗夫、欧盟高级代表阿什顿和担任四方集团特别代表的英国前首相布莱尔。

3月22日　美国国务卿希拉里·克林顿于"世界水日"在华盛顿的国家地理学会发表讲话，表示美国正在提高缺水问题在其外交政策中的重要性。

3月23日　美国国务卿希拉里·克林顿率领高级代表团访问墨西哥。代表团成员包括国防部长盖茨、国土安全部长纳波利塔诺、美国国家情报总监布莱尔等高级国家安全官员。美国代表团与墨西哥外长埃斯皮诺萨率领的墨西哥代表团举行会谈。双方就共同打击贩毒团伙和保障墨美边境地区两国民众的安全深入交换了意见。会谈涉及了"梅里达计划"。希拉里承诺，美国将采取措施，进一步控制非法武器从美国流向墨西哥，并加强追踪贩毒集团的资金流向，与墨方加大这方面的情报共享。埃斯皮诺萨表示，墨美双方同意在"梅里达计划"框架内加快美方向墨方提供反毒资金和设备等方面的行动。根据美国在2007年底提出的"梅里达计划"，美国将向墨西哥、中美洲各国以及海地和多米尼加等加勒比国家提供资金和技术援助，以协助这些国家打击贩毒团伙和有组织犯罪。根据这项计划，美方将在3年内向墨西哥提供总价值达14亿美元的缉毒装备和资金。

谷歌公司高级副总裁、首席法律官大卫·德拉蒙德公开发表声明，再次借黑客攻击问题指责中国，宣布停止对谷歌中国搜索服务的"过滤审查"，并将搜索服务由中国内地转至香港。

3月24日　中国国务院新闻办公室网络局负责人就谷歌公司宣布停止按照中国法律规定的对有害信息过滤，将搜索服务由中国内地转至香港发表谈话。这位负责人指出，外国公司在中国经营必须遵守中国法律。谷歌公司违背进入中国市场时作出的书面承诺，停止对搜索服务进行过滤，并就黑客攻击影射和指责中国，这是完全错误的。我们坚决反对将商业问题政治化，对谷歌公司的无理指责和做法表示不满和愤慨。这位负责人说，1月12日谷歌公司在未事先与我政府有关部门通气的情况下，公开发表声明，声称受到了中国政府支持的黑客攻击，不愿在中国运营"受到审查的互联网搜索引擎"，并"考虑退出中国市场"。在谷歌公司一再请求下，为当面听取其真实想法，体现中方诚意，今年1月29日、2月25日中国政府有关部门负责人先后两次与谷歌公司负责人接谈，就其提出的问题作了耐心细致的解释，强调外国公司在中国经营应当遵循中国法律，如谷歌公司愿遵守中国法律，我们依然欢迎谷歌公司在中国经营和发展；如谷歌公司执意将谷歌中国网站的搜索服务撤走，那是谷歌公司自己的事情，但必须按照中国法律和国际惯例，负责任地做好有关善后工作。

美国和巴基斯坦在华盛顿举行为期两天的首次部长级战略对话，涉及安全、能源和贸易等多方面议题。双方承诺在相互尊重和信任的基础上致力于建立广泛、长期和实质性的战略伙伴关系。美国国务卿希拉里·克林顿在国务院举行的联合记者招待会上说，美国和巴基斯坦现在有了"能够经受时间考验的"新的伙伴关系，"这是新的一天"。巴基斯坦外交部部长库雷希对会谈结果表示满意，称自己感到"很高兴"。库雷希说，他预计美国将在6月底之前向巴基斯坦支付用于反恐的军费，并会加紧考虑巴方有关美国提供军事装备的要求。但希拉里对此没有直接予以证实，只表示未来的安全合作将包括提供军事费用。巴基斯坦是美国打击"基地"组织和阿富汗塔利班的重要盟友。巴基斯坦因为美国迟迟没有提供军费援助而感到不满，两国关系一度出现紧张。

3月26日　美国总统奥巴马在白宫就美俄核裁军问题发表讲话。奥巴马宣布，美国和俄罗斯已经就新的核裁军条约达成一致，这一新条约将替代已于2009年12月到期的《削减和限制进攻性战略武器条约》。

3月28日　美国总统奥巴马对阿富汗进行事先未经宣布的访问。这是奥巴马第二次访问阿富汗，也是其就任总统后第一次访问阿富汗。访问是在极为保密的情况下进行的，白宫事先未发布任何声明，甚至还释放总统将在戴维营与家人度周末的"烟雾弹"。奥巴马在喀布尔与阿富汗总统卡尔扎伊举行会谈，双方主要探讨了关于阿富汗的外交和战略问题。奥巴马称，"美国人民都为阿富汗取得的成果感到振奋"，"我知道（阿富汗的）前进会一直继续……但我们更希望看到民生方面的进步。"奥巴马呼吁卡尔扎伊政府在打击腐败和毒品走私方面加大力度，并邀请卡尔扎伊于2010年5月访问美国。卡尔扎伊则对奥巴马的来访表示感谢，并承诺将"带领阿富汗在未来继续前进"。此外，卡尔扎伊还感谢以美军为首的驻阿富汗联军对阿富汗的安全局势做出的贡献。他希望，驻阿联军的这些协助能有助于建立一个安定、和平而有自信的阿富汗。

　　3月29日　美国总统奥巴马在白宫接受中国新任驻美国大使张业遂递交国书。奥巴马欢迎张业遂履新，表示，美中关系既全面又重要，反映出两国人民之间长期、深入的联系。31 年来，美中两国从彼此关系的良好、稳定发展中获益，双方开展建设性合作的能力持续增长。去年，美中双方成功举行了首轮战略与经济对话，我对中国进行了成功的访问，并在多个场合与胡锦涛主席举行会晤。胡主席和我一致同意共同努力建设 21 世纪积极合作全面的美中关系，并将采取切实行动稳步建立应对共同挑战的伙伴关系。美方致力于推进这一目标。美国欢迎一个作为国际社会强大、繁荣、成功一员的中国。美方所重申的一个中国政策不会改变。奥巴马说，今天，美中关系具有塑造 21 世纪的能力，其重要性堪比世界上任何双边关系。美中两国面临核武器扩散、地区和平与稳定、气候变化等地区和全球性挑战，需要加强合作，共同应对。现在是我们两个伟大国家携起手来，为子孙后代创造繁荣未来的时候了。

　　法国总统萨科齐开始为期两天的对美国的访问。这是奥巴马就任总统后萨科齐首次访美，美法元首就伊朗核问题、阿富汗局势、中东和谈、全球变暖、加强金融监管等广泛的国际议题进行了讨论。

　　美国国务卿希拉里·克林顿参加在加拿大渥太华举行的八国集团外长会议，之前她还参加了"北冰洋沿岸五国外长会议"。

　　联合国在纽约总部举行以"为了海地的新未来"为主题的国际捐助者会议，为海地震后重建筹集资金。美国国务卿希拉里·克林顿、联合国秘书长潘基文、海地总统普雷瓦尔、联合国海地事务特使美国前总统克林顿以及 130 多个国家和国际组织的代表出席了会议。

　　3月31日　为期两天的第一届中美政党高层对话在北京举行。这是美国两大主流政党首次联合派团访华，标志着中国共产党与美国两党机制化交往的正式开启。中联部部长王家瑞和代表美国民主党的前国务卿马德琳·奥尔布赖特、代表共和党的前助理国务卿理查德·威廉姆森分别发言。王家瑞说，中美是世界上最大的发展中国家和发达国家，双方都认为两国关系是 21 世纪最为重要的双边关系之一。两国政党和政治家应超越意识形态、社会制度、文化传统的差异，摈弃偏见，不断增进战略互信，共同推动两国关系长期健康稳定的发展。王家瑞在发言中详细介绍了中国的政党制度、中国共产党的执政理念、中国特色社会主义和民主政治建设的有关情况，阐述了中方对中美双边关系和国际形势中有关问题的看法和主张。他强调指出，建设 21 世纪中美积极合作全面关系，重要的是双方要始终坚持从战略高度和长远角度把握两国关系，尊重对方的发展道路，相互照顾核心利益和重大关切，避免两国合作大局反复受到一些事件的干扰和损害。美国两党代表在发言中表示，中国对美国和世界来讲都是非常重要的国家。发展美中关系有着日益深厚的共同利益基础。美中政党交往走向机制化，丰富了双边对话的渠道。奥尔布赖特介绍了美国政党的功能和运作方式，表示愿通过交流进一步增加对中国共产党的了解。威廉姆森认为政党之间的政治理念互不相同，但在促进国家繁荣过程中经常面临相同或相似的问题与任务。

4 月 2 日　中国国家主席胡锦涛应约同美国总统奥巴马通电话，就中美关系和共同关心的国际和地区问题交换意见。胡锦涛表示，奥巴马总统就职以来，在双方共同努力下，中美关系呈现良好发展势头。双方就共同努力建设 21 世纪积极合作全面的中美关系达成重要共识，并为中美关系发展确立了新的方向。胡锦涛指出，中美都是世界上有重要影响的国家。无论是在推动世界经济复苏和健康发展、促进可持续增长方面，还是在处理国际和地区热点问题、维护世界和平与安全方面，双方都面临着共同课题，肩负着重要责任。中方一贯从战略高度和长远角度看待中美关系，愿同美方一道，进一步落实双方达成的共识，遵循中美三个联合公报和《中美联合声明》的原则和精神，尊重彼此核心利益和重大关切，妥善处理两国间的分歧和敏感问题，加强各领域对话和合作，为发展积极合作全面的中美关系而不懈努力。胡锦涛强调，台湾、涉藏问题事关中国主权和领土完整，涉及中国核心利益，妥善处理这些问题对确保中美关系健康稳定发展至关重要。奥巴马表示，美中发展积极合作全面的关系对两国十分重要，对世界也十分重要。发展健康稳定的美中关系符合两国长期和战略利益。美方全面确认奉行美国长期以来坚持的一个中国政策，继续承认这是中国的核心利益。两国在应对全球及地区挑战方面有着广泛共同利益，希望双方加强这方面合作。奥巴马表示，非常高兴胡锦涛主席将应邀出席全球核安全峰会。这对国际社会将是一次具有历史意义的会议。胡锦涛主席与会十分重要，他期待着在华盛顿欢迎胡锦涛主席。奥巴马表示，美方理解中国在发展过程中面临的挑战。希望双方继续作出努力，通过对话妥善处理双方有关关切，促进全球经济进一步复苏和平衡发展。两国元首表示，双方应该共同努力，确保即将举行的第二次中美战略与经济对话取得积极成果。双方还就共同关心的制止核武器扩散等问题进行交谈。

4月6日 美国国防部长盖茨、国务卿希拉里·克林顿、能源部长朱棣文以及参谋长联席会议主席麦克·马伦海军上将在五角大楼新闻发布会上共同公布《核态势报告》，宣布美国将削减核武器、停止发展新核武、降低核武器在国家安全战略中的作用；但未承诺不首先使用核武器。盖茨宣布，美国承诺不对签署并遵守《不扩散核武器条约》的无核国家使用核武器，如果美国及其盟友遭到这些国家的化学或生物武器攻击，美国虽不会采用核武器还击，但将使用"具有毁灭性的"常规军事力量实施报复。盖茨说，限制核武器的使用不代表美国不继续发展军备，美国将继续发展导弹防御系统等常规武器。希拉里说，美国将保持对盟国的"核保护伞"，为它们提供核威慑力量。新战略实施后，美国的核威慑力量将继续发挥这种作用。报告承诺只在最极端的情况下考虑使用核武器保护本国及盟友安全。核武器在美国安全战略中的"唯一作用"将是威慑别国不对美国及其盟友实施核打击。报告同时称美国将停止核武器试验，寻求《全面禁止核试验条约》在国会获得批准。这是2001年以来对美国核政策的首次评估，也是冷战结束以来的第三次评估。

美国总统奥巴马就美国发布《核态势报告》发表声明说，美国与世界安全的首要威胁不再是国家之间的核战争，而是核恐怖主义与核扩散，美国核战略的首要目标是阻止这些威胁。只要世界上还有核武器存在，美国就将为它自己及其盟友保留有效的核威慑力量。他说，美国政府正在寻求国会支持，为改进核武库基础设施、技术研究及人力资源做出重大投资。同时，美国将继续加强常规武器系统。除了提出美国核战略的首要目标外，奥巴马说，新战略强调了各国遵守《不扩散核武器条约》的重要性。他承诺美国将遵守这一条约。

美国国务卿希拉里·克林顿就美国的《核态势报告》与俄罗斯外长拉夫罗夫通电话，向拉夫罗夫通报报告的主要内容。双方在通话时还讨论了将要进行的俄美总统会晤相关问题以及两国总统委员会框架下的活动。

美国财政部长盖特纳率团访问印度。期间，会晤印度总理辛格及财政部长慕克吉，讨论全球经济管理、金融投资及基础建设等议题。两国签署有关建立美印财政与经济伙伴关系机制的协定，以加强双方在宏观经济、金融和基础设施建设相关议题上的理解与合作。根据该伙伴关系机制，每年两国将轮流举行一次由两国财政部长出席的内阁级会议。盖特纳称，印度和美国之间的经济关系为两国创造了"重大机遇"。同时，他还呼吁两国间加强紧密合作，以求建立一个更加稳定的全球金融体系以及更加平衡的经济增长。

4月8日　美国总统奥巴马和俄罗斯总统梅德韦杰夫在捷克首都布拉格签署新的核裁军条约，同意进一步削减和限制进攻性战略武器。新协议规定，美俄各自部署的核弹头数量上限为1550枚，这比目前允许的数量减少了30%。新条约同时规定，部署的核武器运载工具数量上限为700件。1991年7月，苏联与美国签署了《削减和限制进攻性战略武器条约》，又称第一阶段削减战略武器条约。条约规定，双方把各自拥有的核弹头削减至不超过6000枚，运载工具减至1600件以下。该条约已于2009年12月5日到期。

美国财政部长盖特纳在结束了两天访问印度的行程后，临时到访北京，在首都国际机场贵宾区与中国副总理王岐山举行会谈。双方就美中经济关系、全球经济形势以及即将到来的第二次美中战略与经济对话等相关问题，交换了意见。

美国总统奥巴马在布拉格美国驻捷克大使官邸会见中、东欧地区11个国家的政府领导人，并与他们共进工作晚餐。参加会见的包括捷克、罗马尼亚、立陶宛、爱沙尼亚、拉脱维亚的总统，波兰、匈牙利、保加利亚、克罗地亚、斯洛文尼亚、斯洛伐克以及捷克的政府总理。奥巴马与上述11个国家的领导人就阿富汗局势、伊朗核问题、北约以及欧洲安全问题进行了讨论。

4月9日　美国总统奥巴马在布拉格与捷克总统克劳斯举行会谈。

4月11日　核安全峰会开幕前夕，奥巴马在华盛顿分别与印度、巴基斯坦、哈萨克斯坦和南非领导人举行会谈。

4月12日　美国总统奥巴马在华盛顿会见中国国家主席胡锦涛。双方就中美关系及共同关心的重大国际和地区问题交换了意见，达成重要共识。胡锦涛就下阶段中美关系发展提出五点主张。一是始终坚持中美关系的正确方向，并采取切实行动稳步建立应对共同挑战的伙伴关系。二是尊重彼此核心利益和重大关切。台湾、涉藏问题涉及中方核心利益，中方希望美方恪守承诺，慎重处理好这些问题，以免中美关系再受干扰。三是保持高层和各级别交往。四是深化务实合作。中方愿同美方深化经贸、反恐、能源等领域的交流合作，积极开拓民用航空等新的合作领域。五是加强在重大国际和地区热点问题及全球性问题的沟通和协调。胡锦涛还指出，当前世界经济正处于进一步复苏的关键时刻，中美更应加强合作，共同维护国际经济金融形势稳定。中方愿采取进一步措施增加自美进口，促进两国贸易平衡，希望美方努力扩大对华出口，尤其希望美方尽快放宽对华高技术产品出口限制，希望双方通过平等协商妥善处理两国经贸摩擦问题，共同维护中美经贸合作大局。他强调，中方推进人民币汇率形成机制改革的方向坚定不移，具体改革措施需要根据世界经济形势的发展变化和中国经济运行情况统筹加以考虑，尤其不会在外部压力下加以推进。奥巴马热烈欢迎胡锦涛应邀前来华盛顿出席核安全峰会。奥巴马表示，目前，全世界都关注中美关系发展。美中加强合作并建立伙伴关系，不仅对双方有好处，而且对整个世界有好处。在双方共同努力下，美中建立了强有力的关系。美方愿同中方一道，通过战略与经济对话以及二十国集团等双边和多边对话合作，建立更加强有力的双边关系。在气候变化、反恐、防扩散等多边问题上，美国希望加强同中国的合作，共同寻求解决方案。其愿意在今后若干年中致力于发展两国关系，使其更加强劲。奥巴马重申美方继续坚持一个中国政策，尊重中国主权和领土完整，尊重中国核心利益，将谨慎处理敏感问题。奥巴马表示，美方认为，一个繁荣的中国不仅对中国有好处，对美国有好处，对整个世界也有好处。美中应该通过二十国集团框架内的合作，共同促进世界经济平衡发展。在人民币汇率问题上，美方尊重中国主权，希望双方通过对话和合作寻求有关问题的解决。关于伊朗核问题，奥巴马表述了美方的立场，表示美方希望通过外交手段和平解决伊朗核问题，希望加强两国在这方面的合作。胡锦涛表示，中美在伊朗核问题上的总体目标是一致的。中方一贯致力于维护国际核不扩散机制和中东地区和平稳定。中方愿同美方及其他各方在六国机制、联合国和其他渠道继续保持沟通和协调，继续同有关各方进行认真深入的讨论。

　　4月13日　由美国总统奥巴马主持的为期两天的首届核安全峰会在华盛顿落下帷幕。会议发表了公报和工作计划，承诺通过负责任的国家行动和持续有效的国际合作，以及强有力的安全措施，减少核恐怖主义威胁。包括中国在内的47个国家的领导人或代表以及联合国、国际原子能机构和欧盟等国际和地区组织负责人出席此次专门就核安全问题举行的多边峰会。峰会公报说，核恐怖主义是对国际安全最具挑战性的威胁之一，强有力的核安全措施是防止恐怖分子、犯罪分子及其他非授权行为者获取核材料的最有效途径。公报强调："维护有效的核安全需要各国在国际合作下持续努力，并在自愿地基础上采取行动。我们将通过与所有国家开展对话和合作，促进加强全球核安全。"与会代表欢迎并与美国总统奥巴马共同呼吁在4年内确保所有易流失核材料安全。公报确认高浓缩铀和分离钚需要采取特别防范措施，同意在适当情况下推动采取措施加强此类材料的安全、衡算和集中存放，并在技术和经济可行的情况下，鼓励将使用高浓缩铀的反应堆转化为使用低浓缩铀，并最大限度地减少使用高浓缩铀。会议决定，下届核安全峰会将于2012年在韩国举行。峰会还发表了用以指导各国和国际行动，包括在相关国际论坛和组织框架下合作的《华盛顿核安全峰会工作计划》。

在华盛顿举行的首届核安全峰会上，美俄两国政府签署协议，决定落实双方于2000年达成的《钚管理和处置协定》。双方同意，作为两国核裁军进程的重要步骤，《钚削减协议》的具体落实情况将得到"透明的监督"，以确保军备削减的"不可逆转"。

4月15日　美国总统奥巴马在肯尼迪航天中心发表航天政策讲话，建议在下一个五年中为美国航天局增加60亿美元预算，用于进行深空探索而不是探月。

美国国防部长盖茨访问哥伦比亚，会见哥伦比亚总统乌里韦。盖茨强调，两国将继续保持紧密合作，打击贩毒和恐怖主义。乌里韦在双方会谈后举行的新闻发布会上说，过去8年，美国为哥伦比亚提供了约60亿美元援助，用于打击国内贩毒集团、反政府武装和准军事组织。盖茨说，在短短几年里，哥伦比亚安全形势发生了历史性变化。美国将为哥伦比亚军事部署提供援助，"继续保持防务合作对两国都至关重要，并有助于加强美洲地区稳定"。盖茨还说，即使乌里韦总统2010年8月离任，不再担任哥伦比亚总统，美国政府也将继续与哥伦比亚保持紧密合作，应对国际和地区安全挑战。

4月17日　由于冰岛火山喷发干扰航空飞行，白宫取消美国总统奥巴马参加波兰总统卡钦斯基葬礼的计划。

4月22日　美国国务卿希拉里·克林顿在爱沙尼亚首都塔林参加为期两天的"北约外长非正式会议"，会议重点讨论北约新战略构想和阿富汗问题。各方还讨论了向阿富汗政府移交防务问题，并就移交工作的原则和框架达成协议。希拉里在会上劝说其他北约国家向阿富汗警察和安全部队派出更多培训人员，帮助训练阿富汗警察和安全部队士兵，为2011年的撤军计划做准备。

美国国务卿希拉里·克林顿在爱沙尼亚首都塔林会见爱沙尼亚总统伊尔维斯，讨论美爱关系。希拉里·克林顿重申美国保卫北大西洋公约组织盟国的承诺，并表示北约继续吸纳新成员非常重要。

5月3日　美国总统奥巴马发表声明，鉴于叙利亚政府的行为和政策，其中包括继续支持恐怖主义组织和对大规模杀伤性武器及导弹计划的追求等，对美国的国家安全、对外政策以及经济构成"非同寻常的和重大的"威胁，他决定将 5 月 11 日到期的对叙制裁措施延长一年。奥巴马说，对美方而言，维持对叙利亚的制裁措施是必要的，美方已直接告知叙政府：未来美国对叙利亚这一制裁措施的更新与终止将取决于叙利亚自己的行为。奥巴马已向国会通报了这一决定。

5 月 5 日　美国总统奥巴马签署《护理人员和退伍军人多项保健服务法》。该法规定，向照顾在伊拉克和阿富汗受重伤的退伍军人的护理人员提供支持，帮助改善为美国 180 万退伍女军人提供的服务，帮助扩大退伍军人享受的保健，帮助扩大防止退伍军人无家可归的服务。

5 月 6 日　美国总统奥巴马与国家安全班子在白宫召开闭门会议，讨论阿富汗和巴基斯坦问题。

5 月 10 日　阿富汗总统卡尔扎伊开始对美国进行为期 4 天的访问。期间，美国国务卿希拉里·克林顿与卡尔扎伊举行会谈，出席会谈的美方官员有美国国防部长盖茨、财政部长盖特纳、中情局局长帕内塔、联邦调查局局长穆勒、美国参谋长联席会议主席马伦上将、美驻阿最高指挥官彼得雷乌斯将军、农业部长维尔萨克。

5 月 12 日　美国总统奥巴马、副总统拜登在白宫会见卡尔扎伊。奥巴马重申美国对阿富汗安全和繁荣的承诺。奥巴马说，卡尔扎伊来访让双方能够评估美国在阿富汗战略的进展，同时能够加深两国的伙伴关系。奥巴马承认两国关系曾出现倒退和紧张，但他表示，对于两国关系的担忧被夸大了。他说，他比以往更加相信，两国能够一起实现阿富汗的稳定。卡尔扎伊也表示，阿富汗战争已经进行近 10 年时间，两国意见出现分歧是正常的。奥巴马还表示，他对于实现美国从 2011 年 7 月开始撤军的目标充满信心。届时，阿富汗安全部队将担负起主要作战任务。他重申，美国在阿富汗的主要目标依然是打败"基地"组织，防止它在未来威胁美国安全。卡尔扎伊政府一直对美军空袭造成阿富汗平民伤亡表示不满。对此，奥巴马承诺将采取"非常措施"避免平民伤亡。奥巴马说，美国支持阿富汗政府在打击腐败、改善政府治理以及和塔利班进行谈判方面的努力。

5 月 13 日　美国公布战略核武器部队的结构调整目标，根据与俄罗斯达成的新核裁军条约对美军装备的陆基核导弹、潜射核导弹与战略轰炸机数量作出修正。这一调整目标由国防部长盖茨根据美军参谋长联席会议的建议提出。根据这一目标，美军将至多部署 420 个洲际弹道导弹发射井，每个发射井内装备一枚核弹头。新签订的《削减和限制进攻性战略武器条约》替代条约规定，美国最多可以部署 450 个发射井。除此之外，美国现有 94 架拥有核武器投放能力的战略轰炸机将最多保留 60 架，其余将改作常规用途。按照条约，改作常规用途后的战略轰炸机将不计入核武器运载工具。根据计划，美国现有的 14 艘战略核潜艇将全部保留，但每艘潜艇上的潜射核导弹发射管将从 24 个减少到 20 个。美国承诺，任何时候部署的潜射核导弹发射管将不超过 240 个。白宫方面说，美国计划未来 10 年内在核武器运载工具上投入超过 1000 亿美元，改进现有设施或对部分设施进行更新换代。当天早些时候，奥巴马将新签订的《削减和限制进攻性战略武器条约》替代条约递交参议院审议批准。根据新条约，美俄两国部署的核弹头数量在未来 10 年内将分别减少到 1550 枚，所部署运载工具不超过 700 件，部署与库存运载工具总数不超过 800 件。白宫方面说，这一战略核武部队结构调整目标以 2010 年 4 月公布的《核态势报告》为基础，将在新的核裁军条约实施后确保美国拥有强大的核威慑力量。

5 月 14 日　美国国务卿希拉里·克林顿与英国外交大臣威廉·黑格在国务院举行会谈。这是黑格就任外交大臣后第一次出国访问。

5 月 19 日　美国白宫发表声明说，总统奥巴马当天在与土耳其总理埃尔多安通电话时表示，美国将继续推动对伊朗的制裁。奥巴马肯定土耳其和巴西在最近和伊朗达成的核燃料交换协议中所做出的努力。美国和国际社会正等待伊朗正式通知国际原子能机构。但奥巴马同时说，国际社会依然对伊朗核计划非常担忧。伊朗一直拒绝就其核计划同美国、英国、法国、中国、俄罗斯及德国举行会谈，此外伊朗最近还拒绝停止进行浓度为 20% 的铀浓缩活动，因此美国将继续推动联合国安理会对伊朗的制裁。

5 月 21 日　美国国务卿希拉里·克林顿开始为期一周的东亚之行。访日三小时，访华 5 天，访韩一天。在东京分别会见日本首相鸠山由纪夫和日本外相冈田克也。希拉里说美日同盟对奥巴马政府来说十分重要，美方愿进一步巩固美日同盟关系。

5 月 22 日　美国总统奥巴马在西点军校毕业典礼上发表演讲，指出恐怖主义、核武器扩散、气候变化等是全球面临的最新挑战，同时表示美国不能独自面临这些挑战，而是要与国际社会合作。美国军队是国防力量的"奠基石"，但是士兵们不能独自承担保家卫国的任务，每个美国人都应该做出自己的努力。奥巴马还指出，21世纪的重担不能只落到士兵身上，也不能只落在美国身上。"21世纪的任务不能单单落在我们的士兵身上，也不能仅由美国一个国家承担。我们的竞争对手会很高兴看到我们因为透支力量而伤及整体实力"。奥巴马说，美国对于国际体系的不足之处"看得很清楚"，美国应该外交手腕与军事力量并重，通过外交、情报、司法以及先遣部队等多方协作，共同来应对国际挑战。

5月24日　美国总统奥巴马在白宫会见黎巴嫩总理哈里里，讨论中东安全问题。奥巴马在会谈中强调，非法武器流入黎巴嫩违反了相关的联合国决议，并给地区安全带来威胁。奥巴马强调了确保伊朗遵守其国际核不扩散义务的重要性。奥巴马还说，华盛顿将继续支持和加强黎巴嫩武装力量和内务部队的建设。双方也讨论了为以色列和巴勒斯坦达成全面和平条约所做的努力。

5月25日　第二轮中美战略与经济对话在北京闭幕。中国国家主席胡锦涛特别代表、国务院副总理王岐山和国务委员戴秉国与美国总统奥巴马特别代表、国务卿希拉里·克林顿和财政部长盖特纳共同主持了对话会。战略对话取得26项具体成果。中美双方签署了《中国国家核安全局和美国核管制委员会关于进一步加强西屋AP1000核反应堆核安全合作备忘录》、《中国国家能源局与美国国务院中美页岩气资源工作组工作计划》、《中国国家发展改革委与美国国务院关于绿色合作伙伴计划框架实施的谅解备忘录》，宣布成立绿色合作伙伴计划联合秘书处，并启动新一轮的绿色合作伙伴结对工作。中美签署了《中华人民共和国海关总署与美国国土安全部海关与边境保护局关于供应链安全与便利合作的谅解备忘录》、续签了《中华人民共和国卫生部和美利坚合众国卫生与公共服务部关于新发和再发传染病合作项目的谅解备忘录》。欢迎在落实《中美关于加强气候变化、能源和环境合作的谅解备忘录》和《中美能源和环境十年合作框架》方面取得的进展，并同意加强在气候变化、能源、环境等领域的务实合作。双方发表了《中美能源安全合作联合声明》。双方同意加强在阻止、打击核及其他相关放射性材料非法运输方面的合作。同意在平等和相互尊重的基础上继续就人权问题进行对话，期待明年在中国举行下一轮人权对话。作为《联合国气候变化框架公约》的缔约方，重申对《哥本哈根协议》的支持；宣布中国国家发展改革委和美国环保局将履行对2009年11月《关于加强应对气候变化能力建设合作备忘录》的承诺，并拟在一个月之内举行会议启动实施；同意就短寿命温室气体启动讨论。经济对话成果包括五方面重要内容。——双方承诺进一步加快转变经济发展方式、调整经济结构。美方承诺将推动建立更加平衡和可持续的经济发展模式，提高储蓄率。中方将继续提高国内消费对经济发展的贡献率，加强社会保障体系建设。——双方承诺致力于构建更加开放的全球贸易和投资体系，反对贸易和投资保护主义。美方将在贸易救济调查中，认真考虑并给予提出"市场导向行业"申请的中国企业公正、合理的待遇，并通过中美商贸联委会，以一种合作的方式迅速承认中国市场经济地位。中方对依法在华经营的包括美国企业在内的外资企业提供国民待遇。——双方同意加强金融领域的交流与合作，充分发挥金融机构支持实体经济的功能。美方欢迎外国资本投资于美金融业，承诺对中资银行、证券和基金管理公司适用与其他国家相同的审慎监管标准。——双方同意加强在国际金融体系改革方面的合作。双方同意共同努力，确保多伦多、首尔峰会取得积极成果。——双方鼓励通过两国部门间经济对话机制深化双边经济合作与交流。包括通过中美科技联委会进一步讨论创新问题等。

中美人文交流高层磋商机制成立仪式暨第一次会议在北京举行。中国国务委员刘延东和美国国务卿希拉里·克林顿共同担任机制的主席，出席成立仪式并主持会议。两国政府签署《关于建立中美人文交流高层磋商机制的谅解备忘录》。在中美人文交流高层磋商机制第一次会议上，刘延东国务委员和希拉里国务卿就加强双方人文交流提出了具体设想。双方讨论了深化中美人文交流的重要意义，对机制工作提出了建议；明确了中美人文交流的定位；谋划了中美人文交流的长远发展。

美国总统奥巴马在白宫与意大利总统纳波利塔诺举行会谈。

5月26日　美国国务卿希拉里·克林顿访问韩国，分别会见韩国总统李明博、外长柳明桓，讨论半岛局势等问题。

5月27日　美国白宫发布奥巴马政府的《国家安全战略报告》。奥巴马在该报告中将军事作为外交努力无效情况下的最后手段，这与布什政府时期的"先发制人"战略相比是个重大转变。这是奥巴马上台16个月后首次发布《国家安全战略报告》。根据这份报告，奥巴马的新国家安全战略认为世界充满了多种威胁，放弃了布什政府"反恐战争"的说法。这一新《国家安全战略报告》还对朝鲜和伊朗对美国带来的威胁提出警告。奥巴马政府的新国家安全战略试图摆脱布什政府时期不受欢迎的单边主义政策，奥巴马呼吁将美国的合作对象从传统盟友扩展到中国、印度等正在崛起的大国。该报告说，美国将和中国在共同关切的问题上进行合作。奥巴马还将美国经济作为国家安全战略的一部分。他认为，美国在经济上的成功对于美国保持其在海外的影响力至关重要。奥巴马在报告序言中说："长远国家安全并非藉在他人心中建立恐惧，而是通过与对方对话获得。"方案提出利用外交、经济革新、发展援助、军事力量以及教育，达到提升美国影响力的目的。

5月28日　美国和日本就驻日美军普天间基地迁移问题发表联合声明，表示将把该基地迁至冲绳县名护市美军施瓦布军营周边。

6月1日　美国国务卿希拉里·克林顿和印度外交部部长索玛纳哈利·克里希纳在华盛顿举行首次美印外长级战略对话。对话内容包括促进全球安全与反恐、裁军与核不扩散、经贸关系、能源安全、气候变化、农业、教育、科技等。对话中，双方强调了共同利益和价值观，表示要加强两国在安全与经济领域的合作，并在维护全球安全和推动全球经济发展方面开展合作。两国还将在阿富汗和反恐等问题上加强双边与多边框架内的合作。两国认为美印关系发展对"21世纪全球和平、繁荣与稳定具有重要意义"。

6月4日　美国国防部长盖茨和参谋长联席会议主席马伦上将出席在新加坡举行的第九届"香格里拉安全对话"（"亚洲安全会议"）。

6月6日　美国国务卿希拉里·克林顿开始访问秘鲁、厄瓜多尔、哥伦比亚和巴巴多斯之旅。

第四十届美洲国家组织大会在秘鲁首都利马开幕。包括美国国务卿希拉里·克林顿在内的32个美洲国家组织成员国外长或代表围绕本届大会的主题"美洲和平、安全与合作"展开讨论，意在加强地区合作，共同推进建立互信、和平、安全的美洲地区。制止拉美地区的军备竞赛、在是否让洪都拉斯重返美洲国家组织等问题上消除内部分歧、应对自然灾害和有组织犯罪等方面的挑战，是本届大会的几个重要议题。希拉里在会上发言时说，美洲大陆国家之间的紧张关系目前已日趋缓和，因此可以考虑减少各国军备开支，将资金用于经济和社会发展项目。美洲国家将减少军备开支后节省的资金用于提高经济竞争力和投资社会发展项目，有利于改善本国人民的生活状况以及应对各国共同面对的挑战。她表示，美国支持美洲国家为实现扩大经济合作和推动社会发展所制定的目标。关于洪都拉斯问题，希拉里强调，洪都拉斯新政府已经对恢复宪法秩序做出承诺，美洲地区国家应该接纳洪都拉斯，使其能够重返美洲国家组织。"西半球重新接纳洪都拉斯返回美洲社会的时刻已经到来"。

6月7日　美国国务卿希拉里·克林顿在利马会见秘鲁总统加西亚。希拉里在会见秘鲁总统加西亚后对记者说，美国和秘鲁两国有很多共同关心的问题，双方还将就两国人民各自的安全问题进行合作，其中包括打击刑事犯罪、贩毒及其他各种威胁人民生命的恐怖活动。美国赞赏秘鲁在经济发展、减少贫困人口以及改善人民生活等方面取得的成绩。她认为，秘鲁政府采取措施为小企业提供机会，使它们能够获得贷款，从而创造了就业机会，达到了减贫的目的。美国和秘鲁将在环境保护领域展开合作，共同寻求开发新的清洁和可再生能源，以促进经济发展。希拉里表示相信秘鲁今后将会继续在提高人们生活水平、特别是在改善儿童生活质量方面取得进步。她说，美国相信秘鲁能够成为一个不断达到自己预定发展目标的国家。

美国副总统拜登在埃及沙姆沙伊赫与埃及总统穆巴拉克举行会谈。拜登说，美国"肯定并赞赏埃及为支持该地区的全面和平所发挥的领导作用"。

6月8日　第四十届美洲国家组织大会在秘鲁首都利马闭幕。大会发表《利马宣言》，承诺各国将采取措施控制军费开支，推进军备采购透明化，加强国际合作，共同应对挑战和威胁，积极维护本地区的和平、安全与合作。宣言还就该地区的武器走私、贩卖人口、毒品交易、跨国有组织犯罪等多项议题达成初步共识。美国国务卿希拉里·克林顿在会上呼吁的允许洪都拉斯重返美洲国家组织的倡议没有得到拉美国家的积极响应。大会最后决定，美洲国家组织将尽快成立一个高级专家组，以全面评估是否能够恢复洪都拉斯成员国资格。大会还发表一项声明，要求英国就马尔维纳斯群岛（英国称福克兰群岛）的主权归属问题尽快重启与阿根廷的谈判，以早日和平解决这一争端。

美国国务卿希拉里·克林顿访问厄瓜多尔，在基多会见厄瓜多尔总统科雷亚。科雷亚在与到访的希拉里会谈后对媒体说，包括厄瓜多尔在内的大部分南美洲国家联盟成员国对美国和哥伦比亚的军事合作表示担忧。科雷亚呼吁美国和南美洲国家继续展开对话，以消除该地区各国的疑虑。希拉里说，美国和哥伦比亚签署的军事合作协议不会损害南美国家的安全，美国将继续寻求与南美地区其他国家开展军事合作的可能性，以确保该地区免受贩毒活动及其他非法武装力量的威胁。

6月9日　美国总统奥巴马在白宫会见来访的巴勒斯坦民族权力机构主席阿巴斯，双方就巴以和谈、以色列袭击国际人道主义救援船队等问题进行会谈。奥巴马承诺，美国将"全力"推动停滞的中东和平进程。他预测，巴以和谈在今年可能取得"重大进展"。奥巴马说："双方必须创造有利于取得实质突破的环境和氛围。"他重申，以色列必须限制争议地区犹太人定居点的建设，而巴勒斯坦方面则应避免采取可能引发冲突的行为。奥巴马称以色列对国际人道主义救援船队的袭击事件为"悲剧"，并认为目前加沙的情况是"不可持续的"。他呼吁以色列满足联合国安理会对调查袭击事件提出的要求。阿巴斯则敦促以色列取消对巴勒斯坦人民的封锁。阿巴斯此次访美还分别会见了美国国务卿希拉里·克林顿、白宫国家安全事务助理琼斯和美国中东问题特使米切尔等官员。

美国国务卿希拉里·克林顿访问哥伦比亚。在波哥大与哥伦比亚总统乌里韦举行会谈，讨论加强双边合作反恐、打击贩毒、经济合作、地区安全等议题，并与哥方签署了一项科学技术合作协议。希拉里表示，美国和哥伦比亚签署的军事合作协议不会损害南美国家的安全，美国将继续寻求与南美地区其他国家开展军事合作的可能性，以确保该地区免受贩毒活动及其他非法武装力量的威胁。双方表示，将进一步加强地区安全合作。在会后的新闻发布会上，乌里韦对美国为支持哥伦比亚反恐和禁毒提供的大量援助表示感谢。自 2001 年以来，美国已向波哥大提供了 60 多亿美元援助。希拉里表示，哥伦比亚是美国在南美的主要安全伙伴，美国今后将继续在这方面支持哥伦比亚。她说，哥伦比亚在该地区反恐和禁毒方面正扮演着重要和积极的角色。希拉里还与哥民族团结社会党总统候选人桑托斯和绿党总统候选人莫库斯进行了会晤。希拉里表示，不管谁当选新一任哥伦比亚总统，美国都将继续保持和加强与哥伦比亚的合作。

美国国务卿希拉里·克林顿在巴巴多斯与加勒比国家领导人举行会谈。

6 月 10 日　"五常加一"（中国、美国、法国、俄罗斯、英国和德国）外交部部长就联合国安理会通过关于伊朗问题的第 1929 号决议发表联合声明，重申力争早日通过谈判解决伊朗核问题的决心和承诺。

6 月 15 日　美国总统奥巴马发表声明说，朝鲜半岛存在可用于制造核武器的裂变材料并有扩散风险，这继续对美国国家安全和外交政策构成"异乎寻常的和特别的"威胁，有必要将针对朝鲜的"全国紧急状态"及相关应对措施从 2010 年 6 月 26 日起延长一年。

6 月 16 日　美国以参与或支持伊朗核计划和弹道导弹计划为由，宣布对伊朗邮政、银行、伊朗伊斯兰革命卫队相关实体及个人、伊朗伊斯兰共和国船运公司相关实体等实施制裁。美国财政部长盖特纳在白宫举行的新闻发布会上宣布了制裁决定。他说，此次制裁"旨在阻止其他政府和外国金融机构因与这些实体（或个人）往来而对伊朗的违法活动构成支持"，这是美国政府为落实联合国安理会第 1929 号决议而在决议授权范围内所采取的第一批制裁措施。根据美国财政部的声明，被列入制裁名单的伊朗实体或个人包括：伊朗邮政银行；伊朗伊斯兰革命卫队空军和导弹司令部、Rah Sahel 公司、Sepanir 油气工程公司、革命卫队总司令穆罕默德·阿里·贾法里、革命卫队巴斯基抵抗力量负责人穆罕默德·礼萨·纳格迪；Javedan Mehr Toos 公司、海防导弹工业集团、新能源公司负责人贾迈勒·卡里米·萨比特、国防部长艾哈迈德·瓦希迪；以及由伊朗伊斯兰共和国船运公司拥有或控制或代表其行事的五家实体：Hafiz Darya 船运公司、Soroush Sarzamin Asatir 船舶管理公司、Safiran Payam Darya 船运公司、Seibow 有限公司和 Seibow 物流有限公司。

6 月 23 日 美国总统奥巴马在白宫会见俄罗斯总统梅德韦杰夫。双方讨论了扩大美俄在贸易、投资和创新等领域合作的可行途径以及其他共同关心的问题。奥巴马称尽管两国之间仍然存在分歧，但是梅德韦杰夫是美国"稳固可靠的盟友"。自从去年"重启"以来，双边关系取得了实质性的进步。

6 月 24 日 美国国会参众两院通过对伊朗实施单方面制裁的议案。制裁伊朗议案在美国国会参议院和众议院分别以 99 票支持、零票反对和 408 票支持、8 票反对的表决结果获得通过。根据该议案，任何帮助伊朗炼油或发展炼油能力的企业或个人，任何同伊朗伊斯兰革命卫队或其他被列入制裁名单的伊朗银行往来的企业或个人都将受到制裁。参议院多数党（民主党）领袖哈里·里德表示，美国国会希望通过对伊朗实施单方面制裁，阻止伊朗发展对美国和盟友以色列国家安全构成严重威胁的核武器。

6 月 25 日 美国总统奥巴马出席在加拿大多伦多北部马斯科卡地区的亨茨维尔小城召开的为期一天半的八国集团首脑会议，讨论发展援助、国际和平与安全等问题。重点评估对发展中国家的发展援助。会议期间，八国集团首次发布一份《马斯科卡问责报告》，评估各成员国过去 8 年在对外援助、经济发展、健康和食品安全等领域所作承诺。会后发布《马斯科卡倡议》，推动改善世界最贫困地区母亲和儿童的生活状况，落实联合国千年发展目标。会议还讨论了伊朗核问题、朝鲜半岛局势、气候变化和能源等问题。

6月26日　美国总统奥巴马出席在加拿大多伦多举行的第四次二十国集团峰会。会议主要讨论世界经济形势，欧洲主权债务危机，强劲、可持续、平衡增长框架，国际金融机构改革，国际贸易和金融监管等问题。

美国总统奥巴马在多伦多会见中国国家主席胡锦涛。两国元首就中美关系及共同关心的重大国际和地区问题深入交换意见，达成新的重要共识。胡锦涛指出，在双方共同努力下，近来中美关系取得新进展。5月，第二轮中美战略与经济对话在北京成功举行，取得积极成果。胡锦涛强调，当前，国际形势继续发生深刻复杂变化，我们面临推动世界经济进一步复苏、应对各种地区热点和全球性问题等共同挑战，需要继续发扬同舟共济、合作共赢的精神。中方愿同美方一道，保持高层和各级别交往，深化各领域务实合作，加强在重大国际和地区问题上的沟通和协调，推动中美关系沿着积极合作全面的轨道不断向前发展。中方赞赏美方表示将继续致力于一个中国政策、充分尊重中国主权和领土完整。胡锦涛指出，当前，世界经济正在走向复苏，但不稳定不确定因素仍然较多，金融系统性风险还没有完全消除。欧洲主权债务问题备受关注，对世界经济复苏的负面影响不容低估。在这样的情况下，中美双方应该继续加强宏观经济政策协调，坚持通过平等协商妥善处理经贸摩擦。中方无意追求对美贸易顺差，一直采取积极措施扩大自美进口。希望美方坚定抵制保护主义倾向，逐步放宽对华高技术产品出口限制，以利于两国经贸关系健康平衡发展。奥巴马表示，非常高兴看到近期美中关系取得积极进展，双方成功召开战略对话和人权对话，进一步建立相互信任和信心，各领域合作取得新的成就。美国希望看到一个非常成功、繁荣的中国。美中合作具有很大潜力，双方应该进行建设性合作，实现共同发展。希望双方共同努力推进双边关系，在相互尊重的基础上妥善处理分歧，扩大双方共同利益。战略与经济对话不仅有助于改善双边关系，而且有利于各自探索促进可持续发展方式，希望双方落实在战略与经济对话上作出的决策，在推动全球经济平衡和可持续发展、应对气候变化等问题上加强合作。美方反对贸易保护主义。奥巴马重申，美方坚持一个中国政策，尊重中方核心利益。奥巴马正式邀请胡锦涛对美国进行国事访问，胡锦涛愉快接受了邀请。双方还就朝鲜半岛局势、伊朗核问题等共同关心的问题交换了意见。

美国总统奥巴马在多伦多分别会见英国首相卡梅伦、韩国总统李明博、印度尼西亚总统苏西洛、印度总理辛格、日本首相菅直人。

　　6月28日　美国公布《美国国家太空政策》报告，为美国的太空行动确定原则、目标和实施措施。与上届政府相比，奥巴马的新太空政策明显突出了国际合作的重要性，并表示支持和鼓励商业太空探索。报告提出了美国开展太空行动的5项原则。一、在太空负责任地行动，避免误会、误解和猜疑，符合所有国家的共同利益。太空行动应当用公开和透明方式进行。二、美国鼓励和支持商业太空领域的发展。三、所有国家都有权为了和平目的探索和利用太空。四、任何国家无权对外太空或天体宣称主权，有意干扰太空系统的行为将被视为侵犯主权。五、美国将采取措施阻吓任何干扰或攻击太空系统的行为，保卫美国及盟友的太空系统。报告阐述了美国进行太空行动的6大重点目标。一、巩固美国业界在卫星制造、卫星服务、太空发射、天体应用方面的国际竞争力和领先地位；二、扩展互惠性的国际太空协作；三、提倡安全和负责任地使用太空、改善太空物体防撞信息共享、减少太空垃圾；四、加强商业、民间、科研和国家安全的航天器的核心任务功能，防止其遭受环境、机械、电子或敌对原因的破坏；五、开展载人和无人太空探索；六、改进基于太空对地球和太阳系进行观测的能力。自20世纪50年代艾森豪威尔政府之后，美国历届政府都会发布一个太空政策报告。

　　7月1日　美国总统奥巴马在白宫签署“有史以来国会通过的最严厉的”制裁伊朗法案，旨在打击伊朗政府发展核计划和为其提供资金的能力。该法案限制伊朗获取进口成品油、特别是汽油的能力，并进一步在国际金融体系中孤立伊朗。奥巴马警告说，如果伊朗继续现行的政策，美国将继续施压并使其更加孤立。奥巴马同时表示，外交手段的大门依然敞开。他敦促伊朗履行其在《不扩散核武器条约》下的国际义务。

　　美国国务卿希拉里·克林顿开始为期一周的访问乌克兰、波兰、阿塞拜疆、亚美尼亚和格鲁吉亚之旅。

　　7月2日　美国国务卿希拉里·克林顿抵达基辅，对乌克兰进行为期两天的访问。希拉里与乌克兰总统亚努科维奇举行会谈，并就发展两国关系等问题交换意见。亚努科维奇表示，乌克兰将坚定推进与欧盟一体化进程，愿意在军队改革、反恐和国际维和等方面发展与北约的关系，但乌方将坚持不结盟政策，以避免欧洲大陆出现新的分界线。希拉里表示支持乌克兰在与美国、俄罗斯和欧盟关系问题上寻求平衡的努力。美国支持乌克兰与欧盟一体化。希拉里在会见乌克兰外长格里先科时说，乌克兰是一个主权独立国家，有权选择自己的盟友。北约的大门对乌克兰仍然敞开，但乌克兰有权自主选择是否加入北约。美国不会阻止乌克兰与俄罗斯保持紧密联系，任何人迫使乌克兰在俄罗斯和西方国家之间作选择也是错误的。希拉里还表示，希望乌克兰能尽快与国际货币基金组织就提供贷款事宜达成一致，并继续推动国内的经济改革。

7月3日　美国国务卿希拉里·克林顿访问波兰。和波兰外交部部长西科尔斯基共同出席在波兰南方城市克拉科夫举行的波美导弹防御系统补充协议签字仪式。波兰外交部副部长纳伊德尔和美国驻波兰大使范斯坦分别代表各自政府签署了这一文件。此次签署的是技术协议，是对 2008 年波美签署的协议的补充。补充协议的签署使美国在波兰正式部署反导系统有了法律保障。美国和波兰于 2008 年 8 月就美在波建立反导基地问题达成协议，美国同时承诺在波部署"爱国者"导弹以保障波兰的安全。2009 年 9 月，美国总统奥巴马宣布放弃在东欧建立导弹防御基地的计划，转而推出一项"分阶段、更有针对性和操作性、更具效率"的反导系统部署方案。根据该方案，美国有可能于 2015 年在波兰部署一套陆基"标准-3"型反弹道导弹。

美国副总统拜登突访伊拉克。期间，会晤现任总理努里·马利基和前临时政府总理伊亚德·阿拉维，以争取这两人领导的议会两大政党尽早结束当前政治僵局、组建新政府。

7月4日　美国国务卿希拉里·克林顿访问阿塞拜疆。这是希拉里担任美国国务卿后首次访问阿塞拜疆。希拉里与阿塞拜疆总统阿利耶夫、外长马梅季亚罗夫，以及正在阿塞拜疆访问的纳卡问题欧安组织明斯克小组代表进行了会晤。阿利耶夫在会晤时表示，纳卡问题是阿塞拜疆面临的"最大问题"，希望在纳卡问题上，"美国和我们密切合作"。他相信，希拉里此访将进一步加强阿塞拜疆与美国在各领域的伙伴关系。希拉里表示，美国坚持在维护领土完整的基础上用和平方式解决阿塞拜疆与亚美尼亚之间的纳戈尔诺-卡拉巴赫（纳卡）冲突地区问题。希拉里说，纳卡问题是美国对外政策的重点之一。阿塞拜疆和亚美尼亚两国 1994 年签署的停火协议必须执行。美国愿在谈判进程中积极撮合冲突双方立场，以最终实现该问题的和平解决。她表示，美国愿同阿塞拜疆在打击分裂主义、保障能源供应安全以及民主发展等多个领域继续开展合作。

美国国务卿希拉里·克林顿访问亚美尼亚，在埃里温会见亚美尼亚总统萨尔基相。希拉里强调美国愿斡旋解决纳卡争端。

　　7月5日　美国国务卿希拉里·克林顿访问格鲁吉亚。在第比利斯会见格鲁吉亚总统萨卡什维利。希拉里称阿布哈兹和南奥塞梯是被俄罗斯占领的格方领土，美国支持格主权和领土完整。希拉里呼吁俄罗斯履行停火协定，从格鲁吉亚冲突地区撤军。但在阿布哈兹和南奥塞梯问题上，希拉里并未给出具体的解决蓝图和时间表，只是告诫格方不要挑衅俄罗斯。她暗示，让阿布哈兹和南奥塞梯"回心转意"的最好方法是，萨卡什维利政府强力推动政治改革和经济发展。

　　7月6日　美国总统奥巴马在白宫与以色列总理内塔尼亚胡举行会谈，双方希望推动中东和平进程，同时修复一度紧张的美以关系。奥巴马在会谈后举行的联合记者会上表示："我们希望（巴以）间接谈判能够转化成直接谈判。"鉴于以色列2009年11月宣布的约旦河西岸犹太人定居点建设10个月的冻结期将于2010年9月到期，奥巴马希望巴以能够在9月之前开始直接谈判。奥巴马对以色列最近放松对加沙地带封锁的决定表示赞赏。他表示相信内塔尼亚胡希望实现和平，并且愿意为实现和平承担风险。奥巴马再次重申对以色列的安全承诺。有关以色列对伊朗核计划的担忧，奥巴马表示，美国将"继续向伊朗施压，让其遵守国际义务并且停止威胁其邻国和国际社会的挑衅行为"。内塔尼亚胡表示愿意同巴勒斯坦民族权力机构主席阿巴斯进行面对面的会谈。他说："我认为现在正是开始直接谈判的时机。我认为，在奥巴马总统的帮助之下，阿巴斯主席和我本人应该展开直接谈判，以便为和平、安全和繁荣达成政治解决方案。"

　　7月9日　美国和俄罗斯在奥地利首都维也纳交换间谍。一架俄罗斯小型飞机和一架美国军用运输机先后降落在维也纳国际机场。美国飞机上载有10名在美国被捕的俄罗斯间谍，而俄罗斯飞机上则是用来交换的4名为美国提供情报的俄罗斯人。两国飞机停靠在一个正在建设中的停机楼附近，美俄双方借助一辆黑色面包车完成了间谍交换。两架飞机先后飞离维也纳国际机场。2010年6月底，美国与俄罗斯发生"间谍风波"后，双方为避免双边关系受到不利影响，迅速完成了相关法律程序，允许被控人员出境，并采取冷战时期多次采用的"在第三国交换"方式了结此案。这次行动，是冷战结束后美俄之间规模最大的一次间谍交换行动。

　　7月12日　美国总统奥巴马在白宫与多米尼加总统费尔南德斯举行工作会谈。

7月13日　美国与老挝在美国国务院签署全面的"开放天空"协定。

7月18日　美国国务卿希拉里·克林顿开始为期6天的访问巴基斯坦、阿富汗、韩国和越南之旅。

7月19日　美国国务卿希拉里访问巴基斯坦,在伊斯兰堡分别与巴基斯坦总统扎尔达里和总理吉拉尼举行会谈。与巴基斯坦外长库雷希共同主持两国间的第二轮两国部长级战略对话。希拉里在与巴外长库雷希联合举行的新闻发布会上说,美巴两国之间存在"不信任和猜疑",但通过深入讨论和对话,两国将共同采取行动恢复信任。库雷希说,通过此次对话,巴美两国已经达成一个全面的合作计划。巴美两国围绕对话议题成立了13个专门工作组,下一轮对话将于2010年10月在华盛顿举行。在对话中,希拉里表示,美国将在巴基斯坦建立2座发电站,以向居住在巴基斯坦与阿富汗边境的30万巴民众提供电力,并将在巴基斯坦中南部地区修建或翻新3所医疗机构,以提高当地的卫生服务水平。希拉里强调巴基斯坦与阿富汗密切合作对打击"基地"组织和塔利班武装的重要性,说明美国希望说服巴基斯坦民众,美国是值得信赖的长期伙伴,并非只图短期的安全利益。

7月20日　美国总统奥巴马在白宫与英国首相卡梅伦举行会谈,这是卡梅伦上任后首次访美。英国石油公司在墨西哥湾漏油、英国先前释放"洛克比空难"制造者的决定以及阿富汗问题是双方会谈中最令人关注的议题。

美国国务卿希拉里·克林顿访问阿富汗,参加在喀布尔举行的阿富汗问题国际会议。希拉里在喀布尔会见阿富汗总统卡尔扎伊。重申美国对卡尔扎伊政府的支持,但也敦促卡尔扎伊实施改革,打击腐败。

7月21日　美国国务卿希拉里·克林顿和国防部长盖茨访问韩国,与韩国外交通商部长官柳明桓、国防部长官金泰荣在首尔举行两国历史上首次外长和防长的"2+2"会谈,并就朝鲜战争爆发60周年发表联合声明。联合声明称,韩美两国将扩大和深化同盟合作。双方认为,韩美两国首脑2009年6月签署的《韩美同盟未来展望》具有重要意义。双方决定将进一步加大在政治、经济、社会、科学等领域的合作,加深两国民众间了解,并在地区和世界范围内进行更紧密的合作。两国将为自由贸易协定获得批准以及签订新的韩美核能协定而共同努力。声明说,双方确认了两国《相互防卫条约》的责任和承诺,将在未来几个月内在韩国东部和西部海域举行一系列联合军事演习。

7月22日　美国国防部长盖茨访问印度尼西亚。盖茨在雅加达与印度尼西亚总统苏西洛举行会谈后说，"美国将逐步、有限度地与印度尼西亚特种部队展开安全合作"。美国做出此项决定，是"因为印度尼西亚在过去十年展开的改革，以及印度尼西亚国防部最近采取了行动来处理侵犯人权问题"。"我们能否进一步扩大合作，取决于印度尼西亚特种部队和印度尼西亚武装部队整体是否继续落实这些改革。"美国于1999年以印度尼西亚军队在东帝汶侵犯人权为由，中止了两国在特种部队方面的合作。随后，印度尼西亚政府开始对军队进行职业化等方面的改革。

7月23日　美国国务卿希拉里·克林顿在河内举行的东盟地区论坛上发表讲话，声称南海问题涉及美国国家利益，并强调所谓南海"航行自由"的重要性和迫切性，声称美国有责任和有关国家解决这一问题。

美国国务卿希拉里·克林顿在河内会见中国外长杨洁篪。杨洁篪表示，在双方共同努力下，近来中美关系总体发展良好。前不久，胡锦涛主席和奥巴马总统在多伦多举行了成功会晤，就发展两国关系达成新的重要共识。下阶段，中美关系面临重要发展机遇。中方愿与美方一道，认真落实两国元首共识，保持高层及各级别密切交往，积极推进务实合作，加强在重大国际和地区事务上的沟通和协调，尊重彼此核心利益和重大关切，推动中美关系沿着积极合作全面的轨道不断向前发展。希拉里表示，美方积极评价两国元首多伦多会晤和近来美中关系的发展。美方愿与中方共同努力，精心规划高层交往，深化战略对话和互信，扩大经贸投资及其他广泛领域的合作，拓展人员往来，使两国关系保持积极发展势头。关于美韩计划举行联合军演问题，杨洁篪表示，中方坚决反对外国军用舰机到黄海及其他中国近海从事影响中国安全利益的活动。我们敦促有关各方保持冷静克制，不做损害双边关系、加剧地区局势紧张的事。

7月25日　美韩开始举行为期4天的代号为"不屈意志"的联合军事演习。演习由美国海军"乔治·华盛顿"号航母、韩国"独岛"号运输舰等20余艘舰艇和美国最新F-22"猛禽"战斗机、韩国F-16战斗机等200多架飞机参加，韩美共投入兵力8000多人。

7月26日　美国国务卿希拉里·克林顿与财政部长盖特纳就欧盟和加拿大对伊朗采取进一步制裁措施发表联合声明。

8月2日　《非洲增长与机会法》论坛（AGOA Forum）在华盛顿召开，35个非洲国家官员以及一些非洲贸易组织的代表出席了论坛。美国国务卿希拉里·克林顿、两位副国务卿朱迪思·麦克黑尔、玛丽亚·奥特罗分别参加了论坛的各项活动。

8月3日　为期三天的非洲青年领袖大会在华盛顿召开，美国总统奥巴马主持会议并发表演讲，来自非洲45个国家社会各界的100多名代表与会。奥巴马指出非洲是全球最年轻的大陆，超过半数人口在30岁以下，所以美国希望非洲的年轻一代能够与美国的年轻一代直接交流，探讨非洲的未来前途，并促进寻找解决地区挑战的新途径。奥巴马还回答了与会代表提出的有关腐败政治、个人成长机会、经济发展等问题。他指出年轻人是推动非洲发展的重要力量，肩负着改变非洲的重大责任。

8月10日　美国和越南以联合海军演习庆祝建交15周年。美国和越南在南海举行联合海军演习，这标志着美越两国已经解除从前的敌对关系并进一步加强两国的军事联系。演习为期一周。美国方面表示，此次演习是一系列海军交战训练，主要内容包括毁坏控制以及搜救等。

8月11日　美国总统奥巴马与国家安全班子讨论伊拉克问题。

8月16日　美国国防部公布年度《与中华人民共和国有关的军事与安全发展》报告，认为中国在过去30年取得的经济和科技进步让中国军队有能力开展全面的现代化建设。但报告同时称中国在军队建设等问题上透明度不够。报告说，中国军队在过去10年加速现代化建设，具有更强能力，使其能更多参与国际行动，例如维和行动、人道援助行动及打击海盗行动等。美方对此表示欢迎，希望就此与中方开展合作。报告称，中国军方在关于中国军事与安全问题的透明度上有一定提高，但还不够，让美方很难判断中方意图，容易增加误解甚至误判的可能性。报告称，中国军队建设目前的趋势显示，中国将拥有在亚洲地区执行一系列军事行动的能力，这将成为改变东亚地区军事平衡的重要因素。除此之外，报告还涉及中国军费开支、中美军事交往等多方面内容。

美韩举行"乙支自由卫士"演习。军演持续至8月26日，在韩国东部海域（日本海）与韩国西部海域（黄海）举行。3万名美军士兵和大约5.6万名韩国士兵参加军演。本次参加军演的美军人数大大超过往年的大约1万人。

8月20日　美国政府首次正式就本国人权状况向联合国人权理事会递交了长达29页的相关报告。报告中，奥巴马政府承认，一些美国人，主要是少数族裔美国公民仍然是歧视的受害者。美国"法律面前人人平等"的目标仍有待努力实现。报告指出，尽管美国现在已有一位非洲裔总统，妇女和西班牙裔人士在社会和经济方面取得了更大的成功，但美国社会仍有非常多的人群未能享有公正的政策和待遇。非洲裔、拉丁裔人士、穆斯林、南亚人、印第安人、同性恋者等群体仍面临高失业率、高犯罪率、贫穷、住房条件差、缺乏公共医疗、在就业时遭歧视的挑战。2006 年，联合国人权理事会取代人权委员会成为联合国主要人权机构。"普遍定期审议"是一个协作机制，它规定联合国的全部 192 个成员国每四年对其国内的人权状况提交一次报告。美国布什政府曾以"过度"批评以色列、"接纳不实行民主并一贯践踏国际人权的成员"等理由对这一机构持抵制态度。

美国副总统拜登访问伊拉克。期间，分别会见伊拉克现任总理马利基、总统塔拉巴尼，两位副总统及其他重要政治领导人，讨论伊拉克组建新政府的最新进展并"敦促伊拉克领导人尽早为组阁会谈收尾"，就拖延已近 6 个月的组阁僵局向伊拉克国内各个政治派别继续施压，希望伊拉克尽快组成新政府，稳定国内的政治和安全局势。

8 月 31 日 美国总统奥巴马在白宫发表讲话，宣布驻伊拉克美军作战任务结束，伊拉克安全部队将接管该国安全职责。奥巴马说，结束伊拉克战争是他在竞选总统时作出的承诺，结束战争不仅对伊拉克有好处，对美国也有好处。他说，美国为这场战争付出了重大代价，在国内预算吃紧的情况下将大量资源投入国外战场，现在已到了"翻开新的一页之时"。奥巴马说，美国当前需要将重心转到恢复经济上来，让数以百万计丢掉工作的美国人重回就业岗位。这将是他作为总统的中心任务。

美国国务卿希拉里·克林顿在华盛顿分别会见来访的巴勒斯坦领导人阿巴斯和以色列总理内塔尼亚胡。巴以领导人将在 9 月 2 日就解决巴以之间最终地位问题在华盛顿举行直接谈判。

9 月 1 日 美国副总统拜登在巴格达主持驻伊美军结束在伊战斗任务的仪式。仪式上，劳埃德·奥斯汀中将接替现任驻伊美军最高司令雷·奥迪尔诺，成为新一任驻伊美军最高指挥官。按照伊拉克和美国两国政府的协议，8 月 31 日驻伊美军正式结束在伊作战任务，2003 年发动的"自由伊拉克行动"正式从 9 月 1 日起被"新黎明行动"取代，美军在安保任务中的角色将由主转辅。而剩余的约 5 万美军将主要负责培训伊拉克安全部队和军警并为其提供情报支持，他们也将在 2011 年底前陆续撤出伊拉克。

9 月 6 日 美国总统国家安全事务副助理多尼隆、白宫国家经济委员会主任萨默斯开始对中国进行为期 3 天的访问。期间，分别会见中国国家主席胡锦涛、国务院总理温家宝，中共中央政治局委员、中央书记处书记、中央组织部部长李源潮及外交部部长杨洁篪，就双边关系和共同关心的国际问题交换意见。

　　9 月 8 日　美国国务卿希拉里·克林顿在对外关系委员会发表讲话，强调解决当今的外交政策问题必须从地区和全球角度思考，看到国家之间、地区之间以及利益之间的交织和联系，指出美国必须坚持多边外交并发挥领导作用。"随着越来越多的国家共同面临同样的挑战，我们有机会、也肩负着神圣的职责，来发挥美国的领导作用，与其他国家协作解决上述问题。这就是美国在当今世界所承担的使命的核心"。"采用 19 世纪权力协调或 20 世纪权力平衡的战略没有任何意义。我们不可能返回冷战遏制时期或单边主义时代"。"我们必须承认有两个不可回避的事实决定着我们的世界：第一，没有一个国家能单独应对世界上各种挑战。第二，大多数国家对同样的全球威胁——从不扩散、防病到反恐——感到担忧。因此，这两个事实要求建立一种不同的全球架构"。"我们将运用美国的领导能力，运用现有的各种机制并予以改造"。美国要使用"灵活实力"。"灵活实力"可体现为五个领域的具体政策方针：第一，我们准备更新和建立与我们的伙伴进行合作的手段；第二，我们将致力于与我们持不同意见的人进行有原则的交往；第三，我们将把发展提高到美国实力的核心支柱地位；第四，我们将在冲突地区采取民事和军事行动相结合的行动；第五，我们将调动美国实力中的关键资源，包括经济实力和榜样的力量。"我们还将特别强调鼓励主要的和新兴的全球大国——中国、印度、俄罗斯和巴西以及土耳其、印度尼西亚和南非在处理全球议程方面成为全面的合作伙伴"。

　　9 月 13 日　美国国务卿希拉里·克林顿开始为期 4 天的中东之行。期间，访问沙姆沙伊赫、耶路撒冷、拉姆安拉、安曼，出席巴以直接谈判，与埃及、以色列、巴勒斯坦、约旦领导人举行双边会谈。

　　美国朝鲜问题特别代表博斯沃思开始韩国、日本和中国之行，就朝鲜问题进行磋商，他表示，与朝鲜就其核武器计划进行的任何进一步谈判必须产生有意义的结果。

　　9 月 20 日　美国能源部长朱棣文在国际原子能机构维也纳年会上提议建立一个国际民用核燃料库，以鼓励在全球进一步遏制核武器发展的同时和平利用核能。

　　9月23日　美国总统奥巴马出席联合国千年发展目标峰会并发表讲话，阐述新的美国全球发展政策。称发展不仅是道义上的当务之急，而且是战略和经济的当务之急。援助本身并不等于发展，发展的意义是帮助受援国真正得到发展。美国需要做的不仅是援助，而且应该促进变革。

　　美国总统奥巴马在纽约分别会见中国总理温家宝、日本首相菅直人、阿塞拜疆总统阿利耶夫、哥伦比亚总统桑托斯、吉尔吉斯斯坦总统奥通巴耶娃。

　　9月24日　美国总统奥巴马在纽约与东盟10个成员国领导人会晤。奥巴马承诺将加深美国和东盟的关系，并强调美国在这一地区有巨大利益。奥巴马说，美国和东盟之间的合作将主要集中在创造可持续经济增长以及加深政治和安全合作。美国和东盟领导人在会谈后发表了共同声明，双方表示要加强在贸易、经济、气候变化、安全等领域的合作。

　　9月27日　美韩在黄海举行联合反潜军事演习，演习持续到10月1日。美军派遣"宙斯盾"号和"菲茨杰拉德"号驱逐舰、"胜利"号水声监听船，以及核动力潜艇、海上巡逻机等参加演习。韩美表示，演习的目的是为了向朝鲜传递遏制信息，全面提高联合反潜作战能力和韩美协同作战能力。演习集中演练敌军潜水艇入侵时的应对技战术和应对程序等。

　　美国国务卿希拉里·克林顿在纽约会见印度外交部部长克里希纳。

　　9月30日　美国国务卿希拉里·克林顿表示美国"完全支持"厄瓜多尔总统科雷亚，她还呼吁该国迅速、和平地恢复秩序。希拉里说，美国谴责暴力和违法行为，美国呼吁所有厄瓜多尔人团结起来，在国家的民主体制框架内迅速、和平地恢复秩序。

　　10月2日　美国海军"乔治·华盛顿"号核动力航空母舰结束在西太平洋的演习后抵达泰国，开始为期5天的访问。这是该航母自2008年进驻日本横须贺基地以来首次访问泰国。

　　10月6日　美国负责东亚和太平洋事务的助理国务卿坎贝尔在日本表示，美国愿意支持一种程序，鼓励中国和其邻国就关于南中国海等处的领土争端进行对话，但认为直接介入是不适当的。

　　10月8日　美国国防部长盖茨和韩国国防部长金泰荣在五角大楼共同主持召开第42次美韩安保协议会。盖茨重申，美国将动用包括核保护伞、常规武器和弹道导弹能力在内的全方位军事力量向韩国提供延伸威慑。双方将建立延伸威慑政策委员会，作为常设合作机制，确保延伸威慑的有效性。双方在会后发表的共同声明中重申，不会接受朝鲜拥有核武器，呼吁朝鲜完全、可验证地弃核。双方会谈还取得多项其他成果，其中包括签署《韩美国防合作指南》，以指导韩美两国军事同盟关系未来走向。双方还签署了《战略计划方针》，以综合应对朝鲜半岛相关局势。

10 月 10 日　美国"国会与行政部门中国委员会"发表 2010 年度涉华报告。

美国国防部长盖茨访问越南。盖茨对美国能够和越南战争之后的"新一代"越南建立友好关系表示惊喜。他表示，美国将会支持中国周边的那些"感受到压力"的小国。但他说"美国致力于同中国接触，而非与之对抗"，"我们相信同时也接受这一现实：在拥有 6 亿人口的东盟和 10 多亿人口的中国之间，友好合作远优于相互对抗"。

美国国防部长盖茨在河内出席首届东盟防长扩大会议。

10 月 11 日　美国国防部长盖茨在河内与中国国防部长梁光烈上将举行双边会谈。梁光烈说，近年来，中美两国关系总体上保持了稳定发展的积极势头。胡锦涛主席和奥巴马总统 6 次会面，就共同努力建设 21 世纪积极合作全面的中美关系达成了重要共识。中美关系已经超出了双边范畴，越来越具有全球性的影响。梁光烈说，中美两军关系是两国积极合作全面关系的重要组成部分。当前，两军关系发展还存在一些障碍，特别是美售台武器等问题是阻碍两军关系全面深入发展的重要原因。要保持两军关系持续、稳定发展，关键是要尊重和照顾彼此的核心利益和重大关切，不断培育和增进双方战略互信，减少猜疑或误判，并妥善处理分歧和敏感问题。中方对发展两军关系一向是积极真诚的，希望双方共同努力，认真采取有效措施推动这些问题得到逐步解决，使中美两军关系跳出怪圈，沿着健康稳定的道路向前发展。梁光烈说，中方对东盟防长扩大会持欢迎和支持的态度，愿意利用东盟防长扩大会等平台，与美方加强在反恐、护航、人道主义救援减灾等非传统安全领域的交流与合作，为亚太地区的和平稳定做出建设性贡献。盖茨说，美国致力于落实两国元首的共同愿景，推动建立一个积极合作全面的双边关系。两军关系是两国关系的重要组成部分，两军的持续对话至关重要，可以减少误判和互不信任。美中两军在双边和东盟 10+8 框架下有很多合作机会，双方可以发挥积极建设性的作用。

美国国务卿希拉里·克林顿访问波黑。希拉里称美国继续支持巴尔干国家与欧洲以及欧洲大西洋共同体一体化。希拉里在访问波黑期间，会见了波黑主席团成员、波黑各党派和大学生代表，并为美国驻波黑新使馆大楼的开馆仪式剪彩。希拉里称，在过去的 15 年里，波黑内部的民族仇恨有所缓解，但民族主义仍在蔓延。她希望波黑在此次大选后尽早成立有执行力的政府并进行宪法改革，美国政府不希望看到波黑因为民族问题出现分裂的局面。美国支持并将帮助波黑加入欧盟和北约组织。

10 月 12 日　美国国务卿希拉里·克林顿访问塞尔维亚。在同塞尔维亚总统塔迪奇会谈后，希拉里向媒体表示，美国支持塞尔维亚加入欧盟，将建议欧盟开始塞尔维亚的入盟进程。希拉里表示，尽管塔迪奇在会谈时明确指出不会承认科索沃独立，但美国政府仍希望塞尔维亚能够接受科索沃作为独立国家的事实。希拉里称，联大通过的科索沃问题决议草案为塞尔维亚同科索沃方面直接对话奠定了基础，对话也将有助于改善塞尔维亚同周边国家、欧盟以及美国的关系。希拉里要求塞尔维亚在同科索沃的谈判中不要涉及边界等敏感问题。

10 月 13 日　美国国务卿希拉里·克林顿访问科索沃。希拉里再次重申美国支持科索沃独立。希拉里称，国际法庭给出的咨询意见已结束科索沃地位问题的争论，在塞尔维亚同科索沃的谈判中，不会谈及最终地位、主权和领土完整等问题，塞尔维亚同科索沃将通过对话促进合作，并在通向欧盟的道路上取得进展。

10 月 14 日　美国国务卿希拉里·克林顿在布鲁塞尔北约总部和国防部长盖茨出席北约外长防长联席会议。本次会议是将于 2010 年 11 月在葡萄牙里斯本举行的北约峰会的预备会，中心议题是北约新战略构想、导弹防御系统和北约结构改革。希拉里说，北约应随着世界变化而变化，"北约开始是一个地区性组织，但我们现在面临全球性威胁，我们必须拥有全球性视角"。作为 21 世纪的安全联盟，北约要想保持影响力，就必须拥有应对新安全挑战的能力。这些新安全挑战包括恐怖主义、导弹袭击、网络攻击，以及核武器与生化武器扩散等。

美国国务卿希拉里·克林顿在布鲁塞尔与欧洲理事会主席赫尔曼·范龙佩、外交事务高级代表阿什顿举行会谈。

10 月 15 日　美国和韩国在朝鲜半岛西部空域举行"最响雷鸣"空军联合军演。演习历时 8 天，旨在加强两国空军相互协同能力。250 多名飞行员参加演习。包括韩国空军 F-15K 和 KF-16 系列战斗机、美国空军 F-16 型"战隼"式和 KC-135 型"同温层油船"式在内，大约 50 架战斗机参加演习。

10 月 20 日　美国和巴基斯坦在华盛顿开始举行为期 3 天的第三轮美国-巴基斯坦战略对话，由美国国务卿希拉里·克林顿和巴外交部部长库雷希共同主持，双方讨论了安全、军事、经济、农业等议题。

10 月 21 日　正在美国访问的中共中央台湾事务办公室、国务院台湾事务办公室主任王毅在华盛顿会见美国国务卿希拉里·克林顿，并分别与美国常务副国务卿斯坦伯格、助理国务卿坎贝尔以及白宫国安会亚洲事务高级主任贝德就台湾问题深入交换了意见。王毅向美方介绍了两岸关系近况及发展前景，阐述了大陆方面奉行的积极的对台政策。王毅强调，台湾问题是中国的内政，应由海峡两岸通过协商加以解决。希望美方继续坚持一个中国政策，切实遵守中美三个联合公报所确立的原则，以实际行动支持两岸关系的和平发展。王毅表示，下一步我们愿沿着和平发展的方向，致力于两岸各领域交流与合作的稳定发展，同时也希望两岸关系与中美关系能够双轨并进，实现良性互动。美方表示将继续坚持一个中国政策，理解和尊重中国的核心利益。美方十分赞赏中方近来为改善和发展两岸关系所作的积极努力，乐见两岸关系呈现出前所未有的良好局面，欢迎并支持海峡两岸通过协商和平解决彼此之间的问题。王毅还就美国向台湾出售武器问题表达了中方的严正立场。

10 月 27 日　美国国务卿希拉里·克林顿和日本外相前原诚司在美国夏威夷州首府火奴鲁鲁举行双边会谈，就安全、经济和贸易等议题交换意见。希拉里强调日本对美国与亚太地区关系的基石作用。双方就强化日美同盟，以及冲绳美军普天间机场搬迁至名护市边野古地区的方针进行了确认。此外，就钓鱼岛问题，希拉里称：“我愿明确重申，尖阁（中国名称：钓鱼岛）属于安保条约第 5 条的范围。我们重视保护日本国民的义务。”而日本外相前原则回应称：“受到了鼓舞。”

10 月 28 日　美国国务卿希拉里·克林顿在夏威夷州首府火奴鲁鲁就奥巴马政府的亚洲战略发表演说，对美国重返亚洲的努力进行了回顾与展望。在演讲中谈到为何美国将亚洲作为其外交优先任务时，希拉里说：“我们知道，21世纪的大部分历史将在亚洲书写。这一地区将出现这个星球上最具变革性的经济增长。亚洲的许多城市将变成全球商务和文化中心。”希拉里在演讲中说，奥巴马政府上台 21 个月来采取了“靠前部署”的外交策略，动用了各种外交资源，派遣高级外交官和发展援助人员到亚太地区“每个角落、每个首都”去进行外交活动。希拉里还列出了美在亚洲战略的三个主要“工具”：美国的传统盟友、新兴的伙伴关系以及美国与重要地区组织的合作。希拉里说，美国在亚太地区的传统盟友依然是美国和亚太地区进行战略接触的基础。美国同时也在加强同新兴伙伴的关系，比如印度尼西亚、越南和新加坡。在提到印度和中国时，希拉里说，这两个国家的同时崛起正在"重塑"世界，美国能否有效地和中、印合作将是对美国领导地位的"重大考验"。谈到美国和地区多边组织的关系，希拉里说，美国参与亚洲地区组织的原则就是，只要该组织涉及美国的安全、政治和经济利益，那么美国就希望在其中拥有一席之地。"这就是为什么我们将东盟看作亚洲新兴地区架构支点的原因。"希拉里说，奥巴马政府重返亚洲的主要目标是维护和加强美国在亚太地区的领导作用，以及增强安全和繁荣、宣扬美国的价值观。希拉里在演讲中还以较大篇幅提到中美关系。她说，现在有一些人认为中美两国利益从根本上来说是冲突的，有人将"零和"概念应用在中美关系上，也就是一方成功，另一方必然失败。对此希拉里表示反对。她说："在21世纪，美国和中国将对方看作对手不符合任何人的利益。因此我们正一道为新世纪建立一个积极、合作和全面的关系。"

10月29日 美国国务卿希拉里·克林顿开始为期10天的访问越南、中国、柬埔寨、马来西亚、巴布亚新几内亚、新西兰和澳大利亚之旅。

美国国务卿希拉里·克林顿访问越南。

10月30日 第五届东亚峰会在越南首都河内举行，作为本届东亚峰会主席、越南政府总理阮晋勇的特邀嘉宾，美国国务卿希拉里·克林顿出席会议。会议决定从2011年起邀请俄美两国加入东亚峰会。会上，阮晋勇正式通知拉夫罗夫和希拉里，东亚峰会领导人决定邀请俄美两国总统出席第六届东亚峰会。

美国国务卿希拉里·克林顿在河内会见中国外长杨洁篪，双方就中美关系和共同关心的问题交换意见。杨洁篪说，在双方共同努力下，中美关系总体保持稳定发展势头。胡锦涛主席将于明年初对美国进行国事访问。下个月，两国元首还将在二十国集团首尔峰会期间会晤。我们愿与美方一道，推动中美关系沿着积极合作全面的轨道不断向前发展，为胡主席访美营造良好氛围。希拉里表示，美方愿与中方共同努力，推进两国高层交往和各领域合作，共同做好胡锦涛主席访美和两国元首在二十国集团首尔峰会期间会晤的准备工作。杨洁篪重申了中国在钓鱼岛问题上的严正立场，敦促美方在这一高度敏感的问题上谨言慎行，尊重中国的主权和领土完整，不应发表任何错误言论。

美国国务卿希拉里·克林顿在海南与中国国务委员戴秉国会谈。讨论 G20 峰会、APEC 峰会及胡锦涛主席访美等事宜。

美国国务卿希拉里·克林顿开始对柬埔寨为期两天的访问。期间,在金边同柬埔寨副首相兼外交和国际合作大臣贺南洪举行会谈。分别会见柬埔寨国王诺罗敦·西哈莫尼和政府首相洪森。

11 月 2 日 正在马来西亚访问的美国国务卿希拉里·克林顿先后与马外长阿尼法·阿曼和副总理毛希丁举行会晤,就双方关心的话题交换了意见。希拉里在与阿尼法会谈后举行的联合记者会上表示,美国将马来西亚视为促进亚太地区宗教和谐的一个重要伙伴和领导者。美国正努力寻求与全世界的中立力量合作,从而使极端主义边缘化,而马来西亚正是一个典范。希拉里说,防止核扩散问题也是此次双边会谈的重要内容。她表示,目前我们必须直面包括核武器扩散在内的多个问题,而马来西亚《战略贸易法案》的通过将是马方阻止燃料、武器等物资通过该国水路运输的强有力工具,有利于防止核扩散。

11 月 3 日 美国国务卿希拉里·克林顿访问巴布亚新几内亚。

美联储宣布在 2011 年第二季度前购买 6000 亿美元长期国债,平均每月购债 750 亿美元,由此正式开始第二轮大规模资产购买。

11 月 4 日 美国国务卿希拉里·克林顿访问新西兰。期间,与新西兰总理约翰·基进行会谈,并与外长麦卡利签署《惠灵顿宣言》,宣布两国建立战略伙伴关系。根据协议,美国和新西兰将在太平洋地区加强务实合作,重点领域为可再生能源和自然灾害应对。两国将加强政治对话,建立部长级年度会晤机制以及高级军事官员定期磋商机制。两国还同意在反恐、防止核扩散、打击跨国犯罪和应对气候变化等领域扩大合作。希拉里在联合记者招待会上说,《惠灵顿宣言》将为密切双边合作、促进地区经济发展和民主进程提供契机。她说,美国将继续致力于完成《跨太平洋伙伴关系协定》谈判。约翰·基说,新西兰高度重视与美国在军事训练等领域的合作,希望《跨太平洋伙伴关系协定》是一个全面的协定。1951 年,新西兰、美国和澳大利亚缔结《澳新美条约》,新西兰成为美国的盟国。20 世纪 80 年代中期,新西兰工党政府奉行反核政策,拒绝美国核艇访新,美国中止与新西兰防务合作,将新西兰从盟国降为友好国家。

11 月 6 日 美国总统奥巴马开始对印度进行为期 3 天的首次国事访问。

美国总统奥巴马在新德里与印度总理辛格举行会谈,奥巴马表示美国将放松向印度出口军民两用高科技设备的限制，并在核供应国集团等国际组织中支持印度。两国元首发表联合声明，重申两国共同的价值观和共同利益，宣布扩大和加强美印全球战略伙伴关系。

美国总统奥巴马在印度议会发表演讲。奥巴马说，美国支持印度成为一个崛起的全球大国，美印两国能在全球安全事务中形成伙伴关系，"期待一个改革的联合国安理会，其中印度是常任理事国"。奥巴马说，获得更大权力的同时需承担更多责任，美印可以共同合作，防止核武器扩散并促进民主发展。美印两国可以在发展、安全和亚洲伙伴三个方面进行合作。发展合作的领域涉及国防和空间技术、清洁能源、农业、天气预报、医疗以及高等教育等。在安全方面，稳定、繁荣和民主的阿富汗以及巴基斯坦符合美印两国利益。

美国国务卿希拉里·克林顿开始对澳大利亚进行为期3天的访问。期间，分别会见澳大利亚外长陆克文和总理吉拉德，讨论阿富汗战争问题以及国际及地区安全、国防及反恐等问题。希拉里和陆克文在会后的记者会上表示，同意提升两国现有的安全关系，进一步加强军事和国防合作。

11月8日 美国国务卿希拉里·克林顿、国防部长盖茨和澳大利亚国防部长史密斯、外长陆克文在墨尔本共同参加第25届年度美澳部长级磋商，讨论地区与全球安全问题。双方决定以共同使用澳军基地的方式，提升美军舰、军机和人员在澳活动的频率，同时在澳预置部分军用物资，以深化双方的军事合作关系。双方在会议期间签署空间监控合作协议。

11月9日 美国总统奥巴马访问印度尼西亚。奥巴马在同印度尼西亚总统苏西洛举行会谈后的联合记者招待会上强调，美国将全力加强与印度尼西亚的经贸合作，尽快把美国在印度尼西亚贸易伙伴中的排名从第3位提高到第1位。他还承诺将召集美国商人和投资者在印度尼西亚寻找商机。苏西洛表示，美国拥有巨大的经济潜力，印度尼西亚则是一个正在快速发展的经济体，两国之间的经济合作前景广阔。两国领导人签署旨在提升双边合作的"全面"伙伴关系协议。据此协议，美国和印度尼西亚将在贸易、投资、教育、能源、环境、国家安全等领域展开全方位合作。

美国国防部长盖茨开始对马来西亚进行为期2天的访问。盖茨与马来西亚国防部长会谈后对记者说："马来西亚在国际维和以及人道救援方面发挥了重要作用，也是美国在该地区应对某些大国的重要合作伙伴。"今后华盛顿和吉隆坡将进一步加强防卫合作。

11 月 11 日 美国总统奥巴马访问韩国。奥巴马在首尔青瓦台与韩国总统李明博举行会谈，就朝核问题和韩美自由贸易协定等交换了意见。李明博在会谈后举行的联合记者会上说，韩美将进一步加强在朝核问题和"天安"号事件上的紧密合作。双方再次敦促朝鲜就"天安"号事件采取负责任的姿态，称这是韩朝关系能够取得实质性进展的基点。关于韩美自由贸易协定，李明博说，虽然韩美近日再次就韩美自由贸易协定中存在的分歧进行了协商，但双方一致认为，一些细节问题还有待日后进一步协商。双方将在 G20 首尔峰会后，尽快找出双方能够接受的方案。奥巴马说，美国已经做好了向朝鲜提供经济援助的准备，但朝鲜为此应首先履行自己的职责。美国绝不会动摇对韩国的安保意志。关于六方会谈，奥巴马说，只有朝鲜真正表现出诚意，才可以协商重启六方会谈。目前朝鲜的行动还不充分，重启会谈还需要"相当的时间和努力"。美韩将为此继续努力。奥巴马还表示，韩美自由贸易协定将使两国实现双赢，双方已指示有关部门在不久的"几天或者几周时间里"努力就此达成共识。

美国总统奥巴马在首尔会见中国国家主席胡锦涛，就发展中美关系和共同关心的重大国际和地区问题交换意见。胡锦涛说，中方愿与美方一道加强对话、交流、合作，推动中美关系沿着积极合作全面的轨道前进。奥巴马说，这是我们第七次见面。美中关系实现了强劲发展，非常牢固，我们在双边和国际领域有一系列的议题需要交换意见，我们希望实现全球经济强劲、平衡、可持续的发展。我期待在华盛顿接待胡锦涛主席对美国进行访问。

11 月 12 日 美国总统奥巴马在首尔出席二十国集团首尔峰会。会议主要讨论世界经济形势，强劲、可持续、平衡增长框架，国际金融机构改革，国际金融监管，全球金融安全网，发展和贸易等问题。

11 月 13 日 美国总统奥巴马出席在日本横滨举行的为期两天的亚太经合组织第十八次领导人非正式会议。这次亚太经合组织领导人非正式会议的主题是"变革与行动"，主要讨论区域经济一体化、增长战略、人类安全、茂物目标评审、亚太经合组织未来发展、经济技术合作、多哈回合谈判等问题。

美国总统奥巴马在横滨与日本首相菅直人举行会谈。两国首脑就进一步"深化"同盟关系达成一致。奥巴马在会谈中重申支持日本成为联合国安理会常任理事国，并邀请菅直人 2011 年春季访问美国。奥巴马称："欢迎中国在经济上崛起，重要的是中国作为国际社会的一员妥善行事，采取负责任的态度。"

11 月 17 日　美国国务卿希拉里・克林顿向国会提交《2010 年度国际宗教自由报告》，称促进宗教自由是美国外交政策的一项核心工作。

11 月 19 日　美国总统奥巴马访问葡萄牙。期间，出席在葡萄牙首都里斯本召开的北约峰会，参加讨论阿富汗局势的会议。北约 28 个成员国的领导人批准了用于指导北约未来 10 年发展的战略新概念。这是冷战结束后北约通过的第三份战略文件。新概念重新确认北约关于集体防御的第五条款，同时重点涉及应对新兴安全威胁、核威慑力、在全球范围内发展伙伴关系和机构改革等内容。峰会还在建立欧洲导弹防御系统、向阿富汗移交防务、发展与俄罗斯关系等具体问题上取得进展。

美国总统奥巴马在里斯本分别会见葡萄牙总统席尔瓦、总理苏格拉底，格鲁吉亚总统萨卡什维利、阿富汗总统卡尔扎伊。

美国国务卿希拉里・克林顿出席美国-欧盟能源理事会外交与能源事务高级官员在葡萄牙里斯本北约峰会期间举行的部长级会议。

11 月 23 日　美国总统奥巴马与韩国总统李明博通电话，双方同意"在未来数日"举行联合军事演习，以作为对延平岛炮击事件的回应。

11 月 28 日　"维基解密"网站曝光逾 25 万份据称是美国国务院的机密文件。

11 月 29 日　美国国务卿希拉里・克林顿就机密文件被"维基解密"网站泄露发表讲话并回答媒体提问。希拉里强烈谴责维基解密敏感文件，并称这种行为不仅是对美国外交政策利益的攻击，也是对国际社会的攻击。希拉里说，维基解密非法披露相关机密文件会置人们的生活于危险之中，会威胁美国的国家安全，破坏美国与其他国家解决共同问题的努力。她表示，这几天她已经与一些国家的外长就此进行了富有成效的讨论，并得到了谅解。

11 月 30 日　美国国务卿希拉里・克林顿开始为期 5 天的对哈萨克斯坦、吉尔吉斯斯坦、乌兹别克斯坦和巴林的访问。

12 月 1 日　美国国务卿希拉里・克林顿出席在哈萨克斯坦举行的 2010 年欧洲安全与合作组织峰会。

12 月 2 日　为期两天的第二届中美政党高层对话在华盛顿举行。中联部部长王家瑞与美国民主党代表、前国务卿马德琳・奥尔布赖特和共和党代表、前助理国务卿理查德・威廉姆森共同主持对话。双方围绕中美政党各自执政理念与实践、中美关系及共同关心的重大国际和地区问题进行了坦诚、开放、深入的对话。中方介绍了"十二五"规划建议的主要内容和重要意义，阐释了中国共产党坚持科学发展、和平发展、和谐发展的理念与实践和在重大内政外交问题上的政策主张。美两党分别介绍了美当前政治经济形势和面临的主要机遇与挑战。奥尔布赖特和威廉姆森表示，第一届、第二届美中政党高层对话在年内相继成功举行，反映了双方加强交流的强烈意愿和对政党对话渠道的高度重视。这开辟了美中两国政党直接交流沟通的历史新篇章，增添了两国战略性沟通和全方位合作的新渠道，是 21 世纪日趋成熟全面的双边关系的重要组成部分，为美中关系的发展注入了积极动力。

12 月 3 日　美国总统奥巴马突访阿富汗，这次访问仅仅持续三个多小时。据白宫新闻发言人吉布斯透露，由于阿富汗首都喀布尔的天空被至少 1000 英尺的云层覆盖、同时还伴有每小时 45 英里（70 公里）的风以及低于两英里的能见度，因此奥巴马取消乘直升机前往总统府会见卡尔扎伊的计划，改为与卡尔扎伊举行视频会议。奥巴马抵达后在美军巴格拉姆空军基地与美军驻阿指挥官彼得雷乌斯以及美国驻阿大使艾肯伯里进行会晤，然后到医院看望了受伤士兵，并对驻阿美军发表讲话。

美国国务卿希拉里·克林顿在加拿大魁北克韦克菲尔德出席"北美外交部长会议"，与加拿大、墨西哥外长共同讨论三国各自及共同面对的经济、安全等问题。

美日两国在日本各军事基地及日周边海域、空域举行为期一周的联合军事演习。4.4 万余名官兵，包括"华盛顿号"核动力航空母舰在内的约 60 艘舰艇、400 架战机参加演习。这是美日两国迄今举行的规模最大的联合军演。

12 月 6 日　中国国家主席胡锦涛应约同奥巴马通电话，就中美关系及朝鲜半岛局势交换意见。胡锦涛指出，中美两国在应对国际金融危机冲击、促进世界经济复苏和发展、维护世界和平稳定等方面拥有广泛共同利益，肩负着重要责任。中美双方应该共同努力，加强对话、增进信任、携手合作，妥善处理有关敏感问题，合作应对日益增多的全球性挑战，推动积极合作全面的中美关系持续健康稳定向前发展。胡锦涛强调，作为朝鲜半岛的近邻，中方高度关注半岛局势。不久前发生的朝韩交火事件造成包括平民在内的人员伤亡和财产损失，中方对此深表遗憾，对目前事态深为担忧。朝鲜半岛是安全局势很脆弱的地区。尤其是当前形势下，如果处置不当，很可能导致半岛紧张局势轮番升级，甚至失控，这不符合有关各方的共同利益，也是我们极不愿意看到的。当前形势下，当务之急是要冷静理性应对，坚决防止局势进一步恶化。胡锦涛指出，实现半岛无核化，通过对话谈判以和平方式解决朝鲜半岛核问题，维护朝鲜半岛和东北亚和平稳定，是中方的一贯立场，也是中方处理朝鲜半岛核问题及有关问题的出发点和落脚点。长期以来，中方为此做出了不懈努力。中方始终认为，对话谈判是解决朝鲜半岛核问题及有关问题、实现半岛长治久安的唯一正确途径。形势的发展进一步证明了重启六方会谈的重要性和紧迫性。胡锦涛强调，要缓和、不要紧张，要对话、不要对抗，要和平、不要战争，这是朝鲜半岛南北双方人民和国际社会的强烈愿望和呼声。中方已提议举行六方会谈团长紧急磋商。中方愿就朝鲜半岛局势同美方及有关各方保持密切沟通和协调，共同维护朝鲜半岛和东北亚和平稳定。奥巴马表示，美方愿同中方发展伙伴关系。朝鲜半岛局势影响整个东亚安全。为实现朝鲜半岛无核化的共同目标，消除半岛不稳定的危险，维护东北亚安全环境，美方愿同中方密切合作。美方希望通过有成效的对话和接触和平解决半岛问题，将就此同中方保持沟通。

美国国务卿希拉里·克林顿在华盛顿与日本外相前原诚司和韩国外交通商部长官金星焕举行三方会晤，讨论半岛局势。会晤后三国发表联合声明称，美日和美韩同盟以及日韩伙伴关系"对维护亚洲和平与稳定至关重要"，决心在共同的双边责任基础上"有效应对共同的安全威胁"。声明还强调三国在经济、政治和安全问题上加强合作的重要性，指出维护地区和平、繁荣和稳定符合三国"深切和持久的利益"。声明说，三国承诺在与朝鲜有关的问题上"保持并加强协调和磋商"。三国外长期待与中国和俄罗斯进一步加强合作，尤其是在六方会谈框架内的合作，以探寻应对与朝鲜有关问题的途径。

美国国家安全事务助理汤姆·多尼隆与韩日两国外长举行会晤。

12月10日　美国总统奥巴马就诺贝尔奖委员会向刘晓波颁发诺贝尔奖发表声明，呼吁中国政府尽早释放刘晓波。奥巴马声称，"过去三十年来，中国在经济改革方面取得重大的进展，人民的生活改善了，数亿人得以摆脱贫困的生活。"他指出："但这个奖提醒了我们，政治改革并没有跟上去。每一个男人、女人和孩子的权益都必须受尊重。"

美国国务卿希拉里·克林顿在华盛顿国际人权日对话会上发表讲话。

12月15日　美国国务卿希拉里·克林顿发布第一份《四年外交与发展评

估报告》，全面评估国务院和国际开发署的工作。称建立战略框架并进行监督，以确保美国的民事力量能够尽可能高效地部署。

美国常务副国务卿斯坦伯格开始对中国进行为期三天的访问。期间，中国外交部副部长张志军、崔天凯分别与斯坦伯格举行会谈，中国政府朝鲜半岛事务特别代表武大伟会见斯坦伯格。双方积极评价奥巴马政府就职以来中美关系取得的进展，强调中美两国利益深度交融，谁也离不开谁。中方表示，面对国际地区形势的复杂深刻变化，双方应加强相互信任、交流与合作，妥善处理敏感问题，推动中美关系健康稳定发展，共同造福两国人民，促进亚太地区乃至世界的和平、稳定、发展。斯坦伯格表示，美国高度重视对华关系，认为一个成功的中国有利于美国、有利于世界，愿与中方加强对话，推动两国在双边各领域和重大国际、地区问题上的协调合作不断走向深入。双方就朝鲜半岛局势有关问题深入交换了意见。

12 月 16 日　美国总统奥巴马在白宫公布阿富汗战争进展报告。奥巴马在发布会上说，评估显示，美军在阿富汗取得一系列进展，其中包括向"基地"组织高层施加更大压力、向塔利班发动大规模攻势并压缩其生存空间、向阿富汗安全部队提供更多训练与装备等。但奥巴马说，取得这些进展的过程十分缓慢，而且代价高昂。他说，在阿富汗很多地方，美军取得的成果十分脆弱，稍有不慎局势即可能逆转。奥巴马在讲话中肯定了阿富汗与巴基斯坦方面对美方给予的合作。他敦促巴基斯坦加大打击与阿富汗接壤地区武装人员的力度。根据阿富汗战争进展报告，美国认为巴基斯坦在打击"基地"组织并阻止它卷土重来的努力中占据中心位置，美方寻求在反恐、打击武装组织方面与巴基斯坦建立连续、稳固的合作。奥巴马强调，美军将按计划向阿富汗方面移交安全职责。

12 月 22 日　美国参议院批准美国与俄罗斯的新核裁军条约。

三　2011 年

1 月 1 日　美国国务卿希拉里·克林顿访问巴西，出席巴西总统罗塞夫就职典礼。

1 月 4 日　美国总统国家安全事务助理多尼隆在华盛顿会见中国外交部长杨洁篪，就当前中美关系、胡锦涛主席访美及共同关心的国际和地区问题交换意见。白宫说，多尼隆在会上"强调了采取有效措施，以降低全球经济和美中贸易失衡的重要性"。此外，他也和杨洁篪讨论如何共同说服朝鲜放弃其核武发展计划，"避免做出破坏稳定的行动"，以及如何防止伊朗获得核武器。美国总统奥巴马也参加了多尼隆与杨洁篪的会谈，奥巴马表示，一个良好、成功的美中关系对美国和世界都很重要。美方愿意同中方共同努力，全力扩大两国合作面，提升双方合作水平，共同应对全球性挑战，发展积极合作全面的美中关系，造福于两国人民和国际社会。

1 月 8 日　美国国务卿希拉里·克林顿开始对阿拉伯联合酋长国、也门、阿曼、卡塔尔进行为期 5 天的访问。

1 月 9 日　美国国防部长盖茨开始对中国进行为期 3 天的访问。访华期间，中国国家主席、中央军委主席胡锦涛，国家副主席、中央军委副主席习近平，外交部部长杨洁篪等分别会见了盖茨。国务委员兼国防部长梁光烈与盖茨举行了会谈。双方就国际和地区安全形势、两国两军关系及其他共同关心的问题广泛深入地交换意见。盖茨还参观了中国人民解放军第二炮兵司令部。此访是盖茨 2006 年 12 月就任国防部长以来第二次访华。

1 月 10 日　美国总统奥巴马在白宫与法国总统萨科齐举行会谈。法国 2011 年同时担任二十国集团和八国集团轮值主席国。奥巴马表示，两国将在治理全球经济的议题上开展合作。奥巴马对世界经济出现"过多不平衡"表示忧虑。他说，他与萨科齐讨论了如何协调两大论坛的议程，以确保将要实施的改革和后续行动能够"给世界各地的人们带来繁荣"。两人还就制裁伊朗、打击恐怖主义等国际安全议题交换了意见。奥巴马称赞法国是美国"最坚定的"同盟。

美国国务卿希拉里·克林顿在阿布扎比与阿拉伯联合酋长国阿布扎比王储兼阿联酋武装部队副总司令谢赫穆罕默德·本·扎耶德·阿勒纳哈扬举行会

谈。谢赫穆罕默德说，阿拉伯联合酋长国重视与美国的特殊关系，希望进一步发展这一关系。希拉里则表示，美国十分重视加强与阿拉伯联合酋长国在各领域的战略关系。双方还讨论了如何加强在经贸、文化、科技等领域的合作，并就本地区和世界局势的发展、中东和平进程的最新进展等问题交换了意见。

正在阿拉伯联合酋长国访问的美国国务卿希拉里·克林顿接受阿联酋中东广播公司电视台专访。希拉里敦促阿拉伯国家努力推动停滞不前的巴以和平进程，根据沙特国王阿卜杜拉提出的阿拉伯和平倡议，以更全面、更广泛的方式解决巴以争端。她强调，美国政府认为结束中东争端的一个途径，就是以巴两国共存；而建立巴勒斯坦人民的国家和保障以色列人民的安全应该并存。她认为阿拉伯和平倡议意义非凡，并指出巴勒斯坦人在立国问题上已经取得了进展。她引用世界银行 2010 年的一份报告称，"如果巴勒斯坦人按照目前的步子走下去，他们将会在未来两年内建立自己的国家"。希拉里指出，巴勒斯坦民族权力机构主席阿巴斯及其内阁总理萨拉姆·法耶兹需要得到世界的支持，以便继续努力建立一个巴勒斯坦国家。但她同时表示，这是一项十分艰巨的工作。对此，巴以双方都应做出十分艰难的抉择。

1 月 11 日　美国国务卿希拉里·克林顿突访也门，就打击也门境内"基地"组织等问题与也门总统萨利赫举行会谈。这是自 1990 年以来，美国国务卿首次访问也门。希拉里表示，"我们共同面临来自恐怖主义的威胁，但我们之间的合作关系不应仅限于反恐和军事层面"。美国将引入一项"全方位战略"，采取一种"平衡策略"，向也门提供政治、经济和社会等方面的援助，以帮助其解决国内的重重难题，"我们应专注解决的不仅有短期的威胁，还有长期的挑战"。希拉里还与萨利赫讨论了军事援助问题以及美国资助也门政府购买各部落所持有武器这一计划。该计划旨在资助也门政府从部落武装人员手中购买重型武器，特别是防空导弹，以防这些武器落入"基地"成员之手。

1 月 12 日　美国总统奥巴马在白宫会见黎巴嫩总理哈里里。商讨解决因黎前总理遇刺调查案导致的黎国政治困境。此外，他们还讨论了其他地区性事务。

美国财政部长盖特纳在约翰·霍布金斯大学高级国际问题研究院就美中经济关系发表演讲。

1 月 13 日　美国国防部长盖茨在东京与日本防卫大臣北泽俊美举行会谈。双方原则同意将驻日本冲绳美军嘉手纳基地 F-15 战斗机的部分训练转移到关

岛，但由日方承担相关费用。此外，北泽和盖茨还同意就两国正在共同研发的
"标准-3-2A"型海基拦截导弹向第三国转让问题进行协商。北泽表示，日本
政府正在研究把向第三国转让这一型导弹作为"武器出口三原则"的特例，
日方争取 2011 年内就此问题得出结论。

美国国防部长盖茨在东京分别与日本首相菅直人、外相前原诚司举行
会谈。

美国商务部长骆家辉在美中贸易全国委员会举办的午餐会上发表讲话。回
顾中国数十年来在经济建设方面取得的巨大成就，展望两国今后的商贸关系。
表示随着中国成为仅次于美国的全球第二大经济体，中美经贸合作关系处在转
折点上，两国经贸合作涌现出众多新内容。"美国欢迎中国经济快速发展，这
不仅对中国人民有利，对全球经济及美国企业也有利。"骆家辉同时称，伴随
中美经贸往来日益加深，两国在一些具体问题上存在不同看法，但摆在中美面
前的首先是共同合作的巨大机遇，从而在 21 世纪引领世界经济实现持续增长；
在中美经贸领域，谋求合作而非对抗一定会为两国创造更美好的未来。骆家辉
赞扬中国在加入世界贸易组织后采取的开放市场措施，以及中美第 21 届经贸
联委会会议取得的进展，强调美中两国政府在商业领域开展合作而非对抗，将
开发出技术，解决当今世界面临的最具紧迫性的主要为环境、经济和社会挑
战。骆家辉称，美国公司向中国市场提供一流的服务和商品十分重要，这不仅
能提高中国人民的生活水平，也将为美国造就众多的工作岗位。骆家辉列举了
美中两国在能源、交通等高技术领域进行的成功合作范例，认为这样一种合作
将奠定美中两国更加强有力的经济关系的基础。骆家辉也表示了美国商界在知
识产权保护和市场准入等方面的主要关切，同时欢迎中国政府在加大打击侵犯
知识产权行为力度等方面做出的承诺。

美国国务卿希拉里·克林顿在卡塔尔出席第七届"未来论坛"并发表
演讲。

1 月 14 日　美国国防部长盖茨在日本东京庆应义塾大学发表演讲。盖茨
表示，美军将继续在日本驻守。盖茨说，面对该地区新型安全威胁和挑战，美
军的作用至关重要。"如果美军不在日本继续存在，双方将会失去信息共享和
沟通协调，我们对于区域威胁和潜在对手的军事能力将知之甚少。"盖茨在演
讲中反复强调美军驻守日本的重要性，他还指出，如果发生战争或自然灾害，
美军可以帮助日本更快的疏散民众，另外，双方联合军演更节约成本，也更易

执行。在讲到有关中国的话题时，盖茨说："我不同意把中国描述为美国不可避免的战略对手。我们欢迎中国在世界舞台上扮演一个有建设性的角色。"盖茨称，中国的军事建设的不透明性和现代化进程，给周边的国家带来了很大的不安。尤其是中国的黑客网络攻击和拥有的破坏宇宙卫星系统的能力，已经给在西太平洋的美军构成了威胁。盖茨强调美军在日本存在的重要性，正是因为美军在日本的存在，遏制了中国对日本等周边国家的军事威胁。没有美军，中国对周边国家的态度会更强硬。盖茨在讲演中还特别指出，2010 年发生的"中国渔船事件"为深化日美同盟关系提供了一个很好的契机。

美国国防部长盖茨在首尔会见韩国总统李明博，就朝鲜问题等朝鲜半岛安全局势交换意见。李明博表示，在解决韩朝问题方面，今年是"关键的一年"，因此韩美两国需要更紧密合作，为解决朝鲜问题，全力以赴。李明博就延坪岛事件爆发后，美国向韩国西海派遣"乔治·华盛顿"号航母、同韩军方进行联合军演表示了谢意。盖茨向李明博详细介绍最近他访问中国和日本的结果。盖茨说，同中日官员就朝核问题和东北亚局势进行了磋商。

美国国防部长盖茨在首尔同韩国国防部长官金宽镇进行"建设性"的讨论。双方一致认为，美韩两国军方需要建立共享信息、互相合作的关系。盖茨还介绍了美国政府的立场，即朝鲜如果表现出将不会发起挑衅的诚意，可以考虑重启韩朝直接对话，进而促成六方会谈。

美国国务卿希拉里·克林顿在美国国务院举行的首届"理查德·霍尔布鲁克演讲会"上发表题为《21 世纪美中关系的前景》的讲话。强调美国致力于与中国建设 21 世纪积极合作全面的美中关系，不断增强与中国的战略互信，并与中国以及其他国际社会成员一起合作应对全球性挑战。希拉里强调，美国欢迎中国经济的增长，并从中获益。她认为，"零和思维"不适用于 21 世纪，美中关系也并非简单的"非朋友即对手"，共同建设一个和平繁荣的亚太地区符合美中两国的利益。希拉里表示，她不同意"两国集团"（G2）的提法，国际社会还有许多其他重要成员。

1 月 18 日　中国国家主席胡锦涛开始对美国进行为期 4 天的国事访问。期间，美国总统奥巴马在白宫与胡锦涛举行会谈。双方一致认为，一个良好的中美关系符合两国人民根本利益，有利于亚太地区乃至世界和平、稳定、繁荣。中美双方应该顺应时代潮流，加强广泛领域的互利合作，加强在国际事务中的沟通和协调，继续推进积极合作全面的中美关系，致力于共同努力建设相互尊重、互利共赢的中美合作伙伴关系，同各国人民一道推动建设持久和平、共同繁荣的和谐世界。奥巴马表示欢迎胡锦涛主席对美国进行国事访问，认为这次访问为美中关系发展注入新的动力。自从他就任总统以来，美中两国关系取得令人瞩目的进展，两国关系发展的规模和速度是建交32年以来空前的。这是双方共同努力的结果，美方十分珍视两国关系，愿意在相互尊重和共同利益基础上进一步发展两国关系。奥巴马完全赞同胡锦涛关于进一步发展两国关系的重要意见，表示美方愿意同中方共同努力，加强高层接触，增进战略互信，在推动解决全球经济可持续增长、促进亚太和世界繁荣、防止大规模杀伤性武器扩散、应对全球环境和气候变化等问题上加强合作。加强民间往来对增进两国人民相互了解十分重要。美方对两国经贸合作取得的重要进展表示赞赏，认为两国强有力的经贸关系给两国人民带来好处。美方愿意认真对待中方在经贸领域重要关切，努力取得积极进展。美方对两国战略与经济对话取得的进展表示高兴，愿意继续发挥这一机制的作用，增进两国了解，通过对话解决分歧。解决21世纪多边问题需要美中两国携手合作。美方赞赏中方在应对气候变化问题上发挥的重要作用。奥巴马表示，美国高度评价中国几十年内取得的巨大发展成就，认为这是人类历史上了不起的成就。美中两国合作符合双方重大利益，美国欢迎中国崛起，中国和平发展有利于美国，有利于世界。奥巴马重申，美国坚持一个中国政策，遵守美中三个联合公报。美方乐见两岸关系不断改善并为此深受鼓舞，希望两岸关系继续取得进展。两国元首还就朝鲜半岛局势、伊朗核、苏丹等问题交换了意见，表示要加强沟通和协调，共同促进亚太地区和世界和平稳定。

　　1月24日　美国国务卿希拉里·克林顿访问墨西哥。期间，分别会见了墨西哥总统卡尔德龙和外长埃斯皮诺萨，就经济、移民、边界控制和气候变化等议题进行了探讨。希拉里表示，墨西哥为反毒战付出了高昂代价，但这是必要的，美国将继续支持墨西哥打击有组织犯罪。

　　1月25日　美国总统奥巴马发表"国情咨文"。奥巴马在演讲中表示，解决短期的就业和长期的美国竞争力问题将成为未来政府工作的重点。另外，奥巴马还讲到了医改、外交政策、军事、政府机制改革等未来政府的工作内容。奥巴马称，美国将完成从伊拉克的撤军工作，伊拉克战争即将结束。2011年7月将开始从阿富汗撤军。美国继续在打击"基地"组织和恐怖主义。奥巴马还阐述了美国对伊朗核问题、朝鲜核问题的立场。

1月28日　俄罗斯总统梅德韦杰夫签署批准俄美新的核裁军条约《削减和限制进攻性战略武器条约》的文件。

1月30日　美国国务卿希拉里·克林顿访问海地。

2月1日　美国总统奥巴马就埃及局势动荡在白宫发表讲话说，"我们看到了埃及人民规模宏大的示威。我们见证了一个伟大的国家及美国的一个长期伙伴开启了历史新篇章"。埃及的"有序过渡必须是有意义的、和平的，并且必须从现在开始"。1月25日以来，埃及国内连续发生反政府抗议活动，造成100多人死亡，上千人受伤。穆巴拉克2月1日晚发表电视讲话，表示不会寻求竞选下届总统，将在本届任期剩余的几个月里，采取任何必要措施，保证政权的平稳过渡。

2月2日　美国总统奥巴马签署美国与俄罗斯新的《削减和限制进攻性战略武器条约》。根据新条约，美俄两国应在7年内将各自部署的核弹头数量上限降至1550枚，这比旧条约减少了大约30%。

2月4日　美国国防部公布"国家安全太空战略"（NSSS）的概要。"国家安全太空战略"由美国国防部长盖茨及国家情报总监克拉珀负责制定。概要指出，美国的军事作战已离不开对太空的利用，比如卫星定位系统（GPS）以及卫星侦察等。"太空对于美国及其同盟国的安全来说至关重要"。认为潜在的敌人可能攻击脆弱的太空，这为美国敲响了警钟，美国多个领域的技术优势正在被侵蚀。概要据此提出了3大应对策略：①制定国际规则，敦促各国采取负责任行动，确保太空活动的透明性；②增强遏制攻击的能力；③在美国发展健康的太空产业。

美国国务卿希拉里·克林顿在慕尼黑出席慕尼黑安全会议。

2月5日　美国国务卿希拉里·克林顿和俄罗斯外长拉夫罗夫在德国慕尼黑正式交换新的《削减和限制进攻性战略武器条约》的签署文本。这标志着美俄新的核裁军条约正式生效。

中东问题有关四方——联合国、美国、欧盟和俄罗斯在慕尼黑举行会谈，就中东问题及埃及等中东地区国家最近局势进行磋商。联合国秘书长潘基文、美国国务卿希拉里·克林顿、俄罗斯外长拉夫罗夫参加了此次会谈。会后发表的声明重申，支持2011年9月完成巴以谈判，并同意3月中旬再次举行有关四方会谈。声明还说，有关四方注意到最近在埃及和该地区其他国家局势的发展变化，考虑到这些事件对阿拉伯和以色列和平的含义，同意在下一步会谈中作为首要关注事务进一步加以讨论。

　　2月8日　美国国防部公布新版《国家军事战略报告》。该报告由美军参谋长联席会议制定，是落实《国家安全战略报告》和《四年防务评估报告》思想、指导美军建设和战略部署的方针性文件。新版《国家军事战略报告》是七年来的首次更新，新版报告集中反映了奥巴马政府的安全战略思想和军事战略谋划。与2004版战略报告相比，新版战略报告除继续强调保持美军领先优势、对抗暴力极端主义等之外，在战略环境的认知、军事理念、关注重点等方面均有明显变化。报告提出美国军事战略的四大目标。一是对抗暴力极端主义，击败、瓦解盘踞在南亚地区的"基地"组织及其分支仍是首要目标。二是威慑和击败侵略，美将继续倚重核威慑，保持常规力量威慑，发展在太空、网络空间等领域的威慑手段以适应"21世纪的安全挑战"。三是强化国际和地区安全，以北约作为同盟体系基础，强化与日、韩、澳同盟关系，发展与中东、非洲、东南亚、南亚地区新伙伴的安全合作。四是塑造未来的军队，加强各军种"全频谱"作战能力建设。报告强调军事力量应与外交、发展等手段相互配合、互为补充，发挥"促进者"作用，帮助其他政府机构推进国家利益。尤其在打击暴力极端主义的问题上，强调军事力量应与经济发展、治理、法治手段相互配合，才可能根除极端主义。报告称，"美军在必要时可单独行事，但未来的希望在于联盟"，"我们须更有远瞻能力，借助地区与国际合作，加强全球安全与地区安全，打造未来军事格局"。具体到军力建设和部署方面，全球公地问题和亚太地区则成为新战略的重点。新战略多次提及太空、海洋、网络空间等全球公地问题，认为"所有国家的安全和繁荣都依赖于海洋、太空和网络"，指出"美军在全球公地的自由行动越来越受到国家和非国家行为体的挑战"。对此，该战略将"确保美军在全球公地的自由进入和调动"视为"国家安全的核心要素"、"美军的永久使命"。亚太地区是美国新军事战略的区域重点。新战略强调"保持美军的全球属性，同时关注重点地区"，虽未明确指出何为"重点地区"，但从报告内容及篇幅看，亚太地区无疑成为新战略的重中之重。新战略将"亚洲两大全球性强国的崛起"视为当前战略环境变迁的重要因素，认为"亚太地区的动态可能挑战全球稳定"，指出"美国的战略要务和利益将越来越多地来自于亚太地区"。新战略阐述美国在亚太的军事战略：继续以在东北亚的军事存在为支撑，深化与日、韩、澳同盟关系；对东南亚、南亚予以更多关注，投入更多资源，加强与东盟各国、印度的军事合作；寻求更大范围的多边军演，推动地区安全合作进程。最终实现美军事力量在亚太"持续、多样性的存在以及行动自由"。在新版战略中，对华战略的阐述相比其他主要国家明显占据了更大篇幅，总体基调延续了奥巴马政府一系列重要战略文件对华政策的阐述，对华合作与警惕并存。新战略重申奥巴马政府对华政策，"寻求与中国建立积极、合作且全面的关系，欢迎中国承担负责任的领导作用"，称希望深化两军关系，"扩大拥有共同利益且互惠互利的领域，加强了解，减少误解并防止误判"，在打击海盗、防止大规模杀伤性武器扩散、维持朝鲜半岛稳定等方面进行合作。同时，新战略提及对中国军力发展的一系列担忧，包括中国军力发展及对台海两岸军事平衡的影响，中国军事现代化的程度和战略意图，以及"中国在太空、网络空间、黄海、东海及南海的强硬态度"。报告意有所指地称"某些国家正在发展反介入和区域封锁能力，从战略上限制美在国际社会自由行动的能力"，警告称"美会时刻准备展示决心并投入资源应对"。

2月10日　美国常务副国务卿斯坦伯格在众议院外交委员会就中东局势作证。斯坦伯格表示，美国致力于确保中东政局变化不会威胁到以色列。不管埃及未来出现什么样的政府，都必须"履行同以色列的历史性和平协议"。"我们致力于确保以色列周边的政治变化不会给以色列及该地区造成新的威胁。"斯坦伯格还暗示称，美国将继续对埃及提供经济援助。

2月11日　美国总统奥巴马就埃及总统穆巴拉克发表电视讲话宣布向副总统苏莱曼移交部分权力，发表声明说，"穆巴拉克总统以辞职的方式对埃及人民渴求变革的愿望作出了回应。但这并不是埃及过渡的终点，而只是一个开端"。"因为埃及人民清楚地表明，不实现真正的民主绝不罢休"。"一个民主的埃及，不仅可以在本地区，而且可以在全世界发挥负责任的领导作用"。他督促埃及政府取消紧急状态法，并同埃及广大的反对派展开有意义的谈判。

2月15日　美国国务卿希拉里·克林顿在乔治·华盛顿大学就国际互联网自由问题发表演讲。希拉里在演讲中提出，美国政府将以一种"风险投资的方式"，即投资2500万美元以撬动更多私人资本的方式，"开发技术工具，使'压制性国家'的网上活跃分子、持不同政见者和一般公众能够绕过网络检查"。她宣称，要让压制网络活动的国家付出经济代价，并且面临像埃及和突尼斯一样的动乱威胁。希拉里公开点名中国、古巴、伊朗、缅甸、叙利亚和越南是"实行书报检查、限制网络自由、逮捕批评政府的博客人的国家"。她说，美国政府将支持"网上言论、集会和结社自由"，继续向处于"压制网络环境"的人民提供可以绕开网络检查的技术，继启动阿拉伯文和波斯文"推特"（社交网络及微博客服务）之后，宣布启动中文、俄文、印度文的"推特"计划，等等。

2月16日 美国国务卿希拉里·克林顿在华盛顿"与公民社会进行战略对话"活动开幕式上讲话。希拉里称，"我们支持各国公民努力使他们的政府更开放，更透明，更负责。我们维护每个人自由地生活，让自己的呼声被听到，让自己的选票发挥作用的普世权利。我们愿与所有的伙伴、政府、私有部门、公民社会以及使我们有机会实现真正的、持久的变革的社会各界开展合作"。"我们今天启动这个新的战略对话，这是我们首次与政府以外的任何组织进行的战略对话，但我们非常清楚这样的对话将给我们带来的裨益。通过建立起一个双方高层人士之间的常规联络平台，这些对话有助于打破政府间的壁垒；对话能养成合作的习惯，增进相互间的理解并有助于把理解转化为具体结果；对话能让我们较容易地找出共同面临的问题、设定共同的目标，并分享获得的经验教训"。

2月18日 美国国务卿希拉里·克林顿在亚洲协会就美国对阿富汗和巴基斯坦政策发表演讲。希拉里强调美国的阿富汗政策不是只建立在军事行动上，还包括民间交流和更加强化的外交努力，三者互相促进。她敦促塔利班放弃"基地"组织，为了自身的利益同阿富汗政府和解。她说，和解是保证阿富汗长久稳定的唯一途径，"塔利班必须在战争与和平之间做出选择。他们拖不垮我们。他们无法击败我们。他们必须做出选择"。

美国国务卿希拉里·克林顿宣布，马克·格罗斯曼出任奥巴马总统的阿富汗和巴基斯坦事务特别代表。

2月22日 墨西哥《宇宙报》刊登对墨总统卡尔德隆的专访。卡尔德隆在专访中表示，在维基解密网站公布美国外交密件显示美国方面批评墨西哥打击毒品犯罪的战略后，墨美关系开始变得紧张起来。卡尔德隆说，外交密件显示美国外交官对墨西哥的安全形势毫不了解，"为引起他们老板的兴趣"倾向于曲解并夸大。卡尔德隆并抱怨说，在打击贩毒团伙的工作中，美国政府没有给予墨西哥足够的帮助。

2月23日 美国总统奥巴马就利比亚局势发表电视谈话。

2月25日 美国总统奥巴马签署行政命令，冻结卡扎菲及其家人、利政府高级官员以及利比亚政府、中央银行等在美国的资产。

2月26日 中国人民对外友好协会副会长李小林与美国全国州长协会主席、华盛顿州州长克里斯·格雷瓜尔分别代表中美双方在《关于建立中美省州长论坛的协议书》上签字。

2月27日 美国国务卿希拉里·克林顿在日内瓦举行的联合国人权理事会会议上发表讲话。

2月28日 美国总统奥巴马在白宫与联合国秘书长潘基文举行会谈。

美国国务卿希拉里·克林顿在日内瓦65国裁军谈判会议上发表讲话。

美国和韩国开始举行代号为"关键决心"的年度例行联合军事演习。美国派出航空母舰和2300多名官兵参加军演。韩美联合司令部称，联合军演的目的是应对朝鲜半岛可能发生的所有潜在危机。演习持续到3月10日。与"关键决心"同时举行的"秃鹫"美韩联合野外机动演习持续到4月30日。

美国和日本在日本的横须贺美军基地展开联合军演，这是日美两国的宙斯盾舰首次联网实施弹道导弹拦截模拟演习。这次日美联合军演基于美国海军制成的模拟程序，目的是提高应对弹道导弹的战术水平，演练日美两国部队之间的协调要领。演习持续到3月3日。

3月1日 美国国务卿希拉里·克林顿就和平队成立50周年发表声明，称"和平队是今天代表着美国最佳奉献精神的公共服务运动的基础"。

3月3日 美国总统奥巴马在白宫与到访的墨西哥总统卡尔德隆举行会谈，两位领导人表示将加快打击墨西哥暴力贩毒团伙的努力，并解决长达数十年的跨界货车运输争议。奥巴马强调美墨两国"牢不可破的联系"，并重申美国政府将帮助墨西哥打击跨境毒品与军火走私罪行的工作。

3月7日 美国总统奥巴马在白宫会见澳大利亚总理吉拉德。双方讨论了中东骚乱局势、亚太安全状况以及经济问题等。奥巴马对澳大利亚在阿富汗战争中做出的突出贡献给予高度赞扬，称澳大利亚是所有非北约成员国中向阿富汗派遣军力最多的国家，但澳大利亚也为此付出了沉重代价。奥巴马表示："我们没有比澳大利亚更牢固的盟友。"吉拉德表示，阿富汗战争的确很艰难，但她个人非常支持奥巴马在今年年末将控制权转交给阿富汗军队的计划。她还表示，继续举办G20峰会是非常必要的，因为该峰会是经济增长和创造就业的驱动力。

3月8日 美国总统奥巴马签署行政命令，允许在古巴关塔那摩的美军监狱特别军事法庭继续审理在押人员。根据奥巴马的命令，国防部长盖茨下令撤销先前禁令，允许特别军事法庭审理在押人员。奥巴马 2009 年 1 月上任伊始发布行政命令，要求重新审查关塔那摩监狱关押人员，暂停特别军事法庭审理，承诺一年内关闭这一设施。奥巴马发布声明中说，他决定重启关塔那摩军事法庭起诉程序是为了增加制裁恐怖分子的手段，与此同时，他将加强对美方司法程序的监督以确保恐怖嫌疑人受到人道主义对待。

3 月 9 日　美国总统奥巴马宣布商务部长骆家辉为新任驻中国大使。

美国副总统拜登开始为期两天的对俄罗斯的访问。期间，分别会见俄罗斯总统梅德韦杰夫和总理普京，双方讨论了俄罗斯加入世界贸易组织、欧洲反导系统以及利比亚局势等问题。

3 月 14 日　美国总统奥巴马在白宫和丹麦首相拉斯姆森举行双边会谈。

美国国务卿希拉里·克林顿在巴黎出席为期两天的八国集团外长会议。与会外长就利比亚局势、泛中东北非局势等国际及地区性问题协调了立场。会议同意通过联合国安理会继续向利比亚施加压力，特别是通过经济手段施压。与会外长要求利比亚领导人卡扎菲尊重利比亚人民的诉求，并警告其拒绝人民诉求的严重后果。各方还同意在利比亚问题上与阿盟、非盟等地区组织加强协调。会议上，在如何对利比亚采取措施，尤其是在利比亚上空设立禁飞区问题上未能达成一致。由于八国集团成员国日本近日遭受特大地震及海啸，因此，日本地震灾情也成为这次外长会议大篇幅讨论的议程。会议结论指出，八国集团成员国准备向日本提供一切必要的援助，以应对这场灾难性的后果。八国集团成员国将继续关注日本局势，尤其是通过国际原子能机构向日本提供帮助。此外，与会外长还重申了八国集团对中东和平进程、科特迪瓦局势、阿富汗问题、伊核问题、朝核问题等重大国际和地区问题的立场。

美国国务卿希拉里·克林顿在巴黎会见法国总统萨科齐。

3 月 15 日　美国国务卿希拉里·克林顿开始对埃及进行自前总统穆巴拉克倒台后的第一次访问。除了与埃及外长阿拉比举行会谈之外，希拉里还会晤了埃及武装部队最高委员会主席坦塔维、埃及看守内阁总理谢菲克等，讨论埃及和中东局势。

3 月 17 日　美国总统奥巴马在白宫会见爱尔兰总理肯尼。

联合国安理会通过决议，决定在利比亚设立禁飞区，并要求有关国家采取一切必要措施保护利比亚平民和平民居住区免受武装袭击的威胁。决议草案由美国、法国、黎巴嫩和英国共同提交。

美国国务卿希拉里·克林顿访问突尼斯。希拉里先后与突尼斯代总统迈巴扎和外长克菲举行会谈，表示美国支持突尼斯为争取民主、繁荣和美好未来的斗争，并愿意为此向突尼斯提供技术和资金援助。希拉里在同突尼斯外长克菲举行的联合记者会上说，国际社会应该共同做出努力"迫使卡扎菲结束屠杀"，以保护利比亚无辜平民。她说，国际社会目前正在联合国安理会审议利比亚局势，以期"找到阻止卡扎菲清除反对派和屠杀无辜平民的最好方式"。无论是美国还是其他任何国家都不会单方面在利比亚采取行动，在利比亚采取的"任何行动都将是安理会协商后作出的共同决定"。美国将支持联合国安理会的决定，并主张应由包括阿拉伯国家在内的世界各国共同参与解决利比亚问题。

美国常驻联合国代表苏珊·赖斯就联合国安理会 1973 号决议发表讲话。

3 月 18 日　美国总统奥巴马邀请国会两党领导人到白宫，就利比亚局势进行磋商。

美国总统奥巴马就联合国安理会通过关于利比亚问题的 1973 号决议与英国首相卡梅伦和法国总统萨科齐通电话。

美国总统奥巴马就利比亚局势向全国发表讲话，称联合国关于利比亚问题的 1973 号决议"没有商量余地，不可能协商让步"。警告利比亚，国际社会将通过军事行动执行决议。他说，英、法和阿盟"已致力于在决议执行中发挥领导作用，美将紧密合作，但不会派遣地面部队。他强调，在美军正在阿富汗作战并逐渐撤出伊拉克之际，再次动用武力是一个经过深思熟虑的艰难决定。

3 月 19 日　美国总统奥巴马开始对巴西进行为期两天的访问。这是奥巴马就任美国总统三年来，第一次到南美洲访问。奥巴马在巴西利亚与巴西总统罗塞夫举行会谈，双方就国际政治、经济形势及双边经贸和投资关系交换意见。双方表示，将在未来把对方视为"全球伙伴"。奥巴马说，巴西在国际舞台上的角色日益突出，并已成为美国重要的贸易伙伴。美国期望与巴西进一步加强经贸、能源领域的合作。罗塞夫说，巴西作为新兴的发展中国家之一，正在为使国民收入达到中等国家水平而努力。在这个过程当中，巴西希望与美国加强合作，共同应对巴西在教育、科技等方面的挑战。罗塞夫同时表示，美国对巴西产品设置不公正壁垒、巴西在巴美双边贸易中的巨额赤字，以及两国间的货币问题，也影响着双边关系的发展。巴西希望与美国发展更加公平的贸易关系，期待美国能在联合国改革及巴西"入常"问题上给予支持。两位总统签署了10项合作协议，内容涉及开发生物燃料、贸易投资等。

正在巴西访问的美国总统奥巴马宣布，他已授权美军对利比亚采取"有限的军事行动"。美国海军与法英等国军队一道空袭利比亚。

美国国务卿希拉里·克林顿在巴黎出席落实联合国安理会关于利比亚决议的国际峰会。联合国秘书长潘基文、阿拉伯国家联盟和欧盟的负责人以及多个支持落实安理会决议国家的领导人与会。会议就利比亚局势进行了磋商。会议结束后，法国总统萨科齐发表讲话说，与会各方决定力促安理会决议得以贯彻，敦促卡扎菲立刻停火。若卡扎菲未能履行决议，将采取包括军事手段在内的一切方式。

3月20日　美国总统奥巴马与总统国家安全事务助理多尼隆、国务卿希拉里·克林顿、国防部长盖茨、非洲司令部司令卡特·哈姆上将及总统国家安全事务副助理丹尼斯·麦克多诺举行保密电话会议，讨论美国干预利比亚局势的军事和外交行动。

美国国防部长盖茨访问俄罗斯。期间，分别与俄总统梅德韦杰夫、国防部长谢尔久科夫等人会谈，讨论中东局势、导弹防御系统、阿富汗等问题。

美国国防部长盖茨在赴俄罗斯的飞机上对随行媒体记者说，美军目前承担着针对利比亚军事行动的指挥任务。他希望在未来数日内将军事指挥权交给其他方面，至于"接棒者"，可能是由英法两国联合组建的指挥部，也可能是北约方面。他说，美军将继续作为联军的一部分参与军事行动，但不会作为最主要的力量存在。

3月21日　美国总统奥巴马访问智利。奥巴马在智利总统府莫内达宫文化中心就美国的拉美政策发表演讲。他表示，对美国而言，拉美现在比以往任何时候都重要，尤其是经济领域。演讲中，奥巴马还重申与拉美构建"平等伙伴关系"，强调加快地区自由贸易进程。

美国总统奥巴马致信国会众参两院领袖，报告美军对利比亚的有限军事行动已经开始。

3月22日　美国总统奥巴马访问萨尔瓦多。奥巴马在圣萨尔瓦多与萨总统富内斯举行会谈，就共同打击贩毒、黑帮暴力犯罪和区域性有组织犯罪等问题深入交换意见。此外，萨尔瓦多人前往美国的移民政策问题也是本次会谈的焦点。

美国总统奥巴马和法国总统萨科齐通电话，双方就如何使用北约指挥系统支持西方国家对利比亚的干预行动交换意见。

3月24日 美国国务卿希拉里·克林顿宣布美国将把联合国授权的利比亚禁飞区和武器禁运的指挥与控制权移交给北约。希拉里表示，北约组织决定接管利比亚禁飞区行动是最好的结果，"北约很适合协调这次国际行动"，但未能负起全部责任保护利比亚平民。

北约秘书长拉斯穆森宣布，北约成员国决定在利比亚设立禁飞区，北约将在数天内从美国手中接管对利比亚军事行动指挥权。

3月28日 美国总统奥巴马在位于华盛顿的国防大学就利比亚局势向全国发表电视讲话。奥巴马为美国参与对利比亚军事行动辩解，表示美国不能重蹈伊拉克覆辙。他说，美军确定的保护利比亚平民、建立禁飞区等任务获得了联合国安理会和国际社会支持。对美国而言，与当前对利行动所需耗费相比，如果不采取行动，最终付出会"高得多"。"美国有一份重要的战略利益，需要防止卡扎菲打垮反对他的那些人"，奥巴马说，那将新增数以千计难民，对利比亚邻国埃及和突尼斯构成巨大压力，可能影响整个地区的稳定。奥巴马称，多国部队在利比亚行动的目的是保护平民和建立禁飞区，而不以推翻卡扎菲政权为目标。相反，如果扩大军事行动规模，以推翻卡扎菲为目标之一，针对利比亚的军事联盟可能会瓦解，美国可能必须向利比亚派遣地面部队，美军将面临更大危险，所承担的费用和责任也将更重。奥巴马说，"我们在伊拉克走的就是这条路"，"让这种事在利比亚重演，我们承受不起"。他表示，他和其他一些国家领导人一致要求利比亚领导人卡扎菲下台，并将谋求通过"非军事手段"予以实现。北约组织定于3月30日接手对利行动主导权。对于下一步打算，奥巴马说，美军将扮演辅助角色，美国将采取非军事手段保持对卡扎菲的高压，包括继续对其实施武器禁运、切断其现金来源、帮助反对派等。他说，卡扎菲将受到极大打击，一旦反对派在美国支持下获得"时间和空间"，将有能力决定"自己的命运"。

3月29日 美国国务卿希拉里·克林顿在伦敦出席讨论利比亚局势的国际会议。与会代表讨论利比亚局势、评估联合国安理会决议执行情况，并呼吁推进利比亚政治进程。希拉里说，联合军事行动仍将继续，直至利比亚领导人卡扎菲完全遵守联合国安理会决议。

美国总统奥巴马任命戴维·卡登为美国常驻东盟代表。

3月30日　美国政府发布《能源安全未来蓝图》，全面勾画了国家能源政策，提出确保美国未来能源供应和安全的三大战略：开发和保证美国的能源供应；为消费者提供降低成本和节约能源的选择方式；以创新方法实现清洁能源未来。

美国总统奥巴马在位于华盛顿特区的乔治敦大学发表演讲，提出实现能源目标的具体措施，要求在2025年前将美国的进口石油量削减1/3。他说："减少对石油的依赖主要取决于两件事情：第一，在我们自己的国土上寻找和生产更多的石油；第二，通过更清洁的替代燃料和更高的能源效率，全面减少我们对石油的依赖。"

4月5日　美国总统奥巴马就科特迪瓦局势发表声明，强调该国前总统巴博必须立即下台，向民选总统阿拉萨内·瓦塔拉交出政权。并表示美国坚决支持联合国对巴博武装采取军事行动，"欢迎法国部队为支持这项任务付出的努力"。

厄瓜多尔外长里卡多·帕蒂诺宣布，驱逐美国驻厄女大使希瑟·霍奇斯，原因是她在一份发给美国国务院的外交电报中声称，厄总统拉斐尔·科雷亚明知一名警官涉嫌贪污，仍提拔后者出任国家警察总长。

4月6日　美国国防部长盖茨访问沙特阿拉伯，同沙特国王阿卜杜拉举行会谈。伊朗在中东地区反政府浪潮中发挥的作用和影响、形势不断恶化的也门局势是会谈的主要内容。

4月7日　美国政府宣布驱逐厄瓜多尔驻美大使路易斯·加列戈斯，以回应厄当局驱逐美国大使一事。

美国总统奥巴马在白宫会见哥伦比亚总统桑托斯。双方正式签署自贸协定。协定将使美国对哥伦比亚的出口每年增加超过10亿美元，并在美国创造数千个工作岗位。根据这项协定，美国出口到哥伦比亚80%的消费和工业产品将免除关税，其余产品的关税将在今后10年内免除。美国对哥伦比亚逾一半出口也将免除关税，15年内将免除全部关税。哥伦比亚政府同意加强对劳工权益的保护。

4月8日　美国国务院发布向国会提交的《2010年度各国人权报告》。美国国务卿希拉里·克林顿在公布《2010年度各国人权报告》的新闻发布会上发表讲话说，美国对2010年三种不断增长的趋势特别感到"不安"，一为普遍蔓延的对公民社会活动人士的镇压，二为剥夺互联网自由进而侵犯基本的言论、集会和结社自由。此外便是对易受伤害的少数群体的镇压，这些少数群体既包括种族、宗教上的少数民族，也包括同性恋、两性恋和变性人。在谈到中国人权状况时，希拉里妄称，在 2011 年第一季度，美方看到中国负面趋势变得更加"恶化"。她说，美国欢迎一个强大、繁荣的中国崛起，美方期待着与中国进行新一轮战略与经济对话，并期待着继续与中国合作共同应对全球挑战。然而，美国对中国的有关人权报告保持"深切关注"。希拉里在发布会上宣布开通人权网站。

美国国防部长盖茨访问阿拉伯联合酋长国。在阿布扎比会见阿布扎比王储兼阿联酋武装部队副总司令谢赫穆罕默德·本·扎耶德·阿勒纳哈扬。双方一致强调进一步发展两国友好关系，为两国共同利益服务。双方还共同探讨了地区和国际局势的最新发展以及其他共同关心的问题，并阐述了两国对这些问题的立场。

4 月 10 日　中国国务院新闻办公室发表《2010 年美国的人权纪录》。

4 月 12 日　中国国务委员刘延东与美国国务卿希拉里·克林顿在华盛顿共同主持第二轮中美人文交流高层磋商。希拉里表示，美中开展人文交流与合作对双方关系发展至关重要，有利于扩大两国人民之间往来、增进相互了解，为两国关系奠定坚实基础。在美中双方共同努力下，人文交流机制工作卓有成效，开辟了推进两国关系的新途径。美中在人文领域开展广泛合作符合两国和两国人民的根本利益。美方愿与中方共同努力，创新形式，充实内涵，将两国人文交流与合作提升到新水平。会议全面总结了中美人文交流高层磋商机制成立一年来两国人文交流与合作取得的进展和成果，规划了今后一个时期中美人文交流的总体框架、阶段重点和工作原则，并就进一步加强教育、科技、文化、妇女、青年、体育等领域合作达成一系列重要共识。双方在科教文体等六大领域达成 40 多项合作成果。

美国国务卿希拉里·克林顿在美国-伊斯兰世界论坛晚宴上发表讲话。

美国总统国家安全事务助理多尼隆访问沙特阿拉伯。

4 月 13 日　美国总统国家安全事务助理多尼隆访问阿拉伯联合酋长国。

4 月 14 日　美国国务卿希拉里·克林顿在柏林参加北约国家外长会议。会议的最主要议题是利比亚问题。希拉里说，利比亚反对派需要多方面的帮助，包括组织上、资金上及军事上的帮助。她还说，为反对派提供资金的方式；一是可以把所冻结的利比亚资产转交给反对派；二是反对派可以出售在他们控制下的石油资源。各国外长一致同意，将在军事打击的配合下，用非军事手段把利比亚领导人卡扎菲赶下台。各国外长还讨论了北约向阿富汗移交防务的问题。北约秘书长拉斯穆森强调，移交防务不是逃跑。美国国务卿希拉里则表示，在 2014 年防务移交结束后，美国仍有可能在阿富汗驻军。会议还通过了北约与非北约国家展开合作的一个新计划。按照这个计划，北约将与更多的非北约国家展开合作，以共同应对 21 世纪人类面临的安全威胁。各国外长还分别与俄罗斯外长、格鲁吉亚外长以及乌克兰外长举行了双边工作会议。北约与俄罗斯决定成立一个信托基金，用于帮助阿富汗维护其空军的俄制直升机。北约与俄罗斯还讨论了如何在建立欧洲导弹防御系统上展开合作，但未能取得进展。

美国总统奥巴马在白宫与卡塔尔埃米尔阿勒萨尼举行双边会谈，讨论利比亚、巴以冲突等问题。奥巴马在会谈后对记者说，他与哈马德进行了"非常有用的交谈"。奥巴马说，在利比亚军事行动上，卡塔尔在外交和军事上都给予了支持，他对此向哈马德表示感谢。奥巴马还提到了两国在巴以冲突、全球粮食安全以及苏丹达尔富尔问题上的合作。

4 月 15 日　美国总统奥巴马和英国首相卡梅伦、法国总统萨科齐在《国际先驱论坛报》、《费加罗报》和《泰晤士报》上共同发表评论文章，阐述对利比亚局势的立场。

4 月 16 日　美国国务卿希拉里·克林顿在首尔与韩国外长金星焕举行会谈，两国外长就加强美韩战略同盟、美韩自贸协定、朝核问题，以及日本地震等地区和国际问题进行了协商。关于朝核问题，双方表示将继续保持合作，并认为重开六方会谈应先举行韩朝间无核化对话，朝鲜应以行动来显示无核化诚意。称朝鲜的铀浓缩计划违反了联合国安理会决议和"9·19 共同声明"，国际社会应坚决应对。双方一致表示，韩美自贸协定不仅在经济层面，而且在政治和战略层面意义重大，应努力使之尽早获得批准；双方应圆满推进移交战时作战指挥权、迁移驻韩美军基地等工作，进一步巩固两国同盟关系。双方商定，将于 4 月 26 日在华盛顿举行外长助理级战略对话和外长助理、防长助理级"2+2"会议。双方还商定，在金星焕下次访美时，双方将讨论举行部长级战略对话方案。

4 月 17 日　美国国务卿希拉里·克林顿在首尔会见韩国总统李明博。

美国国务卿希拉里·克林顿对日本进行了半天的访问，拜会了天皇，并与营直人首相和松本外相举行了密集会谈，就美国政府和民间企业支援日本灾后重建等问题，与日本政府达成了一致的意见。希拉里强调，美国承诺对日本灾后重建给予毫不动摇的支援。她还就核电站事故称"将给予所有能够提供的援助"。在记者会见中，希拉里向世界发出了"安全"的信号。但是她也承认，美国政府并没有解除限制美国人进入福岛第一核电站周围80公里区域的命令。她说："这一地区目前还存在着不稳定因素。"

4月19日 美国总统奥巴马在白宫与工商、执法、宗教团体、现任及前任政府官员等社会各界人士举行会谈，讨论移民改革问题。

4月20日 联合国安理会通过关于防扩散措施的第1977号决议。将联合国负责防止大规模杀伤性武器扩散的委员会任期延长10年，以进一步应对核武器、化学武器和生物武器及其运载工具的扩散给国际和平与安全所带来的任何威胁。决议重申，核武器、化学武器和生物武器及其运载工具的扩散对国际和平与安全构成威胁。安理会仍然严重关切恐怖主义的威胁和非国家行为者有可能获得、开发、贩运或使用核武器、化学武器和生物武器及其运载工具。决议重申，所有联合国会员国都需要在军备控制、裁军和在所有不扩散大规模杀伤性武器及其运载工具方面充分遵守义务和履行承诺，并按国际法开展相关的国际合作。防止核武器、化学武器和生物武器扩散不得妨碍以和平为目的在材料、设备和技术方面进行的国际合作。与此同时，不得滥用和平利用的目的以达到扩散的目的。

4月21日 美国参议院多数党领袖里德率领美国参议员代表团访华。期间，分别会见了中国国家副主席习近平、全国人大常委会委员长吴邦国、国务院副总理王岐山、中国人民银行行长周小川，与中方讨论包括清洁能源、贸易、货币、外交政策及人权等问题。代表团成员包括里德、迪克·德宾、芭芭拉·博克瑟、查尔斯·舒默、弗兰克·劳滕伯格、杰夫·默克雷、迈克尔·贝内特等民主党人，以及理查德·谢尔比、迈克·恩齐、约翰尼·艾萨克森等共和党人。

4月26日 美国总统奥巴马在白宫与阿拉伯联合酋长国王储谢赫穆罕默德·本·扎耶德·阿勒纳哈扬举行双边会谈。双方就包括利比亚在内的地区问题进行了会谈，就在该地区"共同战略利益"进行了"富有成果和广泛"的讨论，双方强调了双边关系以及继续进行密切磋商的重要性。

美国总统奥巴马在华盛顿出席首届全球创业峰会，与世界50多个伊斯兰国家的年轻企业家讨论促进美国同伊斯兰世界的经济关系。

4月27日 第16轮中美人权对话在北京举行。美国助理国务卿迈克尔·波斯纳与中国外交部国际司司长陈旭共同主持对话，就人权对话原则、双方人权领域新进展以及联合国人权领域合作等共同关心的问题进行交流。

4月28日 美国总统奥巴马在白宫举行会议讨论利比亚局势。

美国总统奥巴马在白宫会见美国知名西班牙裔人士，讨论完善美国移民制度问题。

美国总统奥巴马在白宫会见巴拿马总统里卡多·马蒂内利。

美国总统奥巴马宣布提名中央情报局局长莱昂·帕内塔接替盖茨，出任下一任国防部长；提名驻阿富汗美军司令戴维·彼得雷乌斯为中情局局长。

5月1日 美国总统奥巴马在白宫发表电视讲话说，一小队美军当天早些时候对巴基斯坦首都伊斯兰堡附近的一所建筑发动袭击，成功将"基地"组织领导人本·拉登击毙。奥巴马说，美军此次行动得到了巴基斯坦方面的配合。

5月3日 美国财政部长盖特纳在美中贸易全国委员会就第三轮美中战略经济对话发表讲话。盖特纳认为通过对话，美方看到了许多有利双方经济合作的积极变化："如果回头看看三年内发生的情况，可以发现中国的基本经济政策正在向非常积极的方向变化。两年之前中国的汇率还是冻结的，但现在已经开始逐渐浮动；中国也正在改变前30年改革开放中单纯依赖出口的政策而转向由内需和国内消费拉动的战略；中国也在逐渐放松国内外资本流动的管制。"盖特纳强调了美国将在第三轮战略与经济对话中关注的几个重点：人民币汇率问题、知识产权保护问题、中国金融改革问题等，并希望通过讨论为双方确定未来一段时间内的工作框架。

5月4日 美国总统奥巴马在白宫会见英国查尔斯王子。

美国商务部长骆家辉在威尔逊中心就即将举行的第三轮中美战略与经济对话发表演讲。骆家辉指出，通过与中国的合作，美国已经从中获益。骆家辉说，未来这样的合作将使两国和世界获益，两国不应放弃这样的机会："建设性的变化需要对话。在我们面前，是中美两国在21世纪初领导世界经济的机会，为未来数年创造新的可持续发展基础的机会。我们不能预言未来如何，但我们能肯定，如果中美两国在经济领域追求合作而不是对抗，未来将更加美好"。

美国国务卿希拉里·克林顿在罗马出席"利比亚联络小组"第二次会议,讨论如何更加有效地向卡扎菲政权施加政治、外交、经济等多方面压力,以便尽早结束在利比亚的暴力和冲突。希拉里在回答记者提问时说,会议将充分考虑利比亚反对派的意见,探讨如何从经济和财政方面援助利比亚"全国过渡委员会"。她还说,本·拉登的死亡并不意味着全球反恐任务的结束,恐怖主义并没有消亡,目前仍在阿富汗、伊拉克、巴基斯坦以及全球范围肆虐,国际社会应继续携手打击恐怖主义。出席会议的还有北约秘书长拉斯穆森、英国外交大臣黑格、法国外长朱佩、德国外长韦斯特韦勒、欧盟外交和安全政策高级代表阿什顿以及联合国、希腊、马耳他、西班牙和阿拉伯国家的代表等。非盟委员会主席让·平作为观察员代表出席了会议。

5月5日　美国总统奥巴马到访纽约世界贸易中心遗址,悼念"9·11"恐怖袭击事件遇难者。

5月10日　美国总统奥巴马在白宫会见参加美中战略与经济对话的中方特别代表王岐山和戴秉国。

为期两天的第三轮中美战略与经济对话在华盛顿结束。双方共达成112项具体成果,其中,经济对话有64项,战略对话有48项。中国国家主席胡锦涛特别代表、国务院副总理王岐山,国务委员戴秉国,美国总统奥巴马特别代表、美国国务卿希拉里·克林顿,财政部长盖特纳共同主持对话。双方就两国经济合作中的全局性、战略性、长期性问题进行了深入讨论,达成多项互利共赢的成果。王岐山副总理和盖特纳财长共同签署了《中美关于促进经济强劲、可持续、平衡增长和经济合作的全面框架》,明确两国将开展更大规模、更加紧密、更为广泛的经济合作。双方一致认为,在当前极为复杂的经济形势下,中美应进一步加强宏观经济政策沟通协调,推动两国经济平稳健康发展。双方讨论了欧洲主权债务危机、日本地震引发的核泄漏及中东局势动荡对全球经济的影响,强调国际社会应加强合作,确保世界经济强劲、可持续复苏,有效推进全球经济治理结构改革,逐步建立公正合理的国际经济新秩序。双方同意在转变经济增长方式、调整经济结构的过程中,发挥各自优势,在铁路、电网等基础设施以及清洁能源、绿色经济、科技创新等领域加强合作,扩大两国地方政府、企业等各层面的交流合作。双方强调,要致力于构建更加开放的贸易和投资体系。美方承诺在出口管制体系改革中公平对待中国,放宽对华高技术产品出口管制，并将通过中美商贸联委会以合作的方式迅速、全面承认中国市场经济地位。双方将继续推进双边投资保护协定谈判，加强在知识产权保护、产品质量和食品安全等领域的合作。双方将积极推进多哈回合谈判，共同反对贸易和投资保护主义。本次对话还就金融合作进行了深入探讨。双方同意，在监管系统重要性机构、影子银行业务、信用评级机构、改革薪酬政策、打击非法融资等领域加强信息共享与合作，共同推进国际金融体系改革。美方欢迎中国金融企业赴美投资，认可中方在资本充足率等监管方面取得的显著进步。美方承诺，继续对政府支持企业实施强有力的监督，确保其具有足够资本履行财务责任。双方发表了《第三轮中美战略与经济对话框架下战略对话成果清单》，涉及能源、环境、科技、交通、林业、气候变化等多领域合作成果。

美国总统奥巴马在得克萨斯州帕索发表演讲，阐述完善移民政策对美国21世纪经济和安全的重要意义。

5月12日　美国国务卿希拉里·克林顿在格陵兰岛努克出席第七届北极理事会会议。与会国家就未来开发北极石油、矿产、渔业和航运资源的合作与协调进行商讨，并签订了北极理事会的首个正式协议"北极搜救协定"，就各成员国承担的北极地区搜救区域和责任进行了规划。北极理事会此次还决定加强组织建设，包括成立秘书处和筹集预算经费，使通过的决定更具法律约束力，并确定观察员及其在理事会中的作用等。

5月15日　中国中央军委委员、总参谋长陈炳德上将率中国人民解放军高级代表团开始对美国为期一周的访问。访美期间，陈炳德与美国参联会主席马伦举行大小范围会谈，会见美国国防部长盖茨、国务卿希拉里·克林顿、总统国家安全事务助理多尼隆等军政领导人，参访美军指挥机构、部队和院校。

5月16日　美国奥巴马政府公布美国首个《网络空间国际战略》。该报告阐述了美国"在日益与网络相联的世界如何建立繁荣、增进安全和保护开放"。这是美国政府针对全球互联网推出的首份国际战略与政策报告。奥巴马在序言中称，它是"美国第一次针对网络空间制定的全盘计划"，目的是"使网络空间有一个开放、可共同使用、安全和可靠的未来"。这份报告从政治、经济、安全、司法、军事等多方面阐释了美对全球互联网空间未来发展、治理与安全的战略目标。报告列出七个政策重点，即通过制定国际标准、鼓励创新和开放市场，加强知识产权保护；确保网络的安全、可靠和韧性；深化执法合作并积极推出国际规则；强化"网军"以应对21世纪的安全挑战；建立有效且多方参与的国际互联网治理架构；展开网络"外援"；保障互联网自由。

5月17日　美国总统奥巴马在白宫会见约旦国王阿卜杜拉二世，讨论双边关系、巴以和谈以及在中东面临的共同挑战。

5月19日　美国总统奥巴马在国务院发表讲话，谈中东和北非地区最近发生的变革以及对美国政策的影响。在讲话中奥巴马称赞了"阿拉伯之春"中中东各国民众追求民主、反抗专制的勇气，以及在突尼斯、埃及等国取得和即将取得的"推翻独裁者"的伟大成果，强调了美国政府对阿拉伯民众正义事业的支持和"改变美国中东政策"的必要性。他强调了击毙拉登和联军干预利比亚事务的"重大意义"，并保证美国将向埃及、突尼斯等获得"阿拉伯之春"阶段性成果的国家提供数十亿美元经济援助，继续不遗余力地帮助阿拉伯世界人民"获得人类所共有的权力"，并将中东、北非的变局称为"美国外交的新篇章"。奥巴马表示，以色列和巴勒斯坦之间的持久和平必须基于巴以两国的存在，而两国边界应当是基于1967年战争前的边界。奥巴马总统敦促双方返回谈判桌。

5月20日　美国总统奥巴马在白宫会见以色列总理内塔尼亚胡，双方主要讨论了巴以关系。双方最大分歧涉及预先设定巴以谈判的前提。奥巴马在此前一天的中东政策讲话中前所未有地提出，"以色列人与巴勒斯坦人，毗邻而居。美国的观点是，巴勒斯坦边界谈判，应当基于1967年以色列发动'六日战争'占领东耶路撒冷、约旦河西岸和加沙之前的双方边界线。"内塔尼亚胡说，如果承认1967年前边界线，以色列的人口中心地带将变得易于受到攻击，意味着以色列人将不得不撤离约旦河西岸和东耶路撒冷的犹太人定居点。在会谈结束后举行的联合新闻发布会上奥巴马没有再提及1967年前边界线。

5月22日　美国总统奥巴马访问爱尔兰。奥巴马在都柏林与爱尔兰总理肯尼举行会晤，双方就爱尔兰金融形势、欧盟与国际货币基金组织对爱尔兰的救助贷款以及北爱尔兰和平进程等共同关心的问题交换了意见。

5月24日　美国总统奥巴马开始对英国进行为期两天的访问。期间，分别会见英国女王伊丽莎白二世、英国首相卡梅伦。

美国总统奥巴马和英国首相卡梅伦在《泰晤士报》上发表联名文章称，美英关系"不仅仅是特殊的，同时对两国自身以及对全世界而言也是极为关键的"。文章说："当美国和英国站在一起的时候，两国人民以及世界其他人民都会更加安全和繁荣。"奥巴马和卡梅伦在文章中还表示，要"支持阿拉伯世界的示威者"。

5月25日　美国国务卿希拉里·克林顿访问法国，主持经济合作与发展组织部长级会议50周年纪念活动。

5月26日　美国总统奥巴马访问法国，在法国西北部小镇多维尔出席为期两天的八国集团峰会。八国集团领导人重点讨论了西亚北非局势、核安全等问题，经济议题则相对淡化。奥巴马在多维尔表示，西亚北非局势的变化为巴以和谈尽快取得进展提出了更为紧迫的要求，法国和美国领导人希望进行更紧密的合作尽快重启中东和平进程。在会后发布的八国集团多维尔宣言中，八国表示支持西亚北非地区人民寻求民主、和平、稳定和发展的意愿，强调支持"民主和自由"，承诺对埃及和突尼斯的政治过渡给予支持，鼓励这些国家进行社会和经济改革，帮助他们建立法治和公民社会。在利比亚和叙利亚问题上，八国集团领导人则态度强硬，要求卡扎菲立即放弃政权，要求叙利亚政府立即停止针对平民的暴力行为，否则承担一切后果。

5月27日　美国总统奥巴马开始对波兰进行为期两天的访问。期间，分别会见波兰总统科莫罗夫斯基和总理图斯克，就地区形势、双边经济合作及安全等问题交换意见。奥巴马在会晤科莫罗夫斯基时表示，美国支持波兰今年下半年担任欧盟轮值主席国的工作，对波兰参与北约军事行动表示感谢，称目前美国和波兰之间的关系是历史上最好的。他同时表示愿意放宽对波兰人入境美国的签证审查。科莫罗夫斯基说，双方就北约和欧盟的继续开放政策以及北约在巴尔干地区、阿富汗、伊拉克和利比亚的军事行动交换了看法。奥巴马和图斯克讨论了阿富汗局势、经贸合作、清洁能源合作、核能合作以及合作开采波兰的页岩油等问题。奥巴马称此次波兰之行的目的就是要明确和波兰之间的良好关系。他称赞波兰经济的发展和所倡导的东部伙伴关系政策，表示支持波兰在本地区发挥重要作用，称美国始终站在波兰一边，愿意确保这个地区的和平与稳定。关于美国向波兰派驻空军技术人员问题，奥巴马称双方接近达成协议。美国将向波兰派驻人员，帮助培训波兰飞行员以操控波兰购买的美国F-16和C-130军用飞机。

美国国务卿希拉里·克林顿和美军参谋长联席会议主席迈克·马伦访问巴基斯坦。希拉里之行事先没有对外宣布。这是自"基地"组织头目本·拉登被美军击毙后美国高官首次访问巴基斯坦。希拉里在数小时的访问中会见了巴基斯坦总统扎尔达里、总理吉拉尼、陆军参谋长基亚尼和三军情报局局长帕夏等。希拉里称赞巴基斯坦是反恐"好伙伴",她说:"国际社会在巴基斯坦击毙的恐怖分子比全球其他任何地方都多。如果没有巴基斯坦合作,我们不可能做到。"希拉里和马伦同时表示,巴基斯坦必须显现对美国安全利益的新承诺,首要是根除那些袭击驻阿富汗美军的武装人员藏身地。希拉里和马伦警告,如果巴方被认为是"两边倒",美方将停止每年数以 10 亿美元计军事和经济援助。

6月3日　正在新加坡出席 2011 年香格里拉对话会的美国国防部长盖茨与中国国务委员兼国防部长梁光烈举行会谈,双方就两军关系和其他共同关心的问题坦诚深入地交换了意见。梁光烈说,当前,中美两军关系回升向好,面临着新的发展机遇。年初,胡锦涛主席成功访问了美国,与奥巴马总统就共同致力于建设相互尊重、互利共赢的合作伙伴关系达成重要共识,为两国两军关系发展指明了方向。前不久,陈炳德总参谋长成功访美,与美方就发展两军关系达成了重要共识,进一步推进了两军关系的发展。梁光烈表示,当前,国际和地区安全形势都在发生复杂深刻变化,如何适应新的形势,保持中美两军关系健康稳定发展,是中美双方共同的重大课题,也是国际社会普遍关注的重大问题。为此,要坚持和确立有利于两军关系发展的相关政策,引领和推动中美两军关系实现新的发展。要诚心实意把对方当成合作伙伴,而不是当作对手来对待,实现两军关系的良性互动。要真正重视加强防务安全领域的务实合作,双方要在相互尊重、互利共赢的基础上,本着"由易到难、循序渐进"的精神,加强机制性对话和专业领域交流,深化在人道主义救援和打击海盗等非传统安全领域的合作,不断夯实两军关系的基础。盖茨说,近半年以来,美中两军关系步入了积极的轨道,两军关系健康、稳定、可靠、可持续的发展是两国元首的共同愿景。未来双方应在存在共同利益的领域加强合作,在分歧领域保持对话,共同向世界表明伟大国家互利合作的好处。盖茨说,他的继任者将继续致力于推动美中两军关系发展。

6月4日　美国国防部长盖茨在新加坡举办的香格里拉对话会上发表演讲。盖茨表示,美国不会因为削减军费和陷入伊拉克与阿富汗战争而减少对亚洲盟友的安全承诺,美国将深化和提升其在亚太地区的军事存在和军力。美国在深化同传统盟友关系的同时,重视发展与中国的军事关系。推动美中两军关系发展是他在任期间的优先目标。同时,他还不点名地就中国的反舰导弹开发等"反接近"(anti-access)战略表示了强烈关切,声称美国将提高空海联合作战（air-sea battle）能力来应对。称美国将继续发展海空战斗计划，以加强和扩大美国在日本和韩国之外的作战能力，把触角伸展到东南亚和印度洋更广大地区。美国将在新加坡部署新的濒海战斗舰，还将与澳大利亚开展更多演习。盖茨还说，未来几年，美军将和东南亚很多国家加强港口停泊、海军交流和联合训练。关于南海问题，盖茨警告称，如果南海有关各方不能就解决冲突的方法达成一致，那么南海地区的冲突有可能增加。"我担心，如果没有规章可循，又没有一套各方都同意的方法去处理这些问题的话，将来这里会爆发冲突。我认为若出现这种情况，将不符合任何一方的利益。"

美国国防部长盖茨访问阿富汗，向驻阿富汗美军发表告别演说。

盖茨在喀布尔会见阿富汗总统卡尔扎伊，讨论阿安全局势。盖茨说，阿富汗在承担本国安全防务方面应该发挥更大作用，这样美国和北约部队才能顺利实现 2014 年底前向阿富汗实现安全防务移交。

6 月 7 日 美国总统奥巴马和德国总理默克尔在白宫举行会谈，讨论欧洲债务危机、世界经济复苏、利比亚等问题。双方淡化分歧，强调合作，同意共同支持陷入债务危机的欧洲国家渡过难关、防止危机恶化危及全球经济复苏；德国同意在利比亚战后重建过程中发挥作用。

6 月 8 日 美国总统奥巴马在白宫会见尼日利亚总统乔纳森。

美国副总统拜登在白宫主持高级官员例会，评估伊拉克局势进展。

6 月 9 日 美国总统奥巴马在白宫会见加蓬总统阿里·邦戈。

美国国务卿希拉里·克林顿在阿拉伯联合酋长国首都阿布扎比参加利比亚问题联络小组会议。本次会议的目的是研究如何向利比亚反对派提供财政援助，并为后卡扎菲时代做准备。会议闭幕时发表的宣言称，与会各国及国际社会坚决与利比亚人民站在一起，为开启最终实现民族和解与国家重建的利比亚全国对话提供便利，铺平道路。联络小组强调联合国在建立对话和支持全面政治进程中的主导作用，呼吁各方与联合国秘书长特使合作，根据利比亚人民的合法要求，共同寻求对这场危机必要的解决办法。

6 月 10 日 美国国务卿希拉里·克林顿访问赞比亚，会见赞比亚总统班达，参加"非洲增长与机会法部长级论坛"［African Growth and Opportunity Act（AGOA）Ministerial Forum］。希拉里在赞比亚首都卢萨卡对记者说："美国不认为中国的这些利益与我们自己的利益生来无法共存。"如果北京在世界事务中承担起"更重大的、更负责任的角色"，那么各方都将从中受益。她说："不过，我们担心，中国对非洲的援助和投资活动并非始终与被普遍接受的透明和善治方面的国际准则相一致，而且在追求其商业利益的过程中，它没有总是利用非洲人民的聪明才能。"

6月11日 美国国务卿希拉里·克林顿在赞比亚接受当地电视台采访时表示，在中国不断加强与非洲关系的同时，非洲必须当心中国的"新殖民主义"。非洲应该关注那些能帮这片大陆建立生产力的伙伴国。另外，希拉里还强调称，美国努力改善非洲国家在政治和经济领域的管理状况，并呼吁外界向非洲提供长期可持续的投资。在政府对经济发展的支持方面，希拉里指出，非洲可以学习亚洲国家的政府部门，不过中国并非这方面的楷模。"中国现在面临的问题很多，这些问题将还在今后10年进一步恶化"。

美国国务卿希拉里·克林顿开始对坦桑尼亚进行为期3天的访问。希拉里表示，访问意在加强美国与坦桑尼亚的双边关系，并支持坦民主体制的发展，在教育、基础设施、能源、农业和防治流行性疾病以及避免冲突和加强海上安全防范等多领域加强合作。她希望非洲加强对外联系，削减地方贸易壁垒，简化管理，增加就业机会。希拉里表示，如果美国国会批准，美国今后两年将把支持坦农业技术发展的投资额增至7000万美元。

6月13日 美国国务卿希拉里·克林顿访问埃塞俄比亚。

6月14日 美国、菲律宾、新加坡、马来西亚、泰国、印度尼西亚以及文莱海军在马六甲海峡等海域举行为期10天名为"东南亚合作与训练"的联合军事演习。演习地点包括东南亚地区的马六甲海峡、苏禄海和西里伯斯海。参演舰队针对海上恐怖活动、跨国犯罪和其他海上威胁展开训练，包括实时信息交流、协同监视、跟踪等。军演由美国倡议发起，原名"东南亚反恐合作"，内容最初以海上反恐为主，如今已延伸至打击海盗、跨国犯罪和走私等方面。

6月16日 美国总统奥巴马在白宫会见蒙古国总统查希亚·额勒贝格道尔吉。双方重申建立全面伙伴关系，加强双边贸易投资及民众交往，并决定在核能方面开展互利合作。两国总统会谈后发表联合声明说，蒙古国欢迎并支持美国作为一个亚太国家在维护该地区和平、稳定和繁荣过程中发挥"关键作用"，美国则重申支持一个"安全和繁荣的"蒙古国在地区事务以及与邻国建立"牢固、友好和开放关系"过程中发挥积极作用。双方还表示，将通过区域组织、联合国和其他多边机构合作解决双方共同面对的"经济、安全和发展利益"问题。

6月21日 美国国务卿希拉里·克林顿、国防部长盖茨与日本外交大臣松本和防卫大臣北泽出席美日安全磋商委员会会议（"2+2"）。双方讨论的议题包括朝鲜半岛核问题、阿富汗战争、导弹防御技术转让、自由进出全球公共领域及驻日美军重新部署问题等。会后联合发表了共同战略目标文件。希拉里在"2+2"会议中指名批评中国海洋政策"造成了地区紧张"。日本外相松本刚明强调"中国正在东海和南海引发摩擦冲突"。日美决定"与东南亚相关国家展开合作予以应对"。针对朝鲜，盖茨表示"美日韩三国安全保障合作非常有效"，他提议三国举行联合海上军演。鉴于中越、中菲间的南海争端日趋紧张，美日共同战略目标强调"遵循国际准则"和"通过遵守航行自由的原则维护海洋安全"尤为重要，并明确要求中国停止对他国船只采取妨碍行为。共同文件还就普天间基地问题达成基本一致。在冲绳县边野古沿海修建V字形跑道作为普天间基地的替代设施，但在迁移时间上废除了自民党和公明党政权时代确定的2014年期限，只模糊表明"尽早实现"。这是美日自2007年5月以来首次召开"2+2"会议，也是自2005年2月以来第一次全面修改共同战略目标。

6月22日 美国总统奥巴马在白宫面向全国发表电视讲话，宣布从阿富汗撤军计划。他说，美国将在2011年底前从阿富汗撤离1万名美军士兵，2012年夏季结束前总共撤离3.3万人。届时，美军在阿富汗的兵力将恢复至奥巴马2009年底宣布增兵之前的规模。奥巴马说，上述撤军计划只是整个撤军进程的初始阶段，随着美军逐步向阿富汗方面移交安全职责，美军将继续"稳步"撤离，在阿富汗的主要任务也将从作战转为支持，整个移交过程将于2014年底前结束。他宣布，2012年5月，美国将与北约盟国及相关国家在芝加哥举行峰会，讨论下一阶段的移交计划。奥巴马说，阿富汗的和平离不开政治和解，美国将参与阿富汗的政治和解进程。他同时表示将与巴基斯坦政府合作，根除暴力极端主义毒瘤，并要求巴方信守其在反恐方面的承诺。

美国国务卿希拉里·克林顿访问危地马拉，出席"支持中美洲国家安全战略"国际会议。

美国国务卿希拉里·克林顿访问牙买加，与加勒比共同体成员国外长举行会谈。

6月25日 中美在檀香山举行首次亚太事务磋商。中国外交部副部长崔天凯与美国助理国务卿坎贝尔共同主持首次中美亚太事务磋商。双方就亚太总体形势、各自亚太政策、中美在亚太地区沟通与合作以及共同关心的地区问题深入交换了意见。双方同意，以中美亚太事务磋商机制为平台，就本地区形势和各自政策保持密切沟通，加强协调，推进双方在亚太地区的合作，为维护亚太地区和平、稳定与繁荣发挥积极作用。中美亚太事务磋商机制是于2011年5月在美国华盛顿举行的第三轮中美战略与经济对话期间建立的。

6月27日 美国参议院通过关于南海问题的决议，"对中国海军和海上安全舰艇在南海使用武力表示强烈反对和遗憾"，并敦促"通过多边和平程序解决南海争端"。该决议还"赞成美国武装力量基于支持在南海的国际水域和空域的航行自由权而继续行动"。

6月28日 美国和菲律宾举行"海上联合战备训练演习"。军演在菲律宾巴拉望省以东的苏禄海展开，为期11天，主要目的是通过在海上防御、港口安保、灾难应对等领域的信息和人员交流，强化两军合作关系。演习中，美军动用"钟云"号和"霍华德"号导弹驱逐舰、"护卫者"号打捞舰、P-3C反潜巡逻机、SH-60"海鹰"直升机等武器装备。演习分为海上和岸上两大环节，包括舰炮射击、海域封锁、海上巡逻、情报共享、联合作战、登船搜查、船只打捞、医疗救护等内容。

6月29日 美国政府公布国家反恐战略，将反恐重心定位在打击"基地"组织以及防止本土恐怖分子威胁国土安全上。根据这份由白宫公布的战略，美国宣称伊朗、叙利亚、黎巴嫩"真主党"和巴勒斯坦伊斯兰抵抗运动（哈马斯）等"支持恐怖主义的"国家与组织都对美国构成安全威胁，但"基地"组织及其分支对美国构成最重大的直接威胁，因此成为这一战略"重点照顾"的对象。除了"基地"组织，美国土生土长的恐怖分子也是打击的重点。这一战略将击败"基地"组织定位为最终目标。具体做法是：通过提升和加强防护措施减少国土安全的薄弱环节；在全球各地打击"基地"组织；降低"基地"领导层的能力；消灭"基地"的安全港；反击"基地"的意识形态；切断"基地"的经济来源、后勤支持及网上联络，以及确保"基地"不会获得大规模杀伤性武器。在宣布这一战略时，美国总统奥巴马的国土安全及反恐事务顾问约翰·布伦南说，这一战略标志着美国首次将本土作为反恐努力的最重要"战场"。他说，国家反恐战略是奥巴马国家安全战略的一部分。

美国国务卿希拉里·克林顿访问匈牙利。

6月30日　美国总统奥巴马出席国防部长盖茨的退职仪式并致辞。

美国国务卿希拉里·克林顿访问立陶宛，出席民主国家共同体部长级会议。期间，希拉里在维尔纽斯与立陶宛总统格里包斯凯特举行会谈。双方着重讨论了能源安全和地区安全问题、两国合作优先方向等问题。格里包斯凯特在会谈中说，能源安全引发的新挑战正在决定着立陶宛同美国合作的新方向，寻求可替代能源及其供应途径，确保欧盟内、外部核能安全发展符合立陶宛和美国的共同利益。谈到地区安全问题，她说，美国一直是立陶宛保障地区安全的最主要的伙伴和盟国。希拉里则表示，美国理解并支持立陶宛为巩固能源独立而进行的努力。她表示支持立陶宛关于在其周边正在建设的核电站应符合最高国际安全和环境标准，以及白俄罗斯正在筹建的奥斯特罗韦茨核电站应远离立陶宛边境的主张。

7月1日　美国国务卿希拉里·克林顿开始对西班牙进行为期两天的访问。

7月7日　美国国会众议长博纳、众议院民主党领袖佩洛西等国会议员集体会见达赖。

7月9日　美国和澳大利亚海军以及日本海上自卫队在濒临南海的文莱近海海域举行联合军演。这是美日澳三国首次在南海附近海域举行联合军演。

7月10日　美军参谋长联席会议主席迈克尔·马伦开始对中国为期4天的访问。期间，与中国人民解放军总参谋长陈炳德举行会谈，双方谈及南海问题、美国对台军售、网络安全等问题。马伦还会见了中国中央军委副主席习近平、国防部长梁光烈等。马伦一行还在北京、山东、浙江等地参访了解放军陆海空和二炮的有关军事单位。

美国新任国防部长帕内塔突访伊拉克，会见驻伊美军士兵和军官，并与伊拉克领导人就驻伊美军去留问题举行会谈。

7月14日　美国国防部发布首份《网络空间行动战略》，以加强美军及重要基础设施的网络安全保护。新战略包括五大支柱。第一，将网络空间列为与陆、海、空、太空并列的"行动领域"，国防部以此为基础进行组织、培训和装备，以应对网络空间存在的复杂挑战和巨大机遇。第二，变被动防御为主动防御，从而更加有效地阻止、击败针对美军网络系统的入侵和其他敌对行为。第三，加强国防部与国土安全部等其他政府部门及私人部门的合作，在保护军事网络安全的同时，加强重要基础设施的网络安全防护。第四，加强与美国的盟友及伙伴在网络空间领域的国际合作。第五，重视高科技人才队伍建设并提升技术创新能力。

7月15日　美国国务卿希拉里·克林顿、北约秘书长拉斯穆森等32个国家和7个国际组织的代表在土耳其伊斯坦布尔举行利比亚问题联络小组第四次会议，讨论解决利比亚危机的途径，试图加大对利比亚领导人卡扎菲的施压力度，最终迫使其下台。

美国海军第七舰队的三艘军舰抵达越南岘港，开始为期7天的美越南海联合军事训练。此次军事训练将侧重于对海上导航、维修保养、航海技巧等非战斗项目的训练，并不包含实际军火演练。

中国人民对外友好协会和美国全国州长协会在美国犹他州盐湖城共同举行首届中美省州长论坛。来自中国浙江、安徽、云南和青海四个省的党委书记或省长与美方30多位州长进行了面对面的接触，就贸易、投资、能源、环境、教育合作、青年交流等广泛议题进行了交流。

7月16日　美国总统奥巴马在白宫会见达赖。

7月17日　美国国务卿希拉里·克林顿访问希腊，分别会见希腊总统帕普利亚斯、总理帕潘德里欧、外长兰布里尼蒂斯、副总理兼财政部长韦尼泽洛斯。希拉里表示，美国支持希腊政府和人民解决债务危机的努力，并对希腊解决债务危机的前景感到乐观。希拉里和兰布里尼蒂斯签署关于限制进口文物的合作备忘录。双方还讨论了加强旅游合作、希腊和土耳其关系、塞浦路斯问题以及中东和阿拉伯世界局势等。

7月19日　美国国务卿希拉里·克林顿开始对印度为期两天的访问。期间，分别会见印度外长克利希纳、印度国家安全顾问梅农、印度总理辛格、国大党主席索尼娅·甘地；出席第二轮美印战略对话，就反恐、能源和气候变化、教育、科技、医疗、防务等一系列议题展开讨论。

7月21日　美国国务卿希拉里·克林顿开始为期3天的印度尼西亚之行。期间，参加东盟10国外长扩大会议、第18届东盟地区论坛、"地区创业峰会"，主持召开第四次"湄公河下游行动计划"部长级会议，与印度尼西亚举行"美国-印度尼西亚全面伙伴关系联合委员会"会议。

7月22日　美国总统奥巴马在白宫会见新西兰总理约翰·基。

7月25日　美国国务卿希拉里·克林顿访问中国香港。希拉里在香港发表题为"亚洲和太平洋地区繁荣的原则"的演讲。称"我们把经济因素作为外交政策的优先事务，因为经济的发展越来越多地依赖密切的外交关系，而外交发展取决于密切的经济关系。因此，美国正在努力利用我们与其他国家关系的所有方面支持我们的共同增长。我们的经济外交自然而然地侧重于东亚和太平洋地区"。

美国国务卿希拉里·克林顿在深圳与中国国务委员戴秉国举行非正式会晤，双方就中美关系及共同关心的问题深入交换了意见。双方同意继续坚定不移地致力于建设相互尊重、互利共赢的中美合作伙伴关系，共同努力拓展两国各领域合作，尊重彼此重大利益和关切，妥善处理分歧，增进战略互信。戴秉国重申了中方在台湾和涉藏问题上的严正立场。双方一致表示，要共同维护和促进亚太地区来之不易的和平稳定发展局面，并就朝鲜半岛局势等问题交换了意见。双方认为，这次会晤是富有成果的，并决定继续保持密切的、形式灵活多样的接触沟通，就中美关系及共同关心的问题随时交换看法。

7月27日　美国参议院通过骆家辉担任美国驻华大使的提名。

7月28日　美国副总统拜登在白宫主持高级官员例会，评估伊拉克局势进展。

7月29日　中共中央台湾事务办公室、国务院台湾事务办公室主任王毅在华盛顿会见美国国务卿希拉里·克林顿，并与常务副国务卿伯恩斯就台湾问题深入交换了意见。此前王毅还分别与助理国务卿坎贝尔以及白宫国安会亚洲事务高级主任拉塞尔等美政府高级官员就共同关心的重要问题进行了深入探讨。双方都认为，此次沟通是及时、必要和有益的，有利于增进中美双方在台湾问题上的相互了解。王毅主要向美方阐述了中方对当前台海局势的看法以及所实行的对台政策，希望美方继续切实履行在涉台问题上作出的有关承诺，支持两岸关系和平发展，为维护台海局势稳定发挥积极作用。王毅还重申了中方反对美国对台军售的一贯立场。美方官员一致赞赏两岸关系近年来取得的重大和积极进展，表示美方将在台湾问题上继续坚定奉行一个中国政策。美方希望台海局势继续保持稳定，乐见两岸关系也能在稳定中进一步发展，这符合美中两国的共同利益。

美国总统奥巴马在白宫会见尼日尔总统优素福、贝宁总统博尼、几内亚总统孔戴、科特迪瓦总统瓦塔拉等非洲国家民选领导人。

8月1日　骆家辉宣誓就任美国驻华大使。

8月16日　美国国务卿希拉里·克林顿在美国国防大学发表演讲，阐述美国对外政策。

8月18日　美国总统奥巴马就叙利亚局势发表声明,要求叙利亚总统阿萨德下台,并对阿萨德政权展开新一轮的"强硬"制裁措施。这是美国首次明确表示要求阿萨德下台。奥巴马同时宣布冻结叙利亚阿萨德政权在美国的资产,美国财政部也宣布禁止从叙利亚的石油进口。

美国国务院发布由国会责成做出的《2010年各国反恐怖主义形势报告》。

8月21日　美国总统奥巴马就利比亚局势的最新进展发表讲话,他呼吁卡扎菲主动放权,并敦促利比亚反对派尊重人民权利。奥巴马说,卡扎菲及其政权必须认识到他们的统治已经走到尽头,卡扎菲必须承认他已不再控制利比亚的事实,他必须从此永远放弃统治权;美国已经承认利比亚全国过渡委员会为该国合法政权。奥巴马承诺,美国将继续确保利比亚人民的基本权利得到尊重,并继续与盟国以及合作伙伴一起在国际社会上保护利比亚人民的利益,支持利比亚实现向民主国家的和平过渡。

8月22日　美国副总统拜登结束对中国为期6天的正式访问。访华期间,分别会见中国国家主席胡锦涛、全国人大常委会委员长吴邦国、国务院总理温家宝。同中国国家副主席习近平举行会谈,并共同出席中美企业家座谈会。

美国副总统拜登访问蒙古国,与蒙古国总理巴特包勒德举行会谈,并会见蒙古国总统额勒贝格道尔吉。巴特包勒德希望美国政府能够增加赴美蒙古国留学生获取政府奖学金的人数,并感谢美国决定向蒙古国提供资金保护历史和文化遗产。在会见额勒贝格道尔吉时,双方就双边关系和加强反腐领域的合作交换了意见。双方相信,拜登此访将进一步推动蒙美"全面伙伴"关系向前发展。拜登还表达了加强两国在可再生能源领域合作的愿望。他说:"能源供给对经济的可持续发展至关重要,蒙古国拥有丰富的可再生能源资源,美国有先进的技术和丰富的经验,美国投资者对该领域的合作很感兴趣。"

美国副总统拜登开始对日本为期两天的访问。期间,分别与日本首相菅直人、外相松本刚明等举行会谈,探讨震后重建和朝鲜核问题等。拜登还前往地震灾区慰问灾民,以表达美国政府对于日本灾后重建的支持。

8月24日　美国国防部发布《中国2011年军事与安全发展报告》。报告长达94页,分为6章、2个"特别主题"以及2个附录,主要内容是中国军力发展、台海安全形势发展、中国军事现代化进程、美中军事联系等诸多方面。报告称,美国欢迎一个强大、繁荣、成功和巩固国际规范、增进全球安全与和平的中国，并称美中两军关系十分重要，指出双方都想扩大合作，减缓风险。报告认同解放军"审慎而不断增加的军事透明度"，但又声称"中国在如何使用军力方面存在不确定性"。报告还一如往年提到台海安全形势问题，称台湾仍是解放军的"主要战略方向"，声称尽管两岸关系继续缓和，中国针对对岸的军力建设仍在继续。

8月30日　美国财政部宣布对叙利亚外长穆阿利姆等3名政府高官实施制裁。

9月1日　名为"利比亚之友"的利比亚重建国际会议在巴黎召开，法国总统萨科齐和英国首相卡梅伦共同主持会议。美国国务卿希拉里·克林顿以及来自近60个国家和国际组织的代表与会，着重讨论后卡扎菲时代利比亚的政治过渡及经济重建等议题。会议就解冻利比亚政府资产、联合国在帮助利比亚政治过渡期扮演中心协调角色等问题达成共识。

9月6日　前驻阿富汗美军司令彼得雷乌斯宣誓就任美中央情报局局长。

9月8日　美国副总统拜登在《纽约时报》发表题为《中国的崛起并非我们的终结》的专栏文章。拜登表示，双边贸易和投资已把两国联系在一起，"各自的成功对彼此利益攸关"。一个取得成功的中国能够让美国更加繁荣。他指出，在从全球安全到全球经济增长等问题上，美中两国均面对"共同的挑战和责任"，因而具有携手努力的动力，这也是美国政府致力于维持稳固双边关系的原因。

9月9日　美国国务卿希拉里·克林顿在约翰·杰伊刑事司法学院发表"关于灵活运用实力抗击恐怖主义的策略"演讲。希拉里说，美方获得情报称，"基地"组织将再次准备对美国，尤其是针对纽约和华盛顿地区发动袭击。这一情报"具体可靠但未经证实"。希拉里说，美国会认真对待一切恐怖袭击威胁的可能性。她提醒纽约市民时刻保持警惕。

9月11日　美国总统奥巴马在纽约出席"9·11"十周年纪念仪式。

9月13日　美国国务院发布2010年下半年《国际宗教自由报告》，对包括中国在内的8个国家宗教自由状况表示关切。

9月14日　为期三天的美澳部长级定期磋商会议（2+2会谈）在旧金山举行，美国国务卿希拉里·克林顿、国防部长帕内塔和澳大利亚外交部长陆克文、国防部长斯蒂芬·史密斯参加会谈。庆祝美澳同盟条约缔结60周年是此次会议的主轴。两国外长和国防部长就建构新安全合作框架与亚太地区安全形势展开磋商，并在会后共同发表了联合声明。强调美澳同盟是美国"亚太战略之锚"，美国应加强与澳大利亚的军事合作，以应对美国未来面临的威胁和不确定因素。联合声明还提到，美澳双方将依据《澳新美安全条约》，共同打击针对政府和军方电脑网络的黑客攻击。

9月20日　美国总统奥巴马在联合国利比亚问题高层会议上发表讲话。奥巴马欢迎利比亚"翻开新篇章"，称利比亚为国际社会在共同努力下能够取得什么样的成果提供了经验。他说："只要利比亚人民仍面临威胁，北约领导的军事行动就将继续下去。"奥巴马还说，美国大使正在返回的黎波里，美驻利大使馆也将重新开放，美国将支持利比亚的重建工作。他还呼吁卡扎菲的残余支持者放下武器。

美国总统奥巴马在纽约分别会见利比亚全国过渡委员会主席贾利勒、阿富汗总统卡尔扎伊、巴西总统罗塞夫、土耳其总理埃尔多安。

9月21日　美国宣布向台湾出售一批先进武器装备，即为台"改装"其现有的F-16A/B战斗机，售台军用飞机零配件，并提供有关训练项目，总额达58.52亿美元。

美国总统奥巴马在纽约分别会见以色列总理内塔尼亚胡、日本首相野田佳彦、联合国大会主席纳赛尔、联合国秘书长潘基文、法国总统萨科齐、南苏丹总统基尔、巴勒斯坦民族权力机构主席阿巴斯、英国首相卡梅伦。

美国总统奥巴马在联合国大会上发表讲话。

9月27日　第三届中美政党高层对话在北京举办。中联部部长王家瑞与美国民主党代表、前国务卿奥尔布赖特和共和党代表、前助理国务卿威廉姆森共同主持对话。双方就各自执政理念、经济社会政策调整和创新、中美关系及共同关心的重大国际和地区问题进行了坦诚、深入的交流。中国中央有关部门负责人以及美民主、共和两党代表出席了对话。

9月30日　美国总统奥巴马出席美军参谋长联席会议主席迈克尔·马伦退职仪式并致辞，前陆军参谋长马丁·邓普西继任。奥巴马在致辞时证实，"基地"组织阿拉伯半岛分支重要头目安瓦尔·奥拉基在也门被击毙。美国媒体援引美国匿名高级官员的话说，一架美军无人机和一架美军战斗机当天在也门对奥拉基乘坐的车辆发动攻击，将其打死。此次行动由美国中央情报局和美国联合特种作战司令部实施，在行动中，中央情报局提供情报，后者负责提供火力打击。

10月4日　美国助理国务卿坎贝尔在众议院外交委员会做证，阐述美国对台政策。坎贝尔表示，与台湾保持强有力的、多方面的非正式关系，以及对保障台海和平稳定的承诺，是美国转向亚洲的重要组成部分。

10月5日　美国副总统拜登在白宫主持高级官员例会，评估伊拉克局势进展。

美国国务卿希拉里·克林顿在多米尼加首都圣多明各参加"美洲繁荣之路"（Pathways to Prosperity）第四次部长级会议。希拉里在会上表示，美国将向拉美国家提供1750万美元捐助基金，以支持"美洲繁荣之路"计划。希拉里说，拉美经济有望持续增长，但经济增长必须对社会下层民众产生积极影响。美国将与其他捐助国共同支持中美洲地区的基础设施建设，这将有助于越来越多的人分享发展机遇。在美国前总统布什提议下，美国2008年9月同已与美签署了自贸协议或正与美商谈自贸协议的11个美洲国家签署了"美洲繁荣之路"协议，承诺巩固共同贸易平台，并择期进行会晤。

美国国务卿希拉里·克林顿在圣多明各对记者表示，联合国安理会未能通过欧洲国家提出的关于叙利亚的决议，实属"失职"。"我们认为，安理会昨天放弃了自己的责任"，并声称遭到否决的这些制裁举措，是国际社会应给予叙利亚总统阿萨德镇压示威行为的"最低"惩戒。希拉里称："那些选择否决权的国家，必须向叙利亚人民以及世界上其他为自由和人权而战的人们作出解释。"10月4日，联合国安理会举行公开辩论，并现场宣布了对叙利亚决议草案的投票结果。俄罗斯和中国对欧洲国家起草的该份叙利亚问题决议动用否决权，草案最终未获通过。

10月6日　美国参议院以全票通过法案，为19世纪末20世纪初的排华法案等歧视华人法律表达歉意。

10月7日　美国总统奥巴马在白宫与突尼斯总理艾塞卜西举行双边会谈。

10月10日　美国"国会与行政部门中国委员会"发表2011年度涉华报告。

10月11日　第二次中美亚太事务磋商在北京举行。美国助理国务卿坎贝尔和中国外交部副部长崔天凯共同主持磋商。中方指出，保持中美关系健康稳定是中美在亚太地区开展对话合作的重要前提。中方积极评价胡锦涛主席年初访美以来中美关系取得的进展，同时对一段时间以来美方在台湾、涉藏、人民币汇率等问题上干涉中国内政、损害中方利益的错误行径表示严重不满和坚决反对。中方重视发展两国元首确定的中美相互尊重、互利共赢的合作伙伴关系，希望美方坚持正确方向，切实尊重中方核心利益和关切，与中方相向而行，推动中美关系健康稳定地向前发展。美方表示，美方高度重视中美关系，致力于发展健康稳定的双边关系。美方欢迎和支持两岸关系和平发展。美方愿从战略高度把握中美关系发展方向，与中方加强合作，妥善处理分歧。双方就中美在亚太的互动与合作、地区合作机制发展以及地区热点问题等交换了意见。双方认为，在当前世界政治经济形势复杂性和不确定性日益突出的形势下，亚太形势保持总体稳定，经济继续较快增长。中美作为在亚太具有重要影响的国家，两国在维护亚太稳定、促进经济发展、应对安全挑战、促进区域合作等方面有共同利益和责任，有必要进一步加强协调、沟通和合作，为亚太和平、稳定与繁荣共同作出努力。中方重申了在南海问题上的立场。

美国《外交政策杂志》刊登美国国务卿希拉里·克林顿撰写的评论文章，希拉里在文中提出了美国的"太平洋世纪"（Pacific Century）这个概念，并进行了阐述。希拉里提出，未来的政治将取决于亚洲，今后 10 年美国外交方略最重要的使命之一将是把大幅增加的投入锁定于亚太地区，而与中国的关系是美国有史以来必须管理的最具挑战性和影响最大的双边关系之一，美中关系的发展没有指导手册可循，然而利益攸关不容失败。

美国司法部宣布挫败一起伊朗企图暗杀沙特阿拉伯驻美国大使的恐怖图谋。两名伊朗籍嫌疑人曼苏尔·阿巴布希尔和吴拉姆·沙库里被起诉。

10 月 12 日　美国总统奥巴马发表声明，对国会当天通过长期受阻的美国与哥伦比亚、巴拿马和韩国三国的自由贸易协定表示欢迎，称这是"美国工人和企业的重大胜利"。奥巴马说：这些协定"将有助于实现我的目标：使美国出口增加一倍并保持美国在 21 世纪的竞争力"。奥巴马预言这些协定将促进美国的出口，拉动美国的疲软经济，并在 2012 年 11 月大选前使居高不下的失业率有所缓解。奥巴马表示，这些协议将"大大促进贴有让我们自豪的'美国制造'标识产品的出口，支持美国国内成千上万薪水不错的工作，并且保护劳工权利、环境和知识产权"。"美国汽车厂商、农场主、牧场主和制造商，包括许多小型企业，都将能够参与新市场中的竞争并且取得成功。"

10 月 13 日　美国总统奥巴马在白宫与韩国总统李明博举行双边会谈。奥巴马表示，韩国是美国"最坚定的盟友之一"。美国对韩国的"防务和安全"承诺永远不会动摇。奥巴马还敦促朝鲜放弃其核计划、朝着实现朝鲜半岛无核化的目标努力，声称只有这样才能给朝鲜民众带来"更多安全和机会"。奥巴马同时表示，美国将保持在亚太地区的"强大存在"，这是"维护亚洲21世纪安全和繁荣的基石"。李明博表示，韩国将继续致力于推动实现朝鲜半岛无核化，而在这个问题上，韩国将继续与美国保持一致。他把韩美同盟关系称为维护朝鲜半岛和亚太地区"和平、稳定和繁荣"的保证。

10月14日　美国白宫发布奥巴马致国会的信件，称奥巴马已授权在中非部署一支小规模美国部队，协助这一地区国家打击约瑟夫·科尼率领的圣灵抵抗军。

美国国务卿希拉里·克林顿在美国纽约经济俱乐部发表讲话。希拉里说，美国的外交政策导向应进一步向经济方面倾斜。美国目前所面临的最大挑战"并不是军事上的敌人"，而是如何在当今的经济条件下加强自身的全球领导地位。

10月17日　美国国务卿希拉里·克林顿访问马耳他。

10月18日　美国国务卿希拉里·克林顿访问利比亚，与过渡委员会主席贾利勒、临时总理贾布里勒以及石油和财政部长阿里-塔尔胡尼等高官及利比亚的社会活动家等进行了会谈。希拉里在发布会上说，美国将"继续和利比亚人民站在一起"，利比亚民主建设应体现利比亚人民而非外部势力的意愿。她呼吁利比亚当局将安全放在首位，在执行任何计划前应消除内部争斗，并呼吁"民兵武装"统一行动，摒弃各种形式的暴力活动。她说，美国已经拨款4000万美元，帮助利比亚当局维护军火库的安全。她还呼吁利比亚当局尽快组建国民军队和警察，并表示美国在此方面准备提供帮助。贾布里勒说，利比亚执政当局官员和希拉里当天商讨了一系列问题，包括双方建立最高联合委员会，以此推动两国关系进入新阶段。贾布里勒说，他希望这一委员会尽快组建，以便推动双方在政治和经济等各领域的合作。他说，美国将帮助治疗利比亚当局武装伤员，特别是苏尔特前线的伤员。此外，美国还将为利比亚当局提供技术支持，帮助清除利比亚国内的化学武器。

10月19日　美国国务卿希拉里·克林顿访问阿曼。在阿曼首都马斯喀特与阿曼领导人举行会谈，就双边关系、地区和国际局势的最新发展，以及共同关心的问题交换意见。

美国国务卿希拉里·克林顿对阿富汗进行事先未经宣布的访问。美国中央情报局局长彼得雷乌斯和美国参谋长联席会议新任主席邓普西陪同访问。希拉里与阿富汗总统卡尔扎伊举行会谈并与其他官员会面，讨论了与塔利班和解的努力以及安全责任移交等问题。两人还磋商了即将于 11 月在土耳其伊斯坦布尔以及于 12 月在德国波恩举行的关于阿富汗前途问题的国际会议。希拉里在喀布尔与卡尔扎伊举行的记者会上说，塔利班可以参与在阿富汗的和谈，或者继续受到军事打击。希拉里还说，邻国巴基斯坦在阿富汗前途问题上扮演着重要的角色，这三个国家必须进行合作。

10 月 20 日　美国总统奥巴马就利比亚前领导人卡扎菲死亡发表讲话，表示这标志着卡扎菲政权走到尽头，利比亚人民漫长痛苦的篇章画上句号。奥巴马将卡扎菲称为"历史上统治时间最长的独裁者之一"，他称赞 2011 年 3 月美英法等国发动的空袭对卡扎菲倒台发挥积极作用，但将最终的胜利归功于利比亚人民，"你们赢得了自己革命的胜利"。奥巴马敦促过渡政权尽快组建政府，平稳向民主过渡，妥善处理卡扎菲留下的一系列棘手问题，其中特别提及要"保证危险材料的安全"。

美国国务卿希拉里·克林顿从阿富汗搭乘美军飞机抵达巴基斯坦首都伊斯兰堡，对巴基斯坦进行事前未宣布的突然访问。美国中央情报局局长彼得雷乌斯和美国参谋长联席会议新任主席邓普西随同希拉里进行访问。

10 月 21 日　美国总统奥巴马签署美国与韩国、美国与哥伦比亚、美国与巴拿马自由贸易协定。

美国总统奥巴马在与伊拉克总理马利基举行视频会议后宣布，美军将在 2011 年底前全部撤离伊拉克。奥巴马说，美军撤离后，美伊两国关系将成为主权国家之间的正常双边关系，两国将在共同利益和相互尊重的基础上建立稳固、长期的伙伴关系。

美国国务卿希拉里·克林顿在伊斯兰堡与巴基斯坦总统扎尔达里举行会谈，巴基斯坦外长哈尔参加会谈。双方都表示希望阿富汗有一个和平与稳定的局势。双方一致认为，阿富汗与巴基斯坦边界双方都必须对抗极端分子。希拉里称，美国希望巴方"在未来几天或几个星期"，而"不是几个月或几年里"，对阿巴边境巴基斯坦一侧的武装组织实施打击，美军和北约部队将从阿富汗一侧配合，以形成夹击之势。她还重申了美国所遵循的"打击、谈判、重建"三方面结合的战略。

10 月 22 日　美国总统国家安全事务助理多尼隆开始对中国为期三天的访问。

美国国务卿希拉里·克林顿访问塔吉克斯坦。希拉里许诺美国将支持塔吉克斯坦实现其与阿富汗边境地区的稳定，将协助塔方打击阿富汗毒品的过境走私。

10 月 23 日　美国国务卿希拉里·克林顿访问乌兹别克斯坦。期间，与卡里莫夫总统举行会谈。希拉里说，美乌两国在广泛问题进行富有成果的对话方面积累了丰富的经验，从而使我们在政治、经贸、投资、人文等领域的双边合作关系有了崭新的发展。她指出，乌兹别克斯坦在保障地区安全与稳定方面具有建设性的政治作用和重要意义。她代表奥巴马总统感谢卡里莫夫总统在阿富汗问题和平调解和帮助阿富汗恢复经济社会生活方面所做出的巨大贡献。她表示，美国方面愿意与乌兹别克斯坦进一步发展互利的合作关系。卡里莫夫总统说，赞同美国总统提出的我们两国应该共同努力建立更加紧密伙伴关系的思想，这种关系应建立在相互尊重和相互信任的基础上。

美国国防部长帕内塔在印度尼西亚巴厘岛与东盟 10 国国防部长等官员会谈。帕内塔在会谈时说，美国对该地区的承诺不会动摇。"我重申，美国是太平洋国家，在这一地区有持久利益，对我们的地区盟友和伙伴有持久承诺。我知道，你们可能都在密切关注美国国内的预算论战，质疑我们是否继续信守这些承诺。我向你们保证，我们不会减少在亚洲的存在。这一承诺不会改变。"帕内塔称在会谈中各方就"海上安全"问题交换了意见。

美国和菲律宾海军陆战队在南海中菲争议岛礁附近举行年度军事演习。逾 200 名美国和菲律宾海军陆战队士兵进行了两栖抢滩演习。

10 月 24 日　美国代表团团长、美国朝鲜政策特别代表博斯沃思和朝鲜代表团团长、外务省第一副相金桂冠分别率领两国代表团在日内瓦开始进行两天的闭门会谈，就朝鲜核项目以及恢复六方会谈的相关问题进行接触。这是双方继 2011 年 7 月底在纽约举行首轮试探性会谈后，再次进行双边直接对话。

10 月 25 日　美国国防部长帕内塔在日本东京分别与日本首相野田佳彦及防卫大臣一川保夫举行会谈。在日美防卫大臣会谈中，双方就深化日美同盟和安全保障领域合作进行了确认。另外，再次明确将以 2011 年 6 月在华盛顿举行的日美防卫磋商确定的新战略目标为基础，就朝鲜问题以及与韩国的防卫合作加强协作。双方还磋商了美军普天间机场搬迁计划。在与野田佳彦的会谈中，双方就在安全领域深化日美同盟达成一致。野田表示，"日美同盟的根基在安全问题，日方愿同美方保持密切合作，力图提高防卫力"。他同时提到

"东日本大地震让我更加坚信，日美同盟是我国外交与安全的基轴"，并对美军的救援行动表示感谢。帕内塔回应称，"日美两国50年以上的同盟关系才是保障太平洋地区安全的基础所在"，确认了两国关系的重要性。

联合国大会第20次通过决议，要求美国终止对古巴的封锁。

10月27日　美国国防部长帕内塔在首尔与韩国国防部长官金宽镇举行会晤，拜访李明博总统，会见韩国外交部部长官金星焕。帕内塔表示，虽然美国将削减国防预算，但不会裁减驻韩美军。美国要在太平洋全地区派遣军队，还要加强兵力。美韩过去60年一直保持着牢不可破的同盟关系，今后60年也同样会维持这一同盟关系。美国在条件允许的情况下，将力所能及地向韩国派遣美军，执行防御任务。为维护韩半岛的安全，美国将会继续向韩国派遣兵力。帕内塔说，为不让朝鲜作出错误判断，美国在向韩国充分提供核保护伞等威慑性支撑。

美国总统奥巴马在白宫与捷克总理内恰斯举行双边会谈。

美国国务卿希拉里·克林顿在国会作证时强调，美国应以"战、谈、建"三轨战略应对巴基斯坦和阿富汗问题。她表示，美国正同时从这三方面入手，因为它们相辅相成。在"战"上，希拉里指出，美军和阿富汗军队已经加大了对塔利班、"哈卡尼"网络和其他抵抗组织的压力。在"谈"上，希拉里称，她在访问伊斯兰堡和喀布尔时都重申了美国对于阿富汗主导的、具有包容性的和平进程的强烈支持。美国希望巴基斯坦通过"明确无误的公开声明以及关闭其庇护所"来鼓励塔利班和其他抵抗组织加入阿富汗和平进程。在"建"上，希拉里表示，美国将帮助阿富汗、巴基斯坦以及整个地区增强建设能力和创造机会。她说，这一战略源自美国过去在世界各地一次又一次的教训。她认为，只有更多的经济机会才能带来持久的稳定和安全。她表示，继续向巴基斯坦和阿富汗提供民事援助至关重要。

11月1日　美国国务卿希拉里·克林顿访问英国，在网络空间国际会议上发表主旨演讲。

为期两天的中美执法合作联合联络小组（JLG）第九次会议在美国首都华盛顿举行。中国驻美国大使张业遂、美国国务院助理国务卿布朗菲尔德出席开幕式并致辞。会议讨论了中美两国在打击网络犯罪、反腐败、刑事司法协助、知识产权刑事执法、追逃、遣返非法移民、打击偷渡等领域的执法合作问题。

11月3日　美国总统奥巴马在法国戛纳出席为期两天的二十国集团领导

人第六次峰会。会议主要讨论世界经济形势、"强劲、可持续和平衡增长框架"、国际货币体系改革、大宗商品价格、全球治理、贸易、发展和金融监管等问题。

美国总统奥巴马在戛纳分别与法国总统萨科齐、德国总理默克尔举行双边会谈。

美国总统奥巴马在出席二十国集团领导人戛纳峰会期间与中国国家主席胡锦涛举行简短会见，双方就中美关系以及二十国集团领导人戛纳峰会等共同关心的问题交换了意见。

11月4日　美国总统奥巴马在戛纳与阿根廷总统克里斯蒂娜举行双边会谈。

11月7日　美国总统奥巴马在华盛顿会见北约秘书长拉斯姆森，就2012年5月在芝加哥举行的北约峰会，以及是否有与非伙伴国扩大联盟关系的必要性等进行了讨论。两人还就北约在阿富汗军事行动所取得的重要进展进行了讨论。

11月9日　美国总统奥巴马在白宫与葡萄牙总统席尔瓦举行双边会谈。

11月10日　美国国务卿希拉里·克林顿在夏威夷大学东西方中心发表演讲。希拉里说，随着伊拉克战争走向结束、美军在阿富汗开始向阿方转交安全职责，美国的外交重点正在发生变化。而随着亚太地区逐渐成为21世纪全球战略与经济重心，这里也将成为美国外交战略的重心，美国外交在未来十年最重要的任务就是在亚太地区增大投入。希拉里说，过去，美国在跨大西洋的国际事务中扮演了重要的角色，今后我们要在跨太平洋国际事务中扮演重要的角色。因为21世纪对美国来说，将是"太平洋世纪"。希拉里在演讲中，希望亚太合作有更多的规则可循，"开放、自由、透明、公平"。希拉里说："一些人说，中国崛起对美国不利，而事实上，中国崛起，对中国和美国都是有好处的。奥巴马总统与我一直致力于与中国发展互信合作的关系。""中美必须合作，根本没有选择。"

11月11日　美国国务卿希拉里·克林顿与美国贸易代表柯克共同主持APEC外交部部长与贸易部长联席会议。

美国国务卿希拉里·克林顿主持出席夏威夷APEC会议的外长参加的救灾复苏高层对话（High-Level Dialogue on Disaster Resiliency）并主持关于政务公开和经济增长的高层对话（High-Level Dialogue on Open Governance and

Economic Growth）工作午餐。

美国国务卿希拉里·克林顿在 APEC 工商领导人峰会上发表讲话。

11 月 12 日 美国总统奥巴马在夏威夷主持为期两天的 APEC 领导人会议。

美国总统奥巴马出席 APEC 工商领导人峰会。

美国总统奥巴马在檀香山主持"跨太平洋伙伴关系"参加国领导人会议。

美国总统奥巴马在美国夏威夷州首府檀香山与中国国家主席胡锦涛举行会晤，两国元首就双边关系及共同关心的国际和地区问题坦诚深入交换了意见，达成广泛共识，表示将共同努力，把中美合作伙伴关系不断推向前进。胡锦涛表示，总统先生就职近 3 年来，在双方共同努力下，中美相互了解和交流合作达到从未有过的广度和深度。2011 年 1 月，我和总统先生在华盛顿就建设中美合作伙伴关系达成共识，共同推动两国关系进入新的发展阶段。自那以来，中美许多领域交流合作都取得了新的进展。胡锦涛指出，当前，人类社会发展任务更加突出，面临的挑战也更加严峻。中美作为两个大国，加强合作是唯一正确的选择。发展相互尊重、互利共赢的中美合作伙伴关系，是中美基于两国共同利益、共同担负的责任和共同的战略判断作出的重大决策。双方应该牢牢把握这一定位，坚定不移把中美合作伙伴关系建设好，把两国关系稳定发展势头长期保持下去。这符合两国人民根本利益，也有利于世界和平、稳定、发展。胡锦涛强调，中美关系发展已经进入又一个关键时期。双方应该坚持从战略高度和长远角度出发，推动两国在双边、地区、全球层面的合作取得更多实实在在的成果，确保明年以及更长时期两国关系的平稳发展。胡锦涛提出 3 点意见。第一，中美要做互尊互信的合作伙伴。两国应该加强高层交往和各级别、各领域对话磋商，客观、理性判断彼此战略意图和政策走向，持之以恒增进战略互信。要积极开展两国人民交往，继续鼓励双方省州市扩大友好交流，增进两国人民相互了解和友谊。相互尊重核心利益是中美建立合作伙伴关系的关键。希望美方切实按照中美三个联合公报确定的原则，慎重妥善处理好有关问题。第二，中美要做互利互惠的合作伙伴。中美两国应该更加注重交流合作、相互借鉴，更加注重互利共赢、共同发展。要充分发挥两国经济互补性强的优势，加强经济技术合作，促进两国企业开展合作，积极探索扩大两国经贸合作的新途径新领域。要通过平等协商，在扩大互利合作中解决出现的问题。第三，中美要做同舟共济的合作伙伴。中美两国应该共同应对当前国际经济金融形势，发挥建设性作用，提振市场信心，支持实现保增长、促稳定的目标。双方也要共同充分利用双边渠道和多边机制，就朝鲜半岛局势、伊朗等地区热点和气候变化、恐怖主义、粮食安全、大规模传染病、自然灾害等全球性问题加强协调，共同维护世界和平、促进全球发展。胡锦涛指出，中国的汇率政策是负责任的。目标是确立以市场供求为基础、参考一揽子货币进行调节、有管理的浮动汇率制度。人民币汇率形成机制改革将会继续稳步推进。同时，美国贸易逆差和失业等结构性问题不是人民币汇率造成的，即使人民币大幅升值，也无法解决美国面临的问题。美国应该尽快采取实际措施放宽对华高技术产品出口限制，并为中国企业赴美投资提供便利。胡锦涛表示，中美在国际和地区事务中的协调和合作是两国合作伙伴关系的重要支柱。亚太事务应该成为中美协调和合作的重点。中方尊重美方在亚太地区的正当利益，欢迎美方在亚太事务中发挥建设性作用，也希望美方尊重中国在亚太地区的正当利益，处理好彼此利益关切，共同促进亚太地区和平、互信、合作。奥巴马表示，胡主席2011年1月对美国的国事访问非常成功，之后，美中关系保持稳定并取得进一步发展。美中加强合作对两国、亚太地区和整个世界都至关重要。美方继续致力于以建设性方式同中方发展相互尊重、互利共赢的合作伙伴关系，欢迎一个强大、成功、繁荣、稳定的中国在国际事务中发挥更大作用，尊重中方在亚太地区的正当利益。美方尊重中国主权，乐见台海两岸关系取得的持续进展，支持两岸关系继续稳定、和解。美方将继续执行基于中美三个联合公报的一个中国政策，不支持"台湾独立"。奥巴马说，美方重视中方在推动两国经贸关系发展方面所做的重要努力。美中经贸合作日益深化，双边贸易额和双向投资再创历史新高，两国在促进世界经济增长方面也发挥着越来越重要的作用。美方愿同中方保持密切磋商，并同其他国家一道，共同克服当前世界经济面临的困难，推动世界经济强劲、可持续、平衡增长。两国元首还就朝鲜半岛局势、伊朗问题等交换了意见。

　　美国总统奥巴马在檀香山分别会晤日本首相野田佳彦、俄罗斯总统梅德韦杰夫、印度总理辛格、印度尼西亚总统苏西洛、泰国总理英拉、马来西亚总理纳吉布、菲律宾总统阿基诺三世。

　　美国国务卿希拉里·克林顿以东道主的身份主持太平洋诸岛国领导人会议。

　　11月13日　美国总统奥巴马与加拿大总理哈珀和墨西哥总统卡尔德龙在

檀香山出席北美领导人峰会。

11月15日　美国国务卿希拉里·克林顿访问菲律宾。期间，在马尼拉分别与菲律宾总统阿基诺三世和外长德尔罗萨里奥举行会谈。与德尔罗萨里奥在马尼拉签署旨在加强美菲合作的《马尼拉宣言》和《美菲关于增长伙伴原则的联合声明》。《马尼拉宣言》说，美菲双方决心继续合作来应对更广泛的地区和全球挑战，包括海上安全以及气候变化、核扩散、恐怖主义和跨国犯罪等威胁。双方还将在菲南部地区打击与"基地"组织有联系的恐怖组织方面进行密切有效的合作。《美菲关于增长伙伴原则的联合声明》说，美菲双方将利用两国政府的技术和资源，使菲经济发展摆脱束缚，让人民感受到经济变化带来的实惠。声明说，美国已要求15个政府部门与菲政府积极合作。

11月16日　美国总统奥巴马开始对澳大利亚为期两天的访问。奥巴马在堪培拉与澳大利亚总理吉拉德举行会谈。双方宣布美澳安全新协议：美国在澳大利亚的永久性驻军计划——从2012年年中开始，在达尔文部署一个连（200—250人）海军，5年内增加到2500人，并增加进出澳大利亚的军机架次，分步扩大在澳大利亚的军事活动，包括与澳大利亚军队的联合训练和演习。奥巴马称，美国将在澳大利亚北部部署海军陆战队的决定，显示了美国对整个亚太地区的承诺。

美国国务卿希拉里·克林顿访问泰国，与泰国总理英拉举行会谈。希拉里表示，泰国民众正面临历史上最严重的洪水灾害，美国将向泰国提供更多民用和军事援助。美国的援助重点将放在协助泰国尽快重新启用遭洪水淹没的廊曼机场以及抢修中部各府历史文化遗产，以期帮助旅游业尽快恢复。希拉里宣布，美国将向泰国提供1000万美元援助，帮助泰国抗击洪水。

11月17日　美国总统奥巴马在澳大利亚国会发表讲演时称，美国是一个太平洋国家，亚太地区是美国未来的战略重点地区，并将为此倾注力量。奥巴马对美澳两国关系给予高度评价。他说，此次访问正值美澳同盟关系建立60周年，两国友好合作关系源远流长。"9·11"事件以来，两军在阿富汗共同战斗，澳军做出了很大贡献，两国同盟关系发展更加牢固。他向在阿富汗牺牲的澳大利亚士兵表示敬意。奥巴马表示，美国非常重视与澳大利亚的关系，并将开展更加广泛和长期的合作。美军将逐步进驻澳大利亚达尔文，两军将开展更多的训练和演习，以促进亚太地区的安全与和平，并将在人道主义救援和救灾方面做出努力。谈到美中关系，奥巴马说，美国希望看到一个和平繁荣的中国，对中国的崛起表示欢迎，将继续加强与中国的合作关系，共同促进世界经济发展。他还表示，美国将加强与中国的沟通，促进相互理解。

11月18日　美国总统奥巴马开始对印度尼西亚为期两天的访问。期间，和美国国务卿希拉里·克林顿共同参加第三届美国和东盟领导人会议，向东盟领导人阐明美国返回亚洲的重要战略，双方同意在军事、救灾、疫情防控以及金融等多个方面加强合作；出席东亚峰会；分别与印度总理辛格、菲律宾总统阿基诺三世、马来西亚总理纳吉布、印度尼西亚总统苏西诺、泰国总理英拉举行双边会谈；会晤中国总理温家宝。

11月20日　第二十二届中美商贸联委会在成都召开，中国国务院副总理王岐山与美国商务部长布赖森、贸易代表柯克共同主持会议。美国农业部长维尔萨克与会。中美双方就彼此关切的问题进行深入沟通。布赖森、柯克和维尔萨克表示，美中两国双边关系日益紧密，经贸往来达到空前水平。美中相互贸易和投资体现了相互尊重、互利共赢的原则，是两国经济增长、创造就业、鼓励创新的重要推动力，不仅造福两国人民，也惠及世界。美中在农业领域的合作不断深化，农产品贸易和技术合作卓有成效。美方高度重视中美商贸联委会这一重要平台，期待本届联委会能取得切实、有意义和可持续的成果。中美双方一致认为，中美商贸联委会对扩大双边经贸合作、维护中美经贸关系健康发展、推进两国全面互利的经济伙伴关系发挥了重要作用。双方充分肯定联委会下各行业合作工作组在开展务实合作、加强沟通和磋商、妥善处理彼此经贸关注方面所取得的积极成果。双方同意扩大双边高技术与战略贸易合作，深化中美在知识产权领域的合作，就商签《中美农业合作战略规划》保持沟通，鼓励两国企业围绕战略性新兴产业不断创新合作模式，就改进快递相关的政府服务和监管等议题进行交流，共同推动两国企业在新能源领域扩大合作，搭建中美服务贸易企业交流平台以共同推动双边服务贸易发展，在药品数据保护领域开展合作，继续加强在药品检测技术领域的合作，积极推进智能电网标准、电动汽车和充电设备、改装汽车零部件等领域的交流与合作等。当日下午，中美双方举行了经贸合作文件签字仪式，双方签署了《中美知识产权合作项目框架协议》、《关于支持中美能源合作项目的谅解备忘录》等5项经贸合作文件。美国商务部还向中国贸促会颁发了"商业促进和平奖"。

11月21日　美国总统奥巴马签署总统令，下令对伊朗重要的石化产品行业实施制裁，同时扩大对伊朗油气行业的制裁。奥巴马发表声明说，伊朗自己选择了这条在国际上陷入孤立的道路，"只要伊朗继续选择这条危险的道路，美国就将继续通过与我们的伙伴协作或独自采取行动，对伊朗政权实行孤立并施加更大压力"。美国国务卿希拉里·克林顿和财政部长盖特纳共同宣布对伊朗的制裁新措施，制裁新措施包括禁止向伊朗石化产品行业提供实物、服务和技术支持，参与伊朗核项目的 11 个个人和实体也被列入制裁名单。美国政府同时发出警告说，与伊朗银行业从事交易的政府或金融机构均面临威胁。美国政府发出这样的警告尚属首次。美国同日还把伊朗列为"洗钱主要关注国之一"。

11 月 22 日　美国宣布美方将停止依照《欧洲常规力量条约》履行对俄罗斯的义务，原因是俄方数年来拒绝执行这一条约。美国国务院发言人维多利亚·纽兰说："具体而言，美方将不允许俄方依照《欧洲常规力量条约》检查美方基地，不会向俄方递交年度通报和军事数据。"她说，美方不打算放弃"挽救和更新"这一条约的可能性，将继续与其他条约签订国互换数据。一旦俄方恢复执行条约，美方也将照做。

美国副总统拜登在白宫主持高级官员例会，评估伊拉克局势。

11 月 26 日　北约武装直升机空袭靠近阿富汗边境地区的巴基斯坦军事检查站，造成 24 名巴士兵死亡、13 人受伤。这一事件引起巴方强烈反应，巴基斯坦立即封锁从巴境内通往阿富汗的北约后勤补给线。此外，巴军政高层决定，要求美国在 15 天内撤离位于巴西南部俾路支省的一个主要空军基地。

11 月 29 日　美国总统奥巴马在白宫与荷兰首相吕特举行双边会谈。

美国总统国家安全事务助理多尼隆在英国《金融时报》发表题为《美国"重返亚太"》的文章，称在亚太地区"要实现地区安全，各方必须尊重国际法律和准则，不妨碍商业和通航的自由，新兴强国必须与邻国建立起信任，在没有恐吓或胁迫的情况下和平解决分歧。在亚太地区，这需要美国维持一个强大的盟友及伙伴网络，并不断加以增强"。

美国副总统拜登突访伊拉克。

11 月 30 日　美国国务卿希拉里·克林顿访问韩国，出席第四届"援助有效性问题高级别论坛"。

美国国务卿希拉里·克林顿开始对缅甸为期 3 天的访问，成为自 1955 年以来首位访问缅甸的美国国务卿。期间，在缅甸首都内比都与缅甸总统吴登盛、外交部部长吴温纳貌伦以及缅甸议会高级官员分别会谈。希拉里告诉吴登盛："我今天来到这里，是因为奥巴马总统和我都为你和你的政府……感到鼓舞。"吴登盛说，希拉里的访问将"具有历史意义"，成为两国关系的"新篇章"。双方在会谈中讨论了缅甸方近期采取的改革和开放措施。

12月3日 美国副总统拜登访问土耳其，会见土总统阿卜杜拉·居尔及大国民议会议长杰米尔·奇切克，就叙利亚国内冲突、库尔德问题以及土耳其和以色列的紧张关系等诸多议题展开磋商。访土期间，拜登出席了在伊斯坦布尔举行的第二届全球创业峰会并致辞说，民主改革和社会变革来源于企业家的创新精神，美国始终支持自由和创新。他还强调了年轻企业家的作用和妇女企业家享有社会平等的重要性。在谈到美国与土耳其的关系时，拜登说，美土经济和军事关系正在发展，两国贸易较上年增长了45%。他表示，美国支持土耳其，不仅在反恐方面，而且也在对待叙利亚和利比亚的政策方面。

12月4日 美国国务卿希拉里·克林顿开始对德国、立陶宛、瑞士、比利时与荷兰等欧洲5国为期5天的访问。

12月5日 阿富汗问题国际会议在德国波恩举行，来自80多个国家和15个国际组织的近千名代表出席。会议议题涉及防务移交进程、国际社会援助及与塔利班武装的和谈等。会议通过决议，承诺在外国军队撤离后，国际社会将继续向阿提供军事和经济援助，以确保该国局势不会出现倒退。包括美国国务卿希拉里·克林顿在内的多国官员陈述了在阿富汗问题上的立场和建议。希拉里在发言中强调了"共同责任"的原则，她认为国际社会在继续向阿富汗提供援助的同时，该国也应该在国防安全、民主及法治建设方面实施改革。对于巴基斯坦抵制会议的做法，希拉里认为这是"不幸的"，但她表示在阿富汗问题上，巴基斯坦仍然发挥着关键性的作用。

12月6日 美国国务卿希拉里·克林顿访问立陶宛，出席欧洲安全与合作组织外长会议；会见立陶宛总统格里包斯凯特，讨论美国、北约与波罗的海国家关系等问题。

美国国务卿希拉里·克林顿在瑞士日内瓦发表讲话，纪念国际人权日。

美国国务卿希拉里·克林顿在日内瓦与叙利亚反对派"叙利亚全国委员会"代表举行闭门会晤。美国驻日内瓦代表团在会后发表公告说，希拉里在会晤中向"叙利亚全国委员会"主席等高层表示，她"特别关注""叙利亚全国委员会"如何实现叙利亚的"民主转型"。希拉里认为"叙利亚全国委员会"向美方提交的报告"很有建设性"。

12 月 7 日 美国总统奥巴马与加拿大总理哈珀在白宫举行闭门会谈，就加强双边关系，进一步促进两国间贸易和人员往来达成共识；双方签署争议已久的边境安全协议。

第 12 次中美国防部防务磋商在北京举行，中国人民解放军副总参谋长马晓天和美国国防部副部长米歇尔·弗卢努瓦共同主持磋商会议。双方就中美两国两军关系、美售台武器、共同安全挑战以及相关的国际和地区问题深入地交换了意见。弗卢努瓦表示完全赞同马晓天关于美中两国两军关系的看法。她说，美中关系非常重要，双方经济上相互依存，利益上高度融合，当今世界没有任何关系的重要性能够与之相提并论。一个健康、稳定、可靠持续的美中两军关系符合两国元首达成的重要共识，对于维护双方共同安全利益、保持亚太和平稳定、共同应对挑战具有重要意义。关于"美中冲突不可避免"的观点是完全错误的。

为期两天的第五届中美互联网论坛在华盛顿举行。中美双方代表围绕互联网服务提供者的社会责任、社交网络发展、互联网治理、网络安全等议题进行对话交流。中国国家互联网信息办公室副主任钱小芊，美国副国务卿罗伯特·霍马茨代表中美双方作主旨演讲。中美互联网论坛由中国互联网协会和美国微软公司联合举办，已成为中美在互联网领域开展交流合作的最重要的平台之一。参加本届论坛的中美双方代表达 180 多人。

美国国务卿希拉里·克林顿在日内瓦出席联合国难民事务高级专员公署举办的 2011 年度部长级会议。

美国国务卿希拉里·克林顿在布鲁塞尔出席北大西洋理事会会议。

美国国务卿希拉里·克林顿在布鲁塞尔出席北约–俄罗斯理事会部长级会议。会议期间，北约秘书长拉斯穆森和美国国务卿希拉里·克林顿都强调，北约反导系统不针对俄罗斯，不会破坏美国和俄罗斯的战略平衡。拉斯穆森还提出增加北约反导系统透明度的具体建议，包括邀请俄罗斯专家观摩和分析反导测试、邀请俄 2012 年参与联合战区反导演习、设立反导联合中心等。俄罗斯外长拉夫罗夫认为，在谈判中，北约并没有严肃对待俄方关切，除去口头承诺，俄需要具有法律约束力的条约来确保自身安全不会受到威胁。而对于俄方这一要求，希拉里和拉斯穆森均表示拒绝。希拉里表示，北约将继续反导系统的建设，北约成员国不会让任何非北约国家在这一问题上行使否决权。拉斯穆森则翻出北约和俄罗斯在 1997 年签订的《北约–俄罗斯基本文件》，称双方当时已经承诺不威胁对方或使用武力，因此无须再就反导系统签订新的条约。此外，在具体的合作方式上，北约仍坚持自己的方案：即北约和俄罗斯各自建设独立的反导系统，通过数据交换的方式合作。而俄罗斯则坚持，如果合作，就要共建反导系统，包括拥有控制权。这点显然不能为北约所接受。会谈最后无果而终。

美国国务卿希拉里·克林顿在布鲁塞尔北约总部与驻阿富汗国际安全援助部队伙伴国讨论阿富汗问题。

12 月 8 日　中国人民对外友好协会和国家体育总局在人民大会堂举行中美"乒乓外交"40 周年纪念活动。中国国家副主席习近平、美国前总统卡特共同出席并致辞。

美国国务卿希拉里·克林顿在荷兰海牙召开的网络自由大会（Freedom Online Conference）发表讲话。

12 月 12 日　美国总统奥巴马在白宫与伊拉克总理马利基举行双边会谈。双方讨论了美军撤军、美伊关系未来等话题。奥巴马强调，美军撤离后，其他国家不应干涉伊拉克内政。马利基则表示伊拉克在重建方面仍然需要美国帮助。奥巴马表示，2011 年结束之后，伊拉克将不再有美国驻军、不再有美军基地，但美国将在伊拉克维持庞大的外交存在。奥巴马承认，美军撤离后，伊拉克的安全状况仍然存在隐患。随着伊拉克军队今后几年的逐渐强大，这些问题会逐步得到解决。

12 月 13 日　美国国防部长帕内塔抵达阿富汗进行为期两天的访问。期间，帕内塔与阿富汗总统卡尔扎伊举行会谈，重申美国对阿富汗的承诺。帕内塔在视察驻阿富汗美军部队时宣称，美国领导的国际联军正在赢得长达 10 年的阿富汗战争的胜利。

12 月 14 日　美国总统奥巴马在北卡罗来纳州布拉格堡军事基地对军队发表讲话，他宣布最后一批美军将在未来几天内"昂首挺胸"地撤离伊拉克，至此长达九年的伊拉克战争将正式宣告结束。他还以军队总司令之名，对已经和即将返回的美军将士连续高呼四遍："欢迎回家!"

中国外交部长杨洁篪在北京会见美国对朝政策特别代表戴维斯，就六方会谈问题交换意见。

12 月 15 日　驻伊拉克美军在巴格达举行降旗仪式，美国国防部长帕内塔在巴格达正式宣布驻伊美军任务结束。按计划，驻伊美军将在年底前全部撤出伊拉克。

12 月 17 日　美国国防部长帕内塔访问利比亚，会见利比亚国防部长萨马·朱瓦利和总理凯卜。帕内塔称："此次访问的目的是有机会近距离看到利比亚国内状况，同时表达对利比亚人民推翻卡扎菲政权并建立新政府的赞扬。"帕内塔还表示，利比亚新政府将要面临不少挑战和困难，但新政府需要展现出能力和信心。"我对利比亚实现民主保持绝对的信心。"

12 月 18 日　最后一支驻伊拉克美军车队离开伊拉克，美国国防部长帕内塔签署文件，正式结束伊拉克战争。

12 月 19 日　美国国务卿希拉里·克林顿在华盛顿会见日本外相玄叶光一郎。

美国、日本、印度在华盛顿举行首次三国局长级磋商。美方代表为国务院负责东亚和太平洋事务的助理国务卿坎贝尔、负责南亚和中亚事务的助理国务卿布莱克。三方围绕亚太地区各项问题交换了意见，并就紧密推进政策调整达成共识。会上除朝鲜局势外，还就如何让谋求扩大影响力的中国参与其中为地区稳定做贡献展开了讨论。三方还一致同意定期举行该磋商，下届磋商将于2012 年在东京举行。

12 月 27 日　美国财政部公布向国会提交的《国际经济和汇率政策报告》，再度认定包括中国在内的美国任何主要贸易伙伴均未操纵本国货币与美元之间的汇率。

12 月 29 日　美国总统奥巴马和夫人在珍珠港出席纪念珍珠港事件的仪式。

12 月 31 日　美国总统奥巴马在夏威夷签署总额达 6620 亿美元的 2012 财年国防预算法案。该法案将为美国军事人员开支、武器项目、国防安全项目及伊拉克与阿富汗两场战争提供经费。奥巴马在随后发表的声明中说，尽管签署这一法案，但他对于法案中有关恐怖嫌疑人关押、审讯及起诉等内容仍"持严重保留意见"。

四　2012 年

1 月 3 日　美国国务院负责东亚和太平洋事务的助理国务卿坎贝尔开始对中国进行为期两天的访问，与中方讨论朝鲜及缅甸最新局势等议题。

1 月 5 日　美国总统奥巴马在五角大楼与国防部长帕内塔和参谋长联席会议主席邓普西一起举行记者会，公布题为《维持美国的全球领导地位：21 世纪国防的优先任务》的国防战略评估报告。新战略暗示美国将缩减陆军规模，并减少在欧洲的军事存在，转而加强在亚太地区的军事存在，以维护亚太的"安全与繁荣"。奥巴马在发布会上表示，美军在经历 10 年战争后正处于"一个过渡时期"，虽然美军将继续为维护全球安全做贡献，但有必要对其关注重点进行再平衡，把重心转向亚太地区。他强调，虽然美国面临削减国防预算的压力，美军规模将会削减，"但世界必须知道，美国将维持其武装部队的军事超强优势，美军将保持灵活性，准备应对各种紧急事态和威胁"。这项新军事战略保留了美军的一些传统使命，包括打击恐怖主义、维持核威慑、确保国土安全、阻止和挫败任何潜在敌人的入侵等，同时强调将提高美军在网络战、导弹防御等方面的能力，但将避免发动类似阿富汗和伊拉克战争这样的持续时间很长的大规模战争。

1 月 10 日　美国总统奥巴马特使、财政部长盖特纳开始对中国为期两天的访问。期间，分别会见中国国务院总理温家宝、国家副主席习近平、国务院副总理李克强，并和国务院副总理王岐山举行工作会谈，就中美经济关系、世界经济金融形势等交换意见。在与王岐山会谈时，盖特纳表示，美中经济平稳发展，符合两国的利益，也有利于世界经济稳定复苏。美方愿与中方共同努力，进一步加强沟通与合作，深化美中全面互利的经济伙伴关系。双方还就欧洲主权债务危机、国际经济规则和标准改革等共同关心的问题交换了意见。

1 月 16 日　中国人民外交学会、中国人民对外友好协会等单位共同举办尼克松总统访华和上海公报发表 40 周年纪念活动。中国国家副主席习近平、美国前国务卿基辛格共同出席并致辞。

美国国务卿希拉里·克林顿开始对利比里亚、科特迪瓦、多哥和佛得角西非四国为期两天的"闪电访问"。在蒙罗维亚出席利比里亚总统瑟利夫的就职仪式，希拉里表示，在利比里亚人民开始新的重要里程、加强民主建设的时刻，美国与利比里亚站在一起；在亚穆苏克罗，希拉里与科特迪瓦总统瓦塔拉举行会谈，瓦塔拉称她此次访科是为了加强美国与非洲国家在民主体制建设方面的合作；在多哥期间，希拉里展示了美国对多哥民主进程和经济改革的支持；在佛得角，希拉里与该国总统讨论反毒品、良政、双边合作和地区事务等。

1月17日 美国总统奥巴马在白宫会见约旦国王阿卜杜拉二世，双方讨论了双边关系、中东和平进程等问题。

1月19日 美国总统奥巴马在佛罗里达州奥兰多迪士尼乐园发表演讲，在向全球华人送上新春祝福的同时，还宣布他已签署一项促进美国旅游业发展的行政命令。奥巴马称，这项新政策的焦点是促进中国与巴西游客来美国，"我们要他们来美国花钱，在奥兰多、佛罗里达，这将促进我们的商业和观光。今天，我责成国务院在中国和巴西处理非移民签证的能力提高40%。我们说的不是五年后、十年后而是今年。"同一天，美国国务院在官方网站贴出了这项简化非移民签证申请程序的声明。声明称，根据新举措，那些原先通过严格安全背景调查而获得过美国签证的"低风险"外国人士，可以不用再次到美国使领馆进行面签就可以更新过期的签证。某些类型的年龄较大或年纪较轻的外国人在首次申请美国签证时，也可以享受免面签的待遇。但鉴于国家安全仍是美国政府的最优先考虑，被确定为高风险的个人仍需接受面谈。声明特别指出，这项举措将为数以万计的中国和巴西游客节省时间和金钱，并鼓励他们再次到美国旅游。这一政策可在一年时间内为首次申请签证的中国游客开放10万个面谈预约机会，而中国游客的增加将为美国增加1500个与旅行和旅游相关的工作岗位。白宫在声明中表示，到2016年，来自中国、巴西和印度的游客预计将分别增加135%、274%和50%，这3个国家为美国经济贡献了150亿美元，其中中国和巴西游客每次在美旅行消费分别为6000美元和5000美元。

1月22日 美国非政府组织"人权观察"发表审查全球人权状况的年度报告《全球年度报告（2012年）》。报告对包括中国在内的90多个国家和地区的人权状况进行了指责。声称"中国人权环境每况愈下"，"香港自治权利正被削弱"。

1月23日 美国国务卿希拉里·克林顿和财政部长盖特纳发表联合声明，对欧盟当天决定禁止成员国从伊朗进口石油并对伊朗中央银行实施制裁表示欢迎，并称这是为迫使伊朗放弃获取核武器而采取的"又一有力举措"。联合声明说，欧盟新举措与美国已经采取的制裁措施以及美国总统奥巴马去年底授权采取的新制裁举措相一致，美国禁止外国企业与作为伊朗石油收入主要渠道的伊朗中央银行发生交易，有助于削弱伊朗通过石油出口获取收益的能力，从而增大了这个国家面临的压力，并且强化了现有制裁措施的作用。联合声明表示，美国及其国际伙伴致力于阻止伊朗获取核武器，这是美国一直采取双轨政策寻求伊朗与国际社会就其核计划开展严肃对话的原因。

美国特别行动部队在索马里解救被绑架的美国人质杰西卡·布坎南。

1月24日 美国总统奥巴马发表国情咨文。除美国经济这一焦点议题，奥巴马在演讲中也谈到叙利亚、伊朗等外交议题。他在说到卡扎菲的下场时称，叙利亚总统阿萨德很快就会认识道，"变革的力量无法逆转，人的尊严不容剥夺"。谈及伊朗核问题，奥巴马宣称伊朗比过去更加孤立，其领导人面临一系列严厉制裁，而且只要他们不放弃谋求核武器，美国将会源源不断地施加压力。"美国将坚决阻止伊朗获取核武器，而且我会不惜一切手段实现这一目标"，但他又指出伊朗核问题达成和平协议的可能性仍然存在，而且"如果伊朗改弦易辙，履行责任，它可以重返国际社会"。奥巴马在国情咨文中再次称"美国是太平洋国家"，并表示"我们在欧洲和亚洲形成历史最久远和空前强大的同盟"。

1月26日 美国国防部长帕内塔在五角大楼宣布美国新财年国防预算摘要。帕内塔表示，为适应美国联邦政府预算削减与安全战略调整需要，美军将大幅削减陆军与海军陆战队人数，同时尽量保证空军与海军开支。其中最为引人注目之处便是美军在亚太地区军力将不减反增，进一步表明美军战略调整的意图。帕内塔说，新财年美国国防预算为5250亿美元，另外884亿美元用于海外军事行动，其中主要用于在阿富汗的军事行动。帕内塔说，新的军费预算将维持美军中央司令部现有水平，但将加强美军太平洋司令部所辖地区的军力。此外，五角大楼将保留美国海军11艘航母和10个航母战斗群力量。美国还将保持海军陆战队和陆军在亚太地区的现有军力，并将在新加坡和巴林部署战舰。根据新的预算，美国将削减常驻欧洲的两个陆军前沿重装备战斗旅，转而在欧洲进行出入轮换式值勤。新预算将更多钱用于新军事技术开发和资助新一代轰炸机、开发新一代潜艇、增强网络战能力等项目。这一新的国防预算还有待美国国会批准。

1月27日　为期两天的美国与菲律宾第二次双边战略对话结束。双方发表联合声明说，双方将根据《马尼拉宣言》进一步扩展和深化盟友关系，以应对21世纪的挑战。双方同意深化和拓展在海上安全方面的合作。双方还将举行部长级磋商。美国国务院宣布，此次美菲第二次双边战略对话取得了成果，其中包括美国向菲律宾海军转让"汉密尔顿"号武装快艇，以增强菲律宾海上预警能力。美国国务院还宣布，向菲律宾转让第二艘武装快艇事宜正在美国国会进行审查；菲律宾政府将对进入菲国的美军舰等简化外交清关程序，以增强训练和相互协调行动能力；美国将向菲律宾海岸警卫队提供先进的人员培训和通信设备。

美国国务院主管平民安全、民主和人权事务的副国务卿兼西藏事务特别协调员玛丽亚·奥特罗就西藏问题发表声明。

美军太平洋司令部司令威拉德海军上将在华盛顿外国记者中心介绍亚太地区的军事概况。威拉德说，美国不想在亚洲和太平洋地区建立新的基地，但是对在那里轮换驻军的机会表示欢迎，并且会考虑在菲律宾这样做。威拉德称，澳大利亚和新加坡提出的美国在那里轮换驻军的建议很有吸引力。他说，这种安排使太平洋司令部能够在更接近该地区紧急情况的地方更方便地保持驻军，费用也少。威拉德还表示，尽管五角大楼计划削减预算并减少地面部队的数量，但驻韩美军的规模和职责都不会有"重大的"调整。他说，美韩达成协议，美国派驻约3万名士兵驻守韩国的目的是为了对付朝鲜。

1月30日　美国总统奥巴马在白宫会见格鲁吉亚总统萨卡什维利。

1月31日　美国联邦调查局局长罗伯特·穆勒和国家情报总监詹姆斯·克拉珀出席参议院情报委员会听证会。克拉珀向参议院情报委员会表示，中俄都是"热衷对美国重要工业和政府部门的网络发动攻击的国家"。他称，网络威胁是美国面临的最大挑战之一。"在国家行为体中，我们尤其关注中国和俄罗斯境内侵入美国电脑网络并盗取信息的实体。非国家行为体在网络空间的作用也日益显著，这表明对于这些集团来说，获得具有潜在破坏性甚至致命破坏性的技术是多么简单。"穆勒也说，尽管制止恐怖主义袭击仍是FBI工作表上排在第一位的重中之重，但网络间谍、电脑犯罪和对关键基础设施的攻击今后将超过恐怖主义袭击，成为美国面临的头号威胁。除中俄外，在今年的听证会上，美国面临的"外国情报威胁"中多了伊朗的名字。克拉珀表示，中、俄和伊朗三个国家的情报机关"在今后几年将是对美国的最大威胁"。

2月2日　美国总统奥巴马在华盛顿出席全国早餐祈祷会并致辞。

2月3日　为期两天的北约成员国国防部长会议在比利时首都布鲁塞尔结束。北约秘书长拉斯穆森、法国总统萨科齐和美国国防部长帕内塔等政要出席了这次专门讨论阿富汗问题的会议。北约各国国防部长们听取了在阿富汗的最高指挥官、美国海军陆战队将军约翰·艾伦的发言。美国国防部长帕内塔说，美国将在2013年上半年结束其作战任务，这比北约预计结束在阿富汗使命的时间早18个月。这是美国高官首次对美军结束在阿富汗战斗的时间做出表态，显示美国政府希望尽早减少驻阿战斗部队。但他又说，一直没有决定一旦战斗任务结束，在阿富汗的美国部队的数量将保持在什么水平。帕内塔说，他希望驻阿富汗美军在2013年下半年能过渡到培训和支援的角色中去。帕内塔称，2013年是把其余地区最后移交给阿富汗安全部队的关键的一年。

2月4日　美国国务卿希拉里·克林顿和国防部长帕内塔参加慕尼黑安全会议"欧洲-大西洋安全架构"讨论会。在会上，希拉里称欧洲为美国"最先想到的伙伴"，并历数双方在利比亚、伊朗核问题、叙利亚、欧洲安全防务等重大国际问题上的密切合作。帕内塔则表示，美国削减军费和将战略重心转向亚太地区不会影响跨大西洋安全关系。虽然美国军事战略面临调整，但欧洲仍是美国在安全问题上的重要伙伴，美国在欧洲的驻军人数也超过世界其他地区。他还承诺，美国将采取一系列措施来加强跨大西洋安全合作，除了决定让美军一个旅加入北约快速反应部队外，还将继续发展在欧洲的导弹防御系统、共同发展军事技术和加强军事合作等。帕内塔表示，未来美欧安全关系将面临调整和演变，欧洲国家也应承担相应的责任，包括加大国防投资、继续在阿富汗的军事行动及加大对阿富汗安全部队的支持。希拉里则表示，在这次会议上，仅仅重申既有承诺远远不够，快速变化的世界要求美国和欧洲制订前瞻性的计划，应对挑战。她提出，双方应在5个方面加强合作：维护欧洲团结和安全，包括发展与俄罗斯的关系；实现双方经济复苏和增长；实现北约转型和加强防务合作；推行共同的价值观；与新兴国家和地区接触，比如探讨双方在亚太地区合作的可能。

2月5日　美国国务卿希拉里·克林顿访问保加利亚。在索菲亚与保加利亚总理博伊科·鲍里索夫举行会谈，双方就能源和军事安全合作以及中东地区局势等问题交换了意见。希拉里赞扬保加利亚近年来的社会进步、经济发展以及在北约范围内所进行的积极合作，她表示美国支持保加利亚在能源来源多元化方面所进行的努力。鲍里索夫表示，保加利亚正在寻求能源供应的多元化，但是所有能源项目首先要考虑其对自然和环境的影响。因此，保政府将继续冻结美国公司在保的页岩气勘探和采掘项目，待美方公司证明该项目并不会对自然和环境造成破坏之后，才能说服保加利亚社会接受这一项目。他说，在发展核能方面，保加利亚同样将自然和环境放在首位。会谈之前，希拉里会见了保加利亚总统罗森·普列夫内利耶夫。

2月6日　美国白宫发表声明宣布，总统奥巴马已下令冻结伊朗政府和包括伊朗中央银行在内的所有金融机构在美国境内的所有资产。声明说，此举意在应对伊朗中央银行和其他银行隐瞒与遭制裁方实施交易的"欺骗性行径"、伊朗反洗钱机制的不足和实施过程中的弱点，以及伊朗所作所为对国际金融体系造成的"持续而不可接受的"风险。

美国国务院发表声明说，美国已停止其在大马士革大使馆的工作，美国驻叙利亚大使罗伯特·福特和所有美国使馆工作人员已离开叙利亚。声明说，美国作出这一决定是因为叙利亚政府未能对美国大使馆的安全担忧作出足够回应。声明说，福特现在依然是美国驻叙利亚大使，他将在华盛顿继续工作。

2月7日　由美国及泰国主导的第31次"金色眼镜蛇"军事演习在泰国展开，演习持续至2月17日。除了美泰两国，参加的还有新加坡、日本、韩国、印度尼西亚和马来西亚，总人数近1.3万，其中美军8900余人，泰军3600余人，是亚太区迄今最大规模的多国军演。军演中另有多国受邀参与策划，包括澳大利亚、法国、加拿大及英国等10国，而俄罗斯、中国、新西兰、荷兰等9国则以观察国身份参加。演习期间，联合部队在泰国多个府分别进行了两栖作战、防辐射训练、实弹演练、人道主义救援等。

2月9日　美国总统奥巴马在白宫会见意大利总理蒙蒂。双方讨论了意大利政府旨在恢复市场信心并通过结构性改革重拾经济增长的广泛举措，以及扩大欧洲金融业防火墙的前景问题。

2月11日　美国空军、日本航空自卫队和澳大利亚空军联手举行的"对抗北方-2012"演习在太平洋上空拉开帷幕。此次军演为期3周。期间，来自美、日、澳3国的1000多名军事人员和多型主力战机进行多次联合演练，美国空军第18"侵略者中队"还客串"红色空军"与友军展开"空战"。

2月13日　中国国家副主席习近平开始对美国进行为期5天的正式访问。期间，习近平会见美国总统奥巴马，与副总统拜登举行会谈，会见国务卿希拉里·克林顿、国防部长帕内塔和参联会主席邓普西、国会众议长和参议院两党领袖。在会见中，奥巴马表示，我坚定地致力于推进相互尊重、互利共赢的美中合作伙伴关系。美方欢迎中国和平发展，认为一个强大、繁荣、稳定的中国有利于亚太地区和世界的繁荣与稳定。奥巴马重申坚持基于美中三个联合公报的一个中国政策，拒绝任何"台独"主张，希望看到台湾海峡两岸关系和平发展趋势继续发展。奥巴马说，在当前形势下，美中在国际和地区问题上的合作至关重要。美方愿与中方加强在 G20 等多边机制和伊朗核问题、朝鲜半岛、叙利亚局势等问题上的对话、协调与合作。双方还就两国经贸关系和其他共同关心的问题深入交换了意见。

美国总统奥巴马在弗吉尼亚州安嫩代尔北弗吉尼亚州社区学院宣布总额为 3.8 万亿美元的 2013 财政年度预算案。奥巴马称，该预算案的主要目的是为了能在短期内刺激经济，增加就业机会，同时确保在未来 10 年将联邦赤字削减约 4 万亿美元。根据该预算案，美国从 2012 年 10 月开始的 2013 财年，财政赤字将会在 9010 亿美元左右，约占美国国内生产总值的 5.5%。而 2012 财年的赤字占美国国内生产总值的 8.5%。根据同时发布的 2013 财年美国国防预算，美国国防经费总额约为 6139 亿美元，比 2012 财年有所减少。预算案还包括大约 885 亿美元的海外战争经费，主要用于阿富汗战事。

2 月 14 日　美国国防部长帕内塔、参谋长联席会议主席邓普西出席参议院军事委员会听证会。

2 月 16 日　美国财政部以向恐怖组织和叙利亚政府提供物质支持以及侵犯伊朗公民人权为由宣布对伊朗情报部实施制裁。制裁措施包括禁止本国公民与其实施交易，冻结其在美国境内所有资产，禁止向其所有工作人员发放签证。

2 月 18 日　美国国务卿希拉里·克林顿在墨西哥洛斯卡沃斯参加二十国集团外交部部长非正式会议，就全球治理、可持续增长、食品安全等问题进行讨论。

2 月 20 日　北约驻阿富汗巴格拉姆空军基地的美军士兵将《古兰经》等宗教书籍当成垃圾处理、焚烧。这一被视为亵渎伊斯兰教的行动点燃了阿富汗民众的反美情绪。由焚经事件始，阿富汗境内接连爆发大规模示威游行。抗议冲突造成包括 4 名美国人在内的 30 多人死亡、200 多人受伤。在巴基斯坦、利比亚等国也掀起了反美浪潮。

2 月 21 日　美国贸易代表柯克宣布，美韩自贸协定将于 3 月 15 日正式生效。两国将分阶段废除所有商品关税。韩美自由贸易协定于 2007 年 4 月启动谈判，谈判历经 4 年 10 个月。该协定自生效之日起，美国将立即免除韩国8628 种（82.1%）产品的关税，韩国则将立即免除美国 9061 种（80.5%）产品的进口关税。双方进出口产品中，美国对韩国产汽车实行的关税将在韩美自由贸易协定生效 4 年后废除，韩国对美国汽车现行的 8% 关税将降至 4%，4 年后完全废除。农业方面，韩国将对美国 37.9% 农产品立即废除关税，但大米及其相关产品被排除在外，橙子、食用大豆、食用土豆、奶粉、天然蜂蜜等国内外价差较大以及关税较高的产品将维持现状，实施进口配额制度。此外，韩国将分别在 15 年内和 10 年内分阶段废除进口牛肉和进口猪肉的关税。但包括牛肉和猪肉在内的 30 种农产品的进口量在超过一定标准时，韩国可对其收取关税。

2 月 23 日　旨在推动政治解决索马里问题的国际会议在英国伦敦举行。会议由英国首相卡梅伦主持。索马里总统艾哈迈德、联合国秘书长潘基文、美国国务卿希拉里·克林顿、中国政府非洲事务特别代表钟建华、非洲有关国家的国家元首或政府首脑以及索马里各政治派别的代表参加了会议。会议发表的公报表示，国际社会决心为解决索马里问题注入新的动力，帮助索马里实现和平与稳定，解决困扰当地的海盗和恐怖主义问题。

美国国务院朝鲜政策特别代表戴维斯率领的美国代表团和朝鲜外务省第一副相金桂官率领的朝鲜代表团在北京举行为期两天的双边高级别会谈。双方认真深入讨论了互建信任措施，保障朝鲜半岛和平与稳定、重启六方会谈相关问题；双方同意同时采取一系列建立信任措施，以改善朝美关系。

2 月 24 日　美国总统奥巴马在白宫与丹麦首相托宁·施密特举行双边会谈。

美国国务卿希拉里·克林顿在突尼斯参加"叙利亚之友"国际大会。超过 60 个国家的代表出席此次会议。会议涉及向叙利亚冲突地区提供人道主义援助及向叙反对派提供支持。因为分歧严重，会议原计划在闭幕时发表一份闭幕公报，最后也改为"会议纪要"。"会议纪要"首次宣布，与会各方一致同意承认"'叙利亚全国委员会'为叙利亚人合法代表"，并希望"叙利亚全国委员会"努力与叙各反对派协调，组成一个基础广泛的"民主统一阵线"。希拉里表示，美方视"叙利亚全国委员会"为"寻求和平民主变革的叙利亚人的主要合法代表"。

2 月 25 日 美国国务卿希拉里·克林顿开始对阿尔及利亚和摩洛哥为期两天的访问。

2 月 27 日 美韩在韩国正式开始代号为"关键决心"的例行联合军事演习,演习持续至 3 月 9 日。韩美联合司令部表示,此次"关键决心"联合军事演习约有 20 万名韩军和 2100 名美军参演,属于防御性质的例行军演。演习与当前朝鲜半岛的局势无关,意在为 2015 年美国向韩国移交战时作战指挥权做准备。

2 月 28 日 美国总统奥巴马签署行政命令,成立一个调查他国"不公平贸易行为"的执法机构。这个名为"跨部委贸易执法中心"的机构将吸收来自各政府部门的专业人士,包括贸易诉讼律师、熟悉外语的研究人员、经济分析师以及驻外人员。白宫表示,该中心的工作将得到农业部、商务部、国土安全部、司法部、国务院、财政部以及美国的情报部门的支持。该中心将在 90 天之内开始运转,奥巴马两周前向国会提交的 2013 年财政预算中,已经要求为该执法中心至少配备 50 名工作人员和提供财政预算 2600 万美元。美国贸易代表柯克称,该执法中心的成立将使美国"强大的贸易执法力量"增加一倍,"我们将继续告诉我们的贸易伙伴,按世贸组织规则办事,遵守你们的义务。"

2 月 29 日 美国和朝鲜几乎同时发布第三次高级别对话结果。美国国务院发表声明说,朝鲜已经同意暂停铀浓缩活动,同时暂停核试验和远程导弹试验。朝鲜还同意允许国际原子能机构核查人员返回其宁边核设施开展核查和监督,美方则同意与朝鲜举行会谈,敲定向朝方提供 24 万吨营养食品援助的细节。

3 月 1 日 美韩在韩国开始举行代号为"秃鹫"的联合野外机动演习,约1.1 万名美军与韩国军队联合进行陆海空、远征以及特殊作战等演习,演习持续到 4 月 30 日。

3 月 4 日 美国总统奥巴马在美国-以色列公共事务委员会年度政策会议上发表演讲,称"一个核武装的伊朗"不符合美国和以色列的安全利益,美国将使用"美国力量的所有元素"来防止伊朗获取核武,但以外交手段解决伊朗核问题的"机会"仍然存在。奥巴马强调,真正解决这一问题的唯一途径是伊朗政府做出放弃核武的决定。奥巴马在讲话中警告伊朗领导人不要怀疑美国不允许伊朗获取核武的"决心",也不要怀疑以色列"做出自己的决定的主权权利"。他同时警告美以国内不要"轻言战争",称最近几周来一些要攻打伊朗的言论推升了油价,伊朗政府反而从中受益。

美国副总统拜登开始对墨西哥为期两天的访问。期间,拜登同墨西哥总统卡尔德隆进行了会晤,并就双边关系中的重要议题进行了探讨。卡尔德隆与拜登重申了两国政府关于巩固双边在打击贩毒组织中所共同承担的责任、加强双边互信、互相尊重的承诺,并认为这是两国在各领域合作的基础。在会晤中,卡尔德隆向拜登介绍了墨政府在改善墨国内安全状况以及实现司法公正等方面所做的努力。同时他也强调了双边合作的重要性,并认为这正是两国在各自司法体系内为打击跨国有组织犯罪所做努力的有力补充。此外,卡尔德隆也积极评价了奥巴马政府为打击跨国有组织犯罪所做出的努力,但同时他再次重申,希望美国能继续加强措施以打击对墨西哥的武器贩卖以及洗钱活动。拜登则在会晤中重申了美国政府将继续加强同墨西哥的战略联系的承诺,并强调了两国间就双边问题经常展开高级别对话的重要性。此外,拜登也在这次会晤中就近期拉美地区关于毒品合法化问题的讨论做出了表态。他表示奥巴马政府反对毒品合法化的立场不会改变,他认为这样不但无法遏制这一地区的贩毒暴力活动,反而会促进此地区毒品消费的增长。

3月5日　美国总统奥巴马在白宫会见以色列总理内塔尼亚胡,伊朗核问题是双方会谈的核心议题。

美国"国会与行政部门中国委员会"在国会举行所谓的"中国遣返朝鲜难民"听证会,讨论了最近出现的朝鲜"脱北者"问题。主持听证会的新泽西州众议员"国会与行政部门中国委员会"主席克里斯·史密斯说,中国遣返朝鲜"脱北者"违反了有关国际法。此前,中国方面曾多次声明,所谓"脱北者"非法入境中国主要出于经济目的,没有充分根据将其定性为"难民"。史密斯并要求奥巴马政府把对朝粮食援助和"脱北者"问题挂钩。

美国国会参议院通过旨在授权商务部继续对中国和越南等所谓"非市场经济国家"征收反补贴税的法案。

3月6日　美国国会众议院通过旨在授权商务部继续对中国和越南等所谓"非市场经济国家"征收反补贴税的法案。

美国副总统拜登访问洪都拉斯并集体会见中美洲国家领导人,就区域经济发展和安全等问题交换意见。拜登敦促中美洲各国政府进一步加大对公民安全的保障力度,并说美国愿意继续加强与该区域各国在禁毒方面的合作。拜登还说，美国有望在 2013 年向该区域各国提供 1.07 亿美元的援助款项。

3月7日 美国总统奥巴马在白宫会见利比亚总理凯卜。

美国国务卿希拉里·克林顿在美国和平研究所举行的纪念尼克松访华40周年的专题会议上发表讲话。希拉里说，中美两国"都面临着核扩散、盗版和气候变化等共同威胁，而且都需要对方的合作来解决这些问题。我们也面临着共同的机遇，机遇为决定我们两国关系发挥的作用远远大于威胁。因此，我们拥有这样的机会，如果我们抓住它，就能共同努力促进繁荣、推动创新并改善我们两国人民及全世界人民的生活。我们两国从几乎无任何关系可言、彼此几乎毫不相干，变成完全地、无法避免地相互依赖。对于两个拥有悠久的独立传统和各自深厚的文化与历史根基的国家来说，这种情形至少可以说非同寻常，需要太平洋两岸都对思维和行为方式作出调整。因此，我们应该如何就不仅我们两国所面临的新挑战，而且可说是历史上前所未有的挑战，做出反应呢？美国在力求与一个正在崛起的大国共同努力，力促其发展成对全球安全、稳定和繁荣做出积极贡献的国家，同时也维持和巩固美国在日益变化中的世界的领导地位。而且，我们在这样做的过程中努力避免陷入不健康的竞争、对抗或冲突；避免以牺牲他方利益进而损害相互关系作为成功的代价；并且做到不疏于履行我们对于国际社会的责任。我们在共同树立典范，力争在合作和竞争之间达到一种稳定和彼此都能接受的平衡。这是没有先例的做法。我们必须将它处理好，因为此举攸关重大。在支持正在崛起的中国与增进美国利益之间并无本质矛盾。一个蒸蒸日上的中国对美国有利，一个蒸蒸日上的美国对中国有利。我们把与中国合作作为一个重点；在一个又一个问题上，我们不仅欢迎而且大力支持中国的参与，我们还呼吁它发挥领导作用。对于那些怀疑'美国是否试图遏制中国？'的人们，我们给予明确的否定回答。事实上，我们为中国自身发展到今天铺平了道路。中国的力量、财富和影响将它迅速推到了国际秩序中的一个新行列。中国的语言和行动会在全球各地引起反响；哪怕是仅仅改变自身，中国也会对它周边的环境产生影响。中国面临着在发展的需要和它作为一个新兴全球大国所承担的责任之间取得平衡的复杂任务。世界期待中国发挥一种与其新地位相称的作用。这意味着它不能够继续做一个有选择的利益相关者。我们确实认为中国必须进一步充分担当起它在世界上的新角色，让世界相信，中国将不仅在今天，也不仅是在某些问题上，而是将长期地发挥积极作用，促进安全、稳定与繁荣"。

3月8日 美国总统奥巴马在白宫会见加纳总统米尔斯。

3月9日 美国海军上将塞缪尔·洛克利尔正式出任太平洋司令部司令。

3月11日 一名美军士兵闯入阿富汗坎大哈省潘杰瓦伊地区美军基地附近村庄，开枪打死16名阿富汗平民，包括妇女和儿童。

3月12日 第三次中美亚太事务磋商在美国马里兰州安纳波利斯举行，中国外交部副部长崔天凯与美国助理国务卿坎贝尔共同主持。双方高度评价习近平副主席不久前对美国的成功访问，表示将继续认真落实两国元首建设中美合作伙伴关系共识和习副主席访美成果，安排下阶段高层交往和对话磋商，积极拓展合作，妥善管控分歧，推动中美关系健康稳定向前发展。双方就亚太形势、中美在亚太关系、地区热点问题等交换了意见。双方都认为，中美就亚太事务加强磋商、协调与合作，不仅符合两国和两国人民的共同利益，也有利于亚太地区的和平、稳定与繁荣。双方都认识到在亚太开展良性互动的重要性，同意继续通过中美战略与经济对话、中美亚太事务磋商等机制或以其他适当方式，就亚太形势发展、地区重大突发事件及各自亚太政策保持紧密沟通和协调，及时互通信息。双方愿与地区国家一道，共同为亚太地区的持久和平和长期繁荣做出积极贡献。双方商定2012年下半年在华举行第四次磋商。

3月13日 美国总统奥巴马签署《1930年关税法》修订案，授权美政府可对中国等非市场经济国家进行反补贴调查。这项法案所涉及的商品有20多种，范围涵盖了从中国进口的钢、铝、纸、化工原料以及从越南进口的塑料购物袋等。美国商务部自2006年开始对这些商品征收高达50亿美元惩罚关税。但2011年12月19日美国一所联邦法院做出裁决，认为依照美国关税法，美国商务部无权对非市场经济国家的商品征收反补贴税。美国国会修订关税法和奥巴马签署，旨在使美对非市场经济国家征收反补贴税的非理性行为"合法化"，向外界释放出更加强硬的贸易政策信号。

美国总统奥巴马就对华贸易问题发表讲话。奥巴马表示，美中之间已有一个建设性的经济关系，美国倾向于通过对话解决与中国之间的摩擦和分歧。但当美国工人和公司正遭遇不公平贸易行为时，他会采取行动。奥巴马在讲话中罕见地亲自出面宣布美国已联合欧盟和日本向世界贸易组织（WTO）提起一项针对中国限制稀土出口的贸易诉讼。奥巴马表示，本案涉及的稀土材料应用于从混合动力汽车到手机的电池等高科技产品，美国希望美国公司在本土生产这些产品，但要做到这一点，美国制造商就需要有中国供应的稀土材料。他指出，能够制造先进的电池和混合动力汽车对美国来说太重要了，因此美国不能袖手旁观。

中国外交部副部长崔天凯在华盛顿分别会见美国常务副国务卿伯恩斯、副国务卿舍曼和霍麦茨、代理副国务卿史蒂芬斯、总统国家安全事务副助理弗罗曼、白宫国安会亚洲事务高级主任拉塞尔。

3月14日　美国总统奥巴马在白宫与英国首相卡梅伦举行双边会谈。奥巴马表示，美英关系基于共同的利益与价值观，两国之间的联系比以往更加紧密。卡梅伦强调尽管世界发生新的变化，但美国与英国仍互为最重要的国际伙伴。双方主要讨论了阿富汗、伊朗、叙利亚和全球经济复苏等问题。奥巴马在会谈后的记者会上说，北约驻阿富汗部队将在2013年转为支持角色。他重申北约将逐步把安全责任移交给阿富汗部队并在2014年完成从阿富汗撤军的承诺。他说，目前，从阿富汗撤军的计划不会出现"突然和立刻"的变动。卡梅伦认为，阿富汗的安全状况已大幅改善。他承诺不会放弃阿富汗，以免它再次成为"基地"组织的庇护所。关于伊朗核问题，奥巴马坚持认为，目前仍有"时间和空间"以外交手段解决这一问题。但他同时警告，目前外交手段的窗口正在缩小。他敦促伊朗抓住和六国恢复核谈判的机会，以避免在未来面对更糟糕的后果。卡梅伦认为，六国对与伊朗的核谈判态度是严肃的。他敦促伊朗履行其国际义务。在谈到叙利亚问题时，卡梅伦说，英美两国希望看到叙利亚出现政治过渡，而非革命或者内战。奥巴马指出，目前应该关注如何在叙利亚提供人道主义援助。谈到经济问题时，奥巴马在记者会上表示，他和卡梅伦一致认为，目前应将重点放在创造就业机会上。

美国国防部长帕内塔访问阿富汗，会晤阿富汗总统卡尔扎伊、国防官员和一些地方领导人并视察驻阿美军。

3月15日　美韩自由贸易协定正式生效。

3月20日　美国总统奥巴马在白宫会见爱尔兰总理肯尼。

3月25日　美国总统奥巴马开始出访韩国，期间，奥巴马访问了朝韩边界"三八线"非军事区，这是奥巴马任内首次、也是10年来美国总统首次访问朝鲜半岛非军事区。

美国总统奥巴马在首尔与韩国总统李明博举行会谈。关于3月15日生效的美韩自由贸易协定，双方决定在为两国创造更多工作岗位、扩大贸易投资的同时，还要为提高两国国民生活质量，使自贸协定取得实质性成果而加强合作。为此，应尽早按照协定设立两国长官级共同委员会，评估协定执行情况。双方认为，近来不断飙升的国际油价将阻碍世界经济复苏，世界各国应为稳定国际油价加强合作。此外，双方还就中东、阿富汗等地区和国际问题交换了意见。双方还认为，2009年6月缔结"同盟未来远景"后，两国在东亚地区与世界范围内进行了广泛合作。

3月26日　美国总统奥巴马在首尔会晤中国国家主席胡锦涛。胡锦涛表示，3年多来，中美关系总体上保持了稳定发展，两国在双边重要领域以及应对重大国际和地区问题上的协调与合作富有成效。特别是双方决定共同建设相互尊重、互利共赢的中美合作伙伴关系，为中美关系的长远发展指明了方向。胡锦涛强调，中方愿同美方一道，始终从战略的高度，长远的角度出发，不断加强对话、交流、合作，同时切实尊重彼此的核心利益与重大关切，妥善处理分歧和敏感问题，推动中美关系沿着建设合作伙伴关系的正确轨道向前发展，更好的造福两国人民和各国人民。奥巴马表示，我就任总统后，同胡锦涛主席已举行了11次会晤，这充分反映出双方对保持良好美中关系的高度重视。近年来，双方通过一系列高层交往和美中战略与经济对话等机制坦诚深入沟通，增进了互信，深化了合作，并以建设性方式有效处理分歧和摩擦，取得了积极成果，美方对此感到满意。美方期待着就双边及重大国际和地区问题同中方加强对话、协调、合作，促进互利共赢的伙伴关系，这对美中两国、对世界都至关重要。2月，美中双方共同纪念了尼克松总统访华40周年。美方愿同中方继续一道努力，在下一个40年将美中关系建设得更好。奥巴马表示，不久前，美中双方发表了《关于加强美中经济关系的联合情况说明》，证明美中通过接触对话可以推动两国经贸合作取得更多成果。美方正在着手解决美对华高技术产品出口限制问题，欢迎中国企业扩大对美国基础设施建设等领域的投资，并将采取更多便利措施。双方就朝鲜宣布将发射卫星和当前朝鲜半岛局势深入交换了意见。在听取奥巴马介绍了美方立场后，胡锦涛强调，中方对事态发展表示关切和忧虑，呼吁有关各方着眼大局和长远，保持冷静克制，通过外交途径、以和平方式妥善解决有关问题，维护半岛及东北亚和平稳定，这符合各方共同利益。长期以来，中方为实现半岛无核化、维护半岛和平稳定做出了不懈努力。希望美朝继续接触对话，维护已达成的共识，改善相互关系。中方愿同有关各方保持密切沟通和协调，共同为维护地区和平稳定大局发挥建设性作用。双方还就伊朗、叙利亚、南北苏丹等问题交换了意见。

3月27日　为期两天的第二届核安全峰会在首尔闭幕。本次峰会以加强核材料和核设施安全为主题，回顾2010年华盛顿峰会以来取得的进展，重点讨论加强核安全国家措施和国际合作。美国总统奥巴马、中国国家主席胡锦涛等53个国家和4个国际组织领导人或代表与会。会议通过了《首尔公报》。《首尔公报》的内容涉及全球核安全体系、国际原子能机构作用、核材料、放射源、核安全与核能安全、运输安全、防止不法交易、核检查、核安全文化、情报安全、国际合作等11个领域，共提出了13项非约束力承诺或鼓励措施。公报说，核裁军、核不扩散和和平利用核能是全世界的共同目标。与会领导人重申了加强核安全、防止核恐怖的政治意愿和采取强有力措施、开展国际合作的必要性，并承诺继续为此做出自发的、实质性的努力。公报说，第三届核安全峰会将于2014年在荷兰举行。

3月28日　"第三届美中妇女领袖交流与对话-妇女主导计划"在华盛顿举行，美国国务卿希拉里·克林顿、美国全球妇女问题无任所大使梅兰妮·弗维尔与中国人大副委员长、中华全国妇女联合会主席陈至立共同主持对话。会议以"妇女和就业"为主题，与会者讨论了促进妇女在各自国家劳动大军中的经济、法律和社会进步的最佳做法和有效政策。双方一致同意进一步加强两国学术界及研究机构、妇女权益组织和工商界的交流和合作。希拉里和陈至立还就促进农村家庭使用清洁炉灶和应对室内空气污染对妇女及其家庭造成的健康和环境挑战等问题讨论了合作的可能性。

3月30日　美国国务卿希拉里·克林顿开始对沙特为期两天的访问。期间，希拉里在利雅得同沙特国王阿卜杜拉和外交大臣费萨尔举行会谈；参加首届海湾合作委员会与美国战略合作部长级会议，讨论叙利亚局势等问题。

美国财政部宣布对叙利亚国防部长达乌德·拉杰哈等3名政府高官实施制裁。

4月1日　美国国务卿希拉里·克林顿在土耳其伊斯坦布尔出席第二届"叙利亚之友"国际会议。本次会议共有83个国家和国际组织参加，但叙利亚政府未受到邀请参会。会议发表主席声明，对叙利亚反对派表示支持，并承认"叙利亚全国委员会"是叙利亚人民的合法代表，同时强调叙利亚的未来应当由叙利亚人民决定。声明说，"叙利亚全国委员会"是所有叙反对派的"庇护"组织，并在反对派与国际社会的对话中发挥主导作用。声明还表示，叙利亚当局执行联合国和阿盟联合特使安南提出的和平倡议不是没有期限，安南应当为下一步行动设定时间表，如果暴力仍在继续，则应当重新提交联合国安理会。会议呼吁所有与会国履行责任，并采取更多措施，保护叙利亚平民。此外，会议承诺将提供所有可能的援助，包括技术建议和直接援助，并将继续提供资金和财政支持，以保障叙利亚政治进程。会议还决定成立一个制裁工作小组，以更有效推动主席声明的实施，工作小组的首次会议将于 2012 年 4 月在法国召开。美国国务卿希拉里·克林顿在会后召开的记者招待会上说，美国将为叙利亚反对派提供 1200 万美元人道主义援助及部分通信设备。希拉里还认为，叙利亚政府并未履行其做出的承诺，她要求叙利亚政府不要再拖延时间，立即设立时间表，执行安南的六点建议。

4 月 4 日　美国国防部长帕内塔在五角大楼会见来访的新加坡国防部长黄永宏，就两国在亚太地区开展安全合作等议题展开讨论。根据五角大楼发布的声明，帕内塔与黄永宏认为，美国在亚太地区保持强有力的存在"加强了地区稳定与安全"，他们认为，东盟国防部长扩大会议与香格里拉对话会为应对地区安全挑战提供了重要平台，供各方建立互信与增进了解。黄永宏欢迎帕内塔参加今年香格里拉对话会的决定。会见期间，帕内塔与黄永宏就美国在新加坡部署 4 艘新型濒海战斗舰事宜交换了意见。美方将在新加坡轮流部署这种新型战舰，这一部署显示美方"致力于维护地区安全并协助地区伙伴训练与交流的意愿"。此外，双方认为，在对话之外，还应加强地区国家之间的军事合作，例如军事演习与交流。双方同意增加"突击队弹弓"等联合军事演习的难度，以加强双方协同性、促进双方军队的合作。美新双方还将利用慕莱城市战训练中心等设施加强城市战联合演练。

4 月 8 日　美国和中东国家巴林、沙特阿拉伯、阿曼、阿拉伯联合酋长国、科威特、约旦、埃及、土耳其和巴基斯坦在巴林开始举行代号为"大联动 2012"的 10 国联合空军演习，演习持续 10 天。此次演习的目的是加强这些国家间的防务合作。

4 月 9 日　美国总统奥巴马在白宫与巴西总统罗塞夫举行会谈，讨论美巴贸易、全球经济增长、中东局势、即将举行的美洲国家峰会等广泛议题。双方会谈后发表联合声明，对于两国间投资和贸易的迅速增长表示欢迎，并进一步强调了刺激更多投资和贸易的重要性。当天，美国国务卿希拉里·克林顿和巴西外长安东尼奥·帕特里奥塔还在美国国务院签署了一项旨在促进两国间空中航运的航空伙伴协议。

4月10日　美国国务卿希拉里·克林顿在美国海军学院就美国亚太政策发表演讲。希拉里表示，随着时代变迁，新兴地区开始在国际事务中发挥更大影响力，尤其是亚太地区，正在成为全球政治和经济发展的重要推动力量，将在"后冷战时代"的国际架构中占有重要地位。希拉里称，30多年前，中美几乎没有任何关系可言，而现在两国已经"全面、不可避免地相互依存"，两国的繁荣不仅对彼此有利，也将造福于亚太及全球地区。"今天的中国不是苏联，中美没有在亚洲站在一场'新冷战'的边缘……只有成功地建立卓有成效的中美关系，我们才能成功地建设和平繁荣的亚太地区。"至于具体合作领域，希拉里指出美国希望在朝核、伊核等棘手外交问题上与中国加强合作，并且努力增进中美在军事领域的沟通交流，避免彼此间的误解误判，进而打造稳定可靠的两军关系。她又称，自2011年中美启动亚太事务磋商后，美国希望进一步加强这一对话机制，将中美更多军方和文职官员安排在一起，就海上安全、网络安全等全球重要安全议题深入交换意见。

4月11日　为期两天的八国集团外长会议在华盛顿召开，八国外长就叙利亚、伊朗和朝鲜半岛局势等问题进行了讨论。美国国务卿希拉里·克林顿说，会议探讨了如何和平解决叙利亚危机并在叙利亚实现政治过渡。关于伊朗核问题，希拉里说，这是伊朗消除国际社会对其核计划担忧的机会。目前仍有时间以外交手段解决伊朗核问题，伊朗应该在谈判中营造有利于取得实质性结果的环境。对于朝鲜半岛局势，希拉里说，八国在朝鲜半岛的稳定上有着巨大的共同利益，各方将就如何能以最好方式实现朝鲜半岛稳定进行讨论。

4月13日　美国总统奥巴马访问哥伦比亚。

4月14日　美国总统奥巴马在哥伦比亚卡塔赫纳出席为期两天的第六届美洲国家首脑会议。来自31个美洲国家的国家元首和政府首脑就地区一体化、消除贫困和技术鸿沟、应对自然灾害及安全合作等议题进行了讨论。奥巴马在会上重申要积极拓宽与美洲国家在经贸领域的合作。

4月16日　美国国务卿希拉里·克林顿访问巴西，在巴西利亚会见巴西外长帕特里奥塔，出席美国政府和巴西政府第三次全球伙伴对话会，讨论如何落实巴西总统罗塞夫与美国总统奥巴马互访期间所签署的双边合作协定以及在巴西的贝洛奥里藏特和阿雷格利港两个城市建立美国领事馆的细节。希拉里还会见了巴西全国工业联合会和美国商会的企业家代表。

美菲"肩并肩2012"联合军演正式开幕，共有4500名美国士兵与2300

名菲律宾士兵参加。演习持续到 4 月 27 日。演习包括指挥部门演练、野外演习，以及人道主义救援和灾害响应行动演习。军演共涵括 60 多场活动，演习地点涉及菲国巴拉望、邦板牙、新怡诗夏、甲米地、塔拉克以及首都大马尼拉等多个省份。军演首次邀请日本、韩国、澳大利亚、马来西亚、印度尼西亚等国军方派出观察员参与以"人道救援与灾害响应"冠名的"指挥所演习"项目。

4 月 17 日　美国国务卿希拉里·克林顿出席在巴西利亚举行的第一届开放型政府合作伙伴高级会议。来自世界上 52 个国家的代表出席了这次会议。会议围绕如何增加政府预算透明度、防止腐败等问题进行讨论和交流。

朝鲜宣布"脱离"与美国达成的"2·29"协议，并将继续发射卫星。

4 月 18 日　美国国务卿希拉里·克林顿、国防部长帕内塔在布鲁塞尔出席北约 28 国外长和防长会议。会议主要讨论将于 5 月在美国芝加哥举行的北约首脑峰会问题。各国防长和外长还讨论了北约在阿富汗领导的国际安全援助部队（ISAF）的使命。

4 月 19 日　向阿富汗国际安全援助部队（ISAF）派遣部队的 22 个非北约国家外长共同参加北约外长会议，讨论如何确保阿富汗顺利实现防务交接与过渡，同时讨论如何在交接完成后继续对阿富汗进行援助。

北约国家外长同俄罗斯外长拉夫罗夫共同参加北约-俄罗斯理事会会议。

美国国务卿希拉里·克林顿在巴黎出席讨论叙利亚问题的部分国家外长会议。此次会议的目的是继续向叙总统阿萨德施压，使其兑现此前做出的履行叙危机联合特使安南和平计划的承诺。

4 月 23 日　美国总统奥巴马签署行政命令，授权对叙利亚和伊朗政府以及那些帮助它们使用技术对其公民进行监控和跟踪等行为的实体和个人实施新的制裁措施。该行政令将叙利亚情报总局局长阿里·马穆鲁克列为制裁对象。还将制裁六个实体，包括叙利亚情报总局、叙利亚电信公司、伊朗伊斯兰革命卫队、伊朗情报和安全部、伊朗执法部队以及伊朗的达塔克电信公司。美国政府将冻结这些个人和实体处于美国司法管辖下的财产，并且禁止相关个人进入美国。

美国总统奥巴马在美国大屠杀遇难者纪念馆发表演讲。

4 月 26 日　美国财政部长盖特纳在旧金山联邦俱乐部发表主题演讲，畅谈奥巴马主政以来美国在国内和国际上取得的经济成就，强调中美两国因此双边获益。他提及扩大了美国企业的对华出口，同时呼吁中国政府继续经济改革，改变以出口为导向的经济增长模式。盖特纳坦承，美国经济仍处于艰难时期，每天他都在做很艰难的决定来拯救美国经济。美国政府需要花大力气让更多人回到工作岗位，让更多人有机会得到更好的教育机会。盖特纳称，他不得不去做那些永远都不想做的决定，那些决定与政治紧密相连又不得人心，但他没有其他选择。如果不做，这个国家的境况将会更糟糕。

4月27日　日本和美国公布驻日美军搬迁方案。根据协议，约1.9万名驻冲绳的美国海军陆战队官兵中，有9000名官兵将迁至关岛、夏威夷和澳大利亚。剩余约1万名美军仍将驻扎在冲绳。日本外相玄叶光一郎在东京举行的记者会上说，应日方要求，驻留在冲绳的美国海军陆战队兵力将包括第3海军机动部队司令部、第1海军航空司令部、第3海军后方支援群司令部、第31海军机动队以及维持海军陆战队太平洋基地运营的必要兵力。玄叶说，这是为了能够迅速应对大规模突发事件。联合声明说，美军在考虑亚洲太平洋地区的地缘、行动和政治需要后做出这一调整决定。声明没有公布移驻时间表，只是说，得"等待关岛等地的基础设施建设妥当"。

4月30日　美国总统奥巴马在白宫会见日本首相野田佳彦，就双边、地区以及全球问题交换意见。双方发表题为《面向未来的共同蓝图》的联合声明。奥巴马强调："联合声明确认了美日同盟并不仅仅是美日两国和平的基础，更是地区和平与稳定的基轴"。声明表示美日将进一步强化防卫协作，具体包括提升新《防卫计划大纲》中提出的"动态防卫力"，以加强冲绳和西南诸岛等地的警戒监视活动。声明还提及重视亚太地区的美国新国防战略，以及深化自卫队与美军的合作。声明中有关修改驻日美军整编计划部分未涉及美军普天间机场搬迁等具体问题，仅指出将"进一步提高日美同盟的应对能力"。声明还针对海洋、太空及网络空间等领域的合作指出，美日将在太空领域加快共同开发GPS卫星定位系统。

美国与菲律宾两国政府外长和防长在华盛顿举行首轮"2+2"会谈。美方重申依据共同防务条约对菲方的承诺和义务，并表示支持通过"和平、合作、多边和外交渠道"解决海上争端。美国国务卿希拉里·克林顿、国防部长帕内塔，菲律宾外交部部长德尔罗萨里奥、国防部长加斯明会后发表联合声明说，两国举行"2+2"会谈的目的在于构建"强有力、灵巧和反应灵敏的"同盟关系，以应对不断变化中的国际和地区形势，并为此明确了共同战略目标。

这些目标包括：加强亚太地区和平、安全与繁荣；支持在东盟和东亚峰会等机制内加强合作；维护航行自由和无障碍的海上合法贸易，同意在国际法框架内通过"和平、合作、多边和外交渠道"解决海上争端。双方在联合声明中重申，两国于1951年8月签署的共同防务条约仍是美菲安全关系的基础。两国寻求加强双边安全合作，途径之一是提升菲律宾的防务能力，帮助菲律宾建立起"最低限度的可靠防务态势"。希拉里在会后举行的新闻发布会上说，菲律宾在美国亚太新战略中处于"中心"位置，美方在本轮会谈中重申了共同防务条约规定的对菲方的承诺和义务，双方对南海事态发展感到严重担忧，虽然美方在南海主权争端中不偏袒任何一方，但是确保航行自由、维护和平与稳定、尊重国际法、保障合法贸易无阻符合美国的国家利益。帕内塔在新闻发布会上宣布，美方将于年内向菲律宾交付第二艘军舰。

5月1日　美国总统奥巴马抵达阿富汗巴格拉姆空军基地对阿进行6小时的访问。奥巴马在喀布尔会见卡尔扎伊，双方签订战略伙伴关系协议。美阿战略伙伴协议涵盖了安全、经济和政府管理等内容，并详细规定了美国和阿富汗在2014年之后的关系，保证美国在从阿富汗全部撤军后的10年期间为阿富汗提供援助。奥巴马在卡尔扎伊的陪伴下宣布："现在我们一起致力于以和平取代战争。"

美国国务卿希拉里·克林顿发表声明称，"我们呼吁乌克兰当局给予季莫申科女士在相关地点立即接受医疗救助的机会，我们要求乌方批准美国大使对其进行探视"。希拉里指出，美国对季莫申科及被关押的其他乌克兰前政府要员提出的要求深表关切。她认为，不久前公布的季莫申科照片令人不得不对她的关押条件进行质疑。

5月3日　为期两天的第四轮中美战略与经济对话在北京举行，中国国家主席胡锦涛的特别代表国务院副总理王岐山和国务委员戴秉国同美国总统奥巴马的特别代表国务卿希拉里·克林顿和财政部长盖特纳共同主持对话。双方进行了坦诚、深入、建设性的对话，决定推进两国务实合作，以建设相互尊重、互利共赢的中美合作伙伴关系。双方回顾了过去三年多中美关系取得的进展，一致认为，两国利益融合度深，相互依存度高，两国的成功对彼此都利益攸关，合作应成为中美关系的决定性特征。双方决定不断强化双边关系，加强在重大国际地区问题上的协调与合作，构建21世纪新型国家关系模式，造福两国人民和世界人民。在经济对话中，双方认真落实两国元首共识，就促进经济强劲、可持续、平衡增长，拓展贸易和投资机遇，金融市场稳定与改革等议题坦诚对话，取得 67 项互利共赢成果。双方认为，要继续加强宏观经济政策沟通交流，都将切实采取措施，加快转变发展方式，调整经济结构，促进两国经济增长、就业增加和民生改善，为全球经济可持续复苏做出贡献。双方愿相向而行，进一步释放贸易投资合作潜力。尽快启动第七轮双边投资协定谈判，加强基础设施、清洁能源、高端制造、现代服务业等领域的合作。美方承诺，努力促进民用高技术产品对华出口。美方欢迎中国企业赴美投资，并承诺提供各种便利。双方同意加强在航空器适航审定领域的合作。双方就国际经济规则和标准问题进行了战略性研讨。同意就跨太平洋伙伴关系协定（TPP）等区域性贸易安排保持信息沟通，共同研究国际贸易统计方法新趋势。

在战略对话中，双方围绕推进中美合作伙伴关系建设、开创新型大国关系，增进战略互信，深化广泛领域务实合作，促进中美在亚太良性互动和国际地区问题上的协调合作，完善对话机制等议题交换了意见，取得新的重要共识。双方认为，尽管中美政治制度、历史文化、发展水平不同，但两国不应是"零和"博弈的对手，而要做互利共赢的合作伙伴，加强对话、交流、互信、合作。双方同意，利用今年二十国集团峰会、东亚峰会等场合，促进高层交往。保持和加强两军务实交流合作。推进农业、渔业、林业、科技、环保、海关、执法、海事安全等广泛领域合作，积极促进地方合作和人文交流。双方签署了绿色合作伙伴计划。双方承认，中美在亚太地区拥有共同利益，面临共同挑战，都致力于维护和促进本地区的和平、稳定、繁荣，应实现中美在亚太良性互动。双方就朝鲜半岛局势、伊朗核、叙利亚等问题深入交换了看法。两国有关部门举行了第二次中美战略安全对话以及气候变化、能源安全、外交政策、南亚、南北苏丹、联合国维和等问题对口磋商，并决定适时举行中东事务磋商和新一轮战略安全磋商、多边军控与防扩散磋商。双方将共同促进国际社会减贫努力。本轮对话共达成几十项具体成果。戴秉国指出，三年多来中美关系发展的历程进一步证明，两国有智慧、有能力为新兴大国和守成大国相遇的老问题找到新答案。我们要坚定信心、排除干扰，切实尊重彼此核心利益和重大关切，尊重各自选择的社会制度和发展道路，在维护各自国家利益的同时寻找尽可能多的共同点和最大限度的合作，沿着两国元首确立的建设相互尊重、互利共赢的合作伙伴关系的正确轨道走下去，为子孙后代创造美好未来，用事实证明，双方有能力建设好这一新型大国关系。希拉里和盖特纳表示，本轮对话议题广泛，内容丰富。在 21 世纪，美中两国利益攸关，相互依存，"零和"思维已经过时，只能导致恶性竞争和负面后果。美国视中国为机遇，而不是威胁。美方将本着相互尊重、互利共赢的精神，同中方加强对话，增进互信，深化合作，妥处分歧，建设全面、强劲、更有承受力的美中关系。

5 月 4 日　中国国务委员兼国防部长梁光烈访问美国。这是时隔 9 年中国国防部长对美国的再次访问。访美期间，梁光烈参加了 17 场正式活动，与美国国防部长帕内塔举行大小范围会谈，会见了美国总统国家安全事务助理多尼隆、代理国务卿伯恩斯和美军前参联会主席迈尔斯以及美"飞虎队"老兵和亲属，参观了美军部队、指挥机构和院校。梁光烈与帕内塔就发展两军关系、加强务实性交流与合作达成 4 项共识。双方同意在人道主义救援减灾、军事档案、环保、医学、院校教育、文体等领域开展交流与合作，并于年内举行人道主义救援减灾、反海盗等联合演练。梁光烈还就中美两军交往中的三大障碍，即美售台武器、美军舰机对华抵近侦察、涉华歧视性法律，表明了中方的严正立场，强调美方应尊重和照顾中方的核心利益和重大关切。梁光烈指出，顺应两国关系新发展，中美两军应致力于建立平等互利、合作共赢的新型军事关系。这种军事关系应该是平等的、合作的、共赢的，而不是单向主导的、排他的、零和的。美方表示，美方重视发展美中两国两军关系，美中冲突并非不可避免，发展美中关系必须打破思维定式，始终着眼于未来。美方支持建立一种面向 21 世纪的强有力的两军关系，以共同应对安全威胁与挑战。在国际和地区热点问题上，双方进行了坦率、深入的交流。梁光烈还与美方就南海局势、网络安全、美在亚太军事部署等问题交换了看法，表明了中方的原则立场。

5 月 5 日　美国国务卿希拉里·克林顿访问孟加拉国，在达卡会见孟加拉国总理谢赫·哈西娜。希拉里高度评价孟加拉国对恐怖主义的"零容忍"政策。孟加拉国寻求对部分悬而未决的问题，例如成衣服装免税进入美国、普惠制地位、完成贸易和投资合作框架协议（TICFA）等给出解决方案，推动两国之间的贸易。

5 月 6 日　美国国务卿希拉里·克林顿开始对印度进行为期三天的访问。期间，会见印度总理辛格等官员。希拉里督促印度做出更多努力、削减伊朗原油进口。她还称如果伊朗拥核，对世界的影响将会是"毁灭性的"。希拉里说："当然，印度正致力于减少伊朗的原油购买，我们对印度到目前为止所采取的措施表示赞扬，我们希望他们能做得更多。"希拉里还称，美国相信市场上有"足够"的石油供应来弥补减少伊朗进口造成的缺口。

5月7日　美国与中东多国在约旦开始举行代号为"热切之狮"的联合军事演习。演习由美国主导，共有来自巴林、埃及、伊拉克、约旦、沙特阿拉伯、黎巴嫩、巴基斯坦、卡塔尔、英国、法国、意大利、西班牙、澳大利亚等19个国家的1.2万人参加。演习持续到5月28日。此次联合军演旨在加强参演国之间的军事关系，整合各国军力，共同应对目前和未来面临的国家安全挑战。美国特种作战部队负责人表示，此次军演是"10年来中东地区最大规模的军事演习"。

5月9日　美国总统奥巴马在白宫会见北约秘书长拉斯姆森。

5月17日　美国国务卿希拉里·克林顿与到访的缅甸外长吴温纳貌伦在国务院举行会谈。希拉里宣布美国放松对缅甸出口金融服务和投资的限制，允许美国企业对缅甸石油、天然气和矿业在内的所有经济领域投资。希拉里在联合新闻发布会上说，"今天，我们要对美国商界说：'投资缅甸，负责任地去做事'"。中止制裁是"我们眼下应采取的恰当步骤"，美方将继续保留有关制裁的法案，作为防止改革进程倒退的"保险"。

5月18日　八国集团峰会在美国马里兰州戴维营召开。会议涉及欧债危机、伊朗核问题、叙利亚、全球能源和粮食安全等诸多议题。由于美俄龃龉加深，法德等国各有盘算，致使峰会无果而终。会后发表的《戴维营宣言》判断世界经济面临"希望曙光"，但仍须继续"逆风前行"；重申支持希腊留在欧元区，但要求对方履行承诺；强调当前要务为刺激增长、促进就业、提升信心，也表明支持各国依据自身经济状况推行"良性、可持续的财务整顿"。美国总统奥巴马在会后强调，与会各方在伊朗核问题上"立场一致"，认为伊朗拥有和平利用核能的权利，但寻求核武器能力则引发"严重关切"。各方坚定承诺将对伊朗继续奉行外交努力和经济制裁"双管齐下"的对策。八国集团还在宣言中呼吁叙利亚政府和相关方立刻、全面履行其在联合国和阿拉伯国家联盟联合特使安南提出的和平计划下的承诺，并对朝鲜最近的"挑衅行为"表达了深切担忧。

美国国防部发布2012年度《涉华军事与安全发展报告》。报告表示美国将寻求与中国建立健康、稳定、可靠和持续的两军关系，同时指责中国在网络安全等方面仍是美国的"威胁"。报告称，中国现代化军事发展战略扩大了中国在世界各个地区的存在，产生了新的不断扩展的经济和外交利益。随着这些利益的增长和中国在国际社会所承担的新作用与责任，中国军队现代化不断加大军力投资，以使中国军队能够完成各种任务，包括一些距离中国较远的行动。尽管如此，为台湾海峡意外事件的发生做好准备仍是中国军事投资的重点和驱动力。为支持中国人民解放军作用和使命的拓展，中国于 2011 年维持对先进巡航导弹、短、中程常规弹道导弹，反舰弹道导弹及军事网络能力的投资，以便能够完成反介入、区域拒止使命。报告说，2011 年 1 月，奥巴马总统与胡锦涛主席宣示致力于建设相互尊重和互利共赢的中美合作伙伴关系。在这一框架下，美国国防部寻求与中国建立健康、稳定、可靠和持续的两军关系。美国鼓励中国与美国及其盟友、伙伴在反海盗、国际维和、人道主义救援和灾难救助行动中进行合作，以加强美中两军关系作为影响中国选择的一部分。随着美国与中国建立更为坚实的两军关系基础，美国将继续密切关注中国军事战略和军力发展。美国将与盟友和伙伴一起，继续调整其军力、态势及行动计划，以确保亚太安全环境的稳定。报告说，美国军方对两国军方接触的战略致力于在维和、反海盗等领域加强互信，改善合作能力；通过与包括军事院校和中低级军官在内的中国军方接触，促进双方了解；对地区安全环境及相关安全挑战增加共识。报告说，较之更为广泛的美中双边关系，美中两军关系发展仍然落后。报告对中国官方所发表的军费开支信息表示怀疑，称以 2011 年价格和汇率计算，美国国防部认为中国军费开支在 1200 亿美元至 1800 亿美元之间。在论及中国军力现代化目标及趋势时，报告称，2011 年，全球计算机网络和系统继续成为入侵和数据窃取的目标，其中许多来自中国国内。2011年，网络侵入至要害部门，其中包括直接为美国国防项目服务的公司。报告称，北京很可能利用网络行动作为其收集战略情报的手段之一。报告还称，在全球经济间谍活动中，中国"最为活跃"，成为对美国经济安全的不断增长的"威胁"。

　　5 月 20 日　北约成员国领导人第 25 次会议在芝加哥开幕。为期两天的会议重点讨论了阿富汗、北约能力建设和加强伙伴关系等议题。这是北约 28 个成员国领导人自 2010 年 11 月里斯本峰会通过战略新概念以后首次举行会议，也是 13 年来首次在美国聚会。美国总统奥巴马在开幕式上致辞时把北约称作成员国"共同安全、自由和繁荣"的"基石"，称里斯本峰会通过战略新概念作出了承诺，芝加哥峰会则将予以"兑现"。奥巴马说，北约盟国有必要建设新能力，在预算紧张时期对各自资源实行共享，以应对 21 世纪安全新挑战。与此同时，芝加哥峰会将对阿富汗过渡计划作出具体安排,加强北约全球伙伴关系网络。奥巴马还表示,芝加哥峰会将会加强北约能力,他对此"抱有信心"。

为期三天的第 25 届"东盟美国对话会"暨第一届"东盟美国名人小组"会议在菲律宾首都马尼拉举行。

5 月 23 日 美国总统奥巴马在美国空军学院毕业典礼上发表演讲。奥巴马说,他相信,世界对美国已经有了新的感受。奥巴马说:"不管走到哪里,从伦敦和布拉格,到东京和首尔,从里约到雅加达,我都可以看到他们对我们美国领导地位的信心增强。"他说,美国人已不在伊拉克打仗,"基地"组织头目本·拉登也不再是个威胁;同时,美国现在已经可以明确看到阿富汗战争将何时结束。奥巴马还说,这两个战争的结束卸下美军的重担。与此同时,美国正在利用其他的国家资源,如外交、经济和人道援助等。奥巴马保证说,美国将维持在世界上首屈一指的军力。

美国国会参议院对外关系委员会就是否批准加入《联合国海洋法公约》举行听证会。美国国务卿希拉里·克林顿、国防部长帕内塔、美军参谋长联席会议主席邓普西共同出席听证会。帕内塔在听证会上说,遵守国际公约只会加强美国的道义权威,让美国能够更有力地向别国施压。希拉里也在听证会上强调,尽速批准《联合国海洋法公约》对于美国国家安全和战略至关重要。希拉里说,20 年前,10 年前,甚至 5 年前,加入这一公约虽然重要但并没有像今天这样迫切。有 4 个新情况使得美国加入该条约对其国家安全和经济发展具有特别紧迫的意义。其一为加入《联合国海洋法公约》后,美国可大大扩大领海范围,美国石油和天然气公司可进行深海开采,从中获利。其二与深海海床矿藏有关。在技术发达的今天,美国已可以对这些矿藏进行开采,但若美国不加入《联合国海洋法公约》,美国公司只能在别国海域开采,或放弃开采。中国、俄罗斯等许多国家已通过《联合国海洋法公约》获得开采贵金属和稀土等资源的许可。其三为北极地区出现的机会使得美国加入该公约显得极为迫切。美国是北极地区唯一没有加入该公约的国家,俄罗斯等国已通过《联合国海洋法公约》获得诸多权益。加入《联合国海洋法公约》,将有助于美国在更坚实的基础上拓展其在北极地区的利益。其四是《联合国海洋法公约》成员国正在就沿海大陆架、深海矿藏开发等事宜进行规则讨论,这些都事关美国利益。在制定规则的讨论中美国的缺席是"不可接受的"。身为民主党人的美国参议院对外关系委员会主席克里也称,如果不加入《联合国海洋法公约》,

美国将在与军力不断增长的中国和在北极地区声索石油及其他资源权益的俄罗斯的竞争中失势。他说，美国若加入该公约，将迅速提振自身信誉，以抵抗一些国家提出的过度海洋领土主张和针对美国军舰或商船的非法限制。同时，也将有利于美国及其地区盟友和伙伴国解决领海争端。克里说，《联合国海洋法公约》也关系到稀土资源。美国需要加入该公约，确保稀土资源的安全供应。希拉里说，加入公约将使美国军队能够更为畅通地抵达作战区域，在争端期间保持军力存在，返航时也不必得到相关国家批准；而当美国宣示海权和挑战别国行为时，包括处理南海等重要地区问题时，美国将有更为坚实的法理基础。她说，美国虽然在南海没有领海，但在那里有重要利益，特别是航行自由问题。如果美国成为《联合国海洋法公约》成员国，在事关海洋法法规问题上，美国的信誉将更高，执法能力也更大。美国共和党保守派人士对加入该公约持反对立场，称加入公约将有损美国主权，会被强迫重分财富，并影响美国的情报工作等。共和党参议员詹姆斯·殷霍夫说："假如美国批准了条约，美国将被迫把在美国延伸大陆架生产石油和天然气的几十亿美元使用费转交给联合国国际海底管理局，重新分配给发展中国家。这将是历史上第一次由某个国际组织拥有对美国的征税权。"

5月24日 美国国务院发布向国会提交的《2011年度各国人权报告》，对世界201个国家和地区的人权状况作出评论。美国国务院负责民主、人权和劳工的助理国务卿波斯纳在介绍这一报告时称，许多国家的人权状况"极为糟糕"，其中包括伊朗、朝鲜、土库曼斯坦、乌兹别克斯坦、叙利亚、白俄罗斯和中国。这一人权报告在论及中国（包括西藏、香港和澳门）人权状况时，开头便指中国为"独裁国家"，称在主要领域中国的人权形势继续恶化。

5月26日 美国副总统拜登在西点军校毕业典礼上发表演讲。拜登称，在美国的外交中，美中关系最为重要。拜登表示，现在必须妥善处理的最重要关系就是美国与中国的关系。两国日常事务与民众生活上的联系变得日益紧密。"中国对美国而言极为重要，必须要维持两国关系的正常发展。"拜登承认，在人权及其他问题上，美国与中国有分歧，两国在经济上也存在竞争，但美国欢迎在公平条件下竞争。他说，美国也希望与包括印度、巴西、俄罗斯、土耳其与南非等在内的新兴国家加强关系。拜登表示，亚太地区在国际贸易中所占的比重日益增长，这使美国有必要更加关注亚太事务。随着美国与亚洲国际商业往来的增加，两个地区发生摩擦的几率也会相应提高。他说，美国将面临并且有能力应对新的全球性挑战。

5 月 29 日　美国国防部长帕内塔在美国海军学院毕业典礼上发表演讲。帕内塔要求海军学院毕业生们"保持并加强美国在广阔的亚太海域的力量"。"美国未来的繁荣与安全系于我们在自西太平洋和东亚至印度洋和南亚之弧推进和平与安全的能力"，这对美国和美军来说是"不可逃避的现实"，美军已经开始"拓宽和深化与整个亚太地区的接触"。帕内塔要求这些美国海军的新生力量在亚太地区"投射美国的力量、反映美国的品格"，并"加强与中国的防务联系"。他说："中国的军力正在增长和现代化，我们必须保持警惕、保持强大，准备迎接任何挑战。但亚太地区和平的关键是我们两国要进入一个防务合作的新时代，其中我们两军分担安全责任，以推进亚太以及整个世界的和平。"

5 月 31 日　美国国务卿希拉里·克林顿开始为期 8 天的访问丹麦、挪威、瑞典、亚美尼亚、格鲁吉亚、阿塞拜疆和土耳其之旅。

美国国务卿希拉里·克林顿与丹麦外交大臣维利·瑟芬达尔举行会谈，就北约的阿富汗撤军计划、利比亚稳定措施、巴以和平问题以及中东局势等问题交换意见。双方还表示要加强发展绿色经济领域的合作。希拉里在联合记者会上说：现在我们政策的重点是支持安南的叙利亚和平计划，他正在同受叙利亚冲突直接影响的叙国内外人士广泛接触。她指责叙利亚当局没有执行安南提出的和平计划，并表示联合国叙利亚监督团军事观察员有助于减少叙境内的暴力事件。她同时强调，美国不愿意进行军事干预，因为"这将引发一场血腥的内战"。她说，美国致力于"尽可能达成最广泛的共识"以解决叙利亚问题。

6 月 2 日　美国国防部长帕内塔在新加坡举行的"香格里拉对话会"上发表题为"美国在亚太地区的再平衡"的演讲。帕内塔表示，美国削减国防预算不会妨碍美国增加在亚太地区存在的战略部署。美国将在 2020 年前向亚太地区转移一批海军战舰，届时将有 60% 的美军战舰部署在太平洋地区。他同时表示，数量不是唯一的变化，美军还将在太平洋地区部署更先进的高科技潜艇与战舰，以及新的电子战与通信系统等。他还在演讲中重点提及了中美防务合作。帕内塔表示，中美之间强健的安全对话，对于亚太地区的繁荣而言至关重要。尽管中美两军之间存在分歧和冲突，但二者都"别无选择"，只能通过加强双边关系来处理纠纷。"我们将打造这样一种关系，它承认我们之间会有分歧，会有冲突，但它同时也承认，用和平的方式解决这些问题符合中美两国的利益"，"这是增强中美两国繁荣的唯一办法"。关于南海问题，帕内塔称，"美国立场清晰、贯彻始终：我们认为应克制，通过外交途径解决问题。我们反对挑衅，我们反对压迫，我们也反对使用武力。在主权纷争方面，我们不偏袒任何一方，但我们希望和平地解决纠纷，并且不触犯国际法律。"帕内塔认为，处理诸如南中国海主权纠纷的关键在于制定具法律约束力的行为守则，并且提供解决纠纷的平台。

美国国防部长帕内塔在新加坡会见新加坡国防部长黄永宏，双方讨论了美国在新加坡部署 4 艘濒海战斗舰的请求等问题。新加坡原则同意美国在新加坡部署 4 艘濒海战斗舰，第一艘将在 2013 年第二季度开始部署。新加坡国防部发布公告说，根据新加坡和美国达成的一致意见，这些濒海战斗舰将以轮换的方式部署在新加坡。每艘舰艇的核心团队包括 40 名成员，必要时乘员也可增加到 75 人。公告指出，这些舰艇将不会以新加坡为基地，母港也不在新加坡。舰艇部署在新加坡期间，船员会住在舰艇上。帕内塔说，部署在新加坡的美军濒海战斗舰会在地区内进行访问交流。公告说，这次部署是根据新加坡和美国分别在 1990 年和 2005 年签署的合作备忘录和战略框架协议所做出的安排。

美国国务卿希拉里·克林顿开始对瑞典进行为期两天的访问。希拉里分别会见瑞典首相赖因费尔特和瑞典外交大臣比尔特。在谈到当前欧洲经济状况时，希拉里表示，美国对欧洲面临的经济危机感到忧虑，欧洲的未来发展依靠欧洲各国自身，美国支持欧洲国家为解决债务危机作出的改革。赖因费尔特表示，瑞美双方一致要求结束叙利亚国内的暴力局势，支持遵循联合国-阿盟叙利亚危机联合特使安南的和平计划，依靠外交途径解决叙利亚危机。希拉里表示，美国希望俄罗斯方面向叙利亚政府施压，以推动叙政权更迭。

6月3日　美国国防部长帕内塔抵达越南军港金兰湾，开始对越南进行为期 3 天的访问。帕内塔在金兰湾表示："我之所以首站选择金兰湾，是因为这是自越南战争结束后，美国防长首次访问金兰湾，这也证明美越两国关系得到很大改善。"帕内塔表示，"在国防领域，美越两国存在着复杂的关系，但我们不会被历史束缚。美国希望扩大同越南的国防关系"。

6月4日　美国国防部长帕内塔在越南首都河内同越国防部长冯光青进行会谈，并拜会越南总理阮晋勇。两国防长就包括建立两国国防部经常性高级对话机制、海上安全及灾难救援、交流联合国维和行动经验、军事医学培训等 5 个方面进行讨论。

美国贸易代表柯克在俄罗斯喀山出席亚太经合组织贸易部长会议。

6月5日　美国国务卿希拉里·克林顿在格鲁吉亚巴统会见格鲁吉亚总统萨卡什维利。希拉里在与萨卡什维利举行的联合新闻发布会上说，美国希望格鲁吉亚今年进行自由公正的议会选举，2013年进行完全民主的政权交接（总统选举）。她表示美国相信格鲁吉亚所有政党和参选者都会尊重选举过程，美国期待与格鲁吉亚民众选举出来的领导人加强关系。她强调，格鲁吉亚议会和总统选举自由公正地举行将充分说明格鲁吉亚步入可持续发展的民主进程。希拉里还表示，美国将支持格鲁吉亚提高领海和领空的监控能力并提供相关培训，帮助格鲁吉亚的运输直升机升级换代，从而提高格鲁吉亚在国内运输物资和人员的能力，美国还将对格鲁吉亚军官进行培训，使其适应21世纪变化中的军事使命。萨卡什维利表示，格鲁吉亚已经开始了民主交接政权的过程，比如格鲁吉亚首都第比利斯市已经完成议会选举。

美国国防部长帕内塔开始对印度为期两天的访问。期间，同印度总理辛格、国防部长安东尼以及国家安全顾问梅农举行会谈，讨论加强双边军事联系以及北约领导的在阿富汗的军事行动以及美国的亚太再平衡战略等问题。帕内塔说，美印安全合作是美国调整在亚太地区军事部署的"关键"，同时希望印度协助培训更多的阿富汗军警。

6月6日　美国国防部长帕内塔在印度国防分析研究所发表政策演讲，提及美国总统奥巴马2012年初宣布调整军力部署，称美印军事合作是这一"再平衡"的关键。帕内塔还说，美印都应了解中国在亚太区域的安全稳定和繁荣中扮演非常重要的角色。因此，美印都应和中国加强关系，而他也再次重申美国欢迎中国的崛起，也希望中国在全球事务中发挥更大的作用，同时尊重和执行国际相关准则。

美国国务卿希拉里·克林顿访问阿塞拜疆，同阿塞拜疆总统阿利耶夫讨论了地区安全及能源合作等问题。在安全方面，希拉里肯定了阿塞拜疆在北约阿富汗维和行动中发挥的积极作用，同时谴责近日阿塞拜疆与亚美尼亚边境地区发生的武装冲突。希拉里高度评价阿塞拜疆在油气供应方向多元化方面所起的作用，并称美国支持阿塞拜疆参与实施向欧洲供应能源的管道建设计划。

6月7日　美国国务卿希拉里·克林顿和土耳其外长达武特奥卢在伊斯坦布尔共同主持为期两天的全球反恐论坛。希拉里在论坛上警告说，尽管全球反恐取得了进展，但恐怖主义危险依然存在。她表示，"基地"组织在本·拉登死后遭重创，但仍然在进行恐怖主义活动，而且活动范围扩散到更多地区，恐怖分子目前主要分布在马里、索马里和也门。她强调："我们始终对向我们发动袭击并威胁我们的'基地'组织保持使用武力的权力。"

6月8日　美国总统奥巴马在白宫与菲律宾总统阿基诺三世举行会谈。奥巴马对美菲盟友关系表示高度赞赏，认为"正是与菲律宾等国紧密的盟友关系让美国感觉到自己是一个亚太地区国家"。奥巴马对阿基诺三世表示了坚定支持，并夸赞阿基诺三世是一位"有思想又有益的伙伴"。会谈后，两国领导人发表联合声明称，"强调确保航行自由原则的重要性，以及尊重国际法和保障合法贸易无碍的重要性"。他们一致呼吁"以不使用暴力或武力"的外交手段解决领海纠纷问题。

美国国务卿希拉里·克林顿在国务院为到访的菲律宾总统阿基诺三世举行午宴。对最受关注的南海问题，希拉里表示，美国在涉及主权纷争的南海问题上不会"选边站"。希拉里称，美国在南海地区的利益是维护地区的和平与稳定，并保证自由航行权和商贸往来的畅通。美国欢迎阿基诺三世为解决黄岩岛争端所做出的努力，并呼吁展开更多的对话和通过其他外交手段来解决问题。

美国副总统拜登在白宫会见利比亚总统瑟利夫。

6月12日　美国前国务卿基辛格在北京会见中国国务院总理温家宝。

6月13日　美国总统奥巴马在白宫与以色列总统佩雷斯举行会谈。奥巴马向佩雷斯颁发美国代表平民最高荣誉的总统自由勋章，并称赞佩雷斯是"以色列的灵魂"。

第三轮美印战略对话在华盛顿举行，美国国务卿希拉里·克林顿和印度外交部部长克里希纳共同主持。双方承诺进一步扩大并深化两国全球战略伙伴关系，同时提出了以推动共同繁荣、和平与稳定为中心内容的远景规划。双方发表联合声明说，对于亚太和印度洋地区的和平、稳定与繁荣，两国看法一致，并且致力于携手合作，与地区其他国家一道"发展一个开放、均衡和不排斥任何一方的架构"。双方强调依据国际法保障海上安全、无阻碍通商和自由航行的重要性，强调应和平解决海上争端。双方还同意继续就重大国际问题保持密切磋商，包括在扫毒、打击海盗、保障海上安全和人道援助及救灾等领域开展双边磋商并交换信息，同时在阿富汗问题上开展合作，与阿富汗政府举行三方对话。两国外长对两国防务关系取得的进展表示满意，指出两国过去6年开展了不少军事演习和交流活动，双方重申通过加强技术转让、联合开展研发和联合生产防务产品形式加强防务合作。此次战略对话期间，美国西屋电气公司与印度核电公司签署了关于在印度西部古吉拉特邦建造核电站的谅解备忘录，希拉里·克林顿把此举称作朝着履行 2008 年美国同意向印度提供民用核技术与核燃料协议迈出的一个"重大步骤"。此外，美印同意加强反恐合作，并在网络安全领域开展合作。

6 月 14 日　由美韩两国外长和防长参加的"2+2"会谈在华盛顿举行。美国国务卿希拉里·克林顿、国防部长帕内塔与韩国外交通商部长官金星焕、国防部长官金宽镇就加强美韩同盟关系进行了会谈。美韩在会后发表的联合声明中敦促朝鲜"停止挑衅行为，履行义务和承诺，同时遵守 1953 年停战协定"。声明说，朝鲜的挑衅行为及其谋取核武器和弹道导弹的行动，"对（美韩）同盟、东北亚和国际和平与安全构成严重威胁"，美国重申将动用包括常规和核力量在内的"全部美国军事能力"协防韩国。希拉里在会后的联合记者会上表示，美韩就深化经济合作、加强战略同盟、应对朝鲜半岛核问题等议题进行了讨论。她说，在安全合作方面，美韩讨论了如何增进美韩各自的导弹防御体系协同行动能力，并决定就网络空间威胁问题举行双边对话。

美国白宫公布对撒哈拉以南非洲新战略，其重点在于加强这一地区民主机构建设以及促进经济、贸易和投资领域的发展。美国总统奥巴马在新战略导言中指出，美国在这两方面付出的努力对非洲的将来"至关重要"。新战略把对非洲民主的支持称作"攸关美国利益"之举以及美国在海外领导力的"基本组成部分"。尽管承认只有非洲政府和人民才能"可持续地"解决自身面临的安全挑战和内部纷争，但新战略指出，美国的参与能够产生"积极差别"。新战略还把"推动和平与安全"、"促进机遇和发展"列为美国在这一地区的另外两个战略目标。奥巴马认为，在未来，非洲对国际社会，尤其是美国的"安全和繁荣"越来越重要，"美国认为非洲对于美国以及我们的人民和经济而言是一个机遇和希望日益增多的地区，我们相信世界下一个经济取得重大成功的事例会发生在非洲"。新战略融合了奥巴马自 2009 年 1 月就任总统以来所推出的诸多倡议，以便平衡美国在撒哈拉以南非洲的长期利益与短期需要。

6 月 18 日　美国总统奥巴马出席在墨西哥洛斯卡沃斯举行的二十国集团领导人第七次峰会，讨论世界经济形势、加强国际金融体系、发展问题、贸易问题、就业问题等。

美国总统奥巴马在墨西哥洛斯卡沃斯出席二十国集团领导人第七次峰会期

间与俄罗斯总统普京举行双边会晤。这是普京再次担任俄罗斯总统后与奥巴马的首次会谈，两人就叙利亚局势、伊朗核问题以及近些年来造成美俄关系紧张的欧洲导弹防御系统等问题交换意见。会后发表的联合声明称，双方在许多方面取得了共识，包括将继续努力解决两国在欧洲导弹防御系统上的分歧，继续"重启"两国关系等。此外，奥巴马还答应普京，"等机会成熟时"再次访问俄罗斯。

美国总统奥巴马在给国会的一项通告中说，朝鲜半岛存在武器级核燃料，而且存在扩散风险，这些因素与朝鲜政府的行为和政策继续对美国国家安全、外交政策和经济构成"异乎寻常和独特的威胁"，因而他决定把针对朝鲜的紧急状态延长一年。

美国众议院就《排华法案》道歉案进行口头表决，结果全票通过，加上2011年10月参议院业已全票通过，就此美国正式以立法形式向曾经排斥歧视华人的做法道歉。

6月19日 美国总统奥巴马在墨西哥洛斯卡沃斯出席二十国集团领导人第七次峰会期间会见中国国家主席胡锦涛。两国元首就中美关系及共同关心的国际和地区重大问题深入交换意见。胡锦涛表示，过去3年多来，中美关系总体保持稳定发展。双方共同做出建设相互尊重、互利共赢的中美合作伙伴关系的战略决策，为两国关系指明了发展方向。双方各领域合作不断取得新进展，中美关系的全球影响和战略意义日益凸显。胡锦涛指出，我和奥巴马总统今年3月在首尔会晤以来，中美合作伙伴关系建设取得新进展。一个良好、稳定、富有成果的中美关系符合两国和两国人民根本利益，也有利于地区和世界和平与发展。中方愿同美方一道，牢牢把握共建合作伙伴关系大方向，不断增进互信和合作，妥善处理分歧和敏感问题，推动中美关系持续健康稳定向前发展。奥巴马表示，很高兴再次同胡锦涛主席会晤，3年多来，美中元首举行了12次会晤，这是破纪录的。过去一年，美中关系又取得新的重要进展。新一轮战略与经济对话取得成功，美中经贸关系进一步扩大，双方在包括二十国集团等机制内的合作良好，在推动世界经济增长方面发挥了积极作用。美中围绕亚太事务开展了建设性对话，在一些地区热点问题上进行了富有成效的合作。双方妥善处理两国关系中的一些敏感问题。这些都充分说明美中关系不断走向成熟。衷心感谢胡主席为发展美中合作伙伴关系以及在二十国集团内发挥的领导作用。胡锦涛就中美发展新型大国关系提出4点建议。一是坚持对话、增强互信，继续通过访问、会晤、通话、通信等形式保持高层战略沟通，充分发挥高层交往对中美关系的重要引领和推进作用。二是深化合作、互利共赢，扎实推进经贸、投资、执法、教育、科技等传统领域合作，拓展能源、环境、基础设施建设等新兴领域合作亮点。推进地方交流合作，巩固和扩大政治、经济、安全、人文、教育、青年等领域交往。三是妥处分歧、排除干扰，希望美方坚定奉行积极务实的对华政策，排除国内政治干扰，加强舆论引导，以实际行动支持两岸关系和平发展，确保美国大选年中美关系稳定。四是共担责任、共迎挑战，中方愿同美方继续坦诚对话，增信释疑，务实合作，实现在亚太地区良性互动。希望美方尊重中方重大利益和合理关切。中方愿同美方继续就地区热点问题开展沟通和协调，推动问题妥善解决。奥巴马表示，赞成胡锦涛主席对下阶段两国关系的展望。美方愿同中方在现有成果基础上，继续用好战略与经济对话等机制，再接再厉，加强沟通，增进互信，发展合作；加强在二十国集团等机制内的协作，共同应对全球经济挑战，促进各国经济和世界经济稳定增长。完全赞同胡主席在第四轮美中战略与经济对话开幕式上的讲话，愿同中方探索构建新型大国关系，这将为发展健康稳定的美中关系、有效应对全球挑战提供重要框架。美方重申，一个繁荣稳定的中国符合美国和世界利益，一个繁荣增长的美国也符合中国和世界的利益。关于中美经贸关系，胡锦涛指出，作为世界最大的两个经济体，中美保持经贸关系稳定发展对两国和世界经济都有重要影响。中国正在实施"十二五"规划，把扩大内需作为重要方针，中国有信心保持经济发展良好势头。双方应该抓住机遇、深挖潜力，积极推进贸易和投资一揽子合作计划，把两国经贸合作提升到一个更高水平。

6月20日 美国国务卿希拉里·克林顿在巴西里约热内卢出席为期三天的联合国可持续发展大会。193个国家领导人签署了峰会成果文件——《我们期望的未来》。世界各国"再次承诺实现可持续发展，确保为我们的地球及今世后代，促进创造经济、社会、环境可持续的未来"。希拉里称峰会最大成果是"提供了新思维"。

6月21日 美日韩三国在朝鲜半岛以南的公海举行为期两天的首次联合军演。部署在美海军横须贺基地的核动力航母"乔治·华盛顿"号首次参加军演。三国此前曾在美国夏威夷海域及日本海进行过数次联合搜救训练，但有美国航母及三国舰艇参加的正式军演尚属首次。

韩国军队与驻韩美军在朝鲜半岛军事分界线附近举行"最大规模的联合

火力演习"，以纪念朝鲜战争爆发 62 周年。演习在京畿道抱川市举行，由韩国国务总理金滉植主持，目的是检查军事准备态势和战斗意志。韩国陆军装甲兵、F-15K 型战斗机编队、美军"阿帕奇"直升机部队等 2000 多名官兵参加了此次演习。"和平之眼"空中预警机、130 毫米多管火箭、AH-64"阿帕奇"直升机、韩国自主研发的 T/A-50 攻击机首次参加演习。

6 月 23 日　韩国与美国在黄海举行为期三天的联合海上军事演习。军演在韩国西海岸外的格列飞群岛附近海域进行。韩国"世宗大王"号军舰、美国"乔治·华盛顿"号航空母舰等十余艘舰艇和潜艇、韩国空军 F-15K 战斗机和美国 F-18 舰载战斗机参加演习。此次联合军演有 8000 多名韩美海军和空军人员参加，旨在提高美海军第 7 机动战队和美国航母编队的相互作战协调配合能力，以及美国舰载战斗机和韩国空军战斗机的联合作战能力。军演期间，韩美两军进行了"探测和跟踪朝鲜远程导弹的演习和探测并击退朝鲜潜艇的训练"。

6 月 26 日　美军太平洋司令部司令洛克利尔开始对中国为期 4 天的访问。期间，与中国国防部长梁光烈、解放军副总参谋长马晓天等官员举行了会晤。洛克利尔在中国军事科学院发表演讲，解释了美国重新平衡亚太军力的新战略，强调美国绝对无意"遏制"中国。他称美国将战略重点转向亚太是想努力为盟友和合作伙伴提供安全的环境，同时美国相信"中国不仅可以为安全环境发挥作用，而且作用将卓有成效"。洛克利尔强调，美国认为不光中国需要决定如何融入这一环境，美国及其盟友也必须决定如何在这一环境中与中国接触，"我们可以鼓励中国作出正确的决定，或者为中国做出正确的决定制造困难，那么，我们必须承担后果"。他又指出美国及其盟友都不希望中美发生冲突，希望中美两军通过对话和交流加强合作，避免误解和误判，同时"求同存异"，构建更加积极的中美两军关系。"中美携手做到这一点符合我们的根本利益。随着中国崛起为地区大国，并且最终可能成为全球经济大国，现在的问题是美国怎样才能帮助中国以积极的方式崛起，从而促进地区安全和繁荣。"

6 月 27 日　美国国务卿希拉里·克林顿访问芬兰，分别与芬兰总统尼尼斯特、总理卡泰宁、外长图奥米奥亚举行会晤，就叙利亚局势、北极地区合作、阿富汗局势等交换意见。双方均认为，国际社会应找到解决叙利亚问题的办法，在这方面俄罗斯可以起到重要作用。此外，双方还签订了两国间信息安全协议。

6月28日　美国国务卿希拉里·克林顿访问拉脱维亚，在里加分别与拉脱维亚总统贝尔津什、总理东布罗夫斯基斯和外长林克维奇斯举行会谈。双方主要讨论了拉脱维亚在驻阿富汗美军北方供给线上所起的作用。双方一致认为，当前的运输通道可以作为将来"新丝绸之路"的基础，届时，拉脱维亚将成为这条供给线上的重要物流中心。希拉里还对拉脱维亚在北约框架下参与阿富汗的行动表示感谢，并认为拉脱维亚的经济增长是美拉两国之间进行深入经济合作的基础。

6月29日　美国国务卿希拉里·克林顿在圣彼得堡与俄罗斯外长拉夫罗夫举行双边会谈，双方一致同意敦促叙利亚国内各方展开内部对话，但未能对叙利亚问题联合国与阿盟联合特使安南提出的叙利亚政治过渡计划中的主要内容达成一致意见。

美国主导的第23次环太平洋联合军演开始，这是世界上规模最大的海上军事演习，共有22个国家参与。俄罗斯、印度、墨西哥、菲律宾、新西兰、挪威、英国和汤加8国为首次参加环太平洋联合军演。演习持续到8月3日。演习的规模为42艘舰艇、6艘潜艇、超过200架飞机以及2.5万名军人，美国海军"尼米兹"号航空母舰和"埃塞克斯"号两栖突击舰参加演习。

6月30日　美国国务卿希拉里·克林顿在日内瓦出席叙利亚问题"行动小组"外长会议。联合国安理会五个常任理事国以及土耳其、伊拉克、科威特和卡塔尔的外长、联合国秘书长潘基文、阿盟秘书长阿拉比、欧盟外交和安全政策高级代表阿什顿应安南的邀请出席会议。会议通过公报，支持安南"六点建议"和安理会有关决议的实施，就由叙利亚人民主导过渡的指导方针和原则达成一致，其中包括在叙利亚成立"过渡管理机构"。

7月2日　美国和菲律宾在菲律宾南部棉兰老海举行代号为"卡拉特2012"的美菲联合海上军事演习。演习持续到7月10日。此次演习内容包括战地指挥所演习、海上拦截和登船临检，以及打捞和海上搜救等救灾演练。参与演习的美方舰船包括2艘美国海军舰艇和1艘海岸警卫队船只，菲方派出4艘海军舰艇和1艘海岸警卫队船只；人员方面，美方派遣350名海军官兵和150名海岸警卫队员，菲方则投入400名海军官兵和50名海岸警卫队员。"卡拉特"演习全称是"战备与训练合作"演习，始于1995年。该演习每年举行一次。

7月3日　美国国务卿希拉里·克林顿与巴基斯坦外长希娜·哈尔通电话，双方讨论了 2011 年 11 月北约空袭巴军哨所并导致 24 名巴士兵死亡的事件，双方确定这是一起因"错误"而导致的悲剧性事件。希拉里向巴方重申美方对此事件的"最深切的遗憾"，并对巴方士兵丧生表示"抱歉"。希拉里·克林顿表示，美方承诺将与巴基斯坦和阿富汗密切合作，以防止再度发生类似事件。希拉里表态是美国政府第一次就北约空袭巴军哨所事件正式道歉。此前奥巴马政府仅对此事表示"遗憾"。哈尔通知美方，巴方将重新开放其境内向驻阿富汗北约部队运送物资的陆地补给线路。希拉里称赞巴政府和人民对反恐战争所作出的牺牲和关键性贡献，并强调美巴两国将协调行动，共同打击恐怖主义，支持阿富汗实现安全、稳定与和解，加强两国贸易和投资关系以及人文交流。美巴此次互动打破了双方之间长达 7 个月的外交僵局。2011 年 11 月北约空袭巴军哨所后，巴基斯坦关闭了巴方境内北约后勤补给线，北约驻阿军队不得不绕远道经其他中亚国家进入阿富汗。

7月6日　美国国务卿希拉里·克林顿开始对法国、阿富汗、日本、蒙古国、越南、老挝、柬埔寨、埃及和以色列九个国家为期 13 天的访问。

美国国务卿希拉里·克林顿在法国巴黎参加第三次"叙利亚之友"大会。希拉里在会上敦促安理会按照《联合国宪章》第七章之规定，采取包括武力在内的必要措施，解决叙利亚危机。希拉里指出："现在我们应该回过头来，在联合国安理会框架内解决叙利亚危机。不遵行者应该面对真正的、即时的后果，其中包括按照联合国宪章第七章进行制裁。唯一能够改变现状的办法，就是在座的各国代表直接鲜明地表明立场。"希拉里还警告一直支持叙利亚政府的俄罗斯等国，称它们将付出代价。会议结束后发布的新闻公报表示，会议决定大幅增加对叙利亚反对派的援助，部分与会者将向叙利亚反对派提供有助于其内外联络的通信设备以及用于其"和平行动"的自卫物资，并呼吁叙利亚各反对派继续致力于实现其共同目标。公报敦促联合国安理会尽快出台一份更加强硬的决议，并为保证这类决议得到遵守执行而制定惩罚措施。公报表示，各方同意设立叙利亚"过渡管理机构"、政治过渡由叙利亚人主导。尽管西方国家倾向叙利亚总统巴沙尔·阿萨德下台，但公报没有明确把他的去留作为政治过渡先决条件。

7月7日　美国国务卿希拉里·克林顿对阿富汗进行未事先宣布的访问。希拉里在喀布尔和卡尔扎伊总统举行会谈，并举行了联合记者招待会。希拉里宣布美国总统奥巴马已经把阿富汗定位为重要非北约盟国，美国将向这个饱受战争创伤的国家提供长期的安全和防卫合作框架。阿富汗将不再是那些威胁美国、区域和世界安全的"基地"组织和一切国际恐怖组织的庇护所。希拉里还表示，阿富汗的新地位有力地象征着华盛顿对于阿富汗前途的承诺，美国将不会抛弃阿富汗。"重要非北约盟国"是美国政府对不属于北约、却与美国军方有战略合作关系盟国的定位。这是奥巴马政府第一次宣布确认一个新的重要非北约盟国。美国宣布过的其他非北约重要盟国包括埃及、以色列、日本和巴基斯坦。

美国国务卿希拉里·克林顿开始对日本为期两天的访问。期间，分别会晤日本首相野田佳彦和外相玄叶光一郎，围绕国际安全援助部队（ISAF）撤出阿富汗后的援助方式及朝鲜问题等交换意见，会谈还涉及修改驻日美军整编计划以及"鱼鹰"运输机部署在冲绳的议题。

7月8日 美国国务卿希拉里·克林顿参加在日本东京举行的阿富汗重建国际会议。约80个国家和国际组织的代表参加会议，讨论2014年外国军队撤离阿富汗后国际社会对阿援助计划。希拉里说，阿富汗是美国的正式盟国。阿富汗不应仅仅满足于战争结束，还要在就业、经济建设等领域进行持续发展。在未来阿富汗重建工作中，阿政府、国际社会、周边国家和民间这四个方面要各尽其责。她说，从2012年到2015年，国际社会将向阿富汗提供160亿美元的发展援助资金。这一金额将满足阿富汗的财政需求，成为阿重建的重要资金来源。

7月9日 美国国务卿希拉里·克林顿对蒙古国进行4个小时的闪电访问，在乌兰巴托分别会见蒙古国总统额勒贝格道尔吉、总理巴特包勒德。希拉里称两国"全面伙伴关系"的基础是双方具有"共同的价值观和共同的利益"，这也是美蒙建交25年，尤其是最近10年来关系迅速发展的主要原因。希拉里赞扬蒙古国在发展民主方面迈出重要步伐并取得重大成果。她说，蒙古国刚刚举行的议会选举很顺利，希望即将组成的新政府不失时机地实施重大项目，推动国家经济持续发展。她还表示希望蒙古国妇女在发展民主、公开、公正方面发挥积极作用。希拉里说，美国作为蒙古国的"第三邻国"，希望进一步扩大双边合作，尤其希望加强教育和公民往来方面的合作。

日本《读卖新闻》就美国政府在钓鱼岛问题上的立场采访美国国务院。美国国务院发言人纽兰在书面回复中称，"钓鱼岛在日美安保条约第五条适用范围内。这是因为1972年冲绳归还日本以来，钓鱼岛一直在日本的'施政'之下。"签订于1960年的《日美安保条约》规定，在日本境内，对日美任何一国的攻击，都被视为对两国和平和安全构成威胁，两国将基于宪法和相关规定对"共同的威胁"采取行动。这就意味着，"钓鱼岛适用日美安保条约第五条"，意指一旦钓鱼岛"受到攻击"，美国也会视为本国受到威胁并采取行动。但纽兰也在给日本媒体的答复中强调，美国政府对钓鱼岛的"主权问题"不持立场，并称"希望当事国以和平手段解决"。

7月10日 美国国务卿希拉里·克林顿访问越南，与越南外交部部长范平明举行会谈，分别同越共中央总书记阮富仲、总理阮晋勇进行会晤。双方讨论了包括海上安全、公共卫生、灾难救助、经贸合作以及清除越战时遗留的地雷、炸弹和橙剂等问题。希拉里表示，美国和越南有共同的战略利益，美方将进一步深化美越互惠伙伴关系。希拉里称，她对南海局势感到担忧，美国坚决支持沿海国家对《联合国海洋法公约》规定的200海里专属经济区和大陆架拥有权利，"支持越南为解决南海争端所做的努力"。

7月11日 美国国务卿希拉里·克林顿访问老挝。这是美国国务卿57年来首访老挝。希拉里分别与老挝总理通辛和副总理兼外长通伦举行会谈。双方希望在互惠互利的基础上密切双边合作，特别是在搜寻越战美国失踪士兵遗骸、销毁未爆炸弹、打击毒品犯罪、促进双边贸易和投资等方面加强合作。老挝政府感谢美国支持老挝寻求加入世界贸易组织以及在促进双边贸易正常化方面做出的努力，希望美方继续加强与东盟国家的合作。希拉里宣布，美国将为老挝提供20万美元用于保护琅勃拉邦的标志性建筑香通寺。

美国国务卿希拉里·克林顿开始在柬埔寨的三天行程。期间，希拉里在金边参加东盟地区论坛、东亚峰会部长级会谈、美国-东盟部长级会议。与老挝总理通辛共同主持"湄公河下游计划"部长级会议和"湄公河下游之友"部长级会议。

7月12日 美国财政部宣布对伊朗50多家涉及核和弹道导弹项目的实体实施制裁。上述50家实体中，一些所谓"挂名公司"、航运公司和20家金融机构被指帮助伊朗政府规避制裁而遭到美国财政部制裁，其中包括伊朗国家油轮公司及其58艘船只和27家下属机构。美国财政部发表声明说，这些实体均为伊朗政府所有。美国财政部负责反恐和金融情报事务的副部长戴维·科恩说，此次制裁的目的在于阻止伊朗核和弹道导弹项目和阻止伊朗利用"挂名公司"出售和运输石油的"欺骗行为"。

7 月 14 日　美国国务卿希拉里·克林顿开始对埃及展开为期两天的访问。这是自埃及总统穆尔西上任以来访问埃及的最高级别的美国官员。希拉里在开罗会见新当选的埃及总统穆尔西,与埃及外长阿姆鲁举行会谈。希拉里重申,美国坚定支持埃及的民主过渡进程。美国希望成为埃及人民的友好合作伙伴,希望支持埃及的民主进程。而埃及的民主进程已经取得了显著的成绩。迈向民主的道路是艰难的。需要对话、妥协以及各方的政治智慧。美国将向埃及继续提供力所能及的帮助。希拉里还希望埃及这个中东地区重要的盟友,能够在维护本地区的安全与稳定方面,继续发挥重要作用,并继续履行与以色列签署的和平协议。希拉里认为,埃及的政策,对该地区乃至埃及本身的和平与安全,都将起到决定性的作用。希拉里宣布,美国将免除埃及 10 亿美元债务,向埃及提供 2.5 亿美元的贸易信贷担保,建立 6000 万美元的投资基金。期间,希拉里还会见了埃及武装部队最高委员会主席坦塔维,呼吁埃及军方支持国家权力向民选政府过渡。希拉里还与埃及各界就埃及的宪法、议会,以及对埃及向世俗民主社会全面过渡进程产生重大影响的法规和制度进行了商讨。

7 月 16 日　美国国务卿希拉里·克林顿在耶路撒冷分别会晤以色列总统佩雷斯、总理内塔尼亚胡、国防部长巴拉克、外长利伯曼,双方讨论了伊朗核问题、埃及局势及埃以关系、巴以关系、叙利亚局势等问题。希拉里表示,中东现在既有"不确定性",也有"机遇",是推进美以就安全、稳定、和平等"共同目标"的时机,"在这样的时候,像我们(美以)这样的朋友理应一起思考、共同行动。我们应当努力抓住一些机会。"希拉里还说,为阻止伊朗制造核武器,美国政府"致力于构建和维持一个广泛联盟"。对伊朗的经济制裁会"更加严厉"。

美国国务卿希拉里·克林顿在耶路撒冷会见巴勒斯坦总理法耶兹,双方讨论了巴以和平进程问题。

7 月 18 日　美国国务卿希拉里·克林顿在《新政治家》杂志和美国国务院网站发表《灵活运用实力的艺术》的文章。

7 月 23 日　为期两天的中美第 17 次人权对话在华盛顿举行。中国外交部国际司司长陈旭和美国负责人权事务的助理国务卿波斯纳共同主持对话。来自中国统战部、全国人大法工委、最高人民法院、国务院新闻办、国家民委、公安部、司法部、国家宗教局、中华全国总工会和美国白宫、国务院、司法部、劳工部、贸易代表办公室等部门官员参加。美常务副国务卿伯恩斯、副国务卿奥特罗参加对话有关活动。在对话中，中美双方介绍了各自在人权领域取得的新进展，就国际人权领域合作、法治、言论自由和媒体责任、种族歧视和歧视土著人等问题交换了意见。中方介绍了近期修改《刑事诉讼法》、促进互联网发展、推进基层选举、加大社会保障等立法、司法和民生领域举措和进展，希美方尊重中国主权、领土完整，尊重中国政治、司法制度和自主选择的发展道路，全面、客观、公正看待中国人权状况，为建设中美相互尊重、互利共赢的合作伙伴关系和构建新型大国关系积极努力。美方在对话中积极评价中国在人权领域取得的新进展，并介绍本国近期在消除种族歧视等人权领域采取的举措，表示愿继续通过对话就人权问题与中方加强交流，增进了解。美方愿与中方共同努力，妥善处理分歧，增进互信，加强合作，共建美中新型大国关系。

7 月 25 日　美国总统国家安全事务助理多尼隆在北京会见中国国家副主席习近平。习近平表示，今年是尼克松总统访华和《上海公报》发表 40 周年。过去 40 年，中美关系总体不断向前发展。时代在变化，中美两国也在发展，中美关系正处在重要历史关头，双方要着眼长远，加强全方面、多层次交流，增进互信、合作和友好，妥善管控分歧，推动中美关系沿着两国元首共同确定的建设相互尊重、互利共赢的合作伙伴关系方向不断向前发展，探索出一条中美新型大国关系之路，造福两国人民和世界人民。多尼隆表示，当前，美中关系积极、稳定、富有成果，双方高层交往频繁，各种沟通、对话机制有效运作，合作不断扩大和深化。美方致力于同中国加强接触、互信、合作，共同努力构建美中新型大国关系。

美国国防部长帕内塔在五角大楼与波兰国防部长谢莫尼亚克举行会谈，双方讨论了加强军事合作问题，还讨论了波兰在阿富汗驻军及参与北约导弹防御体系等问题。美国国防部随后发表声明宣布，美方将向波兰派驻一支空军分队，以向美国在波兰部署战机及运输机提供支持。这将是美国首次在波兰驻军。根据这一决定，美空军分队将于 2012 年秋天抵达波兰，以向自 2013 年开始在波兰部署的 F-16 战机及 C-130 "大力神" 运输机提供支持。

7 月 30 日　美国国务院发布其向国会提交的《2011 年度国际宗教自由报告》，对包括中国在内的近 200 个国家和地区在 2011 年的宗教状况妄加评论。该报告再次把中国、缅甸、厄立特里亚、伊朗、朝鲜、沙特阿拉伯、苏丹和乌兹别克斯坦等 8 个国家列入 "特别关注国"。报告不顾中国的宗教现状，主要以海外媒体有偏见的报道或一些反华组织提供的歪曲报告为依据，诬称 2011 年中国宗教自由状况出现"明显恶化"，同时把中国政府合法进行宗教管理和为维护西藏、新疆等地社会稳定和国家领土完整而采取的正义举措歪曲为"压制"宗教自由，并将藏人自焚事件归咎于中国"增加对宗教活动的限制"。

7 月 31 日　美国总统奥巴马发布行政命令，宣布两项继续制裁伊朗的新措施。对伊朗能源和石化机构进行新一轮制裁，对与这些企业进行交易的机构进行制裁；美国财政部将对中国的昆仑银行和伊拉克的艾尔法伊斯兰银行进行制裁。奥巴马称，昆仑银行和艾尔法伊斯兰银行为伊朗银行进行的高达数百万美元的交易"提供了便利"，而这些伊朗银行涉嫌参与核扩散活动，已经遭到美国的制裁。奥巴马说，此举旨在向世界表明，美国将制裁"便利伊朗与世界金融机构交易"的外国金融机构，"无论这些金融机构设在何地"。

美国国防部长帕内塔访问以色列。期间，与以色列总理内塔尼亚胡举行会谈，讨论伊朗核问题等议题。

美国国务卿希拉里·克林顿开始为期 11 天的访问塞内加尔、南苏丹、乌干达、肯尼亚、马拉维、南非、尼日利亚、加纳、贝宁之旅。根据美国国务院发表的声明，在 11 天的访问中，希拉里·克林顿将强调美国总统 6 月发布的政策指令中所确定的对非政策承诺，即加强民主机构、促进经济增长、推动和平与安全以及促进机遇和发展。白宫公布的对撒哈拉以南非洲新战略将上述承诺列为美国四大战略目标。声明说，在南苏丹，希拉里·克林顿将重申美国支持南苏丹与苏丹通过谈判解决安全、石油和国籍等问题。访问乌干达期间，希拉里·克林顿将重申乌干达是美国推动地区安全的"主要伙伴国"，重点是索马里政治过渡以及联合打击乌干达反政府武装"圣灵抵抗军"等问题。在肯尼亚，希拉里·克林顿将会见索过渡政府总统谢赫谢里夫·谢赫·艾哈迈德及其他"结束过渡时期任务路线图"的签署方。在南非，希拉里·克林顿将拜会南非前总统曼德拉，并出席美国-南非战略对话。

美国国务院发表《2011 年国家反恐报告》。在"战略评估"部分，报告称"基地"组织头目拉登之死使 2011 年成为国际反恐的"里程碑之年"。报告说，拉登及其他几名"基地"组织头目的身亡使该组织处于"难以逆转的衰退"之中，这要归功于全球反恐合作，但"基地"及其分支仍具备进行地区或跨国袭击的能力，因而继续对美国的国家安全构成"持久与严重的威胁"。报告提出，"基地"组织阿拉伯半岛分支构成"尤其严重的威胁"，伊斯兰马格里布"基地"组织也表现得更加活跃。报告称,在"非洲之角"地区,索马里反政府武装青年党显示出"进行境外袭击的意愿与能力";在伊拉克,"基地"组织伊拉克分支继续进行袭击活动,并于2011年底开始扩展至叙利亚境内。报告还指出,"基地"组织以及暴力极端主义的意识形态和言辞在世界上一些地区继续传播。报告说,尽管2011年美国境内没有发生大的恐怖主义袭击,但美国本土仍然面临威胁,过去几年中一些由"基地"组织及其分支训练的个人在美国境内展开阴谋活动。此外,一些"独狼"恐怖主义分子也对美国本土构成威胁。报告还将伊朗列为美国面临的威胁之一,称伊朗为"世界上主要的支持恐怖主义的国家",称其尤其威胁中东与南亚地区的稳定。报告指责伊朗将恐怖主义作为"政策工具",阴谋在华盛顿刺杀沙特驻美大使。报告还指责伊朗向伊拉克什叶派激进武装提供武器、培训等,对美军和伊拉克军队发起袭击。报告称由伊朗支持的黎巴嫩真主党和巴勒斯坦伊斯兰抵抗运动(哈马斯)继续破坏中东地区的稳定。报告还将古巴、苏丹、叙利亚与伊朗同列为"支持恐怖主义的国家"。在南亚地区,报告指称巴基斯坦"虔诚军"以及"哈卡尼网络"等武装组织继续将美国利益作为"合法的袭击目标"。在"东亚及太平洋"部分,报告称中国与美国在反恐问题上没有重大的合作,很少进行信息交换。

8月1日　美国国防部副部长阿什顿·卡特在纽约的亚洲协会发表讲话时表示,尽管当前美国国防预算面临被削减的压力,然而美国未来仍将在亚太地区实现"军力再平衡",向该地区部署更多的军事装备和新型武器。在谈到与此相关的美中关系时,卡特说,美中两军之间的互信要进一步深化,扩大共识减小分歧,共同维护亚太地区的和平与稳定。卡特表示,美国对亚太的"军力再平衡"并不是针对中国。美中两国已建立起有效的沟通机制,能有效避免冲突发生。卡特还指出,美中两军关系也不是"零和"博弈,可以实现互利合作。卡特还确认了美国在亚太扩军的"新战力"计划,包括考虑将关岛建设成美军在太平洋的重要战略基地以及通过增强反潜艇作战能力达到巩固美国海军绝对优势地位等。

8月3日　美国国务院代理副发言人帕特里克·文特瑞尔就中国南海问题发表声明,声明指责中国进一步加剧南海地区紧张局势。声明说,美国对南海局势紧张升级表示关切,正在对形势发展密切跟踪。近来局势发展中对抗性言论、资源开发分歧、胁迫性经济行动、包括使用障碍物阻止进入黄岩岛周边事件不断升级，特别是中国提升三沙市行政级别，在南海有争议地区建立一个新的警备区之举有违通过外交合作解决分歧，进一步加剧地区紧张局势升级风险。声明说，美国在南海领土争端中不选边站队，也没有领土野心，但美国相信该地区国家应通过合作及外交努力解决分歧，而不应强迫、恫吓、威胁和使用武力。声明说，为建立和平解决分歧的清晰程序规则，美国鼓励东盟国家与中国就最终完成南海行为准则取得有意义的进展。在此背景下，美国支持东盟最近就南海问题达成的六点原则。

8月11日　美国国务卿希拉里·克林顿访问土耳其，分别会见土耳其总统、总理、外长，讨论如何协助叙反对派用军事手段推翻巴沙尔政权等问题。

8月12日　由蒙古国和美国共同主导的代号为"可汗探索-2012"多国维和军演在蒙古国武装力量培训中心举行。来自蒙古国、美国、英国、印度、韩国、日本、加拿大、澳大利亚、德国、法国、新加坡和新西兰等国的1000多名军人参演，中国和俄罗斯派观察员参加。此次军演主要内容包括营级指挥部训练、野外排级战术训练、野外医疗救助，以及建筑工事经验交流等。演习到8月23日结束。

8月14日　美国负责政治事务的副国务卿温迪·舍曼与中国外交部副部长翟隽在北京举行首轮美中中东对话。双方就有关中东事态的发展进行了建设性的讨论，美中还讨论了两国在应对地区和全球性挑战中如何促进更广泛的合作，包括在能源安全方面的合作。

美国国务院发言人纽兰在记者会上就中国外长杨洁篪本月访问印度尼西亚、马来西亚和文莱等东盟三国称，中国不应利用双边会谈对争取南海主权的国家采取各个击破的策略。

8月20日　美韩2012年度联合军事演习"乙支自由卫士"正式在韩国境内开始，军演持续至8月31日。参加本次演习的包括3万多名美国军人和5万多名韩国军人，演习由韩美联合司令部负责。韩美联合司令部说，本次演习是以防御为主的年度例行军演，是对韩美两军的同盟战斗能力和防御能力的一次综合检验，演习方式为电脑模拟作战。

8月21日　日本陆上自卫队和美国海军陆战队出动直升机、登陆舰、橡皮艇等，在关岛和北马里亚纳群岛的天宁岛举行假设日本离岛遭到攻击时的夺岛演习。演习持续到9月26日。这是日美两国首次在这两个岛举行夺岛演习。

8月30日　美国国务卿希拉里·克林顿开始为期9天的访问库克群岛、

印度尼西亚、中国、东帝汶、文莱、俄罗斯之旅。

8月31日 美国国务卿希拉里·克林顿在库克群岛首都瓦鲁阿出席南太平洋岛国论坛会后对话会。在会上，希拉里表示，美国将加强与南太平洋岛国的联系，履行对亚太地区的安全承诺。美国将充当这一地区的平衡力量，加强与这一地区的安全合作，打击非法捕鱼、贩卖人口等非法活动。希拉里还宣布，美国将对太平洋地区追加3200多万美元的投资，用于该地区的经济发展、应对气候变化和海洋生物多样性的保护。

9月3日 美国国务卿希拉里·克林顿开始对印度尼西亚为期两天的访问。期间，希拉里在雅加达分别会见印度尼西亚总统苏西洛和外长马蒂，双方表示将继续推进双边合作，加强经贸往来，发展全面的伙伴关系。双方还就叙利亚问题、伊朗核问题、朝鲜局势和南海问题交换了意见。在与印度尼西亚外长马蒂举行的记者会上，希拉里表示，美国希望在南海维持稳定、尊重国际法、自由通航以及维护合法商业活动。她说，美国在南海主权争执中不偏袒任何一方，"但是我们认为该地区国家应当通过合作解决争执，而不是要挟和恫吓，当然更不能使用武力。"

9月4日 美国国务卿希拉里·克林顿在北京与中国外交部部长杨洁篪举行会谈。希拉里·克林顿说，美方致力于与中国建立合作伙伴关系，这是美方在亚太地区"再平衡"中的关键方面。三年半以来，美中双方进行了一系列深入磋商和高层会晤。她说，美中之间的务实合作十分重要，是两国全面关系的基础。双方讨论了"一系列美中关系中的重要问题"，其中包括亚太经合组织会议筹备情况、其他即将举行的多边会议以及双边、地区和全球问题。

9月5日 美国国务卿希拉里·克林顿在北京会见中国国家主席胡锦涛。希拉里表示，过去3年多来，美中双方保持了密切沟通、对话与合作。美中关系日趋成熟，基础更加牢固。当前，世界正在发生重大变化，建立什么样的美中关系具有特别重要的意义。美方致力于同中方超越差异，加强合作，携手应对全球性问题和挑战，以史无前例的方式证明，一个守成大国和一个新兴大国能够继续为各自人民创造美好未来，为世界和平与稳定做出贡献。美方愿扩大两国贸易与投资，加强双方在基础设施建设、新能源、环保等领域务实合作，进一步推动美中经济关系发展。

美国国务卿希拉里·克林顿在北京分别会见中国国务院总理温家宝和副总理李克强。

　　9月6日　美国国务卿希拉里·克林顿在东帝汶首都帝力与东帝汶总统鲁阿克和总理古斯芒举行会谈，双方就发展双边关系和加强合作等问题交换了意见。希拉里祝贺东帝汶顺利举行大选并平稳完成政权交替。访问期间，希拉里·克林顿还参观了当地一座由美国资助建造的咖啡处理厂，并承诺提供650万美元作为东帝汶学生留学美国的经费。希拉里是东帝汶自2002年独立以来第一个到访的美国国务卿。

　　9月8日　美国国务卿希拉里·克林顿出席在俄罗斯符拉迪沃斯托克举行的为期两天的亚太经合组织第20次年度领导人会议，讨论贸易自由化、食品安全和绿色经济等问题。

　　9月10日　中国国务委员兼公安部长孟建柱与美国国土安全部副部长杰因·荷尔·卢特在北京会晤，讨论加强双边国土安全和执法合作。双方同意将建立公安部部长与国土安全部部长之间的年度会议，并扩大工作层面的互动，以深化现有的关系，并在全面国土安全问题上为一个更全面和持久的伙伴关系奠定基础。卢特还与公安部副部长孟宏伟、中国外交部副部长崔天凯、交通运输部副部长徐祖远、海关总署副署长孙毅彪、工业和信息化部副部长杨学山以及民用航空局局长李家祥进行了会晤和详细讨论。双方强调就有共同利益的问题进行更加密切合作与沟通的重要性——包括打击跨国犯罪、加强全球供应链安全、在阻止网络犯罪和提高网络安全、防止非法旅行、保护知识产权和反击恐怖主义方面促进更多的合作。

　　针对日本政府决定将钓鱼岛国有化，美国国务院发言人纽兰表示，美国希望看到中日双方通过对话，解决钓鱼岛争议，维持中日关系稳定，不仅关系到区域局势，也关系到美国的利益。

　　9月11日　美国总统奥巴马在五角大楼"9·11"纪念仪式上发表讲话。

　　数百名武装分子冲入利比亚班加西美国领事馆，抗议美国领事馆在"9·11"纪念日放映一部诋毁伊斯兰教先知穆罕默德的美国电影，并同领事馆安全人员发生交火。美国驻利比亚大使史蒂文斯和领事馆3名外交人员在事件中丧生。

　　9月12日　美国国会众议院外交委员会召开关于中国与南海问题的听证会，声称其目标是"推动南海及其周边以及其他邻近东亚大陆海域的海上领土争端的和平与合作解决"。无论是主持会议的国会议员还是出席作证的专家学者，其矛头均直指中国，反复攻击中国"欺凌"邻国。

9月13日 美联储宣布启动不设期限、每月购买 400 亿美元抵押贷款支持证券的第三轮量化宽松（QE3）政策，同时继续执行卖出短期国债、买入长期国债的"扭转操作"到年底，并将超低的联邦基金利率指引延长至 2015 年年中。

9月16日 美、英、法、沙特以及阿联酋等约 25 个国家的战舰、航空母舰、扫雷艇和潜艇聚集海湾，开始为期 12 天联合演习，模拟突破伊朗封锁霍尔木兹海峡。

9月17日 美国国防部长帕内塔在东京分别与日本外相玄叶光一郎以及防相森本敏举行会谈。帕内塔与玄叶会谈时呼吁中日双方在钓鱼岛问题上保持冷静，敦促日韩双方妥善处理领土问题。两国防长还就"鱼鹰"运输机在日部署问题交换了意见。在与森本敏会谈后举行的联合记者会上，帕内塔暗示今后有可能对美日安保合作大纲进行修订。同时说，MV-22 "鱼鹰"倾转旋翼机在日部署对于日本开展防卫至关重要，美方将努力确保该战机安全性能。帕内塔指出，美国对"尖阁诸岛"（即中国钓鱼岛及其附属岛屿）主权归属问题不持立场。美国对日中在此问题上的对立感到担忧。期待当事国通过外交手段冷静、和平、建设性地解决争议，这也符合日中两国国家利益。

美国国防部长帕内塔开始对中国为期 4 天的访问，这是帕内塔 2011 年就任美国国防部长以来首次访华。

中美两国海军在亚丁湾中西部海域举行首次联合反海盗演练。中国海军第 12 批护航编队的"益阳"号导弹护卫舰与美国海军"温斯顿·丘吉尔"号导弹驱逐舰举行了课目为联合登临检查的演练。

9月18日 美国国防部长帕内塔在北京与中国国防部长梁光烈举行会谈。双方就南海、美亚太"再平衡"战略以及共同关心的国际和地区热点问题交换了意见。帕内塔说，美中两国都是亚太重要国家，在反恐、反海盗、防扩散、维和、反毒品走私及人道主义救援与减灾方面拥有广泛的共同关切。美方的目标是将美中关系建成世界上最重要的双边关系，其中关键的是建立一个强有力的两军关系。双方应继续保持高层交往的势头，不断增进了解，扩大信任，减少误判，推动两军关系健康、稳定、可靠、持续地向前发展。帕内塔重申美在南海、钓鱼岛问题上不持立场，希望有关国家和平解决争端。帕内塔表示，美中双方应从长远的角度来看待两军关系，不仅要看到双方在哪些方面取得了突破性进展，更需要看到随着时间的推移，双方在一些达成共识的领域是否取得稳定发展。一个良好的美中关系不仅有利于两国和两国人民，也有利于亚太地区的和平、稳定与繁荣。美方致力于与中国建立稳定的、建设性的关系，这是维护 21 世纪世界和平的重要条件。美方鼓励亚太各国加强与中国的交流，邀请中方参加 2014 年"环太平洋演习"。

　　9 月 19 日　　美国国防部长帕内塔在北京会见中国国家副主席、中央军委副主席习近平。帕内塔说，美国亚太"再平衡"政策的目标是促进地区稳定、和平、繁荣。为实现这一目标，一个至关重要的条件是美国与中国发展建设性的关系。令人高兴的是，美中两国、两军关系近年来取得了重要积极进展。美方希望与中方加强对话，扩大合作，构建强有力的新型大国关系。美中不久前在亚丁湾成功进行了反海盗演习，美方邀请中方参加 2014 年环太平洋军事演习。美方对近期东海局势表示关切。我认真听取了中方对有关历史因素的介绍，美方对有关领土争端不持立场，呼吁有关方避免采取挑衅行动，通过和平方式解决争端。双方还就共同关心的国际和地区问题交换了看法。

　　美国总统奥巴马在白宫会见缅甸反对派领导人、国会议员昂山素季。奥巴马重申支持缅甸改革的承诺，并表示相信和解与改革将为缅甸人民带来和平、自由与繁荣。

　　9 月 21 日　　美国国防部长帕内塔开始对新西兰为期两天的访问。期间，与新西兰国防部长乔纳森·科尔曼举行会谈，会见新西兰总理约翰·基。帕内塔说，美新两国将进一步加强双边关系，措施之一就是解除新海军军舰不得停靠美国港口的禁令，这标志着两国关系进入一个"新时期"。科尔曼则表示，新西兰政府不会改变其无核化政策，但这并不意味着两国不能进一步加强防务关系。

　　9 月 25 日　　美国总统奥巴马在第六十七届联合国大会发表讲话，就伊朗、叙利亚以及争议影片引发中东地区反美抗议等热点问题阐述美国政府观点。奥巴马说，拥有核武器的伊朗"将是一个难以遏制的挑战"，威胁到以色列的生存、中东地区国家的安全以及全球经济的稳定。奥巴马警告，尽管仍有时间和空间解决伊朗核问题，但"时间并非无限"。就叙利亚局势，奥巴马重申美国政府立场，呼吁叙利亚总统巴沙尔·阿萨德下台，结束暴力冲突。

　　9 月 27 日　　美国国务卿希拉里·克林顿在美国纽约出席第 67 届联合国大会一般性辩论期间会见中国外交部长杨洁篪。杨洁篪表示，一个良好、稳定、持续向前发展的中美关系符合两国根本利益，也有利于亚太地区乃至世界的和平、稳定与发展。双方应保持对话合作势头，继续加强高层和各层级交往；充分挖掘合作潜力，努力扩大共同利益；稳慎处理敏感问题，有效管控分歧。中方愿同美方共同努力，落实两国元首重要共识，推进中美合作伙伴关系建设，努力探索新型大国关系之路。希拉里说，美方高度重视与中国的合作关系。两国各领域合作为双方带来巨大利益，各种对话与合作机制充分反映出双方关系的深度和广度。美中关系发展事关 21 世纪世界未来。在当前不确定性和挑战增多的国际形势下，发展好美中关系尤为重要。美方支持中国快速发展，愿按照两国元首达成的重要共识，与中方增进各层次交往，加强在国际和地区事务中的协调，不断推动双边关系取得进展。在会见中，杨洁篪阐述了中方在钓鱼岛问题上的严正立场，表示日本政府"购岛"决定严重侵犯中国领土主权，中方坚决反对。钓鱼岛及其附属岛屿自古以来就是中国的固有领土，日方采取的任何单方面举措都是非法和无效的。日方必须抛弃幻想，正视现实，切实纠正错误。双方还就共同关心的国际和地区问题交换了意见。

9 月 28 日　美国总统奥巴马签发行政命令，禁止中国三一重工在美关联公司拉尔斯控股（Ralls Corp）收购美国俄勒冈海军训练后勤基地附近的 4 个风电场。

美国国务卿希拉里·克林顿，日本外相玄叶光一郎和韩国外长金星焕在纽约举行三国外长会晤，讨论如何通过和平手段化解争端，增进亚太地区的安全以及促进朝鲜半岛无核化等问题。

10 月 7 日　韩国政府宣布，与美国达成协议，同意把目前韩国弹道导弹射程上限增加超过一倍至 800 公里，涵盖朝鲜全境。新射程将涵盖朝鲜全境以及中国和日本部分地区。

10 月 8 日　美国和菲律宾开始举行年度联合两栖登陆演习，重点演练人道主义援助和灾害应对。美军约有 2600 人参与，菲律宾派出 1200 人。该演习也是为了帮助提高菲律宾海军陆战队的两栖作战能力。

美国国会众议院情报委员会公布对中国通信设备企业华为和中兴通讯的调查报告，该报告认为，美国应该以怀疑的目光审察中国电信（微博）公司在美国电信市场的持续渗透，不管是政府还是私营部门，都不应该和华为、中兴合作。

10 月 9 日　美国财政部长盖特纳开始对印度为期两天的访问。期间，在德里与印度财长齐丹巴兰共同出席美印经济金融合作会议，并与印度工商界代表会谈。此外，盖特纳还在孟买会见了印度中央银行行长和工商界领袖。

10月10日　美国国防部长帕内塔宣布，美国将军约翰·艾伦接任北约最高军事长官一职。

美国"国会及行政当局中国委员会"发表涉及中国人权的年度报告。报告长达284页，其中正文172页，注释多达100多页。报告建议美国国会和总统敦促中国尽快批准公民权利和政治权利国际公约，加强法治，改进"政治透明度"，"无条件与少数民族对话"并释放被关押的"异见人士"。报告还单独辟出一章专门谈论香港和澳门的人权问题。报告还用相当多篇幅描绘中国工人的状况，称中国工人自2010年起就"开始抗争"。不过，报告也承认中国在人权方面取得一些进步，比如矿井死亡率下降、法律救助获得进展、正起草精神健康方面法律等。

10月11日　美国财政部长盖特纳在东京参加为期三天的国际货币基金组织和世界银行年会。

10月15日　美国国务卿希拉里·克林顿开始对秘鲁为期两天的访问。希拉里在利马同秘鲁总统奥良塔·乌马拉举行会谈。她在会后举行的新闻发布会上表示，美国与秘鲁正在努力协调，促进两国在保障公众安全、打击毒品贩运和暴力恐怖活动方面的合作。希拉里说，两国极为重视保护亚马孙流域的生态环境和森林资源。因此，两国同意，在共同制定地区性新措施以保持经济强劲增长的同时加强合作，以防止肆意砍伐森林，减少二氧化碳排放。乌马拉表示，他在会谈中与希拉里讨论了改善两国防务与安全合作机制的问题。两国都有进一步加强合作的政治意愿，未来将不断巩固各领域的合作关系，以应对双方面临的共同挑战。

10月17日　美国副国务卿伯恩斯访华，与中国外交部部长杨洁篪和外交部常务副部长张志军举行会晤。伯恩斯强调通过像战略安全对话这样的交流所进行的文职-军职接触的重要性。关于东海问题，伯恩斯称，美国认为各方应在没有胁迫、恐吓、威胁或使用武力的情况下，使用外交处理分歧。美国在当事方的竞争主权主张问题上不采取立场。双方还讨论了一系列广泛的国际问题，伯恩斯重申了美国对中国人权状况的关切。

10月22日　美国国务卿希拉里·克林顿访问海地。

10月29日　美国国务卿希拉里·克林顿开始为期5天的访问阿尔及利亚、波斯尼亚和黑赛格维纳、塞尔维亚、科索沃、阿尔巴尼亚和克罗地亚之旅。

美国国务卿希拉里·克林顿访问阿尔及利亚。希拉里与阿尔及利亚总统布特弗利卡举行会谈，双方重点讨论了阿尔及利亚邻国马里的政治危机和非洲反恐问题。

美国、印度和日本在新德里举行第三次三边对话，美国负责南亚和中亚地区事务的助理国务卿布莱克、日本外务省综合外交政策局局长平松贤司和印度外交部东亚司司长班浩然分别率领三方官员代表出席此次对话会议。海上安全合作、阿富汗问题以及中亚事务等是这次对话的主要议题。

10月30日　美国国务卿希拉里·克林顿和欧盟外交和安全政策高级代表阿什顿一同访问塞尔维亚。在贝尔格莱德同塞尔维亚总统尼科利奇和总理达契奇举行会谈。希拉里表示，美国支持塞尔维亚和科索沃当局之间展开对话，期待贝尔格莱德和普里什蒂纳采取具体措施，实现关系正常化。她还敦促各方履行已达成的协议。

美国国务卿希拉里·克林顿在波黑首都萨拉热窝与波黑主席团轮值主席巴基尔·伊泽特贝戈维奇举行会谈。希拉里表示，美国支持波黑加入欧洲联盟和北大西洋公约组织，希望波黑各方采取行动，推行改革，为加入欧盟和北约创造条件。她承诺，如果波黑11月按计划向北约提交"成员国行动计划"的申请，她本人将敦促北约给予批准。"成员国行动计划"是加入北约的最后步骤。一同与会的欧盟外交和安全政策高级代表阿什顿表示，欧盟和美国一致支持波黑加入欧盟和北约，波黑各方应为此采取必要措施，以加速这一进程。不过，希拉里·克林顿同时警告说，如果波黑迟迟不实施改革，其加入欧盟和北约的步伐将落后于这一地区其他国家。

10月31日　美国国务卿希拉里·克林顿开始对克罗地亚为期两天的访问。希拉里在萨格勒布与克罗地亚总统伊沃·约西波维奇举行会谈。希拉里表示，美国支持克罗地亚加入欧盟，并呼吁克罗地亚继续实行经济改革，改善投资环境，以吸引更多投资者。约西波维奇对美国的支持表示感谢，希望进一步加强两国的经贸合作。

11月1日　美国国务卿希拉里·克林顿在地拉那与阿尔巴尼亚总统尼沙尼和总理萨利·贝里沙会谈并在议会发表讲话。希拉里表示，美国支持阿尔巴尼亚加入欧盟，希望阿尔巴尼亚进一步加强法制建设，加强政党间合作，确保选举公开透明。阿尔巴尼亚总理贝里沙表示，希拉里·克林顿此次访问正值阿尔巴尼亚独立100周年之际，对于阿尔巴尼亚来说意义重大，阿尔巴尼亚希望与美国加强合作与交流。

11月5日　美国海军与日本海上自卫队在日本附近海域举行了名为"锐剑"的联合军演，演习的目的是假想日本与亚洲地区某国家发生军事冲突，以此为背景美日两国进行"协同作战"。美日两国此次军演共出动26艘军舰，其中有美军太平洋舰队航母"乔治·华盛顿"号。演习持续到11月16日。

11月6日　美国现任总统、民主党候选人奥巴马在大选中击败共和党挑战者罗姆尼，成功连任。

11月11日　美国国务卿希拉里·克林顿开始为期10天的访问澳大利亚、新加坡、泰国、缅甸和柬埔寨之旅。

11月13日　第67届联大通过决议要求美国结束对古巴制裁。

11月14日　美国国务卿希拉里·克林顿和国防部长帕内塔在澳大利亚珀斯与澳大利亚外长卡尔、国防部长史密斯举行美澳年度部长级会谈，双方重点讨论地区安全和美国扩大利用澳大利亚军事设施等问题。希拉里·克林顿在会谈结束后说，美澳两国将增强在海军、陆军及空间领域的合作，并表示"数十年来，澳大利亚和美国都是最亲密的盟友"。卡尔表示，澳美部长级会谈的成果还包括开展一项社会影响调研，以进一步确认澳大利亚公众对于美国海军陆战队在澳大利亚北部城市达尔文的驻留、美军使用澳大利亚领空和海军基地的反应。双方宣布，美军将在澳大利亚部署功效强大的雷达和太空望远镜。澳大利亚国防部长史密斯在记者招待会上说，C波段雷达的到来将"大大提高我们这一地区对太空碎片的监测"。美国国防部长帕内塔将其称之为"双边太空合作的大跃进和美国向亚太地区再平衡的重要的新领域"。

"美中经济与安全评估委员会"发表年度报告称，中国已成为网络世界最具威胁性的国家，美国政府应深入评估中国的"网络间谍"活动，考虑对从中渔利的中国企业加大处罚力度。

11月15日　美国总统国家安全事务助理多尼隆在华盛顿智库战略与国际问题研究中心发表演讲。多尼隆表示，奥巴马总统步入第二个总统任期后，妥善处理中美关系继续成为施政重点，美国将努力构建稳定和富有建设性的中美关系。多尼隆表示，自2009年就任总统后，构建稳定和富有建设性的中美关系一直是奥巴马奉行的战略原则，这既为大国携手解决全球问题提供了平台，也使美国处理棘手问题获得了更多回旋余地。回首过往4年的中美关系，多尼隆指出通过两国高层的频繁接触（仅"胡奥会"就达13次），中美建立起广泛的沟通机制和渠道，推动两国关系向积极和富有建设性的方向发展。多尼隆说，"这不是说中美之间不会出现问题，但是通过我们搭建的'上层建筑'，我相信两国可以妥善处理出现的问题"。展望下一个 4 年的对华政策，多尼隆明确表示，妥善处理中美关系需要长期努力，因此"在奥巴马总统的第二个任期，我们会继续把它当成施政重点"。他指出今后奥巴马政府有意与中国共同努力，推动二十国集团、亚太经合组织、东亚峰会等国际组织发挥更大作用，提高它们应对国际和地区挑战的能力。多尼隆同时承认中美关系既有合作也有竞争，今后美国将寻求在两者之间实现平衡，一面提高中美合作的分量和数量，一面瞄准提高美国的竞争力，争取以良性而非破坏性的方式处理分歧和竞争。

正在泰国访问的美国国防部长帕内塔与泰国国防部长泰坤蓬·素旺那达举行会谈，就美泰军事合作、亚太地区局势等议题进行了讨论。帕内塔和素旺那达共同签署《2012 年泰美防务联盟共同愿景声明》。帕内塔介绍说，这份声明规划了美泰军事合作的四个重要领域，致力于全面提升美泰军事合作："正如这份愿景声明中所列出的，美泰军事合作将主要集中在四个领域：一是维护东南亚地区和平；二是维护亚太及其他地区稳定；三是加强双方军队共同行动能力；最后，全方位加强美泰双边军事合作关系。"

11 月 16 日　美国国会众议院通过支持恢复与俄罗斯的正常贸易关系的法案。不过，该法案还包含一项禁止俄罗斯"侵犯人权者"进入美国国境的条款。俄罗斯方面对此条款表示不满，认为这是不友好的挑衅。

美国政府宣布放宽对缅甸产品的进口限制。美国国务院和财政部就此发表联合声明说，除产自和加工于缅甸的硬玉和红宝石以及内含它们的珠宝外，美国将向其他缅甸产品开放市场。

11 月 17 日　美国国务卿希拉里·克林顿在新加坡发表演讲说，美国在战略和安全层面的战略重心向亚太转移的同时，也会努力加强在亚洲的经济外交活动。美国总统奥巴马赢得连任后就出访亚洲，是因为 21 世纪的历史将主要在亚洲写就。她说，显然经济因素正在越来越多地决定战略格局，一些非军事强国也可以由于经济力量因素而成为全球性大国。美国正在调整外交重点，将经济放在更重要的位置，对于一些战略挑战也从经济层面寻找解决办法，同时也在与商业机构一起，加强商业外交。希拉里表示，伊拉克战争已经过去，阿富汗战争也即将结束，目前最迫切及最根本的任务就是更新美国的外交政策，以适应一个不断在改变中的世界。希拉里还阐述了美国在亚洲的经贸政策，她说，美国未来必须通过保有经济优势，来维持战略上的领导地位。

11 月 18 日　美国总统奥巴马访问泰国，会见普密蓬国王，与泰总理英拉举行会谈。两国领导人在会谈中就双边关系和共同关心的国际问题广泛地交换了意见，表示双方将进一步在防务安全、经贸和防止跨国犯罪方面加强合作。英拉在媒体见面会上表示，对于美方邀泰加入"跨太平洋伙伴关系协定"谈判一事，泰政府将根据国内相关程序处理。另外，对于自 2003 年以来泰国一直未承诺参加的"防止扩散安全协议"（PSI），英拉表示泰将参加该协议，以防止大规模杀伤性武器的扩散。

11 月 19 日　美国总统奥巴马访问缅甸，成为首个访问缅甸的在任美国总统。奥巴马在仰光与缅甸总统吴登盛举行会谈。奥巴马表示，美方希望缅甸继续推进政治和经济改革。"我认为这只是漫长旅程的第一步"，"我认为（吴登盛）总统推行的改革能够为缅甸带来惊人的发展机遇。"

美国总统奥巴马在仰光会见缅甸全国民主联盟领导人昂山素季。奥巴马说，他对缅甸的访问，标志着两国关系走向新的篇章。昂山素季则警告称，对于缅甸快速的政治改革，国际社会应小心应对，以免被"成功幻象"所蒙蔽。

美国总统奥巴马在仰光大学发表演讲。他在演讲中称要"实现诺言"，向缅甸人民伸出"友谊之手"。奥巴马说，缅甸的进步必将成为该国人民"闪烁的北极星"。

美国总统奥巴马访问柬埔寨，成为访问柬埔寨的首位美国总统。期间，在金边会见柬埔寨首相洪森。奥巴马在与洪森的会面中提到了自由选举、政治犯关押等议题。奥巴马向洪森表示，这些问题是美国和柬埔寨发展更深层次关系的"阻碍"。洪森称美国对人权问题的关注有些夸张，实际上柬埔寨的人权纪录要比很多国家都好。洪森在会谈中要求奥巴马免去柬埔寨所欠美国的 3.7 亿美元债务，称这些钱实际上是 20 世纪 70 年代柬埔寨的亲美政府所欠。

11 月 20 日　美国总统奥巴马在金边出席东亚峰会。与会领导人主要讨论了在金融、能源、教育、灾害管理、公共卫生、互联互通六大优先领域取得的进展。领导人对东亚峰会国家在东盟互联互通方面所做贡献表示欢迎，希望东亚峰会国家继续支持东盟灾害管理人道主义救援协调中心建设。峰会通过了《东亚峰会金边发展宣言》和《疟疾防控和抗疟药物产生耐药性问题的声明》。《金边发展宣言》是在中国提出的"金边发展倡议"基础上形成的，核心内容是倡导"均衡、包容、可持续"发展，推动各方交流借鉴发展经验，加强宏观政策协调，促进缩小地区差异，在金融、能源、教育、灾害管理、公共卫生、互联互通等六大领域扩大合作。宣言表示支持东盟在东亚峰会的主导作用和在相关区域合作机制中的核心地位，帮助东盟缩小地区发展差距，于2015年建成东盟共同体。

美国总统奥巴马在金边会见中国国务院总理温家宝。温家宝表示，中美关系是当今世界最重要的双边关系之一。保持中美关系持续健康稳定发展，符合两国和两国人民的根本利益，也有利于亚太地区乃至世界和平、稳定与繁荣。希望双方向世界传递这样的积极信息：中美两国坚持推进相互尊重、互利共赢的合作伙伴关系，坚持共同探索构建新型大国关系，坚持巩固和加强中美战略与经济对话、人文交流高层磋商、战略安全对话等合作机制，坚持加强中美经贸合作，以大规模经济和金融合作应对困难，解决分歧，坚持加强在国际和地区问题上的交流与磋商，特别是在亚太地区的合作。奥巴马表示，美中合作对亚太地区乃至世界安全和繁荣至关重要，我致力于同中方共同为此而努力。美中作为世界两大经济体，对促进亚洲和全球经济平衡、可持续增长负有特殊责任，发挥着重要的引领作用。美中两国领导人就共同面临的全球和地区问题保持接触和沟通十分重要。美方希望继续加强两国关系。

美国国务卿希拉里·克林顿访问以色列。希拉里与以色列总理内塔尼亚胡举行会谈。希拉里在联合记者招待会上说，美国将在未来几天为结束以巴加沙军事冲突而努力。她重申美国对以色列的支持，并强调加沙地带武装对以色列的火箭弹袭击必须停止。内塔尼亚胡说，以色列愿意通过外交途径结束冲突，但不排除升级军事行动的可能性。

11月21日　美国国务卿希拉里·克林顿访问巴勒斯坦，在约旦河西岸城市拉姆安拉会见巴勒斯坦民族权力机构主席阿巴斯。希拉里表示，美国将尽全力斡旋以结束巴以新一轮冲突。阿巴斯则敦促美国"加快节奏"。

11月26日　美国国务卿希拉里·克林顿同埃及外长阿姆鲁通电话，敦促埃及以民主方式解决国内政治纷争。希拉里表示，美国希望埃及的宪法进程不会导致权力过度集中于少数人手中，并且能够保证法制、权力制衡以及保护埃及所有团体的权利。穆尔西11月22日颁布新宪法声明，将制宪委员会工作期限延长两个月至2013年2月12日，称任何司法部门无权解散协商会议（议会上院）和制宪委员会。声明说，总统有权任命总检察长，所有总统令、宪法声明、法令及决定在新宪法颁布和新议会选出前都是最终决定，任何方面无权更改。上述声明引发埃及各界抗议，穆尔西的支持者与反对者爆发多次冲突。

11月28日　美国海军部长雷·梅布斯访华。

11月29日　美国国会参议院全体会议决定，在2013财年"国防授权法案"中加入补充条款，明确尖阁诸岛（中国称钓鱼岛）是规定美国对日防卫义务的《日美安保条约》第五条的适用对象。提案人之一民主党参议员韦伯发表声明，强调了日美同盟的重要性，称这将是美国"支持亚太地区重要盟国的强有力的表态"。法案经两院协商后，将由总统奥巴马签署通过。该补充条款指出"美国对钓鱼岛最终的主权归属不持特定立场，但认为其处于日本的管辖之下"，并间接提醒中国"第三方的单方面行动不会影响美国的这一立场"。此外，该条款还反对以武力威胁或以武力方式解决东海的主权问题，并"重申（以安保条约第五条为基础的）对日本政府的承诺"。

12月3日　美国国务卿希拉里·克林顿开始为期四天的访问捷克、比利时、爱尔兰之旅。

12月4日　美国国务卿希拉里·克林顿开始为期两天的对布鲁塞尔的访问。期间，在布鲁塞尔参加北约国家外长会议、北约-俄罗斯理事会外长会议、北约-格鲁吉亚委员会外长会议。北约国家外长会议着重讨论了北约盟国的防务合作、同伙伴国的合作问题。会议发表声明称，同意在土耳其部署"爱国者"导弹，增强该国的防空能力。声明表示对北约东南边境局势的关注，同时对土耳其领土屡遭侵犯表示了严重关切，表达了北约应对威胁、捍卫土耳其的决心。声明对德国、荷兰和美国愿意在土部署导弹的意向表示欢迎。希拉里在布鲁塞尔还会见了国际安全援助力量非北约伙伴国及阿富汗政府代表，评估阿富汗安全过渡计划执行情况以及2014年后北约在阿富汗的使命。希拉里还出席了美国-欧盟能源理事会第四次会议，讨论深化双方在能源安全和保护方面的合作。

美日韩三方在华盛顿举行会晤，针对朝鲜近日发射卫星进行讨论。参加会谈的有：美国朝鲜问题特使格林·戴维斯、韩国外交通商部朝鲜半岛和平交涉本部长林圣男和日本外务省亚洲大洋洲局局长杉山晋辅。

12月5日　美国国务院特别协调员奥特罗就西藏问题发表声明，称美国对中国藏族地区继续发生暴力事件以及藏人自焚事件日益频繁深感关切和痛心。

美国国务院负责经济增长、能源和环境事务的副国务卿罗伯特·霍马茨在中国"大使投资论坛"上发表讲话，称中国在美投资有助于平衡两国经济，为美国国内的就业和经济增长做出贡献，并支持中国的"走出去"（Going Out）政策。美国欢迎中国公司到美国投资。

12月6日　美国国务卿希拉里·克林顿在爱尔兰都柏林参加欧洲安全与合作组织部长级会议，讨论加强欧安组织在欧亚地区推进全面安全能力的倡议，并会见了来自欧安组织地区的市民社会的代表。

美国国会参议院通过恢复与俄罗斯正常贸易关系的法案。由于众议院已通过这一法案，参院的投票结果表明该法案已在国会获得最终通过。

12月7日　美国国务卿希拉里·克林顿在北爱尔兰贝尔法斯特会见北爱官员，讨论北爱和平进程等问题。

12月10日　第五届中美政党高层对话在华盛顿举行。中共中央对外联络部部长王家瑞与美国民主党代表、前国务卿奥尔布赖特和共和党代表、前助理国务卿威廉姆森分别致辞。双方围绕"中美两国未来几年的执政理念和发展方略"与"如何维护未来几年中美关系健康稳定发展"议题进行了深入互动交流。王家瑞介绍了中共十八大情况，阐释了中国未来的奋斗目标、发展思路和主要举措，强调中国将坚定不移地沿着中国特色社会主义道路前进，继续坚持改革开放、和平发展、合作共赢，以更积极的姿态参与国际事务，发挥负责任作用，为世界的和平与发展做出更大贡献。中方高度重视中美关系，希望与美政府、政党以及社会各界一道努力，推动中美新型合作伙伴关系建设全面发展。美方表示，美中关系是世界上最重要的双边关系，中国的持续稳定发展对美国和全球的安全与繁荣至关重要，双方应尽最大努力，推动两国关系沿着正确的轨道健康稳定发展。美两党希望与中共通过政党高层对话加强在双边以及国际和地区问题上的沟通，增进理解，减少误解，为美中关系发展做出积极贡献。中方还介绍了中国转变经济发展方式、深化各领域改革、"五位一体"总体布局、和平发展道路等情况。双方一致认为，对话达到预期目的，将继续保持密切沟通，适时举行第六届中美政党高层对话。

12月11日　美国总统奥巴马宣布，美国正式承认叙利亚主要反对派联盟为叙国人民的"合法代表"。奥巴马当天在接受美国广播公司（ABC）采访时说："叙利亚反对派联盟现在已具有足够的包容性，足以反映和代表叙利亚人民，因此我们视他们为正在反抗阿萨德政权的叙利亚人民的合法代表。"奥巴马强调，承认叙利亚反对派是基于责任，旨在确保他们能够更有效地组织起来，同时能够代表所有各方，并承诺实现政治过渡。这是美国自叙利亚陷入内战后最重要的一次介入，标志着美国试图孤立叙利亚阿萨德政权的政策进入一个新的阶段。

美国国防部长帕内塔访问科威特。帕内塔在科威特表示，虽然美国战略重心将向亚洲转移，但美国军方仍将在中东地区保持"强有力的存在"。帕内塔说，他保证美国足够强大，能够同时在太平洋与中东保持强有力的军事存在。不过帕内塔承认，在美国财政紧缩的背景下，美国在部署军力时将不得不采取"灵活"态度。帕内塔说，美国目前仍在中东地区保留近5万人的军队。他非常有信心美国将能够在中东保留这些军舰与部队，以便对任何突发事件做出反应。

美国和菲律宾在菲首都马尼拉举行为期两天的第三次双边战略对话。美国助理国务卿坎贝尔、助理国防部长利珀特和菲外交部负责政策事务的副部长巴西利奥、菲国防部副部长巴蒂诺共同主持这次战略对话，双方讨论了包括经济联系、包容性增长、司法改革、执法能力建设、海上安全、防务合作以及地区和全球问题等在内的广泛议题。

12月12日　美国国防部长帕内塔突访阿富汗，在首都喀布尔与阿富汗总统卡尔扎伊以及驻阿富汗北约联军高官举行会晤，就阿富汗安全局势和美国撤军等问题进行了磋商。美国国防部事前并未发布关于帕内塔访问阿富汗的消息。

第13次中美国防部防务磋商在华盛顿举行。中国人民解放军副总参谋长戚建国与美国国防部副部长米勒共同主持磋商。双方就中美两国两军关系、海上军事安全、国际和地区安全等问题广泛深入地交换了看法，特别是就如何落实两国元首就发展新形势下两军关系达成的重要共识、推进中美新型军事关系进行了深入探讨，达成了许多共识。

12月13日　中共中央总书记习近平在中南海会见美国前总统卡特。习近平强调，新形势下，中美双方要不畏艰难，勇于创新，积累正能量，努力建设相互尊重、互利共赢的合作伙伴关系，开创中美构建新型大国关系新局面。

联合国安理会发表声明，谴责朝鲜发射卫星的行为，并表示将继续就如何做出"适当回应"展开磋商。

12月17日　美国国务院负责国际麻醉品和执法事务的助理国务卿威廉·R.布朗菲尔德和美国司法部副助理部长布鲁斯·斯沃茨率领美国代表团出席

在中国广州举行的美中执法合作联合联络小组（JLG）第10次全体会议。美中两国代表团讨论了如何解决严重影响两国的日益紧迫的跨国犯罪造成的威胁。

12月18日 美国国防部长帕内塔在位于华盛顿的国家记者俱乐部发表演讲，详细阐述未来美军的发展方向。他声称，未来的军队规模将更小，但美军不会退回到美国本土，等待下一场战争爆发。相反，美军仍将活跃于全球。帕内塔警告说，预算僵局和议员们的消费选项是如今美军面临的两个最大威胁，导致很难资助保持军队最佳战斗力的项目。他说，如果预算自动削减无法避免，五角大楼将面临约5000亿美元的全面预算削减，"这会使我们的盟友、合作伙伴和潜在对手认为，我们这个国家正在衰落"。不过，帕内塔认为，只要美国2012年末没有陷入"财政悬崖"，美军仍然能在不同战场同时击败多个对手。他说："这意味着如果我们在朝鲜半岛卷入一场冲突，同时伊朗又企图封锁霍尔木兹海峡，我们必须有能力果断地应对这两个地方。"为了未来能同时打两场战争，帕内塔表示，五角大楼需要在航母舰队、两栖舰队、远程打击能力等方面进行投资。帕内塔还称，亚太地区是美军未来部署的重中之重。美国海军计划在2020年前完成60%兵力分配到太平洋、40%兵力分配到大西洋的调整。美军最先进的战机正在陆续调往太平洋地区，包括最近调派F-22战斗机、MV-22"鱼鹰"运输机到日本。此外，美方还计划在2017年将F-35"闪电2"战斗攻击机首次海外部署于日本岩国军事基地。帕内塔说，这些调动符合军方的"太平洋支点"战略。除在全球推进部署军事硬件外，美国还在简化军购流程，以方便美国军火公司或政府机构向盟友出售装备。帕内塔表示，对外军售程序应变得更加反应敏捷并更有效，来快速穿过官僚机构的繁文缛节，及时向其他国家提供援助，尤其是巴西和印度这种正寻求提升国防贸易的崛起中的大国。

为期两天的第23届美中商贸联委会在华盛顿举行，美国商务部代理部长布兰克、贸易代表柯克和中国国务院副总理王岐山共同主持会议。美国农业部长维尔萨克参加了针对农业贸易关键问题的讨论。这不仅是中共十八大后中共新领导层的首度访美，也是奥巴马总统新任期开启后中美高层的首次互动。会议总计讨论近40个彼此关切的问题，最终取得50余项成果。针对中方关切，美方承诺放松对华高科技产品出口管制，包括放宽对部分军民两用物品的管控，并支持中美在民用核能领域的高新技术合作。美方重申欢迎中国企业赴美投资，美国投资环境将继续保持透明和开放，并承诺继续与中方在知识产权领域加强合作，落实《中美知识产权合作框架协议》，在 2013 年尽快实施双方协定的有关项目。对于美方关切，中方表示将加强知识产权执法，推进中央国有企业和大型国有银行软件的正版化，并会认真研究各方对《党政机关公务用车选用车型目录管理细则》的意见。中方将适时启动《信息安全等级保护管理办法》的修订程序，对符合条件、在中国设立并且具有法人资格的外资机构给予与内资机构相同的待遇，并在发展战略新兴产业时，平等对待外资企业。中美还同意继续通过联委会及下设的各行业工作组推进合作，并且在战略新兴产业、高技术贸易、农产品贸易、法律交流、贸易统计、交通运输、药品医疗器械等领域开展对话合作。此外，中美还签署两份政府间合作文件，一份是中国商务部与美国贸易发展署签署的关于支持中美贸易合作的谅解备忘录，另一份是中国商务部与美国商务部、美国贸易代表办公室签署的关于中美货物贸易统计差异研究的第二阶段报告。

12 月 20 日　美中经济与安全评估委员会公布一份名为"中国与伊朗：有限伙伴"的报告，指责中国政府"为伊朗核计划提供物资和技术，并向伊朗出口导弹和其他武器"。这份报告是美中经济与安全评估委员会委托美国情报承包商"中枢技术"于 2012 年 10 月做出的。

美国总统奥巴马正式签署已经获得国会两院批准的一项法案，授予俄罗斯"永久正常贸易关系"，这一法律的正式诞生标志着两国贸易关系上冷战时期痕迹的彻底消失，但是法案中附带的人权部分内容也引起了俄罗斯政府方面的不满。法案还同时授予前苏联加盟共和国摩尔多瓦永久正常贸易关系，后者在 2001 年就加入了世界贸易组织，但是在过去十年一直被国会忽略而无法获得这一批准。奥巴马在法案中说："与俄罗斯贸易关系的正常化能让美国在与俄罗斯进行贸易时享受世贸组织的各项权利。1974 年通过的贸易法第四章第一条（实施杰克逊-瓦尼克修正案）不再对俄罗斯适用。"

美国农业部公布，中国取消购买 54 万吨美国大豆，这是中国至少 14 年来最大规模地取消订单。中国是全球主要大豆进口国。交易商称，中国取消订单是因为全球第二大大豆出口国——巴西可能丰收，中国可以从巴西以更低的价格订购。

12 月 21 日　美国总统奥巴马正式提名民主党籍参议员、参议院对外关系委员会主席约翰·克里为国务卿人选。

　　美国参议院表决通过"2013 财年国防授权法案"，根据参众两院批准的法案，2013 财年（2012 年 10 月至 2013 年 9 月），美国军费预算总计约 6330 亿美元，其中 5280 亿美元用于采购武器、更新装备、支付工资等日常支出，880亿美元用于阿富汗战争，另外 170 亿美元用于核武项目。法案包括涉钓鱼岛条款和涉台条款，但仅为表明国会意向，并无法律约束力。涉钓鱼岛条款声称美国对钓鱼岛主权归属不持立场，但承认日本对钓鱼岛的"行政管辖权"，并重申美国对日本安全的承诺；涉台条款呼吁美国向台湾地区出售 F-16C/D 或类似机型的战斗机。

　　朝鲜宣布拘捕一名美国游客，称其犯下"反朝敌对罪行"，将对其提起刑事诉讼。

　　12 月 26 日　俄罗斯联邦议会上院——联邦委员会全票通过禁止美国人领养俄儿童的法案，废除俄美 2011 年 7 月签署的收养协议。美国国务院发言人帕特里克·文特雷尔发表声明表示遗憾。文特雷尔表示，"将儿童的命运和不相关的政治考量联系起来是不明智的。""自 1992 年以来，美国家庭已收养了超过 6 万名俄罗斯儿童，为他们提供了良好的成长环境。而俄罗斯这一法案将让许多儿童无法享有这一机会。"此举被认为是俄在"马格尼茨基案"问题上对美国的报复。

　　12 月 28 日　俄罗斯总统普京签署禁止美国公民领养俄罗斯儿童的法案。

五　2013 年

1 月 2 日　美国总统奥巴马签署 2013 财年国防授权法案。2013 财年美国军费预算总计约 6330 亿美元。

美国国务院发言人纽兰在记者会上表示，叙利亚总统巴沙尔·阿萨德不会在叙利亚未来的过渡政府中发挥任何作用，称"我们的立场一年多一直保持不变：巴沙尔必须下台"。

美国两架无人机袭击巴基斯坦西北部，造成包括一名塔利班高级将领在内的 9 人死亡。

位于卡塔尔的"半岛"电视台宣布，已买下由美国前副总统戈尔于 2005 年创办的"当前"（Current）电视台，这将有助于"半岛"电视台进入美国市场。

1 月 3 日　美国第 113 届国会正式宣誓就职。参议院和众议院的政治格局与上届相比没有发生大的变化，民主党和共和党在参议院和众议院仍然各占多数席位。参议院多数党领袖仍然由民主党人哈里·雷德担任，共和党人约翰·博纳继续担任众议院议长。

美国国务卿希拉里·克林顿与挪威外交大臣埃斯彭·艾德、英国外交大臣黑格就将于 1 月 4 日举行的苏丹和南苏丹首脑会谈发表共同声明，呼吁双方以此为契机，实现和平。

1 月 4 日　首批 27 名美军士兵抵达土耳其部署"爱国者"反导系统。该系统由北约控制、美军操作。

1 月 6 日　美军无人机空袭巴基斯坦北部靠近阿富汗地区，造成 9 名被怀疑是塔利班武装分子的人被炸死。

1 月 7 日　美国总统奥巴马提名前共和党参议员查克·哈格尔担任下任国防部长，提名反恐顾问约翰·布伦南担任中央情报局局长。

1 月 9 日　美国国防部长帕内塔在五角大楼会见以色列国防部长巴拉克，双方表示将继续在许多地区问题尤其是叙利亚、伊朗和加沙问题上展开合作。这是帕内塔就任国防部长后两人的第 11 次会面。

美国国务院发布简报介绍援助叙利亚的情况，称美国的援助包括对新组建的叙利亚反对派联盟大力提供外交支持，为受冲突影响的叙利亚人提供人道主义援助，以及向叙利亚境内的非政府组织提供"非武器援助"。

1月10日　美国总统奥巴马提名现任白宫办公厅主任雅各布·卢接替盖特纳，担任下任美国财政部长。

1月11日　美国总统奥巴马在白宫与阿富汗总统卡尔扎伊举行会谈，双方同意美军提前退出在阿的作战任务。美军向阿富汗安全部队移交作战任务主要职责的期限将由原定的2013年夏提前到2013年春。此后，驻阿多国部队将转入支持角色，为阿富汗部队提供培训、建议和协助。

1月13日　美国总统奥巴马致信国会两院领导人，称根据《战争授权法》，他已指示美国空军协助法国军队1月11日在索马里采取行动，解救被激进组织青年党（al-Shabaab）绑架的法国人质。美军只提供了"有限的技术支持"，没有使用武器进行直接攻击。

1月14日　美国国防部长帕内塔在华盛顿对记者表示，美法国防部领导人已敲定美军为法国在马里的军事行动提供情报、后勤和空中支援的细节。帕内塔称，此类援助表明了美国的决心，即"美国有责任在任何地方打击'基地'组织"。

美国国防部长帕内塔访问葡萄牙，开始其欧洲四国之行。这是30年来美国国防部长首次访问葡萄牙，也是帕内塔作为国防部长的最后一次出访。此行的目的在于强调北约以及美国双边同盟关系的重要性。帕内塔赞扬葡萄牙、西班牙、意大利和英国作为北约在阿富汗的"国际安全援助部队"的成员所发挥的作用。帕内塔称，此行要在各国同时面临国家安全挑战和财政挑战的时候，为未来合作打下基础。

美国总统奥巴马签署"朝鲜儿童福利法"。法案要求国务院定期向国会相关委员会通报其为维护朝鲜儿童利益所做的努力。

美国总统奥巴马在白宫会见沙特内政大臣穆罕默德·本·纳伊夫·本·阿卜杜勒阿齐兹·阿勒沙特王子，双方肯定了美沙伙伴关系，讨论了双方关注的安全问题和地区问题。

1月15日　美国助理国务卿坎贝尔、国防部负责亚太安全事务的助理部长马克·李普特和国家安全委员会亚洲事务高级主任丹尼尔·拉塞尔开始为期三天的韩国、日本之行，与韩国和日本官员讨论朝鲜半岛问题、在联合国安理会讨论制裁朝鲜"导弹试验"、加强美日和美韩同盟、"海上安全"问题等。

美国国务卿希拉里·克林顿在国务院与利比里亚总统瑟利夫举行会谈。双方举行启动"美国-利比里亚伙伴对话"仪式，承诺展开高层次的外交和经济合作。

美国国防部长帕内塔访问西班牙，会见西班牙首相马里亚诺·拉霍伊·布雷、国防部长佩德罗·毛林斯·尤雷特，讨论了包括网络领域合作等一系列广泛问题，帕内塔称西班牙是北约的一个重要领导国和关键盟友。

美国国防部长帕内塔访问意大利。会见意大利总统乔治·纳波利塔诺、总理蒙蒂、国防部长吉姆保罗·蒂·保拉、外长朱里奥·圣阿加塔，讨论了包括非洲冲突、阿富汗安全职责移交等广泛问题。帕内塔称，美国感激意大利为驻意美军基地提供的重要支持，意大利是美国在阿富汗的强有力的北约伙伴国，在阿富汗发挥着重要作用。

美国国务卿希拉里·克林顿与到访的哥伦比亚外长马里亚·安吉拉·霍尔古因·克尤拉在国务院举行会谈。

美国国务院发言人纽兰在记者会上表示，美国对法国在马里的军事行动表示欢迎。纽兰称，法军的行动是为阻止恐怖分子进入马里南部、防止马里政府崩溃以及加速联合国安理会有关马里决议的实施。美国正在向法军提供情报支持并且在认真考虑帮助法国将部队从法国以及其他地区空运到马里的要求。

1月16日　美国负责东亚和太平洋事务的助理国务卿坎贝尔在美国国务院网站发表题为《展示美国对亚太地区的承诺》的文章，称自2011年底希拉里·克林顿宣布亚洲的"枢纽"（"pivot"）以来，美国显著增加了重新聚焦和加强与亚太地区关系的努力，急剧改善了美国在这一地区的双边关系，美国对该地区多边机制的参与也达到了前所未有的程度。

美国参谋长联席会议主席邓普西在布鲁塞尔北约总部出席北约盟国及伙伴国参谋长会议。会议讨论了阿富汗局势和向阿富汗移交安全职责的进程和计划以及2014年后北约在阿富汗的任务。会议还评估了北约的军事机构和能力，以确保其胜任集体防卫的任务。

美国国务卿希拉里·克林顿与沙特内政大臣穆罕默德·本·纳伊夫·本·阿卜杜勒阿齐兹·阿勒沙特王子在美国国务院举行会谈。

伊斯兰极端分子袭击阿尔及利亚东部的一座天然气田设施，绑架一批西方人质，其中有美国人。为人质安全考虑，美国没有公布被绑架的美国人质的人数和姓名。

1月17日　美国总统奥巴马在白宫会见索马里总统哈桑·谢赫·马哈茂德。奥巴马祝贺马哈茂德在2012年9月当选总统并建立了20年来的第一个长

期的、有代表性的政府，称索马里在过去一年里在安全和政治领域取得了显著
进步，表示愿与索马里政府一道，推进索马里和平、安全和社会进步。

美国国务卿希拉里·克林顿在美国国务院会见索马里总统马哈茂德，会谈后
希拉里宣布美国正式承认索马里政府，这是 1991 年以来的第一次。希拉里·克林
顿称，美国坚信索马里成功完成政治过渡，标志着"治理新时代"的开端。

美国国防部长帕内塔访问英国。

美国和英国就"全球定位系统"（GPS）的知识产权问题发布共同声明，
称双方承诺确保 GPS 的民用信号为世界各地的用户免费、公开地提供。双方
重申在民用和军用等一系列范围内展开进一步的太空合作。

美国国务卿希拉里·克林顿发表声明，称美国高度关注老挝公民社会领导
人宋巴·宋蓬失踪一事，呼吁"老挝政府进行透明调查，尽一切努力让宋巴
立即安全回到家人身边"。

1 月 18 日　美国国务卿希拉里·克林顿在美国国务院与日本外相岸田文
雄会谈。双方讨论了朝鲜和地区安全、加强日美安全同盟、美军基地搬迁、跨
太平洋伙伴关系（TPP）等问题。希拉里·克林顿表示，美国不在钓鱼岛主权
归属上持立场，但美国承认钓鱼岛属于日本行政管辖范围，反对任何侵害日本
行政管辖权的单边行为。

美国国防部长帕内塔在伦敦国王学院发表讲话，阐述北约的未来发展战
略。他特别提到，北约应当与美国一道，增加和深化在亚太地区的防卫努力。
北约盟国不但"不要担心美国的亚太'再平衡'，而且要参与进来"。

日本《产经新闻》报道称，鉴于中国空军战机近期曾在东海上空对美海
军 P3C 反潜巡逻机和空军 C130 运输机实施跟踪飞行，美军于近日决定，将在
东海海域部署空中预警机（AWACS），与日航空自卫队预警机合作，进一步强
化对中国飞机动向的"警戒"。

1 月 19 日　美国国防部长帕内塔在伦敦会见英国国防大臣菲利普·哈蒙
德，讨论阿富汗安全职责移交、中东问题和来自北非的挑战。

下编　奥巴马第二任期

一　2013 年

1 月 21 日　美国总统奥巴马发表就职演讲。关于外交问题，他表示持久的安全与和平不需要通过持久的战争来实现，承诺将确保美国在世界上的联盟的稳固，同时尽力通过和平方式解决与他国的争端。

应法国请求，美国非洲司令部派出 C-17 运输机帮助法国将部队和装备运送到马里。

1 月 22 日　联合国安理会以 15 票赞成的表决结果，一致通过关于朝鲜发射卫星问题的第 2087 号决议。决议谴责朝鲜 2012 年 12 月发射卫星之举，称其严重违反了安理会相关决议，并决定将朝鲜 6 个机构以及 4 人列入制裁名单，要求朝鲜立即停止弹道导弹计划的所有活动，不进行核试验和进一步挑衅。决议同时重申，希望寻求以和平、外交和政治方式解决有关问题，呼吁重启六方会谈。

1 月 23 日　美国国务卿希拉里·克林顿分别在参议院对外关系委员会和众议院外交事务委员会就美国驻利比亚班加西领事馆遭袭接受质询。希拉里为国务院的表现进行了辩护，并警告北非武器外流已造成威胁，建议对北非进行更广泛干预。

美国国务院朝鲜政策特别代表戴维斯开始访问韩国、中国和日本，讨论对朝政策问题。代表团成员包括美国六方会谈特别代表哈特和国家安全委员会负责韩国事务的主任赛勒。

1 月 24 日　美国国务卿希拉里·克林顿出席"10 万人留学中国计划基金会"（The 100，000 Strong Foundation）成立仪式并致辞。该基金会的成立源自 2010 年美方提出的"10 万人留学中国计划"。该计划提出，到 2014 年，在中国留学的美国学生人数要达到 10 万。希拉里在致辞中强调美国人到中国留学的重要性、对中美战略关系的推动和留学中国的经历对美国学生本人的好处。

美国国会参议院对外关系委员会就克里的国务卿提名举行听证会。克里陈述了他对美国外交的基本看法。关于中美关系，他表示中美不是战略对手，希望强化中美关系，继续重新平衡两国关系。

美国朝鲜政策特别代表戴维斯在首尔与六方会谈韩国代表团团长、韩外交通商部朝鲜半岛和平交涉本部长林圣男举行会谈。戴维斯表示，若朝鲜放弃核武器和多级导弹，而选择走上和平与发展之路，美方愿意向朝提供援助。美国仍然愿意为落实"9·19"共同声明启动有诚意、可信赖的谈判。

美国财政部宣布对两名在北京的朝鲜银行代表和一家在香港的贸易公司实施制裁。美国政府指责这两名银行代表和这家贸易公司参与了出口平壤的武器技术和装备，包括向伊朗出口这些武器技术和装备的行动。

1月25日　美国国务院朝鲜政策特别代表戴维斯访问中国，与中国政府朝鲜半岛事务特别代表武大伟举行会谈，戴维斯还会见了外交部副部长傅莹，双方就朝鲜半岛局势和六方会谈问题深入交换了意见。

美国总统奥巴马与法国总统奥朗德通电话，就马里、阿尔及利亚、利比亚和叙利亚问题进行磋商。奥巴马表示支持法国军事介入马里局势，承诺说将与法国合作，解决北非地区的极端主义。

美国总统奥巴马任命总统国家安全事务副助理丹尼斯·麦克多诺接替获提名出任财政部长的雅各布·卢，担任白宫办公厅主任。

美国国际开发署副署长南希·林德伯格在土耳其安卡拉宣布，美国正向叙利亚人提供1000万美元的附加援助，以应对因叙利亚国内冲突造成的面包紧缺和饥饿。包括这项援助在内，美国为叙利亚国内受冲突影响的人和在邻国的难民提供了2.2亿美元的援助。

美国国务院朝鲜政策特别代表戴维斯访问日本。与日本外务省亚洲及大洋洲事务局局长杉山晋辅、副外相斋本绍隆会谈，讨论实施联合国2087号决议、维持美日韩三方协调、保持与中俄合作等问题。

美国国防部长帕内塔与法国国防部长勒德里昂通电话，讨论美国支持法国军事介入马里局势问题。帕内塔表示美国将为在马里作战的法国部队提供空中加油支持。双方还讨论了美国为法国部队提供国际援助的计划，包括从非洲国家乍得和多哥运输部队。

1月26日　美国军方在加利福尼亚州范登堡空军基地试射"陆基中段防

御"导弹防御系统（GMD）拦截导弹。导弹成功完成预定动作，而后飞向外太空。这次试射是 2010 年 12 月失败以来 GMD 拦截导弹第一次试射。

1 月 28 日　美国国会众议院外交委员会主席爱德华·罗伊斯率领国会议员代表团访问台湾，会见台湾地区领导人马英九，并与台方讨论了消除美国对台军售障碍的问题。

美国贸易代表柯克宣布，美国与约旦就促进投资、信息和通信技术服务和推进约旦劳工权利、改善工作条件等达成协议。

美国贸易代表柯克和美国农业部长维尔萨克宣布，美日已就美国扩大向日本牛肉出口达成协议，其中规定，把美国向日本出口牛肉的牛龄从 20 个月扩大到 30 个月，新条款将会增加美国对日出口牛肉数亿美元。新协议将于 2013 年 2 月 1 日生效。

1 月 29 日　美国总统奥巴马在拉斯维加斯戴尔索尔高中发表讲话，就移民改革提出四部分建议：第一，继续加强边界管理；第二，打击雇用无身份工人的公司；第三，登记无身份移民；第四，对涉及移民家庭、工人和雇主的制度进行合理的改革。

美国总统奥巴马宣布，他已批准对遭受内战摧残的叙利亚民众和逃离叙利亚的难民提供新一轮人道主义援助，追加援助 1.55 亿美元，使美国向叙提供援助的总额达到 3.75 亿美元，美国成为向叙利亚民众提供援助最多的捐助国。

美国参议院以压倒性多数票批准参议员约翰·克里出任下任国务卿。现年 69 岁的克里 1984 年竞选联邦参议员成功，进入参议院外委会，过去 4 年一直担任外委会主席。他曾于 2004 年竞选总统，但以微弱劣势败给时任总统布什。现任国务卿希拉里·克林顿定于 2 月 1 日卸任。

美国在台协会（AIT）理事主席薄瑞光开始对台湾进行为期 5 天的年度例行性访问，期间与台湾地区领导人马英九等台重要政商界人士会面，就美台关系交换意见。

1 月 30 日　日本防卫相小野寺五典在防卫省与美国负责核及生化武器防御计划的助理国防部长韦伯举行会谈。双方就日美合作应对朝鲜宣布即将开展的核试验达成一致。

美国国务卿希拉里·克林顿在美国国务院与墨西哥外长何塞·安东尼奥·梅亚德举行会谈。

1 月 31 日　中国国务院副总理李克强在人民大会堂会见美国众议院外委

会主席罗伊斯率领的代表团。罗伊斯等 5 位来自美国共和、民主两党的议员发言表示，美中关系是世界上最重要的双边关系，美国共和、民主两党都积极支持发展美中关系。双方应加强各层面对话，深化合作，为两国繁荣发展和世界的和平稳定做出更大贡献。

美国参议院军事委员会就哈格尔出任国防部长举行听证会。哈格尔阐述了他对美国国防政策的看法。称他的指导原则是使美国的政策"值得美国军人及其家人为之牺牲奉献"，他表示他如果就任，首要任务是处理阿富汗安全过渡问题，打击恐怖主义、阻止伊朗核武器开发也是他列举的美国面临的安全问题。哈格尔过去在伊朗、以色列和伊拉克战争问题上的言论受到共和党议员的尖锐质询。

《纽约时报》、《华尔街日报》声称其电脑系统遭到中国黑客攻击。

美韩日三国政府在东京召开外务及防务部门局长级会议并发表共同声明，称如果朝鲜采取包括核试验在内的挑衅行为，需要对无视国际社会决议而产生的所有后果负责。

美国国际贸易委员会宣布，对华为、中兴、三星和诺基亚公司的 3G 和 4G 无线设备发起"337 调查"，以确定这些产品是否侵犯美国公司专利权。

美国国务卿希拉里·克林顿在国会参议院对外关系委员会就美国的领导地位发表演讲，介绍过去 4 年来美国取得的外交业绩。希拉里称美国现在更为强大、在世界更受尊敬、美国的领导地位更加坚固。关于中美关系，她指出中美已建立了具有足够广度和弹性的关系，并称太平洋足够大容得下中美两国，美国将继续欢迎中国的崛起。

2 月 1 日　约翰·克里宣誓就任美国国务卿。

美国副总统拜登访问德国，会见德国总理默克尔。称德国是美国的"重要关键伙伴"，跨大西洋联盟是美国外交的基础。

2 月 2 日　美国副总统拜登出席第 49 届慕尼黑安全会议并发表讲话。他表示，无论是美国还是任何其他国家都无法单独应对世界面临的安全和经济挑战。称欧洲仍然是美国与世界关系的基石，是美国全球合作的推动力量。关于伊朗核问题，他强调，"时间依然是有的，球在伊朗政府的手中，并且对德黑兰来说，仍有时间采取真正诚恳的措施来进行谈判"。关于中美关系，拜登表示，他个人以及美国总统奥巴马都相信，美中新领导人建立个人关系、开展直接对话对美中两国都非常重要。"美国对中国不怀敌意，美中可以既合作又竞争。和平的、负责任的中国的崛起有利于世界的安全与繁荣。"但他称，应鼓励中国"以共同的全球关注而不是自视的关注界定自己的利益"。

北约秘书长拉斯姆森在慕尼黑安全会议上表示，阿富汗战争的结束为北约规划未来提供了机遇，即确定北约下一步做什么、怎样做和发展成为什么样的联盟。北约将继续在任何时间和地方对威胁自己利益的危机做出反应。但"这并不意味着我们将在任何和我们对抗的地方进行干预，而是我们将对任何威胁做好制止和防卫的准备"。

2月3日　美国国务卿克里与日本外相岸田文雄、韩国外交通商部长官金星焕通电话，三国一致同意，要充分实施安理会 2087 号决议，如果朝鲜"采取进一步的挑衅措施，必定要面临严重后果"。

2月4日　美国副总统拜登访问法国，在巴黎会见法国总统奥朗德。双方讨论了马里、叙利亚、伊朗、中东和平进程等问题。

韩美两国海军在韩国东部海岸开始举行为期三天的联合海上演练。装备有远程巡航导弹的美国核潜艇"旧金山"号、宙斯盾级巡洋舰"西罗"号参加演习。演习旨在防范朝鲜动用潜艇进行的攻击。

2月5日　美国白宫发言人杰伊·卡尼表示，美国使用无人机空袭和定点清除身处国外、被认定为恐怖组织成员的美国公民，并不违反美国宪法。

美国全国广播公司披露美国司法部一份 16 页的秘密文件，文件中提道，如果美国公民是"基地"组织或相关恐怖组织资深领导人，那么即使没有情报表明他们参与了袭击美国的计划，美国政府也可以下令予以处死。文件还为这一许可做了合法推论。

美国总统奥巴马就即将到来的肯尼亚大选向肯尼亚发表录像讲话，呼吁肯尼亚人支持自由、公正、和平的选举目标，强调美国对美-肯关系的重视，并表达了他个人与肯尼亚的感情联系（奥巴马的父亲是肯尼亚人）。

美国国防部宣布，因担心预算削减，无限期推迟部署"杜鲁门"号航母战斗群，美国驻扎在波斯湾的航空母舰数量也将从目前的两艘减少到一艘。

美国司法部长埃里克·霍尔德在华盛顿宣布，美国司法部已正式对国际知名信用评级机构标准普尔公司及其母公司提起民事诉讼，控告其在金融危机爆发前夸大了债务抵押债券等结构性金融产品的信用评级，误导了投资者。

2月6日　美国国务卿克里在美国国务院履行就职宣誓仪式，拜登监督。克里在宣誓仪式上致辞，称他将致力为和平而工作。克里说，美国的价值和理想代表了世界上最好的生活可能性。表示他虽然更倾向用和平方法解决冲突，但当补救措施用尽时，美国必须准备保卫自己的事业并为对抗极端主义、恐怖主义、混乱和邪恶做好准备。对于有人因为美国预算紧张而主张把注意力转向国内，克里称，"美国是例外的，不是因为美国自称这样，也不是因为美国与生俱来这样，而是因为美国做例外的事情。现在不是美国撤退的时候，而是美国要继续发挥领导作用的时候"。"世界依赖着美国"。

美国国防部长帕内塔在乔治敦大学发表演讲，谈美国安全尤其是美国"领导地位"面临的挑战。称美国战略包含五个方面内容。第一，在经历了伊拉克战争和阿富汗战争之后，美国军队"瘦身"了（smaller and leaner），但凭借高技术，更敏捷、更灵活、更易部署。第二，向亚太和中东投放力量至关重要，美国面临的严重问题主要来自这里。第三，美国要在世界其他地区保持军事存在，美军在拉美、非洲、欧洲等地进行培训、演习、与当地国合作，培养他们的军事能力，发展出新的伙伴关系、新的同盟，使他们将来成为美国军事力量的一部分。第四，美国要同时面对不只一个敌人，如果朝鲜发生战争，而同时霍尔木兹海峡被封锁，那就意味着美国要同时应对两场冲突。保持在两个战场上击败敌人的能力至关重要。第五，不能削减预算，而是要投资。帕内塔特别提到网络是美国军方优先考虑的一个领域，称网络攻击是美国面临的重大威胁之一。美国要在网络领域保持领先优势。在回答关于钓鱼岛争端的提问时，帕内塔称，美国不会在钓鱼岛问题上选边站，而是希望以和平的方法来解决此类问题。帕内塔表示，美国不但需要保持与日本、韩国等同盟国的紧密联系，还应促进与正在崛起的中国的关系。帕内塔声称，"太平洋的稳定需要中国不威胁其他国家"。

美国财政部宣布，《2012 年削减伊朗威胁及保障叙利亚人权法》（*Iran Threat Reduction and Syria Human Rights Act of* 2012）的主要条款开始生效。这些条款限制伊朗对其存储在国外金融机构的石油收入加以利用的能力，同时防止这些资金流回伊朗，从而扩大了对与伊朗中央银行及其他被列为制裁对象的伊朗金融机构进行的交易实施制裁的范围。美国财政部通过与国务院协商，还将参与伊朗政府审查活动的一名个人和四个实体列为制裁对象。美国财政部表示，这些审查活动限制了伊朗境内信息的自由流动，并打击了那些要求行使集会和表达自由的伊朗人。美国财政部宣布将伊朗伊斯兰共和国广播电台及其负责人列为制裁对象，冻结其在美国境内的财产和利益，并禁止美国人与其从事交易。财政部还将伊朗境内的其他三个实体确定为制裁对象，包括伊朗网络警察局、电信管制局和伊朗电子工业部。美国此项制裁的依据是第 13628 号行政令。

为平息国会的指责，美国总统奥巴马指示美国司法部向国会主要的相关委员会提供关于可以在国外使用无人机定点清除涉及恐怖犯罪的美国公民的相关文件。

2月7日　美国总统奥巴马在美国全国早餐祈祷会上发表讲话，颂扬信仰的力量。奥巴马在讲话中自始至终强调谦卑。称美国人在历史上就一直谦卑，留心自己的不足。称领导的核心价值就是保持马丁·路德·金、林肯、华盛顿等美国所有伟大领导人所理解的谦卑。他呼吁以开放的心灵过日子，寻求存在于对立观点中的真理，寻求作为一个国家采取真实而有意义行动的共识。称"我们必须谦卑，因为没人能完全理解上帝的思想。我们必须每日每时保持谦卑。必须承认即使是我们的对立派别也在探索着他们的道路，尽他们的最大努力，经历与我们一样经历的斗争"。奥巴马建议"拥有最大权力和最大影响的人应该最谦卑"。

美国国务卿克里在美国国务院举办的"外交政策课堂"（Foreign Policy Classroom，美国国务院公共事务局举办的项目，召集来自全美各地对外交政策有兴趣的大学生，在美国国务院聆听外交专家讲解美国外交政策）发表讲话。介绍支出占美国预算1%的外交领域为美国、为世界所做的贡献。称"20 和 21 世纪一次次证明，美国是带来和平、保护人权、使人们过上更美好生活的不可替代的国家"。称美国也不完美，也犯错误。表示在 21 世纪，美国面对更加复杂的问题，"美国的挑战不是要退却到国内、不是要更内向。如果美国放任不管，世界就会是另一番样子，例如阿富汗这样的国家里极端分子就会组织起来使那里的人民过上悲惨生活"。

美国国防部长帕内塔就美国驻利比亚班加西领事馆遭袭事件接受参议院军事委员会质询。他向议员们解释说，这次袭击事先全无预警，事发极为突然，美军根本来不及解救遇袭身亡的美国驻利比亚大使史蒂文斯等人。

美国国务卿克里与加拿大外长约翰·拜亚德在美国国务院会谈并举行记者招待会。双方讨论了两国在经济、能源、边界安全、伊朗核开发等一系列问题上的合作。

2月8日　美国代理商务部长丽贝卡·布兰克发表声明表示，2012 年美国的商品和服务出口增加 926 亿美元，总额达 2.2 万亿美元，创有史以来的最高纪录。

针对联合国儿童权利委员会（The U. N. Committee on the Rights of the Child）发表报告称在过去四年里，有数以百计的阿富汗儿童由于美军缺乏谨慎措施和滥用武力而被杀死，美国国防部称报告内容"绝对毫无根据"。

2 月 9 日　彭博社报道，2012 年美国进出口总额为 3.82 万亿美元，中国海关报告说中国 2012 年进出口总额 3.87 万亿美元，中国已超过美国成为世界上最大的贸易国。

2 月 10 日　驻阿富汗美军和北约驻阿富汗国际安全援助部队在喀布尔举行指挥权交接仪式，美国海军陆战队上将约瑟夫·邓福德接替约翰·艾伦出任美军驻阿富汗最高指挥官，同时担任国际安全援助部队司令官。

美国国务院发言人纽兰在记者会上就所谓中国海军舰船将火控雷达锁定日本海上自卫队护卫舰一事称，"相信"确有此事。她表示美国支持日本政府公布的内容。纽兰强调"已非常明确地向中方表达了关切"，称美方的判断依据是接受了日方对瞄准事件的说明。

2 月 11 日　美国国务院根据美国"伊朗、朝鲜、叙利亚防扩散法"，以"违反防止武器扩散机制"为由，宣布对一些公司和个人实施制裁，其中有包括保利科技公司在内的四家中国公司和一名中国人。

由美军和泰军主办的东南亚地区最大规模的代号"金色眼镜蛇"的联合军事演习在泰国北部城市清迈举行开幕式。本次军演首次允许缅甸以观察员身份参加。中国也派出观察员参加。

俄罗斯根据对莱克多巴胺零容忍的原则，禁止进口所有美国牛肉、猪肉、火鸡以及其他肉制品。美国贸易代表柯克和美国农业部长维尔萨克对此发表声明，对俄罗斯的做法表示十分失望。称美国牛肉是根据世界上最高的安全标准生产的。声明呼吁俄罗斯立即恢复美国的肉类进口准入，遵守世贸组织成员的义务。

美国总统奥巴马发布总统备忘录，称存在着不可预见的紧急状态，需要为乍得和法国在马里打击恐怖分子和极端分子提供直接军事援助，美国将支出5000 万美元国防费用用于对乍得和法国的军事援助。

美国国务院宣布向联合国难民署 2013 年的救援行动提供首批捐献款 1.71亿美元，用于帮助难民回国、重新安置和保证难民生活。

2 月 12 日　美国总统奥巴马向国会发表他连任后的第一份国情咨文。重点强调了经济议题。关于外交问题，奥巴马说，将在一年内从阿富汗撤出现在驻扎的 66000 人中的 34000 人的部队，到 2014 年结束阿富汗战争。奥巴马称，"基地"组织已经分崩离析，但从阿拉伯半岛到非洲出现了各种不同的"基地"组织分支和极端团伙。美国需要帮助像也门、利比亚这样的国家建立其自身安全，在像马里那样的国家帮助盟国打击恐怖分子，在必要的时候对给美国构成严重威胁的恐怖分子采取直接行动。"美国不仅要打击'基地'组织，还要领导阻止大规模杀伤性武器的扩散的努力。朝鲜必须认识到，他们只能通过履行其国际义务来实现安全和繁荣，朝鲜的核试验只会加剧他们的孤立。伊朗必须承认现在是谈判解决的时候，美国也准备为阻止伊朗获得核武器而做必要的事情"。奥巴马说，"美国必须面对迅速增长的网络攻击威胁，美国的敌人正在寻求破坏美国电网、金融系统、运输控制系统的能力"。他呼吁国会通过立法，赋予政府保护网络、阻止攻击的更大能力。奥巴马表示，美国在世界上面临的不只是危险，也有机遇。美国将完成跨太平洋伙伴关系协定谈判，他宣布将发起与欧盟建立全面的跨大西洋贸易和投资伙伴关系协定的谈判。奥巴马称，美国必须继续作为在这个变迁时代所有寻求自由的人们的灯塔。"美国不能对像埃及这样的国家发生的变化指手画脚，但美国将坚持尊重所有人的基本人权"，"美国将继续对叙利亚政权施压，支持尊重叙利亚人权的反对派领导人"。奥巴马国情咨文中仅有一处提到中国，他在提到中国时说："像中国这样的国家正在倾全力进军清洁能源领域，美国也必须这么做。"

中国外交部长杨洁篪应约同美国国务卿克里通电话，双方就朝鲜进行第三次核试验交换了看法。杨洁篪强调，关于朝鲜进行核试验，中方已经表明了原则立场。中国呼吁有关各方着眼大局，妥善应对，避免局势轮番升级。各方应坚持和平解决问题的方向，在六方会谈框架下，解决半岛无核化问题，维护半岛及东北亚地区和平稳定。克里还就朝鲜核试验问题同日本、韩国外长通了电话。

美国国会参议院军事委员会举行表决，以 3 票的微弱优势勉强批准哈格尔出任美国国防部长，但哈格尔还要等待参议院全院的批准。

美国、澳大利亚和日本三国代表在华盛顿举行第五届安全和防务合作论坛（the Security and Defense Cooperation Forum，SDCF）会议，美国助理国务卿安德鲁·沙皮诺和助理国防部长马克·李普特主持会议。会议讨论了在人道救援、灾难救济、海上安全等领域的政治军事和防务合作，并就地区安全问题交流了看法。朝鲜核试验也是会议讨论的热点问题。

美国白宫发布关于阿富汗问题的简报，阐述美军在阿富汗的使命、安全过渡时期美军的任务以及 2014 年后美国在阿富汗的作用。简报称美军将在一年内将驻阿美军人数减少一半，从 2013 年春天开始，阿富汗武装力量将在全国承担主导角色。但美国的部队会继续向阿富汗部队提供培训、咨询和协助。

美国总统奥巴马就朝鲜举行核试验发表声明，称这是"一次极具挑衅性的行为"，破坏了区域性稳定，对美国国家安全及国际和平与安全构成了威胁。奥巴马表示朝鲜的"危险性"活动所构成的威胁要求国际社会必须进一步迅速采取有公信力的行动。称美国将增进同盟国及合作伙伴的密切协调，并与六方会谈伙伴方、联合国安理会及其他联合国会员国共同寻求采取坚决有力的行动。

美国总统奥巴马与韩国总统李明博通电话，协商如何应对朝鲜核试验。奥巴马明确重申，美国将坚定信守对韩国作出的防卫承诺，包括通过"核保护伞"在更大范围内保卫韩国，威慑朝鲜。

联合国安理会发表声明，强烈谴责朝鲜进行第三次核试验，称朝方此举严重违反了安理会相关决议。

美国国务院发言人纽兰在记者会上透露，朝鲜进行核试验前确实曾向美国务院进行通报。

美国总统奥巴马签署"关于增进关键基础设施网络安全"的行政命令，称对关键基础设施的网络威胁在不断增长，成为美国国家安全面临的最严重挑战之一。奥巴马呼吁国会尽快通过提高美国网络防御能力的法案。

美国总统奥巴马任命文森特·布鲁克斯为美国太平洋陆军司令，并提名他为四星上将。布鲁克斯此前为三星将军，任美国驻中东和中亚的陆军第三军司令。美国驻扎在亚太地区的太平洋陆军多年以来一直由三星将军指挥，而美国驻扎在这一地区的海军和空军司令则都是四星将军。此次提升将使美在亚太的陆海空三军司令处于同一级别，媒体认为，这意味着美国对亚太地区的重视上升。

美国常驻联合国代表苏珊·赖斯在安理会讨论保护平民问题时发言，称保护平民是美国的核心国家利益和核心道义责任。称叙利亚政府对平民进行了"可怕"攻击。赖斯呼吁将犯下屠杀平民罪行的人绳之以法。

据《华尔街日报》报道，尼克森（Nexen）称，美国境外投资委员会已经批准了中海油收购尼克森交易，这清除了交易面临的最后一个大障碍，该交易是目前为止中国公司规模最大的一次海外收购。加拿大2012年12月批准中海油出价151亿美元收购加拿大石油和天然气供应商尼克森公司的交易申请。由于尼克森公司在美国墨西哥湾有油气资产，因此这笔交易还需获得美国外国投资委员会的批准。

2月13日　美国总统奥巴马和日本首相安倍晋三通电话，承诺协作寻求联合国安理会对朝鲜采取"重大行动"，奥巴马还重申了对日本的防务承诺，包括美国的核保护。美国国防部长帕内塔与韩国国防部长官金宽镇通电话，协商应对朝鲜核试验。帕内塔重申了美国对韩国的保护承诺，包括延伸的核保护承诺，他还表达了通过与安理会和伙伴国进一步努力对朝鲜实施追加制裁的重要性。

美国国防部长帕内塔在美国国防部举行任内最后一次记者招待会，期间他特别提到了朝鲜核试验问题，称"毫无疑问，朝鲜已经成为美国、地区稳定和全球安全的威胁"。

美国总统奥巴马和欧洲理事会主席范龙佩、欧盟委员会主席巴罗佐分别在华盛顿和布鲁塞尔发表联合声明，宣布美国和欧盟将启动各自内部的必要程序，以正式展开"跨大西洋贸易与投资伙伴关系"（Transatlantic Trade and Investment Partnership）谈判，即自贸协定谈判。声明说："通过这个谈判，美国和欧盟不仅将有机会扩大跨大西洋的贸易和投资，而且还将对全球性规则的制定做出贡献，使多边贸易体系得到加强。"据美国贸易代表办公室介绍，这个贸易协定将解决代价高昂的阻碍商品和服务流动的"边境内"非关税壁垒问题，并提倡增强各项法规和标准的兼容性。

美国国务卿克里在美国国务院会见约旦外交大臣纳赛尔·朱达并举行记者招待会。克里强调了美约传统的重要关系，赞扬了约旦进行的选举和改革。双方讨论了中东地区发生的变化特别是叙利亚问题。克里承诺探究"所有可能性"以推动重启以色列和巴勒斯坦之间的和平进程，但他强调当前美方以倾听各方意见为主。克里在记者会上还回答了朝鲜核试验问题，称朝鲜核试验对美国是一个威胁，"国际社会现在必须一起做出迅速、明确、强力和可信的回应。"他还表示，对朝鲜核试验采取应对措施不仅仅针对朝鲜，也与伊朗有关。对全世界而言，目前很重要的是在核不扩散问题上具有信誉，因此不能允许朝鲜采取这种鲁莽的行动，也不能允许伊朗这么做。克里说，"我们（对朝鲜核试验）所作出的回应，将影响所有其他防核扩散的努力，这就是为什么它如此重要的原因。"

美国导弹防御局和海军"伊利湖号"巡洋舰利用太空跟踪与监控系统卫星，成功完成一次宙斯盾反导系统试验。

美国国会参议院财政委员会就雅各布·卢的财政部长提名举行听证会。卢阐述了他对美国财政政策的理念。关于人民币汇率问题，他表示奥巴马政府一直非常努力地推动中国在包括人民币汇率和贸易等许多领域改变做法。"我相信我们已经取得了进展，中国的货币已经升值了15%。"但卢也指出，人民币币值仍被低估，仍有进一步升值的空间，需要取得更大的进展。在被问及将如何解决使美国的出口处于不利地位的货币政策时，卢说："我将投入大量精力来发展（与中国的）关系，以便推动（中国）撤回我们认为不公平的做法。"

中国商务部对外贸易司负责人就"2012年中国贸易总额首次超过美国"一事接受采访时表示，媒体所报道的中美两国货物贸易数据统计口径不同。近日媒体报道中的美方数据援用了"美国商务部国际收支"统计口径。美国商务部同时还公布了其出口以船边交货价（与离岸价接近）、进口以到岸价统计的2012年货物贸易数据，为38824亿美元。往年世界贸易组织公布各国贸易数据时采用的是美国此统计口径数据。而根据中国海关统计，2012年中国货物贸易额为38667.6亿美元，统计口径是出口以离岸价、进口以到岸价计算，与世贸组织采用的统计口径一致。该负责人说，若按照世贸组织的统计口径，我国2012年货物贸易额应比美国少156.4亿美元。

美国总统奥巴马发表声明，称虽然根据利比亚局势的发展，美国正逐步放松对利比亚的制裁，但利比亚的局势仍然还对美国的国家安全和外交政策构成威胁，美国需要防备这种威胁以及防备卡扎菲家族其他成员的转移财产或其他胡作非为，因此，2011年2月25日颁布的宣布卡扎菲对美国国家安全构成威胁的第13566号总统行政命令在此后的一年继续有效。

美国国防部长帕内塔宣布，设立"杰出战争勋章"，以突出网络战在现代战争中的重要地位。帕内塔说，"我看过遥控平台和网络系统等现代工具如何改变战争方式"，"这些现代工具让我们的军人有能力与敌人作战，从远处改变战斗进程……这一勋章承认我们在21世纪参与科技战争的现实"。"杰出战争勋章"的勋带颜色由蓝、红、白三色组成，将授予美国2001年9月11日遭恐怖袭击后在军事行动中取得"杰出成就"的个人，是帕内塔有权授予军人的第九高级别勋章。

2月14日 美国总统奥巴马提名哈格尔担任国防部长的努力在国会遇阻。当天参议院的程序性投票未能得到 60 张绝对多数票来结束对哈格尔提名的辩论并开展最终投票。由于国会将从 15 日开始休会，下次投票将到 2 月 25 日之后才能重新安排。

美国国务卿克里在美国国务院与联合国秘书长潘基文举行会谈。克里称世界面临的挑战需要所有国家和联合国合作，联合国在合作中发挥着至关重要的作用。双方讨论了朝鲜核试验、叙利亚国内冲突、伊朗核问题等。

美国国务卿克里在国务院与欧盟高级代表阿什顿举行会谈。克里称，奥巴马的亚太再平衡政策绝不会以损害美国与欧盟的关系为代价。美国要与欧洲进行更多的接触，这也是奥巴马提出建立美欧贸易和投资伙伴关系计划的原因之一。克里还赞扬了阿什顿在叙利亚、伊朗等问题上与美国的合作。

美国航空（American Airlines）母公司 AMR 与全美航空集团（US Airways）的董事会通过投票同意双方进行合并，合并后的新公司市值约达到 110 亿美元，或将成为全球最大的航空公司，约占美国国内约四分之一的运能。新公司将使用"美国航空"（American Airlines）名称。

2月15日 美国总统奥巴马在白宫会见意大利总统纳波利塔诺。奥巴马赞扬意大利对北约联盟的贡献，称纳波利塔诺是一位有远见的领导人，"在帮助指导和引导欧洲走向进一步统一的同时，头脑里始终牢记着强大的跨大西洋关系"。双边讨论的焦点是世界经济和奥巴马在国情咨文中提出的美国-欧盟自由贸易协定问题，纳波利塔诺对美国-欧盟自贸协定的提出表达了热烈反应，称这是对推动大西洋两岸新一轮发展浪潮的重大贡献，表明"美欧关系不仅在经济方面，而且在政治和道德方面都进入了一个历史新阶段"。

美国国务卿克里在美国国际开发署总部发表讲话，称该机构联系世界人民、展示美国面貌、介绍美国价值观和美国国家利益。强调发展援助在美国外交中的重要作用，称发展援助不是花钱，而是会得到回报的投资。发展援助对美国国家安全、商业机会、经济前景和美国在世界上的领导地位有着重要作用。发展援助使人们改变对美国的看法、改变他们与美国的关系、使他们愿意与美国联合起来，对打击恐怖主义、毒品、独裁政权等有重要作用。克里表示，现在不是撤退到美国国内的时候，而是进一步参与世界事务的时候。

美国财政部副部长莱尔·布雷纳德和美联储主席伯南克出席在莫斯科召开

的二十国集团财长和央行行长会议。伯南克表示，美国经济距离全速复苏还很遥远，并重申了此前有关实施宽松政策的承诺。伯南克称："我们相信，通过增强美国经济的方式，我们同时也正在帮助增强全球经济。""美联储将继续提供融通性的货币政策以培育最大就业和物价稳定性。"

2月16日 北约发表声明宣布，北约计划在土耳其部署的六套"爱国者"反导系统已经全部部署完毕，并投入使用。

2月18日 《华盛顿邮报》刊登文章，称美国国会人员接受外国政府及游说组织邀请，在出访时受到免费豪华接待，并提道"中国接待的人次最多"。

2月19日 美国网络安全公司 MANDIANT 发布一份长达 60 页的报告，指责中国政府正在支持网络间谍攻击美国大公司。报告称，中国秘密网络部队在过去的六年里不断对美国大公司进行网络攻击，某些来自中国的攻击可以追踪到"中国网军"在上海的总部 61398 部队。对此，中国外交部发言人洪磊表示，出于各种目的，就黑客攻击进行无端猜测和指责，既不专业，也不负责，无助于解决该问题。中国政府一贯坚决反对并依法打击网络攻击行为。

2月20日 美国国务卿克里在弗吉尼亚大学发表他就任国务卿后的第一次公开演讲。称在全球化的世界上，美国人的生活比以往任何时候都更加密切地与世界其他地区的人的生活交织在一起。发生在国外的危险会影响到美国国内，美国在国外做正确的事就会在国内巩固美国。所以美国人不能只关心自己。"放弃我们的全球努力会有巨大的代价。我们退出所造成的真空很快会被那些利益与我们非常不同的人所填补。"外交是投资，是给美国带来巨大利润的小投资。美国每出口 10 亿美元的商品和服务就会在国内创造 5000 多个就业机会。每 65 名外国游客访问美国就会创造一个美国人的就业机会。在尼克松大胆对华打开大门之前，没人能够预料到今天中国是美国的第二大贸易伙伴。美国最不可思议的现实之一仍然是美国没有永远的敌人。当年的敌人日本和德国现在是美国第四和第五大贸易伙伴。美国最大的 15 个贸易伙伴中，有 11 个曾经享受过美国对外援助的好处。曾经使用美国援助的国家现在购买美国的商品。美国的外交政策开创了市场、开放了机会、建立了法治。外交不光是关于就业和贸易，美国国务院和美国国际开发署的工作不只是根据美元的价值衡量的，也是根据最深厚的价值观来衡量的。美国付出的投资支持了美国在世界各地打击恐怖主义和暴力极端主义。部署外交人员比部署部队更便宜。外交就是"我们为国家安全买保险"。对外援助不是付出，不是慈善，而是为美国的强大和世界的自由而投资。对外援助成就了其他民族并使他们加强了与我们合作的愿望。帮助其他国家打击腐败也有利于美国公司反腐败并使它们更容易做生意。美国对外政策所面临的最大挑战不是来自外交，而是来自国会。面对隐约出现的财政风险，可以说，没有强大的国内就不会有美国在国际上的强大。美国是例外的国家。作为不可或缺的国家，美国要继续领导世界。

美国公布"减少美国商业机密盗窃战略"（Administration's Strategy to Mitigate the Theft of U.S. Trade Secrets）。美国知识产权实施协调员维多利亚·伊斯宾耐尔、司法部长艾瑞克·赫德尔和商业部副部长吕蓓卡·布兰克出席发布会。该文件警告说，商业机密盗窃行为损害了美国企业在外国市场的竞争优势，降低了美国企业的出口预期，有关活动也危及美国的经济、国家安全及就业。称将严厉打击日益严重的外国盗窃美国商业机密的违法活动。将"对其他国家不断施加外交压力，以阻止盗窃商业机密的活动"。文件要求各政府部门加强跨部门协调，让私人企业能更好地防范，同时加强情报与执法。

美国驻华大使骆家辉宣布新的签证申请程序。从 2013 年 3 月 16 日起，申请赴美非移民类签证的中国公民将可以通过网络预约面谈时间，查询申请进度。

2 月 21 日　美国国防部长帕内塔在布鲁塞尔北约总部会见阿富汗国防部长穆罕默迪，双方主要讨论了阿富汗军队增强能力和力量以承担更大安全责任等问题。

《华盛顿邮报》刊登文章，称华盛顿大多数机构都遭受过中国"网络间谍"攻击。

2 月 22 日　美国总统奥巴马在白宫会见日本首相安倍晋三，双方讨论了包括美日同盟、经济和贸易问题以及深化双边合作在内的双边、地区和全球问题。奥巴马说，美日同盟是美国在亚太安全和政策的基石。奥巴马特别提到两国对朝鲜最近进行核试验的担忧，他承诺两国将对此采取"强有力行动"。在经济问题上，奥巴马说两国一致认为首要任务是推动经济增长且确保两国人民有机会实现繁荣。会谈后，双方还就《跨太平洋伙伴关系协定》（TPP）发表了联合声明。声明说，两国政府确认，如果日本加入 TPP 谈判，谈判将包含所有商品。同时两国确认，在加入 TPP 谈判时，不必事先承诺单方面取消所有关税。安倍表示，两人就加强日美同盟的具体政策和方向进行了讨论。他称，日美同盟的"信任和纽带"已经完全恢复。

　　美国国务卿克里与日本外相岸田文雄在美国国务院举行会谈。双方讨论了涉及美日关系的各方面问题。克里称，强大的美日同盟正在形成一种对亚太地区的和平与安全至关重要的全球伙伴关系。在提到钓鱼岛问题时，克里表示，美国感谢日本在这一问题上表现出的克制以及为确保这一问题不升级为严重的对抗所做的努力。

　　美国国防部长帕内塔在布鲁塞尔表示，美国决定在阿富汗 2013 年春夏的作战季节保留逾 6 万美军，至 2014 年 2 月削减到 3.4 万人，"等到阿富汗大选结束，美国将开始最后阶段的撤军行动"。

　　韩国候任总统朴槿惠访问首尔龙山韩美联合司令部时强调，韩美两国在韩国战争期间结下了"血盟"关系，美国为帮助韩国完成民主主义制度建设作出了巨大牺牲。新一届政府将着眼于未来，推动韩美同盟关系更加广泛深入地发展。

　　美国总统奥巴马致信国会，称美国近日已向西非国家尼日尔派遣大约 100 名士兵，为在马里作战的法国部队提供情报支援。

　　2 月 24 日　美国国务卿克里开始为期 11 天的欧洲、中东之行，出访英国、德国、法国、意大利（并出席"叙利亚之友"部长级会议）、土耳其、埃及、沙特阿拉伯、阿拉伯联合酋长国和卡塔尔。

　　美国众议院情报委员会主席迈克·罗杰斯（Mike Rogers）在美国广播公司的"本周"（"This Week"）节目中声称，"中国政府和军方在幕后支持对美国日益增加的网络攻击，这绝不只是怀疑"，"美国正在失去这场阻止中国攻击的战争"。中国"利用军事和情报设施盗取美国、欧洲和亚洲工商企业的知识产权，使用这些技术与美国在国际市场上竞争"。

　　2 月 25 日　美国参议院通过"防止朝鲜核扩散及相关责任法"（The North Korea Nonproliferation and Accountability Act）议案。

　　美国国务卿克里在伦敦会见英国首相卡梅伦，与英国外交大臣黑格举行会谈。双方讨论了缔结跨大西洋贸易协定、支持利比亚和突尼斯等民主政体"虚弱"的国家、叙利亚问题、伊朗核问题、阿富汗安全职责过渡问题以及中东和平等问题。克里称，巴沙尔残暴、滥杀无辜，必须下台，美英将继续协调对其施加压力。克里强调，美国绝不能容忍一个拥有核武器的伊朗，如果阻止伊朗获得核武器的努力失败，将会有"可怕后果"。伊核谈判的大门不会永远敞开，他呼吁伊朗抓住谈判机会。

美国总统奥巴马与埃及总统穆尔西通电话。奥巴马敦促穆尔西保护民主并与埃及各政治团体一道建立共识、推进政治过渡。

2月26日 美国国会参议院以58票赞成、41票反对投票批准奥巴马提名的查克·哈格尔出任国防部长。

日本防卫相小野寺五典在记者会上说，为了应对朝鲜发展导弹技术等问题，日美领导人在此前的首脑会谈上决定在日本部署第二部X波段雷达，京都京丹后市航空自卫队经之岬基地是最佳部署地点。

美国国务卿克里在柏林会见德国总理默克尔、外长韦斯特韦勒，双方讨论了阿富汗问题、叙利亚问题、两国经贸关系等问题。

美国国务卿克里在柏林参加"联系青年人"论坛（"Youth Connect：Berlin"），听取德国青年人的想法，并回答关于全球事务的问题。克里对德国在欧盟所扮演的"卓越"角色表示钦佩——欧盟作为一个地区是世界最大的经济体。他还表示希望欧洲和美国能将经济实力结合在一起。克里不同意美国正在远离欧洲、而把更大的注意力转向亚洲的说法。他说，相反，美国和欧洲需要共同努力，以确保所有国家都遵守相同的贸易规则，维护市场的公平性。克里还表示，在打击恐怖主义组织的斗争中，美国和欧洲必须保持团结。德国和美国能作为伙伴，为世界各地的人们提供"他们在权利、妇女权利，人权、宗教权利方面所希望的选择，让所有这些机会都成为可能"。克里说，在21世纪的世界中，一切事务和一切问题都是互相关联的，他敦促柏林的年轻人把自己想象成全球公民，能够与他人合作，解决"特大特严峻的挑战"。针对气候变化的挑战，克里说，解决这类全球性挑战将"取决于为各地的人们创造新机会"，而我们必须找到"统一的方法来解决这类问题"。美德两国协同努力，能够设计替代能源和可再生能源生产方法，世界需要"迅速从化石燃料向以替代能源为基础的世界过渡"。

美国国务卿克里在柏林会见俄罗斯外长拉夫罗夫。

伊核问题六国与伊朗就伊朗核问题在阿拉木图举行为期两天的会谈，美国国务院负责政治事务的副国务卿温迪·舍曼率美国代表团与会。六国向伊朗提出新建议。新建议依旧围绕"伊朗停止核活动"以及"解除对伊朗制裁"两个核心议题。

美联储主席伯南克在国会参议院银行、住房和城市委员会作证，阐述过去半年联储的货币政策。伯南克认为有必要维持超级宽松的货币政策，其好处要大过可能付出的代价。伯南克还表示支持日本为摆脱通缩所作的努力，对安倍政府拟采取大胆的货币宽松政策表示赞赏。

由美国哈林花式篮球队组织、美国全国篮球协会前球星罗德曼任团长的美国篮球代表团开始对朝鲜进行为期一周的篮球友好交流访问。

2月27日 美国国务卿克里在巴黎会见法国总统奥朗德、外长法比尤斯。双方讨论了美法经贸关系、跨大西洋贸易和投资伙伴关系、全球环境保护问题、马里问题、阿富汗问题和伊朗核问题。克里称美国感激法国插手马里问题并发挥领导作用做了必须且重要的事。美国赞赏法国在叙利亚问题上发挥的领导作用，包括坚定支持叙利亚反对派。克里表示，伊核问题六国与伊朗在阿拉木图举行伊核问题会谈是有益的，希望伊朗认真考虑六国提出的可信的建立信任的措施，为签订长期、全面的协议铺平道路。克里强调，美法团结、六国团结在这些谈判中至关重要，而且团结在解决全球所有问题上都非常重要。

查克·哈格尔宣誓就任美国国防部长。

美国国防部长哈格尔向国防部全体人员发布讲话稿，称美国必须保持世界上最强大的军事力量并领导国际社会应对威胁和挑战。美国必须参与而不是退出世界事务，而且是明智地参与。哈格尔表示，美国将继续加大对亚太地区的关注、焕发像北约这样的传统同盟的活力并对诸如网络领域等关键能力进行新的投资。

美国参议院以71票对26票的结果批准雅各布·卢担任下一任财政部长。

2月28日 美国国务卿克里在罗马出席"叙利亚之友"国际会议，并与意大利外长特兹和叙利亚反对派理事会主席哈提卜举行联合新闻发布会。他宣布，美国将直接向叙利亚反对派提供6000万美元的援助，用于加强反对派的组织能力和人道主义援助。

雅各布·卢宣誓就任美国财政部长。

美国前NBA球星罗德曼与朝鲜领导人金正恩坐在一起观看篮球赛，并告诉金正恩"你有了一位一辈子的朋友"。美朝球队打成平局。

3月1日 代号为"秃鹫"的韩美联合军演拉开帷幕。演习持续到4月30日，20余万名韩军和1万余名美军联合进行地面、海上、空中以及特殊作战训练。

美国总统奥巴马向国会提交2013年贸易政策议程和2012年度报告。报告列举的2013年贸易工作重点包括：继续推进到2014年底实现出口倍增的计划；加快跨太平洋伙伴关系协定（TPP）谈判；与欧盟进行跨大西洋贸易与投资伙伴协定（TTIP）谈判；在世界贸易组织继续推动贸易自由化。

美国总统奥巴马签署行政命令，正式启动 2013 财年大幅缩减政府开支的自动减支机制。到 10 月 1 日，美国政府机构将减少支出 850 亿美元，其中一半是对国防支出的缩减。

美国总统奥巴马与俄罗斯总统普京通电话。奥巴马欢迎俄罗斯在伊朗核问题上进行的合作。双方同意需要尽快推动叙利亚政治过渡、结束叙国内冲突。两人强调了美国国务卿克里和俄罗斯外长拉夫罗夫在这一问题上继续保持接触的重要性。双方还讨论了国际经济形势和深化美俄经贸关系的途径。

美国国务卿克里访问土耳其。克里会见土耳其总统居尔、总理埃尔多安，与土耳其外长达武特奥鲁举行会谈。克里称土耳其是美国在世界范围内打击恐怖主义的强有力伙伴。他感谢土耳其在结束叙利亚冲突和向叙利亚难民提供人道主义援助方面发挥的领导作用。双方还讨论了两国经贸关系和跨大西洋贸易协定问题。

美国国防部长哈格尔在他就职后的首个记者会上表示，如果美国自动减支计划持续到 9 月 30 日，国防开支需要减少开支 470 亿美元，美国的陆海空军军事训练将被迫减少。美军履行使命的能力面临危险。

3 月 2 日　美国国务卿克里访问埃及。期间，克里分别会见埃及外长阿鲁姆、国防部长塞西、总统穆尔西，承诺向埃及的民主变革提供直接援助，敦促埃及为与国际货币基金组织达成协议而进一步努力和进行广泛改革。

3 月 3 日　美国贸易代表柯克宣布，放宽埃及现有"符合条件工业区"（Qualifying Industrial Zones，QIZs）对美出口条件，使这些工业区内的所有生产设备在现在和将来都潜在地具备对美免税出口的条件。这将增加埃及现有的六个"符合条件工业区"的贸易、投资和生产机会。柯克称，"'符合条件工业区'计划已经显著增加了埃及和以色列之间的贸易，向该地区的其他国家证明，和平、合作和经济一体化所带来的实际好处"（1996 年，美国国会授权总统指定区域，埃及和约旦从这些指定的区域可以免税向美国出口产品，只要这些产品中包含来自以色列的制造成分。此即"符合条件工业区"，美国总统将指定工业区的权力授予美国贸易代表）。

3 月 4 日　美国副总统拜登在美国以色列公共关系委员会年度政策会议上发表演讲称，奥巴马誓言阻止伊朗获取核武器不是在"虚张声势"。拜登说，

"我们不希望发生战争。我们准备和平地进行谈判。但是包括军事手段在内的所有选项都在考虑之中"。"虽然机会窗口正在关闭,但我们相信仍有时间和空间"。他还表示,"我们有一个共同的承诺……那就是阻止伊朗获取核武器"。

美国国务卿克里访问沙特,在利雅得会见沙特外交大臣费萨尔。克里称,美国和沙特在从叙利亚到中东和平进程、埃及经济转型、也门等本地区几乎所有重要问题上都一直在进行重要合作。美沙关系对两国都至关重要。在整个中东地区,男人和妇女都在公开要求普世权利和更大的机会。美国鼓励沙特进行进一步包容性改革,确保沙特所有公民最终都享受他们的基本权利和自由。克里表示,双方表达了阻止伊朗获得核武器的决心,认为通过外交途径解决是最优先选择,但谈判的大门不会无限地敞开。双方还讨论了结束叙利亚内战,推动叙利亚和平,实现包容性的政治过渡。称将继续支持叙利亚反对派,对巴沙尔·阿萨德施加压力。双方还表示合作支持也门、埃及、利比亚和突尼斯的民主过渡。

3月5日 美国太平洋司令部司令塞缪尔·洛克利尔对国会众议院军事委员会表示,自动减支计划和预算的不确定性已经影响了太平洋司令部的运行,并且会像"雪崩"一样最终削弱美国的"亚太再平衡"战略。

朝鲜人民军最高司令部发言人说,朝鲜将从美韩开始联合军演的3月11日开始,宣布《朝鲜停战协定》"完全无效"。朝鲜人民军最高司令部将全面停止人民军板门店代表部的活动,并切断板门店朝美军事联络电话。对此,美国白宫新闻秘书杰伊·卡尼在记者会上说,朝鲜宣布1953年签订的《朝鲜停战协定》"完全无效"将破坏东北亚稳定。卡尼表示:"朝鲜的威胁和挑衅不会取得任何结果,只会让朝鲜更加孤立,并且破坏确保东北亚和平和稳定的国际努力。"

美国国务卿克里访问卡塔尔,会见卡塔尔埃米尔克哈里发,与卡塔尔首相兼外交大臣亚西姆举行会谈。双方讨论了叙利亚问题、阿富汗问题和中东和平进程问题。克里称,美国和卡塔尔密切合作,对巴沙尔·阿萨德政权实施制裁,帮助叙利亚反对派。美国支持卡塔尔政府表示允许塔利班代表到多哈与高级和平委员会(High Peace Council)举行可能的谈判的意愿。克里还对卡塔尔帮助推动中东和平进程的承诺表示感谢。在回答记者提问时,克里表示,美国相信美国盟国向叙利亚反对派提供的武器提供给了温和的反对派。

　　美国国防部长哈格尔在五角大楼和以色列国防部长巴拉克举行会谈。这是哈格尔就任国防部长后的首次正式会见外国政要。哈格尔表示，尽管美国面临财政限制，但依然对以色列安全保持强有力的承诺，包括维持以色列高水平的军事优势和支持以色列的导弹和火箭防御系统。双方讨论了叙利亚问题和伊朗核问题。表示叙利亚政权必须防止其生化武器外流，双方保证对这种威胁做出紧急预案。哈格尔表示，奥巴马承诺阻止伊朗获得核武器，所以选项都在考虑之中。美国相信还有时间通过外交途径解决这一问题，但谈判的大门正在关闭。

　　美国常驻联合国代表赖斯发表谈话，称美国已向安理会提交了一份经美中两国磋商同意后的安理会决议草案，以对朝鲜2月12日的核试验实施制裁。赖斯称，草案提出的制裁措施有新突破，包括针对朝鲜外交人员的不当行为、朝鲜的金融关系、大额现金的不当转移实施制裁，对朝实施新的旅行限制等。

　　美国国会参议院批准陆军现任副参谋长劳埃德·奥斯汀三世接替詹姆斯·马蒂斯担任下一任美国中央司令部司令，批准美陆军现布拉格堡基地司令部司令戴维·罗德里格斯接替卡特·汉姆任美国非洲司令部司令。

　　3月6日　美国常驻联合国代表赖斯在安理会制裁伊朗委员会（Iran Sanctions Committee）第1737次委员会通报会上发表讲话，称伊朗核问题是国际安全面临的最严重威胁之一，是安理会的首要关切。安理会必须坚定地充分实施对伊朗的制裁。伊朗最近数月出现新的违背安理会制裁决议的举动，需要进行认真调查，会同安理会做出反应。赖斯表示，尽管伊核问题六国和伊朗在阿拉木图的会谈是有益的，但委员会必须观察这是否能产生新的进展。谈判不能无限期地进行或者被当作拖延机制而利用。委员会必须保持双轨政策，继续对伊朗加大压力，同时进行有意义的对话。委员会要继续让伊朗清楚其行为的后果，并让伊朗看到选择合作而不是挑衅的好处。

　　3月7日　联合国安理会以一致赞同的结果通过美国提出的制裁朝鲜的新决议。决议决定，为防止有助于朝鲜的核或弹道导弹计划的活动，将根据安理会相关决议规定，在金融服务、现金携带或移交、过境货物、船只、飞机以及外交人员往来方面加强检查。决议还扩大了旅行禁令、资产冻结、受到限制的进口材料、设备、货物和技术以及进口奢侈品的内容和范围。

　　美国国会参议院以63票对34票投票通过美国总统奥巴马对约翰·布伦南担任中央情报局局长的提名。

3月8日　美国国防部长哈格尔访问阿富汗，评估阿富汗的军事进展情况。这是他第五次访问阿富汗，也是他就任国防部长后的首次出访。

白宫宣布，通知国会授权商务部而不是国务院控制军民两用物品的出口计划，其目的在于通过对非敏感产品简化出口程序，便利美国制造商在国际市场的竞争。奥巴马就此发布了行政命令。

约翰·布伦南宣誓就任美国中央情报局局长。

3月10日　阿富汗总统卡尔扎伊在电视演讲中说，美国和阿富汗塔利班一直绕过阿富汗政府有私下往来。卡尔扎伊称，"塔利班分子企图通过袭击迫使我们承认，没有外国驻军阿富汗安全局势终将失控"。驻阿美军司令邓福德随后对卡尔扎伊的言论予以否认。正在阿富汗访问的哈格尔在会见卡尔扎伊后先是对记者表示"美国单方面与塔利班合作以进行谈判的说法是不真实的"，"如果阿富汗政府牵头谈判以达成某种决议，美国会予以支持"。稍后他又说，他一直相信国家间进行相互接触和联系是明智的。自阿富汗塔利班武装于2012年宣布中止和谈后，阿富汗政府一直强调和谈必须在自己参与的情况下才能恢复。

3月11日　美国总统国家安全事务助理多尼隆在亚洲协会发表题为"2013年的美国和亚太"的演讲。多尼隆称美国的未来从来没有像现在这样如此紧密地与亚太的经济、战略和政治秩序联系在一起。美国战略过去过于偏重诸如中东等地区，而过于轻视诸如亚太等地区，所以要再平衡。美国在亚太的首要目标是维持稳定的安全环境和植根于经济开放、争端和平解决、尊重自由人权的地区秩序。为此，美国推行一项全面、多维的战略，加强同盟，深化与正在崛起的大国的伙伴关系，与中国建立稳定、富有成效和建设性的关系，赋予地区机制以活力，以及建设一个能够维持共同繁荣的区域经济架构，这些就是美国的战略支柱。再平衡就是花必要的时间和精力使这些支柱稳定地树立。再平衡不是要减少与其他地区重要伙伴的关系，不是要遏制中国，不只是美国的军事存在问题，而是要使美国力量的所有要素——军事、政治、贸易、发展和价值观共同产生动力。多尼隆强调，奥巴马高度重视对华关系，因为世界上有一些外交、经济或安全挑战没有中国的参与或没有广泛、富有成效和建设性的中美关系是无法解决的。奥巴马政府已经完全准备好与中国新领导人进一步发展中美关系。中国领导人的换届和奥巴马的再次当选标志着中美关系进入新阶段，带来新的机遇。美国欢迎一个和平、繁荣的中国的崛起。美国不想和中国对立或对抗。美国也反对遏制中国。中美需要建设新型大国关系，为此，中美必须改善沟通渠道并在事关双方的问题上展示实际合作。深化军事对话处于解决中美许多不安全和潜在竞争根源的中心位置。加强双方经贸关系的基础至关重要。多尼隆最后说，在奥巴马的第二任期，"至关重要的、有活力的亚太地区仍将是美国的战略重点"。

美韩开始代号为"关键决心"的联合军演。军演持续到3月21日，韩方和美方分别有1万余名和3500余名官兵参加。与历届不同，此次"关键决心"军演由韩国联合参谋本部主导制订作战计划并予以实施，而不是由美韩联合司令部主导进行，这主要是为定于2015年进行的战时作战指挥权移交做准备。

美日两国政府讨论开展太空开发与利用的"综合对话"在东京召开首次会议并发表联合声明，日方出席会议的代表为外务省综合政策局以及防卫省、文部科学省和宇宙航空研究开发机构的代表，美方代表为国家安全委员会、国务院、国防部及美国国家航空航天局（NASA）的相关人士。联合声明称，对话会开启了美日两国从广泛、包容和战略的视角开展太空合作的新计划，确保对太空问题提供政府全面的解决办法并推动在诸如资源和灾难管理、环境监测、技术开发、科学探索、国家和国际安全、经济增长等广泛的利益领域开展太空合作。双方交流了各自的太空政策，并讨论了美日两国卫星定位系统之间的合作等问题。

美国国务院发言人纽兰在记者会上就朝鲜宣布废除停战协定一事表示，朝鲜停战协定是双边的，不能单方面退出。同日，联合国发言人也表示，朝鲜不能单方面解除停战协定。

美国宣布对被控涉嫌大规模杀伤性武器扩散的朝鲜四名官员和一家银行实施制裁。

3月12日　美国总统奥巴马在白宫会见文莱苏丹博尔基亚，双方讨论了将于2013年10月在文莱召开的东亚峰会将要商讨的问题。

美国总统奥巴马在总统出口委员会（the President's Export Council）会议上发表讲话，称美国正在推进出口倍增的目标，美国当前经济复苏中的大量增长和就业都来自出口驱动。奥巴马还强调了美国正在推动的跨太平洋伙伴关系计划和刚刚提出的美欧贸易计划的重要意义。

美国国务卿克里在美国国务院会见乌兹别克斯坦外长凯米洛夫，双方讨论了援助阿富汗问题、人权问题等。

美国国务卿克里在美国国务院会见挪威外交大臣艾德。克里感谢挪威为推动在中东实现和平所做的努力，双方讨论了巴以问题、叙利亚问题、阿富汗问题和保护北极合作开发北极资源问题，两人称双方在这一系列问题上都进行着密切合作。

美国国家情报总监克拉珀在国会参议院情报委员会作证，称网络攻击是美国面临的突出跨国威胁。关于恐怖威胁，克拉珀表示，核心的"基地"组织正处于困境，可能无法对西方发动复杂的、大规模的攻击。

美国国防部网络司令部司令凯斯·亚历山大在美国国会参议院军事委员会表示，该司令部正在建立在网络空间保护美国利益的队伍。称"这些队伍不是防守性的，而是进攻性的，在国家网络空间遭到进攻时保卫国家"。

美国国务卿克里在美国国务院会见新加坡外长尚穆根。克里称，新加坡领导人对本地区的睿智看法非常重要。双方讨论了 TPP 以及关于东盟、湄公河下游国家、反扩散和地区安全的一系列问题。

3月13日　美国总统奥巴马在白宫会见来自美国军工、科技、能源和金融界的大公司的首席执行官，讨论政府如何与民间机构合作改善美国网络安全的问题。

美国总统国家安全事务助理多尼隆会见利比亚总理阿里·扎伊丹，奥巴马加入了会见。奥巴马表示，美国在利比亚民主过渡的过程中支持利比亚人民和政府。他重申要确保将在班加西袭击美国领事馆的凶手绳之以法，并要求利比亚配合调查。双方还讨论了如何共同努力加强利比亚政府机构以及加强利比亚安全和法制。

3月14日　美国总统奥巴马与中国国家主席习近平通电话。他祝贺习近平当选为中国国家主席，希望同中方继续推动美中关系沿着正确的方向稳定向前发展，努力构建基于健康竞争而非战略博弈的新型大国关系。双方还就朝鲜半岛形势、网络安全等问题交换了意见。

美国贸易代表柯克宣布，美国已请求世界贸易组织建立一个争议解决小组，核查印度尼西亚对园艺产品、动物和动物产品实施的贸易限制措施。柯克称，印度尼西亚为保护本国农业，已经建立了一个复杂的进口许可证要求和配额要求系统，不公平地限制了来自美国的进口。

3月15日　美国国防部长哈格尔在国防部新闻发布会上宣布，为应对来自朝鲜和伊朗的威胁，美国将在阿拉斯加和加利福尼亚州新增 14 套陆基导弹拦截装置。这使美国导弹拦截装置总数从 30 套增加到 44 套。新增拦截装置使美国的导弹防御能力提高了 50%。

3月17日　美国国防部常务副部长卡特与日本防卫副大臣江渡聪德举行会谈，双方讨论了朝鲜半岛局势、美日防卫合作指针修改事宜及驻日美军基地搬迁问题。

3月18日　美国国务卿克里在美国国务院会见澳大利亚外长卡尔，克里称美澳关系无与伦比地团结、牢固。双方围绕推进在亚太地区的政策目标，讨论了加强美澳军事合作、推进海上安全、支持民主人权、发挥地区机制作用等问题。

美国财政部负责反恐和金融情报事务的副部长大卫·科恩以及美国国务院新任负责制裁政策的协调员丹·福来德开始为期四天的日本、韩国和中国之行，讨论执行联合国安理会制裁朝鲜决议等问题。

美国国防部常务副部长卡特访问韩国，双方就朝鲜问题、美国阿拉斯加州陆基拦截弹增设计划以及美国自动减支措施等问题进行讨论。双方还讨论了战时作战指挥权移交以及 C4ISR 系统构筑问题。卡特称，美国的财政减支不会影响美军在韩国的战备，"亚太再平衡是首要问题，我们拥有所需的资源"。

3月19日　美国总统特别代表、财政部长雅各布·卢访华，同中方讨论了朝鲜半岛形势、网络安全、中美经贸关系、两国宏观经济政策特别是财政政策、世界经济形势和国际经济合作等问题。

美国国防部常务副部长卡特访问菲律宾，会见菲律宾国防部长加斯明、外交部部长德尔罗萨里奥，讨论与美菲同盟有关的地区安全问题。

3月20日　美国总统奥巴马访问以色列，会见以色列总统佩雷斯、总理内塔尼亚胡，这是奥巴马连任总统后的首次出访。奥巴马称以色列的安全是"不可讨价还价的"，对以色列的安全承诺是美国的"庄严义务"。双方讨论了延长美国对以色列的军事援助、美国资助以色列"铁穹"导弹防御体系问题，还讨论了关于以色列和巴勒斯坦之间的"两国方案"。奥巴马重申中东持久和平的核心是强大而安全的以色列的存在，主权独立的巴勒斯坦国必须与安全关切得到满足的以色列相伴。双方还讨论了叙利亚问题、伊朗核问题。奥巴马警告叙利亚政府要对使用化学武器或把化武转交给恐怖分子负责。他表示美国倾向于使用外交手段解决伊朗核问题，但美国会为阻止伊朗获得核武器做一切必要的事。

美国总统奥巴马在约旦河西岸城市拉姆安拉会见巴勒斯坦民族权力机构主席阿巴斯。奥巴马称，巴勒斯坦人有权要求结束占领和屈辱，美国支持在"两国方案"的基础上建立具有完整主权的独立巴勒斯坦国。他还表示，以色列在巴勒斯坦被占领土上建设定居点的行为"是不合适的，对实现地区和平没有帮助"。

美国白宫正式通知国会，将开始与欧盟 27 国谈判缔结一项全面的贸易和投资协定。根据规定，白宫必须在谈判开始的 90 天之前通知国会。

美国国防部常务副部长卡特访问印度尼西亚。卡特在第三届雅加达国际防务对话会上发表讲话，重申美国亚太再平衡的战略意义和美国如何从军事视角实施再平衡。卡特还分别与印度尼西亚、马来西亚、新加坡防长举行了会谈。

美国负责南亚和中亚事务的助理国务卿罗伯特·布莱克在加州大学伯克利分校国际问题研究所发表题为"亚洲世纪中的美印关系"的演讲，阐述美印关系、教育合作、经贸交流、地区合作，称美国鼓励印度不只是"向东看"，而且"与东方接触并发挥东方国家作用"。

3 月 22 日 韩国联合参谋本部议长郑承兆与韩美联合司令部司令官詹姆斯·瑟曼签署《关于韩美联合应对局部挑衅的计划》，以应对朝鲜发起的"挑衅"。根据计划，作战由韩军主导、美军支援。该计划中包括应对朝鲜发起"挑衅"时韩美进行的协商程序，以及为进行应对而采取的措施。

美国总统奥巴马访问约旦，会见约旦国王阿卜杜拉二世。奥巴马鼓励约旦进行必要的政治改革，承诺为约旦的社会经济发展提供援助。双方还讨论了巴以和平问题、叙利亚问题。奥巴马称约旦在推动叙利亚朝向建立新政府的政治过渡中发挥了领导作用，承诺保护约旦的安全，并宣布向约旦提供 2 亿美元援助以帮助约旦照护叙利亚难民和救济受叙利亚危机影响的约旦社区。

3 月 23 日 美国国防部发言人乔治·利特尔证实，美国已与阿富汗就巴格拉姆监狱移交问题达成协议，定于 3 月 25 日展开移交工作。美国国防部长哈格尔与阿富汗总统卡尔扎伊通电话，讨论了美阿双方就巴格拉姆监狱移交问题达成的协议。卡尔扎伊承诺在移交工作中要依阿富汗法律继续关押部分危险犯人，以确保阿富汗民众和国际军队的安全利益，哈格尔对此表示欢迎。

美国国务卿克里在耶路撒冷与以色列总理内塔尼亚胡举行会谈，探讨重启以巴和谈问题。

3月24日 美国国务卿克里对伊拉克进行未事先对外宣布的访问，会见伊拉克总理马利基和国民议会议长努杰菲，讨论地区政治局势发展状况及双边关系问题，打击伊拉克境内的恐怖组织和敦促伊拉克防止伊朗经伊拉克领空向叙利亚运送武器是会谈的主要内容。

3月25日 美国国务卿克里对阿富汗进行未事先对外宣布的访问，会见阿富汗总统卡尔扎伊。克里表示美国支持阿富汗实现"安全过渡、政治过渡和经济过渡"，鼓励阿富汗政府与塔利班接触实现和解，呼吁塔利班放弃暴力，加入到政治进程中来。

美联储主席伯南克在伦敦经济学院发表题为"货币政策与全球经济"的演讲，阐述美国和其他发达国家的宽松货币政策的积极作用。

美国国防部长哈格尔与俄罗斯国防部长绍伊古通电话，双方同意恢复导弹防御问题的副部长级磋商，美方将由国防部主管政策的副部长吉姆·米勒负责此事。

3月26日 美国总统奥巴马签署《2013财年合并拨款与进一步持续拨款法》（Consolidated and Further Continuing Appropriations Act, 2013）。该法案为联邦政府机构提供2013财年（至9月30日）的日常运转资金，并另外为美军在阿富汗和伊拉克的行动提供870亿美元的军事开支。法案的第516条规定，美国政府部门购买中国信息技术系统，必须由联邦调查局或其他适当机构进行网络安全风险评估。

3月28日 美国总统奥巴马在白宫会见塞拉利昂总统科罗马、塞内加尔总统萨勒、马拉维总统班达和佛得角总理内韦斯。奥巴马称，会见这四个国家的领导人的原因是它们代表着非洲的民主制度建设和经济发展方向。会谈讨论了加强美非关系，支持非洲国家在这两方面的努力问题。会谈还讨论了动员非洲青年人参与公共服务和企业发展问题。奥巴马称，美国希望通过这次会见显示，美国将成为非洲国家强有力的伙伴，美非关系不是建立在捐助国和受援国的旧模式上，而是建立在伙伴关系和承认非洲大陆如果有这4位领导人所代表的强有力的领导就会拥有巨大发展潜力的基础上的。

韩美联合司令部表示，美国两架具备核打击能力的B-2隐形轰炸机从密苏里州的怀特曼空军基地飞抵韩国参加美韩联合军演，投下仿真弹药后未停歇即返回基地。不清楚过去B-2是否曾参加过往年的军演，这是美韩首次公开宣布使用这一武器。

4月1日　美国贸易代表办公室向奥巴马和国会递交三份报告,详细说明奥巴马政府在减少外国政府对美国出口设置的贸易障碍方面所取得的成就。这三份报告分别是"2013年外国贸易障碍评估报告"(National Trade Estimate Report on Foreign Trade Barriers)、"关于对贸易设置的卫生和动植物检疫障碍的报告"(Report on Sanitary and Phytosanitary Barriers to Trade)和"关于对贸易设置的技术障碍的报告"(Report on Technical Barriers to Trade)。

4月2日　美国国务卿克里在美国国务院与韩国外交通商部长官尹炳世举行会谈。双方表示,两国将进一步强化"可靠和有力的威慑力",以应对朝鲜。双方还讨论了在全球安全问题上的合作。这是尹炳世就职后首次访问美国。

4月3日　美国国防部长哈格尔在美国国防大学发表演讲,阐述美国国防面临的挑战和机遇。他声称,美国面临着恐怖主义袭击、大规模杀伤性武器扩散、国家和非国家行为体拥有的先进军事技术不断增加、美国可能被拖入地区冲突和网络威胁等安全挑战,而国防费用却在减少。哈格尔强调说,他正考虑对美国军事管理和指挥系统的规模进行根本性的改革,以应对挑战。这是他上任后的首次公开演讲。

4月5日　美日两国政府就冲绳岛嘉手纳美军基地以南5处设施和区域的归还计划达成协议。日本首相安倍晋三与美国驻日大使鲁斯在首相官邸会谈,批准并正式公布了归还计划。

4月8日　美国前助理国务卿坎贝尔在华盛顿接受共同社采访时透露,2012年日本将钓鱼岛"国有化"前,奥巴马政府认为此举将遭到中国的强烈反对并引发危机,曾向当时的野田佳彦政府表达了反对意见。

美国国防部常务副部长卡特在战略与国际研究中心(CSIS)发表题为《美国向亚洲的国防再平衡》的演讲。卡特称,美国的战略东移势在必行,必将继续下去并逐渐加速。卡特同时强调,积极的、建设性的对华关系对美国再平衡战略的成功必不可少;美军在亚太地区的积极部署并非意在围堵中国。

4月10日　奥巴马向国会递交2014财年预算案,预算总额为3.77万亿美元。其中国务院和国际开发署的预算为478亿美元,国防预算为5266亿美元(阿富汗战争等海外紧急行动的费用没有包含在内)。

美国总统奥巴马签署"2014财年自动减支令"(Sequestration Order for Fiscal Year 2014)。根据该法令,在2013年10月1日起的2014财年,美国将削减国防和国内项目预算1090亿美元。

4月11日　美国总统奥巴马向美国国务卿和国防部长发布备忘录，授权向叙利亚反对派追加1000万美元的非致命性援助。

美国国务卿克里在伦敦出席八国集团外长会议。会议讨论了朝鲜半岛局势、叙利亚局势、伊朗核问题、中东和平进程、网络安全、冲突中的性暴力犯罪等一系列国际问题。会议发表公报，阐明了八国集团在这些问题上的立场，并强烈谴责了朝鲜近期的核活动及其"挑衅"活动。

4月12日　美国财政部向国会提交"国际经济和汇率政策报告"，认为包括中国在内的美国主要贸易伙伴并未操纵货币汇率以获取不公平贸易优势。这是奥巴马政府在第二任期首度、也是其两个任期内第九度拒绝将中国列为"汇率操纵国"。报告同时指出，人民币兑美元仍有进一步升值的必要，并强调日本不应采取针对别国的日元"竞争性贬值"政策。

美国国务院会同美国财政部，根据"2012年谢尔盖·马格尼茨基法律责任裁决法"（Sergei Magnitsky Rule of Law Accountability Act of 2012）向国会提交"马格尼茨基名单"，18名俄罗斯人被美国禁止入境，并被冻结其在美国的财产。

4月13日　美国国务卿克里访问中国，与中方讨论深化中美合作的问题，并就朝鲜半岛局势、伊朗核问题、网络安全、气候变化等问题交换看法。双方宣布在中美战略与经济对话框架下成立气候变化工作组，推进相关合作；同时在中美战略安全对话框架下设立网络工作组。

4月14日　美国国务卿克里在东京会见日本外相岸田文雄。双方讨论了朝鲜问题、驻日美军基地安排、钓鱼岛争端、中东和平进程、气候变化、跨太平洋伙伴关系（TPP）、网络安全等问题。克里在会见后的记者会上表示，当务之急是推动朝鲜问题和平解决；美国对钓鱼岛的最终主权不持立场，但承认钓鱼岛处于日本的管理之下，希望各方以和平方式处理领土问题；任何可能增加紧张或导致误判的行动都会影响该地区的和平、稳定与繁荣；美国反对任何旨在改变现状的单方面或强制的行动。

4月15日　美国国务卿克里在东京工业大学发表题为《21世纪的太平洋伙伴关系》演讲，表示美国将继续加强对亚太事务的参与。克里提出要实现"太平洋梦"，将价值观转化为经济、安全和社会合作，在亚太地区维护国家安全，促进经济繁荣，创造新的就业机会，发展伙伴关系。这是克里就任国务卿后首次全面阐述美国的亚洲政策。

4月16日 由美国主持的"南苏丹经济伙伴论坛"在华盛顿召开，来自美国、南苏丹、欧盟、挪威、英国等40多个国家的政府和国际组织的代表出席会议。美国常务副国务卿伯恩斯出席会议并致辞。会议讨论了南苏丹面临的挑战与机遇、美国和南苏丹的伙伴关系以及南苏丹与国际社会的关系。

4月17日 美国国防部长哈格尔在国会参议院军事委员会作证时宣布，他已于上周下令在约旦部署一批美军人员，帮助约旦保卫其与叙利亚的边界。他同时警告国会，美国直接军事干预叙利亚可能产生不利后果。

美国财政部长雅各布·卢在约翰·霍普金斯大学高级国际问题研究院就推动世界经济和贸易发展发表演讲。演讲要点包括：增加全球需求至关重要；必须平衡全球需求以使其可持续；迫切需要加强国际金融监管改革议程；推进贸易和发展。

4月18日 美国国会众议院通过旨在帮助工商业公司阻挡外国黑客攻击的《网络情报共享和保护法议案》(The Cyber Intelligence Sharing and Protection Act)。

美国财政部长雅各布·卢与日本财务相麻生太郎在华盛顿举行会谈，双方确认将遵循"财政与货币政策仅针对国内而不设定汇率目标"的国际协议，日本政府将不引导日元贬值。此外双方一致认为强化对朝金融制裁至关重要。

美国海军首艘濒海战斗舰"自由"号抵达新加坡樟宜海军基地，正式开始在该国为期8个月的部署。这是"自由"号首次被部署在亚太地区。

4月19日 美国国务卿克里向美国国会递交"2012年国别人权状况报告"(2012 Country Reports on Human Rights Practices)。报告赞扬了缅甸、南苏丹在人权方面的进步，谴责叙利亚、朝鲜等国践踏人权，指出埃及和利比亚的民主进程面临严重阻碍。报告污蔑中国是"独裁国家"，打压支持人权的组织和个人，指责中国在新疆和西藏推行的政策。

4月20日 APEC贸易部长会议在印度尼西亚泗水市举行，美国代理贸易代表马兰蒂斯、副贸易代表兼美国驻世贸大使旁克出席会议。会议间隙，马兰蒂斯主持召开了TPP11国贸易部长会议，为解决现存谈判问题和完成2013年的谈判制定计划。与会各国一致同意日本加入TPP谈判（在各国履行国内批准程序后）。

美国国务卿克里访问土耳其，在伊斯坦布尔出席"叙利亚人民之友"主要国家部长级会议，讨论国际社会援助叙利亚反对派和加快推进叙利亚政治过渡的问题。克里宣布，美国对叙利亚反对派和非政府组织的非致命性援助将增加 1.23 亿美元，达到 2.5 亿美元。他同时呼吁其他国家将援助叙利亚反对派的总额增加到 10 亿美元，并宣布美国向叙利亚提供 2500 万美元的人道主义援助。

美国国防部长哈格尔开始为期 8 天的中东之行，出访以色列、约旦、沙特阿拉伯、埃及和阿拉伯联合酋长国，与各国领导人讨论叙利亚局势和伊朗核问题，缔结提升以色列、沙特阿拉伯、阿拉伯联合酋长国军事能力的协定。这是他就任后的首次出访。

4 月 22 日 美国参谋长联席会议主席邓普西访华，与中方就加强两军合作关系和台湾、钓鱼岛、南海、反导、朝核、网络安全及其他共同关心的国际和地区问题坦诚交换了意见。这是中美领导层换届后两军首次进行的高级别接触。

4 月 23 日 美国 Verizon 公司发布"2013 年数据外泄调查报告"（The 2013 Data Breach Investigations Report），称在已确认的 2012 年的 621 起黑客攻击事件中，30% 的攻击来自中国，28% 的攻击来自罗马尼亚，18% 的攻击来自美国。该报告是由 Verizon 联合世界 19 家电脑安全公司共同编纂的。

美国国务卿克里在布鲁塞尔参加北约国家外长会议，会议就阿富汗问题、叙利亚局势、朝鲜半岛局势进行了磋商，并就朝鲜半岛局势发表共同声明。

4 月 24 日 美国总统国家安全事务助理多尼隆在哥伦比亚大学全球能源政策研究所发表演讲，称能源和气候是美国国家安全的至关重要的因素，已经上升到美国外交议程的首要位置；如何应对能源经济和气候面临的挑战，将是未来许多年内衡量美国领导地位的重要标准。

美国国务院代理副发言人帕特里克·温特瑞尔就新疆巴楚县发生的严重暴力事件表态说，美国呼吁中国当局对这一事件进行彻底、透明的调查，为包括维吾尔族在内的所有中国人提供不仅中国宪法赋予，而且符合中国所做的国际人权承诺的正当的保护。

4 月 25 日 美国国防部长哈格尔在阿布扎比对记者说，美国情报机构认为叙利亚政府已经小规模地使用了化学武器，特别是沙林毒气。白宫官员随后也表示，叙利亚政府使用了化学武器，但"世界在采取行动前还需要充分可靠的事实"。

美国负责东亚和太平洋事务的代理助理国务卿约瑟夫·云在国会参议院对

外关系委员会作证，阐述美国的亚太"再平衡"政策。约瑟夫·云强调美国与亚太的安全和防务合作仅是美国亚太政策的一部分，非军事因素对美国和东亚的繁荣与安全至关重要，美国必须更加重视加强在亚太的非军事参与。

4月26日　美国参联会主席邓普西访问日本，与日方讨论了加强美日军事合作、应对朝鲜"威胁"、中美关系和钓鱼岛争端等问题。邓普西表示，朝鲜的挑衅为美日间更大的合作、整合和协调带来了机遇。关于中美关系，他表示，美国确实寻求与中国发展新型关系，但前提是美国保持与该地区重要盟国特别是日本的现有关系。

4月28日　由美国中央司令部部署、12国（主要是海湾国家）参加的"鹰之决心"（Eagle Resolve）海陆空联合军演在卡塔尔、阿拉伯联合酋长国和巴林举行，主要演习如何应对军事对峙、导弹袭击、化学物品泄露、海盗、恐怖袭击等情况。

4月29日　美国国防部长哈格尔在美国国防部与到访的日本防卫大臣小野寺五典举行会晤，双方宣布成立情报、监控与侦察工作组，加强在这些领域的合作。双方同意在导弹防御方面加强合作与协调，以应对朝鲜的挑衅。哈格尔表示，美国不在钓鱼岛的最终主权问题上采取立场，但承认钓鱼岛由日本管理，属于美国的安全义务范围内；美国反对任何试图削弱日本对钓鱼岛的管理权的单方面的和强制性的举动。

4月30日　美国宗教自由委员会发布2013年年度报告，时间跨度为2012年1月31日至2013年1月31日。该报告"记录"了29个国家"践踏"和"违背"宗教自由的情况。包括中国在内的15个国家被列为"应格外关注的国家"。报告涉华部分称，过去一年来，中国西藏佛教徒和新疆穆斯林的宗教自由显著恶化。

美国总统奥巴马在白宫举行新闻发布会。关于叙利亚化武问题，奥巴马表示，在这个问题上以审慎方式行事很重要，但一旦确定叙利亚使用了化学武器，他将重新考虑迄今尚未采用的"一系列选项"。关于关塔那摩囚犯绝食问题，奥巴马表示，美国需要关闭关塔那摩监狱，关塔那摩监狱对维护美国安全是不必要的，损害了美国的国际形象，削弱了美国与盟友间的反恐合作，为极端分子增加了口实。

5月1日　美国国务院代理副发言人温特瑞尔在记者会上表示，美国呼吁各方在钓鱼岛问题上避免采取会增加紧张或误判的行为，美国的话是说给中日双方听的。美国在钓鱼岛主权问题上不持立场。

美国贸易代表办公室发布关于知识产权问题的"特别301年度报告",评价美国95个贸易伙伴在保护和实施知识产权方面的表现。乌克兰被列为损害知识产权的首要国家（Priority Foreign Country）,包括中国在内的10个国家被列入首要观察名单（Priority Watch List）、30个国家被列入观察名单（Watch List）。报告称对中国"盗用"商业机密严重关注,指责中国"自主创新"政策损害美国在华知识产权持有者的利益。

5月2日　美国国防部长哈格尔向国会提交"2012年朝鲜军力报告",称朝鲜在谋求核能力和发展远程导弹,是美国在东北亚面临的最严峻的安全威胁之一。

美国总统奥巴马和墨西哥总统培尼亚·涅托在墨西哥城举行会谈,讨论两国之间的贸易、教育、安全、贩毒和移民问题。双方决定成立一个由双方内阁级官员主持的"高级别经济对话",讨论扩大和深化双边经济联系事宜。双方重申将在年内完成两国间的TPP伙伴关系谈判。两位元首还承诺合作加强对全球和地区事务的领导。

5月4日　美国常务副国务卿伯恩斯在普林斯顿大学伍德罗·威尔逊国际关系学院发表题为"美国与变化中的中东"的演讲,阐述中东对美国外交政策的影响、中东正在发生的变化以及美国在塑造中东未来方面所能做的事。伯恩斯称,美国承受不起忽略正处于紧要关头、正在经历"自身觉醒"的中东地区。他暗示,美国应当根据中东正在变化的形势,对中东进行"再平衡"。

5月6日　美国国防部发布"2013年中国军力报告",内容涉及中国的安全与军事战略、中国军事理论的发展、军力结构和先进技术、台湾海峡安全局势、美中军事联系、美国的对华接触战略、中国针对美国国防部的网络行为等。报告称中国正在增加对军事现代化的投入,指责中国军事现代化缺乏透明度,影响其他国家的安全考量,带来不确定性。报告还指责说,2012年包括美国政府部门电脑系统在内世界各地的众多电脑系统遭到入侵,其中一些入侵可以直接追源到中国政府和军事机构。不过,报告对过去一年中美军事交流和合作做了积极评价。

5月7日　美国总统奥巴马在白宫与韩国总统朴槿惠举行会谈,双方探讨了美韩同盟关系与朝鲜问题、双边实质性合作方案、东北亚问题、国际合作、美国向韩国移交战时作战指挥权、修改"韩美原子能协定"等事宜。双方重申将坚决应对朝鲜挑衅，但会敞开对话的窗口。奥巴马说，朝鲜以制造危机换取让步的时代已经结束。两国就美韩关系今后的发展方向发表了联合宣言——"纪念美韩结盟 60 周年联合宣言"。双方还发表了"应对全球气候变化的联合声明"。

美国国务卿克里在莫斯科会见俄罗斯外长拉夫罗夫，双方主要讨论了叙利亚问题。美俄承诺把谈判作为结束叙利亚冲突的根本手段，将协调叙利亚冲突双方坐到谈判桌前，与国际社会有关各国一道，在"日内瓦公报"框架内找到政治解决办法。双方同意，至月底之间尽快召开一次有叙利亚政府和反对派代表参加的国际会议，探讨如何实施"日内瓦公报"。

5 月 8 日　美国国务院宣布向受冲突影响的叙利亚人和叙境外难民追加提供 1 亿美元的人道主义援助。

5 月 9 日　为期两天的首届美日网络对话在东京举行，美国国务卿的网络问题协调员克里斯托弗·彭特率领由美国国务院、国土安全部、司法部和国防部组成的跨部门代表团与由日本负责网络政策的担当大使今井治率领的日方代表团与会，对话旨在交换网络威胁信息，协调国际网络政策，比对国家网络战略，在网络领域强化美日同盟关系。

美国国防部长哈格尔在华盛顿近东政策研究所索瑞福研讨会（Soref Symposium）发表演讲，阐述美国在中东的防务政策、介绍他上个月对中东的访问情况。哈格尔称，美国在中东地区的战略利益面临着"令人震惊的挑战"。哈格尔强调，美国战略把中东视为对美国安全利益极其重要的地区，美国将继续在这一地区保持强大存在。

5 月 10 日　美国总统奥巴马签署"国家北极地区发展战略"（National Strategy for the Arctic Region），把推进美国安全利益、追求对北极地区负责任的管理和加强国际合作确定为美国发展北极地区的优先要务。

美国国务卿克里在美国国务院参加"谷歌视频群聊"（Google+ Hangout），与美国各地网民就美国外交政策问题举行网上对话。在对话中，克里称美国认为有"强有力的证据"证明叙利亚政权使用了毒气。

5 月 11 日　美国常务副国务卿伯恩斯在喀布尔与阿富汗外长扎尔迈·拉苏尔举行美阿双边委员会会议，双方主要就美阿安全协议相关问题进行了讨论。

美国国防部常务副部长卡特访问阿富汗，评估美军减少驻军情况和阿富汗局势。

5月13日　美国总统奥巴马在白宫会见来访的英国首相卡梅伦。双方讨论了即将在英国召开的八国集团峰会议程、美国与欧盟的跨大西洋贸易与投资伙伴关系谈判、阿富汗安全局势、中东和平进程、叙利亚局势、伊朗核问题。

5月14日　美国对朝政策特别代表戴维斯开始访问韩国、中国和日本，分别与三国相关官员讨论朝鲜半岛局势和朝核问题。

北约军事委员会在布鲁塞尔召开会议，讨论阿富汗安全职责移交、2014年后北约在阿富汗的使命以及北约在各成员国面临财政困难之际的改革。美国参联会主席邓普西、北约盟军最高司令菲利普·布瑞德罗夫、北约驻阿富汗国际安全援助部队司令兼驻阿美军司令邓福德出席。会议强调北约在2014年底驻阿富汗国际安全援助部队使命结束后继续为阿富汗提供支持。

俄罗斯联邦安全总局宣布抓获一位名叫瑞恩·克里斯托弗·福格尔的美国中情局间谍。这是约10年来俄罗斯第一次公开宣布抓获身为美国公民的间谍。福格尔随后被俄罗斯驱逐出境。

5月15日　美国国务卿克里出席在瑞典基律纳举行的北极理事会部长级会议，与7位其他北极圈国家外长和北极居民代表评估北极理事会的成就、批准今后两年的工作计划。

5月16日　美国总统奥巴马在白宫会见土耳其总理埃尔多安，双方主要讨论了两国经贸关系、安全关系和叙利亚局势。双方一致认为，巴沙尔·阿萨德必须下台，这是解决叙利亚危机的唯一出路。

5月17日　美国《外交》杂志网站刊登对中国驻美大使崔天凯的采访全文，崔天凯就中美关系、美亚太"再平衡"战略以及国际和地区热点问题回答了记者提问。

美国总统奥巴马向国会提交海外紧急行动拨款申请，为包括进行阿富汗战争在内的海外紧急行动提出794亿美元的预算请求。

美国参联会主席邓普西在国防部记者会上表示，俄罗斯计划向叙利亚出售反舰导弹和S-300空防系统"绝对是一个不幸的决定，将会为叙利亚政权打气并延长叙利亚的苦难"。

5月20日　美国总统奥巴马在白宫与缅甸总统吴登盛会谈，奥巴马赞扬了缅甸的政治改革并呼吁缅甸进一步落实并扩大改革，双方还讨论了美国促进与缅甸的贸易和投资，援助缅甸农业发展、道路建设等具体计划。这是近50

年来缅甸领导人首次访美。

美国国务卿克里出席《国际宗教自由报告》发布会并致辞。该报告包含近 200 个分报告，评价世界各国和地区的宗教信仰状况以及美国政府为推动宗教"自由"而做出的"努力"。报告的中国部分指责中国压制宗教信仰，污蔑中国在新疆和西藏的宗教政策。

5 月 22 日　美国国务卿克里在安曼出席"叙利亚之友"11 国部长级会议。克里表示，奥巴马总统无意派遣美国军队到叙利亚，但会以其他的方式支持叙利亚反对派。奥巴马政府"在有关如何提供这种支持以及何种支持的问题上不排除任何方案"。克里称，如果召开日内瓦会议的努力失败，那么"叙利亚之友"将继续支持反对派为争取叙利亚的"自由"而战。

5 月 23 日　美国总统奥巴马在美国国防大学发表讲话，阐述美国的反恐战略。奥巴马指出，美国正处在一个新的十字路口，对新形势和新威胁应当采取新的应对措施。对付盘踞在阿富汗、也门等地的"基地"组织成员的一个最为有效的手段就是无人机轰炸。奥巴马称，针对恐怖分子采取有的放矢的行动、发展有效力的伙伴关系、加强外交接触和援助，通过这样一项全面的战略，美国能够大大减少针对美国本土的大规模攻击发生的概率，并能减轻在海外的美国人所面临的威胁。奥巴马在讲话中还再度提到了关闭关塔那摩监狱的计划。

5 月 24 日　美国总统奥巴马在马里兰州安纳波利斯美国海军学院毕业典礼上发表演讲，称尽管面临严峻的财政困难，美国也要保证让军队得到为应对挑战所需的费用和装备，其中包括正在进行的建立一支拥有超越下一个十年各国海军联合起来的实力的舰队的计划。

5 月 26 日　美国国务卿克里在安曼参加"2013 年中东北非世界经济论坛"并在论坛上宣布了一项旨在振兴巴勒斯坦经济的总额达 40 亿美元的投资计划。

5 月 27 日　美国总统国家安全事务助理多尼隆访华，与中方领导人就即将举行的中美首脑会晤深入交换意见，并就双边关系和共同关心的问题交换看法。

5 月 28 日　美国副总统拜登在西班牙港会见来自加勒比地区 15 个国家的总统、总理和部长，讨论美国深化经济合作、扩大该地区繁荣的承诺，还讨论了民事安全合作和建设有利于商业和投资的安全社区的重要性。拜登和加勒比共同体主席、海地总统马特利分别代表美国和加勒比共同体 15 国签署了"美国-加勒比共同体贸易和投资框架协议"。

5 月 30 日　美国国务院向国会提交"2012 年恐怖主义问题国别报告"，内容包括对恐怖主义的战略评估、各国打击恐怖主义的努力、支持恐怖主义和为恐怖分子提供庇护的国家、外国恐怖组织等。报告称，美国面临的恐怖主义威胁更分散、地理分布更广。美国"必须提高合作伙伴的能力，抗击继续在世界各地煽动恐怖主义暴力的意识形态"。

5 月 31 日　美国总统奥巴马在白宫与北约秘书长拉斯姆森举行会谈，双方主要讨论了阿富汗局势，探讨了在 2014 年美国和北约撤出大部分作战部队后，应当采取何种措施继续确保阿富汗安全部队能够有效控制边境以及避免阿富汗今后成为恐怖活动"基地"问题。两人还讨论了改进北约防卫能力应对新挑战、利比亚局势等问题。

6 月 1 日　美国国防部长哈格尔在新加坡举行的香格里拉对话会上表示，美国将在亚太地区投入更多空中、地面力量以及高科技武器，以落实在本地区的"战略再平衡"部署。哈格尔重申美国将坚持上届对话会上宣布的到 2020 年前将 60% 的海军军舰部署到太平洋地区的计划，并称在此基础上，美国还将把其本土以外 60% 的空军力量部署到亚太地区。哈格尔说，与中国建立积极和具建设性的关系是美国"再平衡战略"的一个重要环节。

6 月 2 日　美国负责民主、人权和劳工事务的助理国务卿帮办丹尼尔·贝尔在众议院外交委员会作证，谈《2002 年西藏政策法》实施情况，称美国的目标是"促进中国政府和达赖喇嘛的代表进行实质性对话，并帮助延续西藏独特的宗教、语言和文化遗产"。

6 月 3 日　美国总统奥巴马发布行政命令，授权对从事或为大量买进或卖出伊朗里亚尔交易提供便利或在伊朗境外保持里亚尔账户的金融机构实施制裁。

6 月 5 日　美国总统奥巴马宣布任命美国常驻联合国代表苏珊·赖斯担任总统国家安全助理，接替将于 7 月初辞职的多尼隆。奥巴马还提名前总统特别助理、国家安全委员会负责多边和人权事务的高级主任萨曼莎·鲍尔为常驻联合国代表，接替赖斯。

美国国务卿克里发表声明，宣布中国、印度、马来西亚、韩国、新加坡、南非、斯里兰卡、土耳其和中国台湾大量减少了从伊朗的原油进口或达到了零进口，因此他向国会报告，这些国家和地区在 180 天内免受 2012 财年国防授权法第 1245 条的制裁。

北约国家国防部长会议在北约总部闭幕。会议确定北约 2014 年后将在阿富汗展开一项代号为"坚定支持"（"Resolute Support"）的非战斗行动，会议批准了这项行动的指导准则，在今后数月内，北约军事专家将按照这些准则制定具体的行动计划。

6 月 6 日 《华盛顿邮报》披露，美国国家安全局和联邦调查局根据一项秘密计划，从美国 9 家著名互联网公司的服务商提取音频、视频、照片、电子邮件和文件以对使用互联网的个人进行追踪。该计划名为"棱镜"（PRISM），2007 年开始建立，参与该计划的大公司有微软、雅虎、谷歌、脸谱、苹果等。同日，英国"卫报"网站取得的秘密法院命令披露，美国国家安全局正在收集威瑞森（Verizon）通信公司数百万用户的通话记录。报道说，这份标示为"最高级别机密"的命令由美国联邦海外情报监听法庭发布，指示威瑞森商业网络服务公司在命令于 2013 年 7 月 19 日到期以前，"持续、每日"交出包括所有通话记录在内的电子资料。

中美第六轮战略安全与多边军控磋商在北京举行。中国外交部长助理马朝旭与美国国务院负责军控与国际安全事务的代理副国务卿罗斯·高特莫勒分别代表两国出席磋商会，双方就大国关系、地区热点、多边军控等问题深入交换了意见。

6 月 7 日 英国《卫报》报道，美国总统奥巴马于 2012 年 10 月发布了一项"最高级别机密"的总统政策命令，指示美国情报系统和国防部为"攻击性网络作用行动"（Offensive Cyber Effects Operations）制订计划，"提供唯一和非常规的能力，以极少警告或不警告对手或目标的方式和以造成从微妙到严重损害的效果的方式，在世界各地推进美国目标"。命令要求确定"具有重要意义的潜在目标"，称"攻击性网络作用行动"在这些目标方面可以提供与其他力量手段相比更能规避危险、获得显著效果的作用。

第十轮中美经济发展和改革论坛在华盛顿召开，美国负责经济增长、能源和环境事务的副国务卿罗伯特·霍马茨主持会议，中国国家发展改革委副主任朱之鑫、能源局副局长刘琦率中国代表团出席会议。

6 月 8 日 中国国家主席习近平在美国加利福尼亚州安纳伯格庄园与美国总统奥巴马举行为期两天的会晤。双方同意不断加强两国在经贸、投资、能源、环境、人文、地方等领域务实合作，深化全方位利益交融格局；同意就气候变化、网络安全问题加强对话与合作，充分发挥好有关工作组的作用。双方均强调了改善和发展两军关系的重要性，愿推进中美新型军事关系建设。中方将应邀参加 2014 年环太平洋军演。两国元首就亚太地区形势和中美在亚太的互动交换了意见。同意继续深化中美在多边机构内的合作，在国际和地区热点问题上保持密切协调和配合，进一步加强在全球性问题上的合作。

美国国家情报总监克拉珀发表声明，称英国《卫报》和《华盛顿邮报》报道的美国政府进行的侦查行为是根据《对外情报侦查法》（Foreign Intelligence Surveillance Act）进行的，是合法的，得到了国会的授权。侦查行为是为了获得外国情报信息尤其是对挫败针对美国及盟友的恐怖袭击和网络攻击所必要的信息。

6 月 9 日　美国中央情报局前秘密雇员爱德华·斯诺登表示，他是英国《卫报》和《华盛顿邮报》报道的"最高级别机密"的国家安全局计划的主要披露者，披露该计划是为了反对美国政府对无辜平民的系统侦查。

来自 19 个国家的 8000 多名军人在约旦参加美国主导的"热切之狮"（Eager Lion）年度多国海陆空军演。演习旨在应对暴乱、边界安全等安全挑战。来自美国中央司令部辖区的 5000 余名美国空军、海军和海军陆战队军人及飞机、军舰参加演习。

6 月 10 日　《华盛顿邮报》-皮尤研究中心发布民意调查结果，56%的美国公民表示，可以接受国家安全局为反恐跟踪对百万美国人进行电话记录监控，41%的人表示反对。

美军与日本自卫队在美国加利福尼亚州圣克利门蒂岛和彭德尔顿海军陆战队基地开展"离岛防卫"训练。日本海上自卫队投入"日向"号直升机航母和宙斯盾驱逐舰等主力舰艇，陆上自卫队则派出专门用于岛屿特种战的部队，参演兵力超过千人。美军方面则仍以海军陆战队为主。

6 月 11 日　美国总统奥巴马在白宫就移民问题发表讲话，称美国经济上最大的优势之一就是其人口构成，美国源源不断地从世界各地吸引人才。奥巴马列举了美国移民制度存在的问题，他特别提到，美国吸引了世界上最优秀、最聪明的人到美国学习，当他们完成学业、获得发明或创业所需的训练时，美国的移民制度经常要求他们回国，这样其他国家就收获了好处。奥巴马称，这是不明智的，是移民制度存在的漏洞。

6 月 12 日　美国"棱镜"计划揭秘者斯诺登在香港通过《南华早报》表示，美国情报部门早在 2009 年就开始监控中国内地和香港的电脑系统。

6 月 13 日　美国代理贸易代表梅里艾姆·萨皮罗率美国跨部门代表团与东盟国家贸易部长和其他经济官员在华盛顿举行会谈，主要讨论加强美国和东盟国家之间的经贸关系、促进双方的就业和经济机会问题。双方代表团研究了如何推进奥巴马和 10 位东盟领导人于 2012 年发起的"美国-东盟扩大经济合作倡议"（US-ASEAN Expanded Economic Engagement Initiative）的工作。

6 月 17 日　美国总统奥巴马在北爱尔兰厄恩湖八国集团峰会期间宣布，美国向受叙利亚冲突影响的叙利亚人追加提供 3 亿美元的人道主义援助，用于救济叙利亚境内的人以及在邻国的叙利亚难民。

美国总统奥巴马在北爱尔兰厄恩湖与英国首相卡梅伦、欧洲委员会主席巴罗佐、欧盟理事会主席范龙佩共同宣布启动跨大西洋贸易与投资伙伴关系谈判。

美国总统奥巴马在北爱尔兰厄恩湖与俄罗斯总统普京举行会谈，讨论双边经贸关系、朝鲜和伊朗问题、叙利亚局势、反恐问题、核安全和防扩散等。双方发表了"关于加强双边接触的联合声明"、"关于合作打击恐怖主义的联合声明"和"关于建立信任方面新的合作领域的联合声明"。

6 月 18 日　美国和北约驻阿富汗国际安全援助部队正式向阿富汗安全部队移交主要安全职责，阿富汗总统卡尔扎伊和北约秘书长拉斯穆森出席在喀布尔举行的移交仪式。美国国防部长哈格尔发表声明祝贺。

美国国务卿克里在美国国务院发布"2013 年度人口贩运问题报告"。报告评估了世界 188 个国家和地区打击人口贩运问题的情况。中国、俄罗斯、朝鲜、伊朗、叙利亚等 21 国被列为表现最差的第三类国家，另有 25 国被列入第二类观察国名单。

6 月 19 日　美国总统奥巴马在柏林勃兰登堡门发表演讲，呼吁将全球战略核武器削减三分之一，并承诺采取更多行动应对气候变化挑战。在谈到应对恐怖主义威胁时，奥巴马说，尽管美国对恐怖主义威胁依然保持警惕，但美国必须超越永久战争的心态。美国将努力关闭关塔纳摩监狱、严格控制使用像无人机那样的新技术、在寻求安全与保护个人隐私之间取得平衡。

美国国防部发布《美国核武器运用战略报告》（Report on Nuclear Employ-ment Strategy of the United States）。报告称，美国核武政策新的指导方针是维持可靠的威慑，有能力使任何潜在的对手确信，攻击美国及其盟国的不利后果远远超出他们可能通过攻击获取的任何潜在利益。报告称，中国核武项目缺乏透明度，从而引起外界对中国长期意图的质疑。报告说，美国仍然致力于维持美中关系中的战略稳定，支持就核武议题发起对话，促进与中国更稳定、更有效率和更透明的安全关系。

6月20日　美国负责东亚和太平洋事务的助理国务卿提名人丹尼尔·拉塞尔出席国会参议院对外关系委员会提名听证会。拉塞尔表示上任后将继续推进美国亚太再平衡战略，但他会做出两点调整，即进行"再再平衡"（rebalance within rebalance）和推动战略多元化。他指出，在美国亚太再平衡战略中，东北亚受到极大关注，但他认为东南亚和太平洋地区更值得美国加大接触和介入，即进行"再再平衡"。对于战略多元化，拉塞尔指出军力等"硬实力"固然是美国亚太再平衡战略的基石，但经济、能源、教育、价值观、民间交流、公共外交等才会产生重大和持久的影响，因此美国应兼顾上述领域，力争实现战略多元化。拉塞尔称，保护南中国海航行自由和不受阻碍的合法贸易涉及美国利益，因此美国反对以胁迫、武力威胁或使用武力实现索求。他还说，"无法接受"中国提出的仅与其他主权声索国展开双边协商的做法，且表示美国支持东南亚国家作为一个共同体展开协商，并制定解决争端的"行为准则"。

美国负责政治事务的副国务卿舍曼与中国外交部副部长翟隽在华盛顿主持中美中东问题对话会。该对话是在中美战略与经济对话机制下设立的。双方讨论了中东局势特别是叙利亚、伊朗和中东和平进程问题，还讨论了推动双方在应对包括能源安全在内的地区问题和全球挑战方面进一步合作的途径。

6月21日　美国总统奥巴马致信国会领导人，称应约旦政府请求，"热切之狮"军演结束后，约700人的美军及装备将留在约旦，其中包括"爱国者"导弹系统、战斗机和相关的支持、指挥、控制和通信人员和系统。这支部队将与约旦政府充分协调，直到安全局势不再需要他们留在那里。

迈克·弗罗曼宣誓就任美国贸易代表。

6月22日　香港《南华早报》在其网站上发布消息称，遭美国间谍罪等指控的情报部门前雇员斯诺登向该报表示，美国国家安全局曾入侵中国电信公司以获取手机短信信息，并持续攻击清华大学的主干网络以及电信公司Pacnet香港总部的计算机。

美国国务卿克里在卡塔尔首都多哈参加由 11 个国家外长或外交大臣参加的"叙利亚之友"会议。会议同意向叙利亚境内反对派提供紧急援助，其中包括向叙反对派武装提供军事援助。

6 月 23 日　美国"棱镜"计划揭秘者斯诺登离开香港抵达莫斯科。

美国国务卿克里在印度新德里发表演讲，阐述美印战略伙伴关系。克里表示，印度是美国亚洲再平衡战略的重要伙伴，美国重视印度在确保亚洲稳定方面的作用。

6 月 24 日　美国白宫发言人卡尼在记者会上表示，放走斯诺登不是香港移民官员所做的技术性决定，而是中国政府经过深思熟虑后做出的决定，此举将给中美关系带来负面影响。

美国总统奥巴马提名太平洋海军司令赛西尔·汉内海军上将接替罗伯特·凯乐空军上将，担任战略司令部司令。

美国国务卿克里在新德里出席年度美印战略对话。双方强调继续加强区域联系，通过区域对话机制包括东亚峰会、东盟地区论坛和东盟防长会议等强化美印关系。双方承诺继续通过双边和三边（美印日）形式就关系到该地区的问题密切磋商。

6 月 25 日　美国总统奥巴马在乔治敦大学发表讲话，谈气候变化带来的挑战。奥巴马提出有关降低美国碳排放和为应对气候变化作准备的最新建议。奥巴马称，美国将领导世界帮助其他国家向清洁燃料过渡，使这一代人能为未来留下一个更洁净和更安全的地球。

6 月 27 日　美国国会参议院通过移民改革法案。法案规定进一步加强美墨边境安全，也提出了使现在美国的非法移民通过 13 年最终成为合法公民的路径。

美国和菲律宾在黄岩岛以东 108 公里的海域举行"海上战备训练合作"演习。

美国总统奥巴马在达喀尔与塞内加尔总统萨尔举行会谈。双方讨论了促进双边贸易和投资问题，美国承诺在基础建设、教育、农业发展、消除艾滋病和疟疾等方面帮助塞内加尔。双方同意进一步加强两国年轻人之间的联系和交流。

6 月 28 日　美国国务院新闻办公室主任帕特里克·温特利尔在记者会上就中国新疆发生的暴力事件表示，美国对最近关于维吾尔族人和穆斯林在中国受到歧视和限制的报道深表关注，呼吁中国"解决这些适得其反的政策"，呼吁中国对这起暴力事件进行彻底、透明的调查。温特利尔称，美国希望中国公民的权利得到保护。

6月29日　美国总统奥巴马在南非约翰内斯堡大学索韦托校区举行的市民大会上发表演讲，赞扬年轻人在发展和民主建设中的重要作用。奥巴马宣布美国设立华盛顿年轻非洲领导人奖学金（Washington Fellowship for Young African Leaders），从2014年起，每年接受500名年轻非洲领导人到美国培训领导能力。

德国《明镜》周刊刊登一份从美国"棱镜"计划揭秘者斯诺登处获取的文件。文件显示，美国国家安全局对欧盟总部、欧盟驻华盛顿外交使团和驻联合国的办事机构大楼进行监听，包括监听会议录音、人员谈话及电话通话、窃取电脑文件、监视电子邮件内容等。

6月30日　美国总统奥巴马在南非开普敦大学发表演讲。奥巴马称美国正在超越简单的向非洲提供援助，而发展一种新型的重视非洲本身解决问题的能力和发展的能力的平等伙伴关系。奥巴马赞扬非洲正在崛起，表示要进一步扩大美非贸易。奥巴马在演讲中宣布了美国的"非洲电力"计划（Power Africa）。计划的目标是使非洲撒哈拉以南地区电力供应增加一倍，美国将为这个计划提供70亿美元。

7月1日　美国总统奥巴马在达累斯萨拉姆与坦桑尼亚总统基奎特举行会谈，双方讨论了促进双边经贸关系、非洲电力和基础设施发展、消除艾滋病、维护非洲地区安全等问题。

7月2日　美国国务卿克里在文莱斯里巴加湾参加第20届东盟地区论坛部长级会议。克里呼吁各方停止通过强迫或其他挑衅行动推进在南海的主权声索，强烈敦促各方通过外交的和和平的方式管理和解决在南海的分歧。克里还就朝鲜核问题和网络安全问题阐述了美国的立场。

美国国务卿克里在文莱斯里巴加湾出席第三届东亚峰会外长会议，称美国支持东亚峰会作为处理亚太地区政治和战略议题的主要机制。

7月8日　中美在战略安全对话框架下举行第一次网络工作组会议。双方就网络工作组机制建设、两国网络关系、网络空间国际规则、双边对话合作措施以及其他共同关心的问题进行了坦诚、深入的交流。

7月9日　在第五轮中美战略与经济对话的战略框架下，第三次中美战略安全对话在华盛顿举行。中国外交部副部长张业遂和美国常务副国务卿伯恩斯共同主持本次对话，中国人民解放军副总参谋长王冠中、中国驻美国大使崔天凯、美军太平洋总部司令洛克利尔等参加。双方就共同关心的战略安全、综合安全问题交换了意见。

7月11日　为期两天的第五轮中美战略与经济对话在华盛顿闭幕。中国国家主席习近平特别代表、国务院副总理汪洋和国务委员杨洁篪同美国总统奥巴马特别代表、国务卿克里和财政部长雅各布·卢共同主持对话。双方围绕落实两国元首安纳伯格庄园会晤共识、推进中美新型大国关系建设坦诚、深入交换了意见，达成广泛共识，取得重要积极成果。双方积极评价中美战略与经济对话机制的重要作用，同意进一步完善这一机制。双方宣布建立元首特别代表热线。

7月12日　美国总统奥巴马签署支持台湾参与联合国国际民航组织法案。法案要求国务卿克里推动联合国国际民航组织在9月的蒙特利尔大会上批准台湾以观察员身份加入。奥巴马表示，"美国全力支持台湾取得不要求以国家身份参与的国际组织的会员资格"。

美国与欧盟在华盛顿结束"跨大西洋贸易与投资伙伴关系协定"（TTIP）首轮谈判，初步确定该协定将涵盖市场准入、投资、服务、监管等20项议题，并定于2013年10月举行第二轮谈判。

7月17日　美国联邦储备委员会主席伯南克在国会众议院金融委员会作证，重申了美联储对调整量化宽松政策的立场。他说，如果未来经济数据基本符合预期，美联储将于2013年晚些时候开始削减量化宽松规模，并于2014年年中彻底结束资产购买操作。但他同时强调，美联储政策将基于经济和金融形势的发展，绝不是预先设定。

7月18日　美国副总统拜登在乔治·华盛顿大学的美国进步研究中心就美国亚太政策发表演讲，称美国加强对亚太地区的重视和交往不仅是为了使该地区更安全，也是为了使该地区更繁荣。

7月21日　美国参联会主席邓普西访问阿富汗，会见阿富汗总统卡尔扎伊、北约驻阿富汗国际安全援助部队司令邓福德，评估阿富汗局势，讨论美军任务、2014年4月阿富汗选举、2014年后美军在阿富汗的驻留等问题。

7月22日　中国外交部网站报道，7月3日，正在上海的中国前国家主席江泽民在西郊宾馆会见并宴请了美国前国务卿基辛格及家人。基辛格说，美中关系正处在一个重要历史关头。如果美中两国吵架，世界就会分裂。然而，如果美中两国能真诚合作，那么受益的不仅是美中两国，而是整个世界。江泽民说，我们不要怕两国关系存在什么矛盾，只要双方能够坦诚对话，我们就可以期待这个世界会有更美好的未来。

美国负责东亚和太平洋事务的新任助理国务卿拉塞尔在其首次新闻发布会上称，奥巴马政府在推行亚太再平衡战略方面不会后退。拉塞尔重申，美国亚太再平衡战略基于以下三个支柱，即改进和提升美国在这一地区的同盟关系，参与并投资地区组织，与地区新兴大国构建更好、更牢靠的关系。他把美国与澳大利亚、泰国、菲律宾、日本和韩国的盟约关系称作地区"和平和稳定的基础"。拉塞尔还希望日本处理好与邻国的关系。

7月24日　美国副总统拜登在孟买股票交易所发表演讲，阐述美印伙伴关系的重要性。

7月25日　美国总统奥巴马在白宫会见越南国家主席张晋创，双方宣布建立两国"全面伙伴关系"，以推动两国在经贸、科学和技术以及防务和安全等领域的合作。双方声明致力于在2013年底完成跨太平洋伙伴关系谈判。两人还讨论了南海和亚太其他区域存在的争端。奥巴马表示，他非常赞赏越南承诺通过东盟和东亚峰会机制确立行为准则，从而"和平和公正"地解决相关问题。

7月27日　美国总统奥巴马、国防部长哈格尔出席在华盛顿举行的朝鲜战争停战纪念活动并讲话。奥巴马表示，这场战争并非打成了平手，而是韩国打了胜仗，因为韩国人民现在正生活在自由与民主当中，与朝鲜人民的生活形成强烈对比。奥巴马称，朝鲜战争也给美国留下教训，提醒美国不能匆促撤军，导致局势失衡。美国必须维持全球最强大的军力，确保盟友的安全。哈格尔表示，朝鲜战争让美国获取的一个重要教训是，盟国和国际机构是美国影响力的"延伸"，而非对美国力量的制约，它们对美国维持和平与稳定这一长远愿景"至关重要"，尤其在亚太地区。奥巴马是首位参加朝鲜战争停战纪念活动的在任美国总统。

8月1日　美国国务卿克里在伊斯兰堡分别会见巴基斯坦总统扎尔达里、总理谢里夫和巴国家安全与外交事务顾问阿齐兹。双方讨论了反恐合作、无人机空袭、阿富汗局势和巴基斯坦的经济振兴等问题。美巴两国一致同意重新建立全面伙伴关系，恢复部长级战略对话，以深化两国在各领域的合作。阿齐兹再次要求美国停止对巴部落地区的无人机袭击。

8月5日　丹尼尔·拉塞尔宣誓就任美国负责东亚和太平洋事务的助理国务卿。

8月7日　美国白宫新闻秘书卡尼发表声明说，鉴于美俄过去几个月在导弹防御、军控、经贸、全球安全、人权、公民社会等领域缺乏进展，也由于俄罗斯为斯诺登提供临时庇护，美国决定推迟原定9月初在莫斯科举行的美俄首脑会谈。

美国总统奥巴马宣布向叙利亚提供1.95亿美元的人道主义援助，用于为叙利亚境内受冲突影响的人提供食品、医疗和救济物资。自叙利亚危机发生后，美国提供的援助总额达到10亿美元。

美国国务卿克里宣布，任命肖恩·卡西为新设立的国务院"信仰社区倡议办公室"（Office of Faith-Based Community Initiatives）主任。该新办公室将负责确定与全球各地宗教社区的接触政策，并与国务院各局联系，面向全球宗教社区推广美国国务院的外交政策和发展目标。

8月9日　美国总统奥巴马在白宫举行记者会，宣布将采取措施缓解公众对监控计划的顾虑。奥巴马还在记者会上表示，自2012年普京接替梅德韦杰夫重新上台执政以来，"过时的冷战思维仍被俄方一再提起，反美情绪又再度升温"。美国将"暂停"并重估美俄关系。

美国国务卿克里、国防部长哈格尔与俄罗斯外长拉夫罗夫、国防部长绍伊古在美国国务院举行"2+2"会谈。双方讨论了导弹防御、阿富汗、伊朗、朝鲜、叙利亚以及斯诺登等问题。

8月12日　美国总统奥巴马向国家情报总监克拉珀发出"总统备忘录"，指示克拉珀成立一个"情报和通信技术评估小组"（Review Group on Intelligence and Communications Technologies），负责审核在当前通信技术进步的情况下，美国用来收集情报的技术手段是否最大程度地保护了国家安全、推动了外交政策，同时是否兼顾其他政策需求，例如防止泄密和维护公众信任。这一小组需在成立后的60天内向总统提交初步审核结果，并在2013年12月15日前提交正式报告。

由美国太平洋空军司令部主办的跨国军演"红旗-阿拉斯加"联合空中战斗演习在阿拉斯加举行，来自美国、韩国、日本和澳大利亚的空军参加演习。受美国政府自动减支机制影响，今年的"红旗-阿拉斯加"演习次数由原计划的三次削减为一次。

第 12 届年度"美国和撒哈拉以南非洲贸易和经济合作论坛"（U. S. -Sub-Saharan Africa Trade and Economic Cooperation Forum）即"非洲增长与机会法论坛"（African Growth and Opportunity Act Forum）在埃塞俄比亚的斯亚贝巴召开，美国贸易代表弗罗曼出席并做题为"美非贸易和经济合作的未来"的演讲。来自"非洲增长与机会法"39 个撒哈拉以南非洲成员国的政府部长、工商业领导人、市民社会领导人参加论坛。本次论坛的主题是"通过贸易和技术实现可持续的转型"。

美国贸易代表弗罗曼在埃塞俄比亚亚的斯亚贝巴出席美国与东非共同体贸易部长级会议，宣布美国和东非共同体一致同意发起"贸易便利化协议"（Trade Facilitation Agreement）正式谈判并尽可能快地达成协议。

8 月 15 日　美国总统奥巴马发表声明，强烈谴责埃及过渡政府及安全部队采取的镇压行动和恢复《紧急状态法》的决定，宣布取消原定 2013 年 9 月与埃及举行的"光明之星"军演（Bright Star Exercise）。

美国国防部长哈格尔发表声明，表示美国国防部将继续与埃及保持军事关系，但哈格尔说，埃及的暴力和对和解的不适当的举措将会危及双方的军事合作。

美国国务卿克里在华盛顿与伊拉克外长兹巴里举行会谈。克里表示，美国致力于同伊拉克合作应对邻国叙利亚冲突带来的挑战以及威胁其内部稳定的暴力极端主义。

8 月 16 日　《华盛顿邮报》披露美国情报机构前雇员斯诺登提供的材料，称 2012 年第一季度中，美国国家安全局 11% 的监听活动是针对春节期间访美的中国游客。

8 月 19 日　美国国防部长哈格尔在华盛顿与中国国防部长常万全举行会谈。双方就涉台、美亚太"再平衡"、朝核、钓鱼岛、南海、网络安全等问题交换意见，还就加强两军务实交流与合作达成了 5 项共识。

美国贸易代表弗罗曼在日本全国新闻俱乐部发表题为"日本、美国和 21 世纪的亚太"的演讲。弗罗曼称，TPP 将加强日本、美国和其他 TPP 国家订立高水平、全面、促进就业的协定的决心，解决 21 世纪的贸易问题并将新规则引入全球贸易体系；将产生一个公开、透明的地区经济秩序。

美韩举行"乙支自由卫士"（Ulchi-Freedom Guardian）例行年度军演。演习项目包括应对局部战争、反军事网络恐怖袭击和清除大规模杀伤性武器等训练。韩方和美方分别动员 5 万和 3 万余名兵力参加此次演习，军演持续至 8 月 30 日。

8 月 21 日 美国贸易代表弗罗曼与东盟国家经济部长在文莱斯里巴加湾举行磋商，讨论实施"东盟–美国贸易和投资框架安排"（ASEAN-US Trade and Investment Framework Arrangement）等问题。

8 月 22 日 跨太平洋伙伴关系 12 个国家经济部长在文莱斯里巴加湾举行会谈，就 TPP 谈判进入最后阶段尚未解决的关键议题进行磋商，探索如何制定各方均可接受的方案，包括为遗留的敏感和棘手问题寻求可能的解决途径以及最后谈判的议事顺序等问题。

8 月 23 日 美国总统奥巴马在接受美国有线电视新闻网专访时说，美国官员正在收集有关叙利亚境内出现化学武器袭击的信息，叙利亚内战已牵涉到美国"核心国家利益"。

8 月 24 日 中国海军第十四批护航编队与同在亚丁湾海域执行任务的美国海军"梅森号"导弹驱逐舰举行中美海上联合反海盗演练。

8 月 25 日 德国《明镜》周刊根据美国中央情报局前雇员斯诺登提供的文件报道说，美国国家安全局曾对纽约联合国总部实施窃听。

8 月 26 日 美国北方航空航天防御司令部与俄罗斯东部军区航空航天防御旅举行为期三天的"警戒之鹰"（Vigilant Eagle）联合军演，演习应对民航客机遭恐怖分子劫持的情况。2013 年是加拿大首次参加该军演。

8 月 27 日 美国负责民主、人权和劳工事务的代理助理国务卿乌兹拉·泽亚与欧盟人权事务高级代表马拉分别率领美、欧代表团在布鲁塞尔举行年度人权问题磋商，交流各自对重要的第三国人权状况的看法、协调在多边组织中的立场。

8 月 28 日 美国总统奥巴马在接受美国公共广播公司（PBS）采访时表示，美国明确地"认定"，巴沙尔政权要对 8 月 21 日叙利亚发生的化武袭击负责。叙利亚使用化武威胁了美国利益，需要予以制止。

8 月 29 日 美国奥巴马政府高级官员与国会两院领导人、与国家安全事务有关的国会委员会主席及主要议员举行电话会议，就叙利亚化武袭击问题征求他们对美国做何反应的意见。参加电话会议的官员有总统国家安全事务助理赖斯、国务卿克里、国防部长哈格尔、国家情报总监克拉珀、参联会副主席温内菲尔德。

《华盛顿邮报》披露美国中央情报局前雇员斯诺登提供的一份长达178页的情报系统秘密预算文件。美国从2007年开始公布情报预算总额，但各情报机构在总的情报预算中所占份额一直是秘密。根据该文件，美国16家情报机构共有约10.7万名雇员，2013财年的预算为526亿美元，比2012年减少2.4%。其中，侧重人力侦查的中央情报局为147亿美元，侧重窃听和信息监控的国家安全局为约108亿美元，侧重卫星侦查的国家侦查办公室（National Reconnaissance Office）103亿美元。预算还根据情报任务划分了预算，其中，"提供战略情报和预警"占所有情报预算的39%；"打击暴力极端主义"占33%，"打击武器扩散"占13%。预算文件还列出了优先的侦查对象国名单，中国、俄罗斯、伊朗、古巴、朝鲜和以色列等国名列其中。文件还表明，美国情报系统对掌握外语的特工有额外的工资奖励，获得工资奖励最多的语言是西班牙语，其次是阿拉伯语、汉语、俄语。美国国安局情报预算显示，美国国安局每年向参与其"公司伙伴进入计划"（Corporate Partner Access Project）的大通讯公司提供数以亿计美元作为补偿。美国国安局对这些通讯公司的外国目标客户通讯往来也包括对大量美国人的电话、电邮和短信进行监控。

美国国防部长哈格尔在文莱斯里巴加湾出席东盟防长扩大会议。哈格尔表示，东盟防长扩大会议为协调处理跨国和非传统威胁树立了正确榜样。哈格尔称，"海盗、恐怖分子、大规模杀伤武器扩散者、疾病、自然灾难和网络犯罪不受国界控制，如果我们不能合作应对，将会危及我们所有国家的未来"。

8月30日　白宫公布情报部门对叙利亚化武袭击事件评估报告的非保密部分，称美国"高度确信"叙利亚政府在8月21日大马士革郊区的袭击事件中使用了化学武器。

美国国务卿克里就叙利亚问题发表声明，称叙利亚政府使用了化学武器，叙利亚化武事件不仅威胁到美国的安全，也威胁到以色列、约旦、土耳其、黎巴嫩等国的安全。美国已经承诺，如果叙利亚越过化武"红线"，就要被追究责任，全世界都在看美国将如何行动，此事关系到美国在全球的领导力和可信度。

美国国防部长哈格尔在马尼拉分别会见菲律宾总统阿基诺三世、国防部长加斯明、外长德尔罗萨里奥，讨论允许美军使用菲律宾军事基地和在菲律宾领土、领海帮助建设菲律宾军事能力的框架协议（Framework Agreement）等问题。

8月31日　美国总统奥巴马在白宫发表声明，宣布美国应对叙利亚发起在时间和范围上有限度的军事打击行动，他将择机下令展开行动。他同时表示，他将寻求获得美国国会授权进行行动。奥巴马称，"安理会已完全陷入瘫痪，不愿追究巴沙尔的罪责"。

《华盛顿邮报》根据美国中央情报局前雇员斯诺登提供的秘密文件报道说，美国情报部门2011年实施231次网络攻击，其中近75%针对伊朗、俄罗斯、中国、朝鲜等国家。在代号为"精灵"（Genie）的项目中，美国计算机专家侵入外国计算机网络，将恶意软件秘密植入世界各地的计算机、路由器和防火墙，把它们置于美国的秘密控制之下。

9月1日　美国国务卿克里接受美国哥伦比亚广播公司、美国有线电视新闻网、美国广播公司、美国全国广播公司和福克斯新闻网采访，呼吁美国民众和国会支持对叙利亚采取军事行动。

巴西环球电视台（Globo TV）报道，生活在里约热内卢的英国《卫报》美籍记者格伦·格林沃尔德根据斯诺登向他提供的文件透漏，美国国家安全局曾直接监听或监控巴西总统罗塞夫和墨西哥总统培尼亚的通信信息。

9月2日　美国国务卿克里、国防部长哈格尔、总统国家安全事务助理赖斯、参联会主席邓普西就对叙利亚动武问题与127位国会众议院民主党议员举行电话会议。克里警告议员们说，他们在是否批准对叙利亚动武问题上面临着类似于1938年"慕尼黑协定"时的局势。

9月3日　美国总统奥巴马邀请国会两院领袖、两院军事委员会、外交委员会和情报委员会的领导人在白宫开会，争取他们支持对叙利亚采取军事行动。副总统拜登、国务卿克里出席会议。

美国国务卿克里、国防部长哈格尔、参联会主席邓普西出席国会参议院对外关系委员会听证会，解释对叙利亚进行军事打击的必要性。

由美国广播公司和《华盛顿邮报》联合进行的民调显示，59%的美国人反对美国单方面对叙利亚发动导弹打击，36%的人支持。如果军事打击有诸如英国、法国参加，46%的人支持，51%的人反对。

微软公司宣布，将以72亿美元收购诺基亚手机业务，交易预计在2014年第一季度完成。该收购还需获得诺基亚股东和管理层的批准。

9月4日　美国参议院对外关系委员会以10∶7的表决结果通过对叙利亚

动用武力的决议。决议将美国对叙动武的时限限定为 60 天，在提前通知国会的前提下，行动可以延长 30 天，共计 90 天。决议禁止美军派出地面部队参战。

美国总统奥巴马在访问瑞典时对记者表示，"不是我为叙利亚问题设定了红线，而是世界为叙利亚问题设定了红线"。在叙利亚问题上，"不是我的信誉面临危险，而是国际社会的信誉面临危险，美国和国会的信誉面临危险。"

美国国务卿克里、国防部长哈格尔、参联会主席邓普西出席众议院外交委员会听证会，解释对叙利亚进行军事打击的必要性。克里称，"31 个国家和组织已经公开或私下表态，认同是叙利亚政府实施了化学武器攻击。34 个国家和组织已经表明，如果上述情况属实，他们将支持对叙利亚采取行动。"克里说，"已经谈及行动的一些国家包括沙特阿拉伯、阿拉伯联合酋长国、卡塔尔、土耳其和法国"，一些阿盟国家愿意承担费用。

9 月 5 日 《纽约时报》、英国《卫报》根据美国中央情报局前雇员斯诺登披露的秘密文件报道称，美国国家安全局自 2000 年以来，共投入数十亿美元构建代号"牛市"（Bullrun）的监控项目，通过项目所配置的超高速计算机，在大众技术产品与服务中植入"后门"（backdoors），破解多数信息加密手段，在全球范围内获取网上交易、日常通信、医疗记录等敏感信息。

9 月 6 日 中国国家主席习近平在俄罗斯圣彼得堡同美国总统奥巴马举行会晤，讨论中美关系和其他共同关心的国际和地区问题。

美国总统奥巴马和俄罗斯总统普京在 G20 峰会间隙进行了 20 多分钟交谈，双方讨论了叙利亚问题，但在化武问题上互不赞同。

美国总统奥巴马在俄罗斯圣彼得堡与法国总统奥朗德举行会晤，两人一致认为必须对叙利亚政权使用化武的行为做出强有力的国际反应，美法所做的反应将是有限、适当的，集中于阻止叙利亚政权将来使用化武和削弱其使用化武的能力。

在俄罗斯圣彼得堡举行的二十国集团领导人会议间隙，澳大利亚、加拿大、法国、意大利、日本、韩国、沙特阿拉伯、西班牙、土耳其、英国和美国的领导人就叙利亚问题发表十一国联合声明，强烈谴责 8 月 21 日在叙利亚首都大马士革郊区发生的化学武器袭击事件，"种种证据明确指明叙利亚政府应对袭击事件负责"，敦促国际社会针对这一严重践踏国际准则和良知的行径做出强烈反应。声明称，各签署国"认识到安理会仍处于两年半以来所处的瘫痪状态。全世界不能毫无止境地等待有关程序一次又一次失败，因为这只会加重叙利亚的苦难并加剧该地区的动荡。我们支持美国及其他国家做出的进一步强化禁止使用化学武器的禁令的努力"。

9月7日 美国国务卿克里在巴黎会见法国外长法比尤斯，双方一致认为，叙利亚巴沙尔政权越过了化武"红线"。克里称，绥靖还是予以惩罚，现在正面临着"慕尼黑时刻"，良知和对国际准则的承诺迫使美法做出反应。对叙利亚的打击是有限的军事行动，不像伊拉克战争、阿富汗战争，甚至也不像利比亚战争和科索沃战争。打击的目的是削弱叙利亚政权使用化武的能力。叙利亚问题的真正解决是政治解决。

正在韩国访问的美国负责东亚和太平洋事务的助理国务卿拉塞尔在接受韩联社记者采访时表示，只有朝鲜发出明确的无核化信号，才能重启六方会谈。

由北海舰队参谋长魏钢海军少将率领的中国海军舰艇编队访问夏威夷港，访问结束后，中美海军举行了海上联合搜救演习。

9月8日 中国海军司令员吴胜利赴美国进行正式友好访问，就构建新型中美海军关系，建设性地推进中美海军关系向前发展等问题进行交流，并参观美海军、海军陆战队部队。

德国《明镜》周刊网站报道，美国国家安全局能够接入苹果手机和黑莓手机的操作系统以及谷歌公司安卓系统，获取手机的大部分敏感数据，包括通讯录、通话记录、短信、备忘录和用户位置信息。

9月9日 美国国务卿克里在伦敦同英国外交大臣黑格举行的联合记者会上说，只要叙利亚总统巴沙尔在一周内交出所有的化学武器，就可以避免遭到外国的军事打击。但他强调说，他肯定巴沙尔不会这么做。

美国总统奥巴马接受美国广播公司、哥伦比亚广播公司、美国有线电视新闻网、福克斯新闻网和公共广播公司记者采访，呼吁美国民众支持对叙利亚发动有限军事打击。奥巴马表示他对获得国会授权动武"没有信心"，他还没有决定如果国会不授权，他是否仍会对叙利亚发动军事打击。奥巴马称，如果叙利亚同意将其化学武器置于国际监督之下，那么他将停止对叙进行军事打击的计划。但奥巴马说，他怀疑叙利亚巴沙尔政府不会这么做。

白宫就更多国家签署9月6日关于叙利亚问题的十一国声明并支持声明内容发表声明。除十一国外，最新签署声明的国家是：阿尔巴尼亚、克罗地亚、丹麦、爱沙尼亚、德国、洪都拉斯、匈牙利、科索沃、拉脱维亚、立陶宛、摩洛哥、卡塔尔、罗马尼亚、阿拉伯联合酋长国。

中国人民解放军副总参谋长王冠中与美国国防部副部长米勒在北京八一大楼共同主持第 14 次中美国防部防务磋商。本次磋商内容涉及东海和南海的海事安全。中方表示，美国应保持立场和政策的连贯性，不应在钓鱼岛和南海问题上释放错误信号，支持和纵容有关国家为所欲为。双方还就网络、太空、核政策、导弹防御、朝鲜核问题交换了意见。

9 月 10 日 美国总统奥巴马在白宫发表全国讲话，称将与俄罗斯等国合作，争取通过联合国迫使叙利亚放弃化学武器。奥巴马表示，他已要求国会推迟就授权动武进行表决。奥巴马称他已经下令美军待命，如果外交途径失败随时准备出动。

美国对朝政策特别代表戴维斯在首尔会见韩国朝鲜半岛和平交涉本部长赵太庸，讨论朝鲜半岛局势和今后应对方案，双方一致认为朝鲜在无核化问题上尚未出现积极变化，在朝鲜表现出无核化决心之前不能重启六方会谈。双方认为，朝鲜应履行朝美在 2012 年 2 月 29 日达成的协议内容，还应以"其他"实际行动证明无核化意志。

美国国防部宣布，美国军方最近在太平洋实施了一次"复杂"的导弹防御试验，配备在驱逐舰上的宙斯盾弹道导弹防御系统与末段高空区域防御系统联手，成功摧毁两枚中程弹道导弹目标，验证了美国多层导弹防御体系的能力。但美国国防部强调试验与当前中东局势无关。

9 月 11 日 白宫新闻秘书卡尼在记者会上说，叙利亚交出化学武器"显然需要一些时间"，美国对叙利亚交出化武的评估没有时间表。

美国国务院发言人普萨基在记者会上表示，由于叙化武问题出现外交解决机会，目前美国对叙奉行"三轨"策略：第一，克里与拉夫罗夫将各自携技术专家团队前往日内瓦举行会晤；第二，联合国正就解决叙利亚问题做出外交努力，美方支持并正在推动安理会就叙利亚问题达成一个有约束力的决议；第三，奥巴马政府将继续与国会保持沟通协调。

《华盛顿邮报》报道，美国中央情报局已经开始向叙利亚反对派提供轻武器，美国国务院也在向反对派提供汽车、先进通信设备、作战医疗物资等。

美国《外交政策》杂志网站报道称，美国中央情报局前雇员斯诺登披露的机密文件显示，美国安局设有一个与以色列共同分享情报的项目，前者由此与以色列共享来自美国全球监控网络的数据。

美国总统国家安全事务助理赖斯在华盛顿与巴西外长菲格雷多举行会晤，赖斯表示，斯诺登泄露给媒体的消息曲解了美国国家安全局的监控行动，对美国与巴西深厚的双边关系"造成摩擦"，还引起美国与盟友间的法律问题。

9月14日 美国国务卿克里与俄罗斯外长拉夫罗夫在瑞士日内瓦就销毁叙利亚化学武器问题达成一项框架协议。根据该协议，叙利亚应在一周内提交一份有关其化学武器的详尽明细，包括其化学武器制剂的名称、类型和数量以及存储、制造和研发设施的所在地等细节，联合国武器核查人员必须能在11月份之前进入叙利亚，而叙利亚摧毁或撤除化学武器的行动必须在2014年年中完成。如巴沙尔政府未能按照协议进行销毁化武的工作，美俄将寻求联合国安全理事会通过决议案，制裁叙利亚。

美国总统奥巴马就美俄达成消除叙利亚化武框架协议发表声明，称协议是朝向将叙利亚化武置于国际监督并最终销毁的重要而具体的一步。如果巴沙尔政权没有遵守该框架协议将会面临后果。如果外交努力失败，美国仍然准备采取行动。

9月16日 德国《明镜》周刊根据美国中央情报局前雇员斯诺登披露的文件报道，美国国家安全局大范围监视全球大型银行的国际支付、存款以及信用卡交易等信息。

美国总统奥巴马授权美国政府向叙利亚反对派以及在叙利亚工作的国际组织提供与防范化学武器有关的非武器性援助。

美国国务卿克里在巴黎会见法国外长法比尤斯和英国外交大臣黑格，协调三国在叙利亚化武问题上的立场。

9月17日 联合国安理会五个常任理事国的高级外交官在纽约举行磋商，讨论由美、英、法三国共同起草的关于叙利亚化学武器问题的决议草案。在有关决议的措辞方面存在关键性分歧。法国、英国和美国要求这份决议包含威胁对叙利亚采取军事行动的内容，但是俄罗斯反对决议采用这样的措辞。

9月18日 菲律宾与美国在南海附近海域展开代号"Phiblex 14"的两栖登陆演习，演习内容包括海上安全和领土防御作战、野战训练演习以及人道主义项目。

美国国防部宣布，美军方利用第二代宙斯盾反导系统和新型标准-3型制导导弹，成功完成迄今难度最大的反导试验。一枚充当目标导弹的分离式短程弹道导弹从位于夏威夷考艾岛的太平洋导弹靶场升空，沿西北方向飞往太平洋海区。为模拟实战，事先并未告知目标导弹的发射时间和发射方位。目标导弹升空后，装备第二代宙斯盾反导系统（4.0 版本）的美军"伊利湖号"巡洋舰启动舰载雷达进行跟踪监控，后经火控系统解算，连续发射两枚标准-3 型 BlockIB 制导导弹，最终首先发射的导弹成功拦截目标导弹。

9 月 19 日　美国国务卿克里在美国国务院与中国外交部部长王毅举行会谈。克里表示，美中新型大国关系的部分内容是就敏感问题进行坦诚对话，特别是就会因误解而导致误判的问题进行对话。美方赞赏中方对政治解决叙利亚问题的支持，期待中国继续发挥积极和建设性作用；在朝核问题上，中国发挥着特别的作用，美中的共同目标是以和平方式实现朝鲜半岛无核化。

美国常驻联合国代表萨曼莎·鲍尔在安理会关于阿富汗问题的辩论中发言，称在阿富汗重要的政治、安全和经济过渡时期，联合国必须发挥中心作用。

美联储在结束了为期两天的货币政策会议后发表声明，维持现行的宽松货币政策不变，暂时不削减第三轮量化宽松货币政策规模。

9 月 20 日　美国副总统拜登在墨西哥城出席"美墨高级别经济对话"会议并发表讲话，阐述美墨经贸关系的重要性。出席会议的美国代表团成员还有美国商务部长普利茨克、美国贸易代表弗罗曼、助理国务卿宙斯·佛南德斯、助理国务卿罗伯特·雅格布森、国土安全部代理部长兰德·比尔斯、财政部副部长莱尔·布瑞纳德、运输部长安东尼·佛克斯。

9 月 21 日　美国《纽约时报》发表长篇文章，将中国无人机事业近年来的发展归因于"偷美国的技术"。

9 月 24 日　美国总统奥巴马在纽约举行的联合国大会上发言，呼吁联合国安理会通过迫使叙利亚放弃化武的决议。奥巴马强调，如果叙利亚总统巴沙尔拒绝履行销毁化武的承诺，将承担相应的"后果"。奥巴马还阐述了美国在中东和北非的外交政策，称美国将试图通过对话和平解决伊朗核问题。奥巴马宣布美国将为受叙利亚内战影响的国家和难民额外提供 3.39 亿美元人道主义援助。

9 月 25 日　美国国务卿克里在纽约参加联合国大会期间签署《武器贸易条约》（Arms Trade Treaty），成为条约开放签署以来第 92 个签署国。

美国网络司令部司令基思·亚历山大在华盛顿国家新闻俱乐部召开的第四届网络安全峰会年会上透露，美国网络司令部已经指示其下属的旨在保护美国国内电网、核电站等基础设施计算机系统的网络部队"全国网络使命部队"
（Cyber National Mission Force）开始履行职能。该部队是应对对美国的网络攻击的三支部队之一，其他两支部队分别是协助海外部队策划并执行网络袭击的"进攻性"部队"网络打击使命部队"（Cyber Combat Mission Force）和负责帮助操作和保卫国防部内部网络的"防卫性"部队（Cyber Protection Force）。按照计划，这三支部队将在 2015 年全部建成。

《印度教徒报》报道，根据其获得的秘密文件，印度属于美国国家安全局高度监控的国家。国安局锁定的监控目标大部分涉及印度的政治、国家战略和商业利益，其中，印国内政治情况、核技术项目、空间项目是其重点监控内容。这些领域相关人员的电子邮件、手机信息以及通话都是国安局监控的对象。此外，印度驻美国使馆、常驻联合国代表团也遭到美国情报机构的监控。

9 月 26 日　伊朗核问题六国（美、英、法、俄、中、德）外长以及伊朗外长扎里夫在纽约就伊朗核问题举行会谈，克里称，扎里夫外长阐述的伊朗立场不仅在调子方面（in tone）与以往有明显不同，而且他介绍的对未来可能性的看法（in the vision）也有明显不同。

在伊核六国外长与伊朗外长会议间隙，克里还同扎里夫举行了私下的边缘会晤（side meeting），双方同意继续推进解决伊朗核问题的进程。双方均表示这次会谈是建设性的。这是美伊 30 多年来的首次高级别接触。

9 月 27 日　美国总统奥巴马与伊朗总统鲁哈尼通电话，就如何解决伊朗核问题交换意见，这是 1979 年美伊断绝外交关系后两国元首首次进行交流。

美国总统奥巴马在白宫与印度总理辛格举行会谈，双方讨论了民用核能、打击恐怖主义、安全合作、经贸、气候变化、阿富汗、印巴关系等问题。双方发表联合声明，称美印关系处于 67 年历史以来最牢固的时期。两国还发表了《美印防务合作联合声明》，称相互视对方为最亲密伙伴，并将在防务技术转让、贸易、研究、共同开发生产军品和服务包括最先进和复杂的技术方面落实这一关系。双方承诺保护对方的敏感技术和信息。

联合国安理会在纽约一致通过处置叙利亚化学武器相关决议，这是安理会自叙内战以来首次成功通过涉叙决议。决议规定，再有不遵守本决议的情况，包括未经批准转让化学武器，或叙利亚境内有人使用化学武器时，采取《联合国宪章》第七章规定的措施。在表决之后，美国国务卿克里警告，如果叙利亚方面没有遵守决议，将面临严重后果。

美国国务卿克里在纽约与东盟国家外长举行会谈。克里称东盟是亚太地区结构的中心，也是美国亚太再平衡的中心。美国承诺，亚太再平衡是美国政府的一项优先要务。

9月30日　美国总统奥巴马在白宫与以色列总理内塔尼亚胡举行会谈。奥巴马表示，美以双方都认为伊朗之所以同意坐在谈判席上，就是因为近几年美国对其"超乎寻常的制裁"。目前要尝试通过外交途径解决伊核问题，但须确保伊朗有诚意遵循国际社会的相关法律及决议，美国也不会放弃通过军事手段来确保伊朗无法拥有核武器的可能性。

美国国防部长哈格尔在首尔会见韩国总统朴槿惠，讨论加强美韩同盟、应对朝鲜威胁以及美日韩三边合作应对朝鲜威胁问题。哈格尔在会谈中提到，构建美、韩、日三方安全关系，需要妥善处理包括韩日两国历史问题在内的各种现实问题。

美国国务院发言人普萨基在记者会上表示，美国对土耳其与中国公司达成防空导弹系统合同表示担忧，因为该中国公司受到了美国的制裁，它的导弹系统也存在和北约的系统、集体防御能力不兼容的问题。

10月1日　由于美国国会未就政府新财年预算达成妥协，美国政府非核心部门被迫暂时"关门"。这也是美国政府17年来发生的又一次"关门"事件。奥巴马随后被迫取消了前往亚洲访问并在印度尼西亚参加亚太经合组织领导人峰会、在文莱参加东盟峰会和东亚峰会的安排。

10月2日　美国国防部长哈格尔在首尔与韩国国防部长官金宽镇共同主办第45次韩美安保会议，双方同意建立"一个应对朝鲜核武器和其他大规模杀伤性武器的特定威慑双边战略"，以便侦测、防御、遏制和摧毁来自朝鲜的威胁，从而最大限度地发挥威慑效果。双方同意提升联盟指挥和控制系统的相互操作性。

10月3日　美国国务卿克里、国防部长哈格尔在东京与日本外相岸田文雄、防卫相小野寺五典举行美日安全磋商委员会会议（2+2会议），讨论加强美日同盟问题。双方发表联合声明称，两国同意在2014年底前完成日美新防卫指针的制定和签署。同时，美国支持日本与美国行使集体自卫权。

美国国防部长哈格尔在东京举行的记者会上称，美方承认钓鱼岛是在日本的行政管理之下，这适用于美日安保条约、美国对日本的义务，美方强烈反对谋求削弱日本在钓鱼岛的行政管辖的任何单方面的行动。

美国国务卿克里和国防部长哈格尔在东京都千代田区千鸟渊战殁者公墓（又称"无名战士墓"）各自献上一束花。这是美国政府官员第一次造访这座墓园。

10月4日　美国国务卿克里在印度尼西亚巴厘岛与澳大利亚外长毕绍普、日本外相岸田文雄举行第五届美日澳三边战略对话，讨论叙利亚化武问题、伊朗核计划、朝鲜核和导弹活动、东海和南海安全等问题。三国表示，反对任何会导致改变东海现状的强制性和单边行动，强调包括改善海上通信在内的减少冲突、避免误判和意外事件发生的努力的重要性。三方呼吁南海主权声索国保持克制，应保证南海"航行自由"、遵守国际规范。

美国国防部宣布再次成功进行了反导试验。这次试验用的是"宙斯盾4.0"系统，也是该版本系统连续第五次拦截成功。

10月9日　中国国务院总理李克强在文莱斯里巴加湾会见美国国务卿克里。克里表示，美国欢迎中国的崛起，视中国为重要合作伙伴。奥巴马总统高度重视提升两国关系水平，美方愿与中方加强战略沟通与合作，共同应对挑战，不断丰富美中新型大国关系内涵。

美国总统奥巴马正式提名现任美联储副主席珍内特·耶伦担任下届美联储主席。

美国国务院宣布，美国决定暂停对埃及部分援助，包括暂停向埃及交付一些军事装备和现金援助，直到埃及通过自由公正选举在民主过渡方面实现"可信进展"。

10月10日　韩美日联合海上演习在韩国南海海域启动，为期两天。韩国国防部表示，此次演习是一次人道主义搜救演习。美方派出"乔治·华盛顿号"航母等舰只参加演习。韩方和日方派出宙斯盾驱逐舰、护卫舰艇等参加演习。

10月11日　美国国务卿克里在喀布尔会见阿富汗总统卡尔扎伊。双方就美阿双边安全协定展开两天谈判，主要讨论2014年后美国在阿驻军问题。双方在美军留驻阿富汗的主要原则问题上达成初步协议，但在美方坚持的驻阿美军犯罪后由美国军事法庭审判的司法裁决权问题上未能达成一致。

10月14日　《华盛顿邮报》根据"棱镜"计划曝光者斯诺登披露的秘密文件报道，美国国家安全局为侦查恐怖活动等案件线索，每天通过雅虎、谷歌、脸谱和Hotmail的私人账户，在全球网络中截取数以亿计的电邮用户的通信录。

10 月 16 日　伊朗核问题六国（美国、英国、法国、俄罗斯、中国和德国）与伊朗在瑞士日内瓦举行的伊核问题谈判结束，各方首次达成共同声明，称各方进行了两天"深入和具有前瞻性"的谈判。各方达成一致意见，当前不会公开讨论有关谈判和正在进行的工作方面的细节。

10 月 17 日　美国白宫宣布，美国总统奥巴马已将国会参众两院刚通过的联邦政府临时拨款议案签署成为法律，标志着联邦政府非核心部门的"关门"风波结束。

《华盛顿邮报》根据"棱镜"计划曝光者斯诺登披露的秘密文件报道说，美国国家安全局广泛地参与了美国无人机定点清除计划。

10 月 18 日　美国国防部长哈格尔在美国国防部会见罗马尼亚国防部长杜萨。双方签署了多项加强美罗军事关系的协议，罗将为驻阿联军进出阿富汗提供后勤支持。哈格尔感谢罗决定在罗境内建立宙斯盾导弹防御系统，称这将加强北约的集体防御。该系统将在 2015 年投入使用。

10 月 20 日　德国《明镜》周刊根据"棱镜"计划曝光者斯诺登披露的秘密文件报道说，美国国家安全局曾侵入墨西哥总统府的主服务器，进而监控时任总统卡尔德龙及政府内阁成员的电子邮件。

10 月 21 日　法国《世界报》根据"棱镜"计划曝光者斯诺登披露的秘密文件报道说，美国国家安全局于 2012 年 12 月 10 日至 2013 年 1 月 8 日这 30 天期间，录下法国 7030 万通电话；国安局代号"US-985D"计划自动撷取特定电话号码的通讯内容，并记录文字信息。根据这些档案，可以合理认为国安局不止锁定涉嫌参与恐怖主义的民众，也锁定全球商界或政界知名人物。

美国宣布在 2013 财年允入了 69930 名难民入境，接近 2013 年的 70000 名的最高限额。这是 1980 年以来最接近当年最高限额的一年。得到美国重新安置的难民前五位的来源国是伊拉克、缅甸、不丹、索马里和古巴。

10 月 23 日　美国总统奥巴马与德国总理默克尔就德国获得的默克尔手机可能被美国情报机构监听的情报通电话，奥巴马向默克尔保证，"美国现在没有、将来也不会窃听总理的通讯"，但奥巴马没有提及过去美国情报机构是否窃听过默克尔的手机。

法国《世界报》根据其获得的美国国家安全局内部备忘录报道说，国安局进行过的一项名为"妖怪计划"的项目——将间谍软件秘密植入软件产品、路由器和防火墙，对多国电脑进行远程监控，其中包括多国大使馆。

　　10 月 24 日　英国《卫报》根据"棱镜"计划曝光者斯诺登披露的秘密文件报道说，美国国家安全局鼓励白宫、美国国务院、美国国防部等核心部门官员"分享通讯录"，以便国安局能够将外国政治和军事要员的电话纳入监听系统。这份标注日期为"2006 年 10 月"的文件显示，有一位未具名的美国官员向国安局提供了 200 多个电话号码，其中包括 35 名国际政要的号码，国安局立即展开了监控工作。

　　美国"棱镜"计划曝光者斯诺登在通过网络发表的一份声明中说，美国国家安全局保留着在美国拨打的所有电话的记录。

　　10 月 25 日　意大利《快讯》周刊根据"棱镜"计划曝光者斯诺登披露的秘密文件报道说，英国和美国情报机构大规模窃听意大利的电话和采集网络数据。

　　10 月 26 日　德国《明镜》周刊报道，德国总理默克尔的手机号码早在 2002 年就被列入美国国家安全局的特别监控当中。报道还披露，国安局在美国驻德国大使馆内有"未经法律批准的谍报分支"，该谍报分支与美国中央情报局人员联手进行高科技监控。国安局在法国巴黎、西班牙马德里、捷克布拉格、意大利罗马、瑞士日内瓦及德国法兰克福等全球 80 个地点都设有类似间谍机构。香港、北京、上海、成都、台北等亚洲城市也名列其中。

　　10 月 28 日　西班牙《世界报》根据"棱镜"计划曝光者斯诺登披露的秘密文件报道说，美国国家安全局在 2013 年 1 月 8 日前的 30 天内秘密监听西班牙 6000 多万个电话记录。美国国安局收集了西班牙境内电话的致电方、接电方及通话时长，但是没有收集通话的内容。

　　10 月 29 日　美国国家安全局局长亚历山大在国会众议院情报委员会听证会上说，法国、西班牙和意大利媒体有关国安局收集成百上千万个电话信息的报道是"完全不真实的"。欧洲媒体误读了由美国前防务承包商雇员斯诺登所提供的部分机密文件。亚历山大说，这类情报并非由美方单独搜集，而是来自美国与其北约盟友为保障安全而共同实施的情报项目，由国安局的外国合作伙伴提供。他还否认这一情报监控项目针对欧洲公民。

　　10 月 30 日　《华盛顿邮报》根据"棱镜"计划曝光者斯诺登披露的秘密文件报道，美国国家安全局通过"棱镜"项目之外的另一情报监控项目潜入美国网络公司雅虎、谷歌的数据中心挖掘数据。国安局每天都会将数百万份来自雅虎、谷歌内部网络的数据发送到该情报机构位于马里兰州总部的数据存储库。

为期两天的美联储货币政策会议结束。美联储公开市场委员会发表货币政策声明宣布，维持每月采购 850 亿美元的量化宽松规模不变。

10 月 31 日 美国国务卿克里通过视频参加在伦敦举行的"开放政府伙伴关系年度峰会"（Open Government Partnership Annual Summit），讨论转变政府与公民社会关系问题。克里在回答听众提问时表示，在某些情况下，美国国家安全局的监听活动"太过火"，美国将保证这种情况不再发生。

澳大利亚《悉尼先驱晨报》根据"棱镜"计划曝光者斯诺登披露的秘密文件报道，在没有通知当地的情况下，澳大利亚位于北京、雅加达、河内以及帝力的大使馆，位于吉隆坡和莫尔斯比港的高级专员公署内部都设有监视设备，利用拦截电话信息等手段帮助美国收集各国情报数据。

11 月 1 日 美国总统奥巴马在白宫会见到访的伊拉克总理马利基。双方讨论的重点是近期"基地"组织活动在伊拉克仍然猖獗且有愈演愈烈之势的情况。双方同意，美方需要向伊拉克方面提供更多武器装备以便伊方打击恐怖组织，改善当地安全局势。

美国无人机空袭巴基斯坦西北部北瓦济里斯坦部族地区，造成包括巴基斯坦塔利班首领哈基穆拉·马哈苏德在内的 6 人死亡。

11 月 5 日 美国国防部长哈格尔在战略与国际问题研究中心全球安全论坛上发表主旨演讲，称美国不应过分依赖军事实力，而应合理利用综合国力。哈格尔警告说，美国普遍存在傲慢自大问题，这种"内在的顽疾"将削弱美国的强大力量。

日本新闻网报道，"棱镜"计划曝光者斯诺登披露的秘密文件显示，日本一直遭到美国国家安全局的监视窃听，主要监视的领域为"新兴战略科学技术"、"外交政策"、"经济的安定与影响"。

11 月 6 日 美国对朝政策特别代表戴维斯在美国国务院与日本外务省亚洲大洋洲局长伊原纯一、韩国朝鲜半岛和平交涉本部长赵太庸举行会谈，就重启中断的六方会谈交换意见。三方一致认为，只有朝鲜展现无核化诚意才能重启六方会谈。

11 月 8 日 美国因拒绝缴纳会费，丧失在联合国教科文组织的表决权。美国国务院表示，总统奥巴马已请求国会准许美国支付教科文组织会费。

11 月 9 日　美国国防部长哈格尔命令美军太平洋司令部支持美国政府在菲律宾的人道救援行动，应对台风"海燕"的袭击。美军的救援行动包括海上搜救、直升机空运、海上雷达搜索、固定翼飞机空运和后勤供应。

11 月 11 日　美国和欧盟在布鲁塞尔举行跨大西洋贸易与投资伙伴关系（TTIP）第二轮谈判，范围涉及服务、投资、能源、原材料和管理问题。双方还将在 11 月通过视频会议讨论 TTIP 其他领域的问题。

11 月 12 日　中美两军在夏威夷举行首次人道主义救援减灾联合实兵演练。这也是中国军队首次派出实兵到美国领土举行演习。此次演练包括装备展示、技能交流、联合行动三个科目。

11 月 13 日　美国能源信息署（EIA）宣布，10 月份美国原油日产量同比增加 11%，达到 770 万桶，创 25 年来同期最高纪录，超过了日均原油 760 万桶的净进口量。这是近 20 年来的首次，标志着美国开始减少对外国原油供应的依赖。

11 月 15 日　中国国家主席习近平在钓鱼台国宾馆会见美国总统特别代表、财政部长雅各布·卢。雅各布·卢表示，希望通过美中战略与经济对话等机制，同中方加强沟通协调，扩大经贸、能源、气候变化、食品安全等领域合作。

11 月 18 日　美国国务卿克里在华盛顿美洲国家组织总部发表演讲，阐述美国的西半球政策。克里称门罗主义的时代已经终结，今天的美洲国家间关系建立在平等伙伴关系和共同责任基础上，美国不再致力于干预其他美洲国家事务。

美国总统奥巴马、国务卿克里、总统国家安全事务助理赖斯在白宫与国会参议院银行委员会、对外关系委员会、军事委员会和情报委员会主席及资深议员举行会谈，讨论伊朗核问题。奥巴马呼吁国会参议院暂缓出台制裁伊朗新举措，强调在诉诸军事手段等其他选项前他有责任寻求通过外交谈判解决伊朗核问题。

11 月 20 日　美国驻华大使骆家辉发表声明，宣布将于 2014 年初卸任回国。

美国美中经济与安全评估委员会发表年度报告称，中国军事现代化正改变亚太地区力量平衡，挑战美军优势。报告指责中国"指挥并实施大规模的网络间谍活动"，刺探美国政府和美国产业。

美国总统国家安全事务助理赖斯在乔治敦大学发表题为《美国在亚洲的

未来》的演讲，称亚太再平衡仍然是奥巴马政府外交政策的一个基石，强调美国寻求与中国发展新型大国关系。

11月21日　中国国务院副总理刘延东在华盛顿与美国国务卿克里共同主持第四轮中美人文交流高层磋商，磋商主题为"青年与创新"。双方签署《中美人文交流高层磋商机制谅解备忘录》。

11月23日　美国国务卿克里发表声明，称中国宣布在东海设立防空识别区是试图单方面改变东海现状，只会增加该地区的紧张和造成发生意外的危险。美国国防部长哈格尔发表声明，认为这是改变该地区现状的破坏稳定的单方面做法，增加了误解和误判的危险。哈格尔重申《美日安保条约》适用于钓鱼岛。

11月24日　伊朗核问题六国（美、英、法、俄、中、德）与伊朗在日内瓦达成初步协议，各方同意作为伊核问题全面解决过程的第一步，在6个月内采取"初步的互让措施"。规定在未来的六个月时间里，伊朗将不再提炼浓度高于5%的浓缩铀，而目前浓度高达20%的铀库存也将被稀释到5%以下，与此同时，六国将提供"有限度、临时性、针对性"的援助，但是对伊朗的石油出口、金融和银行业的制裁依然没有松动。

12月2日　在白宫举行的"世界艾滋病日"活动中，美国总统奥巴马承诺美国将为抗击艾滋病提供新的援助。在未来三年里，其他国家每捐助两美元，美国将以一美元相配，直到总额达50亿美元。

12月3日　美国副总统拜登在东京会见日本首相安倍晋三，双方就中国划设东海防空识别区、美日国际合作、跨太平洋伙伴关系协定（TPP）、日韩关系、驻日美军基地迁移等问题交换意见。拜登批评中国设定防空识别区是企图单方面改变东海现状，使地区局势更加紧张，也会增加误判的风险，他还呼吁中日两国为避免冲突，应该设立危机管理机制或有效的对话渠道。

美国皮尤研究中心公布的民调显示，近40年来，首次有多数美国人认为，美国在世界上的重要性在减弱；美国过多介入解决世界问题；美国应该管好自己的事情。

12月4日　中国国家主席习近平在北京人民大会堂同美国副总统拜登举行会谈。双方一致认为，中美双方要加强对话、交流、合作，努力推进中美新型大国关系建设。

《华盛顿邮报》根据美国情报机构前雇员斯诺登披露的秘密文件报道说，美国国家安全局每天收集全球高达近50亿份手机通话的位置记录。国安局能够通过这项计划，跟踪一个人在全球任何角落的行踪。

12 月 6 日　美国副总统拜登在韩国首尔延世大学发表演讲，阐述美韩关系的重要性和美国亚太政策。拜登表示，国际社会不会接受或容忍朝鲜拥有核武器。美国绝对不会接受朝鲜半岛永久性分裂状态。关于美国重返亚洲政策，拜登说，外界不应怀疑美国将战略中心转向亚太的承诺。

12 月 9 日　美国国防部长哈格尔在伊斯兰堡与巴基斯坦总理谢里夫和巴基斯坦新任陆军参谋长拉希勒·谢里夫举行会谈。双方就地区形势、巴美双边关系和阿富汗和平进程进行商讨。这是美国国防部长近 4 年来首次访问巴基斯坦。

美国《纽约时报》和英国《卫报》根据美国情报机构前雇员斯诺登提供的秘密文件报道说，美英情报机构派特工打入"魔兽世界""第二人生"等网络游戏平台，借虚拟身份掩护，秘密监视玩家通信，搜集玩家真实信息，甚至发展线人。

12 月 10 日　美国环境保护署署长吉娜·麦卡锡在清华大学环境学院的演讲中表示，共同应对气候变化为美中合作提供了新的机遇。

美国国务卿克里就乌克兰局势发表声明，称对乌克兰当局决定使用防暴警察对基辅独立广场示威人群进行清场表示"恶心"，称乌当局的做法是不可接受的，而且对民主没有好处。

12 月 12 日　美国卡内基国际和平基金会发布调查报告，称中国和美国的民众普遍对对方国家持不信任态度，但大多数人不把对方视为敌人。仅有 15%的美国民众把中国视为敌人，12%的中国民众把美国视为敌人。

印度驻纽约副总领事柯布拉加德在纽约送女儿上学时被美国警方逮捕，并被指控犯有签证欺诈和虐待佣人罪。柯布拉加德据称在纽约警察局被戴上手铐、遭到脱衣检查，和吸毒者关在同一牢房。

12 月 16 日　美国国务卿克里在河内会见越南副总理兼外长范平明。克里表示，美国将向东盟国家提供 3250 万美元，用于保护这些国家的领海。在这一援助款项中，越南可获得 1800 万美元，其中包括添购 5 艘巡逻快艇的经费，用于加强越南的海岸巡逻。

12 月 17 日　美国国务卿克里在马尼拉与菲律宾外长德尔罗萨里奥举行双边会谈。克里宣布，美国将在今后 3 年向菲律宾提供 4000 万美元，用于加强菲律宾的"海洋安全"，提升其预警能力。

12 月 18 日　美联储联邦公开市场委员会宣布，从 2014 年 1 月起将每月采购 850 亿美元资产的开放式量化宽松（QE）削减 100 亿美元，其中国债和抵押贷款支持债券（MBS）的采购额各缩减 50 亿美元。

12 月 19 日　第 24 届中美商贸联委会在北京举行。中国国务院副总理汪洋与美国商务部长普里茨克、贸易代表弗罗曼共同主持。美国农业部长维尔萨克与会。双方广泛深入讨论了贸易、投资等领域 40 多个议题。

美国国防部长哈格尔与美军参联会主席邓普西在五角大楼举行联合记者会。谈及早前发生的中美军舰在南海相遇一事，哈格尔批评中国拦截美国导弹巡洋舰"考本斯号"的行为不负责任。哈格尔表示，中美需要在亚太地区建立双边机制缓解这类问题。

12 月 24 日　美国贸易代表办公室向国会提交 2013 年度关于中国遵守世界贸易组织规则情况的报告。报告着重指出中国在知识产权、产业政策、服务、农业和透明度等领域的政策和践行的情况。报告称，中国作为世界贸易组织成员的整体表现依然错综复杂，指责中国政府干预性经济政策和国有企业的重要作用。报告评估了中美两国通过 2013 年的双边接触在关键贸易议题上取得的重大进展和存在的问题。

12 月 26 日　美国总统奥巴马签署《2014 财年国防授权法案》，批准总共超过 6000 亿美元的国防开支与战争费用。

美国驻日本大使馆就日本首相安倍晋三参拜靖国神社一事发布声明称，美方对日方领导人的此次行为"表示失望"，此举可能"激化与邻国的紧张局势"。美国国务院发言人普萨基重申，美国对日本首相安倍晋三参拜靖国神社，可能加剧日本与邻国的紧张关系感到失望。

12 月 27 日　美国国防部长哈格尔发表声明，对日本冲绳县知事宣布批准中央政府在边野古海边填海造地建新机场，为冲绳市区普天间的美军基地搬迁做准备表示欢迎。声明称"在为实现驻冲绳美军重组而做出的努力中，这是最为重要，且具有划时代意义的事情"。

12 月 28 日　德国《明镜》周刊根据其获得的美国国家安全局绝密文件报道说，美国国安局通过截听连接欧洲、北非和亚洲的"SEA－ME－WE－4"海底通讯电缆，取得大量敏感资料，并计划照此监听其他海底通讯电缆。

12 月 31 日　美国国防部宣布，美国已将在古巴关塔那摩基地关押的最后 3 名中国维吾尔族囚犯移交给斯洛伐克。声明说，这三名维吾尔族囚犯自愿选择在斯洛伐克生活。

二　2014 年

1月2日　美国国务卿克里在耶路撒冷会见以色列总理内塔尼亚胡，讨论结束以色列和巴勒斯坦冲突问题。这是克里第 10 次访问以色列。

《华盛顿邮报》援引美国情报机构前雇员斯诺登提供的文件称，美国国家安全局正在发起代号为"攻克难关"（"Penetrating Hard Targets"）的研发项目，目标是尽快研发出一台量子计算机，以利用它惊人的运算速度，破解目前全球互联网常见的各类加密算法，窃取政府、企业、银行等机构的加密信息。

美国国务院向《联合国气候变化框架公约》组织（UNFCCC）递交《2014年美国气候行动报告》。报告详细说明美国在国内和国际为减排和援助其他国家应对气候变化采取的行动。

1月3日　美国国家情报总监办公室发言人特纳发表声明说，政府按照程序向外国情报监控法庭提交了延长对国家安全局大规模电话监听项目授权的申请，该特别法庭正式予以批准。

美国国务卿克里在拉姆安拉与巴勒斯坦权利机构主席阿巴斯举行会谈，讨论巴以关系等问题。

1月4日　美国国防部长哈格尔与日本防卫相小野寺五典通电话。哈格尔感谢日本政府努力推动冲绳地方官员批准一项填海造地计划，为驻冲绳美军整编重组铺平道路。同时，哈格尔与小野寺五典就落实美日一系列防卫合作计划交换意见，包括美军在日本部署第二部 X 波段雷达和修订美日防卫合作方针。哈格尔在通话中强调日本采取措施改善与邻国关系和促进合作的重要性。

美国国防部长哈格尔与俄罗斯国防部长绍伊古通电话，讨论最近发生在俄罗斯的恐怖袭击事件，并表示美方愿意向俄提供安全援助以确保索契冬奥会的安全。美俄防长一致强调，需要对恐怖主义威胁保持警戒，双方将寻求更多的机会以加强反恐合作。两位防长还讨论了国际社会为销毁叙利亚化学武器而正在进行的努力，同时强调叙利亚全面履行销毁化武计划所规定的义务的重要性。

1月5日　美国国务卿克里在安曼会见约旦国王阿卜杜拉二世。

美国国务卿克里在利雅得会见沙特国王阿卜杜拉，讨论巴以和平、叙利亚局势、伊朗等问题。克里称沙特国王"热心支持"美国解决巴以争端，沙特

"以土地换和平"的倡议是巴以和平框架协议的一部分。

1月6日 美国国防部长哈格尔在五角大楼会见韩国外长尹炳世。双方重申美韩联盟在维护亚太地区和平与稳定方面发挥的"关键作用",双方一致认为必须继续在研发和获取关键军事能力方面取得进展,以增强美韩联合防御态势,应对朝鲜"可能发动的挑衅"。

美国国防部长哈格尔在五角大楼会见爱沙尼亚国防部长瑞恩萨鲁,双方讨论了与波罗的海其他国家共同支持地区合作、与北约盟国的互操作性、网络防卫和长期的国防合作等问题。哈格尔赞扬爱沙尼亚对阿富汗安全稳定所做的承诺。

美国国会参议院以56票赞成、26票反对的投票结果,确认珍妮特·耶伦接替现任主席本·伯南克出任新一任美联储主席。

美国国务院副发言人哈夫发表新闻声明,赞扬中国政府在广东省销毁逾5吨象牙的行动,称中国此举将向野生动物偷猎者、贩运者和非法野生动物产品消费者发出"强有力"的信息,此举是落实2013年7月第五轮美中战略与经济对话所做承诺的具体行动。

1月7日 美国国务卿克里和韩国外长尹炳世在美国国务院举行会谈。克里在会谈后对记者说,两国高度关注"来自朝鲜的挑战",尤其是朝鲜最近出现一系列动向之后。他重申美国对韩国的防务承诺,包括动用美国核保护伞下的"延伸威慑"和全部军事能力。他同时敦促朝鲜放弃核武器计划,重申不承认朝鲜为核国家。

韩美两国在韩国大田启动有关修订《韩美原子能协定》的第9轮谈判,会议为期两天。韩国外交部能源资源大使朴鲁壁和美国负责国际安全和不扩散事务的助理国务卿托马斯·康特里曼,分别担任双方首席代表。双方在会谈时就提高韩国核能出口竞争力、核废料处理、核电燃料供应等问题深入交换了意见,但未能缩小意见分歧。

美国前国防部长罗伯特·盖茨在其即将面世的回忆录《责任:一个战时国防部长的回忆录》中,对美国总统奥巴马处理阿富汗战争的策略提出严厉批评,称奥巴马对自己批准的战争战略和提名的指挥官大卫·彼得雷乌斯将军并无信心,奥巴马也并不喜欢阿富汗总统卡尔扎伊。

美国国务院发言人普萨基在例行记者会上称,俄罗斯为促使叙利亚政府代表参与第二次日内瓦会议起到关键作用。

1月8日　美国国防部长哈格尔视察美国桑迪亚国家实验室和寇特兰空军基地。他表示，升级核弹头、潜艇、炸弹、导弹所需的经费永远在预算中享有优先权，美国"一直愿意为之投入，并将继续投入"。

美国奥巴马政府批准将国际空间站的使用期至少延长至2024年。美国航空航天局局长查尔斯·博尔顿称，延长国际空间站的使用期有助于巩固美国为人类太空飞行的未来继续发挥的主导作用。

1月9日　美国要求引发美国与印度间外交风波的印度女外交官柯布拉加德离境，并以伪造签证等罪名在纽约市对其提起诉讼。一旦她回到美国则将面临起诉。

美国国务院主办国际空间探索论坛部长级会议，来自35个国家从事空间探索的国家的部长和高级官员与会，讨论空间探索面临的机遇与挑战、未来空间政策、国际合作等问题。常务副国务卿伯恩斯出席并致辞。

美国国务院发言人普萨基在例行记者会上表示，中国在有争议的南海实施新的渔业限制，是挑衅并可能造成危险的行为，中国宣称拥有这广泛海域的主权，但并未提出任何说明或国际法上的根据。

美国《外交政策》杂志报道，美国前国防部长盖茨在其新出版的回忆录中称，美国曾暗中破坏阿富汗总统大选，试图使阿富汗现任总统卡尔扎伊在2009年选举中失利。美国这次行动以失败告终，但此举已严重影响了美阿两国关系。

阿富汗总统卡尔扎伊不顾美国反对，下令释放72名武装分子。对此，美国国务院发言人普萨基在当天的例行记者会上说，美国认为这批将获释的72名囚犯均为危险分子，"我们有充分的证据证明他们和恐怖案件有关，他们制造爆炸，是杀死大量阿富汗平民的真凶"。美军驻阿富汗最高指挥官邓福德对卡尔扎伊的命令表示反对。他说，2012年3月巴格拉姆监狱移交给阿富汗时，美阿曾签署协议，阿富汗政府承诺"不会释放被美国视为危险人物的囚犯"。

1月10日　CNBC报道，中国2013年全年贸易额首次突破4万亿美元大关，超越美国成为世界上最大的贸易国。

印度方面要求美驻印使馆将一名美国外交官调离。印度报业托拉斯通讯社援引印政府官员的话称，这名要求被调离的美国外交官涉嫌幕后指使印籍女佣指控柯布拉加德欺诈，导致柯布拉加德被扣押、侮辱性搜身并缴纳巨额保证金后获得保释。

美国国务院发言人普萨基在例行记者会上表示，美方对印度决定驱逐一名美国外交官的做法深感遗憾。美国将从驻新德里使馆撤回印度要求驱逐的外交官，希望两国间的外交纠纷就此结束。普萨基没有透露这名美国驻印外交官的具体信息。

美国国防部非洲司令部发表声明，证实美军近几个月已经向索马里派驻一些军事顾问，加强非洲联盟驻军力量，打击宗教极端武装人员。

1月12日　韩美两国就驻韩美军的防卫费分担问题达成一致。本次签订的第9次《防卫费分担特别协定》（SMA）截至2018年到期，有效期为5年。根据协定，韩国每年应分担的防卫费总额约为9200亿韩元（约合人民币52.5亿元），较2013年增加约600亿韩元。韩美两国于1991年首次签订关于驻韩美军费用分担的《防卫费分担特别协定》，至2009年共签订过8次协定，最新的协定已于2013年年末到期。

美国总统奥巴马发表声明，对伊核六国与伊朗就落实核协议达成共识表示欢迎。奥巴马表示，协议正式落实后，伊朗将在近10年内首度采取具体行动，叫停核项目进程，逆转核项目的关键部分，"我们取得了切实进展，我欢迎这一重大进步"。奥巴马称他会不惜动用总统否决权，保证半年之内不制裁伊朗，从而使六国与伊朗的下一阶段谈判顺利举行。

美国国务卿克里在巴黎参加"伦敦11国"部长级会议（London 11 Ministerial Meeting），讨论与国际伙伴国协调推进叙利亚问题第二次日内瓦会议。

美国国防部长哈格尔与埃及国防部长塞西通电话。哈格尔向塞西强调了将于1月14至15日举行的宪法公决对埃及全面政治过渡的重要性，呼吁塞西确保国际和国内观察员对公决过程的监督。

1月13日　韩美两国在华盛顿举行《跨太平洋伙伴关系协议》（TPP）预备双边协商，就韩国加入TPP的可能性进行讨论。韩国产业通商资源部通商次官补（部长助理）崔京林和美国代理副贸易代表温迪·卡特勒分别率领两国代表团出席会议。韩方在会议上介绍了韩国希望加入TPP的理由等，卡特勒则介绍了参与TPP谈判的过程等。

美国国防部长哈格尔与意大利国防部长马里奥·贸罗在五角大楼举行会谈。双方讨论了阿富汗、叙利亚、地中海地区安全与合作等问题。

美国总统奥巴马在白宫与西班牙首相拉霍伊举行会谈，双方就两国在经济、军事和反恐等领域的合作达成共识。奥巴马在会谈后对媒体说，他2009

年12月宣布向阿富汗增兵以及后来确定驻阿美军和北约部队在2014年底前撤离均属"正确策略"，将会继续予以执行。他对自己当年制订的阿富汗战争策略抱有信心。拉霍伊表示，西班牙政府已经收到美方就"监听事件"做出的解释，解释"令人满意"。

美国国务卿克里与俄罗斯外长拉夫罗夫、联合国-阿盟叙利亚问题联合特别代表卜拉希米在巴黎举行三方会谈，就定于1月22日在蒙特勒召开的"日内瓦-2"叙利亚和谈进行协商。

1月14日 《纽约时报》报道，美国国家安全局在全球近10万台电脑中植入软件，可以监控这些电脑的活动或发起网络攻击。

美国海军宣布，"罗纳德·里根"号航空母舰将被部署至日本横须贺美军基地，编入美国海军第七舰队，以取代"乔治·华盛顿"号航母。"乔治·华盛顿"号则将回到弗吉尼亚州诺福克海军基地。与此同时，根据美国亚太再平衡战略的要求，为加强美国海军太平洋舰队的力量，"西奥多·罗斯福"号航母将由美国东岸的诺福克海军基地部署至美国西岸的圣迭戈海军基地。美国海军称，亚太地区需要美国海军将最具战斗力的舰只部署在前沿地带。这一新的部署将使美军能够对可能发生的事态变化做出最为迅速的反应。

美国国务院副发言人哈夫就日本外务副大臣岸信夫访美表示，美方将在会谈中告知岸信夫，日本与邻国保持良好关系不仅符合地区国家利益，也符合美国的利益。哈夫透露，美国已"私下"向日方提出了安倍晋三参拜靖国神社的问题。

以色列《新消息报》披露说，以色列国防部长亚阿隆最近在一次私下谈话中称克里对中东事务"有着令人难以理解的错位迷恋和救世主般的热情"。谈到克里上任以来10次斡旋巴以和谈时，亚阿隆称，"美国的安全安排提议根本不值一提，看来能让我们得救的就是让克里领取一个诺贝尔和平奖，然后别再管我们的事了"。美国国务院发言人普萨基回应说，质疑克里的动机和曲解他的提议不是美国从一个亲密盟国的国防部长那里期待听到的。如果亚阿隆真说了这样的话，那就是"无礼和不恰当的"。亚阿隆14日深夜发表声明，就针对美国国务卿克里中东之行发表的不当言论表示道歉。

美国国防部防务安全合作局发表声明说，应以色列政府要求，美国国防部计划提供6架V-22B型"鱼鹰"倾转旋翼机及相关装备、零件，并提供相关培训和后勤服务，预计总价11.3亿美元。声明说，此次军售将增强以军执行搜救及特殊任务的能力，V-22B 型"鱼鹰"可向固定翼机型难以到达的区域运送人员和装备。

俄罗斯外交部就美国记者大卫·赛特被莫斯科塔甘卡区法院裁决驱逐出俄罗斯一事表示，他因违反俄移民法被驱逐出俄罗斯，并被俄限制 5 年内不得入境。这是自冷战结束以来俄美两国首次有记者从对方国家被驱逐出境。美国国务院副发言人哈夫发表声明称对俄方此举感到"失望"。

1 月 15 日　美国太平洋司令部司令塞缪尔·洛克利尔在弗吉尼亚州举行的海军水面舰艇协会（Surface Navy Association）全国研讨会上说，美军对太平洋海域及空域的绝对控制时代正在走向终结。中国崛起是威胁太平洋地区美国军舰及服役人员的主要因素。中国军费和军力的增长正在改变二战后形成的现状。美国过去二三十年对中东地区的聚焦让军方忽视了对太平洋地区及进攻能力的关注。"太平洋司令部的目标是让中国成为安全的净贡献者，而非安全的净消费者。"除中国外，洛克利尔表示，他的最大担忧来自"不可预知的朝鲜"及其核计划和导弹开发。洛克利尔还表示，中方操作经验不足以及双方沟通困难，是造成美国导弹巡洋舰"考本斯"号与中国一艘军舰上月在南海险些相撞的原因。他说，"我认为，他们（中方）的……一些较小船只缺乏经验，我觉得我们目前必须理解"，"我们的指挥官们，他们拥有在全球执行任务的经验，知道如何应对各种情形……但中国人民解放军在这方面才刚刚起步"。洛克利尔指出，语言障碍也是造成这起事件的一个因素，美国船员用英语向中国船只示意，中国船只方面有时只能用有限的英语回应。洛克利尔称，美国海军仔细审视了引发这起事件的原因，已与中国方面就此进行了坦诚的沟通。他还称，中美双方都理解对方的观点。

美国国会众议院表决通过美国政府 2014 财年预算法案。法案还包括日军慰安妇问题，要求美国国务卿敦促日本政府遵守美国国会众议院于 2007 年通过的"慰安妇决议案"。2007 年，由美国国会众议员迈克·本田提出的"慰安妇决议案"获得美国国会众议院批准。决议案谴责日本在二战期间强征亚洲其他国家妇女充当日军慰安妇并要求日本政府正式道歉。

美国国务卿克里在科威特会见科威特埃米尔萨巴赫。

美国国务卿克里在科威特会见黎巴嫩总理米卡蒂，讨论叙利亚难民、打击恐怖主义等问题。美国将向黎巴嫩提供 7600 万美元，用于应对难民问题。

美国国会参议院情报调查委员会发表报告称，2012 年在利比亚班加西 4

名美国使馆人员遭袭身亡，美国政府没能给这些人提供必需的"正常水准的保护"，情报界和国务院在班加西袭击事件之前和之后都犯下错误，而这些错误本来是可以预防的。报告称，犯罪分子并没有全面充分的策划方案；情报机构在遭袭警告方面做得很好，但是没能给出袭击的大概时间；国务院没有加强驻利比亚美国领事馆的保安力量；奥巴马政府做出书面指示的速度缓慢，但总体上在事件中并没有扮演不利的角色。

阿富汗总统府发表声明，强烈谴责美军于 1 月 14 日晚间在阿富汗东部帕尔万省的空袭中造成平民 8 死 1 伤事件。

1 月 16 日　英国《卫报》根据美国情报机构前雇员斯诺登提供的资料报道，美国国家安全局每天搜集来自全球各方的多达 2 亿多条手机短信，以获知手机用户的所在位置、联系网络或信用卡详情。

美国国务院就中国中央民族大学学者伊力哈木·土赫提在中国失踪一事发表声明，"敦促中国有关当局立即说明土赫提及其 6 名学生的下落，并保障土赫提及其学生得到他们根据中国的国际人权承诺理应享有的保护和自由，其中包括言论自由"。

美国国会参议院通过 1.1 万亿美元的 2014 财年政府预算法案，解除了选举年的政府关门威胁。该法案还包括了日军慰安妇问题，要求美国国务卿敦促日本政府遵守美国国会众议院于 2007 年通过的"慰安妇决议案"。

白宫公布落实伊朗核问题第一阶段协议的技术细节摘要，同时向国会提供细节全本以求阻止参议院通过对伊朗制裁新议案。根据技术协议，伊朗同意在 2014 年 1 月 20 日当天和今后 6 个月内采取措施履行所做承诺，包括停止生产和开始稀释纯度接近 20% 的浓缩铀。此外，伊朗纳坦兹铀浓缩厂大约一半离心机和福尔道厂四分之三的离心机将停止生产浓缩铀。这两个工厂每天都将接受国际原子能机构核查。对伊朗阿拉克重水反应堆的核查则由目前每三月或更长时间一次增加到每月至少一次。作为回报，伊核问题六国和欧盟将自 1 月 20 日起分期解冻此前冻结的伊朗外汇储备，总额在 60 亿—70 亿美元。同时，这些国家将暂停对伊朗的部分制裁措施，包括石化产品出口和黄金等贵金属的进出口。白宫称，伊核问题协议 20 日开始落实后，美方将与其他伙伴国一道确定与伊朗达成一项全面解决方案的途径。

美国总统奥巴马与英国首相卡梅伦通电话，双方讨论了叙利亚局势，包括对叙利亚问题第二次日内瓦会议的承诺、叙利亚人道主义危机、销毁叙利亚化武、叙利亚极端主义势力的挑战。奥巴马表示美国支持英国鼓励阿富汗和巴基斯坦采取措施推进和平稳定的努力。双方还讨论了北爱尔兰所有党派参加的对话的结果。奥巴马向卡梅伦通报了正在进行的美国监控计划评估情况。

1 月 17 日　美国总统奥巴马在司法部举行新闻发布会,宣布拟对美国国家安全局广受争议的秘密情报监控项目作一定程度的调整,包括改革对内电话监听项目、承诺不监听盟友领导人等,但坚称不会从根本上改变美国情报监控现状。

美国总统国家安全事务助理赖斯在白宫会见日本国家安全保障局局长 Shotaro Yachi。双方同意两国国家安全委员会保持定期联系。双方还讨论了美日军事伙伴关系和双方推进朝鲜半岛无核化的努力。Shotaro Yachi 代表团成员还与美国国安会助手班子 (National Security Council Staff) 举行了磋商。

美国国防部长哈格尔在五角大楼会见日本国家安全保障局局长 Shotaro Yachi,讨论深化和加强双边合作。哈格尔欢迎日本成立国家安全委员会。哈格尔赞赏日本政府努力推动冲绳地方官员批准填海造地计划,为驻冲绳美军整编重组铺平道路。哈格尔还认可了修订美日防卫合作指针以使日本在亚太发挥更大作用。

美国总统奥巴马发布总统令,下令在国务院内设立"与阿富汗和巴基斯坦战略伙伴关系办公室",设立这一机构的目的在于支持联邦政府机构加快建立与阿、巴两国的战略伙伴关系,进一步增进两国的安全与稳定,实现美国在两国的"外交存在正常化"。根据总统令,该办公室的一项任务是协调裁减国务院在阿富汗开展的非军事项目并撤出人员。办公室将在巴基斯坦和阿富汗分设办公点。

美国国防部长哈格尔在五角大楼会见马来西亚国防部长侯赛因,讨论包括阿富汗、朝鲜和东盟在应对地区安全挑战方面的作用等问题。

美国国务卿克里在国务院会见希腊外长维尼泽罗斯。克里祝贺希腊担任欧盟主席国。双方讨论了在反恐、巴尔干、中东的合作。克里指责乌克兰前一天通过的立法违反了欧盟准则,是反民主的和错误的,表示美国和希腊深信乌克兰人民希望加入欧盟并希望朝着这一方向努力。乌克兰政府正从其人民手中夺走人民对未来的选择和机会。

美国国务卿克里在美国国务院与加拿大外长拜尔德和墨西哥外长米德举行北美三国部长级会议。

美国副总统拜登、国务卿克里在美国国务院正式启动"美洲创新基金会十万强计划"（the 100，000 Strong in the Americas Innovation Fund）并致辞。该计划将推动、扩大和支持美国、拉美国家和加勒比国家的海外留学和研究项目。

1月18日　美国总统奥巴马签署《2014 财年政府预算法案》，法案规定在 9 月 30 日本财政年度结束前支出 1.1 万亿美元。该法案还包括了日军慰安妇问题，要求美国国务卿敦促日本政府遵守美国国会众议院于 2007 年通过的"慰安妇决议案"。

美国国家安全委员会发言人蔡特林·海登就乌克兰局势发表声明，对乌克兰首都基辅街头发生的暴力表示严重关注，敦促各方使局势降温。声明说，紧张局势的升级是乌政府不承认其人民的合法诉求的直接结果。乌政府将和平示威视为犯罪并剥夺市民社会和反对派民主保护的行为削弱了乌克兰的民主。声明呼吁乌克兰政府撤销近日通过的反民主立法，从基辅街头撤走防暴警察，与政治反对派开展对话。美国支持反对派政治领导人关于重建非暴力运动原则的呼吁。美国将针对使用暴力继续考虑包括制裁在内的额外措施。

1月20日　日本外相岸田文雄致电美国国务卿克里，双方确认在 22 日开始在瑞士召开的叙利亚和平国际会议上采取一致步调。岸田文雄与克里还在中东问题等方面交换意见，就加强相互间沟通、协力促进事态进展达成一致。

1月21日　美国总统奥巴马与俄罗斯总统普京通电话。双方讨论了叙利亚局势包括叙利亚问题第二次日内瓦会议的筹备和销毁叙化武问题、美俄在伊核六国与伊朗的谈判进程中的合作、伊核问题初步协议的实施。还讨论了推进美俄关系包括在索契冬奥会安保问题上的合作。

美国驻日大使卡罗琳·肯尼迪在接受《朝日新闻》采访时对日本首相安倍晋三参拜靖国神社一事再度表示失望，并呼吁中日韩三国实现和解。

美国国防部长哈格尔在五角大楼会见伊拉克众议长阿尔·努杰菲。哈格尔通报了美国加快向在安巴尔省打击恐怖组织的伊拉克安全部队递交关键军事装备的努力。哈格尔赞扬伊拉克政府继续扩大与地方部落领导人和官员的联系以把恐怖分子从费卢杰驱逐出去的努力。哈格尔再次承诺美伊的牢固关系以及美国继续帮助伊拉克政府实现安全与稳定。

美国参联会主席邓普西在布鲁塞尔会见俄罗斯总参谋长瓦拉里·泽拉斯莫夫，讨论改善双边军事关系。邓普西提议举行仪式，纪念 1945 年 4 月美军和俄军在德国托尔高（Torgau）会师。邓普西强调，虽然两国政治关系不太顺利，但两国军事关系存在改善的途径。两人签署了《2014 年工作计划》（the 2014 Work Plan），文件要求两国军人在 67 种行动中加强合作。这是两国军事领导人首次签署这样的文件。

美国常务副国务卿伯恩斯在首尔会见韩国外交部第一次官金奎显，就朝鲜半岛局势等问题交换意见。伯恩斯在会谈结束后举行的记者会上表示，韩美双方一致认为，朝鲜可能会发起新一轮挑衅，并对此表示忧虑。美方坚决支持朴槿惠政府的对朝政策，并且一定会保障韩国的安全。伯恩斯还表示，会谈商定双方为实现可验证的朝鲜半岛无核化共同努力。美方将继续与韩方进行紧密合作，引导朝鲜领导层做出积极改变。

1 月 22 日　中国国务委员杨洁篪在北京会见美国常务副国务卿伯恩斯。杨洁篪说，双方应按照习近平主席与奥巴马总统达成的重要共识，加强互信与合作，妥善处理分歧，推动中美新型大国关系建设不断取得新进展。伯恩斯表示，美方致力于发展积极、合作的美中关系，愿与中方加强双、多边领域对话合作，共同管控好分歧，继续推进新型大国关系建设。

中国外交部长王毅在瑞士蒙特勒会见美国国务卿克里。克里表示，赞同中方有关发展美中关系的思路和设想。中方在推动伊朗核问题谈判、政治解决叙利亚等问题上作出积极有益努力，美方对此表示赞赏。双方应继续加强在重大地区热点问题上的沟通与磋商，不断充实美中新型大国关系内涵。双方还就中日关系、朝鲜半岛局势等问题交换了意见。

美国负责亚太事务的助理国务卿拉塞尔与中国外交部部长助理郑泽光在北京共同主持第五次中美亚太事务磋商。双方就亚太形势、各自亚太政策及共同关心的地区问题交换意见。磋商期间，双方发表了两国在相关领域开展合作的项目清单。

美国国务卿克里在瑞士蒙特勒参加叙利亚问题第二次日内瓦会议。克里表示，摆脱危机的唯一出路是讨论成立过渡政府。巴沙尔·阿萨德总统不能成为过渡政府的一部分。

1 月 23 日　中美战略安全对话会间会在北京举行。中国外交部副部长张业遂和美国常务副国务卿伯恩斯共同主持会议。双方就共同关心的战略安全、综合安全问题交换了意见。

美国太平洋司令部司令洛克利尔在五角大楼举行记者会，介绍太平洋司令部在领导国防部的印度洋-亚太再平衡政策方面的进展和21世纪美国在这一地区的相对主导地位。洛克利尔说，2013年亚太局势、尤其是东亚局势出现起伏，但中美两军关系未受影响，两军对话乃至联合演练照常进行。放眼全球，会发现中国军力壮大具有积极意义。例如索马里海盗肆虐，中国军队远赴亚丁湾护航；去年11月超强台风"海燕"席卷菲律宾，中国军队为当地灾民提供了人道主义救援。"最终中国会成为地区领导者，中国军队会成为地区领导者。它需要与美国亚太盟友和美军共存，我们需要互相合作维护共同安全。"洛克利尔表示，美方建议进一步加强中美两军沟通，尤其是出现紧急情况，两军可以直接对话以防误判，包括他本人，可以"拿起电话直接与中国海军司令通话"。关于中日间的紧张关系，洛克利尔表示，美国的作用是鼓励克制，希望中日通过外交对话解决矛盾。

美国参联会主席邓普西和驻阿富汗美军司令邓福德在布鲁塞尔参加第170届北约军事领导人会议（the 170th NATO Chiefs of Defense meeting）。会议讨论了北约面临的形势、未来发展、成员国间的关系、阿富汗政府推迟签署与美国的《双边安全协定》造成的影响等问题。

美国国防部长哈格尔在五角大楼会见芬兰国防部长卡尔·哈格伦德。双方讨论了阿富汗、叙利亚、北欧合作和北极问题。哈格尔赞扬芬兰对北约在阿富汗军事行动的贡献和参与销毁叙利亚化武的努力，还赞扬了芬兰在加强北欧地区合作中发挥的作用。

美国总统奥巴马就南苏丹局势发表声明，欢迎南苏丹政府和反政府领导人签署停止敌对行为协议，称南苏丹领导人需要充分而迅速实施协议并开始包容性政治对话。

美国副总统拜登与乌克兰总统亚努科维奇通电话，呼吁乌克兰迅速缓解抗议者和警察在基辅闹市区的摊牌局面，敦促亚努科维奇采取措施结束暴力并解决抗议者的合法关注。拜登强调集会自由和言论自由是民主社会的支柱，必须得到保护。进一步的流血冲突会损害美国与乌克兰的关系。

《华盛顿邮报》报道，"9·11"恐怖袭击后美国在波兰设立秘密监狱，关押涉嫌与"基地"组织共谋恐怖袭击的疑犯。波兰情报局从美国中情局获得了1500万美元的回报。

美国国会众议长约翰·博纳在接受美国全国广播公司（NBC）"今夜与杰伊·莱诺对话"栏目访谈时，称俄罗斯总统普京为"thug"（意思是暴徒或者恶棍），并督促奥巴马政府对这位俄国家领导人更加强硬。

1 月 24 日　美国国务卿克里在达沃斯世界经济论坛致辞，阐述美国外交在应对世界面临的挑战中所发挥的作用，否认美国正在从世界事务中抽身的说法。克里重申美国对中东和平的承诺，称美国在中东的外交建立在伙伴关系基础之上，"我们并不自以为能够单独解决这些问题。"克里着重谈到伊朗、叙利亚、以色列和巴勒斯坦领土等问题带来的重大外交挑战。他表示，目前为止所采取的行动计划"有可能重新塑造中东，甚至有助于为新秩序打下基础"。克里明确表示，叙利亚的将来没有巴沙尔·阿萨德的位置。

美国国防部长哈格尔在五角大楼会见法国国防部长勒·德里安，讨论加强美法军事关系。哈格尔在会谈后的记者会上宣布，美国战略司令部和法国国防部已在本周早些时候签署太空情况感知协议（Space Situational Awareness Agreement），以加强两国在太空领域的情报共享。

美国常务副国务卿伯恩斯在美国驻日本大使馆举行的记者会上呼吁日本寻找应对历史认识等敏感问题的建设性方法，尽全力改善与邻国的关系。

美国常务副国务卿伯恩斯在东京与日本防卫大臣小野寺五典会谈时表示，美方对因日本首相安倍晋三参拜靖国神社而恶化的日中、日韩关系感到忧虑，日本改善与邻国关系十分重要。

俄罗斯国家杜马外事委员会主席普什科夫在达沃斯世界经济论坛的一个座谈会上称，俄罗斯将延长对斯诺登的庇护，并且不会将斯诺登送回美国。是否返回美国将由斯诺登自己决定。

1 月 25 日　美国国务院发言人普萨基发表新闻声明，称美国对中国政府判处法律学者和人权人士许志永"聚众扰乱公共秩序罪"深感失望，呼吁中国当局立即释放许志永和其他政治犯并停止限制其行动自由。

阿富汗总统卡尔扎伊在喀布尔举行的记者会上表示，除非美国满足阿政府提出的条件，否则阿方将不会签署阿美《双边安全协议》。他说，阿方希望签署这一协议，但前提是美方必须保证在军事行动中停止搜查阿平民家庭、必须实质性支持阿国内和平和解进程、必须保证即将举行的阿总统大选公平与透明。

1 月 26 日　美国贸易代表弗罗曼和日本经济产业相茂木敏充、农业相林方正在达沃斯举行部长级会谈，商讨如何打破跨太平洋伙伴关系协定（TPP）谈判的僵局。以日本废除农产品关税、美国公布汽车关税撤销日期为焦点，双方摸索在政治层面寻找妥协点，但未能取得重大进展。

1月27日　美国国务卿克里和巴基斯坦国家安全和外交顾问阿齐兹在美国国务院共同主持部长级美巴战略对话，讨论过去半年双边关系的进展、执法、反恐、经济增长、金融、能源、军事和战略稳定等问题。克里表示，尽管两国关系面临起伏和挑战，但两国在经济和安全等领域的根本利益需要彼此团结协助。他自就职以来一直致力于推动与巴基斯坦建立"真正的伙伴关系"。美方认识到巴方在支持建立一个稳定的阿富汗方面属于"必不可少的伙伴"。

美国国防部发言人史蒂夫·瓦伦在例行记者会上表示，美国国防部谴责阿富汗释放巴格拉姆监狱中的被拘押者，称这些被释放者对美国国家安全构成威胁。

美国《纽约时报》、福克斯新闻网、英国《卫报》分别根据美国情报机构前雇员斯诺登提供的文件报道说，美国和英国的情报机构利用"愤怒的小鸟"、谷歌地图等热门手机应用软件搜集用户个人信息。

美国总统奥巴马与也门总统哈迪通电话，祝贺也门全国对话的成功举行。双方同意，也门需要完成海湾合作委员会提出的过渡路线图，落实全国对话提出的建立更公正和民主的未来的观点。奥巴马重申美国支持也门加强经济发展的努力，承诺加强双方安全合作。

美国国防部长哈格尔在五角大楼会见塞尔维亚国防部长内波基萨·罗迪克，讨论加强两军关系、巴尔干地区的安全关注和推动塞尔维亚–科索沃对话。

美国对朝政策特别代表戴维斯访华。期间，中国外交部副部长张业遂会见戴维斯。中国政府朝鲜半岛事务特别代表武大伟与戴维斯进行会谈。中美双方就朝鲜半岛局势和重启六方会谈问题深入交换意见，同意继续就有关问题保持沟通。戴维斯在媒体见面会上表示，会谈中双方主要探讨的问题是如何推动朝鲜"回到朝鲜半岛无核化谈判桌上"。戴维斯表示，中美双方都希望六方会谈尽快重开，但根本障碍在于朝鲜"缺乏兴趣"。

1月28日　美国总统奥巴马在国会发表年度国情咨文演说。他表示，美国的全球参与比以往任何时期都深入，对加强和平与安全具有重要意义。他呼吁国会支持这些全球性活动，批准移民改革立法，支持打击恐怖主义的斗争，支持阿富汗的安全，恢复对中东和平的信心。奥巴马表示，将继续把重点放在亚太地区以支持盟友。他同时承诺将改革监控项目，保证普通人隐私权不受侵犯。

美国参议员马克斯·鲍卡斯出席国会参议院就他担任驻华大使举行的听证会。鲍卡斯表示，他将来任期内有两个主要目标。第一就是努力发展中美经济关系，使美国企业和工人获益。第二，随着中国成为全球大国，他将鼓励中国负责任地解决国际问题。他表示，中美两国进行合作的好处大于冲突，双方拥有共同的利益和责任，如在气候变化和清洁能源等方面，双方的接触可以通过双边谈判和地区论坛来进行，双方可以确认共享的目标，以争取取得实质性的效果。

1月29日　美国国家情报总监克拉珀出席国会参议院情报委员会听证会，通报美国在世界各地面临的威胁的情况，包括俄罗斯和中国的间谍和网络行动以及"基地"组织和其他恐怖组织的威胁。克拉珀称，由于国家安全局雇员斯诺登揭秘造成美国面临的这些威胁更难追踪。斯诺登的行为是美国历史上最大规模、损失最大的窃密事件。斯诺登造成美国失去了关键的国外情报搜集来源，恐怖分子和美国的竞争对手国正在学习美国情报搜集的技术和方法，使得国安局的工作更难。

美国联邦储备委员会宣布，由于美国经济继续改善，将从2月开始再削减月度资产购买规模100亿美元。

美国白宫国家安全事务副助理本·罗兹在华盛顿就奥巴马政府2014年外交政策议程接受媒体采访。关于中美关系，他表示，美中保持高水平定期磋商非常重要，美方将确保两国领导人在2014年继续定期互动。关于东北亚局势，罗兹表示，美方劝告日本、韩国和中国对重大历史关切问题保持敏感，在采取行动的同时，能够尊重历史。

美国对朝政策特别代表戴维斯在韩国外交部大楼会见六方会谈韩方团长、韩国外交部韩半岛和平交涉本部长赵太庸，就朝核问题等深入交换意见。戴维斯在会谈结束后举行的记者会上表示，朝鲜在无核化问题上的态度没有出现任何变化，希望朝鲜改变态度和行动。

美国总统国家安全事务助理赖斯在白宫会见巴基斯坦国家安全与外交顾问萨尔塔杰·阿齐兹。双方讨论了反恐合作，重申打击极端主义和促进地区和平稳定的重要性，支持阿富汗主导的和平进程。双方讨论了深化和加强美巴伙伴关系的途径，强调美巴伙伴关系对地区和国际安全至关重要。两人还讨论了核安全问题。

1月30日　美国国防部长哈格尔发表声明，宣布奥巴马总统提名海军中将迈克尔·罗杰斯担任美国网络司令部司令。哈格尔还宣布他已任命罗杰斯担任国家安全局局长和中央安全局（Central Security Service）局长。

丹麦《消息报》根据美国"棱镜"项目曝光者斯诺登提供的秘密文件报道说，美国情报机构曾全面监控 2009 年在丹麦哥本哈根举行的联合国气候变化峰会，收集中国等与会方的信息，以"最大限度地"保障美国国家利益。

美国白宫新闻秘书卡尼发表声明，对外国记者在中国受到的妨碍其新闻报道的限制，包括拖延审批记者签证、对"敏感"地区实施旅行限制以及在某些情况下地方政府使用暴力，深表关注。对《纽约时报》记者奥斯汀·拉姆齐（Austin Ramzy，王霜舟）于当日因中国拖延审批其新闻证书被迫离开中国深感失望。

美国国防部长哈格尔在华沙会见波兰国防部长托马斯·西蒙涅克和外长拉多斯劳·斯考斯基。哈格尔称波兰是美国在北约、欧洲和世界的重要战略伙伴。

美国总统国家安全事务助理赖斯在白宫会见巴西外长路易兹·阿尔伯托。赖斯通报了美国情报监控行为的评估结果和根据奥巴马总统指示将进行的改革。双方还讨论了加强双边关系，交流了对全球和地区问题的看法。

1 月 31 日　美国国务院副发言人哈夫在例行记者会上就据说中国可能在南海划设防空识别区表示，"我们认为在南海部分上空划设防空识别区是挑衅、单方面行为，会加剧紧张局势，并且令人质疑中国通过外交方式管控南海领土纠纷的承诺。我们已经很清楚地表示，各方必须避免宣布划设防空识别区或者其他对争议领土进行行政管理的行为，我们当然呼吁中国不要这么做"。

共同社报道，美国白宫国家安全委员会负责亚洲事务的高级主管梅德罗斯（麦埃文）在接受共同社采访时透露，美方已警告中国，如果中国在南海划设防空识别区，美国将采取对抗措施，"改变军队部署"。

美国国务卿克里、国防部长哈格尔在德国慕尼黑参加第 50 届慕尼黑安全会议。

美国国务卿克里在慕尼黑会见德国总理默克尔。双方就美国情报机构活动及欧美自贸区谈判、叙利亚局势、伊朗核问题等交换了意见。双方均强调德美关系的重要性，并表示将共同寻找方法解决分歧。

波兰总统科莫罗夫斯基、总理图斯克分别与到访的美国国防部长哈格尔举行会晤，双方主要就在波兰部署导弹防御系统、阿富汗和乌克兰局势、2014

年9月在英国召开的北约峰会以及选举新的北约秘书长等问题进行了磋商。

2月1日 美国国务卿克里参加慕尼黑安全会议"跨大西洋复兴"主题讨论并发表演讲。克里表示，美国与欧洲当前不仅应重建信任，更应以实际行动强化盟友关系。跨大西洋关系复兴对美欧双方至关重要，没有欧洲就不会有强大的美国，反之亦然。当双方意见一致，即是彼此最强大之时。克里在演讲中多次强调《跨大西洋贸易和投资伙伴关系协定》对美欧双方的重要意义，称这一协定将双方国民经济紧密联系在一起，是双赢之举，双方应集中精力促使谈判取得进展。

美国国防部长哈格尔参加慕尼黑安全会议"跨大西洋复兴"主题讨论并发表演讲。哈格尔强调美欧盟友关系密不可分，双方应加强合作、统一行动。

美国国务卿克里在慕尼黑会见乌克兰反对派领导人，表示美国全力支持乌克兰反对派。

2月3日 美联储原副主席珍妮特·耶伦正式宣誓就任美联储主席。

美国国防部与意大利国防部在五角大楼签署旨在开展维和行动军事培训的谅解备忘录。美国国防部战备和战略局局长弗兰克·迪吉奥瓦尼表示，这份为期5年的协议将有力促进双方开展维和行动相关的联合培训和教育计划，并将在维护地区和平与稳定方面发挥积极作用。

2月4日 美国国家情报总监克拉珀和国防情报局局长迈克尔·福临、国家反恐中心主任马修·奥尔森出席国会众议院情报委员会听证会。克拉珀表示，在他50多年的情报工作生涯中，美国从未像现在面临如此多的危机和威胁的困扰。美国在全球面临的威胁除恐怖主义、教派暴力和激进极端主义外，还有叙利亚冲突蔓延到邻国黎巴嫩和伊拉克，难民涌入给约旦、土耳其和黎巴嫩这些国家造成的动荡，还有美国和北约从阿富汗撤军后产生的影响，伊拉克国内安全局势的恶化，外国网络能力的增长，大规模杀伤性武器的扩散，具有攻击性的国家针对美国的情报活动的加强，独断专行的俄罗斯，竞争性的中国，危险和不可预测的朝鲜，巴尔干地区萦绕着的民族分离以及非洲各地持久的冲突和极端主义。美国情报界还面临着斯诺登泄密造成的威胁，美国失去了关键的外国情报搜集来源，包括一些宝贵的伙伴与美国分享的情报来源。斯诺登泄密还造成恐怖分子和美国的对手得以了解美国的情报来源、情报工作及技术，从而使美国情报界的工作更为困难。美国情报界需克服所有这些困难保卫美国和美国人。

美国负责东亚和太平洋事务的助理国务卿拉塞尔在华盛顿外国记者中心举行记者会，阐述2014年美国对东亚和太平洋的政策，强调美国将继续推进亚太再平衡，在亚太地区致力于经济、安全、环境合作、加强同盟和伙伴关系、推动民主发展。关于中日、日韩关系，拉塞尔表示，虽然美国不调停中日两国政府间分歧和紧张关系，但在中日通过外交手段和平解决分歧方面有战略利益，美方将继续利用自己的影响力和外交手段推动中日朝着战略合作方向前进。地区紧张局势不能由某一方单独解决，美方希望亚太地区每个伙伴国都为良好的周边关系做出贡献。拉塞尔说，中国单方面宣布在东海划设"防空识别区"，有阻碍国际对海空域的合法使用之虞。美国"敦促中国不将防空识别区付诸实施，当然也不在其他敏感区域进行复制，特别是在南海"。关于南海问题，拉塞尔称，领土要求"必须根据国际法提出，不可仅笼统地声称拥有管辖权。……按照国际法，没有任何人可以理所当然地宣称有权对大片海域进行控制"。

2月5日 美国负责东亚和太平洋事务的助理国务卿拉塞尔出席国会众议院外交委员会亚太小组委员会听证会，谈东亚地区的海上争端。拉塞尔要求中国就南海九段线作出明确说明，称根据国际法，对海洋主权提出主张应当基于拥有陆地主权，"中国任何没有陆地主权作为基础的海洋主权要求，都不符合国际法"。拉塞尔还宣称，中国在南海"模糊的领土要求"已经在邻国间带来不确定、不安全和不稳定。在谈及东海防空识别区，以及有关中方可能在南海划设防空识别区的问题时，拉塞尔表示："中国在东海划设防空识别区是向错误的方向迈出了一步，我们已向中国表明，不应落实已经划定的防空识别区，同时应避免在该地区的其他地方采取类似行动。"拉塞尔称，尽管美国正在推进与日本和菲律宾这两个亚洲盟友的军事合作，但对亚洲国家之间的领土争端不持立场。当被议员问及美国在南海是否设有底线，拉塞尔表示美国对南海以及中国制定了充分的机密战略。

美国国防部长哈格尔与韩国国防部长官金宽镇通电话。双方认为密切磋商与协作对双方开展联合行动以及加强军事准备至关重要。双方还就朝鲜半岛安全局势、巩固双边联盟承诺以及加强区域合作、抵御来自朝鲜的威胁等问题交换了意见。哈格尔对双方在联合防御方面取得的成果表示满意，并强调美国将继续支持韩国提升军事防御能力。

2月6日 美国国会参议院以96票赞成、0票反对的表决结果通过参议院财政委员会主席马克斯·鲍卡斯出任美国驻华大使的提名。在参议院批准其出任美国驻华大使后，民主党参议员鲍卡斯在接受媒体采访时表示，上任后，其首要工作重点是与中国建立信任。鲍卡斯说，中美关系是世界上最重要的双边关系之一，未来几十年都将对全球关系产生影响，因此"必须搞好（这个关系）"。

美国负责欧洲事务的助理国务卿纽兰与驻乌克兰大使的通话被人发布在网上。纽兰在电话中告诉驻乌克兰大使皮雅特，她不认为由拳坛投身政坛的乌克兰反对派领袖克里契科应该参与新政府。她谈及欧盟在乌克兰危机中的角色时还爆粗口说："去他的欧盟"（"F—the E. U."）。白宫发言人卡尼认为这是俄罗斯在背后搞鬼，卡尼在记者会上表示："由于俄政府最先推文提及这段录音，我想这说明了俄罗斯所扮演的角色。"

2月7日 美国国务卿克里在国务院与日本外相岸田文雄举行会谈。克里表示，坚固的美日关系，是区域和平与安全的基石，美国将继续致力于在条约下对日本的义务。这一承诺"包括东海"。克里声称，"美国既不承认，也不接受中国宣布划设东海防空识别区"。

美国国防部长哈格尔在五角大楼会见日本外相岸田文雄。哈格尔对日本政府推进普天间基地搬迁所做的努力表示赞赏。双方承诺共同努力，减少美军在冲绳训练给当地造成的影响。哈格尔同意修改《1997年美日防卫合作指针》，以使日本发挥更大作用。哈格尔表示，美国将继续与日本密切合作，加强和扩大美日同盟，应对21世纪的安全挑战。

美国总统国家安全事务助理赖斯在华盛顿阿斯平研究所美印对话会发表演讲，阐述美印关系的重要性。

2月9日 美国海军陆战队第13远征队与日本陆上自卫队在美国加利福尼亚州南部举行代号为"铁拳"的年度军事演习。

2月10日 美国总统奥巴马发布行政命令，下令将"国家安全顾问班子"（National Security Staff）更名为"国家安全委员会顾问班子"（National Security Council staff）。

驻日美军司令官安杰瑞勒在东京举行的电话记者会上在回答记者有关"日中万一发生军事冲突，美军怎么办？"的提问时表示："我们不希望发生这种冲突，如果万一发生的话，救护将是我们最重要的责任。如果美军直接介入，那会出现十分危险的问题。所以，我们将敦促相关国家领导人立即展开对话，遏止事态扩大。"针对"假如中国军队占领钓鱼岛，美军是否会参与阻止"的提问，安杰瑞勒表示，这是一个很难回答的问题，美军介入是很危险的，关键是不要让这样的事情发生。他还表示，万一这样的事情发生，我已经听取美国太平洋司令部司令洛克利尔的意见，将采取两点对策：一是尽速促成日美首脑协商；二是相信自卫队的能力。

2月11日 美国总统奥巴马与法国总统奥朗德在白宫举行会谈。奥巴马在会谈后的联合新闻发布会上说，他和奥朗德同意继续在伊朗和叙利亚问题上施加压力。谈及美法关系，奥巴马称美法同盟和合作从未像现在这样"强而有力"，并特别强调了两国在全球安全、经贸、清洁能源和发展等四个领域开展的合作。谈及"窃听门"事件，奥巴马表示，美国迄今未与任何国家签订互不监听协议，美国将努力在对外情报收集活动中保护"隐私权"。奥朗德表示，他和奥巴马"澄清"了与监听有关的事项，"互信已经恢复"。

美国国家情报总监克拉珀和国防部情报局局长迈克尔·弗莱恩出席国会参议院军事委员会听证会，介绍1月29日发布的《美国情报界对世界范围的威胁的评估报告》(*Worldwide Threat Assessment of the U.S. Intelligence Community*)。两人称，美国面临的最重大的国家安全威胁包括叙利亚内战及其蔓延扩散、恐怖主义、大规模杀伤性武器和美国国防预算的大幅度削减。

美国贸易代表弗罗曼发布《2013年恶名市场非定期审查报告》(2013 Out-of-Cycle Review of Notorious Markets)，指明世界各地从事知识产权(IPR)侵权活动并以此损害企业和工人权益的市场。报告列举的"恶名市场"名单将中国列为最大的假货实体市场，称中国的实体市场是假货的主要来源，包括北京的丝绸市场和广州的纺织品批发中心。报告说，在中国各地拥有20多家分店的Buynow PC Malls(注：百脑汇电脑商城)被指是盗版电影、游戏和软件的来源。

美国总统国家安全事务助理赖斯、总统国土安全与反恐助理丽莎·莫纳克在白宫会见沙特内政大臣纳耶夫，讨论美沙战略关系中的重要问题，包括在中东应对暴力极端主义和打击恐怖主义。

由泰、美两国主办的2014年度"金色眼镜蛇"多国军事演习正式开始。中国首次派出17人分队赴泰国彭世洛府参演。中方参加人道主义救援行动演练部分，主要参演科目包括指挥协调中心工作和室内推演、工程援助演练、医疗救援和军事医学研讨交流活动。

2月12日 美国奥巴马政府发布《网络安全框架》(*Cybersecurity Frame-*

work），指导关键基础设施加强网络安全。

2月13日　美国国务卿克里在首尔会见韩国总统朴槿惠。克里与韩国外长尹炳世举行会谈，就当前朝鲜政局和朝核问题交换意见，并讨论了韩朝家属重聚等人道主义问题。克里表示，美国不能接受朝鲜拥核，要求朝鲜用实际行动展现无核化诚意。美国目前不会寻求与朝鲜对话，六方会谈只有在朝鲜展示出诚意以后才能重启。克里还敦促韩国与日本就两国历史问题纷争找到解决方法，称美国愿为改善韩日两国关系做出努力。

盖洛普发布的民调显示，60%的美国受访民众表示对俄罗斯持负面看法，63%的受访民众对俄罗斯总统普京持负面看法。

阿富汗政府不顾美国的强烈反对，从巴格拉姆监狱释放65名据称为塔利班武装分子的囚徒。

2月14日　中国国家主席习近平在北京会见美国国务卿克里。克里表示，美方高度重视建设美中新型大国关系。美中作为世界两大经济体，应该加强务实合作，管控好分歧，不断增强两国关系发展的推动力。双方还就朝鲜半岛局势、气候变化等问题交换了意见。

美国国务卿克里在北京与中国外交部部长王毅举行会谈。克里强调，美国欢迎中国和平崛起，绝无遏制中国的意图。中国对美国很重要，美中关系对两国和世界都具有重大意义。美方期待在新的一年里同中方加强沟通与合作，共同推动美中新型大国关系建设取得新的实质进展。双方还就今年两国高层交往和对话机制以及各领域务实合作深入交换了意见，达成了广泛共识。王毅介绍了东海、南海问题的历史经纬，阐述了中方严正立场。双方还就朝鲜半岛局势等共同关心的问题交换了看法，王毅阐述了中方原则立场。

2月15日　中美两国政府发表《中美气候变化联合声明》，中美两国将利用2013年成立的中美气候变化工作组机制，通过强化政策对话，包括交流各自2020年后控制温室气体排放计划的有关信息，开展合作。双方就工作组下启动的五个合作领域实施计划达成一致，包括载重汽车和其他汽车减排、智能电网、碳捕集利用和封存、温室气体数据的收集和管理、建筑和工业能效，并承诺投入相当精力和资源以确保在第六轮中美战略与经济对话前取得实质性成果。

美国总统奥巴马在加利福尼亚安纳伯格庄园会见约旦国王阿卜杜拉二世。双方讨论了埃及、伊拉克、伊朗、叙利亚、中东和平进程、利比亚等问题。奥巴马表示美国正考虑对叙利亚巴沙尔施加压力的新措施，并保证美国将增加对约旦的援助。

美国贸易代表弗罗曼在华盛顿会见日本经济财政担当大臣甘利明，讨论美日 TPP 谈判中存在的突出问题。弗罗曼表示，确保在包括美国汽车和农产品等领域取得强有力的成果十分重要。双方一致同意需要缩小两国在农产品和其他市场准入和规则问题上的分歧。双方对美日与 TPP 平行谈判（U. S. -Japan Parallel Negotiations to the TPP）取得的进展表示欢迎，但指出分歧仍然存在，尤其是在汽车贸易谈判中。

2 月 16 日　美国国务卿克里在印度尼西亚雅加达美国中心发表演讲，谈气候变化问题。克里称气候变化是 "最可怕的大规模杀伤性武器"，呼吁发展中国家做出更多努力，减少温室气体排放。他还把否认气候变化证据的人称为 "冒牌的科学家和极端的理论家"（Shoddy Scientists and Extreme Ideologues）。

美国总统奥巴马就乌干达总统约韦里·穆塞韦尼已经承诺签署的反同性恋法案发表声明，称穆塞韦尼的决定将标志着乌干达人民的一次 "倒退"，反映出该国在保护人民人权方面极度贫乏。"对于任何致力于自由、正义与平等的权利的人们，这也是一次严重的挫折。" 实施这项法案将会使美国与乌干达的关系复杂化。

2 月 17 日　美国国务卿克里在雅加达会见印度尼西亚外长纳塔莱加瓦。双方签署促进投资、加强联合反恐以及遏止野生动物贩运的备忘录。克里称，美国对中国致力扩大在亚太海域的 "控制" 感到忧心，他呼吁各方能遵守国际法律处理海上争议。

美国国务院副发言人哈夫发表声明，欢迎联合国调查委员会发布关于朝鲜的人权状况的最后报告，称报告就朝鲜大规模、蓄意严重侵犯人权的行径提供了令人震惊的证据，反映了国际社会的共识，即朝鲜的人权状况属世界最恶劣之列。

2 月 18 日　美国国务卿克里未经事先宣布突访突尼斯，分别会见突尼斯总统蒙塞夫·马佐基和突尼斯总理莫赫迪·卓马。克里表示，美国将支持突尼斯的民主过渡；宣布美国国会即将批准为托马斯·杰斐逊奖学金计划提供 1000 万美元，资助更多的突尼斯学生在美国大学学习一年。

美国贸易代表弗罗曼在华盛顿智库美国进步中心发表演讲，承诺采取一系列新举措提升 "两洋" 贸易谈判的透明度，以增强公众对《跨太平洋伙伴关系协定》（TPP）和《跨大西洋贸易和投资伙伴关系协定》（TTIP）谈判的支持。此外，弗罗曼说，美国贸易代表办公室正与商务部重新修订政府咨询委员会的章程，考虑增强委员的代表性和多样性，以确保咨询委员会就贸易政策和贸易谈判提出更好的政策建议。为此，美国还将新建一个公共利益贸易咨询委员会，吸引学界、非政府组织和其他社会团体的专家加入，就公共卫生、消费者安全等议题为政府贸易谈判提供建议。弗罗曼强调，TPP 和 TTIP 谈判都将提高劳工和环保标准，并保护知识产权以促进创新。

美国贸易代表弗罗曼结束与欧盟贸易代表卡莱尔·德古西特为期两天的关于跨大西洋贸易与投资伙伴关系协定的讨论，双方评估了谈判的进展、面临的问题，讨论了如何实现取消所有商品关税、减少不必要的管制壁垒等问题。

美国副总统拜登致电乌克兰总统亚努科维奇，就发生在基辅街头的危机向乌方表示严正关切。他呼吁亚努科维奇撤回政府力量，保持最大限度的克制。拜登表示，美国谴责引发暴力事件的任何一方，但认为政府在降低冲突上负有特别的责任。拜登还强调立即举行对话、推进政治改革的急迫性。

美国国务院发表声明，对越南政府决定维持以逃税罪对人权律师和博主李作全（Le Quoc Quan）处以 30 个月监禁的判决深表关注。称越南政府利用税法监禁和平表达自己政治观点的政府批评人士令人不安。该判决显然违背了表达自由的原则。

2 月 19 日　美国总统奥巴马、加拿大总理哈珀、墨西哥总统培尼亚在墨西哥托卢卡举行北美领导人峰会。奥巴马表示将会继续推动扩大美洲与亚洲的贸易协定，并将重新审视美国的移民法。三方发表联合声明，表示要建设世界上最有竞争力和最具活力的地区。

美国总统奥巴马在墨西哥出席北美峰会时对乌克兰局势发表讲话，强烈谴责乌克兰爆发的血腥冲突，警告乌克兰军队不得介入，否则美国将"追究责任"。称乌克兰政府对妥善对待示威人员负有主要责任，敦促乌克兰政府保持克制，不要对和平示威人员使用暴力，也希望和平示威人员保持冷静。

美国国防部长哈格尔和商务部长普利茨克联名在《华尔街日报》发表题为《美国对亚洲的承诺》的文章，称作为向亚太地区再平衡全面战略的一部分，美国国防部和商务部将加强美国与地区领导人的对话，并寻求创造性的合作途径。

美国总统奥巴马签署《优化美国工商业进出口程序的行政命令》（Executive Order on Streamlining the Export/Import Process for America's Business-ses）。美国贸易代表弗罗曼称，总统的行动将减少贸易成本、有助于创造新就业，并使公司以更快的速度把美国产的商品运送到世界各地。

美国常务副国务卿伯恩斯在华盛顿战略与国际研究中心发表题为"更新的美国–海湾国家伙伴关系议程"的演讲，称海湾国家一直处于美国国家利益的核心。

美国国务卿克里发表新闻声明，称对冈比亚总统亚莫赫在 2 月 18 日该国国庆日发表的对同性恋的憎恨的言辞深感困扰，美国鼓励国际社会明确表明，憎恨同性恋的言辞是不可接受的。

2 月 20 日　最新盖洛普民调显示，中国已经取代伊朗成为美国民众心目中的头号敌国。民调称，过去几年，20%的美国受访者视中国为最大敌国，16%认为是伊朗，9%觉得是俄罗斯，7%认为是伊拉克，16%的受访者称是朝鲜，5%认为是阿富汗，3%认为是叙利亚。民调显示，52%的美国民众认为，未来 10 年，中国的经济崛起对美国关键利益构成威胁；46%的美国人认为，中国的军事崛起对美国关键利益构成威胁。民调还显示，自 2006 年以来，伊朗首次不再成为美国的头号敌人。8 年前，31%的受访者认为伊朗是美国的头号敌人，如今仅为 16%。

2 月 21 日　美国总统奥巴马在白宫会见达赖喇嘛。这是奥巴马入主白宫后第三次会见达赖。奥巴马"重申他对保护西藏独特的宗教、文化和语言传统及保护中华人民共和国国内藏族人人权的坚定支持"，"称赞了达赖喇嘛致力于和平与非暴力，并且表达了对达赖喇嘛的'中间路线'（'Middle Way'）的支持"。奥巴马称，他"鼓励通过直接对话解决长期存在的分歧"。在此背景下，奥巴马重申了美国的立场，即西藏是中华人民共和国的一部分，美国不支持西藏独立。

美国国务卿克里任命负责民事安全、民主和人权事务的副国务卿萨拉赫·塞沃尔兼任西藏事务特别协调员，负责在全球范围内尤其是在美国与中国、印度和尼泊尔的双边关系背景下，协调美国政府在西藏问题上的政策、项目和计划。

鲍卡斯正式宣誓就任美国驻华大使。

中国中央军委副主席范长龙在北京八一大楼会见美国陆军参谋长雷蒙德·奥迪尔诺。双方讨论了推进中美两军关系发展，并就中日关系、朝鲜半岛及台湾等问题交换意见。

日本陆上自卫队与驻日美国海军陆战队在日本新潟县、群马县等地的自卫队基地举行联合军事演习。驻日美军派出第 3 海军陆战队师团第 4 联队的 300 名士兵参演，使用的主要武器为 AAV-7 水陆两用装甲车和反坦克导弹等。本次演习旨在磨合双方部队在各自指挥系统下的协同作战，以及演练战斗活动中各项合作要领，提高部队的相互运用能力。本次演习持续至 3 月 9 日。

2 月 22 日 联合国安理会一致通过关于叙利亚人道主义问题的第 2139 号决议。美国国务卿克里就此发表声明，称这将会是叙利亚危机三年磨难的转折点。决议如得到充分实施，将确保人道主义援助到达叙利亚人民手中。

俄罗斯外长拉夫罗夫与美国国务卿克里通电话。拉夫罗夫指责乌克兰反对派对 21 日协议的不尊重、不履责致使局势急剧恶化，非法极端分子拒绝交出武器，并在议会中反对派领导人的纵容下企图实际控制基辅。俄方重申此前俄总统普京与美国总统奥巴马通电话的内容，要求美国领导人利用一切可能，制止反对派的非法行动，敦促其回到宪法框架中。克里重申美方拥护乌克兰双方履行 21 日达成的协议，承诺利用美方手中杠杆对反对派施加影响。

2 月 24 日 美国国防部长哈格尔在五角大楼举行新闻发布会，详细介绍 2015 年国防预算建议。按照国防预算计划，美国现役军人的人数将从目前的 52 万人减少到 44 万到 45 万人。这将是自 1940 年以来规模最小的美国军队。

2014 年度韩美"关键决心"和"秃鹫"联合军演启动。"关键决心"是用电脑模拟等方式进行的联合指挥所演习（CPX），演习持续进行到 3 月 6 日，动用实际兵力和装备的野战训练演习（FTX）——"秃鹫"则持续到 4 月 18 日。

美国总统奥巴马批准美国和越南签订的《民用核合作协议》。奥巴马在给国务卿克里和能源部长莫尼兹的备忘录中说，他已认定执行这项协议将会促进"共同防御和安全"，而不会构成"过度危险"。奥巴马授权克里安排执行这一协议。美越《民用核合作协议》又称《123 条款协议》，由克里和越南外长范平明于 2013 年 10 月签署。越南在协议中承诺不从事铀浓缩活动，而从国际市场采购民用核能项目所需燃料等要素。

2 月 25 日 美国总统奥巴马与阿富汗总统卡尔扎伊通电话，讨论筹备阿富汗选举、阿富汗主导的和平和解进程以及《双边安全协定》等问题。奥巴马表示，如果阿富汗现任领导人不签署美阿《双边安全协议》，美军可能完全撤出阿富汗。他已要求美国国防部准备一份适当的计划，以便如果美国 2014 年后不在阿富汗保留任何部队将在 2014 年底有秩序地撤出美军。但奥巴马并没有排除 2014 年晚些时候与阿富汗缔结双边安全协定的可能。

美国国务院宣布为"国际红十字委员会 2014 年紧急呼吁"（the 2014 Emergency Appeal of the International Committee of the Red Cross）捐助 1.245 亿美元。

美国国务院宣布，为 2014 年联合国难民事务高级专员办事处捐助 2.26 亿美元，用于支持联合国救助难民的行动。

跨太平洋伙伴关系协定（TPP）部长级会议在新加坡结束，与会各方未能达成任何协议，也未打破美日谈判僵局，未能为完成 TPP 谈判设定最终时间表。

2 月 26 日　美国国务卿克里与格鲁吉亚总理盖瑞巴什维利在美国国务院共同主持第四轮美国-格鲁吉亚战略伙伴委员会（U. S. -Georgia Strategic Partnership Commission）会议，讨论本年度两国关系发展的目标和方向。来自美国国务院、国防部、商务部、司法部、国际开发署等部门的官员出席会议。

美国国防部长哈格尔在布鲁塞尔参加为期两天的北约国家防长会议，讨论防卫能力建设、网络防卫和海上安全、包括与其他军队开展行动合作的"北约联系部队倡议"（NATO's Connected Forces Initiative）、阿富汗问题、乌克兰问题。

联合国安理会就也门局势举行公开会议，并一致表决通过新的决议，决定成立一个专门委员会，对破坏也门政治过渡进程、威胁国家和平、安全与稳定的个人及实体实施包括财产冻结、旅行禁令等在内的制裁措施。

美国国务卿克里就乌克兰局势发表声明，称美国计划"与国际社会建立一揽子经济援助计划，这一援助的前提是乌克兰建立统一政府"，这个政府需要"有包容性，基于广泛的力量，能够实行经济改革"。克里同时呼吁乌克兰领导人尽一切力量保障本国全体公民的安全，并保护公民权利，其中包括少数人的权利，乌克兰应避免分裂活动继续。美国始终呼吁外国势力尊重乌克兰主权及领土完整，美国支持乌克兰用渐进方式建立一个民主政府。

美国将 3 名委内瑞拉外交官驱逐出境，以此作为对 2 月 17 日委内瑞拉驱逐 3 名美国领事馆员工的回应。委内瑞拉总统马杜罗认为，美国外交官以职责为由进入委内瑞拉校园并挑拨学生进行反政府示威活动。美方则对这些指控予以否认。

2 月 27 日　美国国务卿克里向国会提交《2013 年度国别人权状况报告》。

美国国务卿克里在国务院与德国外长弗兰克-瓦尔特·施泰因迈尔共进工作午餐。双方讨论了保护公民隐私与维护安全之间的平衡、情报合作、深化在包括网络安全在内的应对全球挑战方面的合作、跨大西洋贸易与投资伙伴关系等问题。两人重点讨论了乌克兰问题。

北约–乌克兰理事会在布鲁塞尔举行会议，北约秘书长拉斯穆森与乌克兰国防部第一副部长举行高级别对话，就乌克兰的当前形势展开讨论。拉斯姆森强调，"北约随时准备向乌克兰提供在民主进程，国防改革，军事合作以及通过民主方式来控制安全部门等方面的支持。"

2月28日　美国总统奥巴马在白宫就乌克兰局势发表声明说，美方对有关俄罗斯军队在乌克兰境内开展军事活动的报道"深感担忧"，任何侵犯乌克兰主权和领土完整的举动都将造成"强烈不稳定"，构成对必须由乌克兰人民决定的事务的"严重干预"，明显违背俄罗斯有关尊重乌克兰独立、主权和边界的承诺。"对乌克兰的任何军事干预都将付出代价"。

美国国务卿克里与哥伦比亚外长霍尔奎恩在美国国务院主持"美国–哥伦比亚高水平伙伴关系对话"（U. S. -Colombia High-Level Partnership Dialogue）工作组会议。双方代表团分 5 个小组讨论两国在民主人权和政府治理、能源、社会经济机会、环境保护和气候变化以及文化教育等方面的合作。陪同克里出席会议的有负责西半球事务的助理国务卿罗伯塔·雅各布森、负责经济和工商事务的助理国务卿查尔斯·瑞福金、负责海洋和国际环境及科学事务的助理国务卿凯丽-安·琼斯、负责教育和文化事务的助理国务卿伊凡·莱安等官员。

3月2日　美、英、法、德、意、加、日七国领导人和欧洲理事会主席、欧盟委员会主席发表共同声明，谴责俄罗斯侵犯乌克兰主权和领土完整，呼吁俄罗斯通过直接谈判或国际观察或斡旋解决其安全或人权关注，呼吁各方保持最大限度克制，缓解紧张局势。

美国总统奥巴马分别与英国首相卡梅伦、波兰总统科莫罗斯基、德国总理默克尔通电话，四国领导人对俄罗斯侵犯乌克兰主权表示严重关注，强调俄罗斯与乌克兰应立即进行对话。四国领导人强调国际社会在支持乌克兰方面保持团结的重要性，保证共同努力，对乌克兰改革和稳定经济提供一揽子财政援助。奥巴马重申了美国对东欧安全和民主的一贯承诺。

美国国务卿克里接受美国广播公司、哥伦比亚广播公司和全国广播公司采访。谴责俄罗斯对乌克兰"令人难以置信的侵略行径"，威胁要与盟国一道对俄罗斯采取一系列制裁措施。克里宣布美国将抵制今年 6 月在俄罗斯索契举行的八国集团峰会，同时提出对俄罗斯采取禁发入境签证、冻结资产和经贸制裁措施，以促使普京改变行为方式。他声称，美方并非试图把乌克兰争端变成东西方之间的争斗和冷战，但如果俄罗斯希望成为八国集团国家，则需要像八国集团国家那样行事。

北约决策机构北约理事会召开会议讨论乌克兰局势，会后北约理事会和北约秘书长拉斯穆森发表声明，对俄罗斯在克里米亚逐步升级的军事行动予以谴责，敦促俄乌双方在联合国安理会或者欧安组织派出的国际观察员的主持下，通过双边协商，寻求和平的解决方案。拉斯姆森称，俄罗斯在乌克兰的行为"威胁到欧洲的和平和安全。俄罗斯必须停止它的军事行动和它的威胁言论"。

3月3日 美国总统奥巴马在白宫会见以色列总理内塔尼亚胡。双方讨论了巴以和平进程、叙利亚局势及其影响、伊朗核问题、埃及局势等问题。

美国国防部发表声明称，由于俄罗斯对乌克兰所采取的行动，美国方面暂停与俄罗斯的军事合作，包括演习、双边会议、港口访问和会议规划。

美国国家安全委员会发言人海登表示，白宫方面已经取消原本将出席索契残奥会的总统代表团行程，以抗议俄罗斯在乌克兰的武装行动。此前，美国方面曾决定派总统代表团出席索契残奥会，这些人包括国会议员达克沃斯、劳工部长助理马丁内斯、总统办公室执行主任莫斯特勒等。

美国国务卿克里在国务院会见摩尔多瓦总理尤瑞·林卡。克里表示，美国对摩继续朝着与欧洲的联系国协议方向（Association Agreement with Europe）努力感到高兴，宣布美国将再向摩尔多瓦提供 280 万美元援助，称美国在摩转型时期已提供了 15 亿美元援助。克里说俄罗斯在天然气和贸易方面向摩施加压力，美国支持摩选择的发展方向。

3月4日 美国总统奥巴马向国会提交 2015 财年（始于 2014 年 10 月 1 日）联邦政府预算报告。根据这份报告，2015 财年美国联邦政府支出总计约为 3.9 万亿美元，其中国防开支为 6230 亿美元，国务院和国际开发署的开支为 462 亿美元。

美国总统奥巴马在华盛顿一所小学就联邦政府 2015 财年预算发表讲话后回答媒体提问时称，只要各方不通过军事等手段进入乌克兰并试图干涉本应由乌克兰人民作出的决定，乌克兰"有能力"既成为西方的朋友，又成为俄罗斯的朋友。奥巴马还称，俄罗斯在乌克兰克里米亚采取的行动将会促使众多国家"进一步远离"。他再次敦促俄方与国际社会一道帮助稳定乌克兰局势。

美国国务卿克里在基辅会见乌克兰总理亚采纽克和代理总统图尔奇诺夫。克里表示，美国将尽己所能帮助乌克兰，准备向乌克兰提供 10 亿美元贷款。

如果克里米亚冲突进一步升级，美国和西方伙伴将被迫对俄采取外交和经济孤立措施。俄罗斯应该支持国际观察员来乌评估局势，查明真正威胁，并呼吁俄罗斯与乌克兰新政府直接接触和对话。

美国白宫发表声明宣布，在与国际社会构建针对乌克兰一揽子援助计划的同时，美国政府将向乌克兰提供 10 亿美元贷款担保。此外，美国还将向乌克兰提供技术支持，帮助乌克兰国家银行和财政部应对当前最为紧迫的挑战。

美国国防部发布《四年防务评估报告》，内容包括结束阿富汗战争、削减国防支出、改变一直以来重视大规模陆地战的战略方针，以及强化海空军作战能力等。重申继续致力于亚太再平衡战略，拟于 2020 年底前在太平洋地区部署美国海军六成兵力。

美国负责东亚和太平洋事务的助理国务卿拉塞尔出席国会参议院对外关系委员会亚太小组委员会听证会，阐述美日和美韩同盟面临的机遇与挑战。拉塞尔称，处理历史问题应当谨慎和克制，不能让历史负担妨碍安全问题。

3月5日 美国国防部向国会提交《关于朝鲜军力和安全保障战略的年度报告书》。报告书中称，朝鲜可移动式洲际弹道导弹一旦研发成功，其射程可覆盖美国本土大部分区域。但"朝鲜短期内不太可能会在洲际弹道导弹上搭载核弹头等兵器"。

美国国务卿克里在巴黎参加"支持黎巴嫩国际集团"（International Support Group for Lebanon）会议。

美国国务卿克里在巴黎与乌克兰外长安德里·德斯奇兹亚和英国外交大臣黑格参加"《布达佩斯备忘录》签约国部长级会议"（Budapest Memorandum Ministerial），讨论乌克兰局势。

美国国务卿克里在巴黎会见俄罗斯外长拉夫罗夫，主要讨论了乌克兰局势。克里表示，会谈重新建立了利用外交手段缓解乌克兰和克里米亚局势的可能，但更多进展仍需时间和耐心。

美国国防部长哈格尔和参联会主席邓普西在国会参议院军事委员会就奥巴马总统的 2015 年预算建议案作证。哈格尔表示，美国应该通过扩大与波兰、波罗的海国家军事合作，以及向乌克兰政府提供经济援助，以寻求使乌克兰危机得到有效缓解。美国国防部采取的支持盟友的措施包括通过美国"在波兰的航空分队加紧联合演练……以及加强参与北约在波罗的海半岛的空中警戒任务"。

前美国国务卿希拉里·克林顿在美国加州大学洛杉矶分校发表讲话时称，

她此前的讲话并非将普京比作希特勒，但俄罗斯现在的举动"令人回想"纳粹德国在 20 世纪 30 年代的举动，当时纳粹称他们需要保护波兰和欧洲其他地区的德意志民族。希拉里称，她只是希望大家有一点历史视角，了解这种策略已经被使用过。希拉里表示，普京"浪费了俄罗斯的潜能，产生不稳定的威胁，并影响了欧洲的和平"。此前一天，希拉里在参加加州长滩一个不公开的筹款午宴时称，如今普京的说辞如果听来耳熟，那是因为希特勒在 20 世纪 30 年代就说过。普京保护乌克兰克里米亚半岛的所有俄裔居民，令人想起希特勒在二战前为保护日耳曼人采取的行动。

3 月 6 日　美国总统奥巴马就乌克兰局势与俄罗斯总统普京通电话。奥巴马表示，应通过外交途径解决当前危机，这符合俄罗斯、乌克兰和国际社会等各方的利益。奥巴马在通话中提出了多项外交解决乌克兰危机的举措，这包括：俄乌两国政府在国际社会的斡旋下展开直接对话；国际观察员确保包括俄罗斯族人在内的所有乌克兰人民的权利得到保障；俄罗斯军队撤回基地；国际社会共同支持乌克兰人民准备于 5 月举行的选举。

美国总统奥巴马就乌克兰局势发表声明表示，乌克兰克里米亚自治共和国议会决定举行的全民公决"违反乌克兰宪法和国际法"。

中国国务委员杨洁篪应约同美国总统国家安全事务助理赖斯通电话。赖斯介绍了美方对当前乌克兰局势的看法和立场。杨洁篪阐述了中方原则立场，强调处理乌克兰事务应充分照顾乌各族人民的合法权益。当务之急是各方保持克制，坚持通过政治和外交途径解决危机，避免局势进一步升级。双方还就中美关系交换了意见。

美国太平洋司令部司令洛克利尔在大西洋理事会发表讲话时表示，中国增加军费，提高军事实力很正常，对此美国并不感到担心。但中国的实际军费应该超过被公开的数额。中国应该充当领导者，而不是扮演受害者。洛克利尔还指出中国在南海划设的九段线是否准确，应该交由国际法庭裁决。

日本广播协会电视台播放对美国驻日大使卡罗琳·肯尼迪的采访。肯尼迪在采访中就日本首相安倍晋三参拜靖国神社一事表示，"使地区形势复杂化的行动不具建设性"，并对参拜导致日本与中韩两国关系恶化表示了关切。

美国总统奥巴马签署行政命令，下令对"对破坏乌克兰民主程序或机构活动负责的个人与实体"实施制裁，包括暂停给他们发放入境签证和冻结他们在美国境内资产。

美国国会众议院以 385 票赞成、23 票反对的表决结果通过向乌克兰提供 10 亿美元贷款的议案。从白宫 3 月 4 日宣布将向乌克兰提供 10 亿美元贷款，到众议院 3 月 6 日表决通过，只用了两天时间。

美国和菲律宾举行第四轮双边战略对话。美国助理国务卿拉塞尔和代理助理国防部长凯利·马格萨门率美方代表团出席。

3 月 8 日　美国总统奥巴马就乌克兰局势分别同英国首相卡梅伦、法国总统奥朗德和意大利总理伦齐通电话，并与拉脱维亚总统贝尔津什、立陶宛总统格里包斯凯特和爱沙尼亚总统伊尔韦斯举行电话会议。七国领导人表示，俄罗斯应将军队撤回其在乌克兰克里米亚的基地，并允许国际观察员和人权监督员进入克里米亚半岛，同时，俄罗斯还应尽快成立联系小组，与乌克兰展开直接对话，以缓解当前紧张局势并恢复乌克兰的主权和领土完整。七国领导人还表示，克里米亚决定于 3 月 16 日举行的全民公决违反了乌克兰宪法，任何与乌克兰局势走向相关的决定必须经由乌中央政府做出。

3 月 9 日　美国国防部长哈格尔与波兰国防部长谢莫尼亚克通电话，谢莫尼亚克对美军向波兰增派战机表示感谢。

3 月 10 日　中国国家主席习近平应约同美国总统奥巴马通电话。两国元首就中美关系及乌克兰局势交换意见。奥巴马就马来西亚航空公司客机失去联系事件表达慰问，表示美方愿同中方在搜救方面全力开展合作。奥巴马对云南昆明严重暴力恐怖事件遇难者表示哀悼，表示美国谴责一切形式的恐怖主义，愿同中方开展反恐合作。

美国总统奥巴马与哈萨克斯坦总统纳扎尔巴耶夫通电话，讨论乌克兰问题。双方表示支持和平解决俄罗斯和乌克兰之间的纠纷，同意支持主权和领土完整原则。奥巴马鼓励哈萨克斯坦在寻求和平解决乌克兰局势中发挥积极作用。

美国国务院发言人普萨基在记者会上说，美国注意到日本安倍政府表示将坚持"河野谈话"，美方认为这是"积极的一步"，"村山谈话"和"河野谈话"是日本改善与邻国关系的"重要篇章"。

美国国防部发言人沃伦通报，今后数天和数周，美军将向波兰增派更多 F-16 "战隼"战斗机。双方尚未敲定增派战机的具体数量。

3 月 11 日　美国总统奥巴马在白宫与乌克兰总理亚采纽克举行会谈，副总统拜登、国务卿克里参加会谈。奥巴马重申，俄罗斯对克里米亚的入侵违反了国际法，如果俄罗斯不改变在乌克兰的行动，美国将与其他国家"让俄罗斯付出代价"。

美国国会两院通过决议，要求俄罗斯立即从乌克兰撤军，并敦促美国总统奥巴马对俄罗斯实施惩罚性经济制裁。

3月12日　美国、英国、德国、法国、日本、意大利和加拿大等七个国家领导人发表联合声明，称即将在乌克兰克里米亚自治共和国举行的全民公投没有"法律效力"，七国领导人将不承认公投结果。声明说，克里米亚若从乌克兰分离将会对维护各国主权与领土完整的法律秩序带来严重影响，如果俄罗斯在此问题上有所行动，七国领导人将会采取进一步措施。

美国国防部发言人宣布，美国将从意大利阿维农空军基地再调派12架F-16s战斗机及300名相关人员，以增加在波兰拉斯克空军基地美军航空分队的规模。

美国地区法官谢恩德林撤销了针对印度女外交官柯巴拉加德的刑事诉讼，理由是这名外交官在被控犯有签证造假与支付女佣过低薪水罪名时，享有外交豁免权。

3月14日　美国总统奥巴马在白宫会见爱尔兰总理肯尼，双方讨论了双边贸易、乌克兰局势、北爱尔兰和平进程等问题。

美国国务卿克里和俄罗斯外长拉夫罗夫在伦敦美国驻英大使馆举行会谈。克里重申，美国认为克里米亚公投不合法，违背了乌克兰宪法，违反了国际法，不论美国，还是国际社会都不承认这次公投的结果。他表示，美国将同乌克兰人民站在一起，坚定地维护乌克兰的民主、和平与稳定。如果俄罗斯不设法改弦更张将会有后果，这并不是发出威胁，而是俄罗斯就此做出什么样的选择的直接结果。

美国商务部下属的国家电信和信息局发表声明，宣布美国政府将放弃对国际互联网名称和编号分配公司（ICANN）的管理权。声明说，美方认识到ICANN成为一个"有效的多方参与组织"的时机已经成熟，要求ICANN召集"全球利益攸关者"提出一个获得"广泛国际支持"的移交方案，以作为移交管理权的第一步。声明强调，方案应当遵循保持互联网开放性原则，并且不会接受"由政府或政府间机构主导的解决方案"。

3月17日　美国总统奥巴马签署行政命令，宣布对侵犯乌克兰主权和领土完整负有责任的7名俄方官员和4名乌方官员实施签证禁令和资产冻结等制裁措施。

美国总统奥巴马在白宫就乌克兰局势发表讲话。奥巴马称，根据他签署的行政命令，美国扩大制裁范围，将俄罗斯军工部门下属实体和为俄高官提供物质支持的个人纳入其中，"如果俄罗斯继续干预乌克兰，我们随时准备实施进一步的制裁"。奥巴马称，他和拜登即将对欧洲的访问都会发出明确信息，即美国作为成员国，对北约集体防御做出庄严承诺，美国会恪守承诺，致力维护北约盟友安全。美国将向俄罗斯阐明，"进一步挑衅只会加剧孤立处境并削弱其国际地位"，奥巴马警告如果俄罗斯继续在乌克兰进行军事干预，将加深外交孤立并蒙受更严重的经济损失。

北大西洋理事会就克里米亚公投发表声明，称公投违背了乌克兰宪法和国际法，北约盟国不承认投票结果。声明重申全面支持乌克兰的主权和领土完整，支持乌克兰国际公认的边界不可侵犯的原则。

美国总统奥巴马在白宫会见巴勒斯坦权力机构主席阿巴斯，讨论巴以和平问题。

3月18日 美国叙利亚问题特使丹尼尔·鲁宾斯坦发表声明说，美方已通知叙利亚政府，要求其立即暂停在华盛顿的叙利亚驻美国大使馆以及在密歇根州和得克萨斯州的领事馆的运作。美方还要求非美国籍或不拥有美国永久居民身份的叙使领馆人员离开美国。鲁宾斯坦表示，美方这一措施是在叙政府宣布暂停其在美国的领事服务后作出的，美方"不能接受"叙外交人员继续在美国从事外交和领事活动。但他同时表示，美国将继续与叙利亚保持外交关系。

3月19日 《华盛顿邮报》根据美国情报机构前雇员斯诺登提供的文件报道说，美国国家安全局建立了一个名为"MYSTIC"的语音截获系统，在2009年开始启用。这一电话监控系统能够"100%"记录某个外国每一次电话通话，在通话发生一个月内仍能够重放并评估通话内容。

美联储发布声明，4月份开始将月度债券购买计划规模再削减100亿美元至550亿美元，每月将购买250亿美元抵押贷款支持证券（MBS）和300亿美元国债。

美国国防部长哈格尔与以色列国防部长亚阿隆通电话。哈格尔重申了美国阻止伊朗获取核武器的承诺。亚阿隆近日批评美国外交政策软弱，认为以色列无法指望依靠美国的力量来阻止伊朗获取核武器。哈格尔对亚阿隆的言论深表关注并重申了美国的相关承诺。亚阿隆与哈格尔交流了以色列安全方面的最新情况并表明其言论是为了让美以关系得到进一步强化。双方还承诺将继续围绕美国和以色列安全事务展开密切协作。

美国国防部长哈格尔与乌克兰国防部长艾豪·坦羽克通电话，讨论乌克兰局势。哈格尔重申美国赞赏乌克兰军队的克制，再次强调美国站在乌克兰人民一边，谴责俄罗斯使用武力并呼吁俄罗斯撤回军队。

3月20日 美国第一夫人米歇尔·奥巴马携母亲及两个女儿开始为期一周的访华行程。

美国财政部宣布，部分放宽对伊朗的限制，伊朗学生可以到美国留学，美国大学可以与伊朗大学交换留学生，同时允许美国金融和信贷机构进行金融交流，以利于伊朗学生在美国学习和两国交换留学生。

美国总统奥巴马就克里米亚问题发表讲话并签署总统令，宣布进一步扩大对俄罗斯的制裁范围。对俄罗斯政府内外20名人员和一所私营的俄罗斯银行（Bank Rossiya）实施制裁。

3月22日 《纽约时报》援引美国情报机构前雇员斯诺登披露的机密文件报道说，美国国家安全局在2007年发起的一项代号为"Shotgiant"的行动计划中，侵入了华为位于深圳总部的主要服务器，以查看其是否与中国政府有联系，同时监控华为高管的通讯，并收集华为产品的信息。德国《明镜》周刊称，美国的监控目标还包括数位中国前任国家领导人和多个政府部门及银行。

3月24日 中国国家主席习近平同美国总统奥巴马在荷兰海牙举行会晤，讨论中美关系和其他共同关心的国际和地区问题。

美国总统奥巴马和日本首相安倍晋三发表联合声明，决定将美国提供给日本的高浓缩铀和分离钚，全部返还给美国。

八国集团成员美国、英国、法国、德国、加拿大、意大利和日本（七国集团）领导人在荷兰海牙召开特别会议，决定不参加原定于今年6月在俄罗斯索契召开的八国集团峰会。七国发表联合声明，谴责俄罗斯试图吞并克里米亚。

3月25日 美国总统奥巴马在美国驻荷兰大使官邸与韩国总统朴槿惠、日本首相安倍晋三举行三边会谈。三方讨论了朝鲜及其核武器计划，以及三方在外交和军事方面加强合作的具体措施。

美国和乌克兰在海牙核安全峰会上发表联合声明，美国政府谴责俄罗斯不遵守其在《布达佩斯备忘录》中的诺言，在乌克兰单方面采取军事行动。俄罗斯的举动有损于全球安全结构的基础，给欧洲和平与安全带来危险。乌克兰和美国强调，他们不会承认俄罗斯兼并克里米亚的非法企图。克里米亚是乌克兰不可分割的一部分。美国将继续帮助乌克兰维护主权和领土完整。美国和乌克兰重申双方致力于履行对核不扩散的承诺。

3月26日　美国总统奥巴马在布鲁塞尔与北约秘书长拉斯姆森举行会谈，双方主要讨论了乌克兰局势、跨大西洋关系、阿富汗等问题。

美国国防部长哈格尔与英国外交大臣哈蒙德在五角大楼举行会谈，双方主要讨论了乌克兰问题，重申俄罗斯肯定要为吞并乌克兰承担后果。

3月27日　美国和韩国军队在韩国东南沿海地区举行代号"双龙"的一年一度的大规模两栖登陆演习，来自美国和韩国的上万名士兵参加演习。

美国总统奥巴马在罗马与意大利总理伦齐举行会谈。奥巴马要求欧盟不要大幅削减防务经费。他说，美国与欧盟的北约成员国之间防务经费差距"太明显"，美国用于防务的费用占国内生产总值的3%，而欧盟一些国家防务费用只占国内生产总值的1%。

3月28日　美国总统奥巴马与俄罗斯总统普京通电话，双方讨论了美方提出的通过外交途径解决乌克兰危机的建议。两位领导人同意美俄两国外长举行会晤讨论下一步措施。奥巴马还敦促普京支持乌克兰正在进行的宪法改革和选举，避免采取"进一步挑衅行为"，包括在靠近乌克兰边境集结军队。奥巴马强调，只有俄罗斯后撤军队，同时不再采取任何"进一步侵犯乌克兰领土完整和主权"的举措，通过外交途径解决乌克兰危机才有可能。他重申美方"强烈反对"俄方此前采取的相关行动。

美国总统奥巴马在接受美国哥伦比亚广播公司《晚间新闻》主持人采访时为没有军事干涉叙利亚内战辩护，说美国在阿富汗和伊拉克战争后已经到了"极限"。如果美国对叙利亚的军事干涉不长期化，就无法对局势产生足够大影响。只是一旦向叙利亚派出地面部队，这一承诺可能需要持续"另一个十年"，而美国将为兑现这一承诺而经历"艰难时期"。而且不清楚军事干涉的"结果实际上是否会明显变得更好"。

美国国防部长哈格尔在出席美国国家安全局局长亚历山大上将的退休仪式上宣布，将扩编美国网络安全人员至目前的三倍以上，建设"现代网络部队"，计划于2016年将网络司令部网络部队人数增至6000人。

美国与印度在美国国务院举行第六次美印东亚磋商会议，美国负责东亚和太平洋事务的助理国务卿拉塞尔、负责南亚和中亚事务的助理国务卿尼莎·彼斯瓦尔、太平洋司令部司令洛克利尔出席会议。双方讨论了包括海上安全、扩大区域贸易机会、增加多边合作在内的一系列问题。

3月29日　德国《明镜》周刊根据美国情报机构前雇员斯诺登披露的文件报道说，除了2013年披露的美国窃听德国总理默克尔手机的做法外，美国国安局的特殊监控数据库中保存了超过300份关于默克尔的报告。除默克尔外，这一特殊数据库中还保存了对许多国家领导人的监控资料。被监控对象的名单以"A"开头，是马来西亚前总理阿卜杜拉-巴达维，之后第122位被监控目标是名字以"Y"开头的乌克兰时任总理尤利娅·季莫申科。除监控领导人外，美国国安局及英国政府通讯总部还渗透进德国的互联网公司、卫星IP服务提供商等，对德国的网络实施监控，这些德国网络公司的员工成为美英监控目标，尤其是工程师。

3月30日　美国国务院就菲律宾提出南中国海仲裁案发表声明，表示美国支持在不受恐吓和胁迫等任何报复形式的条件下采取和平方式解决海事争端。称各国应尊重任何缔约方，包括菲律宾共和国，行使海洋法公约提供的争端解决机制的权利。

3月31日　美国国务院副发言人哈夫在记者会上称，中方试图阻拦菲律宾前往仁爱礁的补给船，双方对峙近两小时，这是挑衅和导致不稳定的行为。美方敦促中方避免进一步行动，允许菲保持在仁爱礁的存在。

4月1日　美国国防部长哈格尔在夏威夷主持首届美国-东盟防长会议，探讨如何加强在亚太地区的多边安全合作，在军事和民事机构间建立更有效、密切的合作伙伴关系，以改善人道主义救援和救灾工作效率。

4月2日　美国国务院发布《2014-2017财年国务院和国际开发署战略规划》，介绍这两个机构推进美国外交政策和对外援助的情况。

4月3日　美国海军上将米歇尔·罗杰斯（Michael S. Rogers）接替基思·亚历山大，就任美国网络司令部司令兼国家安全局局长。

美国负责东亚和太平洋事务的助理国务卿拉塞尔在国会参议院对外关系委员会东亚和太平洋小组委员会作证，评估《与台关系法》通过35周年来的美国对台政策。拉塞尔称，克里米亚模式可能成为中国在南海通过武力或胁迫手段获取领土的先例，东南亚国家对此感到担忧。中方不应误判美协防盟友的决心，应承诺和平解决领土争议。

4月5日　美国国防部长哈格尔在东京会见日本首相安倍晋三，双方讨论了地区安全问题，包括朝鲜的"挑衅"、中国的海上领土声索和军事行动以及美日韩合作等问题。

4月8日　中国国务委员兼国防部长常万全在北京与来访的美国国防部长哈格尔举行会谈，就推动中美新型军事关系发展达成七点共识。

4月14日　美国环保署署长吉娜·麦卡锡访问台湾，这是14年来美国首位访台的部长级官员。

4月21日　美国国务卿克里在国务院发布《四年外交和发展评估报告》（Quadrennial Diplomacy and Development Review）。

4月23日　美国总统奥巴马接受日本《读卖新闻》书面专访时表示，美国的政策是明确的——钓鱼岛是由日本管理，因此属于美日安保条约第五条的范围之内。反对任何试图影响日本管理钓鱼岛的单方面行动，呼吁通过外交对话解决争议。这是在任的美国总统首次明确表示钓鱼岛问题适用于日美安保条约。奥巴马同时表示，支持安倍政权解禁集体自卫权。这也是美国在任总统首次表明支持日本行使集体自卫权。

4月24日　美国总统奥巴马和日本首相安倍晋三在东京举行会谈，就深化日美同盟、TPP谈判、亚太地区问题交换意见。奥巴马重申了美国对日本的防卫责任，称根据美国政府的一贯解释，《日美安保条约》第五条协防条款适用于钓鱼岛。

4月25日　美国总统奥巴马访问韩国，在首尔同韩国总统朴槿惠举行会谈，双方对朝核问题、加强韩美同盟、完全落实双边自由贸易协定问题、韩国加入TPP等议题进行了讨论。

美国白宫公布七国集团领导人联合声明，称七国集团和欧盟领导人承诺"紧急"采取行动以强化对俄罗斯的制裁，从而增加俄方为其在乌克兰问题上的行动所付出的"代价"。

4月26日　美国白宫发表总统奥巴马与日本首相安倍晋三举行首脑会谈后的美日联合声明。声明指出，类似未经事先协商就宣布在东海划设防空识别区的做法会导致东海及南海的紧张气氛升级，日美两国对最近的动向深表忧虑。美日两国反对任何试图以力压人，或用威吓手段主张领土或海洋权利的做法。声明明确称钓鱼岛为《美日安保条约》适用范围，美国反对任何单方面损害日本针对钓鱼岛施政的做法。

4月28日　菲律宾国防部长加斯明与美驻菲律宾大使菲利普·戈德堡签署《增强防卫合作协议》（Enhanced Defense Cooperation Agreement，EDCA）。

根据这份协议，美军可更广泛使用菲军事基地和设施，包括机场和港口；美军有权在这些地方新建设施；美军可在这些地方部署装备、战机和军舰；美军在菲没有永久军事基地；协议禁止美军把核武器运入菲律宾。

美国总统奥巴马访问菲律宾。

美国白宫发表声明，宣布向 7 名俄罗斯官员以及 17 家和俄罗斯总统普京有关联的公司施加制裁。

4 月 30 日　美国国际宗教自由委员会发布 2014 年年度报告。中国、缅甸等八个国家再次被列为"应特别关注的国家"，埃及、伊拉克等八个国家被新增为"应特别关注的国家"。

美国国务院发布《2013 年恐怖主义问题国别报告》。称虽然"基地"组织遭到重创，但 2013 年全球恐怖威胁发展迅猛，恐怖袭击事件较 2012 年增加了近一半。

5 月 7 日　美国国务院发言人普萨基就中国在临近西沙群岛附近海域进行石油钻探活动发表声明，称中国的举动是挑衅性的，增加了紧张，破坏了地区和平与稳定。美国对中国船只在该海域的危险举动和威胁予以关注。

5 月 8 日　美国根据学生与交换学者项目（Student and Exchange Visitor Program，SEVP）发布的最新报告显示，截至 2014 年 4 月，共有 102 万国际学生分布全美近 9000 所学校。来自中国的学生在美国的国际学生中比例最高，达到 29%，即共近 30 万名。印度是第二大国际学生来源地，但总数量仅有 10 万出头。

中国人民解放军总参谋长房峰辉在五角大楼与美军参联会主席邓普西举行大、小范围会谈。双方就两国两军关系、反恐反海盗、钓鱼岛问题、南海问题、台湾问题等深入地交换意见，商定尽早就相互通报相关重大军事行动、公海海域海空军事安全行为准则开展实质性磋商，双方在推动两军开展更多人道主义救援减灾联合实兵演练、建立战略规划部门对话机制、继续推进陆军交流与对话机制、将解放军总参谋长和美军参联会主席直通电话升级为视频电话、探索在第三地开展联合演训等方面达成重要共识。

5 月 16 日　美国白宫发言人卡尼在例行记者会上称中国在南海架设钻井平台"是挑衅行为"。

5 月 19 日　美国司法部宣布以所谓网络窃密为由起诉 5 名中国军官，指控这 5 名人员侵入美国企业电脑系统，窃取美国公司的商业机密。这是美国政府首次公开控告外国政府公务人员针对美国公司实施网络黑客犯罪。

5月25日 美国总统奥巴马突访阿富汗美军空军基地，发表讲话并慰问美军士兵。奥巴马表示，美军将于2014年底结束在阿富汗的战斗任务。

"热切之狮"（Eager Lion）联合军演在亚喀巴湾和红海开始举行，约6000名美国军人与3000名约旦军人及3200名20多国军人参加演习。演习包括作战行动及海上训练。

5月27日 美国总统奥巴马就阿富汗问题发表声明，称2014年底美国从阿富汗撤出全部作战部队后，将有9800名美军士兵留守阿富汗，主要任务是继续围剿"基地"组织分子并为阿富汗军队提供培训和支援。到2015年底，留守阿富汗的美军将减至约5000人，到2016年底继续减至约1000人，届时主要任务将转为保护美国驻阿富汗大使馆。奥巴马在讲话中承认，美军能否在阿富汗留守，取决于能否与阿富汗当局签署双边安全协定。

5月28日 美国总统奥巴马出席西点军校毕业典礼并发表演讲，阐述其对后911时代美国外交政策的展望，称美国必须一直领导世界。奥巴马呼吁建立50亿美元的基金来支持反恐行动，并宣布对温和派叙利亚反政府武装加大支持。称美国将只有在"核心利益"受到威胁的情况下，才会动武。美国要避免犯"代价高昂的错误"。奥巴马说，恐怖主义仍是美国面对的最大威胁。

5月31日 美国国防部长哈格尔在新加坡出席香格里拉对话会首场全体大会，以"美国对区域稳定的贡献"为题发表演讲时重申，尽管对主权纠纷不持立场，但美国坚决反对任何国家以"恐吓、胁迫或使用武力"的方式宣示主权。"我们也反对任何国家以任何方式抑制上空飞行或海上航行的自由，不管这涉及军事或民间船舰，抑或牵涉大国还是小国。国际秩序的基本原则受挑战时，美国不会坐视不理。"

美国用5名被关押在古巴美军关塔那摩基地监狱的塔利班成员，换回遭阿富汗塔利班俘虏的唯一一名美军士兵伯格达尔。

6月3日 美国国防部长哈格尔在布鲁塞尔参加北约国家防长会议。各国防长一致同意加强北约的集体防御，增加波罗的海、黑海和地中海地区的空中和海上巡逻，举行更多的演习和训练。各国防长还同意制订一个新的"北约战备行动计划"，以应对乌克兰危机后新的安全环境。各国防长还出席了北约-乌克兰委员会会议，北约决定将加强与乌克兰的合作，大力支持乌克兰安全和国防部门的改革。

美国总统奥巴马在华沙同波兰总统科莫罗夫斯基举行会谈，双方着重讨论了深化两国军事合作、特别是弹道导弹防御系统领域合作。奥巴马说，保证波兰安全是美波两国关系的共同基石，也是美国的责任。

6月5日　美国国防部发表2014年度中国军力报告，涉及中国军事战略、军力发展、中美两军交往、台海军事形势等内容，并且列出侦察卫星、隐形技术、中国航母及防空一体化四个专题。

七国集团领导人在布鲁塞尔发表联合公报，称俄罗斯"非法吞并"克里米亚和致使乌克兰东部地区局势不稳定的行动不能接受。公报呼吁俄罗斯承认乌大选结果，从俄乌边境完全撤离武装力量，阻止武器和武装人员进入乌克兰境内。公报称，如果事态发展需要，"准备采取更多有针对性的制裁措施，使俄罗斯付出更大代价"。公报提到东海和南海问题。声明说："我们对东海和南海紧张局势深感关切。我们反对任何一方通过威胁、恫吓或武力手段推进海上主权声索的单边企图。"

6月9日　美国和伊朗在瑞士日内瓦举行为期两天的高层直接会谈，就伊朗核问题进行谈判，这是美伊数十年来第一次举行高层直接会谈。美国代表团由美常务副国务卿伯恩斯带队，其他重要成员包括副国务卿舍曼和副总统拜登的国家安全顾问苏利文。欧盟也派高级官员与会。美方表示，此次会谈不是谈判，而是"磋商"，不会取代伊核问题六国会谈机制。

6月19日　美国总统奥巴马发表讲话说，极端组织"伊拉克和黎凡特伊斯兰国"在伊拉克发起的攻势对伊拉克、中东地区和美国利益构成"威胁"，阻止伊拉克爆发全面内战符合美国国家安全利益，为此美国政府采取一系列应对举措，包括向伊拉克增派300名军事顾问、与伊拉克成立联合行动中心等。奥巴马重申，美军不会重返伊拉克参加作战任务，伊拉克当前危机不能通过军事途径加以解决。应对"伊拉克和黎凡特伊斯兰国"之类威胁的"最佳和最有效"途径是以伊拉克等地区力量为主导建立伙伴关系。

6月23日　美国国务卿克里在伊拉克巴格达美国大使馆会见伊拉克总理马利基以及逊尼派和库尔德领导人，敦促伊拉克尽快解决教派纷争，并成立一个新的包容性政府。

6月24日　美国总统奥巴马提名现任陆军副参谋长约翰·坎贝尔（John F. Campbell）接替邓福德，出任驻阿富汗国际安全援助部队兼驻阿美军司令。

6月25日　美国负责东亚和太平洋事务的助理国务卿拉塞尔在国会参议

院对外关系委员会听证会阐述中美关系的未来发展。

6月26日　"环太平洋-2014"多国联合军演在夏威夷附近海域正式开始。首次参加的中国与美国、日本、菲律宾、澳大利亚等22个国家一同演习，并进行火炮射击等7个科目的演习。

7月1日　美国国防部长哈格尔发表声明，欢迎日本解禁集体自卫权，称"此决定是日本为地区和全球和平与安全做出更大贡献的重要一步"，将使日本自卫队能够在更大范围开展行动，使美日同盟更有效。

美军参谋长联席会议主席邓普西、韩国联合参谋本部议长崔润喜、日本防卫省统合幕僚长岩崎茂以环太平洋军事演习（RIMPAC）为契机，在夏威夷举行会议，就朝核与导弹威胁等区域安全环境的变化进行讨论，并就如何增进区域和平稳定交换意见。美日韩三国防部长每年都会在香格里拉会议期间另行举行三边会谈，而三国举行总参谋长会议还是第一次。

7月3日　美国国务院发布的最新统计数据显示，截至2014年3月1日，美国拥有的核弹头数量为1585枚，比俄罗斯多73枚。

美国国防部长哈格尔在五角大楼新闻发布会上说，日前抵达伊拉克的美军军事顾问的主要任务是保护使馆和在伊拉克的美国人员安全，他们将不会参与到伊拉克的作战任务之中。军事打击不是解决目前局势的唯一途径，美国支持通过外交途径解决复杂多变的伊拉克内部问题。

7月8日　在第六轮中美战略与经济对话的战略对话框架下，第四次中美战略安全对话在北京举行。中国外交部副部长张业遂和美国常务副国务卿伯恩斯共同主持对话，中国人民解放军副总参谋长王冠中、中国驻美国大使崔天凯及美国国防部副部长沃穆思、美国驻华大使鲍卡斯等参加。

中国中央军委委员、总参谋长房峰辉在八一大楼会见在北京参加第六轮中美战略与经济对话和第四次战略安全对话的美军太平洋总部司令洛克利尔。

7月9日　中国国家主席习近平在北京出席第六轮中美战略与经济对话和第五轮中美人文交流高层磋商联合开幕式并发表题为《努力构建中美新型大国关系》的致辞。美国总统奥巴马发表声明，祝贺会议开幕，表示美方致力于与中方一起构建新型大国关系，扩大务实合作，建设性地管控分歧。美国国务卿克里、财政部长雅各布·卢、商务部长普里茨克、能源部长莫尼兹、贸易代表弗罗曼、白宫经济顾问委员会主席弗曼、白宫科技顾问兼白宫科技政策办公室主任霍尔德伦、联邦储备委员会主席耶伦及美军太平洋司令部司令洛克利尔等参加会议。

第六轮中美战略与经济对话在钓鱼台国宾馆开幕。中国国家主席习近平特别代表、国务院副总理汪洋和国务委员杨洁篪同美国总统奥巴马特别代表、国务卿克里和财政部长雅各布·卢共同主持。汪洋和雅各布·卢主持经济对话，双方就宏观经济政策与结构改革、深化贸易与投资合作、金融业改革开放与跨境监管合作等进行了深入交流。杨洁篪和克里主持了战略对话，双方就中美关系、各自亚太政策以及共同关心的重大国际地区问题交换意见。本轮对话和磋商围绕推进中美新型大国关系建设这一主题，就涉及两国关系的战略性、长期性、全局性问题交换意见，达成了广泛共识，取得 300 多项重要成果。

7 月 10 日　中国国家主席习近平在人民大会堂会见来华出席第六轮中美战略与经济对话和第五轮中美人文交流高层磋商的美国国务卿克里、财政部长雅各布·卢等美方代表团主要成员。

中国国务院总理李克强在中南海紫光阁会见来华出席第六轮中美战略与经济对话和第五轮中美人文交流高层磋商的美国总统奥巴马特别代表、国务卿克里和财政部长雅各布·卢。

中国国务院副总理刘延东与美国国务卿克里在北京共同主持第五轮中美人文交流高层磋商全体会议。会后，刘延东与克里举行小范围会见，双方就下阶段中美人文交流相关工作交换了意见。

美国国会参议院通过关于亚太领土主权争议的 412 号决议案，要求中国将"海洋石油 981"钻井平台和护航船只撤离南海海域，恢复南海原状，敦促中国节制执行东海防空识别区的宣示。

7 月 11 日　美国国务院负责东亚和太平洋事务的助理国务卿帮办福克斯在智库战略与国际研究中心（CSIS）举行的"南海局势暨美国政策"研讨会上，提出冻结特定行动 3 项建议，包括各方不再夺取岛礁与设立前哨站、改变地形地貌现状与限制针对他国的单边行动。

美国国防部长哈格尔在五角大楼会见日本防务大臣小野寺五典。哈格尔对日本政府解禁集体自卫权的决定表示坚决支持，称日本的这一决定是大胆的、有历史意义，将显著增加日本对地区和全球安全的贡献并扩大日本在世界的作用。

美国国务卿克里访问阿富汗。

7 月 14 日　中国国家主席习近平在巴西福塔莱萨应约同美国总统奥巴马

通电话。双方讨论了双边关系、伊朗核问题、朝鲜半岛局势等。

美国国防部长哈格尔在五角大楼会见卡塔尔国防大臣阿里，双方签署美国向卡塔尔出售阿帕奇直升机、爱国者反导系统等 110 亿美元军售合同。

7 月 15 日　首次中美副外长级反恐磋商在华盛顿举行。磋商由中国外交部副部长程国平和美国国务院反恐事务协调员凯达诺大使共同主持，美国副国务卿休厄尔致辞，两国有关部门代表参加。

7 月 16 日　美国国防部副部长沃克在美国国会众议院军事委员会做证时表示，美军 2015 财年海外紧急行动预算为 586 亿美元，比上一财年削减三分之一。美军将把 534 亿美元用在阿富汗事务中。国防部的新预算还增加了"反恐伙伴基金"和"欧洲保障计划"内容，两项预算分别为 40 亿美元和 9.25 亿美元。

美国总统奥巴马就乌克兰局势和美国外交政策发表声明，宣布冻结多家俄罗斯军工企业在美资产，并禁止美国公民为数家俄罗斯主要银行和能源企业提供新的融资。美国财政部发表声明中说，美国对数名"破坏乌克兰主权和稳定"的人士实施制裁，其中包括 4 名俄罗斯政府官员。

7 月 18 日　欧盟与美国结束为期五天的"跨大西洋贸易和投资伙伴关系协定"（TTIP）第六轮谈判，双方承诺将保持谈判的透明性，谈判内容涉及关税、投资与服务、政府采购、减少监管差异以及环保和劳工权利等议题，但进展甚微。

美国总统奥巴马就乌克兰局势发表讲话，要求对马航 MH17 客机坠毁事件追查到底，称这架飞机被一枚地对空导弹击落，而导弹是从乌克兰境内俄罗斯支持的"分离主义分子"控制的某地区发射的。奥巴马表示，乌克兰政府提出了和平计划，同时充分遵守停火，但"分离主义分子"一再违反协议，导致乌克兰士兵和人员丧生。俄罗斯一而再，再而三地拒绝为缓和局势采取必要的具体步骤。

7 月 20 日　美国国务卿克里在接受 CNN 的采访时表示，美国方面截获了有关俄罗斯的 SA11 导弹运给反叛组织的电话对话，而该导弹则被指是击落马航 MH17 客机的武器，克里称，"非常清楚，这是一个从俄罗斯提供的导弹系统"。

7 月 21 日　美国总统奥巴马在白宫就乌克兰和加沙局势发表讲话，称当务之急是查明 MH17 客机坠机真相，问责凶手，国际调查人员需进行迅速、全面、透明和不受阻碍的调查。他指责乌东部"分离主义分子"正从坠机现场转移证据，阻止国际调查人员全面进入。称俄方有责任要求亲俄"分离主义分子"配合国际调查，如果继续支持"分离主义分子"，俄罗斯将付出更大代价。

7月22日　中国国务院总理李克强在人民大会堂会见出席第六轮中美工商领袖和前高官对话的美方代表并座谈。美国全国商会会长多诺霍、前总统国家安全事务助理伯杰、前贸易谈判代表巴尔舍夫斯基以及通用电气、联邦快递、万事达卡国际组织、花旗银行等全球500强企业负责人，分别就中国改革开放和经济发展、中美经贸、金融合作等发表看法。

7月24日　美国负责南亚和中亚事务的助理国务卿比斯瓦尔出席国会众议院外交委员会亚太小组委员会听证会，阐述美国和印度关系的发展。

7月25日　美国国会参议院批准坎贝尔担任国际安全援助部队司令和驻阿富汗美军司令。

美国总统奥巴马在白宫会见危地马拉总统莫利纳、洪都拉斯总统埃尔南德斯、萨尔瓦多总统塞伦，四国总统发表联合声明，表示将合作制止中美洲国家儿童偷渡美国。

7月28日　美国国务卿克里向国会提交2013年度国际宗教自由报告。

美国负责东亚和太平洋事务的助理国务卿拉塞尔在旧金山联邦俱乐部发表演讲，谈东盟与美国关系。

美国国务卿克里在华盛顿美国进步中心发表演讲，谈美国与印度关系。

美国总统奥巴马同英国首相卡梅伦、德国总理默克尔、法国总统奥朗德和意大利总理伦齐举行视频电话会，讨论乌克兰危机最新进展。五国强调国际调查人员必须不受限制地进入坠机现场进行调查。五国认为，坠机事件发生后，俄罗斯武器、装备和战斗机继续流入乌克兰，五国就协调实施对俄新制裁的重要性达成一致意见，表示要迫使俄罗斯停止破坏乌克兰稳定，选择通过外交途径解决危机。

7月29日　美国总统奥巴马在白宫发表讲话，宣布对俄罗斯的能源、军事和金融等领域实施进一步制裁，中断对俄罗斯能源行业特定的物品与技术出口，同时正式暂停对俄出口激励措施以及对其经济发展项目的融资。

7月30日　美国国务院副发言人哈夫称，美方对中国中央民族大学讲师伊力哈木·土赫提案表示严重关切，呼吁中国政府将其释放，并确保其人权及自由。

美国对朝政策特别代表戴维斯出席国会众议院外交委员会亚太事务小组委

员会听证会，阐述美国对朝政策。

美国国务卿克里宣布对受叙利亚内战影响的叙利亚人追加援助 3.78 亿美元。叙利亚内战以来美国对叙利亚的人道主义援助总额达到 24 亿美元。其中，12 亿美元用于叙利亚境内的人，12 亿美元用于逃到叙利亚邻国的难民。

7 月 31 日　美国国务卿克里在新德里参加美印战略对话会。美国和印度在新德里发表关于第五次美印战略对话的联合声明。

8 月 1 日　美国总统奥巴马在白宫举行的记者会上为美国的外交政策辩护，否认美国已失去全球影响力。

8 月 2 日　美国总统奥巴马在接受英国《经济学人》杂志采访时称，俄罗斯是"什么也不能制造的国家"。与此同时，西方各国必须对中国保持"强硬态势"，否则后者可能"得寸进尺"。奥巴马说，俄罗斯吸引不到各国优秀移民，加之其总人口数量在不断萎缩，很难成为国际舞台上的主角。他认为，美中之间矛盾是可控的，西方既要让中国知道"什么是犯规"，又要让它看到"美好的未来"。

8 月 4 日　美国国务卿克里在世界银行举行的非洲增长与机会法部长级会议（African Growth and Opportunity Act Ministerial）上发表讲话，阐述美非关系的重要性。

美国、法国、意大利、德国、英国政府就利比亚问题发表联合声明，对利比亚代表委员会开始工作表示赞赏，并呼吁该委员会具有包容性和充分代表性。

8 月 5 日　美国第七舰队旗舰"蓝岭号"抵达中国青岛访问。

一名美军少将在阿富汗国防大学参观时遭一名阿富汗国防军士兵枪击身亡，这是自"9·11"事件以来美军阵亡的最高级别军官。

8 月 6 日　美国总统奥巴马在国务院出席美国–非洲领导人峰会并发表讲话。

8 月 7 日　美国国防部长哈格尔访问印度。

正在阿富汗访问的美国国务卿克里发布声明，谴责"伊拉克和黎凡特伊斯兰国"极端组织（ISIL）对无辜平民的袭击是一种"种族灭绝"式的暴行。他表示，ISIL 正在分裂和摧毁伊拉克，国际社会不能坐视不管。美国将与地区盟友和国际社会一道，帮助伊拉克共同抗击 ISIL 的暴行。他说，"ISIL 已成为伊拉克、中东地区乃至美国的巨大威胁。"

美国国防部长哈格尔发表声明称，在总统奥巴马授权空投物资后，美军对伊拉克北部辛贾尔山区进行了首次空投。他还表示，美军已处于"待命"状态，可随时发动定点空袭。如有需要，美军会帮助伊安全部队进行定点空袭，打破"伊拉克和黎凡特伊斯兰国"极端组织（ISIL）对辛贾尔山区的封锁，保护上山避难的平民。此外，为保护美国公民的安全，美军还准备对正在向库尔德地区埃尔比勒靠近的 ISIL 成员发动空袭。哈格尔表示，为帮助伊政府彻底摆脱 ISIL 的威胁，美军将继续在训练、指导、评估等方面帮助伊安全部队。

8月8日 美国总统奥巴马接受《纽约时报》专栏作家弗里德曼的专访。弗里德曼与奥巴马从中东局势谈到乌克兰危机，从美国民主与共和两党的分歧谈到他如何看待中国，以及中国在世界上扮演的角色。奥巴马称，中国"在伊拉克搭便车 30 年，没人指望他们做任何事"。

美国总统奥巴马发表讲话，称已经授权在伊拉克进行定向空袭，以保护美国人员，但美方不会向伊拉克派出地面部队。奥巴马还表示，他不会允许美国被拖进另一场伊拉克战争，一旦伊拉克组建新政府，美方将提供更多帮助。

美国五角大楼宣称美国已向伊拉克北部发动空袭。

8月9日 美国国务卿克里在缅甸内比都参加东盟-美国部长级会议。

美国总统奥巴马在白宫就伊拉克问题发表讲话说，美军在伊拉克北部的空袭成功摧毁了极端武装分子的武器和装备，军事行动将耗费"相当长的时间"，不会在几周内结束。奥巴马表示，美方将继续向被困在山上的伊拉克平民空投水和食品，美方将继续为伊拉克政府和库尔德武装提供军事支持。奥巴马重申不会派遣地面部队进入伊拉克，并称美国应该从旷日持久且耗费巨大的伊拉克战争中"吸取教训"。

美国总统奥巴马分别与英国首相卡梅伦、法国总统奥朗德和德国总理默克尔就多项世界热点问题通电话。在伊拉克局势上，奥巴马、卡梅伦和奥朗德一致表示有必要向被困山上的伊拉克平民提供人道主义援助。他们还讨论了如何加强对伊拉克的支持，以应对"伊拉克和黎凡特伊斯兰国"极端组织对全体伊拉克人民的威胁。在乌克兰问题上，奥巴马、卡梅伦和默克尔一致表示，在没有乌克兰同意和授权的情况下，即便打着人道主义的旗号，俄罗斯任何形式的干预行动都是"不可接受的"，这也将对其造成更严重的后果。奥巴马还与卡梅伦讨论了加沙局势。他们共同谴责 72 小时临时停火后再次发生的火箭弹袭击，并呼吁冲突双方立即实现停火。

美军中央司令部宣布，当天美军出动战机和无人机对伊拉克境内"伊拉克和黎凡特伊斯兰国"武装进行了四次空袭，先后摧毁了该组织正向平民开火的装甲车队和卡车。

美国国务卿克里在内比都参加东亚峰会外长会议。克里呼吁各方自愿冻结可能加剧南中国海纠纷的行为，并加速有关《南中国海行为准则》的谈判。他还呼吁涉及争端的各方澄清声索范围。

8月10日　由导弹驱逐舰海口舰、导弹护卫舰岳阳舰和综合补给舰千岛湖舰组成的中国海军出访编队抵达美国西海岸城市圣迭戈，开始为期5天的友好访问。

8月11日　美国总统奥巴马在马萨诸塞州马撒葡萄园岛就伊拉克问题发表讲话。

美国国务院副发言人哈夫发表声明称，美国已经开始向伊拉克库尔德军队运送武器，以协助伊方与极端分子作战。

美国国务卿克里在悉尼表示，美国"绝对地"支持伊拉克总统马苏姆，而他有维护伊拉克宪法的责任。克里称，美国希望伊拉克总理马利基不要"搅起波澜"，制造麻烦。

8月12日　美国国务卿克里、国防部长哈格尔与澳大利亚外长毕晓普、国防部长约翰逊在悉尼举行美澳部长级磋商，正式签署了一项军力部署协议，允许约2500名美国海军陆战队队员轮驻澳大利亚北部城市达尔文。

美国总统国家安全事务助理赖斯就向南苏丹提供人道主义援助发表声明，宣布美国将提供约1.8亿美元用于向南苏丹提供食品。

8月13日　美国国务卿克里在夏威夷檀香山发表题为"美国对与亚太接触的观点"的演讲。克里称，中美两国要坚决避免落入战略对立的陷阱，并"希望建立一种能让我们扩大在共同利益上的合作并建设性地处理我们之间的分歧和不同意见的关系"。中美"新型"大国关系，"只靠言辞是无法建立的。这种关系将由围绕共同的挑战展开更多、更好的合作来界定。它将由共同采纳使我们两国及整个地区受益良多的规则、准则和机制来界定"。

8月14日　美军参谋长联席会议主席邓普西访问越南。这是自1971年越南战争以来，美军参联会主席首次访问越南。

美国负责南亚和中亚事务的助理国务卿比斯瓦尔在纽约发表题为"美国对印度政策"的演讲。

正在美国马萨诸塞州马撒葡萄园度假的奥巴马发表讲话说，派往伊拉克北部辛贾尔山执行评估任务的大部分美军将于近日撤离，美方不会采取行动营救

受困山上的伊拉克平民或者继续向山上空投食品和水。美国将与盟国一道，
"力所能及地"向伊拉克北部平民提供人道救援，同时将继续对极端组织武装
目标发动空袭，以保护美方在伊拉克的人员和设施。美方已经向参与打击极端
组织武装的伊拉克军队和库尔德人武装增加了军事援助。

美国驻黎巴嫩大使黑尔在贝鲁特宣布，美国将再向黎军队提供一批武器弹
药和装备以增强其反恐能力。自 2006 年黎巴嫩与以色列结束冲突以来，美国
已向黎巴嫩提供了十亿多美元的军援，

8 月 15 日　联合国安理会一致通过决议，决定采取措施切断伊拉克和叙
利亚极端组织的资金和外来武装分子来源，并将 6 名相关人员列入制裁名单。

8 月 18 日　韩美"乙支自由卫士"联合军演开始举行，美军方面有 3 万
多人参加此次演习，规模与往年相似，韩国方面则有 5 万余人参加。此次演习
持续到 8 月 29 日。

美国国防部发表声明称，已完成叙利亚化学武器的销毁工作。

8 月 20 日　正在美国马萨诸塞州马撒葡萄园岛度假的奥巴马发表讲话，
谴责伊拉克极端组织"残忍谋杀"美国记者福利，强调美国将继续采取行动
保护美国人。

8 月 21 日　美国国防部长哈格尔和参联会主席邓普西在五角大楼举行记
者会，就伊拉克局势、美国人质被伊拉克极端组织杀害以及中东反恐策略等问
题阐述美国立场。哈格尔表示，"伊斯兰国"极端组织"比我们迄今见到的任
何恐怖组织都要强大"。邓普西称，单靠美国力量不可能消灭"伊斯兰国"，
还必须有中东以及其他地区国家的参与。

美国国防部长哈格尔在五角大楼会见希腊国防部长艾维拉莫波洛斯，讨论
双边军事关系。

8 月 22 日　美国五角大楼发言人柯比在记者会上称，中国战机 8 月 19 日
在海南岛东侧 135 英里处（约 217 公里）对美国 P8 侦察机进行拦截的过程
中，两机最近时相距仅 20 英尺（约 6 米）。科比指责中国战机挑衅。

8 月 25 日　美国、英国、法国、德国、意大利发表联合声明，对利比亚
境内武装冲突的升级表示严重关注。

8 月 26 日　美国和韩国在首尔举行第三次网络政策磋商。

驻阿富汗美军司令邓福德在喀布尔举行的仪式上向坎贝尔移交北约驻阿富
汗国际安全援助部队和驻阿富汗美军指挥权。

8月28日　美国总统奥巴马与国家安全委员会开会，讨论伊拉克局势、美国对伊拉克政府的支持以及美国打击"伊斯兰国"极端组织等问题。

美国总统奥巴马在白宫召开记者会，就伊拉克局势与乌克兰危机阐述最新立场。他表示美国目前尚无应对"伊斯兰国"极端组织的战略，还强调美国不会采取军事行动解决当前乌克兰危机，"美俄军事对抗"不在考虑范围内。

8月29日　美国财政部宣布对逾25家公司和个人实施制裁，称这些公司参与支持伊朗核计划、支持地区恐怖主义、帮助伊朗逃避国际制裁。美方冻结这些公司和个人在美国司法管辖范围内的资产，禁止本国公民与其交易，任何为与制裁有关的个人提供交易便利的外国公民也将被列入制裁名单。美国国务院同日宣布对为伊朗发展大规模杀伤性武器提供支持的数家公司实施制裁。

9月2日　美国常务副国务卿伯恩斯、白宫国家安全委员会亚洲事务高级主任麦艾文先后在华盛顿会见访美的中国国台办主任张志军。美方表示，在台湾问题上将一如既往地坚持一个中国政策，恪守中美三个联合公报，积极评价6年来两岸关系和平发展取得的成果，欢迎并鼓励两岸关系良好势头能够继续保持下去。

美国总统奥巴马下令向伊拉克派遣350名军事人员，以保护美国驻巴格达外交设施及人员。

美国国防部发言人柯比在记者会上说，美军特种部队9月1日对索马里首都摩加迪沙以南地区发动空袭。美军派出战斗机和无人机执行空袭任务，目标锁定在索马里青年党的一处营地和一辆军车，美军在空袭中使用了"地狱火"导弹和激光制导武器。

9月3日　美国国务卿克里在国务院会见巴勒斯坦首席谈判代表埃雷卡特。

美国总统奥巴马在塔林与爱沙尼亚总统伊尔韦斯举行会谈，讨论乌克兰局势等问题。奥巴马称，对一个成员国的攻击就是对北约所有成员的攻击。如果爱沙尼亚遭到攻击，北约包括美国军队将予以捍卫。

美国总统奥巴马在塔林会见爱沙尼亚总统伊尔韦斯、拉脱维亚总统贝尔津什和立陶宛总统格里鲍斯凯特。

美国总统奥巴马在与爱沙尼亚总统伊尔韦斯共见记者时表示，美国政府确信记者索特洛夫已经被极端组织杀害，整个美国都陷入"悲痛"。美国不会被"恐吓"，将继续采取行动对抗极端组织。

9月4日　美国总统奥巴马与英国首相卡梅伦共同在英国《泰晤士报》上

撰文，谴责俄罗斯用吞并克里米亚的行径"撕毁国际规则手册"，"损害别国主权"。两人告诫普京，"我们将保持军队在东欧持久存在，让俄罗斯明白我们会坚持集体自卫的承诺"。

美国总统奥巴马在英国威尔士小城纽波特参加北约峰会。

美国国防部长哈格尔在北约威尔士峰会间隙会见乌克兰国防部长海莱蒂，讨论乌克兰东部局势等问题。

美国国防部长哈格尔在英国威尔士会见英国国防大臣法伦，讨论乌克兰局势、"伊斯兰国"极端组织威胁等问题。

美国国防部长哈格尔在英国威尔士会见阿富汗国防部长穆罕默迪，讨论阿选举监督进程及阿安全局势。

美国国务卿克里在英国威尔士会见土耳其外长恰武什奥卢。

美国国务卿克里在英国威尔士会见乌克兰总统波罗申科，讨论乌克兰东部局势等问题。

美国国务卿克里在英国威尔士会见亚美尼亚总统萨尔基相和阿塞拜疆总统阿利耶夫，讨论解决纳格尔诺-卡拉巴赫地区冲突问题。

9月5日 美国总统奥巴马在英国威尔士会见土耳其总统埃尔多安，双方讨论了合作打击伊拉克和叙利亚的"伊斯兰国"极端组织等问题。

北约峰会在英国威尔士的纽波特结束，会议通过了一系列针对俄罗斯的决定。会议通过的《威尔士峰会宣言》表示，北约决心捍卫各成员国共同的安全、繁荣与价值，通过集体防御来保证成员国的安全。当前北约在东面和南面都面临着影响安全和稳定的危机，为了应对这些危机，会议通过了"战备行动计划"，以进一步加强北约的军事能力。

美国国务卿克里、国防部长哈格尔与英国外交大臣哈蒙德、国防大臣法伦在威尔士主持会议，讨论建立打击"伊斯兰国"极端组织联盟问题。

美国国务卿克里在英国威尔士会见英国外交大臣哈蒙德。

美国国务卿克里在英国威尔士会见阿尔巴尼亚总理拉玛。

美国国防部发言人柯比发布声明证实，美军在8月1日的空袭中成功"铲除"了索马里青年党头目艾哈迈德·阿卜迪·古丹。

9月7日 美国总统国家安全事务助理赖斯开始对中国为期三天的访问，与中方领导人商讨11月美国总统奥巴马访华事宜、双边关系及共同关心的国际问题。

美国国防部长哈格尔访问格鲁吉亚。

9月8日　中国国务委员杨洁篪在北京钓鱼台国宾馆同美国总统国家安全事务助理赖斯举行会谈。

美国国防部长哈格尔访问土耳其，协商土耳其在北约打击"伊斯兰国"极端组织联盟中的作用。

9月9日　中国国家主席习近平在北京人民大会堂会见美国总统国家安全事务助理赖斯。

中国中央军委副主席范长龙在北京八一大楼会见来访的美国总统国家安全事务助理赖斯。

美国总统奥巴马、副总统拜登在白宫与国会领导人讨论国家安全问题，国会领导人表示支持美国打击"伊斯兰国"极端组织的努力。

美国国务卿克里在国务院会见欧盟高级代表阿什顿。

9月10日　美国总统奥巴马就其打击极端组织"伊斯兰国"的策略发表最新讲话，称将再派遣475名美军赴伊拉克，对伊拉克安全部队提供军事训练、情报搜集、充实装备等方面的支持。同时将对极端组织的空袭扩大到叙利亚境内。奥巴马呼吁美国国会授权培训叙利亚反对派武装，并向他们提供武器，以支持他们对抗"伊斯兰国"和叙利亚总统巴沙尔的武装。奥巴马宣称，扩大对"伊斯兰国"的军事行动的最终目的，是通过全面和持续的反恐策略，"打击并最终摧毁"这一极端组织。但奥巴马排除了派遣美国军队参与伊拉克或者叙利亚地面战斗的可能性。

美国国务卿克里访问伊拉克，会见伊拉克新总理阿巴迪。克里表示，美国将与国际社会一道，帮助伊拉克打击"伊斯兰国"。克里还宣布，美国将额外对伊拉克提供近4800万美元的援助。其中，3700万美元将通过国际组织和非政府组织发放给伊国内民众，另外1100万美元将用来帮助逃往约旦、黎巴嫩以及叙利亚等国的难民。

美国国务卿克里在巴格达会见伊拉克总统马苏姆。

美国国务卿克里在安曼会见约旦国王阿卜杜拉二世。

9月11日　美国总统奥巴马在"9·11"事件十三周年纪念日出席国防部举行的悼念活动。他表示，美国并没有被恐怖主义摧垮，美国正变得更加强大。

美国国务卿克里在吉达会见沙特外交大臣费萨尔。

美国国务卿克里在吉达会见巴林外交大臣克哈里发。

美国国务卿克里在吉达参加海合会和地区伙伴会议。克里敦促阿拉伯国家领袖支持美国总统奥巴马打击"伊斯兰国"极端组织的军事计划，包括要求阿拉伯国家给予美国军机更大的领空飞越权。

美国国务卿克里在吉达会见沙特国王阿卜杜拉。

美国和以色列在美国国务院举行美以战略对话，美国常务副国务卿伯恩斯和以色列战略与情报部部长斯顿尼兹主持对话会。

美国总统奥巴马发表声明，宣布与欧盟一起对俄罗斯实施在金融、能源和国防领域的新制裁。

为期三天代号为"海上微风-2014"的乌克兰和美国海军联合演习结束。两国水面舰艇在公海进行了多种科目的演练，其中包括在海军航空兵配合下的防空和反潜演练。两国海军进行了在特定区域监督民用船舶航行、搜索和发现违法船只、开展搜寻和救援、行进中传输物资以及战术机动等演习。

9月12日　美国国务卿克里在安卡拉会见土耳其外长恰武什奥卢，讨论伊拉克和叙利亚局势、美土联合打击"伊斯兰国"极端组织、救助叙利亚难民等问题。克里宣布美国为救助叙利亚难民追加援助5亿美元，其中5000万美元提供给土耳其救助叙难民。美国自叙利亚危机爆发后提供的援助总额达到29亿美元。

美国国务卿克里在安卡拉会见土耳其总统埃尔多安。

美国国务卿克里在安卡拉会见土耳其总理达武特奥卢。

美国财政部发表声明，以俄罗斯继续破坏乌克兰东部稳定为由，宣布对其国防、金融和能源行业采取进一步制裁措施，包括把俄罗斯最大银行纳入制裁范围。

9月13日　美国国务卿克里访问埃及，讨论建立打击"伊斯兰国"极端组织联盟、巴以加沙冲突、叙利亚和伊拉克局势、利比亚局势等问题。

美国国务卿克里发表声明，任命前北约驻阿富汗国际安全援助部队司令艾伦为打击"伊斯兰国"极端组织的国际联盟特使。

美国国务卿克里在开罗会见阿拉伯联盟秘书长阿拉比。

美国国务卿克里在开罗会见埃及总统塞西。

美国国务卿克里在开罗会见埃及外长修克瑞。

9月14日　德国《明镜》周刊报道，美国国家安全局和英国情报机构政府通信总部通过一个名为"藏宝图"的项目，几乎可以实时从德国运营商的网络上获得信息，可以直接进入终端用户的电脑、智能手机或平板电脑。

9月15日　美国芝加哥全球事务学会发布的两年一度的民意调查报告显示，美国民众认为中国的全球影响力上升，仅次于美国。多数人认为，美国虽然应该在国际事务中发挥强大领导力，但不应一家独大，而是应与他国以及国际组织合作，包括中国。45%的美国人误以为中国经济实力已经超过美国。67%的调查对象主张美国与中国友好合作和接触，而不是遏制中国发展。主张遏制中国的人占29%。报告显示，20世纪90年代初至21世纪初，近六成美国人认为中国崛起构成严重威胁。这一比例过去10年中降至33%—43%，本次调查为41%。

美国国务卿克里在巴黎会见法国外长法比尤斯。

美国国务卿克里在巴黎会见黎巴嫩外长巴西尔。

美国国务卿克里在巴黎参加有来自26个国家以及阿盟、欧盟和联合国等国际组织的代表出席的"伊拉克和平与安全"国际会议，商讨帮助伊拉克打击"伊斯兰国"组织。会议发表声明，决定采取向伊拉克新政府提供"适当军事援助"等必要手段，打击"伊斯兰国"极端组织。同时，声明认为，该援助应符合国际法和伊拉克人民的安全利益。

美国国务卿克里在巴黎会见荷兰外交大臣提默曼斯。

美国国务卿克里在巴黎会见伊拉克总统马苏姆。

美国国务卿克里在巴黎会见卡塔尔外交大臣阿提亚赫。

来自美国等15个国家的约1300名军人在乌克兰东北部开始代号为"迅疾三叉戟"的年度军事演习。自乌克兰危机爆发以来，这是美国地面部队首次进入乌克兰。

美国国务院发言人哈夫在记者会上表示，"如果俄罗斯完全落实9月5日在明斯克签署的协议，那么美国将取消对俄罗斯的最后一轮制裁"。

9月16日　美国国会参议院军事委员会就打击"伊斯兰国"极端组织举行听证会，美国国防部长哈格尔和参联会主席邓普西出席。邓普西表示，构建国际联盟是打击"伊斯兰国"的正确途径，这一做法将被证明是正确的，但如果国际联盟发挥的作用宣告失败，极端组织对美国构成威胁，他会向总统奥巴马提出"可能包括派出地面部队"的建议。

美国总统奥巴马在国家疾病控制与预防中心宣布向西非派遣3000名军人帮助抗击埃博拉疫情。白宫称，这项计划的目标是从根源上遏制埃博拉疫情，降低疫情对西非地区造成的经济和政治损失。

美国负责政治事务的副国务卿舍曼在乔治敦大学发表题为"美国的中东政策：当前进程和未来方向"的演讲，强调中东地区对美国的重要性。

9月17日　美国国会参议院军事委员会发布"中国网络入侵报告"，指责中国对美进行网络攻击。

美国总统奥巴马在访问佛罗里达州坦帕麦克迪尔空军基地时再次强调，美国将同其他40多个同盟国一起对"伊斯兰国"极端组织进行空中打击，这是美国的主要战略。奥巴马承诺，他不会让美军在伊拉克"投入另一场地面战"，以回应9月16日美军参谋长联席会议主席邓普西建议考虑派遣地面部队打击"伊斯兰国"的言论。

美国国务卿克里出席国会参议院对外关系委员会听证会，阐述美国打击"伊斯兰国"极端组织的战略。

美国国务卿克里在国务院会见以色列外长利伯曼。

9月18日　美国国防部长哈格尔在出席国会众议院军事委员会听证会时说，除了继续空袭和加强国际合作，美国需要通过援助叙利亚反对派、伊拉克安全部队以及库尔德人武装等综合措施加强对"伊斯兰国"极端组织的打击力度。接受美国训练的叙利亚反对派武装正在抗击"伊斯兰国"战斗中发挥着重要作用，美国将为他们提供进一步的援助。

美国总统奥巴马在白宫会见乌克兰总统波罗申科。白宫发表声明，宣布向乌克兰提供5300万美元援助，其中4600万美元安全援助用于帮助乌克兰加强军事和边防力量，另外700万美元将交付国际救援组织，向受乌东部危机影响的平民提供人道主义援助。

美国国务卿克里在国务院会见乌克兰总统波罗申科。

美国国务卿克里在国务院会见阿尔及利亚外长拉马姆拉，讨论打击"伊斯兰国"极端组织、利比亚局势等问题。

9月19日　美国总统奥巴马签署法案，授权国防部长哈格尔与国务卿克里采取协调行动，向经过美方严格审核的叙利亚反对派、叙利亚其他团体或个人提供军事援助，包括提供装备和训练支持，帮助叙反对派对抗"伊斯兰国"极端组织。

美国国务卿克里在联合国安理会主持关于伊拉克问题的部长级讨论会，讨论伊拉克局势及打击极端组织"伊斯兰国"等问题，继续谋求组建新的反恐联盟，为总统奥巴马下周主持安理会会议"预热"。克里在发言中强调要通过"历史性的全球行动"来应对"伊斯兰国"，将这一恐怖威胁摧毁。

美国国务院发布反对"伊斯兰国"国际联盟名单，英、法等54个国家和欧盟、北约以及阿盟等地区组织在列。美国国务院发表声明，详述美国从2014年1月至今在应对"伊斯兰国"过程中所做的努力，以及国际社会在这一问题上的行动。

9月21日 美国国务卿克里在纽约会见伊朗外长扎里夫。

9月22日 美国总统国家安全事务助理赖斯在美国智库布鲁金斯学会发表演讲，强调美方对亚太再平衡的承诺，为总统奥巴马即将开启的亚洲之行"预热"。赖斯说，中国崛起、美国亚太再平衡、日本重新繁荣、印度复兴等趋势应该成为本地区加大合作的机遇，而非局限于竞争。"东南亚国家不应在大国之间选边站，尤其不应在美中两国之间选边站。"

美国国防部宣布，国防部长哈格尔提名日裔海军上将哈里·B.哈里斯为下任太平洋司令部司令。

美国对叙利亚境内"伊斯兰国"极端组织分子实施空袭。卡塔尔、阿联酋、沙特阿拉伯、约旦和巴林参加或支持了空袭。在行动中，美国动用了F-22"猛禽"战斗机和"战斧"导弹等。

美国国务卿克里在纽约宣布，美国将提供7100万美元人道主义援助，用于满足加沙地区的紧急需求。

美国国务卿克里在纽约会见英国外交大臣哈蒙德，讨论建立打击"伊斯兰国"联盟、乌克兰局势等问题。

9月23日 叙利亚外交部通过国家电视台发表声明说，美方在空袭叙境内"伊斯兰国"组织前通告了叙利亚常驻联合国代表，称其将打击位于叙北部拉卡省的"伊斯兰国"目标。

美国国务院发言人普萨基发表声明称，美国对叙利亚境内"伊斯兰国"目标的空袭没有要求得到叙利亚政府的批准。美国未将自己的行动与叙利亚政府相协调。美国没有在军事层面给予叙利亚人提前通知，或者给予任何正瞄准特定目标的指示。

美国总统奥巴马在白宫就美国对叙利亚境内"伊斯兰国"组织的空袭发表讲话，称美国与五个阿拉伯国家携手对叙利亚的"伊斯兰国"组织据点发动袭击，显示美国在这场军事行动中并不孤单，美国对能与各国就共同的安全并肩作战感到自豪。美国将采取一切必要行动铲除"伊斯兰国"极端组织。但对抗"伊斯兰国"组织的打击行动将需要时间。

美国国防部发言人柯比说，美国和阿拉伯盟友 9 月 22 日针对极端组织"伊斯兰国"在叙利亚境内目标发动空袭只是联合打击战略的开始，这样的打击将持续下去。同时出席记者会的美军联合参谋部作战部长梅维尔表示，美军目前在叙空袭的主要目的是阻止"伊斯兰国"向伊拉克进行人员和物资补给，为伊安全部队夺回领土创造条件。他说，美方希望将该组织彻底赶出伊拉克，这可能需要数年的时间。

美国总统奥巴马在联合国气候峰会上发表讲话说，气候变化的速度正超越人类应对的努力，各国应加紧控制碳排放以防止出现不可逆转的气候危害。奥巴马呼吁各国领导人克服阻力，制订大胆的行动计划以应对气候变化。他表示，美国应在这一全球性挑战中承担相应的责任，并帮助发展中国家共同实现减排目标。

美国总统奥巴马在纽约会见打击"伊斯兰国"联盟的阿拉伯伙伴国领导人，感谢它们参与对"伊斯兰国"的打击行动。

9 月 24 日　美国总统奥巴马在联合国大会一般性辩论中发言，称美国领导的空袭对极端组织"伊斯兰国"和其他恐怖威胁是必要的，必须彻底铲除暴力极端主义"恶疾"。他呼吁全世界，尤其是穆斯林社区，加入打击恐怖主义的行列。奥巴马将"埃博拉"、"俄罗斯"和"伊斯兰国"一起，并称为世界正面临的威胁。奥巴马还在讲话中谴责"俄罗斯干预"乌克兰危机，称俄正在"挑战战后秩序"，呼吁全球支持对俄罗斯的经济制裁。

美国总统奥巴马在纽约主持联合国安理会反恐峰会，峰会一致通过第 2178 号决议，要求采取措施打击外国战斗人员前往叙利亚和伊拉克加入当地极端组织。决议还要求各国通过法律阻止本国国民加入"伊斯兰国"等极端组织。

美国总统奥巴马在纽约与伊拉克总统阿巴迪举行会谈，讨论打击"伊斯兰国"、伊拉克建立包容性政府等问题。

美国国务卿克里在纽约参加叙利亚问题部长级会议。

美国国务卿克里在纽约会见俄罗斯外长拉夫罗夫。

美国国务卿克里在纽约参加"也门之友"部长级会议。

9 月 25 日　美国国务卿克里在纽约参加西方七国集团部长级会议。

美国国防部证实，美陆军第一步兵师近期将把指挥部部署到伊拉克境内。

同时，该师将有 200 名官兵进入伊拉克，另有 300 人将在中东其他国家配合指挥工作。这是美军首次向伊拉克部署师级指挥部。美国防部发言人柯比表示，美军此举意在进一步扩大在伊拉克的行动范围。他强调，"美军官兵只提供情报、侦察等方面的支持，不会与伊安全部队一起执行作战任务"。

美国总统奥巴马在联合国关于埃博拉疫情的会议上发表讲话，称埃博拉病毒是威胁地区和全球安全的健康危机，如果不能遏制，将会在该地区造成人道主义灾难。

美国总统奥巴马在纽约与埃及总统塞西举行会谈，讨论中东地区局势。

西方七国外长在纽约就埃博拉疫情发表联合声明。

西方七国在纽约就联合打击恐怖组织"伊斯兰国"发表联合声明。

9 月 26 日　美国副总统拜登在纽约与日本首相安倍晋三举行会晤，主要围绕美日贸易谈判停滞不前的问题进行了磋商。

美军参谋长联席会议主席邓普西在五角大楼举行的记者会上表示，需要培训 1.2 万—1.5 万人的叙利亚反对派武装，以夺回眼下被极端武装"伊斯兰国"控制的叙东部地区。为确保培训努力取得成功，叙反对派不仅需要培养领导人，还要"组建政治架构，形成合力，从而能作出反应"。他呼吁要有耐心，"我们要把这件事做得好，而不是做得快"。

美国国务卿克里在纽约参加美国-东盟部长级会议。

9 月 27 日　美国总统奥巴马在每周例行讲话中说，美国正在全球应对几个最紧迫的挑战中发挥领导作用，包括削弱和摧毁恐怖组织"伊斯兰国"的战斗，以及斡旋乌克兰危机。奥巴马说，美国还在遏制和战胜西非埃博拉流行疾病的斗争中一马当先，并且与越来越多的伙伴和盟友合作，不失时机地应对日益严重的气候变化威胁。奥巴马表示："世界人民期待美国身先士卒，我们对能承担如此重任表示欢迎。"

9 月 30 日　美国国防部副部长沃克在美国外交学会发表演讲。在回答有关日本同中国的钓鱼岛争端问题时说，如果美国在太平洋地区的盟友受到威胁，美国将用武力作出回应。沃克说："尖阁诸岛在日本控制之下，适用于第五条，如果有人企图夺取尖阁诸岛，我们将作出回应。"他后来又说："我们一定会对任何反对我们盟友的战斗作出军事回应。"

阿富汗总统国家安全顾问阿特马尔与美国驻阿大使康宁汉姆在喀布尔签署《双边安全协议》。根据协议，驻阿美军在 2014 年底后将减至 9800 人，2015

年底前再减半，到 2016 年底前全部撤离。从 2015 年起，驻阿美军的主要任务
为继续反恐行动以及训练阿安全部队。

美国总统奥巴马在白宫与印度总理莫迪举行双边会晤。美印承诺扩大和深
化防务、经济、能源、气候变化以及全球和地区问题上的合作。奥巴马还提
出，支持印度成为安理会常任理事国。

美国国务卿克里在国务院会见缅甸外长吴温纳貌伦，讨论双边关系、奥巴
马访问缅甸参加东亚峰会事宜等。

10 月 1 日　美国总统奥巴马在白宫会见中国外交部长王毅。奥巴马表示，
他高度评价中国在国际事务中发挥的建设性作用，期待着 11 月访问中国，与习
近平主席就进一步推动构建美中新型大国关系进行深入沟通，促进两国各领域
务实合作，共同应对气候变化、埃博拉疫情、恐怖主义等国际和地区问题挑战。

美国总统国家安全事务助理赖斯在白宫会见中国外交部长王毅。

美国国务卿克里在华盛顿会见中国外交部长王毅，就奥巴马总统访华事宜
做战略沟通。

美国国防部长哈格尔在五角大楼会见中国外交部长王毅，讨论发展两军关
系、维护地区和全球安全包括应对"伊斯兰国"、埃博拉等问题。

美国总统奥巴马在白宫与以色列总理内塔尼亚胡举行会谈。双方讨论了加
沙重建、以巴之间建立持久和平、伊朗核问题、"伊斯兰国"等问题。

10 月 2 日　美国国务卿克里在国务院会见越南副总理兼外长范平明。克
里表示美国将局部解除对越南实施了 40 年的致命性武器禁运，以协助越南加
强海上保安能力。

美国国防部长哈格尔在五角大楼会见法国国防部长德里安，讨论加强在反
恐、遏制埃博拉病毒等方面的合作。

美国副总统拜登在哈佛大学发表外交政策讲话，批评盟国是对抗恐怖主义
的"最大问题"，还点名批评土耳其、沙特阿拉伯、卡塔尔和阿联酋。拜登进
一步表示，土耳其和阿联酋为了对抗叙利亚总统巴沙尔而不择手段，实际上为
"伊斯兰国"提供了不少资金和军火。在遭到土耳其总统埃尔多安和阿联酋方
面的否认和批评后，拜登就其言行分别给埃尔多安和阿联酋阿布扎比王储扎耶
德打电话道歉。

10 月 5 日　美国国防部官员表示，自 8 月 8 日起，美军战机对"伊斯兰
国"进行了 1768 次空袭，其他联军飞机进行了约 195 次空袭。这是美国首次

公布阿拉伯国家和其他盟国的参与情况。

美军中央司令部发言人凯洛格说，应伊拉克政府请求，美军首次在打击"伊斯兰国"的行动中投入直升机，原因是它们的特性适合支援在地面作战的伊政府军。

10月8日 美国国务院公布修订《日美防卫合作指针》的中期报告，同意在新版指针中"适当反映"日本政府7月份解禁集体自卫权后两国的合作模式，但没有写入行使自卫权的具体内容。报告明确提出将消除自卫队对美合作的地理限制，在活动范围和任务的拓展上实现飞跃。此外还新增内容称，将在中国活动活跃的太空和网络空间领域携手应对。报告提出，鉴于中国海洋活动频繁，将以日美同盟为核心构建多边合作机制以提高威慑力。

美国国务卿克里在国务院会见英国外交大臣哈蒙德，讨论打击"伊斯兰国"极端组织、消除埃博拉病毒等问题。

美国国防部长哈格尔在五角大楼会见荷兰国防大臣普拉斯查特，双方讨论了打击"伊斯兰国"极端组织、消除埃博拉病毒等问题。

美国国务卿克里在国务院会见秘鲁外长古铁雷斯，讨论经贸关系、反毒、反恐、气候变化等问题。

10月9日 美国"国会-行政部门中国委员会"发表2014年涉华年度报告，对中国人权和法治状况进行攻击。报告称美国应关注香港的民主发展，并建议美国政府加强与香港互动，派遣高官访问香港等。

美国国会参议院临时议长、民主党人莱西、共和党议员卢比奥等人牵头，共10名共和党议员和11名民主党议员联名致信总统奥巴马，要求其公开支持香港的"占领中环"活动。信中还称，中国"一国两制"政策承诺香港制度50年不动摇，但是这一承诺正在失效。"我们请求您和美国政府采取明确、严肃的措施，确保北京兑现对香港的承诺。"

美国国务卿克里在国务院会见海地总理拉莫瑟。

美国国防部长哈格尔访问哥伦比亚。

美国国务卿克里在国务院会见几内亚总统孔德。

10月10日 美国国务院发布警告称，恐怖组织对美国等西方国家发动报复性袭击的可能性增大。警告说，极端组织"伊斯兰国"已经呼吁支持者对参与空袭该组织的相关国家公民发动袭击，"而不论他们身在何处"。美国政府认为在全世界，尤其是中东、北非、欧洲和亚洲，对美国、西方和同盟伙伴国目标发动报复性袭击的可能性在增加。

美国副总统拜登在白宫会见立陶宛总理布特科维西斯，双方讨论了双边关系、"北约战备行动计划"的实施、乌克兰危机、打击"伊斯兰国"联盟、欧洲能源安全等问题。

10月11日　由前《卫报》记者格林沃尔德创立的"截击"网络杂志报道，"棱镜"事件揭秘者、美国情报机构前雇员斯诺登最近曝光的一些高度机密的文件显示，美国国家安全局在中国、德国和韩国派驻情报人员，利用物理手段对这些国家的网络系统实施秘密渗透和破坏活动。文件还显示，美国国家安全局将一些秘密行动人员安插到商业公司中。它在外国公司植入卧底人员，为其进入全球通信系统窃取情报提供便利。

美国国防部长哈格尔访问智利。

10月12日　美国国务卿克里在开罗举行的"加沙捐助国大会"（Gaza Donors Conference）上宣布，美国将向巴勒斯坦提供2.12亿美元的追加援助，用于人道主义援助和加沙重建。

美国国务卿克里在开罗会见埃及外长修克瑞，讨论双边关系、加沙重建、巴以关系、打击"伊斯兰国"联盟等问题。

10月13日　美国国防部长哈格尔在秘鲁阿雷基帕参加美洲国家防长会议，讨论加强西半球国家防务和安全合作问题。

10月14日　美国参联会主席邓普西在马里兰安德鲁斯联合基地主持由21个国家军事领导人出席的会议，讨论协调打击"伊斯兰国"的战略。美国总统奥巴马到会并讲话，奥巴马称，打击"伊斯兰国"是一场"长期的战斗"，美国将继续对伊拉克和叙利亚境内的极端组织目标进行空袭。击败"伊斯兰国"不仅仅是军事上的成功，也要去解决该组织的极端组织思想问题，并阻断其经济来源。国际联盟需要向投靠"伊斯兰国"的人提供一个可替代的前景。

美国国务卿克里在巴黎举行的记者会上表示，土耳其已同意美国等国家使用其部分设施，用以打击"伊斯兰国"极端组织。

美国国务卿克里在巴黎会见俄罗斯外长拉夫罗夫。克里表示，尽管美俄两国关系因乌克兰问题跌至冷战后低点，在一些领域存在明显分歧，但双方"有责任"共同寻找全球问题的解决方法。克里强调美俄两国在寻求应对"伊斯兰国"方面的共同立场，"我们都认识到必须摧毁并从根本上打败'伊斯兰国'，加强情报共享"。

10月15日　美国财政部公布向国会提交的最新一期《国际经济和汇率政策报告》。报告认为，包括中国在内的美国主要贸易伙伴均未操纵其货币与美元之间的汇率。报告称，人民币在今年夏天呈升值趋势，中国官方对人民币汇率的干预也处于较低水平。但美国依然认为人民币被低估，人民币汇率需要继续进行市场化改革。

美国总统奥巴马与英国首相卡梅伦、法国总统奥朗德、德国总理默克尔和意大利总理伦齐举行视频会议，讨论应对埃博拉疫情问题。奥巴马强调，国际社会应更快、更有力地采取措施，增加对利比里亚、塞拉利昂和几内亚的援助。

美国国务卿克里在维也纳与伊朗外长扎里夫和欧盟外交和安全政策高级代表阿什顿举行三边会谈，以推动伊核问题全面协议谈判进程。

10月16日　伊核问题六国（美国、英国、法国、俄罗斯、中国和德国）与伊朗代表在维也纳举行新一轮伊核问题全面协议谈判。

俄罗斯外交部称，有关"俄外长拉夫罗夫与美国务卿克里似乎商定在打击恐怖主义方面交换情报，以及俄罗斯参加培训伊拉克安全部队并提供咨询"的报道是不正确的消息。

10月17日　美国国务卿克里在波士顿以家宴款待中国国务委员杨洁篪。

10月18日　美国国务卿克里在国务院同中国国务委员杨洁篪举行会谈，双方讨论了美国总统奥巴马即将对中国进行的访问、中美经贸和两军关系、合作应对气候变化、应对埃博拉疫情、朝核问题、伊朗核问题、反恐问题、香港问题、网络安全等。

美、英、法、德、意五国就利比亚问题发表联合声明，强烈谴责利比亚发生的暴力行为，呼吁迅速停止敌对行动。

10月20日　美国总统国家安全事务助理赖斯在华盛顿会见中国国务委员杨洁篪，就中美关系及共同关心的当前重要国际和地区问题交换意见。

美国国防部长哈格尔在五角大楼会见中国国务委员杨洁篪，双方讨论了保持两军关系发展积极势头的重要性。

美国国务卿克里率美国代表团在雅加达出席印度尼西亚当选总统佐科就职典礼。

10月21日　美军开始在日本组装新的反导雷达系统。组装工作在美军位于日本海沿海的日本京丹后市美军通讯基地进行。该系统将在今年启动列装。

10月22日　美日菲三国舰船在南海实施联合演习，美国第七舰队航母

"乔治·华盛顿"号和宙斯盾巡洋舰"安提坦"号参加，这是三国首次实施联合演习。

　　美国国防部长哈格尔在五角大楼会见以色列国防部长亚阿隆，讨论加强美以安全关系、打击"伊斯兰国"极端组织、伊朗核问题等。

　　美国国务卿克里在柏林会见德国总理默克尔，讨论抗击埃博拉疫情、乌克兰局势、打击"伊斯兰国"极端组织、伊朗核问题、阿富汗安全局势等问题。

　　10 月 23 日　美国国防部长哈格尔与韩国国防部长韩民求出席在美国五角大楼举行的第 46 次美韩安保会议，双方同意再次推迟原定于 2015 年底的战时作战指挥权移交时间。

　　10 月 24 日　美国国务卿克里、国防部长哈格尔在国务院与韩国外长尹炳世、国防部长韩民求举行"2+2"会议。两国一致认为无核化对维持朝鲜半岛持久和平及安全至关重要，朝鲜应当重返"可信和有意义的谈判"，以实现半岛"彻底、可核查和不可逆转的无核化"。

　　10 月 26 日　最后一支美国海军陆战队及英国部队正式结束在阿富汗境内的军事活动，并将美英两国的军事基地移交给阿富汗军队。

　　10 月 28 日　美国国务卿克里访问加拿大，会见加拿大总理哈珀、外长拜尔德。双方讨论了反恐、打击"伊斯兰国"极端组织、乌克兰局势、抗击埃博拉病毒、双边经贸关系等问题。

　　10 月 29 日　美国联邦公开市场委员会发布政策声明，宣布终结其第三轮量化宽松计划。

　　10 月 30 日　美国国务卿克里发表声明称，他对耶路撒冷紧张局势的升级表示担忧，并敦促以色列领导人重新向穆斯林开放圣殿山。

　　11 月 4 日　美国国务卿克里在约翰·霍普金斯大学高级国际问题研究院就中美关系发表演讲。他表示，作为守成大国和新兴大国，美中将用合作共赢取代战略对抗，造福两国乃至整个世界。美国对华政策有两个主要方面：一是管控分歧；二是扩大共同利益。加强美中关系是美国亚太再平衡战略的重要组成部分。美国亚太再平衡主要有四个目标：一是创造稳定增长；二是推动清洁能源；三是缓和对立，促进合作；四是关注人的发展。

　　美国共和党在国会中期选举中获得控制参议院所需的过半席位，成功夺取参议院控制权。

　　11 月 5 日　美国国土安全部部长约翰逊发表声明，称为防止到叙利亚和伊拉克参加圣战的外国战士进入美国，美国从 11 月 10 日起对免签证入境美国的人实施额外安全审查。

美国国务卿克里在巴黎会见法国外长法比尤斯，双方讨论了应对埃博拉疫情、打击"伊斯兰国"极端组织、叙利亚及伊拉克局势、伊朗核问题、阿富汗局势等问题。

美国国务卿克里在巴黎会见约旦外交大臣纳赛尔，双方讨论了中东和平问题。

11 月 6 日　美国国务院发表声明，称国务卿克里已任命 2014 年 10 月卸任美国驻韩大使的金成担任朝鲜政策特别代表，主要负责协调与评估对朝政策，推动半岛无核化进程。

《华尔街日报》报道，美国总统奥巴马 2014 年 8 月中旬曾经给伊朗总统哈梅内伊写了一封"密信"，称美伊在打击"伊斯兰国"极端组织方面拥有共同利益，在这方面的任何合作都取决于伊朗能否在 11 月 24 日前与伊核问题六国（美国、英国、法国、俄罗斯、中国和德国）达成全面协议。

美国国务卿克里在阿布扎比会见阿联酋外交大臣扎耶德。

美国导弹防御局在夏威夷附近开展的实弹拦截试验中，装备"宙斯盾"反导系统的"约翰·保罗·琼斯"号驱逐舰先后发射一枚标准-3（SM-3）型拦截导弹和两枚标准-2 型拦截导弹，分别命中一枚短程弹道导弹和两枚低空飞行的巡航导弹。这是 2002 年以来，美国"宙斯盾"反导系统 35 次试验中取得的第 29 次成功拦截，也是首次同时拦截一枚弹道导弹和多枚巡航导弹，将显著提升美军的多目标防御能力。

11 月 7 日　美国总统奥巴马授权军方向伊拉克增派 1500 名军人，帮助训练伊拉克军队和库尔德人武装以打击极端组织"伊斯兰国"。

美国国防部长哈格尔在五角大楼会见挪威外交大臣瓦门，双方讨论了在伊拉克打击"伊斯兰国"极端组织、叙利亚局势等问题。

美国国务卿克里在北京出席 APEC 会议。

美国国务卿克里在北京会见中国外长王毅。

美国国务卿克里在北京会见日本外相岸田文雄。

11 月 8 日　美国国务卿克里在北京与中国工商领导人举行圆桌会，讨论开放投资环境和创新的重要性。

美日两国开始在日本西南诸岛展开大规模的联合军事演习，美军参演人数为 1 万人。演习以奄美大岛为主，主要实施反登陆作战演习。这是近年来美日两国最大规模的联合军演。

美国国家情报总监办公室发表声明称，被朝鲜扣押的美国公民裴俊浩和马修·米勒已经获释。他们二人已在国家情报总监克拉珀的陪同下启程返回美国，与家人团聚。

11 月 9 日　美国国务卿克里在马斯喀特会见阿曼外交大臣阿拉维。

美国国务卿克里在马斯喀特与伊朗外长扎里夫、欧盟外交行动顾问阿什顿举行三方会谈。

11 月 10 日　美国总统奥巴马在 2014 年 APEC 工商领导人峰会上发表演讲时宣布对华新签证措施，中国公民赴美商业旅游签证将延长至 10 年，赴美学生签证将延长至 5 年。

美国总统奥巴马在北京同参与跨太平洋伙伴关系协定谈判的 11 国领导人举行闭门会议，奥巴马称谈判进展良好。

美国总统奥巴马在北京会见澳大利亚总理阿博特，双方讨论了即将召开的 G20 峰会、全球经济增长、打击"伊斯兰国"极端组织、阿富汗局势、TPP 谈判、双边经贸关系等问题。

美国总统奥巴马在北京会见印度尼西亚总统佐科，双方讨论了经贸、安全、环境保护、双边民间交流等问题。

11 月 11 日　美国总统奥巴马在北京参加亚太经合组织领导人非正式会议。

11 月 12 日　中国国家主席习近平在北京与美国总统奥巴马举行会谈，两国元首就中美关系及共同关心的重大国际和地区问题坦诚深入交换意见。双方达成合作减排、加强两军交流、加快双边投资协定谈判、联合反对恐怖主义、联合反腐、作出签证互惠安排等 27 项共识和成果。

中美两国在北京共同发表《中美气候变化联合声明》，美国首次提出到 2025 年温室气体排放较 2005 年整体下降 26%-28%，刷新美国之前承诺的 2020 年碳排放比 2005 年减少 17%。中方首次正式提出 2030 年前后中国碳排放有望达到峰值，并将于 2030 年将非化石能源在一次能源中的比重提升到 20%。

11 月 13 日　美国总统奥巴马在缅甸内比都参加东亚峰会。

11 月 14 日　美国总统奥巴马在内比都与缅甸反对党领导人昂山素季会面，并高调表示支持其参选总统。

11 月 15 日　美军参谋长联席会议主席邓普西突然到访伊拉克。这是自美国今年 8 月开启空袭行动以来，美军高官首次到访该国。邓普西在伊拉克首都巴格达对赴伊美军士兵发表讲话称，经过三个多月的空袭，伊拉克已被美军从悬崖边上拉了回来。现在打击"伊斯兰国"的行动要进入反攻阶段。

美国总统奥巴马在澳大利亚布里斯班出席二十国集团（G20）领导人第九次峰会。

美国总统奥巴马在澳大利亚昆士兰大学发表演讲，称亚太地区将继续是其外交政策的"根本重点"，美国"会每一天、持续审慎地利用我们在外交、军事、经济、发展和价值观等方面的力量，加大我们对亚太地区的参与力度"。奥巴马表示，美国将继续领导全球共同应对各类国际课题如气候变化、经济增长以及疫情暴发如埃博拉等，但亚太国家也应该做出更多贡献。奥巴马重申，美国欢迎中国和平崛起，但中国必须"和其他国家一样遵守规章，不论是进行贸易或是海上活动"。亚洲的安全秩序不应建立在个别国家的影响力、胁迫或恫吓之上，也不应是"大国欺负小国"，而应建立在共同安全基础上。奥巴马承诺，美国将拨出 30 亿美元给联合国绿色气候基金。

11 月 16 日　美国总统奥巴马、澳大利亚总理阿博特和日本首相安倍晋三在布里斯班二十国集团峰会间隙举行三国首脑会谈，讨论了南海局势、朝鲜核与导弹威胁、乌克兰危机、埃博拉疫情等问题。三人发表共同声明，呼吁实现"航行和飞行自由，并依据国际法和平解决海洋纠纷"。三人重申"美国在亚太地区全方位介入的价值"，表示三国将进一步深化合作。这是继 2007 年之后美澳日三国首脑再次举行三方会谈。

美国总统奥巴马发表声明，证实美国人质彼得·卡西格已被极端组织"伊斯兰国"杀害。

11 月 18 日　美国国务卿克里在伦敦会见英国外交大臣哈蒙德，双方讨论了打击"伊斯兰国"极端组织、叙利亚局势、巴以关系、伊朗核问题等。

11 月 20 日　美国总统奥巴马发表全国电视讲话，宣布通过行使总统行政权调整部分移民政策。500 万非法移民将得以合法地居留和工作，有高技术的移民、毕业生和企业家将更容易并更快捷地留在美国。

美国"美中经济与安全评估委员会"向国会提交长达 599 页的年度报告，称中国军力发展挑战美国优势、美国在华企业环境恶化、中国政府参与网络间谍活动等，是引发两国关系紧张的根本性问题，并向国会提出 48 条建议。报告首次建议国会设立评估中国军事力量的专家委员会，并要求国会表态支持日本解禁集体自卫权的努力。

美国国务卿克里在巴黎会见法国外长法比尤斯，双方讨论了乌克兰局势、叙利亚局势、利比亚局势、打击"伊斯兰国"极端组织、伊朗核问题等。

11 月 21 日 《纽约时报》报道，美国总统奥巴马已经签署一道密令，"确保"美国军队在阿富汗"发挥直接的战斗作用的期限至少延长一年"。在塔利班战斗人员对美军和盟军构成威胁的情况下，将允许美军对他们实施清剿。命令授权美军在支援阿富汗军队行动的情况下实施空袭。还允许美军地面部队"偶尔协助"阿富汗军队从事打击塔利班的行动。

美国副总统拜登在基辅与乌克兰总统波罗申科举行会谈，双方讨论了美乌在经济、能源、国防、安全等领域的合作，双方都认为明斯克谈判模式才是保障乌东部和平进程的基础。拜登表示，美国将向乌克兰提供 2300 万美元新援助。

美国国防部长哈格尔在五角大楼会见沙特国防大臣萨奥德和卡塔尔国防大臣艾提亚赫，讨论打击"伊斯兰国"极端组织问题。

美国国务卿克里在维也纳与伊朗外长扎里夫、欧盟外交与安全政策代表阿什顿举行三方会谈，讨论伊朗核问题。

11 月 22 日 美国副总统拜登在伊斯坦布尔与土耳其总统埃尔多安举行会谈，双方讨论了打击"伊斯兰国"极端组织、叙利亚危机、训练和装备叙利亚温和反对派等问题。拜登表示，美国打击"伊斯兰国"极端组织需要土耳其的支持。

美国国务卿克里在维也纳会见德国外长施泰因迈尔，双方讨论了伊朗核问题等。

11 月 24 日 美国总统奥巴马宣布接受国防部长哈格尔的辞呈。

伊朗核问题六国（美国、英国、法国、俄罗斯、中国和德国）与伊朗外长发表共同声明，决定将伊核问题谈判期限延长至 2015 年 6 月 30 日。

12 月 4 日 美国国务卿克里在瑞士巴塞尔会见俄罗斯外长拉夫罗夫。克里表示，莫斯科方面没有完全履行明斯克协议。但"美国和那些支持乌克兰领土完整与主权的国家无意与俄罗斯走向对抗"。

美国"截击"网站根据美国情报机构前雇员斯诺登提供的文件，披露美国国家安全局秘密监视全球手机运营商，以发现手机网络中的安全漏洞，利用这些漏洞对手机通信进行窃听。

12 月 6 日 美国总统奥巴马发表声明，证实美国记者卢克·萨默斯在也门被"基地"组织阿拉伯半岛分支武装分子杀害。

美国国防部长哈格尔对阿富汗进行未经事先宣布的访问。

12月9日　美国国防部长哈格尔访问伊拉克，在与美国和澳大利亚驻伊部队相关人员会谈时称，打击"伊斯兰国"的任务最终还是要依靠伊拉克政府自己。"我们可以提供帮助、支援，可以训练军事人员，可以提出建议……但这是他们的国家，他们必须承担领导职责，伊拉克政府才是最终对战争负责任的对象。"

美国国会参议院情报委员会公布《CIA 拘押与审讯报告》，首次披露了美国中央情报局（CIA）在小布什政府时期对恐怖嫌犯暴力刑讯的情况。

12月10日　美国国务卿克里和驻华大使鲍卡斯发表声明，对中国人权状况表示关切。

12月11日　中国海军第十八批护航编队在亚丁湾参加中美海军联合反海盗演练。

12月12日　美国国会参议院通过 2015 财年国防预算案，预算总额 5850 亿美元，其中约 640 亿美元将用于海外战事。

12月16日　由中国国务院副总理汪洋、美国商务部长普里茨克、美国贸易代表弗罗曼共同主持的中美商贸联委会会议在芝加哥举行。双方就出口管制、知识产权、创新政策、双向投资、竞争政策、药品和医疗器械审批、服务业开放、农业和林产品贸易、航空合作等议题深入交流，达成多项务实成果。

12月17日　美国总统奥巴马与古巴国务委员会主席兼部长会议主席劳尔·卡斯特罗分别发表讲话，宣布将就恢复两国外交关系展开磋商。奥巴马表示，事实证明，对古制裁已经过时，不符合美国的利益，也没有得到其他国家的支持和认可。两国关系需要正常化。这一变化可以为两国人民创造更多的机会，并开启美洲国家间的"新篇章"。

12月18日　美国总统奥巴马签署 1683 号"军舰移转法案"，正式同意对台湾移转出售 4 艘佩里级护卫舰。

美国总统奥巴马签署"支持乌克兰自由法案"，但他发表声明说，美国政府此时"无意"根据这一法律对俄罗斯采取制裁措施。签署这一法案并不意味着政府改变了对俄罗斯的制裁政策，即美国将根据乌克兰东部局势发展并与盟国和伙伴国协调"谨慎地"对俄实施制裁。

12月19日　美国总统奥巴马签署 2015 年国防授权法。

日美两国外务与防卫部门负责人组成的安全保障协议委员会发表公告，宣布将把日美防卫合作指针修订时间从 2014 年底前推迟至 2015 年上半年。

美国国务卿克里发表声明，谴责朝鲜对索尼影像娱乐公司的网络攻击以及对电影院和观影者的威胁。

美国国防部长哈格尔下令 2015 年 1 月底再向伊拉克派遣 1300 人的部队，主要为伊拉克安全部队提供培训和顾问。

12 月 28 日　北约驻阿富汗国际安全援助部队司令兼驻阿美军司令约翰·坎贝尔在喀布尔举行的仪式上宣布，驻阿富汗国际安全援助部队战斗任务正式结束，阿富汗国家安全部队将承担阿富汗境内全部防务，代号为"坚定支持"的北约在阿富汗非作战任务将于 2015 年 1 月 1 日启动。美国总统奥巴马发表声明，称随着美军在阿战斗任务结束，美国历史上"最长战争"正迎来一个负责任的结局，同时强调美国将继续对恐怖袭击保持"警惕"。

12 月 29 日　美国国务卿克里在刘晓波被判刑 5 周年日发表声明，呼吁中国释放刘晓波并解除对其妻子刘霞的一切限制，并对中国人权状况表示关注。

美日韩三国签署关于三方就朝鲜核与导弹威胁等军事情报进行交流的协议。美国国防部副部长罗伯特·沃克、韩国国防部次官白承周、日本防卫省事务次官西正典在协议上签字。根据协议，韩日两国不会直接交流军事情报，而是两国各自向美国提供情报后，由美国在获得提供情报方的同意后将情报转达给另一方。

三　2015 年

1 月 2 日　美国总统奥巴马签署行政命令追加对朝鲜制裁，理由是朝鲜此前对索尼影像娱乐公司发动"破坏性、强制性"的网络攻击。美国财政部随后发布声明，将与朝鲜政府有关的 3 家实体机构和 10 名个人列为制裁对象，他们被禁止进入美国金融系统，禁止美国公民与其交易或参与其中。

1 月 5 日　美国国务院发言人普萨基在记者会上就安倍当天在年初记者会上谈到将发表战后 70 周年谈话时表示："村山富市首相和河野洋平官房长官（谈话中）表示的谢罪，应该成为日本正在努力改善与周边邻国关系中重要的第一章内容，这是我们的见解。""我们敦促日本继续与周边国家合作，通过对话等友好方法消除历史创伤。"

1 月 6 日　墨西哥总统培尼亚访美，在白宫同美国总统奥巴马举行双边会谈，此访是培尼亚上台之后首次对美进行国事访问。双方围绕墨西哥的国家治安、移民问题以及美古关系等议题举行了小范围会谈。在安全治理方面，奥巴马承诺，美政府支持墨西哥打击暴力和有组织犯罪，帮助墨消灭贩毒集团，双方将在信息交流和后勤保障等方面展开合作。在移民问题方面，培尼亚则对奥巴马实施的移民政策给予高度评价并表示支持。在美古关系方面，双方对美古重建外交的决定进行分析，美方称将继续强调人权、自由和民主，墨方表明其为实现两国关系正常化的意愿与协作。墨财政部长比德加赖和美国副总统拜登各自率团举行了墨美高级别经济对话第二次会议，并发表联合声明。双方一致认为北美正在变成新的全球能源中心、制造业中心和世界上最具经济竞争力的地区之一，并设定了确切目标和具体时间表，双方还就推动能源合作、边境现代化、增长、竞争力、规制合作、教育、提高透明度和反腐等议题达成共识。

美国国务院发言人普萨基在记者招待会上被问及台湾驻华盛顿代表处升旗事件时表示，"我们对这一举动表示失望"，"该升旗仪式违反了我们对于保持美台非正式关系的理解。"她同时强调，美方此前对台湾代表处此举并不知情。

1 月 7 日　美国国务卿克里在国务院会见波兰外长斯基提纳。

1 月 8 日　美国国防部助理国防部长德里克·肖莱在五角大楼记者会上证实，美军将从 2020 年起，在英国拉肯希思空军基地部署两个 F-35 战斗机中队。未来几年，美军还将对驻英、德、意、葡等国的军力部署进行调整。

1月11日   美国国务卿克里在印度艾哈迈达巴德参加 Vibrant Gujarat 峰会。美国国务卿克里在印度艾哈迈达巴德会见印度总理莫迪。

美国-缅甸人权对话会在缅甸首都内比都举行。美国国务院主管民主、人权和劳工事务的助理国务卿汤姆·马利诺夫斯基率领美国政府代表团出席会议。美国代表团中还包括几名军方将领，如美国太平洋司令部副司令安东尼·克拉奇菲尔德、美国国防部副助理部长托马斯·哈维等。

美国和乌克兰舰队在黑海举行海上军演。参加演习的有美国"唐纳德·库克"号驱逐舰（DDG-75）和乌克兰海军旗舰"格特曼–萨盖达奇内"号。

1月12日   美国国务卿克里在伊斯兰堡会见巴基斯坦总理谢里夫。克里表示，恐怖分子是美巴两国共同的敌人，美国将继续支持巴基斯坦有效打击恐怖主义以及应对其他各领域的挑战。

自称效忠"伊斯兰国"的黑客侵入美军中央司令部的微博官方网站"推特"和视频分享网站 YouTube 账户，发布了数十名美军高官的个人信息及宣传"伊斯兰国"意识形态的视频，并威胁美军称："我们来了，小心背后。"

1月13日   美国总统奥巴马在考察国土安全部下属网络安全和通信集成中心（NCCIC）时表示，索尼影像娱乐公司被黑、美军中央司令部社交网络账号被侵入等事件表明，美国正面临"日益危险"的网络威胁，他将推动政府与企业间实现"网络威胁信息共享"，保护联邦机构和企业免遭黑客攻击。

美国负责东亚和太平洋事务的助理国务卿拉塞尔在纽约日本学会（The Japan Society）发表题为"美国和日本：盟友、全球伙伴和面向未来之友"的演讲。

美国-巴基斯坦战略对话会在巴基斯坦首都伊斯兰堡举行，美国国务卿克里与巴基斯坦国家安全与外事顾问阿齐兹共同主持对话会，双方就经济、能源合作，以及打击恐怖主义等一系列问题进行了广泛讨论。克里对巴基斯坦针对西北部落地区武装分子的军事打击表示肯定。他说，此项军事行动成果丰硕。美国将继续在能源、投资等多领域对巴基斯坦提供支持。两国的共同利益是明确的，即打击恐怖主义，构建繁荣和维护社会政治稳定。

1月14日   美国国务卿克里在日内瓦与伊朗外长扎里夫举行会谈，就伊核问题的一系列焦点问题进行了实质性讨论，双方讨论了寻求加速伊核谈判进程的方式。此次会晤旨在为美方与伊朗定于1月15—17日进行的双边磋商提供"指导"。扎里夫在会晤前对媒体说，此次会晤至关重要，因为它展示出各方推动和加速伊核问题谈判进程的诚意，有助于推动谈判各方达成一份框架协议。

美国国务卿克里在日内瓦会见联合国叙利亚问题特使德米斯图拉。

1月15日　美国代理常务副国务卿温迪·舍曼在日内瓦与伊朗方面就伊朗核问题举行双边磋商。

美国国务卿克里在索菲亚与保加利亚总理鲍里索夫举行会谈，双方讨论了安全、经贸、法治等问题，克里重申美国作为北约盟国对保加利亚安全承担的义务。双方在会晤后举行的联合记者会上宣布，两国同意就安全与防务、能源安全、法治、教育与民间交流等领域展开战略对话。战略对话将定期在华盛顿和索菲亚举行。根据会晤后发表的美保联合声明，在安全与防务领域，两国同意通过联合军演和执行北约战备行动计划，提升和促进东南欧地区的稳定、安全和一体化；在能源安全领域，两国同意通过能源供应和配送的多样化，改善能源安全；在法治领域，两国将继续在打击腐败和国际有组织犯罪方面进行交流合作。

美国财政部和商务部宣布，从1月16日起，部分放宽对古巴在贸易和投资方面的禁运，同时也放宽美国公民以团聚、政务、新闻、研究等目的赴古巴的部分政策。

1月16日　美国总统奥巴马在白宫与来访的英国首相卡梅伦会晤，重点聚焦《查理周刊》恐袭事件发生后两国如何加强反恐合作。美英表示将加强情报合作，共同打击暴力极端主义，阻止年轻人被动员和招募参与恐怖活动。奥巴马还就伊核问题表示，他将否决国会现阶段通过的任何旨在向伊朗实施制裁的法案，因为新的制裁措施将伤及各方试图通过外交渠道解决伊核问题的努力。

美国国务卿克里在巴黎会见法国总统奥朗德，双方主要讨论了加强反恐合作，共同打击暴力极端主义。

美国国防部发言人柯比在例行记者会上表示，美军将派遣大约1000名军人培训叙利亚"温和"反对派武装，以抗击极端组织"伊斯兰国"及其他在叙利亚占地盘的极端反对派武装。培训将在沙特阿拉伯、土耳其和卡塔尔境内进行。今年培训中，大约5400名叙利亚反对派成员将接受培训并获得装备。首批负责训练的美军士兵将在未来四至六周内部署到位。此外，美军还将派出一个数百人的后勤团队。

美国海军宣布，今年夏天将在日本横须贺基地增加部署装备"宙斯盾"作战系统的"钱瑟勒斯维尔"号导弹巡洋舰。

1月17日 美国国会参议院司法委员会主席帕特里克·莱希率美国议员代表团访问古巴，探索双边合作。

1月18日 美国政府前官员和朝鲜六方会谈代表在新加坡举行为期两天的非正式闭门会谈，就朝核问题及双边议题进行磋商。朝方由朝核问题六方会谈代表李勇浩率团，代表美方出席的有前朝鲜问题特别代表博斯沃思、前朝核问题谈判特使德特拉尼和一些智库专家等。

美国代理常务副国务卿舍曼率美国代表团在日内瓦参加伊朗核问题六国（美国、英国、法国、俄罗斯、中国和德国）与伊朗计划的新一轮磋商，旨在推动达成长期全面解决伊核问题的方案。

1月19日 美国参谋长联席会议主席邓普西在罗马会见意大利参谋长联席会议主席曼特利和国防部长皮诺迪时称，恐怖主义和俄罗斯侵略是欧洲安全面临的两大突出威胁。

1月20日 美国总统奥巴马向国会发表年度国情咨文。在外交策略方面，奥巴马聚焦反恐、乌克兰问题、与古巴关系、伊朗以及埃博拉问题等。奥巴马在演讲中呼吁美国国会继续授权以武力对抗"伊斯兰国"。奥巴马称美国将继续追捕恐怖分子，并捣毁他们的网络。美国将针对威胁美国与其盟友的恐怖分子保留单方面采取行动的权力。在谈及贸易规则、美国就业、气候变化等问题时奥巴马三次提到中国。奥巴马称，中国想要制定世界上经济增长最快地区的贸易规则，这将使美国工人和企业处于不利地位。他认为，这些规则应该由美国制定。奥巴马在演讲中肯定了中美在气候变化问题上取得的积极成果，称两国去年发表的联合声明是一份具有历史意义的声明。

1月21日 为期两天的菲律宾与美国第五次双边战略对话在马尼拉闭幕。美国国务院负责东亚和太平洋事务的助理国务卿拉塞尔和美国国防部主管亚太安全事务的助理部长施大伟与菲律宾外交部副部长加西亚和菲律宾国防部副部长巴蒂诺共同主持了对话会。菲美两国四个工作组就"法治与执法"、"防务与安全"、"经济、发展与繁荣"、"地区与全球外交接触"等四项议题同步举行工作组会议。美国助理国务卿拉塞尔在与菲律宾副外长加西亚共见记者时对南海问题表示关切，表示大国不能欺负小国。

美国国务卿克里在国务院会见澳大利亚外长毕晓普。

美国国务卿克里在国务院会见欧盟高级代表莫盖里尼，双方讨论了打击"伊斯兰国"极端组织、乌克兰局势等问题。

美国负责西半球事务的助理国务卿罗伯塔·雅各布森访问古巴，就重开大使馆、后勤安排、使馆运作、人员配置和签证等涉及重建外交关系的问题与古巴官员举行会谈。

1月22日　美国总统奥巴马在白宫接受"YouTube"频道运营者的采访时表示，军事手段并不是解决朝鲜问题的手段，取而代之的是应利用网络渗透，让信息传入朝鲜，促使朝鲜发生变化，并最终导致朝鲜"崩溃"，这是美国对朝鲜的战略。

美国国务卿克里在伦敦会见英国外交大臣哈蒙德、法国外长法比尤斯。

美国国务卿克里和英国外交大臣哈蒙德在伦敦共同主持有21国代表参加的打击"伊斯兰国"国际联盟特别会议（Counter-ISIL Coalition Small Group Meeting）。会议讨论集中在五个方面，包括外国战士针对"伊斯兰国"目标的军事行动，"伊斯兰国"资金来源、战略沟通以及人道主义援助等。

美国国务卿克里在伦敦会见伊拉克总理阿巴迪，讨论打击"伊斯兰国"极端组织等问题。

美国国务卿克里在伦敦参加利比亚问题国际会议。

美国国务卿克里在伦敦会见欧盟特别顾问阿什顿。

1月23日　美国和伊朗在瑞士苏黎世就伊核谈判举行新一轮双边磋商，美国负责政治事务的副国务卿温迪·舍曼出席。

美国国务卿克里在瑞士达沃斯参加世界经济论坛年会并发表讲话。

1月24日　美国总统奥巴马发表声明，强烈谴责"伊斯兰国"极端组织杀害日本人质汤川遥菜，称美日将"并肩"合作，将行凶者绳之以法，采取果断行动削弱和最终摧毁"伊斯兰国"。

美国国务卿克里发表声明，谴责乌克兰亲俄武装对乌东部城市马里乌波尔的攻击。

1月25日　美国总统奥巴马访问印度，与印度总理莫迪举行会谈。两位领导人宣布，双方在落实民用核能合作协议问题上获得突破，并就反恐、防务与新能源合作等领域议题达成一致。

美国国务卿克里访问尼日利亚，在拉各斯分别会见尼日利亚总统乔纳森、两位主要总统候选人。克里希望在大选中避免暴力，并讨论了打击恐怖主义问题。

1月26日　美国总统奥巴马偕夫人米歇尔在印度总理莫迪陪同下出席印

度共和国日阅兵式。

　　美国联邦调查局宣布破获纽约俄罗斯间谍网，称 3 名俄罗斯公民试图在美国获取有关美国对俄罗斯银行新制裁以及美国替代能源开发方面的信息。该 3 名俄公民均是俄罗斯对外情报局的成员。目前，其中一人将送往纽约曼哈顿行政区法庭受审，而另外两人目前已不在美国境内。

　　1 月 27 日　美国总统奥巴马率民主、共和两党高级人士访问沙特，吊唁日前去世的沙特国王阿卜杜拉，并与新任国王萨勒曼举行会谈，讨论议题包括打击"伊斯兰国"极端分子以及也门骚乱局势、伊朗核问题、叙利亚局势等。代表团成员有前国务卿赖斯和贝克，以及前任总统国家安全事务助理斯考克罗夫特、伯杰和哈德利、现任中央情报局局长布伦南和美军中央司令部司令奥斯汀。此外，美国国务卿克里和共和党参议员麦凯恩从美国直接赶赴利雅得。

　　美国负责东亚和太平洋事务的助理国务卿拉塞尔在柬埔寨合作与和平研究所发表演讲，阐述美国在亚洲的再平衡政策。

　　1 月 28 日　美国总统奥巴马在弗吉尼亚州迈厄堡基地主持国防部长哈格尔离职仪式并发表讲话，赞扬哈格尔的功绩，国务卿克里等出席仪式。

　　中国中央军委副主席范长龙在北京会见来访的美国国防部副部长迈克尔·维克斯。范长龙说，在两国元首共同关心和推动下，两军关系取得积极进展，特别是"两个互信机制"备忘录的签署，成为新亮点。新的一年，希望双方加强沟通和协调，相向而行，特别是美方应切实尊重中方核心利益和重大关切，妥善处理涉台问题，推动两军关系继续向前发展。维克斯说，美中建设新型军事关系将给双方带来益处，希望双方将两国元首达成的重要共识落到实处。

　　美国财政部长雅各布·卢在基辅宣布，美国将在 2015 年上半年向乌克兰提供 10 亿美元贷款担保。此外，美国财政部还计划请求国会批准对乌克兰再增加 10 亿美元贷款担保。雅各布·卢表示，美国将继续向乌克兰提供技术和财政援助，以维持乌克兰的宏观经济稳定，推动乌克兰的改革。

　　美国白宫发言人艾瑞克·舒尔茨在白宫记者会上强调"伊斯兰国"是恐怖组织（terrorist group），塔利班则是武装暴乱（armed insurgency），而美国之所以会用美国关押在关塔那摩的五名塔利班头目交换被塔利班俘虏的美军中士贝克达，是因为塔利班不是恐怖组织。

　　1 月 29 日　美国第七舰队司令罗伯特·托马斯接受路透社采访时称，美国欢迎日本将空中巡逻范围扩展至南中国海，以抗衡该地区不断增加的推进中国领土主张的中国舰艇和船只。

美国国务卿克里在国务院会见瑞典外交大臣瓦斯特罗姆，双方讨论了乌克兰局势、在中东打击极端组织"伊斯兰国"等问题。

美国国务卿克里在国务院会见拉脱维亚外长林克维克斯，双方讨论了乌克兰局势、跨大西洋贸易与投资伙伴关系等问题。克里重申美国保护北约盟国的承诺。

美国前国务卿基辛格、奥尔布赖特、舒尔茨出席国会参议院军事委员会听证会，就美国国家安全战略及面临的挑战发表看法。基辛格说，美国眼下所面临挑战的多样性超过二战以来任何一个时期，包括极端组织"伊斯兰国"、乌克兰局势、伊朗核计划等。当今世界的复杂程度超过了冷战时期。美国现在面临的最直接挑战之一来自"伊斯兰国"。"我们不能让那演变为另一场我们不知道如何结束的战争"。基辛格、奥尔布赖特和舒尔茨均认为，美国应加强对极端分子的打击力度。基辛格表示，美中两国在处理双边关系时一定会冒犯到对方，美中关系的未来发展方向将在我们这个时代发挥决定性作用。

3名美国承包商在阿富汗首都喀布尔机场遭枪杀。阿富汗塔利班组织宣布对此负责。

1月31日　美国总统奥巴马发表声明，谴责"伊斯兰国"对日本记者后藤健二"令人发指"的谋杀行为。

美国国务卿克里在波士顿与加拿大外长拜尔德、墨西哥外长米德举行北美三国外长会议。

2月3日　美国总统奥巴马在白宫会见约旦国王阿卜杜拉二世，双方讨论了打击极端组织"伊斯兰国"等问题。

美国国务卿克里和约旦外交大臣纳赛尔在华盛顿出席《美国对约旦双边援助谅解备忘录》签字仪式。

2月4日　美国商会及其他16个商业团体致函美国国务卿克里和贸易代表弗罗曼等官员，要求美政府立即敦促中方撤销新出台的网络安全规定，并称中方新政策将影响美信息和通信技术公司在中国的市场机遇和美就业机会。

2月5日　美国总统奥巴马、达赖共同出席全国祈祷早餐会。奥巴马未会见达赖，但在讲话中对其表示欢迎。主管东亚和太平洋事务的助理国务卿拉塞尔2月4日在华盛顿外国记者中心强调，这不是一次官方活动，"全国祈祷早餐会不是由美国政府组织，不是政府活动"。

美国国防部长哈格尔在布鲁塞尔参加北约防长会议。会议决定在保加利亚、爱沙尼亚、拉脱维亚、立陶宛、波兰和罗马尼亚首都成立六大指挥和控制部门，以在紧急情况下提高北约快速反应部队的抵达速度。同时，北约还将在波兰成立新的东北部地区总部，在罗马尼亚成立较小规模的东南地区总部。哈格尔在会上表示，美国将向新建指挥中心派驻参谋、技术和后勤保障人员。会议还决定将北约快速反应部队从现有的 1.3 万人扩容为 3 万人，包括立即组建大约 5000 人规模的先头部队。

美国国务卿克里访问乌克兰，分别会见乌克兰总统波罗申科、总理亚采纽克，讨论乌东部局势、乌克兰改革等问题。

2 月 6 日　白宫向美国国会提交其 2015 年国家安全战略报告。报告称，美国将维持在亚太地区存在，加强与中国的合作，称中美之间有竞争，但"避免对抗"。报告还声称，亚太"安全风险及冲突升高"，"美国仍是太平洋大国"，有必要维持区域稳定。美国希望应透过建立公开、透明的制度以促进贸易、确保权利和自由。报告同时呼吁美国加强与亚太地区的区域安全和贸易联系，称美方将重启与日本、韩国、澳大利亚和菲律宾的联盟关系，"加强它们之间的合作，确保它们有能力应对地区和全球性挑战"。同时，奥巴马也表示美国面对国际事务，无法事事都管，尤其应该避免根据"恐惧"心理而做"过度介入"的决定。他强调"不断成长的经济实力，才是美国国家安全的基础，也才是美国在国际社会展现影响力的重要来源"。报告指出，美国将把注意力由伊拉克和阿富汗战争转向应对恐怖极端主义、网络攻击、乌克兰问题、传染病疫情、气候变化等挑战。

白宫国家安全事务助理赖斯在布鲁金斯学会发表演讲，透露美方已向中国国家主席习近平发出访美邀请，也已向日本首相安倍晋三、韩国总统朴槿惠、印度尼西亚总统佐科发出访美邀请，美方将借此推进亚太再平衡战略，提升与地区各国合作水平。赖斯表示，美方希望扩大与中国的各领域务实合作，认为美中关系是对 21 世纪"起决定性作用"的伙伴关系之一。

美国副总统拜登、国务卿克里在慕尼黑参加慕尼黑安全会议。

美国国务卿克里在慕尼黑会见印度国家安全秘书道瓦尔。

美国国务卿克里在慕尼黑会见伊朗外长扎里夫。

美国国务卿克里在慕尼黑会见埃及外长修克瑞。

2 月 7 日　美国国务卿克里在慕尼黑会见韩国外长尹炳世。

美国国务卿克里在慕尼黑与英国外交大臣哈蒙德、法国外长法比尤斯和德国外长斯坦米尔举行会谈。

美国副总统拜登、国务卿克里在慕尼黑会见德国总理默克尔。

美国副总统拜登、国务卿克里在慕尼黑会见乌克兰总统波罗申科。

美国国务卿克里在慕尼黑会见俄罗斯外长拉夫罗夫。

美国副总统拜登、国务卿克里在慕尼黑会见伊拉克总理阿巴迪。

2月9日　美国负责东亚和太平洋事务的助理国务卿拉塞尔访华。

美国总统奥巴马在白宫与德国总理默克尔举行会谈，双方讨论了乌克兰冲突、俄罗斯问题、"伊斯兰国"、阿富汗和伊朗问题等。

2月10日　美国总统负责国土安全和反恐事务的高级顾问莫纳科在美国威尔逊国际学者中心发表演讲时宣布，白宫成立网络威胁与情报整合中心（CTIIC），该机构将协调整合国土安全部、联邦调查局、中央情报局、国家安全局等多部门的情报力量，提高美国防范和应对网络攻击的能力。该机构还将与美国企业保持紧密合作，推动政府与企业信息共享。CTIIC 将归国家情报总监办公室管辖，今后将是美国政府防范和应对网络威胁的主要部门、一个全国性的网络威胁情报中枢。

美国总统奥巴马发表声明，证实被"伊斯兰国"极端组织绑架的美国女人质凯拉·米勒已经死亡。奥巴马发誓美国将找到囚禁和杀害米勒的凶手，将他们绳之以法。

美国总统奥巴马致电俄罗斯总统普京，讨论乌克兰局势。奥巴马称，如果俄罗斯一意孤行，继续向乌克兰境内派兵，向乌克兰东部分裂主义分子提供武器、资金支持，那么俄罗斯将会付出更大的代价。

2月11日　中国国家主席习近平应约与美国总统奥巴马通电话。两国领导人互致新春祝福，同意在新的一年共同推动中美关系持续稳定健康发展，使中美新型大国关系建设取得更大进展。习近平指出，过去一年我们多次深入交谈，就中美关系发展和事关国际及地区和平与发展的重大问题达成重要共识。我期待同奥巴马总统继续开展战略性交流对话。今年中美战略与经济对话、人文交流高层磋商将在美国举行，希望双方共同努力，力争取得尽可能多的积极成果。双方要拓展经贸、军事、能源、环保、基础设施建设、执法等领域务实合作，扩大人文交流，不断夯实中美关系的基础。双方要加快双边投资协定谈判，培育贸易和投资合作新亮点，希望美方在放宽高技术产品对华出口、为中国企业赴美投资提供便利方面采取积极行动。双方要加强在气候变化、世界发展议程、世界卫生安全等重大问题上的沟通和协调。双方应该尊重和照顾彼此核心利益和重大关切，希望美方重视中方在台湾、涉藏等问题上的关切，防止中美关系受到不必要的干扰。奥巴马表示，我多次表示，中国的成功符合美国利益。美中关系 2014 年取得历史性进展，美方愿同中方在现有基础上保持两国关系发展势头，加强经贸等领域务实合作，共同应对地区和全球性挑战，管控好分歧。美方希望两国落实已达成的共识，加强气候变化领域交流合作，为推动联合国巴黎气候变化大会取得成果进行协调。美方赞赏中国为帮助非洲应对埃博拉疫情做出的重要贡献，希望同中方一起促进全球卫生安全。美方对两国和全球经济发展高度关注，愿同中方加强协调，相互照顾关切，努力达成高标准的双边投资协定，加强对话合作，推动扩大全球需求。奥巴马邀请习近平 2015 年 9 月结合出席联合国成立 70 周年纪念活动对美国进行国事访问，习近平接受了邀请，双方同意为访问取得成功进行全面准备。两国领导人还就纪念世界反法西斯战争胜利 70 周年、网络安全、伊朗核问题、朝鲜半岛局势等国际和地区问题交换了意见，表示要加强协调合作，推动各方携手解决涉及国际安全稳定的重大问题。

美国总统奥巴马向国会提交一项新议案，要求国会给予总统战争授权，打击"伊斯兰国"，这是 13 年来，美国总统首次要求战争授权。奥巴马在议案中表示，鉴于"伊斯兰国"已对美国国家安全和地区稳定构成严重威胁，他希望国会正式授权对该组织使用武力，授权期限为 3 年，但议案明确禁止地面部队"持续参战"，同时提出今后不再为打击"伊斯兰国"行动设定地理界线。

美国驻也门大使馆宣布，因安全原因暂停使馆工作，并撤离驻也门的外交人员。

美国驻欧洲陆军司令本·霍奇斯视察位于波兰的一座北大西洋公约组织基地时宣布，美方从 2015 年 3 月起将派遣一个营的兵力，为乌克兰军队培训 3 个营。培训项目包括安全任务、医疗、如何在无线电通信受到干扰的情况下行动、如何躲避炮击。

2月12日　美国国务卿克里在国务院会见斯里兰卡外长萨马拉维拉。

2月13日　美国总统奥巴马在斯坦福大学主持召开首届网络安全峰会，讨论的议题包括，增加政府和私营机构的合作，分享网络安全资讯，创建并促进改善网络安全技术和实践，改进和使用更安全的网上支付技术等。奥巴马呼吁互联网巨头加强与政府的合作来维护美国的网络安全。他强调网络安全是对美国"最严峻的挑战"。他警告高科技公司,索尼式黑客事件"可能成为常态"。奥巴马呼吁硅谷将对政府的不信任抛在一边,转而成为政府保护网络空间不受恐怖分子、黑客和间谍染指的盟友。他将互联网世界比作"蛮荒时代的西部",称需要美国政府来充当警长。他说,"我们大多数计算机网络关键基础设施都在私营部门手里,这意味着政府不可能单独应对网络威胁,而光凭私营部门也不行,因为政府通常拥有网络威胁的最新情报"。

美国总统奥巴马在斯坦福大学签署行政命令,鼓励私营企业与政府合作,共享威胁网络安全的信息。

2月14日　美国总统奥巴马分别与乌克兰总统波罗申科和德国总理默克尔通话,对乌克兰东部地区,尤其是杰巴利采沃附近战事持续表示非常"担忧",强调明斯克新协议签字方执行停火协议的"迫切性"。

2月16日　俄罗斯网络安全公司卡巴斯基实验室在墨西哥城召开的记者会上揭露,美国国家安全局已掌握一项技术,可将间谍软件隐藏在知名品牌电脑硬盘深处,以监视世界各地的电脑信息。

2月17日　阿什顿·卡特在白宫正式宣誓就任美国国防部长。

盖洛普咨询公司公布的民调结果显示,因乌克兰局势导致美俄关系持续吃紧,俄罗斯已成为美国人心目中的头号敌人。朝鲜被列为美国的第二大敌人。中国排位第三。

2月18日　美国国务院、司法部、国土安全部联合在国务院召开打击暴力极端主义白宫峰会(the White House Summit on Countering Violent Extremism),探讨防止极端分子及其支持者在美国和其他国家招募和煽动个人或团体制造暴力事件的有效手段和途径。约60个国家的代表参加此次峰会,美国总统奥巴马出席并发表主旨演讲。他表示,西方并非与伊斯兰教为敌,而是在与曲解教义的人作战。他呼吁各国政府和宗教团体合力抗击恐怖主义组织"扭曲的意识形态"宣传,防范恐怖组织利用政治和经济不满招募极端分子,并依靠社区和家庭的力量避免使个人成为极端主义的牺牲品。

白宫发言人欧内斯特在记者会上指责以色列有选择地泄露伊朗核谈判部分内容,以歪曲美方立场,为此,美国不再与以色列分享伊核谈判的一些敏感细节。

2月19日　美国驻土耳其大使约翰·巴斯和土耳其外交部次长希尼尔利

奥卢在安卡拉签署训练和装备叙利亚反对派武装协议。项目为期 3 年,将从 2015 年 3 月开始执行,计划在土耳其、约旦和沙特阿拉伯总共训练 1.5 万名叙反对派武装人员。

美国"截击"网站报道,美国中央情报局前雇员斯诺登提供的文件显示,美国和英国情报部门用黑客手段侵入芯片制造巨头金雅拓的内部系统,盗取了用以保护手机通信隐私的加密密钥,从而获得秘密监听和破解手机通信的能力。

2 月 20 日 美国和伊朗代表在日内瓦就伊朗核问题开启新一轮双边会谈。美国负责政治事务的副国务卿温迪·舍曼和伊朗副外长、核谈代表阿拉格希分别率团参加此轮会谈。此次闭门会谈涉及离心机数量及有关违规制裁措施等伊朗核问题相关细节。

2 月 21 日 美国新任国防部长卡特突访阿富汗,与阿总统加尼就驻阿美军撤军计划等问题举行会谈。在会谈后举行的联合新闻发布会上,卡特表示,美国此前制定的驻阿美军撤军计划可能将有所调整,加尼下月访美时将与美国总统奥巴马讨论此事。加尼在新闻发布会上对国际社会在阿富汗反恐战争中发挥的作用表示感谢,并表示将尊重奥巴马提出的撤军计划。

美国国务卿克里在伦敦与英国外交大臣哈蒙德举行会谈,双方讨论了伊朗核问题谈判、俄罗斯对乌克兰局势的干涉及制裁俄罗斯问题、打击"伊斯兰国"等。

2 月 22 日 美国国务卿克里在日内瓦与伊朗外长扎里夫举行会谈,讨论伊核问题。

2 月 23 日 美国新任防长卡特在出访科威特期间召集 20 多名军方高级将领以及外交人士举行闭门会议,讨论打击"伊斯兰国"战略。与会者包括美国中央司令部、非洲司令部、欧洲司令部以及特战司令部司令,参与打击"伊斯兰国"的联合特遣部队指挥官、美国打击"伊斯兰国"特使以及多名美驻中东国家大使。卡特会后向随行记者表示,他认为当前战略总体上是正确的,但美国以及盟国可以做得更好。打击"伊斯兰国"国际联盟成员应该做出更大努力。他还特别提到,"伊斯兰国"在社交媒体上非常活跃,这促使美军必须在这一战场上也要做出回应。卡特称,他对赢得胜利非常有信心。"我们的打击已经对其造成重大创伤,他们不是无法战胜的。"他表示,未来他还将召开此类高级别会议,并邀请专家加入讨论。

2 月 24 日 美国总统奥巴马在白宫与卡塔尔埃米尔塔米姆举行会谈,双方讨论了打击"伊斯兰国"极端组织等问题。奥巴马在与塔米姆会谈后说，美卡两国在安全领域保持紧密关系，卡塔尔是打击"伊斯兰国"国际联盟中"强有力"的伙伴国。奥巴马还说，美卡两国领导人均对叙利亚局势"严重关切"，双方都支持叙温和反对派，并认为只有叙总统巴沙尔·阿萨德下台才能令叙国内局势全面稳定。

2月25日　美国总统国家安全事务助理赖斯在纽约与中国国务委员杨洁篪会面，除讨论9月即将举行的奥习会外，双方同意强化在区域及全球议题上的协作，包括朝鲜、伊朗、阿富汗、全球卫生安全及反恐等问题。双方一致认为，习近平主席今年9月对美国进行的国事访问意义重大，双方工作团队应密切配合，做好各方面准备工作，确保访问取得圆满成功。杨洁篪指出，习近平主席与奥巴马总统不久前通电话时就进一步推进中美新型大国关系建设提出了重要指导意见。中美双方应认真落实两国元首达成的重要共识，规划和实施好两国高层及各级别交往，尊重彼此核心利益与重大关切，积极拓展各领域务实合作，加强在重大国际地区和全球性问题上的沟通协调，妥善处理分歧和敏感问题，推动中美关系在新的一年取得更大进展。赖斯表示，美方愿按照两国元首达成的重要共识，同中方加强各领域各层级交往与合作，合力应对地区和全球性挑战，同时以坦诚、建设性方式有效管控分歧，保持美中关系良好发展势头。在朝核问题上，杨洁篪强调中方坚持实现半岛无核化、坚持通过对话谈判和平解决半岛核问题、坚持维护半岛和平稳定。希望有关各方保持克制，避免采取任何相互刺激的言行，共同维护半岛和平稳定。杨洁篪重申了中方在伊朗核问题上的原则立场，希望伊朗核问题有关各方都能从大局出发，显示灵活，尽早达成全面协议。中方愿继续为推动伊朗核谈判发挥建设性作用。双方还就联合国成立70周年系列纪念活动、2015年后发展议程、气候变化、反恐、抗击埃博拉疫情等问题交换了意见。

美国国务卿克里在国务院会见塞尔维亚外长达西克，双方讨论了乌克兰局势、塞尔维亚-科索沃对话等问题。

美国国务卿克里在国务院会见挪威外长布伦达，双方讨论了打击暴力极端主义等问题。

美国国务卿克里在国务院与吉布提外长尤素福共同出席美国-吉布提论坛（U. S. -Djibouti Bi-National Forum）。

2月26日　美国海军发表新闻稿称，海军航空兵塘鹅飞行中队驾驶 P-8A

"海神"反潜巡逻机于2月1—21日在菲律宾吕宋岛外海上空进行了一期侦察巡逻任务。这是美国官方首次承认出动最先进的"海神"反潜巡逻机巡航南海。

美国国家情报总监克拉珀发表年度全球安全威胁报告，将网络安全置于美国面临的最大威胁，称"网络安全问题比恐怖主义，对美国的威胁更大"，报告还将"俄罗斯、中国、伊朗、朝鲜列为威胁美国网络安全的最大来源"。报告特别指出"俄国防部正建设自己的网络司令部，负责网络攻击和网络宣传，以及将恶意软件植入对方指挥控制系统等"；报告称朝鲜进行了"空前数量的"弹道导弹测试，并致力于"发展远程、可直接威胁美国的核导弹"；伊朗被视作"安全威胁"，理由是伊朗支持巴沙尔政权并且反以色列，而且力图发展其军力。克拉珀还称"中国在不断强化二次核打击能力，并称中国即将派出导弹核潜艇进行首次核威慑巡航"。传统上提到"网络威胁"，美国向来把"中国放在第一位"，今年首次"将俄罗斯放在首位"。

美国国防部长卡特在五角大楼会见吉布提外长尤素福、国防部长侯凡内赫，双方讨论了反恐、海上行动等问题。

2月27日 美国CNBC网站公布盖洛普最新民调，认为中国是美国最大敌人的受访者比例下跌至12%（2014年为20%），排在了俄罗斯和朝鲜之后。认为俄罗斯对美国威胁最大的受访者达18%（2014年为9%），认为朝鲜的占15%（2014年为16%）。盖洛普调查机构称，中国对美国来说，更大程度上意味着经济层面的威胁，而其他国家，如俄罗斯、伊朗、伊拉克、朝鲜等则代表着更多来自安全层面的威胁。

美国负责政治事务的副国务卿舍曼在华盛顿卡耐基和平基金会发表演讲时说，韩中围绕所谓"慰安妇"问题与日本争论，民族主义感情被利用，对于领导人来说，谴责过去的敌人不难获得廉价的掌声，但是这样的挑衅不能带来进展。

美国总统奥巴马在白宫与利比里亚总统瑟利夫举行会谈。

美国和古巴代表在华盛顿就两国外交关系正常化举行第二轮高级别对话。美国代表团由分管西半球事务的助理国务卿罗伯塔·雅各布森领衔，古巴代表团团长是古巴外交部美国局局长何塞菲娜·维达尔。

3月1日 美国国务卿克里在日内瓦与俄罗斯外长拉夫罗夫举行会谈，双方主要讨论了乌克兰、叙利亚和伊朗问题。

3月2日 韩美两国启动名为"关键决心"和"秃鹫"的年度大型军演。

"关键决心"（3月2-13日）重在信息化指挥，"秃鹫"（3月2日至4月24日）则注重实战演练。"关键决心"由1万名韩国军人和8600名美国军人参加。"秃鹫"由约2万名韩国军人和3700名美国军人参加演习。

美国总统奥巴马在接受路透社采访时对中国反恐法草案中涉信息安全有关内容表示关切，要求对该政策作出调整。奥巴马还称，以色列总理内塔尼亚胡过去对伊朗核问题的看法"一直是错误的"。

美国国务卿克里在瑞士蒙特勒与俄罗斯外长拉夫罗夫举行会谈，讨论乌克兰东部局势等问题。

3月3日　美国国务卿克里在瑞士蒙特勒与伊朗外长扎里夫举行会谈，讨论伊核问题。

3月5日　美国副国务卿舍曼在瑞士蒙特勒参加伊核六国代表与伊朗和欧盟高级代表举行的伊核问题谈判。

3月6日　美国中央情报局局长布伦南发表声明，宣布中情局重组计划。为防范数字科技对中情局以及美国整体利益造成的潜在威胁，中情局将在原有四个指挥部的基础上，新建一个"数字革新"指挥部，统管中情局的数字化发展。布伦南还宣布将建立10个任务中心，全面整合中情局内部的行动、分析、支持以及技术资源。

3月9日　美国国务院发言人普萨基在例行记者会上回应中国在南沙群岛的新工程时说："中国在南海争议地区的填海造地与建设活动，加剧了该地区对中国的焦虑情绪，和对中国可能在争议岛礁上建立军事化前哨站的担忧。"

美国白宫发表声明称，委内瑞拉政府官员长期以来侵犯人权、腐败、恐吓持不同政见者，委国内局势已对美国国家安全和外交政策构成威胁。因此，美国总统奥巴马签署行政命令，决定对包括国防军高级将领、国安局局长在内的7名委政府官员实行制裁。

美国国防部发言人史蒂夫·沃伦在记者会上说，大约3000名美军士兵下周开始将部署在东欧，将与北约伙伴在拉脱维亚、爱沙尼亚和立陶宛举行为期90天的联合军事演习。这是美军"大西洋决心行动"军演的一部分。新部署的美军这一"旅级作战部队"将轮换现驻扎在拉脱维亚的美军第二骑兵团。

3月11日　美国国防部长卡特在参加国会参议院对外关系委员会关于奥巴马寻求正式军事授权打击"伊斯兰国"的听证会时说，尽管奥巴马军事授权议案中规定的三年期限十分合理，但是，不能确定是否能在此期间击败

"伊斯兰国"。

《新西兰先驱报》和美国"截击"网站披露美国中情局前雇员斯诺登提供的有关新西兰监控项目的机密文件。文件显示,新西兰情报机构的监视范围多达20个国家和地区,其中包括中国、朝鲜、伊朗、日本、越南、印度等。新西兰政府通信安全局将搜集到的情报跟美国国家安全局及澳大利亚、英国和加拿大的情报机构分享。

3月13日　美国海军作战部长、海军陆战队司令和海岸警卫队司令联合发布了名为《前沿、接触、准备:21世纪海上力量合作战略》的新版海上战略。这是美军时隔近8年后首次对其2007年版海上战略进行修订。新版战略在继续加强亚太兵力部署,继续将威慑、海上控制、力量投送和海上安全作为美国海上力量必备能力的同时,首次提出了"印亚太地区"(即印度洋-亚洲-太平洋地区)、"全域进入"和"电磁机动战"等新概念,明确将"全域进入"列为美国海上力量必备的新的5项基本能力之首。"全域进入"能力就是确保美军在海、陆、空、天、网络空间和电磁频谱等6个领域空间的行动自由。美国新版海上战略把中国与俄罗斯、伊朗、朝鲜等国家一起列为其安全挑战或威胁,明显加强了对中国的关注和防范。

3月15日　美国国务卿克里在接受美国哥伦比亚广播公司访谈时表示,解决叙利亚危机没有军事解决方案,只有政治解决方案,最终还是要靠谈判解决。他说,"我们要继续向他(阿萨德)施压,让他能够同意谈判"。

3月16日　美国国务院发言人普萨基在记者会上对国务卿克里此前一天接受哥伦比亚广播公司访谈时的表态做出澄清。她表示,美国愿意与包括叙政府代表在内的有关各方进行谈判,但并非与巴沙尔本人。她重申,巴沙尔已失去"合法性"。美国在这一问题上立场不变。

美国国务院负责西半球事务的助理国务卿雅各布森与古巴外交部美国局局长维达尔在哈瓦那就恢复外交关系、重开大使馆事宜举行第三轮会谈。

3月17日　美国国会众议院国土安全委员会主席迈克·麦考尔在华盛顿战略与国际问题研究中心举行的政策讨论会上表示,在索尼影像娱乐公司网站遭黑客攻击案件发生后,朝鲜网络数次处于全面瘫痪状态,这是由美国对朝鲜采取的报复措施所致。

美国第七舰队司令罗伯特·托马斯在马来西亚浮罗交怡国际海空展上声称,东南亚国家应组成联合舰队在南海巡航,并称美国可给予支持。

3月18日　美国总统奥巴马与德国总理默克尔通电话，讨论乌克兰东部局势等问题。双方一致认为，有必要"全面并迅速"执行明斯克协议，以实现乌克兰冲突"持久和平"解决。除非俄罗斯履行在协议中作出的承诺，否则不会放松对其采取的制裁措施。

3月19日　美国总统奥巴马在白宫签署行政命令，宣布将于未来10年实现联邦政府温室气体排放在2008年基础上削减40%，此举旨在支持落实2014年11月他访华期间与中方达成的气候变化联合声明，即美国计划于2025年实现在2005年基础上减排26%–28%的全经济范围减排目标。

美国国会共和党参议员约翰·麦凯恩、鲍勃·考克以及民主党参议员杰克·里德、鲍勃·梅嫩德斯联名致信国务卿克里和国防部长卡特，对中国在南中国海的填海速度和规模表示震惊，并呼吁美国政府制定策略，以拖缓或阻止中国的填海工程。信中称，如果美国没有一个全面的南中国海策略，"美国以及我们盟友和伙伴的长远利益将面对相当大的风险"。称中国在南沙群岛的填海与建设工程将让中国得以扩大军事影响力，这不但是对美国和区域国家，也是对整个国际社会利益的"直接挑战"。

3月23日　美国国会众议院以348票赞成、48票反对的压倒性多数通过一项决议，敦促总统奥巴马向乌克兰提供致命武器，以帮助乌抵抗俄罗斯"侵略"。

3月24日　美国总统奥巴马在白宫与来访的阿富汗总统加尼会晤，他宣布美方决定放缓自阿富汗撤军计划，驻阿美军将在2015年底之前保留9800人，而不是之前计划的5500人。奥巴马在会谈后的记者会上说，目前阿富汗依然是一个"非常危险"的地方，由于加尼总统请求美方在撤军方面展现"灵活性"，驻阿美军将在2015年底之前保留9800人，2016年撤军安排将在2015年晚些时候做出，总目标是让驻阿美军在2016年底前降至保护驻喀布尔使馆安保的水平。根据奥巴马此前提出的计划，美国在阿驻军将于2015年底降至约5500人，2016年底降至约1000人。奥巴马表示，美军于2016年底前实现驻阿军事存在"正常化"的目标没有改变，他同时强调去年12月31日美军在阿战斗任务已经画上一个"负责任"的句号。他强调，放缓撤军计划的"灵活性安排"为美阿关系注入了新的活力，目的是确保阿富汗的安全，防止阿富汗被恐怖分子用来策划恐怖袭击，美阿要继续保持"密切安全合作"。奥巴马与加尼呼吁地区所有国家支持阿富汗的安全、稳定和繁荣，承诺深化"亚洲之心"伊斯坦布尔进程，并感谢中国去年 10 月主办阿富汗问题伊斯坦布尔进程会议。奥巴马还宣布加大对阿经济支持，将提供 8 亿美元经济援助，帮助阿富汗取得具体的经济发展成就、进一步推进改革。加尼表示，虽然美军驻阿战斗任务已结束，但训练、建议和协助阿安全部队的任务依然是美阿共同利益的重要组成部分。

3 月 27 日　美国总统奥巴马就也门局势与沙特阿拉伯国王萨勒曼通电话。两位领导人表示，美国和沙特的共同目标是，也门冲突相关各方在联合国支持下通过政治谈判解决分歧，使也门获得持久稳定。奥巴马同时表示支持沙特等国发动的针对也门胡塞武装的军事行动，并强调了美国对沙特安全的承诺。

3 月 29 日　美国国务卿克里在瑞士洛桑与伊朗外长扎里夫举行会谈，讨论伊朗核问题。

美国国务卿克里及伊核问题六国外长、欧盟高级代表在洛桑与伊朗外长扎里夫举行会谈，讨论伊核问题。

3 月 30 日　美国总统特别代表、财政部长雅各布·卢在北京会见中国国务院总理李克强，双方就两国经贸关系以及共同关心的国际和地区问题交换看法。李克强表示，一个良好的中美关系符合两国利益，有利于亚太和世界的和平、稳定与繁荣。2015 年 9 月习近平主席应邀对美国进行国事访问，将有力推动中美关系发展。下阶段，双方要共同办好新一轮战略与经济对话、人文交流高层磋商等机制性活动，增进互信，深化合作，密切在重大国际和地区问题上的沟通协调。与此同时，本着相互尊重、求同存异的原则，建设性地管控分歧，推动中美新型大国关系沿着正确的轨道向前发展。李克强指出，中美分别作为世界上最大的发展中国家和最大的发达国家，经济互补性强，合作前景广阔。即将启动的中美双边投资协定负面清单谈判是双方近期工作的重点。中国政府将重点扩大服务业和一般制造业开放，把外商投资限制类条目缩减一半。中国开放的大门将开得更大，市场会更加开放、透明、可预期，各类投资者在中国将享受更好的投资环境。李克强强调，中美要共同推动全球贸易、投资自由化、便利化。希望美方放宽对华高技术出口管制，解决中资企业赴美投资过程中遇到的问题，尽快批准国际货币基金组织份额和治理结构改革方案，支持把人民币纳入特别提款权。雅各布·卢表示，中国的发展繁荣和深入参与国际体系符合美国利益。美方期待习近平主席年内访美，愿同中方办好两国战略与经济对话等活动，增进对话，在全球经济框架内加强合作，在地区和国际事务中加强沟通协调。期待两国投资协定谈判取得进展。欢迎中国在亚洲基础设建设方面发挥更大作用，愿在双边和多边领域加强相关合作。

3月31日　美国总统奥巴马致电埃及总统塞西，宣布恢复自2013年10月以来暂停的对埃军事援助，美国将继续交付F-16战斗机、"鱼叉"导弹等装备。此外他继续请求美国国会每年给予埃及13亿美元军事援助。

美国财政部长雅各布·卢在美国北加州亚洲协会发表演讲时说，美国已明确向中国政府表示准备好欢迎国际开发架构的新机构，包括亚洲基础设施投资银行，只要这些新机构可以与现有的国际金融机构形成互补关系，并与国际社会共同致力于执行真正的多边决策机制和不断完善的贷款标准与社会保障措施。

4月1日　美国总统奥巴马发布行政命令，授权有关机构对针对美国进行网络攻击的海内外黑客"采取经济制裁"。美国政府会制定全面战略，采取冻结黑客财产、限制入境等措施。

美国海军陆战队两架F-18战斗机因技术故障迫降台湾台南机场。

4月2日　欧盟外交和安全政策高级代表莫盖里尼与伊朗外长扎里夫代表各方在瑞士洛桑发布共同声明。称伊核六国、欧盟和伊朗就最终协议的主要焦点问题达成了框架性解决方案。声明说，各方对限制伊朗核设施规模、分布、铀浓缩能力、核材料贮存等事宜进行了约定，提出了国际社会帮助伊朗和平利用核技术的方案，同时也承诺将终止美国和欧盟对伊朗实施的经济制裁以及联合国安理会通过的有关制裁决议。美国国务卿克里在随后举行的记者会上表示，各方在瑞士洛桑达成的这一成果具有"里程碑式意义"，伊核问题的解决将为美伊关系改善铺平道路。

4月4日　美国总统奥巴马在接受《纽约时报》专访时表示，伊核六方与伊朗达成的核协议是"确保伊朗不生产核武器的最佳方案"。美国和以色列的关系是无法动摇的，如果因为该协议使得以色列的安全在他任内受到威胁，这将是他的失败。"谁要是向以色列找麻烦，美国一定会干预"。

4月6日　美国国防部长卡特在亚利桑那州立大学麦凯恩研究所发表演讲。卡特表示，美中两国也许不是盟友，但也不必是敌人。强有力的美中关系对于全球安全和繁荣而言至关重要。他不认同中国在亚太地区的影响力会超越美国，也不认同中国的经济增长会挤压美国青年一代的机会。"我拒绝'零和'思维，中国的成功不意味着美国的失败。亚太还有另一种可能性，即'共赢'。"卡特表示，亚太"再平衡"战略将进入新阶段。美国将进一步加大亚太地区的海空力量部署，包括部署更多的F-22战斗机和B-2、B-52远程轰炸机，增派"宙斯盾"驱逐舰等。此外，美军的电子部队和新式武器也将出现在这一地区。在谈到与盟友关系时，卡特称，美国在发展与现有盟友关系的同时还将继续寻求新的伙伴，特别是在南亚和东南亚。他以美印关系举例称，两国关系是非常具有活力的伙伴关系，两国未来将在海上安全、军事技术等方面扩展合作。卡特称，美国的实力是基于经济、军事、创新以及盟友之上的。美国将继续在亚太施加这四个方面的影响，以提升在亚太事务上的参与度。作为亚太"再平衡"战略的一个重要组成部分，卡特在演讲中多次提及TPP。卡特称，TPP不仅可以加深美国与亚太盟友的合作，并且可以扩大自身的出口，促进经济发展。他说，"对我而言，TPP就如同航空母舰一样重要。"卡特呼吁美国国会尽快通过奥巴马政府进行贸易谈判的授权。

4月7日　美国助理国务卿拉塞尔在接受日本《读卖新闻》采访时，针对安倍将慰安妇形容为"贩卖人口（human trafficking）的受害者"这一说法，他评价说，"美日两国为防止出现虐待女性或贩卖人口所做出的共同努力是在承认历史的基础上得以加强，（该说法）从这一点上看传递了进步的信息"。对安倍在慰安妇问题上的立场给予了公开支持。

美国负责军控、核查与履约事务的助理国务卿弗兰克·罗斯出席在美国战略与国际研究中心举行的研讨会并表示，韩美尚未就萨德问题（末端高空区域防御系统，THAAD）展开任何协商，但若双方今后启动协商，萨德系统将成为能够应对朝鲜"芦洞"或飞毛腿导弹的"决定性力量"。他强调，可以肯定的是，萨德系统是区域防御系统，不会给中国的战略安全构成威胁。

4月8日　美国国防部长卡特在东京与日本防卫大臣中谷元举行会谈，双方就当前正在修订的日美新防卫合作指针及驻日美军基地搬迁等问题达成了共识。卡特表示，修订后的防卫合作指针"将改变美日双边同盟形态，为美军和日本自卫队提供更多无间合作的机会"，同时"有助于我们灵活地应对来自亚太地区和全球的安全挑战"。双方会谈还涉及强化美日在宇宙空间和网络等领域的安保合作。卡特在随后的记者会上表示，《美日安保条约》适用于所有日本施政范围，美方反对任何试图损害日本对钓鱼岛施政现状的单方面胁迫行为；卡特还对中国在南海岛礁建设表达关切，称中方有关行动加剧南海岛礁军事化和地区紧张局势，与中方对东盟所做承诺不符。

美国国务卿克里在国务院与阿尔及利亚外长拉马姆拉共同参加美国-阿尔及利亚战略对话会，讨论能源、经贸、安全合作、教育及文化交流、政治合作等问题。

美国总统奥巴马发表声明说，索马里当前局势仍对美国国家安全和对外政策构成威胁，因此 2010 年 4 月宣布的紧急状态和随之采取的制裁措施将延长一年。

4 月 9 日　美国国务卿克里与摩洛哥外交大臣米佐阿在美国国务院共同参加美国-摩洛哥战略对话，讨论双方在非洲和中东面临的安全挑战、利比亚局势、打击恐怖主义以及经贸问题。

美国总统奥巴马访问牙买加，这是 33 年来美国总统首次访问牙买加。奥巴马在牙买加首都金斯敦先后会见牙买加总理米勒、加勒比共同体领导人，讨论能源、经贸和安全等问题。

美国国务卿克里在巴拿马城与古巴外长罗德里格斯举行会谈，这是自 1958 年以来，美古两国首席外交官首次正式会谈。

美国总统奥巴马访问巴拿马，参加美洲峰会。

4 月 10 日　中共中央政治局委员、中央政法委书记孟建柱在北京会见来访的美国国土安全部部长约翰逊。国务委员、公安部部长郭声琨与约翰逊在京共同主持中国公安部与美国国土安全部首次部级会晤。双方一致同意，对于追逃追赃与遣返合作，任何一方都不会为逃犯提供庇护，将在各自法律范围内，努力将其实施遣返。双方同意在反恐合作、追逃追赃遣返合作、海上执法合作、打击互联网犯罪等 6 个领域加强合作。

美国国防部长卡特在首尔与韩国国防部长韩民求举行会谈，讨论遏制朝鲜威胁等问题。韩美两国决定将威慑政策委员会（EDPC）和导弹应对能力委员会（CMCC）整合起来，组建韩美遏制战略委员会（DSC），以应对朝鲜核与导弹威胁。双方会谈议题未包括萨德问题，理由是萨德系统尚处于生产阶段。对于韩日之间有关侵略历史的矛盾，卡特表示美方充分理解在亚洲地区历史问题是极为敏感的话题，希望当事国妥善解决相关问题。

中美两军视频通话正式开通。美军参谋长联席会议主席邓普西与中国中央军委委员、总参谋长房峰辉进行了视频通话。房峰辉说，中美两军视频通话正式开通，标志着两军互信向前迈进了一步，必将为加强两军战略沟通发挥积极作用。应奥巴马总统邀请，习主席今年 9 月将对美国进行国事访问。这是今年中美关系的头等大事，双方都要为这次重要访问多做有益工作。新的一年，两军应继续认真落实两国元首重要共识，为共同维护亚太地区与世界和平稳定做出积极贡献。邓普西表示，开通视频通话说明美中两军战略层面的沟通、互信机制的建立取得了良好进展。

美洲峰会在巴拿马正式开幕，来自美洲35个国家的首脑和代表出席会议，其中古巴是首次参加会议。本次首脑会议的主题为"繁荣与平等：美洲国家合作的挑战"，美国总统奥巴马、古巴领导人劳尔·卡斯特罗、巴西总统罗塞夫等与会国家首脑在为期两天的会议中就卫生、教育、环境、能源、安全、民主、国家治理和公民参与等议题展开讨论。本次峰会除讨论常规话题外，还触及一些地区敏感议题，如古巴首次出席美洲峰会、美委争端以及阿根廷对马尔维纳斯群岛（英国称福克兰群岛）的主权要求等。

美国国务卿克里发表声明，要求中国立即、无条件释放"Beijing+20 Five"的武嵘嵘等五位"女权活动人士"。

4月11日　美国国土安全部发表声明说，约翰逊部长近日访华期间与中方达成一致意见，双方同意精简遣返收到最终递解令的中国公民的流程。美国海关与移民执法局将与中国公安部密切合作，核实申请旅行证件的中国公民的身份，同时确保安排定期包机计划，促进遣返工作。

美国总统奥巴马和古巴领导人劳尔·卡斯特罗在第七届美洲国家首脑会议期间会晤，双方表示将继续推动两国关系正常化进程，并就复交进程、现有互利合作以及关系正常化步骤等问题交换了意见。双方还就继续营造复交适当环境的重要性达成共识。这是两国领导人时隔半个多世纪以来首次会晤。

美国前国务卿希拉里·克林顿竞选团队正式宣布希拉里竞选下届美国总统。

4月13日　中国国务院总理李克强在北京会见美国总统代表、商务部长普利兹克和她率领的"总统贸易代表团"一行。双方就两国经贸关系等问题交换了看法。李克强表示，当前中美关系已超出双边范畴，越来越具有全球影响。习近平主席将于今年9月应邀对美国进行国事访问。中方愿同美方增进战略互信，加强务实合作，妥善管控分歧，共同应对地区和全球性挑战，推动两国关系取得更大发展。李克强指出，经贸关系是中美关系的"压舱石"，中美经济高度互补，在基础设施、能源、信息、环保等诸多领域拥有广阔合作空间。中国正在加快以人为本的新型城镇化进程，美国领先的技术和管理经验在中国拥有很大市场。同时，把美方的技术、经验与中国有竞争力的装备、产业相结合，双方共同开发第三方市场，将有助于促进中美贸易平衡发展。李克强希望双方加快推进以准入前国民待遇和负面清单管理模式为基础的双边投资协定谈判，尽早谈成一个高水平、双向平衡的协定，提升两国贸易投资合作水平。李克强强调，中国政府对外开放的政策和履行世贸组织规则的承诺不会改变。中国开放的大门会越开越大，市场也将更加透明和可预期。欢迎各国企业来到中国这个巨大市场开展公平竞争。中国政府对待中外企业向来一视同仁，将更好保护知识产权，继续为外资和跨国公司来华投资和经营提供良好环境。希望美方放宽对华高技术出口限制，并采取切实措施为中国企业赴美投资创造便利条件。普利兹克说，此次是美国首次派出总统贸易代表团访华，具有重要历史意义，表明美方高度重视发展对华经贸关系，希望加强双方商务往来。美方愿同中方加强在清洁能源、节能环保等领域的合作，欢迎美中合作开发第三方市场，也欢迎更多中国企业赴美投资。美方愿以建设态度同中方推进双边投资协定谈判，力争尽快达成双方都能接受的清单。

4月14日　美国总统奥巴马向国会提交报告，称过去6个月内古巴政府未向国际恐怖活动提供任何支持，并已确保今后不支持此类活动，因此建议撤销对古巴"支持恐怖主义国家"的定名。"支恐"黑名单是美国1979年12月29日发起的，美国国务院称，名单上的国家通过直接或间接的方式向恐怖主义活动提供任何形式的援助。古巴于1982年被美国国务院列入"支恐"黑名单。

美国国会参议院对外关系委员会以19票赞成、0票反对通过法案，将赋予国会审议伊核谈判最终协议的权力。法案规定，一旦伊核问题最终协议文本达成，行政当局必须立即把它送交国会审议。作为妥协，国会方面同意把审议期从60天缩短为30天。国会通过的对伊朗的制裁措施能否解除，将取决于国会是否认可最终协议。

美国总统奥巴马在白宫与伊拉克总理阿巴迪举行会谈，讨论打击"伊斯兰国"极端组织等问题。

4月15日　美国总统奥巴马在白宫会见去年遭受疫情打击最严重的非洲三国的领导人利比里亚总统瑟利夫、几内亚总统孔戴、塞拉利昂总统科罗马，评估抗击疫情的进展与重建工作。奥巴马说，西非抗击埃博拉疫情取得了很大进展，但他警告国际社会必须保持警惕，直至埃博拉病毒被彻底根除。

美国国务卿克里在德国吕贝克出席西方七国外长会议，会议单独通过一份关于海洋安全问题的声明，涉及南海和东海局势，这在G7近40年历史上尚属首次。声明表示，"我们继续关注东海和南海局势，对类似大规模填海造地等改变现状及增加紧张局势的任何单方面行为表示关切。我们强烈反对任何试图通过威胁、强迫或武力手段伸张领土或海洋主张的做法"。声明还呼吁各方加快制定全面的"南海行为准则",表示将在今年晚些时候召开有关海洋安全问题的 G7 高级别会议。

美国国务卿克里在德国吕贝克会见德国外长斯坦梅尔,双方讨论了乌克兰局势、与伊朗的核谈判、打击极端组织"伊斯兰国"、也门局势等问题。

美国国防部发表美韩防务会谈联合声明,强调两国将强化合作,以应对来自朝鲜的"挑衅"行为。声明说,美韩双方就深化同盟关系、消除大规模杀伤性武器、强化通信和网络方面合作进行了讨论。双方还就推进战时作战指挥权移交方案达成初步共识。

4月16日　美日韩在华盛顿举行副外长级三方会谈,美国副国务卿托尼·布林肯、日本外务省事务次官齐木昭隆、韩国外交部第一次官赵太庸出席会议。这是三国第一次举行副外长会议,会议议题包括朝核应对方案、改善韩日关系等。布林肯称,美国并不是在斡旋日韩关系,作为美国的两个重要盟友,美国鼓励日韩加强伙伴关系。这对美国非常重要。

4月17日　美国总统奥巴马在白宫与意大利总理伦齐举行会谈,讨论乌克兰局势、打击"伊斯兰国"极端组织、利比亚局势等问题。奥巴马在随后的记者会上称,如果美国无法与其他太平洋地区国家就贸易协定达成一致,中国将会插足填补真空,制定未来的贸易规则。

美国国防部发表声明称,约 300 名美军伞兵已经抵达乌克兰,以训练乌克兰军队。这批伞兵来自美国陆军第 173 空降旅,准备用 6 个月时间训练 3 个营的乌克兰士兵。

4月19日　《新西兰先驱报》公布一份来自美国情报机构前雇员斯诺登的绝密文件,称新西兰通信安全局曾有计划与美国国家安全局合作,对中国驻新西兰奥克兰的总领事馆进行监控。

美国国务卿克里在国务院会见法国外长法比尤斯。

4月20日　美国和菲律宾举行"肩并肩"联合军事演习。美菲双方共有1.2 万名官兵参加。其中美军 6650 人,超过 2014 年两国军演总人数。军演的场地包括巴拉望岛西部、阿希楠省以及三描礼士省。其中三描礼士海军基地距离中国黄岩岛仅 220 公里。

美国总统奥巴马在白宫会见阿联酋王储纳赫扬,双方讨论了反恐、打击"伊斯兰国"极端组织、也门冲突、伊拉克局势、利比亚局势、叙利亚局势以及伊核问题。

美国国务卿克里在国务院会见阿尔巴尼亚外长布沙提，讨论反恐、打击"伊斯兰国"极端组织等问题。美国和阿尔巴尼亚发表建立美-阿战略伙伴关系声明。

美国国务卿克里在国务院会见希腊外长考茨雅斯，双方讨论了乌克兰局势、反恐等问题。

美国国防部长卡特在五角大楼会见德国国防部长冯德莱恩，双方讨论了伊拉克、阿富汗局势以及打击"伊斯兰国"极端组织、制止俄罗斯"侵略"乌克兰等问题。

代号为"无畏守护者-2015"的乌克兰和美国联合军事演习在乌西部利沃夫州开始举行。乌克兰总统波罗申科和美国驻乌克兰大使派亚特出席演习启动仪式。

4月21日　美国国务卿克里在国务院会见葡萄牙外长马彻特，双方讨论了反恐、打击"伊斯兰国"极端组织、制裁俄罗斯、伊拉克局势等问题。

美国国务卿克里在国务院会见土耳其外长恰武什奥卢，双方讨论了伊朗核问题、反恐、打击"伊斯兰国"极端组织、叙利亚局势、也门局势、塞浦路斯问题等。

4月22日　美国国防部长卡特在乔治敦大学演讲时表示，军事投入下滑削弱了欧洲作为美国盟友的能力，鉴于欧洲所面临的安全挑战，欧洲应加大军事开支。

4月23日　美国国防部发布新版网络安全战略概要，首次公开表示要把网络战作为今后军事冲突的战术选项之一，明确提出要提高美军在网络空间的威慑和进攻能力。新版网络安全战略可以归纳为三大任务：一是保障自身网络安全；二是反击重大网络攻击；三是吓阻重大网络攻击。新战略还表示将加强与网络攻击相关的情报收集能力，并提出要与亚太等地区的盟国加强合作，扩大在网络空间的军事能力。

美国国务卿克里在大西洋理事会发表题为"贸易与国家安全：通过经济实力焕发美国领导力"的演讲。

美国总统奥巴马发表讲话承认，2015年1月美军在阿富汗和巴基斯坦边界地区针对"基地"组织的一次反恐行动中，误杀了两名被"基地"组织挟持的人质美国人温斯坦和意大利人洛波尔托。奥巴马向人质家属表示"最深刻的道歉", 强调他会负全责。

美国国会众议院 25 名两党议员联名致信日本驻美大使佐佐江贤一郎, 强调为了 "正视历史", 安倍应对 1993 年承认日军强征慰安妇的官房长官河野洋平谈话和 1995 年反省过去 "殖民地统治和侵略" 的村山富市首相谈话正式予以再确认, 以便能改善与韩国的关系。

4 月 24 日 美国国务卿克里在加拿大伊魁特参加两年一度的北极理事会部长级会议并开始担任北极理事会轮值主席。克里表示, 美国作为轮值主席国, 将着重做三方面工作, 应对气候变化、促进海洋安全和保护、改善北极圈国家经济和生活条件。

美国白宫国家安全事务副助理本·罗兹在华盛顿表示, 美方鼓励日本首相安倍晋三访美时 "建设性" 地表述历史问题, 与以往的历史问题表态保持一致, 促进更好的地区合作。

美国海军第七舰队旗舰 "蓝岭" 号两栖指挥舰结束对中国湛江的访问后, 在湛江外港某海域与南海舰队 "井冈山" 号两栖船坞登陆舰, 举行了以通信联络、舰艇编队运动、海上联合搜救为主要内容的联合军事演练。

4 月 27 日 美国国务卿克里、国防部长卡特、日本外相岸田文雄和防卫相中谷元在纽约举行安全磋商委员会 "2+2" 会议, 正式修改 "美日防卫合作指针", 决定把美日军事合作扩大到全球范围, 并提出将为亚太及其他地区的和平与安全, 发挥主导作用。克里在随后的记者会上强调, 美国对日本恪守指针的承诺, 仍然是坚实的, 而且防卫合作覆盖日本声称管治的所有范围, 包括 "尖阁诸岛"（即中国的钓鱼岛）。指针还写入了太空及网络领域信息共享等内容。

4 月 28 日 美国总统奥巴马与日本首相安倍晋三在白宫举行双边会谈, 重点讨论了美日安全同盟的转型。在随后的记者会上, 双方认为, 这次会晤为美日同盟的历史翻开新的一页。奥巴马重申, 美日安保条约涵盖钓鱼岛, 但他指出美日同盟不应该被视为挑衅, 而是美日合作的延续。奥巴马称, 美日两国对中国在南海的活动 "都很担忧"。

美国国务卿克里在国务院发布《四年外交与发展评估报告》（2015 Quadrennial Diplomacy and Development Review，QDDR）。

4 月 29 日 美国国务卿克里在国务院会见欧盟高级代表莫盖里尼, 双方讨论了伊朗核问题、利比亚局势、中东局势、叙利亚问题、乌克兰局势等。

中国中央军委委员、海军司令员吴胜利应约与美国海军作战部长格林纳特视频通话，就两国海军务实交流合作、美舰机抵近侦察、南沙岛礁建设等问题交换了意见。这是中美两国海军领导人首次进行视频通话。

4月30日　美国国际宗教自由委员会发布2015年度报告，继续将中国列为"特别关注国"。

美国国务卿克里在国务院会见荷兰外交大臣考恩德斯，双方讨论了打击"伊斯兰国"极端组织、也门局势、跨大西洋贸易与投资伙伴关系等问题。

美国国务卿克里在国务院会见叙利亚反对派理事会主席克赫佳。克里表示，巴沙尔政权正在为了自己的利益而摧毁整个叙利亚，已丧失对国家的任何责任感，正在吸引恐怖分子前往叙利亚，巴沙尔政权已经丧失任何合法性，必须使叙利亚从巴沙尔政权过渡到能够代表所有叙利亚人民的政府。

5月2日　美国国务卿克里访问斯里兰卡，分别会见斯总统、总理和外长，讨论斯里兰卡国内政治改革以及地区问题。

5月3日　美国国务卿克里访问肯尼亚。

5月4日　美国国务卿克里在内罗毕会见肯尼亚总统肯雅塔，双方讨论了打击恐怖主义、苏丹局势等问题。克里宣布为联合国难民事务高级专员办事处在肯尼亚的行动追加援助4500万美元。

5月5日　美国总统奥巴马提名海军陆战队司令约瑟夫（乔）·邓福德为新一任美军参谋长联席会议主席，将接替干了将近4年的陆军四星上将马丁·邓普西。

美国国务卿克里在未提前对外宣布的情况下突访索马里首都摩加迪沙。与索马里总统马哈茂德、总理舍马克以及多名地区领导人举行会谈，讨论打击极端组织索马里"青年党"等问题。

美国国务院发言人拉特克发表声明称，美方对浦志强被关押一周年表示严重关切，并呼吁中方将其释放。

5月6日　美国国务卿克里在吉布提市会见吉布提总统盖莱，讨论双边关系、反海盗、索马里局势等问题。

5月7日　美国国务卿克里访问沙特，与沙特领导人讨论也门局势、打击"伊斯兰国"极端组织、叙利亚局势、伊朗核问题等。

美国国务卿克里在利雅得会见也门总统哈迪。

美国国防部长卡特在五角大楼的记者会上称，美国已启动培训叙利亚反对派战斗人员以抗击"伊斯兰国"武装的项目。该项目起步规模较小，首批参加培训的只有90名叙利亚人。在几周后将开始训练第二批叙战斗人员。

　　5月8日　美国国防部发布《中国军力和安全发展报告》。报告详细描述了中国的军事战略以及过去一年来的军力发展。报告称，中国继续追求长期、广泛的军事现代化以打赢短期、高强度的地区冲突。准备应对台海地区的潜在冲突依然是中国军事投资的主要驱动，但是，中国正在加强对台湾以外地区偶发冲突的重视程度，比如说东海和南海。随着中国全球利益的增长，中国的军事现代化更加重视中国境外的任务，包括力量投射、海上航线安全，反海盗、维和任务以及人道主义援助和救灾。报告认为，中国将解放军现代化看作是取得强国地位和实现中国梦的基本条件，中国将强大的军力看作是阻止外国侵犯中国利益、保家卫国的保障，能够令外国的威慑失效。中国寻求周边地区的基本稳定，避免与美国的直接对抗，集中精力于国内的发展。尽管如此，中国在2014年扩展利益之时表现出了对于地区紧张局势更高的容忍度，特别是在东海和南海的领土争端中。报告称，中国的军事现代化具有削弱美国军事技术优势的潜力，考虑到通货膨胀，从2005年到2014年，中国官方公布的军事预算年均增长9.5%，在可以预见的未来，中国的军费开支可能仍会保持在相当水平。中国将加强在危机或冲突中打败对手和反对第三方介入的能力。美军称，2014年，解放军继续发展应对突发事件的能力，包括：巡航导弹、中短程弹道导弹、高性能的飞机、完整的防空体系、信息化以及两栖和空中突击能力，解放军正在发展和测试新型的中程常规弹道导弹以及远程对地攻击和反舰巡航导弹。试图将包括美国在内的对手力量逼离潜在冲突地区，中国还在发展太空反制、网络战以及电子战能力来抵挡对手的现代信息化作战优势。报告称，解放军在2014年的全球活动包括反海盗巡逻、人道主义援助和救灾、演习以及海上通道护航。其中的亮点有：中国海军第17批、第18批护航编队在亚丁湾护航时，中国护卫舰参与护送装载叙利亚化学武器的任务；中国海军参与搜救马航MH370航班的行动；参加联合国的维和行动；绕非洲大陆航行；首次向印度洋部署商级核潜艇以及宋级柴电潜艇。报告写道，美国国防部对中国的态度，是美国致力于构建亚太地区稳定和多元化的安全秩序、公开透明的经济秩序以及自由的政治秩序的战略的一部分。美国对于中国的政策是基于这样一个前提，两国都致力于扩展利益相关区域内实务合作，并建设性地处理分歧。美军报告认为，维持两国军方之间良好的发展势头，有利于美国鼓励中国坚守国际规则和规范的政策目标的实现，从而有利于区域性和全球性问题的解决。美国国防部继续寻求与中国建立军方之间持续性、实质性关系，同时也鼓励中国做出建设性的贡献，以维护与美国、与美国盟友以及与更广泛的国际社会之间的和平稳定关系。

美国国务卿克里访问法国，参加二战胜利日纪念活动。

5月12日　美国国务卿克里在索契与俄罗斯总统普京举行会谈，讨论乌克兰危机、叙利亚问题、伊朗核问题。克里表示，"如果明斯克（停火）协议得以全面落实，很明显美欧（对俄罗斯的）制裁就可以开始停止"。美俄保持沟通，对于解决迫切的国际问题，例如乌克兰危机、伊朗核谈判和叙利亚内战，非常重要。他赞赏俄罗斯在全球反恐问题上发挥的作用，但呼吁俄应在乌克兰和叙利亚问题上做更多努力。这是自2013年5月以来，美国国务卿首次访问俄罗斯。

美国国务卿克里在土耳其安塔利亚参加北约国家外长会议，讨论从阿富汗撤军、乌克兰危机、对俄关系、打击"伊斯兰国"极端组织等问题。

美国国防部宣布，将从2016年开始，在东京的横田基地部署新型MV-22"鱼鹰"运输机，这将是美军首次在日本冲绳以外的地方部署"鱼鹰"机。具体部署计划包括2016年下半年先部署3架"鱼鹰"机，2021年之前追加部署7架，最终将总共部署10架。

《华尔街日报》报道，美国官员称，美国国防部长卡特已经要求他的部下考虑介入南海的选项，其中包括派遣海军侦察机飞越南海诸岛，舰船驶入中国宣称拥有主权的岛礁12海里以内范围。

5月14日　美国总统奥巴马在戴维营主持美国-海湾合作委员会国家峰会，出席峰会的包括沙特王储和副王储，科威特和卡塔尔的埃米尔以及巴林、阿曼和阿拉伯联合酋长国的高级官员。双方讨论了伊朗核问题、地区安全合作、反恐、海洋安全、网络安全以及弹道导弹防御等问题。奥巴马表示，美国会与海湾合作委员会成员国站在一起，应对外部攻击，并且会按照共同处置的原则，考虑使用各种手段，其中包括可能动用军事力量。

5月15日　美国国会众议院通过2016财年国防授权法案，国防预算经费为6120亿美元，其中包括约890亿美元海外战争经费。

派驻伊拉克的美国特种部队在叙利亚东部阿姆尔展开行动，击毙"伊斯兰国"极端组织主管石油、天然气和财政事务的领导人阿布·赛耶夫。

5月16日　美国国务卿克里在北京会见中国国家主席习近平。习近平指出，我同奥巴马总统一致同意中美共同构建新型大国关系，这符合我们双方共同利益。去年 11 月，奥巴马总统对中国进行国事访问，我同他的会晤达成重要共识，富有成果。今年 9 月我将应他邀请对美国进行国事访问。我期待届时同奥巴马总统就中美关系以及共同关心的重大问题继续进行坦诚、深入沟通，进一步拓展两国合作，更好造福两国人民和世界人民。习近平指出，当前中美关系总体稳定发展，中美新型大国关系建设取得不少"早期收获"。两国贸易、投资及人员往来去年均创历史新高，双方在能源、两军、人文等重要领域合作取得新进展，就重大国际地区和全球性问题保持了密切沟通与协调。新形势下，中美构建新型大国关系要多积累成果。双方要不断拓展务实合作，打造合作亮点。同时，双方要妥善管控和处理好分歧，避免两国关系大方向受到干扰。习近平指出，我曾多次讲过，宽广的太平洋有足够的空间容纳中美两个大国。希望中美双方相向而行，多沟通多对话，增信释疑，深化合作，确保中美关系始终沿着构建新型大国关系的正确轨道向前发展。克里表示，我同意您对美中关系的评价。我们两国关系十分重要。美中一方面开展了广泛合作，向世界展示出两国在应对重大国际地区问题上的重要作用；另一方面，双方能够成熟地管控好两国之间的分歧。两国在应对气候变化、埃博拉疫情、伊朗核问题等领域保持了密切协调与合作，双方还可以进一步拓展合作的广度和深度。克里强调，奥巴马总统期待着您 9 月对美国进行的国事访问，期待着同您就共同关心的问题继续深入交换看法。您届时同奥巴马总统的会晤将对美中关系的进一步发展产生重要的影响。美方正为此加紧准备，并将与中方密切协调配合。访华期间，克里还分别会见了中国国务院总理李克强、外交部部长王毅、军委副主席范长龙、国务委员杨洁篪，就习近平主席 9 月应邀访美事宜和即将举行的中美战略与经济对话进行了磋商。克里重申美国政府在南海问题上不选边站队的立场，近期有关媒体报道并不是美国政府的政治决定。

5 月 17 日　美国国务卿克里开始对韩国为期两天的访问。期间，克里会见韩国总统朴槿惠，与韩国外长尹炳世举行会谈，讨论朴槿惠访美的具体行程、遏制朝鲜威胁、《韩美原子能协定》等事宜。

5 月 19 日　美国司法部网站公布，中国天津大学教授张浩 5 月 16 日从中国飞到美国洛杉矶入关时被警方逮捕，并被当地法院以涉嫌经济间谍罪起诉，一同被起诉的还有包括另外两名天大教师在内的 5 名中国公民。

美国国防部长卡特在五角大楼与波兰国防部长希莫涅克举行会谈，讨论美波防务合作、俄乌关系、美国与北约在波兰的行动等问题。

5月21日　美国有线电视新闻网（CNN）报道称，美国一架 P-8A "海神" 反潜侦察机搭载 CNN 记者 5 月 20 日飞越中国南海岛礁上空，遭到中国海军 8 次警告。

美国负责东亚和太平洋事务的助理国务卿拉塞尔在华盛顿举行的媒体吹风会上称，美军侦察机在中国南沙有关岛礁上空进行的侦察行动 "完全恰当"。美军军机和舰船将 "继续充分行使" 在国际水域和空域航行自由的权利。"没有哪个头脑清楚的人会试图阻止美国海军的行动……那不是很好的选择。"

美国总统奥巴马在白宫与突尼斯总统埃赛卜西举行会谈。美国国务卿克里与突尼斯政治事务部长马佐克签署美突谅解备忘录，美国承诺在经济发展、安全、法制、人权等方面全面支持突尼斯民主过渡进程。

5月22日　美国副总统拜登在美国海军学院发表演讲，称美国的外交政策重点在于亚太再平衡。他指责中国在南海岛礁填海造地 "引发地区紧张"，"挑战航行自由"。他称，在南海的争议海域，美国不偏向任何一国的主权声索，"但是我们将不退避地维护和平公正解决争端的原则，以及航行的自由，而今天这些原则因为中国在南海的行动而受到考验"。

美国负责西半球事务的助理国务卿雅各布森在华盛顿结束与古巴代表团就复交问题进行的谈判。双方均表示谈判取得了积极进展。

5月23日　美国国会参议院未能通过此前众议院提交的旨在限制美国政府监控美国民众电话记录的美国《爱国者法》修正法案，美国国家安全局历时数年的监控项目或将在 5 月 31 日期满终止。

5月26日　美国总统奥巴马在白宫会见北约秘书长斯托尔滕贝格，双方讨论了乌克兰局势、北约在应对全球挑战中的作用、阿富汗局势等问题。

5月27日　美国日裔海军上将哈利·哈里斯接替洛克利尔，出任美国太平洋司令部司令。国防部长卡特在夏威夷太平洋司令部主持交接仪式。仪式上，卡特提到南海问题，要求中国立即停止在南海填海造地，并誓言美国将继续按照国际法在国际海域和空域执行任务。

5月29日　美国国务院宣布，美国已把古巴从支持恐怖主义国家的黑名单中去除。

美国国务卿克里在尼日利亚首都阿布贾出席尼当选总统布哈里就职典礼并会见布哈里。

5月30日　　美国国务卿克里在日内瓦与伊朗外长扎里夫举行闭门会谈，讨论对伊朗核设施核查等问题。

美国国防部长卡特在新加坡参加香格里拉对话会并发表讲话。卡特在演讲中用了很长的篇幅来讲南海问题。他表示，美国对南海地区任一国家在陆地、水域、空域制造不可逆事实或者利用武力改变现状的企图表示关切和担忧。美国也会一如既往维护南海地区航行和飞行自由。卡特还称，中国对于南海水域的主权主张以及岛礁建设行为是造成该地区紧张的一个主要原因。他还强调，并不只是美国对中国在南海岛礁上的建设意图存在担忧，该地区其他国家也有着相同担忧。卡特再次重申，美国希望有关各方通过和平途径解决争端。他强调，作为地区安全架构的中心，东盟应该对此作出努力，美国也鼓励东盟和中国在今年达成南海行为准则，同时美国也将继续支持南海有关声索国通过国际法以及其他和平方式解决争端。卡特同时指出，美国正与日本、澳大利亚一起强化东南亚的海洋安全政策。他强调，美国的同盟、友好关系"几十年来都是亚太地区和平与稳定的基础"。卡特透露称，在接下来访问越南时将与该国签署共同声明，加强军事关系。他还表示今后将继续与同盟国和友好国共同加强对华施压。卡特称，美国希望在亚太地区建立一个所谓的"共享性的地区安全架构"，并敦促南海地区相关国家通过外交谈判的和平方式解决主权争端。"共享性的地区安全架构"应该足够牢固，并有能力将亚太地区国家和人民充分联结起来，在未来共享持续崛起的机遇。他还表示，这样一个"共享性的地区安全架构"同时也应该是包容、开放并且透明的。卡特称，亚太地区面临着朝鲜不断挑衅、国际水域和空域自由航行及飞行受阻、气候变化、恐怖主义、网络安全等威胁和挑战，为此，他认为，一个"共享性的地区安全架构"：第一，应重申此前那些很好适用于该地区的指导原则和规则，应该通过外交方式和平解决争端，而不是采取威胁或者进攻性的方式。第二，加强地区安全机制建设。在这一点上，卡特突出强调了东盟的作用。在他看来，东盟为东南亚地区安全架构的建立奠定了很好的基础。第三，让美国的盟友及伙伴变得更加现代化。卡特在演讲中指出，美国的盟友和伙伴是数十年来确保亚太地区和平和稳定的基石。他解释称，所谓的现代化指的是美国及其盟友们能应对不断变化的威胁。他还表示，美国也正在同盟友和伙伴们一起寻求新的合作方式。第四，增强地区安全架构尤其是海洋安全方面的能力。卡特在演讲中宣布，美国国防部将提出一项新的东南亚海洋安全倡议。第五，形成合作的习惯。卡特在这点上专门提到了美中两国的军队合作。在他看来,美中两军交流不仅让美中两国受益,同样也对亚太整个地区产生了有利影响。

韩国和美国在韩国南部济州岛以东水域举行联合反潜军演,演习有十多艘舰只参加,包括"宙斯盾"驱逐舰、两艘潜艇、配备空对地导弹的 P-8 "海神"巡逻机和"大山猫"反潜直升机等。

6月1日　美国国防部长卡特在河内与越南国防部长冯光青举行会谈。两国防长签署有关防卫合作的联合声明,提出将在海洋安全方面加强信息交换、对话以及交流。卡特表示,美国将为越南海洋警察部队提供 1800 万美元的援助,并继续帮助越南军队建设维和训练中心。

6月2日　美国总统奥巴马签署《美国自由法案》,对此前失效的 2001 年国家安全法条款进行重新授权。法案明确禁止国安局搜集一般民众的电讯信息。

6月3日　美国常务副国务卿布林肯在华盛顿接受采访时表示,在过去 9 个月的空袭中,美国主导的打击"伊斯兰国"国际联盟已消灭了超过 1 万名"伊斯兰国"武装分子。

6月4日　美国国防部长卡特结束对印度为期三天的访问。卡特分别同印度总理莫迪、防长帕里卡尔和外长斯瓦拉杰会晤,讨论深化防务关系、加强防务研发与制造合作等议题。与帕里卡尔签署《美印 2015 防务框架协议》。

6月8日　西方七国集团峰会在德国南部巴伐利亚州的山区小镇加米施-帕滕基兴闭幕。与会领导人会后发表联合声明,内容涉及气候变化、自贸谈判、反恐、乌克兰危机等全球热点问题。声明说,支持在 21 世纪实现全球经济"去碳化",至 2050 年实现全球温室气体排放较 2010 年减少 40%—70%,并要求《联合国气候变化框架公约》所有缔约方共同分担减排责任。七国承诺通过开发、利用创新技术,到 2050 年努力实现能源转型,并制定长期的低碳发展战略。声明指出,将加快欧盟与美国间"跨大西洋贸易和投资伙伴关系协定"谈判进程,确保谈判各方面能取得进展。声明还表示将加强七国在反恐方面的合作。联合声明涉及东海和南海,表示对东海和南海的紧张局势表示关注,反对大规模填海造地。

6月10日　美国白宫发表声明称,美国总统奥巴马已批准向伊拉克增派450 名军事人员,帮助训练伊拉克军队以打击极端组织"伊斯兰国"。

6月12日　中国中央军委副主席范长龙结束对美国为期 5 天的访问。范长龙与美国国防部长卡特、总统国家安全事务助理赖斯举行了会谈。中美两军签署《中美陆军交流与合作对话机制框架文件》，双方还签署了军事档案合作安排备忘录。会谈中，范长龙指出，今年9月，习近平主席将对美国进行国事访问，这是今年中美关系发展中的头等大事。我们将与美方共同努力，确保访问取得圆满成功。我此访的目的，就是为了落实中美两国元首达成的重要共识，推动两军关系稳步发展。范长龙提出，中美两军应积极构建"互信、合作、不冲突、可持续"的新型军事关系，进一步密切交往、加强合作、管控风险。卡特说，美中两军关系有很大的发展潜力，应致力于建立可持续、务实的军事关系。赖斯表示，美方期待习主席访美，希望双方尽早完成空中相遇安全行为准则的磋商。在南海问题上，范长龙敦促美方继续秉持不选边站队立场，减少在南海地区的海空军事活动，客观公正地看待和处理问题，不做损害两国两军关系和地区和平与稳定的事情。他说，南海问题只是中美关系中的一个插曲，美中双方应登高望远，关注更多重大的国际和地区问题。美方表示，南海问题不是美中之间的问题，美方对南海主权争议不持立场，希望有关各方通过谈判协商以和平方式解决问题。双方还就朝鲜半岛、中国台湾、日本、网络安全等交换了看法。范长龙要求美方恪守一个中国政策，不向"台独"势力发出错误信号。

6月13日　日本《产经新闻》报道，美军太平洋司令部司令哈里·哈里斯12日在东京的美国大使馆会见日本媒体记者，称中国建设人工岛导致紧张局势加剧的南海"是公海，不是领海"，并表示"欢迎"，且"强烈期待"海上自卫队参与南海巡逻。

6月19日　美国白宫国家安全委员会发表声明说，美国情报部门确认，"基地"组织头目扎瓦希里的副手、"基地"组织阿拉伯半岛分支头目纳赛尔·武海希在也门被击毙，这对"基地"组织阿拉伯半岛分支构成重创。

美国国务院发布2014年度恐怖主义报告。报告显示，去年全球范围内的恐怖袭击数量增加35%，致死人数增长81%。

正在爱沙尼亚访问的美国国防部长卡特在记者会上宣布，美国决定在保加利亚、拉脱维亚、立陶宛、爱沙尼亚、波兰和罗马尼亚部署约250辆坦克、装甲车及其他作战武器，这些武器旨在保护北约成员国免遭来自俄罗斯以及恐怖分子的威胁。

6月24日　第七轮中美战略与经济对话和第六轮中美人文交流高层磋商

在华盛顿闭幕。美国国务卿克里、财政部长雅各布·卢与中国副总理汪洋、国务委员杨洁篪共同主持了本轮战略与经济对话。美国国务卿克里和中国副总理刘延东共同主持了人文交流高层磋商。中美双方在战略、经济和人文交流领域分别取得127项、70多项和119项具体成果。

在媒体曝光美国情报部门对法国连续三任总统进行监听的消息后，法国现任总统奥朗德就此事与美国总统奥巴马通电话交涉。奥巴马在谈话中承诺不再对法国政府高层进行监听。

美国总统奥巴马发布行政命令称，美方将坚持"决不妥协"的原则，"拒绝向绑匪作出支付赎金、释放囚犯、改变政策等妥协让步"，但"不排除同绑匪进行联络和沟通"，也就是允许政府官员同挟持美国人质的恐怖组织，比如"伊斯兰国"展开协商。

6月25日　美国总统奥巴马与俄罗斯总统普京通电话，双方讨论了乌克兰局势、极端组织"伊斯兰国"威胁、叙利亚局势、伊核问题等。

美国国务院发布《2014年度各国人权报告》，对中国、俄罗斯、伊朗、朝鲜、越南、叙利亚等国的人权状况提出批评，声称在"言论、集会和结社自由等方面的人权状况进一步恶化"。

美国情报总监克拉珀在华盛顿"GEOINT 2015"年会上说，造成数百万联邦工作人员个人信息外泄的美国人事管理局人事档案数据库遭黑客袭击事件中，中国人是"头号嫌犯"，"考虑到这一黑客攻击的难度，你不得不在某种程度上佩服中国人"。克拉珀也是美国政府首位明确指出此次黑客袭击案件嫌疑人为中国的高官。

6月26日　美国负责南亚和中亚事务的助理国务卿俾斯瓦尔和负责东亚和太平洋事务的助理国务卿拉塞尔在华盛顿共同主持与日本和印度代表团举行的美日印三边会谈，讨论亚太多边机制、海上安全、人道救援等问题。

6月27日　美国国务卿克里在维也纳与伊朗外长扎里夫举行会谈，讨论伊朗核问题。

6月29日　美国总统奥巴马在白宫签署国会两院一致通过的贸易促进授权法案（TPA），以加快跨太平洋伙伴关系协定（TPP）谈判进程。国会参众两院已分别于6月24日和18日表决通过该项法案，允许TPP谈判完成后在国会进行直接表决，而不对内容做任何修改。这是自2007年TPA权限失效以来美国总统首次重掌贸易谈判权限。

6月30日　美国总统奥巴马在白宫与巴西总统罗塞夫举行会谈。这是两年前罗塞夫因"监控门"事件曝光、愤而取消访美行程后，首次到访白宫。期间二人宣布两国已走出监控事件留下的阴影，奥巴马则保证不会再实施窃听，并受邀出席里约奥运会。双方还就一系列方便两国人文交流和贸易的举措以及气候变化问题达成共识，当中包括恢复鲜牛肉贸易等。

美国国务卿克里在维也纳与伊朗外长扎里夫举行会谈，讨论伊核问题。

7月1日　美国总统奥巴马在白宫记者会上宣布，美国和古巴已就恢复外交关系达成一致，两国将于7月20日重开使馆。

美国国防部发布《国家军事战略报告》，称美军一方面需要准备好应对如俄罗斯这样"挑战国际准则"的国家，另一方面也要应对暴力的极端组织，如"伊斯兰国"。伊朗和朝鲜的核计划也被列入"威胁者"行列，中国虽然威胁等级更低，但美国也在报告中指责中国在南海填海造岛"令亚太紧张"。

7月3日　美国国务卿克里在维也纳与伊朗外长扎里夫举行会谈，继续讨论伊核问题。

7月5日　澳大利亚和美国两年一度的联合军演"护身军刀"在澳大利亚举行，日本首次派出40名陆上自卫队队员参加这场大约3万名军人参与的大型军演。今年的演习包括海上作战、两栖登陆、特种部队战略和城市作战等内容，新西兰也首次派出500名士兵，编入澳军参与演习。

7月6日　美国总统奥巴马在五角大楼同国防部长卡特、美军参联会主席邓普西等高级官员商讨打击"伊斯兰国"极端组织战略。在随后的五角大楼新闻发布会上，奥巴马阐述了一年来美国在打击"伊斯兰国"行动中取得的成就，强调继续通过空中打击、切断经济来源、训练当地武装力量、开展舆论战等既定手段，以实现"削弱并最终打败"这一极端组织的战略目标。

美国国务卿克里在维也纳会见欧盟高级代表莫盖里尼、英国外交大臣哈蒙德、法国外长法比尤斯、德国外长施泰因迈尔、俄罗斯外长拉夫罗夫，讨论伊朗核问题。

7月7日　美国总统奥巴马在白宫与来访的越共中央总书记阮富仲会晤，双方谈及跨太平洋伙伴关系协定（TPP）、人权和南海局势等问题。奥巴马表示，美越之间有过一段"困难"的历史，但20年来双边关系取得显著进展，虽然政治制度存在巨大差异，但两国已建立基于相互尊重和互惠的"建设性"合作关系，深化了教育、科技、安全、气候变化等领域合作，两国应围绕

"全面伙伴关系"深入进行讨论，其中TPP能够提高劳工和环保标准，为美越带来更多就业、促进更大繁荣。奥巴马说，双方"坦率"讨论了人权、宗教信仰自由方面的分歧，相信开展外交对话和务实合作有利于两国，通过双边或多边渠道对话，两国能够以有效方式缓解紧张。阮富仲表示他与奥巴马开展了"实质性"对话，虽然两国之间的历史无法改变，但领导人有责任塑造一个光明的未来，越美同意加强政治、经济、贸易、投资、教育、环境、公共安全、防务与安全合作。奥巴马与阮富仲还就南海局势重申了各自立场。

阿富汗国家安全局发表公报说，"伊斯兰国"极端组织在阿富汗的二号人物居尔·扎曼已在美军无人机空袭中丧生。

7月8日 美国、保加利亚、拉脱维亚、立陶宛、罗马尼亚和格鲁吉亚军队在格鲁吉亚瓦贾尼军事基地举行"敏捷精神"联合军演，美国派出220名海军士兵。演习内容包括维和行动演练、战斗支援，旨在增进各国军队的了解和在未来联合行动中的协同作战能力。

美国空军总司令詹姆斯称，俄罗斯是美国国家安全的最大威胁，由于北约伙伴削减预算，美国应在欧洲加强军事存在。

7月9日 美国海军陆战队司令、参联会候任主席邓福德出席参议院军事委员会听证会，阐述其对叙利亚、伊拉克局势、"伊斯兰国"看法。邓福德称，俄罗斯是美国的最大威胁，中国其次。俄罗斯不仅有侵犯美国盟友、损害美国利益的能力，而且现在正在这样做。但中国正在增长的军事能力并不一定意味着中国是当前威胁，因为看一个人是不是威胁，既要看其能力也要看其意图。"所以当我在看待中国在亚太地区相对于美国利益的能力时，我把中国视为安全关注而不是威胁"。

7月10日 代号"微风2015"的北约联合海军演习在保加利亚黑海专属经济区内举行，来自美国、希腊、罗马尼亚、西班牙、葡萄牙、荷兰、土耳其和保加利亚的30艘舰只和1700名水兵参加了联合海军演习。演习包括海上消防、海上防空、海上救助、打击海盗、联合反潜等科目。

"伊斯兰国"在阿富汗和巴基斯坦地区最高头目哈菲兹·萨义德在美国针对阿富汗南加哈尔省东部地区的一次无人机空袭中被炸身亡，同时被炸死的还有约30名"伊斯兰国"武装分子。

美国总统奥巴马高级顾问贾瑞特在纽约参加达赖80岁"庆生"活动。

7月14日 欧盟外交和安全政策高级代表莫盖里尼和伊朗外长扎里夫在

维也纳的新闻发布会上宣布，六国和伊朗成功完成谈判，就《共同全面行动计划》最终文本达成一致。全面协议文本包含协议主体部分和有关核、制裁、民用核能合作、共同委员会和履行等 5 个技术附件。协议将确保伊朗核项目用于和平目的，伊朗确认绝不寻求发展或获取任何核武器，关于核计划的所有安理会和多国对伊制裁将被取消。美国总统奥巴马在白宫就此发表讲话称，协议将切断伊朗所有拥核途径，他将否决任何阻碍协议实施的国会立法。

7 月 16 日   美国国务卿克里在国务院会见沙特外交大臣朱拜尔，双方讨论了伊核六国与伊朗达成的协议、叙利亚局势、打击"伊斯兰国"极端组织、也门问题等。

7 月 18 日   美国参联会主席邓普西对伊拉克进行事先未公布的访问，与伊方领导人讨论打击"伊斯兰国"极端组织问题。

美军太平洋舰队司令斯威夫特在菲律宾访问期间，乘坐 P-8A"海神"反潜侦察机，参与在南海的视察工作，历时 7 小时。

7 月 19 日   美国国防部长卡特开始出访以色列、沙特和约旦三国。

美国参联会主席邓普西访问阿富汗，与阿富汗总统加尼讨论了制定打击"伊斯兰国"极端组织的跨区域战略等问题。

7 月 20 日   美国负责西半球事务的助理国务卿雅各布森与到访美国的古巴外长罗德里格斯出席古巴驻美国大使馆重开仪式；美国国务卿克里在国务院会见罗德里格斯。罗德里格斯是半个多世纪以来首位访问美国国务院的古巴外长。

美国总统奥巴马在白宫会见尼日利亚总统布哈里。双方讨论了尼民主化进程、合作打击恐怖主义、消除埃博拉病毒等问题。

美国国防部长卡特在特拉维夫与以色列国防部长亚阿隆举行会谈，双方讨论了两国在中东地区的安全合作、导弹防御、网络安全等问题。

代号为"快速三叉戟"的多国军事演习在乌克兰西部利沃夫州陆军学院国际维和与安全中心基地开始举行。参加这次演习的有来自乌克兰、美国、加拿大、英国、德国、波兰等 18 个国家的 1800 多名军人，其中美国军人约 500 名。

联合国安理会以 15 票赞成一致通过第 2231 号决议，核可伊朗与中、美、英、法、德、俄六国 7 月 14 日在维也纳达成的伊朗核问题全面协议。根据该决议，一旦伊朗切实执行协议相关内容且国际原子能机构确认伊朗所有核材料仍用于和平活动，联合国将终止此前通过的 7 个对伊朗的制裁决议，但对常规武器和弹道导弹的禁运仍将分别持续最多 5 年和 8 年。而如果伊朗违反协议内容，联合国制裁决议将重新生效。

7 月 21 日　美国总统奥巴马与中国国家主席习近平通电话，谈话涉及习近平 9 月访美和两国在伊核协议问题上的合作。

美国国防部长卡特访问约旦。

美国五角大楼宣布，"基地"组织叙利亚分支"呼罗珊"组织头目穆赫辛·法德利于两周前在美军空袭中身亡。

7 月 22 日　美国国防部长卡特在安曼与约旦领导人讨论叙利亚局势、打击"伊斯兰国"极端组织等问题。

美国国防部长卡特在吉达与国王萨勒曼等沙特领导人讨论双边安全合作、对伊朗核活动的核查、打击"伊斯兰国"极端组织等问题。

7 月 23 日　美国国防部长卡特访问伊拉克，与伊拉克总理阿巴迪、国防部长乌拜迪以及逊尼派政治和部落领导人讨论打击"伊斯兰国"极端组织的进展等问题。

美国国会参议院举行听证会审查伊核问题六国与伊朗达成的全面协议，共和党议员当面批评国务卿克里被伊朗"欺骗"。克里反击称，这份协议是解决伊核问题的"唯一可行"选项，呼吁国会批准。

美国国务院发言人柯比发表声明说，美国和土耳其决定进一步加强合作，打击"伊斯兰国"组织，"由于涉及运作安全问题，因此详情暂时不便透露"。

美国国防部发表声明称，本月 11 日，美军在空袭中打死了阿富汗"基地"组织高级指挥官阿布·哈利勒和另外两名"基地"组织成员。

7 月 24 日　美国总统奥巴马访问肯尼亚并参加全球企业家峰会，这是美国总统首次访问肯尼亚。

美国国防部长卡特在伊拉克库尔德地区首府埃尔比勒会见库尔德地区主席巴尔扎尼，讨论打击"伊斯兰国"极端组织等问题，承诺美国将对"伊斯兰国"进行持久打击。

土耳其外交部发表声明说，土允许美国主导的国际联盟使用位于土南部阿达纳省的因吉尔利克空军基地等来打击在叙利亚和伊拉克境内的极端组织"伊斯兰国"。

7 月 27 日　美国总统奥巴马与埃塞俄比亚总理德萨莱尼在亚的斯亚贝巴

举行会谈，讨论加强双边关系和反恐合作等问题。

美国总统奥巴马在亚的斯亚贝巴与肯尼亚、苏丹、埃塞俄比亚、乌干达和非盟领导人就南苏丹和反恐问题举行双边会谈。

美国总统奥巴马在埃塞俄比亚首都亚的斯亚贝巴的非盟总部发表讲话时称，如果非洲国家领袖任期届满却不卸任，国家就不会进步。他同时呼吁非洲国家终结"贪腐之癌"。

美国国务卿克里在国务院发布《2015年人口贩运问题报告》，报告介绍和评价了世界188个国家和地区包括美国的人口贩运问题。

美国国务卿克里在国务院会见新西兰外长迈克库利。

美国以乌克兰问题为由扩大对俄罗斯制裁，11个自然人和15个法人被列入受限制名单。美国财政部网站公布最新被纳入美制裁名单的俄罗斯商人和公司，其中有俄重要军工企业伊热夫斯克机械制造厂和轻武器工业集团卡拉什尼科夫集团。

7月31日　"跨太平洋伙伴关系协定"（TPP）部长级会议在美国夏威夷毛伊岛落幕，谈判各方在农产品和汽车业市场准入、知识产权保护等关键议题上未能取得突破，没有达成协议。

"维基解密"公布的文件显示，美国从2006年开始对日本的35个目标进行窃听，其中包括政府高官及大财团高管。虽然"维基解密"公开的文件中并未显示日本首相安倍晋三遭窃听，但安倍内阁中包括经济产业大臣宫泽洋一及央行行长黑田东彦在内的多名高官都成为美情报机构的窃听目标。

8月2日　美国国务卿克里与埃及外长修可瑞在开罗参加美国-埃及战略对话，讨论加强双边安全合作、打击恐怖主义与极端主义等问题。

8月3日　美国国务卿克里在卡塔尔首都多哈会见沙特外交大臣朱拜尔。

美国国务卿克里在多哈会见卡塔尔埃米尔特赫尼。

美国国务卿克里在多哈参加海湾合作委员会外长会，讨论美国与海合会战略合作伙伴关系的下一步发展。会议评估了伊核六国与伊朗达成的伊核问题全面协议、也门冲突政治解决的必要性等问题。

美国国务卿克里在多哈举行的美国与海合会外长会议上宣布，美国正向伊拉克提供6200万美元追加人道主义援助，使美国在2014财年对伊拉克援助的总额达到4.77亿美元。

美国国务卿克里在多哈会见俄罗斯外长拉夫罗夫和沙特外交大臣朱拜尔。

美国国务卿克里在多哈会见阿联酋外交大臣扎耶德。

8月4日 美国国务卿克里在新加坡会见新加坡总理李显龙。

美国国务卿克里在新加坡管理大学发表题为"美国与亚太：繁荣中的伙伴"的演讲。克里称，跨太平洋伙伴关系协定谈判取得了"良好进展"，尽管某些国家仍在上一轮谈判中僵持不下。"TPP具体地展示了美国对维护亚太地区安全与繁荣坚定不移的决心。"克里说，"经济政策即是外交政策，外交政策也即是经济政策"。他还说，美国在东南亚投资时，"跟某些国家的公司不一样"，会聘请并培训当地员工，会注重环保，也不会贪污，这些特质是美国的"比较优势"。

美国国务卿克里赴马来西亚吉隆坡参加亚细安区域论坛和东盟峰会外长会议。

美国总统奥巴马在白宫与联合国秘书长潘基文举行会谈。

美国总统奥巴马在白宫与美国犹太人社区领导人讨论伊朗核协议。

8月5日 日本首相安倍晋三与美国副总统拜登举行电话会谈。围绕日前爆出的美国国安局窃听日本多家机构及要员一事，拜登称与总统奥巴马一起向日本正式作出道歉。美方将不会再做出"有损日美同盟相互间信任"的事情。

美国国务卿克里在吉隆坡参加第八届湄公河下游国家倡议部长级会议（the 8th Lower Mekong Initiative Ministerial Meeting）。

美国国务卿克里在吉隆坡会见中国外长王毅。克里表示，美方愿与中国建立战略互信，并在亚太事务中探索良性互动。美方从不谋求在亚太地区与中国对抗。双方还就南海局势交换了意见。

美国国务卿克里在吉隆坡参加美国-东盟部长级会议。克里称，东盟是亚太多边机制的中心，对在亚洲支持以规则为基础的制度至关重要。

美国国务卿克里在吉隆坡会见马来西亚总理纳吉布。

美国国务卿克里在吉隆坡会见俄罗斯外长拉夫罗夫。

美国国务卿克里在吉隆坡会见土耳其外长恰武什奥卢。

美国总统奥巴马在美利坚大学就伊核全面协议发表演讲。

8月6日 美国国务卿克里在吉隆坡参加东亚峰会外长会议。

8月7日 美国国务卿克里访问越南，分别会见越南国家主席张晋创、越共总书记阮富仲、越南副总理兼外长范平明。双方讨论了跨太平洋伙伴关系协定、双边贸易、海上安全合作、南海领土争端、两国在地区与全球安全合作、气候变化、人权等问题。

8月9日　6架美国F-16战机和300名美军士兵抵达土耳其因吉尔利克空军基地，准备对"伊斯兰国"极端组织发起打击。

8月12日　韩美在三八线附近位于京畿道抱川的韩国陆军训练场启动"综合火力剿敌演习"，韩美两军47支部队的2000多名官兵参加此次实弹火力演习，规模为历届之最。

8月13日　第19次中美人权对话在华盛顿举行，对话由中国外交部国际司司长李军华和美国负责民主、人权和劳工事务的助理国务卿马林诺夫斯基共同主持，中国最高人民法院、中央统战部、全国人大常委会法制工作委员会、国家民委、公安部、司法部、人力资源和社会保障部、国家宗教局、国务院新闻办公室和美国国务院、国家安全委员会、商务部、司法部、环境保护署的数十名高官参加。

8月14日　美国驻古巴使馆举行开馆仪式。美国国务卿克里、美古政府官员、古巴民众等数百人出席仪式。

美国国务卿克里在哈瓦那与古巴外长罗德里格斯举行会谈，双方就环保领域合作、执法部门合作等议题进行了探讨。双方决定，9月上旬开始就双边关系全面正常化举行正式对话。

8月16日　《纽约时报》根据美国中央情报局前雇员斯诺登披露的文件报道，美国历史最悠久和最大的电信公司之一的美国电话电报公司（AT&T）长期与美国国家安全局合作，监控大批经过美国国内网络的通信数据，包括为国安局提供技术支援，暗中执行一项法庭秘密庭令，窃听进出联合国总部的所有互联网通信。

8月17日　为期12天的年度韩美"乙支自由卫士"联合军演在朝鲜半岛开始举行。韩美双方分别派出5万多和3万多名官兵，规模与往年相同。

8月18日　美国国防部长卡特在五角大楼会见格鲁吉亚国防部长克黑达舍利，讨论双边军事合作问题。

8月19日　美国驻欧洲陆军司令部发表声明，北约启动冷战结束以来欧洲最大规模的空降演习。来自美国等11个北约国家的近4800名士兵从8月15日开始在德国、意大利、保加利亚和罗马尼亚境内进行"快速反应-15"演习。

8月21日　白宫国家安全委员会发言人普莱斯发表声明说，"伊斯兰国"

极端组织二号头目法迪勒·艾哈迈德·哈亚利，也被称为穆塔兹，死于美军 8 月 18 日在伊拉克城市摩苏尔附近实施的空袭行动，"伊斯兰国"媒体事务头目阿卜杜拉也死于同一场空袭。

8 月 24 日　美国与加蓬在加蓬首都利伯维尔共同主办美国与撒哈拉以南非洲贸易和经济合作论坛（即"非洲增长与机会法论坛"，the African Growth and Opportunity Act Forum），美国贸易代表弗罗曼及来自美国国务院、农业部、商务部、能源部、劳工部、运输部、财政部等部门的官员出席会议。此次论坛的主题是"2015 年的非洲增长与机会法：规划可持续的美-非贸易和投资伙伴关系"。

叙利亚外交部副部长费萨尔·梅克达德说，美国已经向叙利亚政府承诺，其在叙利亚培植的亲美武装将不会攻击叙利亚政府军，而只以打击"伊斯兰国"为目标。

8 月 25 日　美国国防部发言人库克在五角大楼记者会上说，美国与土耳其已经敲定将土耳其纳入打击极端组织"伊斯兰国"（IS）国际行动协议的技术细节，将把土耳其完全纳入美国领导的打击 IS 的空袭行动。

8 月 26 日　美国总统奥巴马与日本首相安倍晋三举行电话会谈，对于不久前"维基解密"网站爆出美国情报部门监听日本政府及企业高层事件，奥巴马向安倍表示"道歉"。针对当前全球多国股价暴跌一事，双方商定将与七国集团（G7）一道携手进行应对。奥巴马还对安倍不久前发表的战后 70 周年首相谈话持"欢迎"态度。此外，双方还就当前的朝鲜半岛局势等议题交换了意见，并确认将联合进行应对。

8 月 27 日　正在格鲁吉亚访问的北约秘书长斯托尔滕贝格和格鲁吉亚领导人共同宣布，正式启用位于科萨尼西的"北约-格鲁吉亚联合军事训练与评估中心"，用于培训格鲁吉亚和北约成员国的军队。

波兰国防部长谢莫尼亚克对波兰通讯社记者说，自 2016 年年中开始，美国将在波兰储备重型军事装备。这将是自"冷战"以来美国首次在前苏联势力范围、现为北约成员的国家内部署类似装备。

8 月 28 日　美国总统国家安全事务助理赖斯访华。期间，分别会见中国国家主席习近平、国务委员杨洁篪、外交部部长王毅。为习近平主席 9 月份对美国的国事访问做准备，并就双边关系和共同关心的重大国际问题交换意见。

美国总统奥巴马提名前外交官吉姆·奥布莱恩担任总统特使，专门处理人质事务。"人质特使"的主要工作职责将包括会见外国领导人,以促成人质获释;为营救方案出谋划策;向美国方面的决策者"通气"、汇报最新进展;代表美国与绑架者进行谈判等。"人质特使"的"编制"在美国国务院。特使除了与执法部门和外交官员合作,还要跟中央情报局和联邦调查局协调。

8月30日 由美国国务院主办的"全球领导人北极会议"在美国阿拉斯加州安克雷奇市举行。美国国务卿克里主持会议,美国总统奥巴马发表讲话,来自全球20个国家的约450名代表出席会议。会议主要讨论北极的变化及其对全球的影响、气候变化与适应以及加强在北极问题上的合作。

8月31日 代号为"海上微风-2015"的多国联合军演在乌克兰南部尼古拉耶夫州开始举行。共有2500名军人参加此次演习。其中,乌克兰和美国各有1000人,其余500人来自一些北约成员国和加入"和平伙伴关系计划"的国家。演习包括海上和岸上两部分,目的是在发生危机的地区演练多国开展维护安全的行动。

9月2日 美国国务卿克里在国务院会见沙特外交大臣朱拜尔,讨论美沙关系及中东地区局势。

9月4日 美国总统奥巴马在白宫会见沙特国王萨勒曼,双方讨论了伊核问题全面协议,还探讨了反恐、海上安全、网络安全、弹道导弹防御等领域合作,强调了打击恐怖主义和暴力极端主义的重要性,致力于就打击"伊斯兰国"和"基地"组织展开合作,阻止外国武装人员流入该地区,切断恐怖分子资金流。

9月5日 美国国务卿克里与俄罗斯外长拉夫罗夫通电话,表达美国对于俄加强在叙利亚军事集结报道的担忧。克里明确表示,"如果报道准确,这些行动可能会进一步升级冲突,导致无辜民众更大的伤亡,加剧难民潮,并且有可能与叙利亚的反'伊斯兰国'组织联盟对抗"。

日本自卫队与美国海军陆战队在美国加州近海举行联合登陆演习。这是相隔两年来,日美两国军队举行的一次针对外国军队占据日本离岛背景下的"夺岛演习"。

9月8日 白宫发言人欧内斯特在记者会上称,美国对有关俄罗斯可能向叙利亚部署军事人员和军机的报道表示担忧。

9月9日 习近平主席特使、中共中央政治局委员、中央政法委书记孟建柱,率公安、安全、司法、网信等部门有关负责人访问美国。访美期间,同美国国务卿克里、国土安全部部长约翰逊、总统国家安全事务助理赖斯等举行会谈，就共同打击网络犯罪等执法安全领域的突出问题深入交换意见，达成重要共识。

日本共同社报道称，从日本防卫省和海上自卫队处获悉，为应对海洋活动趋于活跃的中国海军，海上自卫队和美国海军以冲绳为据点部署了大范围覆盖西南诸岛太平洋一侧的最新型潜艇水下声波监听系统，供日美共同运用。报道称，该系统可以探测到从东海、黄海进入太平洋的中国潜艇。

9月10日　美国国家情报总监克拉珀在国会众议院情报委员会听证会上表示，中国继续对广泛系列的美国利益发起网络间谍活动，针对的目标包括美国国家安全信息，敏感的经济数据和知识产权。虽然中国的网络行动能力很强，但中国黑客经常能在不使用尖端手段的情况下攻入他们的目标。美国应该通过"应对不太尖端的威胁，并且在中国坚持继续网络间谍活动的时候增加他们的代价和风险"。"目前，来自任何一方的灾难性攻击的可能性并不大"，但持续的"低水平网络攻击"能破坏美国的经济竞争力和国家安全。克拉珀说，外国情报部门正越来越多地攻入美国关键的基础设施，他们可能以此对美国实施破坏。俄罗斯、中国、伊朗和朝鲜对美国构成最大的网络威胁。

美国白宫新闻发言人欧内斯特在记者会上说，总统奥巴马已要求美国政府在2016财政年度接纳1万名叙利亚难民。

美国国会参议院就"伊朗核谈协议否决案"是否进入最后程序表决，58名议员赞成进入最后程序，42名议员反对，未能达到60票门坎，该案成功被挡下。奥巴马称赞这是"历史性进步"。

9月15日　美国总统奥巴马在白宫会见西班牙国王菲利普六世。双方讨论了双边关系、打击极端主义及"伊斯兰国"极端组织等问题。

9月16日　美国总统奥巴马在华盛顿与游说团体"商业圆桌"（Business Roundtable）会谈时对出席活动的首席执行官们说，"我们已经多次告诉中国政府，我们理解各国政府的传统间谍行为，美国政府也是这么做的。但是，一个政府或其代理机构直接参与工业间谍活动、盗取贸易机密、盗取公司的专利资料，这和前者有根本区别。我们认为那是侵略的行为，必须停止"。"我们将通过一系列措施告诉中国人，这并不只是美国人有点失望的问题，如果此事得不到解决，中美关系将承受巨大压力，我们已经准备好采取一些对抗措施，希望能引起他们的重视。"奥巴马表示，如有必要，他会对数家公司采取经济制裁以外的行动，但他没有详细说明。奥巴马还表示，他对"跨太平洋伙伴关系协定"（TPP）在 2015 年底之前正式签署充满信心。

美国国务卿克里在国务院与南非外长马沙本共同出席美国-南非战略对话会，讨论地区安全、贸易与投资、公共健康等问题。

美国国务卿克里在国务院会见塞尔维亚总理武契奇，双方讨论了欧洲面临的难民危机、塞尔维亚与科索沃关系、双边经济和能源关系等问题。

9 月 17 日　中国国家主席习近平在人民大会堂会见出席第七轮中美工商领袖和前高官对话的美方代表美国全国商会会长多诺霍、史尼泽钢铁公司总裁伦德格伦、前商务部长古铁雷斯、布鲁金斯学会主席桑顿等。

美国国防部亚太事务助理部长施大伟和美军太平洋司令部司令哈里斯出席美国国会参议院军事委员会举行的听证会。施大伟说，美国军舰迄今没有进入中国最近在南海人造岛礁的 12 海里以内，美国飞机也没有直接飞越这些新造岛礁。参议院军事委员会主席麦凯恩称，美军回避这些新造岛礁的 12 海里范围等于是接受中国对这些岛屿拥有主权的主张。麦凯恩批评奥巴马政府没有在南海挑战中国填海造地，并敦促美军舰船和飞机和平地进入这些岛礁的 12 海里范围内巡逻。

美国国务卿克里在国务院会见海地总理鲍尔，双方讨论了海地震后重建进程与海地政治局势以及双边合作。

美国联邦储备委员会的货币政策决策机构联邦公开市场委员会（FOMC）发布声明，维持 0%—0.25% 基准利率不变。未来决定加息时，将综合考虑一系列因素，其中包括劳动力市场状况指标、通胀压力和预期指标以及金融市场和国际形势的发展。

9 月 18 日　中美军方就重大军事行动相互通报机制新增"军事危机通报"附件以及海空相遇安全行为准则新增"空中相遇"附件完成正式签署。

美国国务卿克里在伦敦会见阿联酋外交大臣扎伊德，双方讨论了叙利亚局势、打击"伊斯兰国"极端组织等问题。

美国国防部长卡特与俄罗斯国防部长绍伊古通电话，双方就在叙利亚问题上存在的"意见一致与分歧"具体陈述立场，同意今后讨论机制建设问题，以避免两国在叙利亚问题上因"误判"引发冲突，以及合作打击"伊斯兰国"。这是两国自 2014 年 3 月因乌克兰危机暂停军事合作以来首次防长对话。

9 月 19 日　美国国务卿克里在伦敦会见英国外交大臣哈蒙德，双方就俄罗斯参与打击极端组织"伊斯兰国"交换了意见，还讨论了叙利亚局势、也门局势、打击"伊斯兰国"极端组织等问题。

9月20日　美国国务卿克里在柏林会见德国外长施泰因迈尔，双方讨论了叙利亚局势、难民危机、伊朗核协议的实施等问题。克里表示，美国愿在2016财政年度多接纳1.5万名世界各地难民，使美国该年度接纳难民总数达到8.5万人，2017年将接纳10万难民。美国还将探寻其他方法，在未来接收更多难民。这其中，很多人都来自叙利亚。

9月21日　美国总统国家安全事务助理赖斯在乔治·华盛顿大学演讲，系统阐述美方对中国国家主席习近平访美和当前美中关系的看法。她说，美中关系是当今世界最重要的双边关系，两国只有协同合作才能解决世界上面临的许多挑战。美方拒绝所谓"美中冲突不可避免"的论调，美中关系不是零和游戏。

9月22日　中国国家主席习近平在美国华盛顿州西雅图市出席华盛顿州当地政府和美国友好团体联合举行的欢迎宴会并发表演讲。

第三届中美省州长论坛在西雅图举行，中国国家主席习近平出席论坛。本届论坛的主题是"清洁能源与经济发展"，讨论建筑业和工业的能效提升、清洁可再生科技的发展和商业化、现代化智能电网、清洁交通运输等诸多议题。美国加利福尼亚州州长布朗、华盛顿州州长英斯利、艾奥瓦州州长布兰斯塔德、密歇根州州长斯奈德、俄勒冈州州长布朗和中国四川省、北京市、重庆市、浙江省、山东省、陕西省负责人出席本届论坛。

中国国家主席习近平在西雅图出席由美国前财政部长亨利·保尔森主持的中美企业圆桌会议。

中美民用航空领域合作签字仪式在美国西雅图举行，中国政府有关部门和企业分别与美国波音公司签署了关于全面战略合作、建立完工中心、大部件生产和购机等系列合作文件。这些合作文件的签署标志着中美民用航空领域合作取得新的突破性进展。

美国国务卿克里、商务部长普利兹克与印度外长斯瓦拉吉、商业和工业部长西萨拉曼在国务院参加美国–印度战略与商业对话会。双方讨论了反恐、印度洋、海上安全、南海、南亚、核不扩散、气候变化等问题。

美国国务院发言人多纳在记者会上说，日本政府必须采取慎重的态度对待俄罗斯总统普京访日问题。"如果考虑到俄罗斯在乌克兰东部地区的所作所为，现在与俄罗斯开展'正常的业务'不是时候"。针对日本外务大臣岸田文雄近日访问莫斯科，并与俄罗斯外长举行会谈一事，多纳表示不悦："我们不知道为什么要进行这一次访问。"

美国国防部发言人库克在记者会上表示，美国国防部正在审议美国太平洋司令部有关 9 月 15 日一架美国 RC–135 侦察机在黄海上空被中国两架歼轰–7 战机拦截的报告。

9 月 23 日　罗马教皇方济各访美，美国总统奥巴马亲自携家人与副总统拜登在马里兰州安德鲁斯空军基地迎接。访美期间，方济各会见美国总统奥巴马、在国会发表演讲，成为首名在美国国会演讲的罗马教皇。

中国国家主席习近平在西雅图参观波音公司商用飞机制造厂。

第八届中美互联网论坛在美国西雅图市微软总部举行，正在当地访问的中国国家主席习近平前往会见了出席论坛的包括微软、英特尔、苹果、脸谱和阿里巴巴领导人在内的中美代表并发表讲话。

9 月 24 日　美国总统奥巴马与中国国家主席习近平在华盛顿布莱尔国宾馆举行中美元首会晤，就治国理政、中美关系等共同关心的重大问题深入交换意见。奥巴马表示，我不认同守成大国和新兴大国必将发生冲突的"修昔底德陷阱"。大国尤其是美中之间更要尽量避免冲突。我相信美中两国有能力管控好分歧。美中之间的竞争应该是建设性的、具有积极意义的。

联合国人权理事会第 30 次会议在日内瓦核可了对美国人权状况的国别审查报告。一些国家和国际组织代表敦促美国言出必行，切实履行自己对于改进人权的承诺。针对 100 多个国家、联合国相关机构以及国际非政府组织对美国提出的 343 项人权状况改进意见和建议，美国政府最终决定接受或部分接受其中的 260 项，而对于"停止境内外的大规模监视活动，以免侵犯其本国和他国公民的隐私权"等多项建议则置之不理。

美国国防部长卡特在五角大楼会见乌克兰国防部长保尔托拉克。卡特重申了美国对乌克兰的承诺，表示美国将继续支持乌克兰军队在遭到俄罗斯分离分子攻击时的自卫权利。卡特说，乌克兰为履行明斯克协议做出了真诚的努力，在面对挑衅和攻击时表现出相当的克制。

美联储主席耶伦在马萨诸塞大学阿默斯特分校经济系以"通胀动态和货币政策"为题发表演讲，她表示，仍预计今年晚些时候加息，加息取决于失业率继续下降和经济不利因素持续消退。

9 月 25 日　中国国家主席习近平同美国总统奥巴马在白宫举行会谈，就经贸投资、网络安全、南海、人权、人文交流以及落实伊核问题全面协议、推动朝鲜半岛无核化、阿富汗重建、应对气候变化、维和等议题交换意见，达成49项重要共识和成果。

中美两国元首发表关于气候变化的联合声明，重申坚定推进落实国内气候政策、加强双边协调与合作并推动可持续发展和向绿色、低碳、气候适应型经济转型。

中国国家主席习近平在华盛顿国会山集体会见美国国会参议院和众议院领导人。参议院多数党领袖麦康奈尔、参议院少数党领袖里德、众议长博纳、众议院少数党领袖佩洛西及两院主要委员会负责人参加。双方就中国经济形势、气候变化、南海、人权、网络、投资环境等交换了看法。

美国众议院议长博纳宣布将于10月底辞职。

9月26日　美国国务卿克里在纽约联合国总部会见伊朗外长扎里夫。

9月27日　美国国务卿克里在纽约举行的全球反恐论坛部长级会议上发表讲话。

美国国务卿克里在纽约会见俄罗斯外长拉夫罗夫，讨论两国协调在叙利亚打击"伊斯兰国"极端组织等问题。

9月28日　美国总统奥巴马在纽约联合国总部出席第七十届联合国大会一般性辩论并发表演讲，广泛评点国际热点，推销美国价值观。

美国总统奥巴马和俄罗斯总统普京在纽约联合国大会期间举行会谈。

美国总统奥巴马和印度总理莫迪在纽约联合国大会期间举行会谈。

美国国务卿克里在纽约主持叙利亚问题国际会议。

美国国防部长卡特在五角大楼会见日本外相岸田文雄，双方签署"驻日美军环境管理说明"。

美国国务卿克里在纽约会见伊核问题六国和伊朗外长，讨论伊核协议的落实。

9月29日　美国总统奥巴马在纽约主持打击"伊斯兰国"和打击暴力极端主义领导人峰会并发表讲话，称美方愿意与俄罗斯和伊朗合作，寻求达成"可能开启叙利亚过渡进程的政治机制"。奥巴马同时重申，巴沙尔必须下台。如果要在叙利亚打败"伊斯兰国"，需要"新领导人"。

美国总统奥巴马在纽约会见古巴领导人劳尔·卡斯特罗。

美国国务卿克里在纽约与日本外相岸田文雄和韩国外长尹炳世举行三方会

谈，讨论朝鲜半岛局势、跨太平洋伙伴关系协定谈判、气候变化等问题。

美国国务卿克里在纽约与日本外相岸田文雄和印度外长斯瓦拉吉举行首次部长级三方会谈，讨论印度洋-太平洋地区的经贸、海上安全等问题。三方强调加强合作，维护海上安全和航行自由，三方重申东盟在亚太多边政治和安全架构的核心作用，强调东亚峰会在解决这一地区矛盾和纠纷中的重要作用。

美国国务卿克里在纽约出席主要经济体论坛（Major Economies Forum）部长级会议并发表讲话，会议讨论了气候变化等问题。

在塔利班控制了阿富汗北部省会城市昆都士后，美国空军 F-16 战机对正在昆都士郊区推进的塔利班目标发动了空袭。

9月30日　美国国防部长卡特在五角大楼举行的发布会上表示，俄罗斯军方在叙利亚境内发起的空袭并非针对"伊斯兰国"。卡特暗示，俄军的空袭地点是叙利亚反对派武装所处的区域。卡特表示，只有叙利亚进行政治过渡，打击"伊斯兰国"行动才能取得最终胜利，而俄罗斯一方面空袭"伊斯兰国"组织，另一方面表态支持叙总统巴沙尔政权。这种"矛盾"的表态只会让叙利亚的内战进一步升级，犹如"火上浇油"。

美国国务卿克里在纽约会见俄罗斯外长拉夫罗夫，讨论两国协调在叙利亚打击"伊斯兰国"极端组织等问题。

中东问题有关四方（联合国、欧盟、美国、俄罗斯）代表联合国秘书长潘基文、俄罗斯外长拉夫罗夫、美国国务卿克里、欧盟外交和安全政策高级代表莫盖里尼在纽约举行会谈，同意与埃及、约旦、沙特阿拉伯三国外长及阿盟秘书长阿拉比进行磋商，作为与重要阿拉伯伙伴的"定期、直接"延伸交流的一部分，以推动解决巴以问题，实现两国方案。

美国国务卿克里在纽约参加美国-东盟会议。

美国国务卿克里在纽约参加美国-海合会会议。

10月1日　美国国务卿克里在纽约主持叙利亚问题国际会议。

美国海军"罗纳德·里根"号核动力航空母舰抵达位于日本神奈川县横须贺市的美军横须贺基地，以此为新的母港，部署在日本。

10月2日　美国总统奥巴马在白宫记者会上说，只有在俄罗斯总统普京同意叙利亚需要一个没有巴沙尔的政治过渡、建立包容性政府的情况下，美国才愿意与俄罗斯合作，结束叙利亚内战和"伊斯兰国"构成的威胁。奥巴马说，俄罗斯军方在叙利亚的空袭行动"并没有把'伊斯兰国'组织以及要推翻阿萨德政权的叙利亚逊尼温和反对派区分开。从俄罗斯的观点,他们全是恐怖分子。这将引发灾难性后果"。俄空袭行动只会适得其反,加强"伊斯兰国"组织的实力。但他强调,美俄不会在叙陷入"代理人战争"。

美国国务卿克里在纽约参加利比亚问题高级别部长级会议。

10月3日 北约举行"三叉戟接点2015"联合军事演习。演习持续至11月6日,由来自美国等30多个北约盟国及伙伴国的约3.6万人参加,在意大利、葡萄牙和西班牙等地联合举行,出动60多艘舰船和140余架飞机,是北约自2002年以来规模最大的一次联合军演。

美军对阿富汗东部城市昆都士进行空中打击时,无国界医生组织的医院被击中,造成19名医生和病人死亡。该组织表示,轰炸前曾将医院位置告知美国和阿富汗当局。美国总统奥巴马对空袭惨案表示"深切哀悼",并承诺将展开彻底调查。

10月4日 美国国务卿克里访问智利。

10月5日 跨太平洋伙伴关系协定(TPP)12个谈判国在美国佐治亚州亚特兰大举行的部长会议上达成基本协议,同意进行自由贸易,并在投资及知识产权等广泛领域统一规范。

美国国防部长卡特访问西班牙。

10月6日 美国国务卿克里访问海地。

美国国防部长卡特访问意大利。

10月7日 美国总统奥巴马分别打电话给阿富汗总统加尼和"无国界医生"国际主席、华裔加拿大人廖满嫦,对美军误炸无国界医生组织医院并造成人员伤亡表示道歉。

美国国会参议院通过总额为6120亿美元的2016财年国防授权法案。由于此前众议院已通过了相同版本的法案,该法案将随后交至奥巴马签署。该法案继续禁止美国国防部使用联邦经费将关塔那摩监狱囚犯转移至美国国内和也门,同时新增了禁止将该监狱囚犯转移至叙利亚、利比亚和索马里的规定。

美国总统奥巴马在白宫会见德国总统高克。

10月8日 美国"国会-行政部门中国委员会"发布2015年度报告。报告长达337页,共有6章,包括摘要、人权、法治进程、新疆、西藏以及港澳发展状况。报告声称中国的人权和法治状况在许多方面恶化。妄称北京企图操控香港的"高度自治",还要求美国行政部门恢复每年就香港的实际情况向美国国会提交报告。

美国国防部长卡特在布鲁塞尔参加北约国家国防部长会议，讨论阿富汗局势、俄罗斯在叙利亚的行动以及北约如何适应未来挑战等问题。

美国国务卿克里和俄罗斯外长拉夫罗夫通电话。克里表达了美国对于俄加强在叙利亚军事集结报道的担忧。克里表示，俄罗斯的行动可能会进一步升级冲突，导致无辜民众更大的伤亡，加剧难民潮，并且有可能与叙利亚的反"伊斯兰国"组织联盟对抗。

10 月 9 日　美国国防部长卡特在伦敦与英国国防大臣法龙举行会谈，讨论深化两国防务合作和英国增加国防投入等问题。

美国国防部发表声明，美军将暂停训练叙利亚"温和"反对派的项目，把重心转向直接为反对派武装提供不包括反坦克火箭或肩射式防空火箭等尖端武器在内的基本武器和设备，以打击极端组织"伊斯兰国"。

10 月 10 日　美国和俄罗斯国防部举行视频会议，讨论如何实施具体的安全飞行措施，确保美俄在叙利亚各自开展空中打击"伊斯兰国"的军事行动时不发生事故。

10 月 12 日　美国总统国家安全事务助理赖斯在斯坦福大学发表演讲，阐述气候变化、国家安全等问题。

10 月 13 日　美国国务卿克里、国防部长卡特在波士顿与澳大利亚外长毕晓普、国防部长佩恩举行"2+2"磋商，讨论加强双方在亚太和全球的安全合作。卡特在会谈后称，"美国将在国际法允许的任何地区飞行、航行及活动，就像我们在全世界所做的那样；南海现在不是、将来也不会是例外"。

10 月 14 日　美国国务卿克里在国务院发布 2015 年度《国际宗教自由报告》。

俄罗斯外长拉夫罗夫在俄国家杜马（议会下院）作报告时说，俄方已收到美方答复，美方不接受包括俄总理梅德韦杰夫、俄军方高级代表在内的俄政府代表团赴美商讨叙利亚问题，同时美国也拒绝派遣代表团访问俄罗斯。

美国总统奥巴马通知国会，他将部署 300 名军事人员到西非国家喀麦隆，以进行空中收集情报、监视和侦察行动，对付极端组织"博科圣地"分子。

为期六天的美国、印度、日本海上联合军事演习"马拉巴尔"在印度南部城市金奈开始举行。美国海军派出"西奥多·罗斯福"号航母参加演习。

10 月 15 日　美国总统奥巴马在白宫发表讲话宣布，鉴于当地局势出现的新变化，美国决定推迟从阿富汗撤军。根据新计划，驻阿美军人数将在 2016

年的大部分时间里保持在 9800 人。进入 2017 年后，这一人数将维持在 5500人。撤军计划调整后，驻阿美军的两项重点任务保持不变：一是继续训练阿富汗国防军；二是协助打击塔利班武装组织。

美国国务卿克里在印第安纳州立大学全球和国际研究学院发表演讲，强调美国在全球领导力的重要性，阐述美国对外政策。

10 月 16 日　美国总统奥巴马在白宫与韩国总统朴槿惠举行会谈。双方讨论了美韩同盟关系、朝鲜半岛局势、朝鲜核与导弹问题等。

10 月 17 日　美国国务卿克里在米兰会见意大利外长根提龙尼。

美国国务卿克里在米兰世博会上就食品安全与气候变化问题发表演讲。

10 月 18 日　美国总统奥巴马发布备忘录，要求包括美国国务卿克里和财政部长雅各布·卢在内的相关政府官员"采取所有必要措施"开始履行解除涉及对伊朗制裁的承诺，但他表示，这些措施将在克里确认伊方已履行其相关承诺后开始执行。

日本首相安倍晋三搭乘部署在美海军横须贺基地的"罗纳德·里根"号核动力航母。这是日本在任首相首次搭乘美国航母。

美国国务卿克里在巴黎会见联合国教科文组织总干事博克瓦。

美国国务卿克里在马德里会见西班牙外交大臣玛菲尔。

美国国防部发表声明宣布，"基地"组织分支"呼罗珊"组织头目萨纳菲·纳斯尔在叙利亚西北部以美国为首的联军空袭中身亡。

10 月 19 日　美国海军舰艇长代表团赴中国海军辽宁舰访问，并与中方舰员就训练管理、人员培训、医疗保障、舰员生活和航母发展战略等多个主题进行了互动交流。

10 月 20 日　美国国务卿克里在国务院会见挪威外交大臣布伦德，双方讨论了打击"伊斯兰国"极端组织、巴以冲突、气候变化等问题。

美军新任参谋长联席会议主席邓福德访问伊拉克，了解美国主导的多国部队以及伊拉克政府军打击"伊斯兰国"的进展。邓福德告诉随行记者团，美国要求伊拉克做出保证，不邀请俄军在伊拉克空袭"伊斯兰国"。

美国国防部官员代表美国和打击"伊斯兰国"国际联盟与俄罗斯国防部签署在叙利亚领空相遇的谅解备忘录，以避免误判事件的发生。备忘录包括军机在叙利亚领空相遇时的安全飞行距离、无线电频率以及操作规程等内容。

美国及其盟国的海军在英国苏格兰近海举行联合演习，演练如何防御弹道导弹和巡航导弹同时攻击，成功拦截来袭靶弹。美国、澳大利亚、加拿大、法国、德国、意大利、荷兰、挪威、西班牙和英国派军舰参加这次旨在整合各国防空和反导能力的演习。

10 月 22 日 美国总统奥巴马以共和党拒绝废除对国防开支的限制以及阻碍关闭关塔那摩监狱等为由，正式否决国会提交的 2016 财政年度国防授权法案。

美国总统奥巴马在白宫会见巴基斯坦总理沙里夫，双方讨论了反恐、核安全、地区稳定、贸易与投资等问题。

美国国务卿克里在柏林会见以色列总理内塔尼亚胡，双方讨论了近期以巴暴力冲突等问题。

美国国务卿克里在柏林会见德国外长施泰因迈尔，双方讨论了近期巴以冲突、叙利亚局势等问题。

美国国务卿克里在柏林会见欧盟高级代表莫盖里尼。

美国国防部发言人库克发表声明表示，应库尔德地方政府的请求，数名美军特种作战部队士兵协助库尔德武装人员对伊拉克北部城镇哈维亚附近的一处监狱发动袭击，目的是解救即将遭"伊斯兰国"处决的人质。行动一共解救出约 70 名人质，一名美军特种作战部队士兵当天在伊拉克执行人质解救任务时受伤，并最终不治身亡。这是美国自开展打击"伊斯兰国"行动以来首名在战场上殉命的美军士兵。

10 月 23 日 美国国务卿克里在维也纳会见俄罗斯外长拉夫罗夫，双方讨论了在叙利亚打击"伊斯兰国"极端组织等问题。

美国国务卿克里在维也纳会见俄罗斯外长拉夫罗夫、沙特阿拉伯外交大臣朱拜尔、土耳其外长恰武什奥卢，讨论推进叙利亚政治进程等问题。

10 月 24 日 美国国务卿克里在约旦首都安曼会见巴勒斯坦权力机构主席阿巴斯，双方讨论了不断升级的巴以冲突。

美国国务卿克里在安曼会见约旦国王阿卜杜拉二世，双方讨论了叙利亚局势、打击"伊斯兰国"极端组织、巴以冲突等问题。

美国国务卿克里在利雅得会见沙特国王萨勒曼，双方讨论了叙利亚局势、也门局势、打击"伊斯兰国"极端组织等问题。

10 月 26 日 美国总统奥巴马在白宫与印度尼西亚总统佐科举行会谈，讨论防务、贸易与投资、气候与能源、海上合作等问题。

美国与韩国在日本海举行海上联合军演，"罗纳德·里根"号核动力航母参加演习。

美国国务卿克里在国务院会见卡塔尔外交大臣哈莱德，双方签署举行美国-卡塔尔经济和投资对话的谅解备忘录。

10 月 27 日　美国国防部官员称，美国海军"拉森"号驱逐舰已经进入南海渚碧礁和美济礁附近水域进行巡航，上方有侦查飞机配合行动，行动获得美国总统奥巴马的批准，但没有通知中方，过程持续几个小时。美方声称，这样的行动是为了捍卫航行自由，将定期举行，而且不单独针对中国，未来几个星期还会有类似活动，也会在越南和菲律宾在南海兴建的设施附近巡航。美军上次进入中国南海岛礁 12 海里范围是在 2012 年。

美国总统奥巴马与沙特国王萨勒曼通电话，就中东局势交换看法，重申双方将密切合作，打击"伊斯兰国"极端组织，推进叙利亚政治过渡。双方承诺增加对叙利亚反对派的支持。

美国国防部长卡特在出席国会参议院军事委员会听证会时，公布了美军计划打击"伊斯兰国"的最新军事战略。新战略由三部分组成，包括加大对"伊斯兰国"在叙利亚的大本营、北部城市拉卡的打击力度，与伊拉克安全部队合作夺回具有战略意义的伊拉克重镇拉马迪，以及加大美军单方面或辅助性参与的突袭行动。

10 月 28 日　美国总统奥巴马在白宫会见英国哈里王子。

美国国务卿克里在华盛顿卡内基国际和平基金会发表题为"美国的中东政策"的演讲。

美国国防部长卡特在五角大楼会见以色列国防部长亚阿隆，双方讨论了在中东面临的威胁与挑战。

美国联邦储备委员会宣布，为进一步巩固美联储在实现充分就业和保持物价稳定目标上所取得的进展，美联储决定将联邦基金利率维持在现有水平，暂不加息。

10 月 29 日　美国海军作战部长理查森同中国海军司令员吴胜利举行视频电话会议，就两国海军关系及美军近期在南海的行动进行磋商。

美国威斯康星州联邦众议员、2012 年美国大选共和党副总统候选人保罗·瑞安当选美国众议院第 62 任议长。瑞安是美国近 150 年来最年轻的国会众议院议长。

美国国务卿克里在维也纳会见奥地利外长克孜。

美国国务卿克里在维也纳会见联合国叙利亚问题特使德米斯图拉。

美国国务卿克里在维也纳会见伊朗外长扎里夫。

美国国务卿克里在维也纳会见土耳其外长恰武什奥卢。

10月30日 白宫发言人欧内斯特在记者会上说，美国总统奥巴马当天已经授权向叙利亚北部地区派出人数不到50人的一批特种部队士兵。这批士兵将训练和协助当地的叙利亚反对派武装，对抗"伊斯兰国"。这是美国开启打击"伊斯兰国"行动以来首次向叙利亚派出地面部队。

法国主持的叙利亚问题国际会议在维也纳召开，美国国务卿克里、俄罗斯外长拉夫罗夫、沙特外交大臣朱拜尔、伊朗外长扎里夫、中国副外长李保东等17国高级外交官出席。

美国国务卿克里在维也纳会见俄罗斯外长拉夫罗夫、联合国叙利亚问题特使德米斯图拉。

美国国务卿克里在维也纳会见埃及外长修克瑞。

10月31日 美国国务卿克里在比什凯克会见吉尔吉斯总统阿坦巴耶夫，讨论两国在政治、经济、文化、气候变化等领域的合作问题。

美国常务副国务卿布林肯在巴林首都麦纳麦参加地区安全会议时宣布，美国将向叙利亚反对派提供将近1亿美元经济援助。追加的援助将用于支持反对派的地方和省级行政运营、民权活动、紧急情况等各项开支。

美国海军在威克岛附近海域进行了一次反导试验，试验中验证了"宙斯盾"系统和THAAD系统互相配合，同时演练防空反导作战的能力。

11月1日 中美"二轨"高层对话第五次会议在北京召开，中国前国务委员唐家璇和美国前国务卿基辛格担任此次会议主席。

美国国务卿克里在撒马尔罕市会见乌兹别克斯坦总统卡里莫夫。

美国国务卿克里同哈萨克斯坦、吉尔吉斯斯坦、塔吉克斯坦、土库曼斯坦和乌兹别克斯坦五国外长在撒马尔罕举行会晤，会议通过了中亚五国与美国之间伙伴关系和合作联合声明。会议还批准建立六国外交部间就共同关心的问题进行定期政治对话的新机制"C5+1"（"中亚五国+美国"）框架。美国在会后宣布了向中亚国家提供援助的一系列新计划。

11月2日 美国太平洋司令部司令哈里斯访华，同中国军方高级领导人讨论未来两军交流事宜，以增进双方军事关系，其中包括环太平洋军演问题。

美国国防部长卡特和韩国国防部长官韩民求在首尔举行第47次韩美安保

会议，发表包含 16 项会议成果的联合声明。两国防长通过旨在先发制人打击朝鲜的"4D 作战计划"，根据计划，韩美将通过军事间谍卫星、高空无人侦察机（全球鹰）等监视和侦察手段对朝鲜的核、导弹基地进行密切监视，当发现朝鲜有动用核武或导弹对韩美进行攻击的征兆时，韩美可以先发制人越界对朝鲜境内相关军事目标进行武力打击。

《华尔街日报》援引五角大楼官员的话称，美方预计每季度开展两次所谓的"自由航行"行动，其中一次将进入南沙群岛岛链内部。

美国国务卿克里在阿斯塔纳会见哈萨克斯坦总统纳扎尔巴耶夫。

11 月 3 日 美国国防部长卡特在吉隆坡参加东盟防长扩大会议。

美国国防部长卡特在吉隆坡会见中国国防部长常万全，双方讨论了南海、网络安全等问题。

美国国务卿克里在杜尚别会见塔吉克斯坦总统拉赫蒙，双方讨论了美国总统奥巴马在阿富汗留驻额外数量美军的决定、能源政策、反恐等问题。

美国国务卿克里在阿什哈巴特会见土库曼斯坦总统别尔德穆哈梅多夫，双方讨论了经济合作、人权、安全等问题。

美国国务卿克里在伦敦会见英国外交大臣哈蒙德，双方讨论了对叙利亚政策等问题。

日美两国政府设立新机构"同盟协调小组"，由安保、外交等部门的两国政府中枢构成，目的是让自卫队与美军从平时起实现一体化运作。两国可在"所有事态"上进行信息共享并快速做出决策，以巩固日美同盟。

11 月 5 日 美国国防部长卡特搭乘 MV-22B 鱼鹰战机抵达正在中国南海海域巡航的"西奥多·罗斯福"号航母进行视察。当天，卡特还在"西奥多·罗斯福"号航母上会见了马来西亚国防部长带领的参观团。

美国总统奥巴马通知美国国会，他有意签署《跨太平洋伙伴关系协定》(TPP)。按照美国国内法律流程，国会将在接下来的 90 天对 TPP 协定进行审议。

11 月 6 日 美国总统奥巴马否决横贯美加的输油管道基石计划（Keystone XL)。奥巴马在白宫发表声明称，基石计划不符合美国利益，更有违美国有关全球气候变化问题的立场。

11 月 7 日 美国国防部长卡特在加利福尼亚州的里根总统图书馆举行的防务论坛上讲话说，"面对俄罗斯的威胁和中国的崛起，我们必须对保卫美国的方式加以创新"。还声称，为捍卫航行自由，美国将继续进行南海巡航。

中国海军济南舰、益阳舰与美国海军驱逐舰"梅森"号、"蒙特里"号、"斯托克"号在美国梅波特港东南大西洋海域举行联合演练。

11 月 8 日　美国国防部派遣 2 架 B-52 轰炸机在中国声索主权的南沙群岛空域飞行，但未进入有关岛礁 12 海里以内。事后，美国国防部发言人俄本说，过程中中国的地面控制人员与美轰炸机联系并发出警告，但轰炸机继续执行例行任务，并未受到阻碍。

11 月 9 日　美国总统奥巴马在白宫会见以色列总理内塔尼亚胡，讨论伊朗核协议、巴以关系、加沙局势等问题。

美国国务卿克里在国务院会见英国外交大臣哈蒙德，双方讨论了打击"伊斯兰国"极端组织、叙利亚局势、伊朗核协议、英国增加国防开支等问题。

美国国会参议院军事委员会主席麦凯恩写给美国国防部长卡特一封信，要求对方公布上个月美国"拉森"号导弹驱逐舰在南海巡航的细节，包括行动前是否通知中国，行动是否按"无害通过"规则进行等。

11 月 12 日　中国全国人大常委会委员长张德江在人民大会堂会见美国国会众议院少数党领袖佩洛西，双方就两国立法机关加强交流合作等问题交流了看法。此前佩洛西已获中方批准访问了西藏。

美国国务卿克里在华盛顿和平研究所发表演讲，阐述美国在叙利亚的战略。克里表示，奥巴马政府的叙利亚战略有三个相辅相成的目标：瓦解和击败"伊斯兰国"、终止叙利亚内战和防止叙利亚动乱外溢。克里强调，美国相信只要巴沙尔在位，在叙利亚实现和平或击败"伊斯兰国"都是不可能的。

美国总统奥巴马在写给国会领导人的信中说，考虑到利比里亚已于 2005 年和 2011 年成功举行大选，利前总统泰勒已在服刑，联合国近期也已终止部分对利比里亚制裁措施，美国决定终止本国针对利比里亚的制裁。

美军对曾多次在极端组织"伊斯兰国"一系列斩首视频中出镜、绰号为"圣战者约翰"的刽子手穆罕默德·埃姆瓦齐实施定点清除行动。美国防部发言人库克发表声明说，美军无人机在"伊斯兰国"位于叙利亚的大本营拉卡市附近发起了此次行动。美军正在评估此次行动是否已成功将埃姆瓦齐清除。

11 月 13 日　美国国务卿克里在突尼斯会见突尼斯总统埃塞卜斯，双方讨论了美突合作、突尼斯民主进程等问题。

美国国务卿克里在突尼斯参加美国-突尼斯战略对话会。

美国国务卿克里在维也纳会见联合国叙利亚问题特使德米斯图拉。

11 月 14 日　美国国务卿克里在维也纳出席叙利亚问题部长级国际会议。各方就叙利亚政治进程路线图达成共识，叙利亚政府和反对派应在 6 个月内通过谈判组建过渡政府，18 个月内举行大选。

美国国务卿克里在维也纳会见俄罗斯外长拉夫罗夫。双方讨论了巴黎、贝鲁特等地发生的暴力恐怖事件、叙利亚政治过渡进程等问题。

美国国务卿克里在维也纳会见伊朗外长扎里夫。

美国国防部发言人库克发表声明说，美军对"伊斯兰国"在利比亚高级头目纳比勒实施了定点清除。这是美军首次对利比亚境内"伊斯兰国"领导层进行定点清除。

11 月 15 日　美国总统奥巴马在土耳其安塔利亚参加二十国集团峰会，讨论全球经济增长等问题。

美国总统奥巴马在安塔利亚会见土耳其总统埃尔多安，双方讨论了打击"伊斯兰国"极端组织、叙利亚政治过渡、难民问题等。

美国总统奥巴马在安塔利亚举行的二十国集团峰会期间会见俄罗斯总统普京，双方讨论了打击"伊斯兰国"极端组织、开启叙利亚政治过渡进程、乌克兰东部冲突等问题。

美国国防部长卡特与法国国防部长德里安通过电话讨论打击"伊斯兰国"极端组织的行动问题。

11 月 16 日　美国总统奥巴马在安塔利亚与英国首相卡梅伦、德国总理默克尔、意大利总理伦齐和法国外长法比尤斯举行会谈。

11 月 17 日　美国总统奥巴马在马尼拉登上由美国赠送菲律宾的"德尔毕拉尔"号护卫舰，并与菲方军官交谈。而在随后的记者会上，奥巴马表示，美国会继续与菲律宾一道维护区内海上安全和航行自由。奥巴马还宣布，美国会向菲律宾再派遣一艘海岸警卫队快艇和一艘研究船，加强在有关水域的巡航工作，保障有关区域的安全。

美国总统奥巴马在马尼拉与澳大利亚总理特恩布尔举行双边会晤。奥巴马除了重申要与澳大利亚合作，维护地区海上安全和航行自由，还就打击"伊斯兰国"等反恐合作议题，与特恩布尔展开磋商。

美国国务卿克里在巴黎会见法国总统奥朗德，双方讨论了巴黎恐怖袭击事件、联合打击"伊斯兰国"极端组织等问题。

11 月 18 日　美国总统奥巴马在马尼拉会见 TPP 伙伴国领导人并发表讲

话，强调 TPP 协议达成的重要性。

美国国务卿克里在国务院会见安哥拉外交部部长切克提，双方讨论了地区局势、反恐等问题。

美国国会美中经济与安全评估委员会（USCC）发表 2015 年度报告。报告分为 3 个部分：美中经济与贸易关系；安全与对华外交；中国与世界。报告称，中国已侵入美国政府计算机网络的大片区域，美国因此损失了巨额资金。

11 月 19 日　美国总统奥巴马在马尼拉出席亚太经合组织领导人峰会。

美国总统奥巴马在马尼拉会见加拿大总理特鲁多，双方讨论了反恐、打击"伊斯兰国"极端组织、叙利亚局势、签署 TPP 协议等问题。

美国总统奥巴马在马尼拉会见日本首相安倍晋三，双方讨论了美日安全与经济合作问题。

中国中央军委委员、海军司令员吴胜利在北京会见来访的美国海军太平洋舰队司令斯科特·斯威夫特，就进一步深化中美两国海军务实合作交换意见。斯威夫特表示，美国海军不希望因为南海问题影响两国海军关系大局，希望两国海军深化交流与合作。

美国国防部长卡特在接受美国全国广播公司采访时说，美军已调整打击极端组织"伊斯兰国"的策略，准备松绑此前空袭伊拉克和叙利亚境内极端组织目标时的作战规则，更广泛地打击该组织各类目标。

美国国务卿克里在国务院会见巴林外交大臣阿尔哈里发，双方讨论了叙利亚局势等问题。

11 月 20 日　美国总统奥巴马在吉隆坡会见马来西亚总理纳吉布，双方讨论了反恐、打击"伊斯兰国"极端组织、TPP 协议签署等问题。

中美两军第三次人道主义救援减灾联合实兵演练在位于美国西北部华盛顿州西雅图市郊美军刘易斯-麦科德联合基地举行，联演以假想第三国遭受重大自然灾害、两国向受灾地区派出军队、实施人道主义救援为背景，分为室内推演和联合实兵演练两个部分。

中国海军 054A 型导弹护卫舰徐州舰与美国海军"斯特蒂姆"号驱逐舰在长江口附近海域进行海上意外相遇规则、联合搜救等科目演练。

11 月 21 日　美国总统奥巴马在吉隆坡出席美国-东盟峰会。

11 月 22 日　美国总统奥巴马在吉隆坡与新加坡总理李显龙举行会谈，双方讨论了打击"伊斯兰国"极端组织、情报合作、TPP 协议等问题。

11月23日　美国国防部长卡特在五角大楼会见荷兰国防部长普莱斯彻特，双方讨论了荷兰在打击"伊斯兰国"极端组织中的作用、11月13日巴黎恐怖袭击后欧洲的安全环境等问题。

美国国务卿克里在阿布扎比会见阿拉伯联合酋长国外交大臣纳赫扬，双方讨论了中东安全局势。

11月24日　美国总统奥巴马在白宫会见法国总统奥朗德，双方讨论了加强合作，共同打击"伊斯兰国"等问题。

美国国务卿克里在耶路撒冷会见以色列总理内塔尼亚胡，讨论缓和巴以局势问题。

美国国务卿克里在拉姆安拉会见巴勒斯坦权力机构主席阿巴斯，讨论缓和约旦河西岸局势、恢复对"两国方案"的信心等问题。

11月25日　美国国务卿克里与俄罗斯外长拉夫罗夫通电话，讨论土耳其击落俄战机等问题。

11月29日　美国国家安全局正式终止此前饱受争议的大范围、不加选择监控美国国内电话记录项目，转而对特定范围可疑人员进行监控。

11月30日　中国国家主席习近平在巴黎会见美国总统奥巴马，就中美关系发展及共同关心的国际和地区问题交换意见。双方同意继续推进中美关系向前发展，加强应对气候变化领域合作，共同维护世界和平稳定，推动世界经济稳定增长。

美国总统奥巴马在巴黎出席气候变化大会。

美国总统奥巴马在巴黎会见印度总理莫迪，双方主要讨论了气候变化、清洁能源等问题。

美国白宫宣布，鉴于巴黎恐袭和目前外国恐怖分子对美国本土安全造成的威胁，美国政府计划采取一系列措施调整美国免签证计划，加强对免签入境美国游客的背景审查。

12月1日　美国总统奥巴马在巴黎会见土耳其总统埃尔多安。奥巴马敦促土耳其缓和与俄罗斯的关系，他同时强调美国依然坚定地支持土耳其捍卫自身的权利。

美国国防部长卡特在国会众议院军事委员会听证会上说，在与伊拉克政府协调后，美军正在部署一支特种作战部队赴伊拉克，参与打击极端组织"伊斯兰国"，该特种作战部队还将随时待命赴叙利亚进行军事突袭。

　　美国国务卿克里在布鲁塞尔出席北约国家外长会议。会议重点关注加强应对南边的安全挑战，议题包括打击"伊斯兰国"进展、巴黎恐袭后的措施，以及寻求政治解决叙利亚冲突。北约秘书长斯托尔滕贝格称，北约各成员国外长做出了历史性决定，邀请黑山成为该组织第 29 个成员国。期待有关黑山加入北约问题的谈判能于 2016 年初结束。

　　首次中美打击网络犯罪及相关事项高级别联合对话在华盛顿举行。对话由中国国务委员郭声琨与美国司法部长林奇、国土安全部长约翰逊共同主持。双方达成《打击网络犯罪及相关事项指导原则》，决定建立热线机制，就网络安全个案、网络反恐合作、执法培训等达成了广泛共识。

　　12 月 2 日　美军发言人史蒂夫·沃伦在伊拉克首都巴格达以视频会议的方式发布信息说，美军计划向伊拉克增派近 100 名特种作战部队队员，其活动范围包括伊拉克和叙利亚两地。这批特战队员的主要任务是发动突袭、解救人质、搜集情报以及抓捕"伊斯兰国"领导层。

　　美国国务卿克里在布鲁塞尔出席北约-乌克兰委员会会议。

　　美国国务卿克里在普里什蒂纳会见科索沃总理穆斯塔法和外长塔齐，双方讨论了科索沃与塞尔维亚关系、科索沃的经济与安全问题等。

　　美国国务卿克里在贝尔格莱德会见塞尔维亚总理武契奇，双方讨论了塞尔维亚与科索沃关系、打击极端主义等问题。

　　12 月 3 日　美国国务卿克里在贝尔格莱德会见欧安组织轮值主席塞尔维亚外长戴西斯。

　　美国国务卿克里在贝尔格莱德出席欧安组织部长级会议，讨论打击恐怖主义等问题。

　　美国国务卿克里在尼科西亚会见塞浦路斯总统阿纳斯塔夏季斯，双方讨论了双边合作、地区威胁以及塞浦路斯问题的解决等。

　　12 月 4 日　美国国务卿克里在雅典会见希腊总理西普拉斯，双方讨论了难民危机、希腊经济复苏等问题。

　　12 月 5 日　美国国务卿克里在布鲁金斯学会"萨班论坛"发表演讲，阐述美国对外政策。

　　12 月 6 日　美国总统奥巴马在白宫发表全国讲话。奥巴马首次将加利福尼亚州圣贝纳迪诺县大规模枪击案定性为恐怖袭击。奥巴马还誓言美国将摧毁"伊斯兰国"极端组织，并呼吁国会授权对"伊斯兰国"实施军事打击。

12 月 7 日　美国国务卿克里在巴黎会见法国外长法尤亚斯。

美国国务卿克里在巴黎出席气候变化大会系列会议期间，先后分别会见法国、埃及、巴西、印度、马来西亚等国外长或负责环境和气候问题的政府部长，强调全球行动对消除气候变化影响的重要意义。

美国国防部长卡特在五角大楼会见新加坡国防部长黄永宏，双方签署提升防务合作协议。双方发表联合声明称，美国将首次在新加坡短期部署 P-8 反潜侦察机。第一架 P-8 侦察机于 12 月 7—14 日在新加坡部署。美国还将于 2017 年底前在新加坡海军基地再部署两艘濒海战斗舰，将该地区此类舰只数量升至 4 艘。

美国副总统拜登在基辅会见乌克兰总统波罗申科，双方讨论了美乌关系、俄乌关系、乌克兰东部局势等问题。

美国国防部称，将于本周在新加坡部署海上巡逻机，可能会在南海进行巡航。

12 月 8 日　美国国务卿克里在巴黎会见中国气候变化特使谢振华。

美国国务卿克里在巴黎会见联合国秘书长潘基文，双方主要讨论了气候变化谈判问题。

12 月 9 日　美国总统奥巴马在白宫会见以色列总统里夫林，双方讨论了巴以关系和"两国"方案、地区安全局势、打击极端主义等问题。

12 月 10 日　美国国防部长卡特在五角大楼会见印度国防部长帕瑞卡，双方讨论了两国防务合作取得的进展和印度参加美国军演如"马拉巴尔"军演、"红旗"军演等问题。卡特称，美印防务关系将成为一个"全球安全之锚"。

12 月 11 日　中国国家主席习近平应约同美国总统奥巴马通电话。奥巴马表示，美方愿同中方保持密切协调，推动气候变化巴黎大会取得成功。

美国国防部长卡特在五角大楼会见英国国防大臣法伦，双方讨论了打击"伊斯兰国"极端组织等问题。

12 月 12 日　在法国巴黎参加联合国气候大会的 195 个国家的代表一致通过一项历史性协议，为 2020 年后全球应对气候变化行动作出安排。各方承诺将加强对气候变化威胁的全球应对，把全球平均气温较工业化前水平升高控制在 2 摄氏度之内，并为把升温控制在 1.5 摄氏度之内而努力。全球将尽快实现温室气体排放达峰，21 世纪下半叶实现温室气体净零排放。

12 月 13 日　美国国务卿克里在罗马会见意大利外长根提龙尼。

美国国务卿克里在罗马出席利比亚问题部长级会议。

12月14日 中国国家主席习近平应约同美国总统奥巴马通电话。奥巴马表示，联合国气候变化巴黎大会达成历史性协定，是美中两国及有关各方加强协调、通力合作的结果。美方愿同中方及各方共同努力，确保协定生效和落实。美中两国在气候变化问题上的沟通合作表明，两国完全能够在广泛国际事务中开展建设性合作。

美国总统奥巴马在五角大楼召开国家安全会议，讨论打击"伊斯兰国"极端组织问题。奥巴马表示，国际联盟正对"伊斯兰国"进行"前所未有的沉重打击"。

12月15日 美国国务卿克里在莫斯科分别会见俄罗斯总统普京、外长拉夫罗夫，双方主要讨论了叙利亚危机、打击"伊斯兰国"极端组织等问题。

美国国防部长卡特在土耳其因吉尔利克空军基地视察美军部队，称将加快推进打击"伊斯兰国"的军事行动。

12月16日 美国国务院负责国会和公共事务的发言人麦奇比证实，美国政府当天正式通知国会，将向台湾地区出售价值18.3亿美元的武器装备，包括"佩里"级护卫舰、两栖突击车等。这是四年来美国首次对台军售，也是近40年来间隔时间最长的一次军售。与此同时，美国白宫方面表示，美国长期坚持"一个中国"的政策没有改变。

美国联邦储备委员会宣布将联邦基金利率上调25个基点到0.25%—0.5%的水平，这是美联储自2006年6月以来首次加息。此次加息之后，美联储将继续保持宽松的货币政策以支持就业市场进一步改善以及让通胀向目标值迈进。

美国国防部长卡特在巴格达视察驻伊拉克美军部队。

美国副总统拜登致电伊拉克总理阿巴迪，就土耳其派军队"驻扎"在伊拉克境内的行为进行讨论。拜登表达了对伊拉克的支持，并呼吁土耳其应该尊重邻国的主权完整。

美国国务卿克里在国务院会见墨西哥外长麦秀，双方讨论了TPP协定、移民等问题。

12月17日 美国总统奥巴马在华盛顿郊区的国家反恐中心召集国家安全小组开会，审议联邦政府所有部门为防止恐怖袭击和保卫国土所做的努力。会后奥巴马发表讲话，强调目前美国并没有发现"特定和可信的"威胁，民众可以安心过节。

美国国务院宣布，美国与古巴已达成共识，将恢复两国间的定期商业航空服务。

联合国安理会 15 个成员国的财政部长在纽约通过决议，决定斩断"伊斯兰国"极端组织的资金来源，并对向"伊斯兰国"及其他恐怖组织提供物质和技术支持者实施制裁。本月安理会轮值主席国美国的财政部长雅各布·卢主持了当天的会议。

12 月 18 日　《华尔街日报》引述美国国防部消息，美军两架 B-52 轰炸机上周执行例行的飞行任务，其中一架飞进南海华阳礁上空 2 海里范围内，五角大楼正调查军机会如此接近岛礁的原因，并表示相关的飞行路线并不是有意的。

美国国务卿克里在纽约主持召开叙利亚国际支持小组（International Syria Support Group）第三次外长会。

美国国务卿克里在纽约主持召开联合国安理会叙利亚问题会议。15 个成员国以全票通过旨在推动叙利亚停火以及政治对话的决议。决议制定了具体的目标和时间表。但内容未涉及叙利亚总统巴沙尔的去留问题。这是叙利亚局势自 2013 年急剧恶化以来，安理会五大常任理事国首次就该国的和平路线图达成一致。

美国国会参众两院分别表决通过 1.1 万亿美元的新财年拨款法案，为联邦政府运营拨付资金。法案解除了实施 40 年之久的美国原油出口禁令。法案还批准了国际货币基金组织 2010 年份额和治理改革方案，按照该方案，中国份额将从 3.994% 大幅上升至 6.390%，跃身为仅次于美国和日本的 IMF 第三大份额国，而且巴西、俄罗斯等也将进入 IMF 十大股东之列，增加新兴市场在国际金融秩序中的代表性。美国总统奥巴马当天签署该法案。

美国国防部长卡特访问阿富汗。

美国设在罗马尼亚南部德韦塞卢的反导系统宣布建成。美国驻罗马尼亚大使克莱米在建成仪式上说，这一系统是为了防御来自欧洲以外的威胁，并非针对俄罗斯。

12 月 19 日　美国国防部长卡特访问正在阿拉伯湾的法国航空母舰"戴高乐"号。

12 月 22 日　美国国务院发言人柯比发表声明表示，美国欢迎中国"维权"律师浦志强获释的消息，但美国对浦志强被拘押 19 个月后，因"煽动民族仇恨"和"寻衅滋事"这样模糊的指控被定罪，并被判有期徒刑三年缓刑三年一事深感不安。美国敦促中国政府立即无条件撤销对浦志强的判决。

美国财政部宣布对 4 名个人和 10 家公司实施制裁，以继续就乌克兰问题对俄罗斯施压。

12 月 29 日 美国国务卿克里在《波士顿环球报》发表署名文章，回顾美国外交过去一年在美古关系、伊核问题、TPP 协定等领域取得的进展。他认为，国际社会本月在巴黎就应对气候变化达成的协议是 2015 年的最重大成就。

美国国防部发言人史蒂夫·沃伦通过视频发布消息说，美国主导的国际联盟在本月的空袭中消灭了 10 名极端组织"伊斯兰国"头目，其中包括藏身在叙利亚的"伊斯兰国"头目沙拉费·穆阿丹，他与上月发生在巴黎的恐怖袭击主犯阿卜杜勒-哈米德·阿巴乌德有直接联系。

四　2016年

1月5日　美国海军作战部长约翰·理查德森发布新的海军长期指南，题为《保持海上优势的计划》（A Design for Maintaining Maritime Superiority）。文件共分为战略环境、制订"计划"（design）的原因、核心特性、四个努力方向、期望结果等部分。《计划》把中国和俄罗斯称为竞争对手。

1月6日　联合国安理会就朝鲜宣布成功进行氢弹试验举行紧急会议，会后发表声明，表示同意对朝鲜采取进一步的制裁措施。

美国国防部长卡特与韩国国防部长韩民求通电话，讨论朝鲜进行核试验问题，双方认为朝鲜核试验"不可接受并且是不负责任的挑衅行为"，朝鲜应为其挑衅行为承担后果。

1月7日　美国总统奥巴马与日本首相安倍晋三举行电话会谈，奥巴马肯定了日韩两国2015年底达成的慰安妇问题共识，"对（安倍）首相的勇气和决断表示赞赏"。他同时认为，由于此次共识，也使得日美韩紧密合作成为可能。

美国国务卿克里与中国外长王毅通电话，克里说明了美方对朝鲜再次核试验的立场，希望就当前局势同中方保持沟通协调。

1月10日　韩美两国军方同时发布消息称，美军B-52战略轰炸机当天上午从关岛安德森空军基地出发，中午进入驻韩美军乌山空军基地临近空域。

1月11日　美国国务卿克里与约旦外交大臣朱德赫在华盛顿签署《合作打击核走私联合行动计划》。

1月12日　美国总统奥巴马发表国情咨文。奥巴马称，说美国变弱是"吹牛"，重要国际问题的解决不看中俄而是看美国。"基地"组织和"伊斯兰国"极端组织是美国的"直接威胁"，美国的外交政策必须着重于打击"伊斯兰国"和"基地"组织的威胁。但奥巴马同时强调，美国应避免做"世界警察"，而是动员全世界的力量进行合作。美国不能挽救深陷恐怖主义危机中的每一个国家，因为这样会导致美国深陷泥潭及美国人民的牺牲。

美国国会众议院以418票赞成、2票反对的表决结果，通过扩大制裁朝鲜的法案。授权政府对向朝鲜核项目以及弹道导弹发展提供支持、向朝鲜输送奢侈品、参与洗钱和伪造货品、协助朝鲜侵犯人权的公司实施制裁。法案授权总统对任何从事金融交易以支持朝鲜非法活动的人实施制裁，阻止任何受制裁的外国公民入境美国。

美国国务卿克里、国防部长卡特在国务院与菲律宾外长德尔罗萨里奥和国防部长甘孜明举行会谈，双方讨论了美菲同盟关系、南海领土争端、双边经贸关系等问题。

伊朗军方在波斯湾海域扣押两艘美国海军小型舰艇和 10 名美海军士兵。

1 月 13 日　美国总统奥巴马与俄罗斯总统普京通电话，就乌克兰冲突、中东局势以及朝鲜核试验等问题交换意见。

美国国务卿克里在华盛顿国防大学发表演讲，阐述美国对外政策。

美国国防部长卡特在肯塔基州的坎贝尔堡发表演讲时宣布，大约 200 名美国特种部队已经抵达伊拉克，准备帮助伊拉克政府军对极端组织"伊斯兰国"据点发动打击。

伊朗伊斯兰革命卫队释放此前被扣留的 10 名美军士兵，并交还了他们乘坐的两艘美国海军船只。

1 月 14 日　美国国务卿克里在伦敦会见沙特外交大臣朱拜尔，双方讨论了叙利亚危机、中东地区局势等问题。

1 月 16 日　美国常务副国务卿布林肯在东京韩国驻日本大使馆与日韩举行三国副外长级会谈，三方主要讨论了对朝鲜制裁问题。

美国白宫发表声明说，总统奥巴马已签署行政命令，根据伊核协议规定取消对伊朗的经济制裁。

美国国务卿克里、伊朗外长扎里夫、欧盟外交和安全政策高级代表莫盖里尼在维也纳举行会谈，解决伊核全面协议执行前的最后分歧和细节问题。

美国国务院发言人发表声明，对蔡英文获得选举胜利表示祝贺，并称和台湾人民均深切期盼两岸能够维持和平与稳定，并将进一步强化美国与台湾之间的非官方关系。

伊朗国家电视台宣布，伊朗释放 4 名具有双重国籍的美国囚犯，作为囚犯交换的一部分。其中包括《华盛顿邮报》记者贾森·礼萨安。作为互换协议，7 名在美国的伊朗囚犯也将获释。

1 月 17 日　美国财政部发布声明，将"支持伊朗弹道导弹计划"的 11 家企业和包括伊朗公民在内的数名个人加入制裁黑名单。

1 月 18 日　中共中央财经领导小组办公室主任刘鹤与美国财长雅各布·卢就近期中国汇率与股市波动问题通电话。

1月19日　美国总统奥巴马在白宫会见澳大利亚总理特恩布尔，双方讨论了两国在伊拉克和叙利亚问题上的合作、经贸关系、TPP协议、亚太地区局势等问题。

1月20日　美国国务卿克里在瑞士苏黎世会见俄罗斯外长拉夫罗夫，双方讨论了朝鲜氢弹试爆后的朝鲜半岛局势等问题。

美国国防部长卡特在巴黎会见法国国防部长勒德里昂，双方讨论了打击"伊斯兰国"极端组织等问题。

美国、法国、澳大利亚、德国、意大利、英国和荷兰七国国防部长在巴黎举行会议，决定加快和加强对极端组织"伊斯兰国"在伊拉克和叙利亚等地目标的打击。

中国海军司令员吴胜利与美国海军作战部长理查德森进行视频通话，就两国海军交流合作、中国在南海的岛礁建设等问题交换了意见。

1月21日　美国总统奥巴马与德国总理默克尔通电话，双方讨论了欧洲难民危机、叙利亚人道主义危机、乌克兰东部局势等问题。

中美战略安全对话会间会在北京举行。中国外交部副部长张业遂和美国常务副国务卿布林肯共同主持。双方就中美关系以及共同关心的战略安全问题坦诚、深入交换意见。双方积极评价中美战略安全对话机制成立6年来为两国增进互信、拓展合作、管控分歧发挥的重要建设性作用，都认为这一机制应延续下去，以便双方就有关问题继续保持沟通，推动两国构建积极、健康的战略安全关系。

中国国务院台湾事务办公室主任张志军在北京会见美国常务副国务卿布林肯，双方讨论了当前台海局势和两岸关系等问题。

美国国务院发表声明称，美国将从即日起实施免签新政。新政取消了针对两类人群的免签待遇：一类是2011年3月1日后到过伊朗、伊拉克、苏丹、叙利亚四国的免签国国民；另一类是除免签国国籍外还拥有上述四国任一国国籍的人。

1月22日　美国国务卿克里在瑞士达沃斯世界经济论坛发表演讲。

美国国防部长卡特在达沃斯世界经济论坛全球安全问题会议上说，美国欢迎中国作为亚太地区主要大国的崛起，他不相信美中之间冲突不可避免。

美国副总统拜登在伊斯坦布尔与土耳其总理达武特奥卢举行的联合记者招待会上表示，支持安卡拉打击被土耳其取缔的库尔德工人党。

1月23日　美国国务卿克里在沙特利雅得会见海合会国家外长,双方讨论了叙利亚局势、伊核协议等问题。

美国国务卿克里在利雅得会见沙特国王萨勒曼,双方讨论了打击"伊斯兰国"极端组织、伊拉克局势、伊核协议等问题。

1月24日　美国国务卿克里与韩国外长尹炳世通电话,就应对朝鲜核试验的方案进行讨论。

1月25日　美国国务卿克里在万象会见老挝总理通邢,双方讨论了南海争端、老挝担任东盟轮值主席将发挥的作用等问题。

1月26日　美国国务卿克里在金边会见柬埔寨总理洪森,讨论双边合作和经贸关系等问题。

美国财政部和商务部宣布进一步放宽对古巴贸易和人员往来政策,涉及民航、电信、防灾减灾、农业生产、公共交通和基础设施建设等多个领域。

1月27日　美国国务卿克里在北京会见中国国家主席习近平。克里表示,美中关系十分重要。双方有效沟通协调,为推动达成气候变化《巴黎协定》和伊朗核问题全面协议等发挥了重要作用。奥巴马总统期待与主席先生保持密切联系,进一步推进美中双边关系,致力于加强双方在国际事务中的合作。

美国国务卿克里在北京与中国外交部部长王毅举行会谈。克里表示,美中关系十分重要,双方在国际事务中拥有许多共同利益。美方同意美中合作可以推动解决世界上很多问题。美方致力于加强同中国在经贸、两军、人文、追赃追逃等领域合作。美中双方就气候变化、伊朗核等问题密切沟通和合作卓有成效,美方愿继续深化同中方在重大国际和地区问题上协调。克里强调,美方坚持一个中国政策没有变化,不支持"台湾独立",支持台海两岸继续保持对话。双方还就朝鲜半岛核问题、中东形势、伊朗核、叙利亚、阿富汗等国际地区问题交换看法,同意进一步采取积极行动,共同推动有关问题妥善解决。

美国联邦储备委员会宣布维持联邦基金利率不变,同时表示将密切关注全球经济和金融市场进展。美联储强调,未来加息步伐将是渐进的,将根据未来经济数据和经济前景的变化适时进行调整。

美军太平洋司令部司令哈里斯在美国智库战略与国际问题研究中心发表演讲时称,美国将继续在南海挑战中国的主张,他个人认为,这些岛屿不属于中国。哈里斯在提到协防钓鱼岛时说,"如果钓鱼岛遭到攻击,美国有义务进行协防"。

1月29日　美国国务卿克里在加拿大魁北克参加美国、加拿大、墨西哥三国外长会，讨论安全、经贸、气候变化等问题。

中国政府朝鲜半岛事务特别代表武大伟在北京与美国国务院对朝政策特别代表金圣镕举行会谈。

1月30日　美国"柯蒂斯·威尔伯"号驱逐舰驶入属于西沙群岛的中建岛区域12海里。美国国防部发言人称，这是为了挑战由于该地区争议为"美国及其他国家航行权益和自由"带来的限制。

日本共同社披露，日本政府2012年将钓鱼岛非法"国有化"前夕，当时美国负责亚太事务的助理国务卿坎贝尔曾要求日方与中国反复进行事前磋商。因美国前国务卿希拉里使用私人邮箱处理公务的问题而被公开的邮件披露了上述内容。

2月2日　美国总统奥巴马在白宫约见美国会众议院议长保罗·瑞安以及参议院多数党领袖米奇·麦康奈尔，阐述自己在最后一年任期内的施政重点。奥巴马与国会领导人谈及他在2016年希望与国会合作推动的五项优先事项：签署跨太平洋伙伴关系协定（TPP）、推动刑事司法改革、应对波多黎各的债务危机、遏制毒品蔓延以及进行癌症研究等。

美国国防部长卡特在华盛顿经济俱乐部发表演讲，公布2017财年国防预算申请预览，勾勒出5827亿美元军费支出的优先方向。卡特称，俄罗斯在欧洲的侵略、中国在亚太的崛起、朝鲜、伊朗和打击恐怖主义特别是"伊斯兰国"极端组织等五大挑战驱动了美国国防预算的制定。

打击极端组织"伊斯兰国"国际联盟部长级会议在意大利首都罗马举行。会议由意大利外长真蒂洛尼和美国国务卿克里共同主持，来自英国、德国、法国、土耳其、埃及、伊拉克等23个国家的代表和欧盟、联合国代表出席会议。会议讨论了进一步加强在军事、情报信息、经济和外交等领域的合作问题。

美国国务卿克里在罗马会见意大利外长真蒂洛尼，双方讨论了打击"伊斯兰国"极端组织等问题。

美国助理国务卿拉塞尔称，朝鲜利用弹道导弹技术进行发射将是严重违反国际义务的行动，进一步有力证明应对朝采取更严厉制裁。朝最新声明是对联合国安理会、中国和国际社会的蔑视，是给反对对朝实施更多制裁的国家一记耳光。

2月3日　美国国务卿克里在伦敦会见英国外交大臣哈蒙德，双方讨论了叙利亚局势等问题。

美国国务卿克里在伦敦参加叙利亚捐助国会议。

2月4日　美国总统奥巴马在白宫会见哥伦比亚总统桑托斯，双方讨论了哥伦比亚国内转型进程、经贸、清洁能源等问题。

跨太平洋伙伴关系协定（TPP）12国代表在新西兰奥克兰市举行签字仪式。

2月5日　美国总统奥巴马与中国国家主席习近平通电话。奥巴马表示，美方对朝鲜再次进行核试验并宣布将进行发射活动严重关切，希望国际社会加强协调，推动联合国安理会采取措施，有效应对这一局面。美方愿就此加强同中方合作。

2月7日　韩国国防部国防政策室室长柳济昇举行记者会表示，韩国和美国一致认为朝鲜最近进行核试验和发射"远程火箭"证明朝鲜弹道导弹对韩国乃至整个亚太地区和平与稳定构成严重威胁，因此决定正式着手讨论在韩国部署"萨德"系统事宜。

美国国务卿克里发表声明，谴责朝鲜发射"导弹"行为，称此举公然违反联合国安理会相关决议。他说，朝鲜在核试验一个月后再次选择严重的挑衅行为，这不仅威胁朝鲜半岛安全，而且也威胁地区和美国安全。美方将与伙伴国和安理会成员国一道，针对朝鲜的举动采取严厉措施。

联合国安理会发表媒体声明，强烈谴责朝鲜利用弹道导弹技术从事发射活动，表示将迅速通过包含重要举措的新决议，回应朝鲜严重违反安理会决议的危险做法。

美国国务卿克里在华盛顿会见沙特外交大臣朱拜尔，双方讨论了叙利亚局势、也门局势、打击"伊斯兰国"极端组织等问题。

2月8日　美国总统奥巴马在白宫会见意大利总统马塔雷拉，双方讨论了伊拉克和叙利亚局势、欧洲面临的难民危机等问题。

2月9日　美国总统奥巴马推出《网络安全国家行动计划》，将从加强网络基础设施建设、加强专业人才队伍建设、加强与企业的合作、加强民众网络安全意识宣传以及寻求长期解决方案5个方面入手，全面提高美国在数字空间的安全。

美国国务卿克里在国务院会见埃及外长修可瑞，双方讨论了叙利亚局势、利比亚局势、埃及国内政治过渡进程等问题。

美国国家情报总监克拉珀说,2016 年美国面对的主要安全威胁之一是:本土极端分子发动袭击;其他主要威胁包括恐怖组织"伊斯兰国"在海外的攻击以及网络安全问题。

2 月 10 日 美国国会参议院以 96 票赞成、0 票反对的表决结果通过议案,要求美国总统对在大规模杀伤性武器、军火、奢侈品、网络犯罪及侵犯人权等方面与朝鲜有往来的个人或实体实施制裁,手段包括冻结资产、禁止入境和终止政府合约等。

美国国防部长卡特在布鲁塞尔出席北约成员国防长会议。

北约秘书长斯托尔滕贝格在布鲁塞尔成员国防长会议后的记者会上说,各成员国国防部长就加强北约的防御和威慑能力达成一致,决定进一步加强在中东欧地区的前沿军事部署。

美国国防部长卡特在布鲁塞尔北约总部主持召开打击"伊斯兰国"国际联盟北约成员国防长会议,讨论打击"伊斯兰国"的行动计划。

2 月 12 日 叙利亚国际支持小组第四次外长会在德国慕尼黑结束。美国国务卿克里在会后举行的新闻发布会上说,与会各方同意立即加快并扩大对叙利亚的人道主义援助。与会各方还同意在一周内寻求暂停敌对行动。

美国国务卿克里在慕尼黑会见中国外长王毅,双方就朝鲜半岛局势交换意见,双方都同意加快在安理会的磋商进程,尽快达成一份新的决议,采取有力和有效措施阻遏朝鲜进一步发展核与导弹计划。王毅还就美国可能在韩国部署"萨德"反导系统表明了中方的反对立场。

美国国务卿克里在慕尼黑会见韩国外长尹炳世,双方主要讨论了朝鲜核与导弹问题。

美国国会众议院以 408 票赞成、2 票反对的表决结果通过旨在对朝鲜实施更严厉制裁的法案。至此,法案在国会参众两院都获得通过并被提交给美国总统奥巴马签署。

美国国防部向国会提交朝鲜军力报告。

负责协调武器出口的美国防务安全合作局宣布,已经批准向巴基斯坦出售 8 架 F-16 战机,连同培训、雷达和其他设备,这一合同总价值达到 6.99 亿美元。

2 月 13 日 美国总统奥巴马与俄罗斯总统普京通电话,双方讨论了叙利亚问题、乌克兰东部局势等问题。

驻韩美军司令部称,为应对朝鲜导弹威胁,美国决定向韩国增加部署一个爱国者导弹中队。

美国国务卿克里出席慕尼黑安全会议并发表讲话阐述美国外交政策。

美国国务卿克里访问阿尔巴尼亚，与阿方讨论打击"伊斯兰国"极端组织、阿国内政治、司法改革等问题。

2月15日　美国总统奥巴马在加州安纳伯格庄园出席为期两天的美国东盟峰会，与东盟10国领导人讨论TPP、南海争端、反恐等问题。奥巴马在当天的记者会上说，他和东盟国家领导人讨论了缓解南中国海紧张局势的必要性，并同意所有的领土争端应该通过和平及法律的手段解决。奥巴马特别提到，他和东盟国家领导人讨论的议题包括在有争议地区停止进一步声索、新的建设和军事化。

2月16日　美国和古巴签署双边通航协议，时隔半个多世纪将首次恢复两国之间的商业航班。

美国国务卿克里表示，就中方在南海永兴岛部署地对空导弹一事将向中方寻求"十分严肃"的对话。

2月17日　美国国务卿克里在国务院会见波兰外长瓦什奇科夫斯基，双方讨论了将于7月份在华沙召开的北约峰会、波兰的安全、欧洲面临的挑战特别是叙利亚和"伊斯兰国"极端组织等问题。

2月18日　美国总统奥巴马签署旨在对朝鲜实施更严厉制裁的法案。

美国总统奥巴马宣布，他将携第一夫人米歇尔·奥巴马于3月21日至22日访问古巴。这将是美国在任总统近90年来首次访问古巴。

美国国务卿克里在国务院会见古巴外长马尔迈尔卡，双方讨论了关于奥巴马访问古巴等问题。

美国国务卿克里在国务院会见摩洛哥外交大臣萨拉赫丁纳，双方讨论了利比亚局势、反恐、气候变化等问题。

2月19日　美国总统奥巴马与土耳其总统埃尔多安通电话，讨论叙利亚局势和两国在叙利亚的反恐合作。奥巴马对叙利亚西北部近来的局势发展表示关切，敦促土耳其与叙利亚北部的反对派立即停止激化紧张气氛的行动。

2月20日　新加坡亚洲新闻台播出美国-东盟峰会期间对美国总统奥巴马的专访。奥巴马称，美国将继续测试中国承诺不会军事化南海的诚意，中国在主权争议上诉诸旧式的"强权就是公理"的手段，而不是通过国际法和国际准则来解决问题。

2月21日　美国国务卿克里在安曼会见约旦国王阿卜杜拉二世，双方讨论了叙利亚危机、打击极端组织、以巴关系等问题。

美国国务卿克里在安曼会见巴勒斯坦领导人阿巴斯，双方主要讨论了巴以关系等问题。

美国国务卿克里和俄罗斯外长拉夫罗夫进行3次通话，就叙利亚内部冲突各方停火临时协议细节达成一致。

美国国务院发言人约翰·柯比通过电子邮件发表媒体声明表示，由于朝鲜方面并未致力于实现半岛无核化，美方拒绝朝方提出签订和平协定的相关提议。

以色列军方与美军欧洲司令部在以色列开始举行代号为"杜松眼镜蛇16"的弹道导弹防御联合军演。军演旨在加强两军面临紧急情况时的弹道导弹防御和协同作战能力，超过1700名美军和以军人员参加了此次联合军演。

2月22日　美国总统奥巴马在白宫对部分州长发表讲话，敦促州长们向国会施压，要求批准跨太平洋伙伴关系协定（TPP）以提振对亚太地区出口。奥巴马称，中国倾向于通过向美国市场倾销由政府补贴的商品，以此解决短期问题，美国政府已经向中国明确表示，这不可行。

美国与俄罗斯发表联合声明宣布，叙利亚内部冲突各方将于大马士革当地时间2月27日零点起执行停火协议。声明同时表示，美、俄、叙三方打击"伊斯兰国"的行动不会停止。

2月23日　中国外交部长王毅在美国国务院与美国国务卿克里举行会谈。克里表示，美中关系十分重要，美方期待习近平主席出席第四届核安全峰会，支持中方举办二十国集团领导人杭州峰会。美中在伊朗核、气候变化等问题上成功合作在全球产生了积极影响。美方赞同加快美中双边投资协定谈判，愿意加强同中方各领域合作，发展更加富有成效的美中双边关系。美方希进一步深化双方在气候变化等全球性问题上合作，愿同中方在亚太开展良性互动，不希望南海问题成为美中两国间问题。美坚持一个中国政策，反对"台独"。双方还就朝鲜半岛核、伊朗核、叙利亚等国际地区问题交换了看法。

美国太平洋司令部司令哈里斯在国会参议院军事委员会听证会上，被问及中国在南海"军事扩张"的战略目标时，称中国"正寻求成为东亚霸权"。哈里斯表示，东海与南海的政治与军事形势已经改变，中方的南海岛礁建设已成军事前哨站，美方将继续飞行与航行活动。

美国国防部向国会提交关闭关塔那摩监狱的计划。美国总统奥巴马就该计划发表声明，强调这座监狱多年来一直在"削弱"而非"提升"美国国家安全，必须被关闭。

2月24日　美国总统奥巴马在白宫会见约旦国王阿卜杜拉二世，双方讨论了打击"伊斯兰国"极端组织、叙利亚局势、在约旦的叙利亚难民问题、巴以"两国方案"等问题。

美国总统国家安全事务助理赖斯在华盛顿会见中国外长王毅，双方讨论了南海问题、朝鲜核与导弹问题、中美关系等。

美国总统奥巴马在白宫会见中国外长王毅。

2月25日　美国总统奥巴马在国务院与其国家安全团队开会。会后，奥巴马发表讲话称，美国将竭尽全力使叙利亚停火协议成功实施，尽管停火协议是否能被遵守存在重大疑问。停火可能促使各方就结束内战的政治协议展开谈判，这将让各方将焦点放在打击"伊斯兰国"上。"这就是美国将竭力提升停火协议成功机率的原因"，奥巴马称，"叙利亚政府与俄罗斯必须履行他们的承诺"。

美国向安理会提交草案，因应朝鲜1月6号的核试，加大对朝鲜的制裁力度。美国常驻联合国代表鲍尔表示，如果决议草案获安理会通过，将是对朝鲜最严厉的制裁。

美国国务卿克里在国务院会见斯里兰卡外长萨马拉维拉，讨论双边关系及斯国内政治进程。

2月26日　美国财政部长雅各布·卢在上海参加二十国集团财长和央行行长会议。

2月29日　中国国务院总理李克强在中南海会见美国总统特别代表、财政部长雅各布·卢。雅各布·卢表示，中国政府就人民币汇率、结构性改革等方面政策释放积极信息，有助于国际社会提振信心。美方愿同中方加强沟通，开好新一轮美中战略与经济对话，推动双边投资协定谈判等进程早日取得实质性进展。双方还就共同关心的国际和地区问题交换了意见。

美国国务卿克里在国务院出席美国－巴基斯坦战略对话会，双方讨论了反恐、安全、经贸、能源、教育等领域的问题。

俄驻叙利亚停火协调中心负责人同美国停火协调中心负责人通电话，就叙停火初期成果展开交流。双方对目前的联合工作情况表示满意。

美国国务卿克里在国务院会见德国外长施泰因迈尔，双方讨论了打击"伊斯兰国"极端组织、叙利亚局势等问题。

3月1日　美国国防部长卡特在旧金山联邦俱乐部发表演讲时称，中国在南海诸如部署地对空导弹等行动是"侵略性质"的，并向中国发出"警告"称，这些行为会产生一系列后果。

美国海军"斯坦尼斯"号航母战斗群驶入南海"争议水域"。该航母战斗群包括"斯坦尼斯"号核动力航母，两艘巡洋舰"安提塔姆"和"莫比尔湾"号，两艘驱逐舰"钟云"和"斯托克代尔"号以及第七舰队旗舰"蓝岭"号指挥舰。

3月2日　联合国安理会一致通过决议，决定实施一系列制裁措施遏制朝鲜的核和导弹开发计划，并呼吁恢复六方会谈。措施包括要求各国禁止向朝鲜运送可能用于核和导弹计划的物品，收紧对朝鲜的武器禁运措施，冻结可能与核和导弹计划有关的金融资产等。

美国国务卿克里在国务院会见中非共和国过渡总统潘扎，双方讨论了两国关系和中非共和国的政治过渡等问题。

3月5日　美军空袭索马里首都摩加迪沙北部约193公里的一个"青年党"训练营，炸死至少150名"青年党"武装分子。

3月7日　韩国和美国同时展开"关键决心"和"秃鹫"两场年度联合军事演习。演习由超过30万名韩国军人和1.5万名美国军人参加。其间，美军出动战斗航空旅团、海军陆战队机动旅团、"约翰·斯坦尼斯"号核动力航空母舰、核潜艇等，其投入的战斗力量在质与量两方面都创下自1976年以来的最大规模。

美国商务部在其网站发布消息，以违反美国出口管制法规为由将中兴通讯公司等中国企业列入"实体清单"，对中兴公司采取限制出口措施。

3月8日　美国国会参议院以一致同意方式，通过由加德纳与卡登联名提出的第2426号法案，支持台湾以观察员身份参与国际刑警组织。

美国国务卿克里在国务院会见爱沙尼亚外长凯尔朱兰德，双方讨论了安全、经贸、反恐等问题。

3月9日　美国国务卿克里在国务院会见丹麦外交大臣真森，双方讨论了打击"伊斯兰国"极端组织、叙利亚局势、欧洲面临的难民危机、乌克兰局势等问题。

美国国防部长卡特在五角大楼会见德国国防部长冯德莱恩，双方讨论了打击"伊斯兰国"极端组织、北约面临的东部和南部威胁、北约在阿富汗的使命等问题。

3 月 10 日 美国总统奥巴马在白宫与加拿大总理特鲁多举行会谈，双方讨论了经贸、反恐、叙利亚局势、气候变化等问题。

3 月 11 日 十四世达赖应美国邀请参加美国和加拿大驻日内瓦代表团在日内瓦联合主办的"诺贝尔奖得主谈人权"活动。联合国人权副高专吉尔摩出席并主持有关活动。

美国国务卿克里在沙特哈夫拉巴亭会见沙特阿拉伯国王萨勒曼，双方讨论了叙利亚局势、也门局势、利比亚局势等问题。

美国国务卿克里在沙特阿拉伯哈夫拉巴亭会见阿拉伯联合酋长国外交大臣扎伊德。

3 月 13 日 法国、美国、英国、德国、意大利等国外长以及欧盟外交和安全政策高级代表莫盖里尼在巴黎举行会议，主要讨论了叙利亚、利比亚、乌克兰和也门等问题。

3 月 14 日 美国总统奥巴马与俄罗斯总统普京通电话，双方讨论了俄方宣布的从叙利亚开始撤出俄主要军事力量的决定，奥巴马强调叙利亚需实现政治过渡。

美国国会众议院以记名投票方式，以 381 票赞成 0 票反对，全数支持通过参议院版本的法案，支持台湾以观察员身份参与国际刑警组织。

美国国防部长卡特在五角大楼会见以色列国防部长亚阿隆，双方讨论了地区安全，加强网络领域合作，提高网络防卫能力等问题。

3 月 15 日 美国总统奥巴马在白宫会见爱尔兰总理肯尼。

美国总统奥巴马签署行政命令，对朝鲜实施新的制裁，以回应朝鲜近期进行的核试验和利用弹道导弹技术从事发射活动。

美国国务卿克里在国务院会见格鲁吉亚外长亚内利德泽。克里表示，美国支持格鲁吉亚的主权和领土完整，支持格鲁吉亚与美国和欧洲密切关系。双方还讨论了叙利亚局势等问题。

美国财政部和商务部宣布，美国将再次放松对古巴旅行、贸易和金融的相关限制。

3 月 16 日 基于美国总统奥巴马 3 月 15 日的行政命令授权，美国财政部外国资产管制办公室宣布对朝鲜运输、矿业、能源和金融服务业，以及朝鲜有关人士实施制裁，将 17 个朝鲜政府机构和个人以及 20 艘船舶列入制裁名单。

美国国务卿克里同俄罗斯外交部部长拉夫罗夫通电话，讨论加强双方在叙利亚问题上的协调，以巩固叙利亚停火协议、制止违反协议的行为、扩大人道主义通路以及推动叙利亚危机的政治解决。两国外长还就也门冲突及双边关系问题展开讨论。

美国联邦储备委员会宣布维持联邦基金利率 0.25%—0.5% 不变，称全球经济和金融状况将继续给美国经济带来风险，同时表示将密切关注通胀水平。

3 月 18 日　美国总统奥巴马签署法案，要求美国务卿制订行动计划，支持台湾以观察员身份参与国际刑警组织。

3 月 21 日　美国总统奥巴马访问古巴。奥巴马在哈瓦那与古巴领导人劳尔·卡斯特罗会晤。奥巴马表示，美古关系迎来"新的一天"，相信美国国会终将解除对古巴封锁。奥巴马感谢劳尔·卡斯特罗在会谈中展现出的"礼貌和开放精神"，两国同意加强经贸、农业、医疗卫生、教育、执法等领域合作，将推动更多学生赴对方国家学习。

3 月 22 日　美国国防部长卡特出席国会众议院军事委员会国防预算听证会时就在韩国部署"萨德"反导系统一事表示，目前正在和韩国就"萨德"问题进行磋商，并与韩国原则上达成了协议。

3 月 23 日　美国总统奥巴马在布宜诺斯艾利斯与阿根廷总统毛里西奥·马克里举行会谈。在会谈后的记者会上，奥巴马表示，打击"伊斯兰国"极端组织、铲除恐怖主义祸害是他当前面临的"首要任务"。

3 月 24 日　美国国务卿克里访问俄罗斯，分别会见俄罗斯外长拉夫罗夫、总统普京，讨论打击"伊斯兰国"极端组织、叙利亚局势、乌克兰东部局势等问题。

3 月 25 日　美国国务卿克里在布鲁塞尔会见比利时首相米歇尔和外交大臣瑞德斯，讨论打击恐怖主义等问题。

美国国防部长卡特在五角大楼新闻发布会上说，美军在对叙利亚行动中成功击毙"伊斯兰国"极端组织的二号人物阿尔卡杜里。

3 月 28 日　美国国务卿克里和总统国家安全事务助理赖斯在华盛顿分别会见土耳其外长恰武什奥卢，双方讨论了打击"伊斯兰国"极端组织、叙利亚局势等问题。

白宫发言人欧内斯特在记者会上表示，奥巴马在上周访问古巴期间抗拒与古巴领导人劳尔·卡斯特罗一同高举手臂合影，是因为双方在许多领域的分歧依然很深。

3月29日　美国国务院颁发2016年国际妇女勇气奖，北京"维权律师"倪玉兰处在获奖名单中。国务卿克里对未能到现场领奖的"倪律师"做了缺席授奖，并对她"在推动中国法治和全面平权所发挥的领导力"，以及她为此"付出沉重代价"大加褒奖。对此，中国外交部发言人洪磊在记者会上回应说，倪玉兰在中国曾违反法律，被判处有期徒刑，美方向这样的人颁奖，完全是别有用心。

3月30日　美国国务卿克里在国务院会见阿根廷外长马尔考拉，双方讨论了贸易、气候变化等问题。

美国国务卿克里出席美国-尼日利亚两国委员会（U. S. -Nigeria Binational Commission）会议并发表讲话，阐述美国对地区安全、尼日利亚选举、可持续发展、气候变化的政策，强调两国关系的重要性。

美国国务卿克里在国务院会见阿塞拜疆总统阿利耶夫，双方讨论了反恐、阿富汗局势等问题。

美国国务卿克里在国务院会见越南副总理兼外长范平明，双方讨论了两国关系、安全问题、南海问题等。

美国国务卿克里在国务院会见印度国家安全顾问道瓦尔，双方讨论了核安全等问题。

美国国务卿克里在国务院会见埃及外长修克瑞，双方讨论了反恐、叙利亚局势、利比亚局势、也门局势、巴以问题等。

3月31日　美国总统奥巴马在华盛顿出席核安全峰会。

中国国家主席习近平在华盛顿会议中心会见美国总统奥巴马，就中美关系发展及共同关心的国际和地区问题深入交换意见。两国元首同意安排好今年两国高层交往和机制性对话，深化经贸、两军、人文、执法、网络安全等广泛领域合作，加强在伊朗核、阿富汗、维和、发展等一系列国际地区和全球性问题上的协调与合作。双方高度评价中美元首发表第三份气候变化联合声明并宣布将于4月22日同时签署《巴黎协定》。两国元首同意发表中美核安全合作联合声明，共同推动第四届核安全峰会取得成功。

中美两国元首发布气候变化联合声明。

中国国务院总理李克强在人民大会堂会见由美国智库阿斯彭学会组织、18名美国国会参众议员组成的访华团，并同他们对话座谈。

美国总统奥巴马在华盛顿会议中心与韩国总统朴槿惠、日本首相安倍晋三举行三边会谈，讨论朝鲜半岛局势等问题。

美国总统奥巴马在华盛顿会议中心与法国总统奥朗德举行会谈，讨论反恐等问题。

4月1日 美国国务卿克里在华盛顿会议中心会见欧盟高级代表莫盖里尼，双方讨论了核安全等问题。

4月4日 美国国务卿克里在国务院会见奥地利外长赫兹，双方讨论了欧洲面临的难民危机、打击"伊斯兰国"极端组织等问题。

美国国务卿克里在国务院会见卡塔尔外交大臣哈尼，双方讨论了叙利亚局势、利比亚局势、也门局势、打击"伊斯兰国"极端组织等问题。

美国与菲律宾展开代号为"肩并肩"的联合军演，参与的美军有 5000 人，澳大利亚首次派军参与，日本则首次派出观察员。演习的三大项目包括人道及救灾援助、双边指挥所演习，以及双边部队协同作战演习，细目则包括夺回被"敌军"占领的岛屿和油井等。演习范围遍及菲律宾至少五省的军事基地。

4月5日 美国总统奥巴马在白宫会见北约秘书长斯托尔滕贝格，双方强调集中精力打击"伊斯兰国"恐怖组织的重要性。两位领导人还讨论了阿富汗问题，奥巴马称北约是给阿富汗这个南亚国家带来稳定的一个非凡合作伙伴。

4月7日 美国国务卿克里在麦纳麦分别会见巴林外交大臣沙克赫和巴林国王哈马德，双方讨论了打击恐怖主义和极端主义等问题。

美国国务卿克里在麦纳麦会见沙特外交大臣朱拜尔，双方讨论了打击"伊斯兰国"极端组织、叙利亚局势、也门局势等问题。

美国国务卿克里在麦纳麦参加美国-海合会理事会会议，讨论打击"伊斯兰国"极端组织、叙利亚局势、利比亚局势、也门局势等问题。

4月8日 美国国务卿克里突然短暂访问伊拉克首都巴格达，与伊拉克总理阿巴迪、伊拉克外长、逊尼派官员和库尔德领导人会晤，重申美国准备帮助伊拉克解决目前的安全、经济和政治问题，讨论打击"伊斯兰国"事宜。

美国国防部宣布，国防部长卡特即将开始的亚洲之行，将不包括早前定下的访华行程，但保留访问印度与菲律宾的日程。

4月9日 美国国务卿克里访问阿富汗，分别会见阿富汗总统加尼、首席执行官阿卜杜拉、外长拉巴尼，讨论阿富汗安全形势等问题。

4月10日 美国国务卿克里在日本广岛出席西方七国集团外长会。会议讨论的议题包括中东、朝鲜核与导弹问题、难民危机、乌克兰冲突、全球恐怖主义等。

美国国务卿克里与西方七国集团其他成员国外长共同访问了广岛核爆的纪念地和平纪念公园，成为亲临该地的最高级美国官员。

美国国务卿克里与俄罗斯外长拉夫罗夫通电话，双方同意在叙利亚问题上进一步扩大合作以巩固停火，加强对"伊斯兰国"和"支持阵线"等恐怖组织的打击力度。双方同意采取更多措施遏制恐怖组织从叙境外补充武器和武装分子。双方支持联合国秘书长叙利亚问题特使德米斯图拉为新一轮叙利亚问题日内瓦和谈所作的努力，认为有必要保证叙利亚和谈的包容性。

在由美国福克斯新闻台（FOX）播出的对美国总统奥巴马的采访中，奥巴马称，他总统任期里"最糟糕的错误"，是没有为利比亚前领导人卡扎菲下台的后果进行规划，导致利比亚陷入如今的混乱。

美国国防部长卡特开始对印度为期三天的访问。期间，卡特登上了印度"超日王"号航空母舰，又与印度防长帕里卡尔共同登上了停泊在果阿港口内的美军第七舰队旗舰"蓝岭"号。卡特与印度国防部长帕里卡尔在联合记者会上宣布，美国和印度原则上同意共享军事后勤基地。

4月11日 在日本广岛举行的七国集团外长会发表海洋问题声明，提及东海和南海有关问题。称"我们强烈反对任何可能改变现状，导致紧张关系升温的单方面恐吓、胁迫或挑衅行为"。

美国财政部长雅各布·卢在美国外交关系委员会发表旨在重新确立美国对全球金融体系领导地位的讲话。他称，"美国从二战之后的国际体系中受益匪浅，失去全球领导地位将是美国犯下的严重错误。最糟糕的情况是美国失去头把交椅，让后面的国家补位"。美国欢迎世界经济舞台新玩家，但他们必须遵守美国帮助制定的标准和贸易规则。

4月13日 美国总统奥巴马在弗吉尼亚州麦考林中央情报局总部召开国家安全团队会议，评估打击"伊斯兰国"极端组织进展和叙利亚局势。会后奥巴马就打击"伊斯兰国"极端组织的进展发表讲话指出，"伊斯兰国"在伊拉克和叙利亚如今已处于守势，可谓"注定失败"。

美国国务卿克里在国务院发布《2015年度国别人权报告》。

美军欧洲司令部发表声明，指责俄罗斯战机以"模拟攻击"姿态多次迫近在波罗的海执行演练任务的美军"唐纳德·库克"号导弹驱逐舰，这一举动"不安全、不专业"。

4月14日　美国国防部长卡特访问菲律宾。期间，在马尼拉拜会菲律宾总统阿基诺三世，并与菲律宾国防部长加斯明举行双边会议；出席"肩并肩"军演闭幕式；登上美军航空母舰发表谈话。

美国国务卿克里在接受美国有线电视新闻网和《迈阿密先驱报》联合采访时表示，美国对俄罗斯战斗机在波罗的海水域飞近美国军舰的行为予以谴责，并将向俄罗斯外长拉夫罗夫直接提出交涉。他说："（俄方）这种行为是鲁莽、挑衅，而且是危险的。根据交火规则，那架军机本来可以被击落。"

4月16日　美国国防部长卡特访问阿拉伯联合酋长国，与阿拉伯联合酋长国领导人讨论打击"伊斯兰国"极端组织等问题。

4月18日　美国总统奥巴马与俄罗斯总统普京通电话，讨论加强在叙利亚问题上的协调等问题。

美国国防部长卡特在突访伊拉克期间确认，将增派美军士兵前往伊拉克，同时尽可能满足伊政府军未来在打击"伊斯兰国"军事行动中的需求。卡特表示，新增派的美军部队主要是"从事后勤保障工作的顾问"，他们将主要协助伊政府军从"伊斯兰国"手中收复摩苏尔。

4月19日　美国国防部长卡特访问沙特，讨论打击"伊斯兰国"极端组织、地区安全等问题。

美国国务卿克里在纽约会见伊朗外长扎里夫，讨论实施伊核协议问题。

第三届韩美日副外长会议在首尔举行，韩国外交部第一次官林圣男、美国常务副国务卿托尼·布林肯和日本外务省事务次官齐木昭隆出席会议。三国就执行联合国第2270号涉朝决议和各国对朝单边制裁措施进行讨论，并对朝鲜新的挑衅风险发出强烈的警告信号。

美军4架A-10C"雷电Ⅱ"攻击机和2架"铺路鹰"直升机从菲律宾克拉克空军基地起飞，飞越了菲律宾以西230公里处黄岩岛附近的"国际空域"。

4月20日　美国国务卿克里在开罗会见埃及总统塞西，双方讨论了打击"伊斯兰国"极端组织、叙利亚局势、利比亚局势、振兴埃及经济等问题。

美国总统奥巴马在利雅得会见沙特国王萨勒曼，双方讨论了伊朗问题、地区安全等问题。奥巴马强调要加大打击"伊斯兰国"组织的力度，并欢迎沙特在打击"伊斯兰国"极端组织方面所发挥的重要作用。

4月21日　美国总统奥巴马在利雅得与海合会6国领导人举行峰会。

中国政府朝鲜半岛事务特别代表武大伟与美国国务院对朝政策特别代表金成在北京举行会谈。金成指出，在强烈反对朝鲜军事挑衅这一立场上"美国和中国是团结一致的"。他还强调，与中方还就彻底履行联合国安理会制裁决议的重要性达成了一致。

4月22日　美国总统奥巴马在伦敦与英国首相卡梅伦会谈。在会谈后举行的联合记者会上，奥巴马呼吁英国继续留在欧盟，以保持英国在欧洲和世界范围内的影响力。

美国国务卿克里在纽约出席联合国巴黎气候变化协议签字仪式。

美国国务卿克里在纽约会见中国国务院副总理张高丽，双方讨论了气候变化等问题。

美国国务卿克里在休斯敦赖斯大学詹姆斯·贝克公共政策研究所发表演讲，阐述宗教与美国外交政策的关系。

美国负责东亚和太平洋事务的助理国务卿拉塞尔在洛杉矶南加州大学演讲时说，美国与中国之间的众多摩擦中，中国在东海和南中国海的行为最受关注。美国不要求中国放弃在东海和南中国海的领土要求，但希望中国停止那些损害其他声索国方的利益、改变现状和破坏稳定的单边行为，包括在有争议海域游弋、在有争议岛礁兴建军事设施等。

4月24日　美国总统奥巴马访问德国，与德国总理默克尔讨论全球经济、恐怖主义、跨大西洋安全问题和其他一些议题。

4月25日　正在德国北部城市汉诺威访问的美国总统奥巴马在发表演说时宣布，美国将向叙利亚增派250名军事人员，以帮助叙温和派反政府武装打击极端组织"伊斯兰国"。

美国总统奥巴马在汉诺威会见德国总理默克尔、法国总统奥朗德、英国首相卡梅伦、意大利总理伦齐。

美国哥伦比亚广播公司称，奥巴马当天接受该公司采访时表示，难民危机不仅是欧洲的问题，也是美国的问题，但最重要也最具战略性的是危机给欧洲政治带来的压力，这种压力对极右翼民族主义的推动已达到鼓动欧盟分裂的程度，这容易被普京之类的人所利用。

4月27日　美国常务副国务卿布林肯出席国会参议院对外关系委员会听证会，阐述中美关系面临的战略挑战与机遇。

美联储宣布，维持0.25%–0.50%的基准利率不变，没有明确暗示下一次加息的时间；同时指出美国劳动力市场走强，但经济的增长放缓。

4月28日　美国常务副国务卿布林肯出席国会众议院外交委员会听证会，阐述奥巴马政府的亚太政策。布林肯说，奥巴马政府的亚太再平衡战略将有助于该地区走上更为积极的轨道。针对中国在南中国海的军事活动，布林肯说，美国正在确保军力的绝对优势，而且这种优势不会很快受到挑战。

4月29日　美国国防部发表声明称，中国已拒绝美国"斯坦尼斯"号航母战斗群访问香港。

美军一架RC-135侦察机在波罗的海国际空域进行例行飞行时，遭到俄军一架苏-27战斗机拦截。双方的最近距离只有30米。

5月1日　美国国务卿克里在日内瓦会见约旦外交大臣朱德赫，双方讨论了叙利亚局势、打击"伊斯兰国"极端组织等问题。

5月2日　美国国务卿克里在日内瓦会见沙特外交大臣朱拜尔，双方讨论了叙利亚局势、也门局势、打击"伊斯兰国"极端组织等问题。

美国国务卿克里在日内瓦会见联合国叙利亚问题特使德米斯图拉，双方主要讨论了叙利亚局势。

美国白宫发言人欧内斯特在记者会上被问及奥巴马是否认为日本应为广岛曾遭原子弹轰炸得到道歉。他说："不，他不这么认为。"

5月4日　美国国务卿克里在国务院会见欧盟高级代表莫盖里尼，双方讨论了叙利亚局势、欧洲面临的难民危机等问题。

5月5日　中国国家主席习近平在人民大会堂会见美中贸易全国委员会副主席、美国华特迪士尼公司董事长兼首席执行官艾格。艾格表示，美中两国密切合作特别是加强经贸合作十分重要。我们支持美中尽早谈判达成双边投资协定，以利两国企业在相互尊重和互利的基础上拓展合作。迪士尼公司高度重视促进美中人文交流。即将开园的上海迪士尼乐园将努力确保为广大中国游客提供安全、优质、愉悦的服务。

美国皮尤研究中心（Pew Research Centre）公布一项新调查，有23%的民众认为正在崛起的中国是美国的对手。另有44%的受访者认为中国是美国的"问题"。

5月6日　美国海军"蓝岭"号两栖指挥舰在陪访舰西安舰的引导下，驶抵上海吴淞某军港，开始对上海进行为期5天的友好访问。美海军第七舰队司令奥库安中将随舰一同抵达并参加访问活动。

5 月 9 日　美国国务卿克里在巴黎会见法国外长艾罗，双方讨论了叙利亚局势、乌克兰局势等问题。

美国国务卿克里在巴黎会见法国、德国、约旦、卡塔尔、沙特、土耳其、阿联酋等国外长，讨论叙利亚问题。

5 月 10 日　美国"劳伦斯"号驱逐舰未经中国政府允许，非法进入中国南沙群岛有关岛礁邻近海域。

中美首次外空安全对话在华盛顿举行。中国外交部军控司司长王群与美国务院助理国务卿罗斯共同主持。双方重点就国家外空政策、中美双边外空安全合作、外空安全多边倡议等问题交换了看法，并达成相关共识。

驻阿美军与阿安全部队在阿东南部帕克蒂卡省进行联合反恐行动时"意外"解救出 3 年前遭绑架的巴基斯坦前总理吉拉尼之子阿里·海德尔·吉拉尼。

5 月 11 日　美国国务卿克里在伦敦会见哥伦比亚总统桑托斯，双方讨论了哥伦比亚国内和平进程等问题。

美国国务卿克里在牛津大学发表演讲，谈打击"伊斯兰国"极端组织等问题。

格鲁吉亚、美国和英国联合参与的 2016 "高贵伙伴"军事演习在格鲁吉亚瓦贾尼军事基地举行。本次演习参演兵力为 1300 人，包括 500 名格鲁吉亚士兵、650 名美国士兵和 150 名英国士兵。演习旨在增强格鲁吉亚军队与北约快速反应部队的协同能力。演习持续到 5 月 26 日。

5 月 12 日　中国中央军委委员、中央军委联合参谋部参谋长房峰辉应邀与美军参联会主席邓福德进行加密视频通话，双方就两国两军关系、地区安全形势等重大议题深入坦诚地交换了意见。邓福德表示，近年来，两军关系尽管时有摩擦，但总体稳定向好。美中对抗冲突不符合两国人民根本利益，美方愿与中方加强对话，建立有效的风险管控机制，共同致力于通过和平方式保持南海稳定，希望南海所有当事方保持克制，防止紧张局势升级。

美国国务卿克里在伦敦会见英国外交大臣哈蒙德，双方讨论了伊朗履行核协议等问题。

美国在罗马尼亚南部德韦塞卢空军基地部署的反导系统宣布正式启动，并随时准备与北约在欧洲的反导系统接轨。

5 月 13 日　美国总统奥巴马在白宫与芬兰、瑞典、挪威、丹麦和冰岛领导人举行多边会谈。六国领导人讨论了美国与北欧国家双边关系、打击"伊斯兰国"极端组织、叙利亚局势、欧洲面临的难民危机、乌克兰局势、气候变化等问题。六国领导人对俄罗斯在波罗的海的军事扩张表达关注,要求继续制裁俄罗斯。

美国国务卿克里在国务院会见埃及外长修克瑞,双方讨论了叙利亚局势、利比亚局势、打击"伊斯兰国"极端组织等问题。

美国哥伦比亚特区联邦巡回上诉法院作出裁定,不支持美国公民自由联盟提出的全文公布美国中央情报局虐囚调查报告的要求。

美国启动在波兰的反导系统建设,美国国防部副部长沃克出席开工仪式。该系统预计于 2018 年完工。

5 月 14 日 美国国防部发表 2016 年度《中国军事与安全发展态势报告》。报告中重点阐述了人民解放军军事技术发展现状及未来方向、中国安全战略和军事战略的发展情况,以及未来 20 年内支持这种发展的军事组织和作战理念。报告中还阐述了报告所述期间中美两国对安全事务的参与及合作,包括中美军事交流以及未来美国应对这种参与和合作的战略。报告渲染"中国军事威胁"、"中国军力不透明"等观点,在中国军队改革、海外军事行动、武器装备建设、国防费、太空、网络、台湾等问题上妄加评论,对中国国防政策、东海和南海合法行动进行指责。

5 月 15 日 美国国务卿克里在吉达会见沙特国王萨勒曼,双方讨论了叙利亚局势、也门局势、打击"伊斯兰国"极端组织等问题。

5 月 16 日 中国外交部长王毅应约同美国国务卿克里通电话。克里表示,美方高度重视发展对华关系。美国在台湾问题上的立场没有改变,也不会改变,不支持"台独"。

美国国会众议院院会"无异议"通过有关支持台湾的"共同决议案",内容提到"与台湾关系法"(Taiwan Relation Act)与对台"六项保证"(Six Assurances)是"美台关系"的重要基石。"共同决议案"仅代表美国国会的态度,无须美国总统签名生效,亦不具法律约束力。

美国国务卿克里在维也纳出席利比亚问题部长级国际会议并发表讲话。

5 月 17 日 美国总统奥巴马在白宫与中国阿里巴巴集团董事局主席马云共进午餐。

美国国务卿克里在维也纳与俄罗斯外长拉夫罗夫共同主持叙利亚国际支持小组外长会,讨论在叙实现全面停火问题。

　　美国国务卿克里在维也纳会见俄罗斯外长拉夫罗夫和联合国叙利亚问题特使德米斯图拉。

　　美国国务卿克里在维也纳会见伊朗外长扎里夫。

　　美国财政部宣布调整对缅甸政策，放松一部分制裁措施以促进两国投资和贸易往来。美国总统奥巴马当天在写给国会的信中表示，自 2011 年以来缅甸政府在各领域取得显著进展，包括释放政治犯、和平举行选举、提高劳工标准等，但缅甸政府的行为和政策继续给美国国家安全和外交政策带来威胁，包括其国内冲突、人权状况以及与朝鲜的军事贸易等，所以美方决定将此前颁布的针对缅甸的紧急状态延长 1 年。

　　美国国会参议院以口头表决的方式通过"反支持恐怖主义者"法案。法案允许"9·11"恐怖袭击事件的受害者和家属，向美国法院起诉并追究沙特政府在事件中的责任。白宫发言人欧内斯特旋即表态，强烈反对该法案。"这项法案将改变长久以来国际法案有关赋予主权国免被起诉的权利，美国总统对此深感忧郁，这项法案有可能使美国在全球其他司法体系变得脆弱。"

　　美国国务院发言人约翰·柯比表示，美国曾公开或者私下呼吁越南停止岛礁建设活动，包括军事设施的建设。此声明也针对所有南海问题声索国。

　　5 月 18 日　美国国务卿克里在开罗会见埃及总统塞西，双方讨论了打击恐怖主义等问题。

　　美国国防部长卡特在五角大楼会见卡塔尔国防大臣艾提亚赫，双方讨论了打击"伊斯兰国"极端组织等问题。

　　五角大楼发言人杰夫·戴维斯在声明中表示，5 月 17 日两架中国战机以"不安全"方式，在南海国际空域拦截一架正在飞行的美国侦察机。

　　5 月 19 日　美国国务卿克里在布鲁塞尔参加北约国家外长会，主要讨论筹备即将于 7 月召开的北约国家华沙峰会事宜。

　　美国国务卿克里在布鲁塞尔会见英国外交大臣哈蒙德、法国外长艾罗、德国外长施泰因迈尔、欧盟高级代表莫盖里尼。

　　5 月 21 日　美国国防部发言人彼得·库克发表声明说，美国无人机 5 月 21 日在巴基斯坦靠近阿富汗边界的一个地区的空袭中，可能击毙了阿富汗塔利班最高领导人阿赫塔尔·曼苏尔。

　　就驻冲绳美军基地的美方雇员涉嫌杀害日本女子并遗弃尸体一事，日本防卫相中谷元与美国国防部长卡特举行电话会谈。卡特表示："这是令人非常痛心和遗憾的事件，对去世的受害者和遗属深表由衷的歉意。"美方"将全面协助调查。努力防止此类事件再度发生"。

5月22日　阿富汗情报部门确认塔利班最高领导人曼苏尔已死于美军空袭。

美国国务卿克里访问缅甸，同昂山素季等缅甸领导人讨论双边关系、缅甸民主进程等问题。

5月23日　美国总统奥巴马访问越南，在河内分别同越共中央总书记阮富仲、新任国家主席陈大光、新任政府总理阮春福等越南党政领导人会晤，讨论TPP、解除武器禁运以及南海问题。奥巴马宣布结束针对越南长达数十年的武器禁运政策，并表示这个决定和中国无关。

正在越南访问的美国总统奥巴马发表声明，确认阿富汗塔利班头目阿赫塔尔·曼苏尔已在美军空袭中丧生，并称赞其死亡是阿富汗和平之路上的"一个重要里程碑"。

5月24日　美国总统奥巴马在越南首都河内国家会议中心发表演讲时谈及南海问题。他说，美国在南海"不是当前纠纷的原告"，但这一问题显然要和平解决。美国将继续派飞机和船只到达国际法允许的区域，"在支持诸如航行自由等重要原则方面，我们会和伙伴站在一起"。奥巴马在演讲中"不点名地"提到中国，说"国家不论大小，主权都应得到尊重，大国不能欺辱小国，争议应以和平的方式解决"。

5月25日　美国总统奥巴马在日本三重县伊势志摩与日本首相安倍晋三举行会谈，双方主要讨论了驻冲绳美军雇员"弃尸案"等问题。奥巴马称其会谈中对在"冲绳发生的悲剧"表明了哀悼和遗憾之意，并允诺美方将对日方的案件搜查提供全面合作。而安倍晋三则称其会谈中就此案表示了"坚决抗议"。

美国国务卿克里与日本外相岸田文雄通电话，就冲绳美军事件"深表歉意"。

美国国防部长卡特在美国海军战争学院发表演讲称，面对崛起的中国，美国保持亚太地区稳定与安全的努力类似于过去50年美国同苏联的冷战对峙，"这将是坚决、温和但强有力的长期对抗，很可能会持续好些年，我们的亚太再平衡不会浅尝辄止，而会长期进行"。

5月26日　美国总统奥巴马在日本三重县伊势志摩参加七国集团首脑峰会。会议发表声明，称推动世界经济发展是"当务之急"，与此同时，全球共同面对难民危机挑战，必须找到全球性的解决方案。声明还对东海、南海问题表示关切。

5月27日　美国总统奥巴马访问广岛纪念核爆炸的"和平纪念公园"并发表讲话，呼吁构造一个没有核武器的世界。奥巴马是访问日本遭核爆炸城市的首位美国总统。

美国国防部长卡特在马里兰州首府安纳波利斯美国海军学院发表演讲。卡特称，美国面临全球五大安全威胁，包括俄罗斯在欧洲推行胁迫政策，中国在亚太富有侵略性的崛起，朝鲜的核挑衅，伊朗在波斯湾的破坏性影响，以及在伊拉克、叙利亚和世界各地击败"伊斯兰国"。"美国没有选择该应对其中哪些挑战的奢侈，我们必须应对全部挑战"。卡特指责中国在南海的岛礁建设，称中国的扩张行为使中国在南海构筑"一座自我孤立的长城"。

6月1日　美国财政部宣布依据《爱国者法》第311条款将朝鲜列为"首要洗钱关注"对象，禁止美国金融机构为朝鲜金融机构开设代理账户或实施交易，目的是进一步孤立朝鲜金融业。

6月3日　美国国务卿克里在巴黎参加法国发起的中东和平进程部长级会议。

美国国防部长卡特和新加坡国防部长黄永宏乘坐美军P-8巡逻机在马六甲海峡上空巡航。

6月4日　美国国防部长卡特在新加坡参加香格里拉对话会并发表演讲。卡特称中国在南海填海造岛以及其他工程设施的行为引起亚洲邻国的忧虑，但同时强调与中国展开积极合作的可能。"美国想要与中国扩大军方与军方之间的共识，焦点不仅在于降低安全风险，而且还有实际操作上的合作"。他表示，中国在南海的行动持续扩大会令北京走向"自我孤立"，但没有再直接使用"军事化"的字眼。

美国国务卿克里在巴黎会见法国外长艾罗。

美国国务卿克里在巴黎会见联合国秘书长潘基文。

6月5日　中国外交部副部长张业遂和美国常务副国务卿布林肯在北京共同主持第六次中美战略安全对话。双方就共同关心的主权安全、两军关系、海上安全、网络及外空安全等重要问题交换了意见。中国驻美国大使崔天凯、中央军委联合参谋部参谋长助理马宜明、外交部副部长郑泽光和美国助理国防部长施大伟、驻华大使鲍卡斯及有关部门代表参加。

美国国务卿克里在乌兰巴托会见蒙古国总统额勒贝格道尔吉，双方讨论了经贸、安全、民主等问题。

美国国务卿克里在访问蒙古期间表示，如果中国真的在南海设立防空识别区，将视此为挑衅及令南海不稳的行动，也令人质疑中国会否履行承诺，以外交手段解决争议。克里还称任何国家都不应以单方面行动，将资源丰富的南海"军事化"。

6月7日　第八轮中美战略与经济对话和第七轮中美人文交流高层磋商在北京闭幕。中国国家主席习近平出席了联合开幕式。本轮中美人文交流高层磋商由刘延东和克里共同主持。本轮中美战略与经济对话分别由中国国务院副总理汪洋和国务委员杨洁篪与美国国务卿克里和财政部长雅各布·卢共同主持。在战略对话中，中美在双边合作；应对地区和全球性挑战；气候变化和能源合作；环保合作；海洋合作；交通合作；科技、卫生和农业合作；地方合作；双边能源、环境、科技对话等九个方面，总计达成了120项共识和成果。在人文交流高层磋商中，签署了12项合作协议，达成了158项成果。

中国国家主席习近平在北京会见来华出席第八轮中美战略与经济对话和第七轮中美人文交流高层磋商的美国国务卿克里、财政部长雅各布·卢。

中国国务院总理李克强在北京会见来华出席第八轮中美战略与经济对话、第七轮中美人文交流高层磋商的美国国务卿克里和财政部长雅各布·卢。

美国总统奥巴马在白宫与印度总理莫迪举行会谈，讨论安全与防务合作、经贸、气候变化等问题。

"北约冷战结束后最大规模的军演""蟒蛇-2016"在波兰举行。1.4万名美国军人、1.2万名波兰军人、3000件军事装备、105架飞机和直升机及12艘舰艇参加演习，演习持续10天。联合部队进行了包括夜间直升机攻击、搭桥作业以及空中防御等演练，训练还包括大规模撤离伤员以及化学污染清除。

6月8日　美国太平洋司令部发表声明说，一架美国空军RC-135侦察机6月7日在东海上空执行例行巡逻时，遭到中国军机"不安全拦截"。

美国国务卿克里在阿布扎比会见阿联酋王储扎伊德，双方讨论了叙利亚局势等问题。

美国国防部长卡特在五角大楼会见瑞典国防大臣哈尔特奎斯特，讨论加强双边防务合作等问题。

6月10日　美国国务卿克里在国务院会见新加坡外长维文，双方讨论了安全、经贸合作尤其是 TPP 等问题。

美日印三国在冲绳附近海域开始举行为期 8 天的海上联合军演，演习代号为"马拉巴尔"。演习集中进行三国反潜战事训练和防空训练合作。

美国运输部宣布，批准 6 家国内航空公司最早于 2016 年秋季开通美国飞往古巴的定期航班。

6 月 12 日　美国佛罗里达州"脉动奥兰多"夜总会发生美国 30 年以来最惨烈的大规模枪击案，造成 50 人死亡，53 人受伤。极端组织"伊斯兰国"宣称对发生在美国奥兰多夜总会的大规模枪击案负责。

6 月 13 日　美国国务卿克里在国务院会见塞浦路斯外长卡苏里德斯，双方讨论了安全、经贸以及结束塞浦路斯冲突的谈判等问题。

6 月 14 日　美国国防部长卡特在布鲁塞尔参加北约国家防长会议。会议就加强北约的防御和威慑能力达成一致，决定将以轮换的方式向爱沙尼亚、拉脱维亚、立陶宛和波兰四国部署 4 个营的多国部队，以加强北约在东欧地区的军事存在。北约秘书长斯托尔滕贝格当天强调，北约此举并不是为了寻求对抗，北约愿与俄罗斯开展建设性的对话。

美国国防部长卡特在布鲁塞尔北约国家防长会议间隙会见英国国防大臣法伦、法国国防部长德里安，讨论打击"伊斯兰国"极端组织问题。

美国国务卿克里在圣多明各参加美洲国家组织大会并发表讲话。

美国国务卿克里在圣多明各会见多米尼加总统迈地纳。

美国国务卿克里在圣多明各会见委内瑞拉外长罗德里格斯。

6 月 15 日　美国总统奥巴马在白宫会见达赖，这是奥巴马 8 年任期中第 4 次与达赖单独会面。

美国国务卿克里在奥斯陆会见伊朗外长扎里夫，双方讨论了伊朗核协议实施等问题。

美国国务卿克里在奥斯陆会见挪威首相索尔伯格，双方讨论了双方在北约中的合作、阿富汗局势、叙利亚局势、对叙利亚的人道主义援助等问题。

美联储宣布维持现有利率政策不变，联邦基金利率将继续维持在0.25%—0.50%不变，货币政策仍保持宽松，以支持劳动力市场改善和通胀回到 2% 的水平。

6 月 16 日　美国国务卿克里在哥本哈根会见丹麦首相拉斯姆森，双方讨论了打击"伊斯兰国"极端组织、经贸、气候变化等问题。

美国国防部长卡特在五角大楼会见沙特副王储穆罕默德，双方讨论了打击"伊斯兰国"极端组织、也门局势、打击"基地"组织阿拉伯半岛分支等问题。

6月17日　美国总统奥巴马在白宫会见沙特副王储兼国防大臣穆罕默德。

美国国务卿克里在哥本哈根会见丹麦女王玛格丽特二世。

6月18日　中国外交部长王毅应约同美国国务卿克里通电话，就中美关系及相关问题交换意见。克里表示，美方在涉藏问题上的政策没有变化，也不会变。美方坚持西藏是中国不可分割的一部分，美方不支持"西藏独立"。

6月19日　美国第七舰队的"斯坦尼斯"号航母战斗群与"里根"号航母战斗群在菲律宾西部的菲律宾海进行双航母飞行作业演习，展示战斗群近距离操作能力。

6月20日　美国国防部长卡特在五角大楼会见以色列国防部长利伯曼，双方讨论了两国防务合作等问题。

美国副总统拜登在接受美国公共广播协会（PBS）主持人查理·罗斯采访时表示，中国必须采取更有效的措施来阻遏相关国家的行为，否则日本会用核武器来武装自己，而且他们拥有"几乎一夜之间"就能做到这一点的能力。

6月26日　美国国务卿克里在罗马会见意大利外长真蒂洛尼，双方讨论了英国"脱欧"、利比亚和叙利亚局势、打击"伊斯兰国"极端组织以及筹备召开北约华沙峰会等问题。

美国国务卿克里在罗马会见以色列总理内塔尼亚胡，双方讨论了巴以局势等问题。

6月27日　美国国务卿克里在布鲁塞尔会见北约秘书长斯图尔滕贝格。

美国国务卿克里在布鲁塞尔会见欧盟委员会主席容克和欧盟高级代表莫盖里尼，双方讨论了英国"脱欧"的影响、美欧关系等问题。

美国国务卿克里在伦敦会见英国首相卡梅伦，双方讨论了英国"脱欧"的影响等问题。

6月29日　美国总统奥巴马在渥太华会见墨西哥总统培尼亚，双方讨论了经贸、能源、边境、难民等问题。

美国总统奥巴马在渥太华与加拿大总理特鲁多、墨西哥总统培尼亚举行北美领导人峰会。

美国总统奥巴马在渥太华会见加拿大总理特鲁多。

美国常务副国务卿布林肯在战略与国际研究中心发表演讲，阐述对外联盟对美国的战略意义。

6月30日 美国国务院发布 2016 年度《贩运人口报告》。其中对中国内地及香港、澳门特区打击贩运人口状况及政策进行指责。

7月1日 美国白宫公布空袭致平民死亡数字。从 2009 年 1 月 20 日至 2015 年 12 月 31 日，美方在"活跃战区"之外的地区共开展 473 次空袭，导致 64—116 名平民死亡、2372—2581 名武装分子死亡。"活跃战区"之外的地区包括巴基斯坦、也门、索马里、利比亚等局势混乱地区，多数空袭由无人机完成，少数有传统军机和巡航导弹的参与。"活跃战区"包括阿富汗、伊拉克和叙利亚，这些地区的平民死伤数据未被列入此次统计。白宫表示，公布数据是为给美国国家安全和反恐战略带来"更大透明度"，争取公众对政府行为的信心，反击恐怖分子对美方行动的宣传攻势和错误指责。

美国国防部发布公告，批准向台湾地区出售 40 枚 AIM-9X Blk2 型红外制导空对空导弹。

7月6日 中国外交部长王毅应约同美国国务卿克里通电话，重点就海上问题交换意见。克里表示，理解中方将就仲裁案表明自己的立场。同时期望各方都能保持克制。美中双方在维护南海和平稳定方面具有共同利益，美方支持各方继续通过外交途径和平解决有关争议。

美国国务卿克里在第比利斯同格鲁吉亚总理克维利卡什维利举行会谈，双方签署了关于深化国防和安全领域伙伴关系的备忘录。克里表示，美国支持格鲁吉亚成为北约的一员，美国支持格鲁吉亚进行改革。

美国财政部宣布对 16 名严重侵犯人权的朝鲜官员和实体进行制裁，其中包括朝鲜领导人金正恩。制裁内容包括冻结被制裁人员（组织）在美资产、相关人员不得进入美国、禁止美国公民与被制裁对象交易等。

美国总统奥巴马在白宫就阿富汗问题发表声明，鉴于阿富汗的局势仍是危险的，他决定到 2017 年 1 月美国将在阿富汗保持 8400 人的部队。奥巴马曾计划到 2016 年底将美军人数减少到 5500 人。现在驻阿美军人数为 9800 人。

7月7日 美国国务卿克里在基辅会见乌克兰总统波罗申科，双方讨论了乌东部局势、俄罗斯与乌克兰关系等问题。

7月8日 韩国国防部宣布，韩美同意在韩国部署末端高空区域防御系统（萨德）。韩美联合工作组正在确定部署地点的最后阶段，"韩美正在紧密合作，尽快部署萨德"。

美国总统奥巴马在华沙参加北约峰会，会议主要围绕北约在中东欧的军力部署、与伙伴国的安全合作、与欧盟的合作三大议题展开。

美国总统奥巴马在华沙会见欧盟理事会主席图斯克和欧盟委员会主席容克，讨论美国与欧盟在打击恐怖主义、推动经济增长、解决难民危机等方面的合作。

美国总统奥巴马在华沙与波兰总统杜达举行会谈，讨论双边关系和欧洲安全形势。奥巴马称，美国将是北约增加在波兰驻军的"领导国"。

美国总统奥巴马在华沙会见北约秘书长斯图尔滕贝格。

美国国务院发言人柯比表示，6月17日美国驱逐了两名俄外交官，以回应美外交官在莫斯科与美驻俄使馆俄保安冲突事件。

7月9日　美国总统奥巴马在华沙参加北约关于阿富汗问题的会议。

美国总统奥巴马在华沙参加北约-乌克兰委员会会议。

美国总统奥巴马在华沙与英国首相卡梅伦、法国总统奥朗德、德国总理默克尔、意大利总理伦齐同乌克兰总统波罗申科举行会谈。

7月10日　美国总统奥巴马在马德里会见西班牙首相拉霍伊，双方讨论了英国"脱欧"、打击恐怖主义、美古关系、哥伦比亚及委内瑞拉局势等问题。

7月11日　美国国防部长卡特突访伊拉克，并与伊总理阿巴迪等官员举行会谈。卡特宣布，美国将增派560名士兵，以协助伊安全部队重夺军事重镇摩苏尔。增派的560名美军士兵包括工兵、后勤人员以及特战队员。他们将部署在夸亚拉空军基地附近，主要从事基地的基础设施建设和后勤补给工作，同时也将承担战术咨询和指导的工作。此次增兵将使得驻伊美军人数达到4650人。

7月12日　美国国务院发言人约翰·柯比发表新闻声明称，菲律宾南海仲裁案仲裁庭公布的所谓裁决对中菲双方都有法律拘束力，希望双方遵守有关义务，并以此为契机恢复和平解决争议的努力。

美国国防部长卡特突访阿富汗，表示美国将继续对阿富汗进行长期援助。

美国国务卿克里在国务院会见沙特外交大臣朱拜尔，双方讨论了打击恐怖主义、叙利亚局势、也门局势等问题。

7月14日　美国国务卿克里在莫斯科会见俄罗斯总统普京，双方主要讨论了两国在叙利亚联合行动。双方同意在叙利亚应共同加强对"伊斯兰国"（IS）和"基地"组织叙利亚分支"胜利阵线"的军事行动。克里建议普京在叙利亚建立联合中心，以相互交换情报。两人还讨论了乌克兰局势和双边关系问题。

7月16日　美国国务卿克里在卢森堡会见卢森堡外交大臣阿赛尔鲍恩，

双方主要讨论了打击恐怖主义、英国"脱欧"等问题。

美国国务卿克里致电土耳其外长恰武什奥卢，对土耳其指责美国支持土政变表达抗议，称"指责美国与未遂政变企图有关的任何公开暗示或说法完全错误，对双边关系有害"。

7月18日 美国海军作战部长理查德森在北京与中国海军司令员吴胜利举行会谈，讨论南海问题、环太平洋军演，以及两国海军未来的合作机会等议题。

美国国务卿克里在布鲁塞尔会见欧盟高级代表莫盖里尼，双方讨论了英国"脱欧"、美国欧盟合作、打击恐怖主义等问题。

7月19日 美国国务卿克里在伦敦会见英国首相特蕾莎·梅，双方讨论了英国"脱欧"、打击恐怖主义等问题。

美国国务卿克里在伦敦会见联合国叙利亚问题特使德米斯图拉。

7月20日 美国国务卿克里在国务院会见"保证支持伊拉克"会议（Pledging Conference in Support of Iraq）共同主席加拿大外长迪安、德国外长施泰因迈尔、日本外相岸田文雄、科威特外交大臣萨巴赫、荷兰外交大臣科恩德斯，讨论伊拉克局势。

美国国务卿克里在国务院出席"保证支持伊拉克"会议并发表讲话，阐述美国的伊拉克政策。

美国国务卿克里在国务院会见挪威外交大臣布伦德。

美国国务卿克里在国务院会见意大利外长真蒂洛尼、阿拉伯联合酋长国外交大臣扎伊德和埃及外长修克瑞。

美国副总统拜登在悉尼发表演讲，阐述美国和澳大利亚在亚洲关系的未来。

美国国防部长卡特在马里兰州安德鲁斯联合基地会见法国国防部长德里安，双方讨论了打击"伊斯兰国"极端组织等问题。

美国国防部长卡特在马里兰州安德鲁斯联合基地与来自30多个反"伊斯兰国"国际联盟国家国防部长或代表召开会议，讨论打击"伊斯兰国"极端组织的下一步计划。卡特表示，打击IS行动有三重目标：首先是捣毁IS在伊拉克和叙利亚的老巢；其次是消灭世界各地的IS极端分子；最后也是最重要的是保卫联盟各国的国家安全。他还称，国际联盟已取得让IS走向"彻底溃败"的军事成果，下一步行动将是夺取IS在伊拉克的最大据点摩苏尔，以及其自称为"首都"的叙利亚城市拉卡。

7 月 21 日 美国国务卿克里在国务院与国防部长卡特共同主持打击"伊斯兰国"部长级会议。

7 月 22 日 美国总统奥巴马在白宫会见墨西哥总统培尼亚,双方讨论了经贸、移民、气候变化等问题。

7 月 25 日 中国国家主席习近平在北京会见美国总统国家安全事务助理赖斯。赖斯表示,习近平主席对美中关系的看法同奥巴马总统十分相近。奥巴马总统始终认为,美中关系是当今世界最重要的双边关系。中国的成功符合美国的利益。美中双方携手合作,可以为国际社会应对气候变化等一系列全球性挑战注入活力。美方赞同通过共同努力增进双方互信,加强务实合作并使之成为美中关系的压舱石,愿同中方密切沟通,有效管控分歧。

美国国务卿克里在万象出席美国-东盟部长级会议并发表讲话。

美国国务卿克里在万象出席"湄公河下游倡议"部长级会议(the Lower Mekong Initiative Ministerial meeting)。

美国国务卿克里在万象会见中国外长王毅。克里表示,美国对南海仲裁内容不持立场。

美国国务卿克里在万象会见澳大利亚外长毕晓普和日本外相岸田文雄,三方发表共同声明,继续炒作南海问题,渲染紧张局势,称南海仲裁具有法律约束力,呼吁中国和菲律宾都接受南海仲裁案结果。

7 月 26 日 美国国务卿克里在万象会见俄罗斯外长拉夫罗夫,双方讨论了叙利亚局势、打击"伊斯兰国"极端组织、乌克兰东部局势等问题。

美国国务卿克里在万象出席东亚峰会外长会议。

日本首相安倍晋三在官邸与美军太平洋司令部司令哈里斯举行会谈。结合2015 年 4 月修订的《美日防卫合作指针》以及日本国会通过安保相关法一事,安倍强调称"我有信心美日能比之前更好地携手合作"。哈里斯回应称:"亚洲地区和平与稳定的关键是美日同盟。"

7 月 27 日 美国国务卿克里访问菲律宾。克里表示,"仲裁庭的裁决具有约束力,但是我们不希望因此形成对峙局面。"美国希望中菲开启对话,采取实质行动"建立互信"。

美国联邦储备委员会宣布将联邦基金利率维持在 0.25% 至 0.5% 不变,同时表示美国经济增长的近期风险降低。

7 月 29 日 美国国务卿克里在国务院会见阿拉伯联合酋长国外交大臣扎

伊德，双方讨论了叙利亚局势、打击"伊斯兰国"极端组织、也门局势等问题。

　　7月30日　美国国务卿克里在巴黎会见巴勒斯坦领导人阿巴斯，讨论巴以关系等问题。

　　美国国务卿克里在巴黎会见法国外长艾罗，双方讨论了打击恐怖主义等问题。

　　7月31日　美国国务卿克里在巴黎会见安曼外交大臣阿卜杜拉，双方讨论了叙利亚局势等问题。

　　8月1日　美国国务卿克里在国务院会见哥伦比亚外长霍尔古因，双方讨论了哥伦比亚和平进程、打击毒品犯罪等问题。

　　美军首次对"伊斯兰国"（IS）在利比亚的大本营、北部城市苏尔特的几处目标进行了"精准打击"。这是利比亚民族团结政府首次要求美军提供空袭协助。

　　8月2日　美国总统奥巴马在白宫会见新加坡总理李显龙。奥巴马表示，新加坡是美国在亚太地区存在的依靠，是美国外交政策的核心支柱。双方都呼吁美国国会尽快通过"跨太平洋伙伴关系协定"（TPP）。奥巴马称，如果美国为亚太贸易不制定高标准，那么中国就会执掌这个全球发展最快的地区。双方发表联合声明，主要强调了加强经济合作、商业连通性和创新，加强安全和防御合作，应对地区和全球挑战，加强美国与新加坡持久的合作伙伴关系。联合声明中特别提到了南海问题，声明重申维护地区和平稳定，确保南海自由航行与飞行的重要性。奥巴马和李显龙强调通过和平的方式解决争议，包括尊重法律和外交程序，避免诉诸武力。双方呼吁各方避免采取加剧紧张局势升级的行动，不要将南海进一步军事化。美国与新加坡也支持实施南海各方行为宣言，并呼吁尽快达成南海行为准则。

　　8月3日　美国国务卿克里在华盛顿与哈萨克斯坦、吉尔吉斯斯坦、塔吉克斯坦、土库曼斯坦和乌兹别克斯坦五国外长举行美国–中亚五国部长级会议，讨论地区安全、经济互联、环境、气候变化以及人道主义等问题。

　　美国国防部发言人亚当·斯坦普说，五角大楼将拒绝给巴基斯坦"报销"3亿美元军费，理由是国防部长卡特认定这个南亚盟国"反恐不力"，在打击极端武装"哈卡尼网络"上没有"尽心尽力"。这3亿美元来自美国"盟国援助基金"项目。该项目由五角大楼设立，旨在支持盟国开展反恐行动和打击反政府武装，为它们"报销"部分费用。

8月4日　美国总统奥巴马在五角大楼主持召开国家安全委员会会议，讨论打击"伊斯兰国"极端组织问题。

美国国务卿克里在布宜诺斯艾利斯与阿根廷外长玛尔科拉主持美阿高级别对话会，讨论安全合作、经贸、打击有组织犯罪和贩毒、气候变化等问题。

8月5日　中国外交部长王毅应约同美国国务卿克里通电话，就中美关系、朝鲜半岛局势等交换意见。

美国国务卿克里在里约热内卢参加奥运会开幕式。

美国国务卿克里在里约热内卢会见巴西外长赛拉。

8月6日　美国十年来首次将一支B-1B战略轰炸机编队部署在关岛。

8月8日　美国国务院新闻办公室主任伊丽莎白·特鲁多在华盛顿表示，美国认为泰国新宪法草案的起草过程不够开放和包容，美国对此感到担忧。美国敦促泰国官方尽快将权力移交给民选政府。

8月9日　美国战略司令部宣布，将密苏里州怀特曼空军基地所属的3架B-2"幽灵"隐形战略轰炸机转移部署至关岛基地。B-2轰炸机将在亚太地区展开飞行训练，包括参加有"地区关键伙伴"参与的联合军演，以帮助飞行员保持"高度战备水平"。

8月10日　美国常务副国务卿布林肯在国务院发布2015年度《国际宗教自由报告》。

8月11日　美国导弹防御局局长詹姆斯·叙林在韩国联合参谋本部与韩军高层人士会晤，磋商末段高空区域防御系统（即"萨德"系统）部署事宜。

8月12日　五角大楼发言人戈登·特罗布里奇确认，极端组织"伊斯兰国"阿富汗及巴基斯坦分支头目哈菲兹·赛义德·可汗在上月美国的无人机空袭中被击毙。

8月16日　美国国务卿克里与俄罗斯外长拉夫罗夫通电话，讨论叙利亚局势。

美军非洲司令部应利比亚政府请求，对该国萨特地区的"伊斯兰国"极端组织据点发动了空袭。

8月18日　美国国务院发言人约翰·柯比在记者会上说，今年1月美方向伊朗空运价值4亿美元的现钞偿还旧债，是确保被扣美国公民获释的一个"杠杆"。这是美国政府首次清晰地公开表示，"还钱"与"换囚"有关。此前，美国坚称，两件事乃分别单独与伊朗协商，恰好发生在同一时段，两者没有关联。

8月22日　韩美联合司令部宣布，2016年度韩美"乙支自由卫士"联合军事演习正式在韩国境内启动，军演持续至9月2日。此次演习是以防御为主的年度例行军演，旨在提高韩美同盟的战备态势和区域防御水平。此次军演为指挥所演习，不进行野外机动训练。韩方和美方各派出5万余名和2.5万余名军人参加演习。此外，澳大利亚、加拿大、哥伦比亚、丹麦、法国、意大利、菲律宾、英国、新西兰等9个国家参与此次演习。此次军演启用"作战计划5015"，包括如半岛出现紧急情况，将对朝鲜核及导弹设施、基地采取先发制人措施等内容。

美国国务卿克里在内罗毕会见肯尼亚总统肯亚塔，双方讨论了地区安全、经贸等问题。

8月23日　美国国务卿克里在阿布贾会见尼日利亚总统布哈里。

8月24日　美国副总统拜登访问土耳其，分别与土耳其总统埃尔多安、总理达武特奥卢举行会谈，双方主要讨论了在美国居住的土耳其流亡人士居伦引渡问题、叙利亚问题等。

8月25日　美国国务卿克里在吉达会见沙特国王萨勒曼，双方讨论了叙利亚局势、也门局势等问题。

8月26日　美国国防部长卡特在华盛顿为预备役军人颁发"自由勋章"时表示："在全球性责任、全球性机遇、全球性利益面当前，我们面临着至少5个日益增长的挑战：首先是面对俄罗斯在欧洲的侵略性行为和武力使用。""第二个挑战是必须应对至关重要的亚太地区的历史性转变，该地区居住着全世界一半的人口，活跃着全世界一半的经济。""中国发展是好事，其咄咄逼人的行为则不是。"卡特随后列举了朝鲜、伊朗、IS等挑战。他说，必须"加大手段应对朝鲜的核挑衅，监测伊朗的侵略性行为和伊朗对波斯湾地区的影响，并加强对IS的打击力度。"他还提醒说，美国应随时准备好应对"未知未来"以及与之相随的威胁。

美国国务卿克里在日内瓦会见俄罗斯外长拉夫罗夫，双方讨论了合作打击"伊斯兰国"极端组织、在叙利亚恢复停火等问题。克里称，已和拉夫罗夫就解决叙利亚冲突"取得进展"，但还有一些"小的因素"没有得到解决。

美国国务卿克里在日内瓦会见联合国叙利亚问题特使德米斯图拉，双方讨论了叙利亚局势。

8月29日 美国国务卿克里在达卡会见孟加拉国总理哈希娜。

美国国防部长卡特在五角大楼会见印度国防部长帕瑞卡。双方签署《后勤交流备忘录协定》，根据这一协定，美印两军在今后将能使用对方的海陆空军事基地进行补给、维修和休整等后勤作业。

8月30日 美国国务卿克里、商务部长普利兹克在新德里与印方代表举行美印战略与商业对话会。

8月31日 美国国务卿克里在新德里会见印度总理莫迪。

9月1日 代号为"敏捷精神2016"的多国联合军事演习在格鲁吉亚南部开始举行。格鲁吉亚国防部发表声明说，美国、保加利亚、拉脱维亚、乌克兰、罗马尼亚和格鲁吉亚六国军队参加此次联合军事演习。演习内容主要包括指挥所演习和实地演练。本次军演持续至9月9日，旨在增进各国军队间的了解、维护地区和平以及提高部队战斗力。

9月3日 中国国家主席习近平在杭州会见前来出席二十国集团领导人杭州峰会的美国总统奥巴马。两国元首就中美关系和共同关心的重大国际地区问题坦诚、深入、友好交换了意见，达成一系列重要共识。奥巴马表示，美方欢迎中国对全球发展、维和事业所做贡献。美中今天率先批准和接受《巴黎协定》，再次展示了我们两国合作的影响力。美方对两国能源、科学、教育等方面交流取得稳步进展感到高兴，愿同中方开展打击跨国犯罪等执法合作，探讨在经贸和投资方面同中方建立更强有力的关系，并在推进区域和全球安全等更广泛领域加强同中方合作。奥巴马表示，在台湾问题上，美方奉行一个中国政策没有改变，反对任何寻求台湾"独立"的做法。美方承认西藏是中国的一部分。美中关系应该确保我们两国能够在利益一致的领域开展富有成果的合作，同时在有分歧的领域管控好有关问题，避免影响两国关系。我愿同习主席一道，为美中关系今后发展奠定好的基础。双方还就其他重大国际地区问题深入交换意见。双方认为，中美在亚太地区事务中拥有广泛共同利益。双方应该继续加强沟通和合作，妥善管控分歧。双方同意加强在有关地区热点问题和全球性挑战上的协调和合作，同国际社会一道，推动有关问题的妥善解决，为促进世界和平、稳定、繁荣发挥积极作用。

中国国家主席习近平和美国总统奥巴马在杭州先后向联合国秘书长潘基文交存中国和美国气候变化《巴黎协定》批准文书。

9月4日 美国总统奥巴马在杭州参加G20峰会。杭州峰会以"构建创新、活力、联动、包容的世界经济"为主题，二十国集团成员、8 个嘉宾国领导人以及 7 个国际组织负责人与会。中国国家主席习近平主持峰会。峰会发表了《二十国集团领导人杭州峰会公报》和 28 份具体成果文件。

美国总统奥巴马在 G20 杭州峰会期间会见土耳其总统埃尔多安，双方讨论了遣返在美国的土耳其流亡人士居伦问题、打击"伊斯兰国"极端组织等问题。

美国总统奥巴马在 G20 杭州峰会会见英国首相特蕾莎·梅，双方讨论了英国"脱欧"、双边关系、美欧关系、打击恐怖主义等问题。

9 月 5 日　美国总统奥巴马和俄罗斯总统普京在杭州 G20 峰会召开期间举行会谈，双方主要讨论了叙利亚和乌克兰局势问题。

9 月 6 日　美国总统奥巴马在万象与韩国总统朴槿惠举行会谈，讨论朝鲜半岛局势、朝鲜核与导弹问题。美韩领导人在会谈后的联合记者会上表示，包括部署"萨德"在内，美韩将通过增强联合防卫力及延伸威慑维持对朝威慑力。

美国总统奥巴马在万象与老挝国家主席本扬举行会谈。

美国总统奥巴马在万象参加东盟–美国峰会。

美国国防部长卡特在伦敦会见以色列国防部长利伯曼，双方讨论了中东地区局势、双边防务关系等问题。

9 月 7 日　美国国防部长卡特和英国国防大臣法伦在伦敦签署推进网络进攻和防卫能力合作协议。

美国国防部长卡特在伦敦出席联合国维和事务国防部长级会议，宣布美国将增加对维和行动的贡献。

9 月 9 日　美国总统奥巴马发表声明，强烈谴责朝鲜进行核试验，并称已同日本和韩国领导人通电话，准备对朝鲜实施新的制裁。

美国国务卿克里在日内瓦会见俄罗斯外长拉夫罗夫，讨论叙利亚局势、打击"伊斯兰国"极端组织、朝鲜核试验等问题，双方就叙利亚停火协议达成一致。

美国国防部长卡特在奥斯陆会见挪威国防大臣索瑞德，讨论双边防务关系、在北约中的合作、打击恐怖主义等问题。

美国国防部长卡特谈及朝鲜进行新一轮核试验时称，"这是中国的责任。中国对这一事态发展负有重大责任，也有重大责任来扭转事态。"

美国国会众议院通过《法律制裁恐怖主义赞助者法案》（JASTA），容许9·11 受害者家属控告被指涉及"9·11"袭击的沙特阿拉伯。由于参议院已于 2016 年 5 月通过该法案，法案将交总统奥巴马签署生效。白宫已重申会否决该法案。

9月10日　清华大学苏世民书院举行首届开学典礼，中国国家主席习近平和美国总统奥巴马分别向书院发来贺信，中央政治局委员、国务院副总理刘延东出席开学典礼。

9月11日　美国总统奥巴马在五角大楼出席"9·11"纪念仪式并发表讲话。

9月12日　2 架美军 B-1B 轰炸机从关岛安德森空军基地出发，进入驻韩美军乌山空军基地临近空域。

朝核问题六方会谈美方团长、美国国务院朝鲜政策特别代表金成与韩方团长金烘均在首尔会晤。双方会后宣布，将采取一切手段加强对朝施压。

9月14日　美国总统奥巴马在白宫会见缅甸国务资政昂山素季。两国宣布构建美缅合作伙伴关系。奥巴马宣布，美国将终止涉及缅甸制裁措施的国家紧急状态，将撤销以行政命令为基础的涉缅制裁政策框架，将恢复给予缅甸贸易普惠制待遇。奥巴马没有给出解除制裁的时间表，但表示将"很快"予以解除。

美国和以色列政府代表在华盛顿签署一项总额 380 亿美元的 10 年军事援助谅解备忘录。这是美国历史上最大数额的单笔双边军事援助。美国副国务卿托马斯·香农与以色列代理国家安全顾问雅各布·内格尔代表两国政府签署该协议。美国总统国家安全事务助理赖斯出席签字仪式。根据协议，自 2019—2028 财年，以色列将每年获得来自美国大约 38 亿美元的援助，其中包括 33 亿美元的"外国军事资助"资金和新增的 5 亿美元导弹防御项目资金。

9月16日　五角大楼发言人杰夫·戴维斯说，应土耳其方面要求，美军已经将一部分特种部队士兵部署到叙利亚北部，与在那里的土耳其军队一道"辨别"反对派武装。美特种部队的任务是为展开清除行动的土耳其军队提供建议和协助。这被认为是美国首次派遣地面部队与土耳其在叙境内合作打击"伊斯兰国"。五角大楼还证实，极端组织"伊斯兰国（IS）"的"信息部长"瓦伊尔近日在美国主导的联盟军进行的一次空袭中身亡。

9月17日　叙利亚军方声明，美国主导的联盟军轰炸了叙东部代尔祖尔机场附近萨尔达山的政府军营地，造成人员伤亡和武器装备毁坏。美国国防部发表声明说，联盟军在空袭该地前对极端组织"伊斯兰国"目标进行了长期跟踪，认为空袭的目标是"伊斯兰国"武装分子。声明说，联盟军在过去曾对该地进行过轰炸，并强调称，叙局势复杂，政府军和武装人员的位置往往相距不远，联盟军绝不会有意轰炸叙利亚政府军目标。联盟军已暂停了对该地的空袭。

9月19日 美国总统奥巴马就纽约和新泽西州发生的爆炸事件、明尼苏达州持刀伤人事件发表讲话，强调美国不会向恐惧屈服，将继续领导打击"伊斯兰国"（IS）全球联盟，开展反恐行动。

美国总统奥巴马在纽约会见中国总理李克强，双方讨论了中美关系、朝鲜半岛局势、人民币汇率等问题，双方还就可持续发展、难民、维和等全球性问题交换了意见，同意进一步保持密切沟通，开展有效合作，为国际社会提供更多公共产品。

美国总统奥巴马在纽约会见伊拉克总理阿巴迪，双方讨论了伊安全局势。

美国国防部长卡特在华盛顿胡佛研究所回答有关朝鲜威胁的提问时表示："驻韩美军的口号是'fight tonight'（今夜就战）。并非想那样做，而是应该那样做。"卡特还表示："（美国已经）做好了准备，驻韩美军的存在强大而有力，同盟国韩国也日益变强，还有强大的同盟国日本，但不幸的是目前外交状况暗淡。（美国）一直在努力让俄罗斯和中国以及其他国家走上改变这种状况的道路，但这些国家仿佛并没有朝那个方向努力。导弹防御是很难的任务，（美国）不会接受朝鲜成为像俄罗斯一样的主要核威胁（国家）。"

9月20日 美国总统奥巴马出席第71届联合国大会一般性辩论并发表演讲。提出四大要点：使全球经济造福全人类而非少数富人，打造包容、负责任的治理模式，反对原教旨主义和种族主义，加强国际合作。奥巴马称美国不可能单独解决世界面临的所有挑战，同时呼吁对当前的全球化路径进行修正，以免世界更加分化。

美国总统奥巴马在纽约会见尼日利亚总统布哈里。

美国总统奥巴马在纽约出席联合国难民问题峰会并发表讲话。

美国总统奥巴马在纽约会见联合国秘书长潘基文。

美国国务卿克里在纽约参加叙利亚国际支持小组（International Syria Support Group）会议。

白宫发表声明，称俄罗斯对9月19日轰炸在叙利亚运送人道物资的车队负有直接责任。

中国国务院总理李克强在纽约同美国经济、金融、智库、媒体等各界人士座谈，就中美关系及经贸合作等共同关心的问题交流互动。彭博有限合伙企业创始人布隆伯格主持座谈。

9月21日 两架装载导弹的美军B-1B轰炸机从关岛美军基地起飞，飞至美军驻韩国乌山空军基地上空后，一架轰炸机返回关岛美军基地，另一架在乌山空军基地着陆。B-1B轰炸机在韩国着陆实属罕见，意在向朝鲜发出警告。

美国总统奥巴马签署"气候变化与国家安全"总统备忘录，要求各政府部门在制定落实国家安全政策和计划时必须将气候变化的影响因素考虑在内。

美国总统奥巴马在纽约会见哥伦比亚总统桑托斯，双方讨论了哥国内和平进程、反毒品等问题。

美国总统奥巴马在纽约会见以色列总理内塔尼亚胡，双方讨论了中东局势、巴以关系等问题。

美联储决定将联邦基金利率目标区间维持在0.25%-0.5%不变。

9月23日 美国总统奥巴马否决美国会通过的允许"9·11"恐袭事件幸存者和遇难者亲属起诉沙特阿拉伯政府的法案。对于否决这一法案，奥巴马列举了三个理由：首先，该法案非但不会保护美国免受恐怖袭击，反而会削弱美国应对恐袭的效率；其次，剥夺未被列入支持恐怖主义名单国家的主权豁免权，美国的海外利益和人员同样会失去主权豁免权的保护；最后，如允许私人控告美国的盟友和伙伴国家，则有损这些国家在反恐等国家安全问题上与美国的合作。

美国国务卿克里在纽约与联合国秘书长潘基文、俄罗斯外长拉夫罗夫、欧盟外交和安全政策高级代表莫盖里尼举行中东问题四方会议，埃及外长与法国外长参加了会议后半程。会议发表声明，呼吁各方落实有关四方此前提出的具体建议，为重启巴以和谈创造条件。声明说，中东问题有关四方强烈反对以色列方面持续的定居点建设活动，认为这阻碍了和平以及实现两国方案的可行性。

美国国务卿克里在纽约参加安理会关于全面核禁试条约问题的会议。

美国国务卿克里在纽约参加东盟外长会议。

9月24日 美国国务卿克里在马萨诸塞州迈德福德与英、法、德、意外长及欧盟外交与安全事务高级代表举行部长级会议，讨论伊朗核协议实施、叙利亚局势、世界经济发展、英国脱欧影响等问题。

9月26日 美国国务卿克里在哥伦比亚卡塔赫纳会见哥伦比亚总统桑托斯，双方讨论了哥伦比亚和平进程等问题。

美国国务卿克里在卡塔赫纳出席哥伦比亚政府与该国最大叛军组织"哥

伦比亚革命武装力量"和平协议签字仪式。

美国《海军时报》周刊披露，4名消息灵通人士告诉《海军时报》，白宫已出台机密文件，禁止五角大楼高层官员提到中美关系时使用"大国角力"等倾向于将中美关系形容为处于军事竞争状态的词汇，改用"煽动性"较弱的字眼。美国国防部发言人彼得·库克拒绝对此事发表评论，表示国防部一般不对"内部政策文件或讨论，尤其是那些不完整的（文件或讨论）"发表评论。

9月27日 美国助理国务卿拉塞尔出席国会众议院外交委员会亚太小组委员会听证会，阐述美国与日本、韩国的三边关系。

美国总统奥巴马宣布提名杰弗里·德劳伦蒂斯担任驻古巴大使，他是自美古复交以来奥巴马提名的首位驻古巴大使，也是逾50年来美国首次提名驻古巴大使。

9月28日 美国国会参众两院先后以97：1、348：77的投票结果推翻总统奥巴马的否决，强行通过允许"9·11"恐怖袭击事件幸存者和遇难者亲属起诉沙特阿拉伯政府的法案。这是奥巴马担任总统以来首次出现其否决被推翻的情况。

美国国防部长卡特发表声明说，美国将再派出约600人的部队，协助伊拉克政府军从极端组织"伊斯兰国"手中收复摩苏尔。

美国国务卿克里在威尔逊中心发表演讲，阐述美国批准TPP（跨太平洋伙伴关系协定）的重要性。

美国国务卿克里与俄罗斯外长拉夫罗夫通电话时表示，如果俄罗斯不立即为停止对阿勒颇的进攻采取措施并恢复停火，美国准备暂停俄美两国在叙利亚问题上的双边交流。

美军无人机对索马里中部地区极端组织"青年党"目标实施空袭，造成至少22名索马里士兵死亡、16人受伤。索马里中部地区贾穆杜格地方政府安全部长奥斯曼·伊斯·诺尔在新闻发布会上说，美军可能是得到了错误的情报信息。

9月29日 美国国防部长卡特在停泊在圣迭戈的"卡尔·文森"号航空母舰上发表题为"再平衡的未来"的讲话，称美国的"亚太再平衡"战略进入了第三阶段，美国将加强在亚太地区的军事优势，以便在中国军力日益上升的情况下维持在亚太的主导地位。美国将会把更多最先进的武器装备派往亚太地区，包括F-35第五代战斗机、P-8型反潜侦察机和升级版的弗吉尼亚级核潜艇，并大力发展新一代战略轰炸机、无人驾驶潜水装置以及太空和网络新技术。他还说，美军掌握了一些人们料想不到的新武器，并会投放亚太地区使用。卡特称美国不能接受中国在其周边海域采取的一些行动，但会尽力与中国军方通过对话降低误判和误解的风险。卡特还称美国与菲律宾的联盟关系坚如磐石。

美国国务卿克里在华盛顿表示，美国即将暂停与俄罗斯就叙利亚问题的外交谈判，原因在于俄罗斯没有诚意履行此前的协议，而是继续帮助巴沙尔政权对叙利亚平民进行轰炸与空袭。

9 月 30 日　美国总统奥巴马、国务卿克里在耶路撒冷出席以色列前总统佩雷斯葬礼。奥巴马在致悼词时表示，佩雷斯让他想起如同南非前总统曼德拉等"20 世纪巨人"。

美国和东盟国家防长会议在夏威夷召开，美国国防部长卡特称，美国将进一步加强与东盟在海上安全和反恐领域的防务合作。

美国白宫经济顾问委员会主席贾森·弗曼在华盛顿对记者表示，如果国会无法在奥巴马政府任期结束前通过《跨太平洋伙伴关系协定》（TPP），美国将把国际贸易的领导权拱手让给中国。中国将与其他国家达致把美国排除在外的贸易协定，同时制定"一套更糟糕的全球贸易规则"。

10 月 1 日　美国商务部下属机构国家电信和信息局把互联网域名管理权完全交给位于加利福尼亚州的"互联网名称与数字地址分配机构"（ICANN），两者之间的授权管理合同在 10 月 1 日自然失效，不再续签。这标志着作为世人日常生活一部分的互联网迈出走向全球共治的重要一步。

美国国务院公布的数据显示，截至 10 月 1 日午夜 2017 财年开始的第一天，美国接纳移民计划完成的程度是 24 年以来距离总统确定的目标最近的一次。美国行政当局要接纳 8.5 万名难民的计划只差 5 名就全部完成。2016 年财年，前往美国的刚果难民 1.637 万人，叙利亚 1.2587 万人，缅甸 1.2347 万人，伊拉克 9880 人，索马里 9020 人，不丹 5817 人，伊朗 3750 人，阿富汗 2737 人，乌克兰 2543 人。

10 月 2 日　美军潜艇供应舰"弗兰克·凯布尔"号和导弹驱逐舰"约翰·S. 麦凯恩"号停靠越南金兰湾，这是越战后美国军舰首次在金兰湾进行此类的到港停靠。

10 月 3 日　美国国务院发言人约翰·柯比发表声明说，暂停与俄罗斯就叙利亚停火问题进行的谈判，同时搁置与俄方共同打击恐怖分子的军事计划。

美国还将召回计划参与设立美俄共同打击恐怖分子联合机构的人员，但仍会使用两国已设立的旨在减少在叙反恐行动中发生冲突的沟通机制。声明指责俄罗斯未能遵守在叙停火协议中的承诺，同时"不愿或无力"保证叙政府也遵守承诺。声明还指责俄罗斯与叙利亚政府采取违背停火协议的军事行动。

由美国主导的多国空军联合军演"红旗演习"（Red Flag）在阿拉斯加举行。

10月4日　美国国务卿克里在布鲁塞尔发表演说，阐述美欧关系的重要性。

美国国务卿克里在布鲁塞尔分别会见阿富汗总统加尼和首席执行官阿卜杜拉。

菲律宾与美国在位于马尼拉的菲律宾海军陆战队总部启动2016年度"菲布莱克斯"两栖登陆演习。此次演习有1100余名美军人员和约500名菲军人员参演。2015年度"菲布莱克斯"两栖登陆演习菲美双方4700人参加，今年演习规模明显缩小。演习地点在三描礼士省、邦板牙省、巴拉望省等地。演习"旨在加强双方行动的协作能力，增进双方在人道主义援助和抢险救灾方面的合作"，演习持续至10月12日。菲律宾总统杜特尔特此前曾表示，此次菲美联合军事演习将是"菲美之间最后一次军事演习"。

10月5日　美国总统奥巴马在白宫就气候变化《巴黎协定》将于30天后生效发表讲话。奥巴马称，"如果我们能兑现在《巴黎协定》中做出的承诺，历史也许会很好地证明它是我们地球的一个转折点。"奥巴马强调，《巴黎协定》生效将有助于降低碳排放，并对企业界、科学家和工程师们打开"闸门"，"释放"此前从未见过的大规模高技术、低碳方面的投资与创新，"所以这给我们提供了可能最好的机会来拯救我们的地球"。

美国国务卿克里在布鲁塞尔参加阿富汗问题国际会议并发表讲话。与会的75个国家和26个国际组织承诺将在2017年至2020年向阿富汗提供152亿美元援助。

美国国防部长卡特在五角大楼会见澳大利亚国防部长佩恩，讨论双边军事合作等问题。

10月7日　美国总统奥巴马发布行政命令，宣布美国终止实施针对缅甸的《国家应急法》，并由此解除针对缅甸的相关制裁措施。

美国国务卿克里在国务院会见法国外长艾罗，双方讨论了叙利亚局势、打击极端组织"伊斯兰国"、明斯克协议、刚果局势等问题。

　　菲律宾国防部长洛伦萨纳对媒体透露，根据菲律宾总统杜特尔特的指令，菲律宾当局已正式通知美国方面，暂停菲美两国军队在南海联合巡逻的计划。

　　美欧贸易谈判官员在纽约结束第 15 轮《跨大西洋贸易与投资伙伴关系协定》(TTIP) 谈判，仅在争议较小的监管合作领域取得有限进展，未提及今年完成 TTIP 谈判的目标。

　　10 月 10 日　韩美两国开始在韩国周边海域启动名为"2016 不屈意志"的大规模联合军演，演习持续到 10 月 15 日。此次演习中，韩美联合进行对地精密打击演练，针对的就是朝鲜核与导弹设施。此次演习是首次在韩国整个沿岸地带——黄海和日本海以及韩国南部济州岛举行。迄今为止美国和韩国还没有举行过涵盖如此广地区的演习。除"里根"号核动力航空母舰外，美国还派出宙斯盾舰等 6 艘舰艇参加演习，韩方参演的有 7600 吨级"世宗大王"号宙斯盾驱逐舰等 40 多艘舰艇。美国陆军的"阿帕奇"直升机和韩国空军战斗机也同 P-3 及 P-8 反潜巡逻机、F/A-18"超级大黄蜂"展开三军立体作战演习。此外，韩美两军还在韩国东西部海域进行反特种部队作战演习，还通过针对朝军指挥机构的对地精确打击、反潜作战、防空作战等演习，以提高两国海军的联合作战能力。

　　两枚从也门反政府武装控制区发射的导弹落入美国军舰"梅森"号附近水域。

　　10 月 11 日　美国国防部长卡特在特立尼达和多巴哥首都西班牙港参加第 12 届美洲国家国防部长会议。卡特称美国和西半球国家在加强本地区安全方面取得了巨大进步。在全球局势错综复杂的同时，西半球是"稳定和自由的相对绿洲"。

　　美国国防部长卡特在美洲国家防长会议期间会见巴西国防部长琼曼。双方对两国间访问合作协定取得的进展表示满意。

　　美国负责东亚和太平洋事务的助理国务卿拉塞尔在华盛顿战略与国际研究中心发表演讲，称亚太格局对美国经济和全球利益的影响日益上升。

　　白宫发言人乔希·欧内斯特对记者说，美国总统奥巴马将考虑就"黑客攻击"对俄罗斯采取一系列行动，这些行动很可能不被公开。"总统能采取的回应（方式）有许多，他将考虑（与俄方行为规模）相应的行动"，"很有可能的是，我们不会公布总统选择的举措。"

　　10 月 12 日　菲律宾总统杜特尔特在菲律宾海岸警卫队总部表示，菲律宾开始调整对外政策，他已指示国防部长德尔芬·洛伦扎纳不再准备明年的美菲联合军演。

美国五角大楼发言人库克说，当天在红海曼德海峡以北的公海水域执行例行任务的美国导弹驱逐舰"梅森"号探测到至少一枚导弹飞向舰只，随即启动了防御措施，导弹最终落入水中。库克表示，美方会在适当的时间以适当的方式对此威胁做出回应。

10 月 13 日　美国国防部发言人库克在五角大楼举行的记者会上说，部署在红海海域的美军"尼采"号驱逐舰对也门南部胡塞武装控制区的三处雷达站发动导弹袭击。他说，这是美军对"梅森"号驱逐舰此前遭导弹威胁的回应。他表示，袭击成功摧毁了行动目标，且没有造成平民伤亡。

美国国务卿克里、环保署署长麦肯锡在卢旺达基加利参加蒙特利尔议定书缔约方会议（Meeting of the Parties to the Montreal Protocol），讨论修订蒙特利尔议定书问题。

10 月 14 日　美国总统奥巴马在白宫召开国家安全班子会议，评估在伊拉克和叙利亚打击"伊斯兰国"情况，讨论在叙利亚减少暴力、增加人道主义救援以及推进政治过渡等问题。

美国财政部和商务部出台一系列措施，继续放松对古巴贸易和人员往来政策。新措施旨在增加美国与古巴的人员往来和商业机遇。奥巴马说，美方希望确保对古巴开放政策"不可逆转"，虽然两国在人权等领域仍有分歧，但美方认为互动和接触是解决分歧的最好途径。美方此前曾规定，本国公民回国时携带的古巴烟酒产品价值不得超过 100 美元，财政部和商务部当天公布的新措施取消了这一限制性规定，意味着在国外旅行的美国人可根据自身喜好带回更多古巴朗姆酒和雪茄。其他措施包括，允许在美国网站销售的特定商品出口至古巴，允许美国公司基于人道主义目的帮助古巴改善基础设施建设，随着两国间定期航线的开通，美国允许本国公司在古巴为商业航班提供与民航安全有关的服务，允许古巴制药公司向美国食品药品管理局申请许可证以开展在美业务等。

美国财政部发布分析主要贸易对象国货币政策的外汇报告，再次把日本列为"监控对象"；并继续把中、韩、德、瑞士等国家和地区纳入汇率观察名单。这是日本第二次被列为监控对象。除了日本、韩国、德国、中国大陆、中国台湾与上次同样被列入监控名单外，还新加入了瑞士。中国台湾和瑞士被列入的原因是干预汇市规模过大，其他四个对象则是因为对美贸易和经常收支顺差巨大。此次没有国家因诱导本国货币升贬值的"操纵汇率"被列入名单。

美国国务卿克里在基加利分别会见中国环保部副部长翟青、印度环保部部长达乌、巴基斯坦气候变化部长阿吉夫、卢旺达总统卡加梅,讨论气候变化等问题。

美国国务卿克里在基加利举行的第28届蒙特利尔议定书缔约方大会全会上发表讲话,阐述美国的气候变化政策。

10月15日 包括美国、中国在内的近200个国家的代表在卢旺达首都基加利市达成《蒙特利尔议定书》下氢氟碳化物减排修正案。修正案具有法律效力,将推动减少氢氟碳化物的使用,被认为是在遏制全球气候变化、温室气体减排方面迈出重要一步。修正案针对不同国家规定了不同的行动期限。比如包括中国在内的100多个发展中国家定于2024年启动减排,而美国等一些发达国家则将于2019年开始行动。

美国国务卿克里在瑞士洛桑参加叙利亚问题有关方和国际伙伴国外长会议,讨论解决叙利亚危机的多边办法,包括持续停火和恢复人道主义援助。

美国国务卿克里在瑞士洛桑会见沙特外交大臣朱拜尔,讨论叙利亚局势等问题。

美国国务卿克里在瑞士洛桑会见俄罗斯外长拉夫罗夫,讨论叙利亚局势等问题。

美国国务卿克里在瑞士洛桑会见沙特外交大臣朱拜尔、俄罗斯外长拉夫罗夫、卡塔尔外交大臣阿尔塔哈尼、土耳其外长恰武什奥卢、联合国叙利亚问题特使德米斯图拉、埃及外长修克瑞、伊拉克外长阿尔贾法里、约旦外交大臣朱德赫、伊朗外长扎里夫,讨论叙利亚问题。

美国海军作战部长理查德森称,在也门附近海域的美军"梅森"号驱逐舰当天监测到多枚来自也门胡塞武装控制区的导弹射向该舰,但未击中。

被称为美国海军史上"最昂贵、最先进、隐形能力最强、自动化水平最高"的驱逐舰"朱姆沃尔特"号正式服役,编入美国海军作战舰队,未来将部署在亚太地区。美国海军作战部长理查德森甚至声称,"对于那些试图限制航行自由和推翻国际规则的对手们来说,'朱姆沃尔特'号驱逐舰正式编队是他们最坏的噩梦"。这艘舰耗资达44亿美元。美国海军部长雷·马布斯出席"朱姆沃尔特"号的大型成军仪式,他声称"这艘船是维护美国战略优势的一个重大举措"。

10 月 16 日 美国国务卿克里在伦敦出席英国主持的也门问题工作午餐会。

美国国务卿克里在伦敦出席英国主持的叙利亚问题国际会议。

美国国务卿克里在伦敦会见英国外交大臣约翰逊。双方主要讨论了叙利亚局势，克里称叙利亚正发生着二战以来世界最大的人道主义灾难，国际社会需要采取措施。

10 月 17 日 美国副总统拜登在美国全国广播公司播出的"Meet the Press"节目中，被问到美国为何尚未对俄罗斯干扰美国大选的企图做出反应时说，"我们将发出信息，我们有做出反应的能力。他们会明白这一点，我们将在选择的时间做出反应，确保反应能产生最大影响"。

美国参谋长联席会议主席邓福德在马里兰州安德鲁斯空军基地主持召开有43 国军队参谋长和美国各战区司令部司令参加的会议，讨论全球打击暴力极端主义战略。

美国国防部长卡特在《外交》杂志上发表文章，题为《再平衡与亚太安全：建立一个有原则的安全网络》。卡特在文中回顾了美国在过去 70 年为该地区"做出的牺牲和带来的巨大贡献"，并阐述了美国"亚太再平衡"的重要性和必要性。卡特称，美国致力于在该地区建立一个有原则的、包容的安全网络。卡特花了相当大的篇幅谈到中国。称尽管中国长久以来从美国等国家所努力建立和维持的区域原则和体系中获益，但是它在海上、网络空间、全球经济以及其他地方所采取的行动表明，中国有时候只按自己的规则行事并损害了区域原则。他进一步称，"中国的模式与亚太国家的目标不合拍，它反映的是这个地区遥远的过去，而不是美国和很多其他国家所希望看到的有原则性的未来，而且中国的这个做法正在证明它起到了适得其反的结果"。

越南国防部副部长阮志咏在与美国负责南亚和东南亚事务的助理国防部长帮办卡拉·阿伯克龙比会晤时表示，越南支持美国在亚太地区发挥积极作用，并重申"越南将支持美国及其他伙伴介入亚太地区，只要这能带来和平、稳定与繁荣"。

10 月 18 日 美国总统奥巴马在白宫与意大利总理伦齐举行会谈。

伊朗政府对 4 名伊朗国民及有伊朗和美国双重国籍的 2 人判以间谍罪，6人均被判处 10 年监禁。有伊朗和美国双重国籍的是纳马齐父子。美国国务院要求伊朗"立即释放"纳马齐父子，对两人被判 10 年监禁表示"深度关切"。

10 月 19 日　美国国务卿克里、国防部长卡特在华盛顿与韩国外长尹炳世、国防部长韩民求举行美韩"2+2"会谈，重点探讨包括延伸威慑具体合作方向在内的对朝应对方案。两国决定进一步强化在朝鲜半岛的威慑力量，加强网络与海上安全领域的合作。两国决定加强在阿富汗问题、南苏丹问题以及打击"伊斯兰国"等方面的合作。

世贸组织公布中国诉美国反倾销措施案专家组报告。专家组支持了中方主要诉讼请求，认定美对华发起的反倾销措施在目标倾销（针对特定类型产品倾销认定和倾销幅度计算）、分别税率（歧视性的拒绝给予中国出口企业分别税率）等做法上违反世贸规则，裁定美方 13 项反倾销措施违反世贸规则。本案涉及机电、轻工、五矿等多个产业，年出口金额约 84 亿美元。

北约驻阿富汗部队发表声明证实，一名美国军人与一名美国平民当天在北约位于阿富汗首都喀布尔的一处军事基地附近遇袭身亡。袭击还造成另一名美国军人与两名美国平民受伤。

10 月 20 日　美国国务卿克里在国务院会见沙特外交大臣朱拜尔，双方讨论了叙利亚局势、打击"伊斯兰国"极端组织、也门局势等问题。

10 月 21 日　美国海军"迪凯特"号驱逐舰擅自进入中国西沙领海。中国海军"广州"号导弹驱逐舰和"洛阳"号导弹护卫舰当即行动，对美舰进行识别查证，并予以警告驱离。

美国国务卿克里与科威特外交大臣朱德赫在国务院共同主持美国-科威特战略对话会。双方主要讨论了打击"伊斯兰国"极端组织、叙利亚局势、也门局势等问题。

美国国防部长卡特在安卡拉分别会见土耳其总统埃尔多安、总理伊尔德瑞姆和国防部长艾西克，卡特重申了美国与土耳其的盟国义务，双方主要讨论了打击"伊斯兰国"极端组织、叙利亚局势等问题。

10 月 22 日　美国国防部长卡特访问伊拉克，分别会见驻伊美军最高指挥官史蒂夫·汤森和伊拉克总理阿巴迪等，评估摩苏尔战事进展。卡特劝阿巴迪接受土耳其方面要求，让其驻扎在摩苏尔城外的数百名部队加入战役，但再次遭到阿巴迪拒绝。

10 月 23 日　美国国防部长卡特访问伊拉克北部的库尔德地区首府埃尔比勒，会见库尔德地区领导人马苏德·巴尔札尼和库尔德地区军事指挥官，讨论打击"伊斯兰国"极端组织问题。

美国国务卿克里与菲律宾外长亚赛举行电话磋商，就杜特尔特访华期间所作出的"与美国分手"的言论表达美国政府的"忧虑"。克里表示，杜特尔特的言论在美国国内外"引起混乱和震惊"，于两国关系无益。另一方面，克里也转达了基于美菲防务条约强化安保合作的意愿。

10月24日 美国负责东亚和太平洋事务的助理国务卿拉塞尔在马尼拉与菲律宾外交部部长亚赛举行闭门会谈。会谈后拉塞尔对记者表示，作为美国亲密盟友的领导人，杜特尔特指名道姓批评美国确实"伤害（美国）感情"，也"令人困惑"，双方都有责任找到一种相互尊重的沟通方式。

美国国防部长卡特在阿布扎比会见阿联酋王储纳赫扬，双方讨论了叙利亚局势、伊拉克局势、打击"伊斯兰国"极端组织等问题。

挪威国防部发表声明说，美国将从2017年1月起以轮换驻扎的形式向挪威中部的韦恩内斯军事基地临时部署约330名海军陆战队军人。这是二战后挪威首次允许外国驻军。挪威国防大臣瑟雷德在声明中说，美军驻扎将为挪美两国军队提供更多的联合演习机会，并提高双方的协同作战能力。相关的训练和演习活动将不仅仅限于韦恩内斯军事基地，也会在其他地方进行。

10月25日 美国国防部长卡特在布鲁塞尔出席为期两天的北约成员国防长会议。

美国国务院发言人约翰·柯比在记者会上表示，菲律宾总统杜特尔特的言论与两国持续享有的关系背道而驰，令人难以理解，在美菲关系上，华盛顿将"从长计议"。柯比表示，美国将继续履行其在与菲律宾的防务协议中的义务，而且并未看到杜特尔特的反美言论转化为政策。

美国国务卿克里在国务院会见越南共产党中央书记处常务书记丁世兄。克里表示，自美国总统奥巴马对越南访问后，美越双方在应急响应、反恐上取得了一系列新的合作。越南目前是该地区增长最快的国家之一，越南人民正在见证一场了不起的经济革命，美越双方都致力于批准TPP。克里还与丁世兄探讨了一系列涉及双边和地区利益的议题。双方都重申了深化美越双边关系的承诺。双方共同承诺在有争议的南中国海地区维护法治。

10月29日 美韩军队在韩国东南部港口城市浦项开始举行代号为"护国"的联合登陆演习，演习持续到11月6日。

10月30日 美国国务卿克里在爱尔兰蒂珀雷里会见爱尔兰外交部部长福兰纳甘。

美日开始举行代号为"利剑"的联合军演,演习持续到 11 月 11 日。演习地点是日本各地及其周边海域、空域,还有北马里亚纳群岛等地。日本自卫队约 2.5 万人、约 20 艘舰艇和约 260 架飞机,美军约 1.1 万人参加此次演习。此外,还在北马里亚纳群岛等地举行模拟夺岛的水陆两栖作战等演习。

10 月 31 日 美国国务卿克里在伦敦出席利比亚问题部长级会议。

11 月 1 日 美国国务卿克里、总统国家安全事务助理赖斯在纽约分别会见中国国务委员杨洁篪,就落实中国国家主席习近平同奥巴马杭州会晤重要共识、中美关系及其他共同关心的问题深入交换意见。

11 月 3 日 宋吉姆(Sung Kim)宣誓就任美国驻菲律宾大使。美国国务卿克里在监誓仪式上致辞时表示,美国继续对两国紧密的关系予以高度重视,美国对菲律宾有关主权、独立以及安全所做的承诺不会改变。不管这里或那里出现什么不同,他对未来美菲双边关系充满信心。他认为,目前发生的一切不能改变美菲军事联盟的逻辑。

韩国海军陆战队宣布,作为 2016 年韩美"护国"联合登陆演习的一部分,韩美两国海军陆战队首次举行以所谓"收容朝鲜难民"为主题的军事演练,声称旨在应对可能突然出现的"朝鲜难民潮"。美军 130 多名民事军事行动专职人员参与演练,与韩方分享在阿富汗收容和援助难民的经验。

11 月 4 日 美国国务卿克里在国务院会见联合国候任秘书长安东尼奥·古特雷斯,双方讨论了暴力极端主义,贫困,非洲、中亚、中东等地的失败国家,巴以和平进程,贩卖人口,气候变化等问题。

三名驻约旦美军士兵在位于约旦南部的费萨尔王子空军基地遭枪击身亡。该基地目前是美军的一处训练营地。这三名士兵乘坐的车辆没有按照规定在基地门口停车,负责基地安保的警察遂使用轻武器进行射击。美军人员和安保人员发生了交火,一名约旦警察在交火中受伤。

驻韩美军司令文森特·布鲁克斯在出席由韩国陆军协会主办的活动时表示,美韩同盟决心在韩国部署"萨德"系统,对此将以强烈的意志推进。双方将在今后的 8—10 个月内实现"萨德"系统的部署。布鲁克斯曾于 11 月 1 日表示,将在韩国部署的"萨德"系统规模将比关岛的更大。

美国财政部公布新规,禁止美国境内的金融机构为朝鲜银行开设或持有代理账户,以进一步制裁朝鲜。新规要求美国金融机构采取"额外调查措施",防止朝鲜银行机构以不适当、非直接的方式进入美国代理账户。

韩国、美国、英国的空军在韩国京畿道乌山基地举行代号为"无敌盾"（Invincible Shield）的联合演习，演习持续到 11 月 10 日。韩美英三国举行空军联合演习尚属首次。英国空军的 4 架台风战斗机、"航行者"空中加油机、C-17 战略运输机参加演习，韩军的 F-15K、KF-16 战斗机和美军的 F-16 战斗机参加演习。三国参演军机对假想的敌方军事设施及指挥部门实施精确打击，并集中演练截击大举来袭的敌方军机。武器系统各异的三国军机联合演习有望增强武器系统互操作性，提升联合作战水平。

11 月 9 日 在美国第 58 届总统选举中，共和党候选人唐纳德·特朗普击败民主党候选人希拉里·克林顿，当选美国总统。

在美国国会占据过半议席的共和党重要人物、参议院共和党领袖麦康奈尔在记者会上明确表示，由于提出脱离 TPP 的共和党候选人特朗普在总统大选中获胜，奥巴马政府力争年内获得国会批准的计划将推迟。"已确定跨太平洋伙伴关系协定（TPP）年内不会提交国会。"对此，美国白宫发言人欧内斯特在当天的记者会上表示，"奥巴马坚信最好是使 TPP 年内在国会获批"，重申将加强对共和党干部的说服工作。

11 月 10 日 美国国务卿克里在新西兰克里斯彻池与新西兰外长麦克卡里举行会谈，双方讨论了南苏丹、伊拉克、阿富汗、TPP、气候变化、南海等一系列问题。

美国当选总统特朗普与韩国总统朴槿惠通电话。特朗普表示，"为了保卫韩国，美国将会继续维持强有力的防卫态势"；"为了美国和韩国的安保问题，美国将毫不动摇地和韩国站在一起"。

日本首相安倍晋三与美国当选总统特朗普举行电话会谈。安倍在会谈中强调："牢固的日美同盟是支撑亚太地区和平与稳定不可或缺的存在"。特朗普表示："日美关系是卓越的伙伴关系，希望强化这一特别的关系。"此外，两人一致同意将就本月 17 日在纽约举行会谈进行协调。

格鲁吉亚与北约联合军事演习开始在格首都第比利斯南部的克尔察尼西联合训练和评估中心举行。本次演习是首个由格鲁吉亚总参谋部负责指挥的北约框架内的多国联合军事演习，演习达到旅级规模。来自美国、土耳其、荷兰等 11 个北约国家以及乌克兰和马其顿的军人与格鲁吉亚军人一起参加此次联合军演。为期 10 天的演习旨在增进格鲁吉亚与参演国家间的军事协同能力。

11 月 11 日 白宫就美国总统奥巴马下周出访活动举行电话吹风会。当被记者问及跨太平洋伙伴关系协定（TPP）前景时，白宫负责国际经济事务的总统国家安全事务副助理阿德瓦莱·阿德耶莫表示，奥巴马政府已清楚认识到美国政治局势的变化，跨太平洋伙伴关系协定的前景将由下届美国总统和国会决定。

11月12日　阿富汗巴格拉姆机场发生爆炸袭击，造成两名美军士兵和两名美国承包商死亡，16名美军士兵和1名波兰士兵受伤。

11月13日　美国当选总统特朗普在接受CBS时事节目《60分钟》访问称，他将信守承诺，上任后立即驱逐非法移民出境，"我们将会把有刑事犯罪记录者、黑帮团伙、毒贩等驱逐出境，这类人也许有200万，甚至多达300万。我们必须把他们驱逐出去，因为他们在这个国家是非法的"。特朗普强调，他会遵守承诺，在美国和墨西哥边境筑围墙。但他表示，围墙不一定全是砖墙结构，会有部分是围墙，部分是围栏。"在边境变得更加安全之后，一切将会恢复原有秩序。接下来，移民官员开始对美国境内余下的无证移民采取措施。"但他未透露会怎么对待这些无证移民。

美国国务卿克里在惠灵顿会见新西兰总理约翰·基，双方讨论了加强双边关系、阿富汗局势、援助叙利亚难民等问题。

11月14日　中国国家主席习近平同美国当选总统特朗普通电话。习近平祝贺特朗普当选美国总统。特朗普表示，感谢习主席祝贺我当选美国总统。我赞同习主席对美中关系的看法。中国是伟大和重要的国家，中国发展的良好前景令世人瞩目。美中两国可以实现互利共赢。我愿意同你一道，加强美中两国合作。我相信美中关系一定能取得更好发展。习近平和特朗普同意保持密切联系，建立良好工作关系，并早日会面，就两国关系发展和双方共同关心的问题及时交换看法。

美国总统奥巴马在白宫举行的记者会上说，当选总统特朗普已向他表达了对维持美国与北约"核心战略关系"的"巨大兴趣"。奥巴马说，他将在本周的出访中向相关国家传递这一信息，即美国不会削弱与北约维持"强劲盟友关系"的决心。此前在总统竞选中，特朗普曾多次质疑美国对北约的安全承诺，称北约盟国只有在"对美国履行义务"后才能期待在遇到外来攻击时获得美国的军事援助。

美国国务卿克里在马斯喀特分别会见阿曼苏丹阿勒赛义德和阿曼外交大臣阿拉维。

针对美国当选总统特朗普此前要求日本政府全额负担驻日美军费用的要求，

日本首相安倍晋三在日本参议院跨太平洋伙伴关系（TPP）特别委员会的会议上说："日美两国之间必须进行适当的分担"，同时也承认驻日美军在维护亚太和平稳定上发挥了"重要作用"。日本政府方面此前也指出，日本已经承担了驻日美军75%的费用，而韩国政府只承担驻韩美军40%的费用。2016年，日本政府支付给驻日美军的经费已经高达7612亿日元（约合510亿元人民币）。

11月15日　美国总统奥巴马访问希腊。奥巴马在雅典分别会见希腊总统帕夫洛普洛斯和总理西普拉斯，双方讨论了希腊经济局势、希腊为走出困境将进行的改革、北约面临的挑战、反恐情报共享、乌克兰危机与制裁俄罗斯、希腊及欧洲面临的难民危机、塞浦路斯问题等。在与西普拉斯共同举行的记者会上，奥巴马对希腊在经济困难之时仍然将国防开支保持在北约设定的占GDP的2%——是做到这一点的五个美国盟国之一表示感谢，称希腊经济困难尚可做到，其他盟国也应该能够做到。双方讨论了继续制裁俄罗斯直至其充分履行明斯克协议。奥巴马还对希腊在自身经济困难之时照护大量入境难民的人道主义行动表示了敬意，称难民危机不只是希腊的问题，也是国际问题，美国将提供援助。

美国共和党国会众议员推举保罗·瑞安继续担任众议院议长，选举凯文·麦卡锡继续担任众议院多数党领袖。美国众议院定于2017年1月3日选举众议长。因共和党在参众两院均占多数席位，瑞安顺利连任的可能性很大。

美国国务卿克里在阿布扎比分别会见阿拉伯联合酋长国王储扎伊德和阿拉伯联合酋长国国家安全顾问纳赫扬。

11月16日　美国国会"美中经济与安全审议委员会"（USCC）发表年度报告，建议要求负责审批外国投资的"美国外国投资委员会"（CFIUS）阻止中国国企收购美国公司。报告中说，中国把国企用作达到国家安全目的最主要的经济工具。"委员会建议国会修改对CFIUS的授权状态，以便禁止中国国企收购美国公司或对美国取得事实上的控制。"

美国国务卿克里在摩洛哥马拉喀什出席联合国气候变化框架公约缔约方大会并发表讲话，阐述美国的气候变化政策。

为期三天的中美两军人道主义救援减灾联合实兵演练开幕式在中国南部战区陆军某综合训练基地举行。两军围绕国际人道主义救援减灾课题，展开指挥所推演、混编联训和联合实兵救援等内容。此次联合实兵演练，中方共派出134人，出动直升机、携重型舟桥及工程和医疗救援装备共50余部（套）参演。美方派出89人，携轻型工程和医疗救援装备23件（套）参演。2013年以来，中美两军先后在美国夏威夷、中国海口及美国西雅图举行过 3 次人道主义救援减灾联合实兵演练。与以往相比，此次联演双方投入兵力和装备更多、交流层次更高、针对性和实战性更强、观摩范围更加广泛开放。

潜逃海外 13 年之久的中国"百名红通人员"头号嫌犯杨秀珠回国投案自首，这是第 37 名归案的"百名红通人员"。中国中央纪委监察部网站称，杨秀珠归案是中美反腐败执法合作的重要成果。

11 月 17 日　美国当选总统特朗普在纽约会见日本首相安倍晋三。这是特朗普当选总统后首次会见的外国领导人。

美国总统奥巴马在柏林与德国总理默克尔举行会谈。双方讨论了经贸、跨大西洋贸易与投资伙伴关系（TTIP）、英国脱欧影响、气候变化等问题。两人特别讨论了双方面临的安全挑战，包括网络安全威胁、促使伊朗履行核协议、乌克兰危机、维持对俄罗斯的制裁、叙利亚局势、打击极端组织"伊斯兰国"、欧洲面临的难民危机等一系列问题。

美国国务卿克里在利马会见中国台湾出席 APEC 会议的代表宋楚瑜。

美国国务卿克里与日本外相岸田文雄在秘鲁首都利马会晤，日本官员称，克里对岸田文雄称，美国企业界目前对 TPP 仍有很高的期待，而且现在美国政府也未放弃对该协议的希望。而岸田文雄则表示，美国国会尽早批准对于该协议而言至关重要，日本政府也在尽最大努力，希望国会能在 11 月 30 日结束的会议上批准 TPP。

美国国务卿克里在利马会见俄罗斯外长拉夫罗夫，双方讨论了叙利亚局势、也门局势、利比亚局势、乌克兰局势以及双边关系等问题。

11 月 18 日　美国国务卿克里和菲律宾外长亚赛在秘鲁首都利马举行的 APEC 会议间隙举行双边会谈，这是自菲律宾总统杜特尔特此前表态将切断与美国的军事经济联盟关系之后，双方高层官员的首次公开会面。亚赛在会后表示，美方已经"同意并尊重菲律宾的立场转变"。两国外长表示同意坚持发展两国双边关系，但未来将更加注重于非军事领域的合作，如打击恐怖主义、防止毒品扩散、应对灾害危机等。亚赛表示，"菲律宾之前积极参与到美国在亚太地区的军事准备的做法将不再成立。考虑到目前的情况，未来菲律宾会坚持选择用和平方式解决南海问题"。此外，亚赛还指出："我已经告诉我的美国朋友，未来应降低声调，不再把重心放在联合军事演习等此前被双方视为两国军事协议核心内容的事务上，而更多开展应对非传统安全的演习。"

　　美国当选总统特朗普过渡团队发表声明表示，特朗普决定由退役美军中将迈克尔·弗林出任总统国家安全事务助理、阿拉巴马州联邦参议员杰夫·塞申斯出任司法部长、堪萨斯州联邦众议员迈克·蓬佩奥出任中央情报局局长。现年57岁的弗林曾任美国国防情报局局长一职。在本次大选中，弗林一直担任特朗普的高级顾问，多次现身竞选活动。现年69岁的塞申斯长期担任阿拉巴马州联邦参议员，他是最早公开表态支持特朗普的现任参议员。在竞选期间，塞申斯曾帮助特朗普起草国家安全事务的政策纲领，他还多次呼吁共和党内部团结起来支持特朗普。现年52岁的蓬佩奥自2010年起担任堪萨斯州联邦众议员，是美国国会众议院班加西事件特别委员会成员。作为共和党人，他多次批评前国务卿希拉里·克林顿在班加西事件中存在过失。

　　11月19日　中国国家主席习近平在利马会见美国总统奥巴马。奥巴马表示，3年多来，我同习近平主席保持频繁交往，建立了坦诚、友好、建设性的关系，增进了彼此信任。美中两国携手应对挑战并有效管控分歧，有关磋商和合作机制富有成效。双方在促进全球增长、达成伊朗核问题协议、应对西非埃博拉疫情等问题上开展合作，特别是在推动国际社会应对气候变化方面发挥了关键作用。美中关系是世界上最具重要意义的双边关系，一个建设性的美中关系将使两国人民和国际社会受益。我已向特朗普先生介绍美中关系的重要性，强调应实现两国关系平稳过渡。美方愿意同中方发展更加持久和富有成效的双边关系。

　　美国总统奥巴马在秘鲁利马会晤跨太平洋伙伴关系协定（TPP）参与国领袖。奥巴马强调美国持续强力支持贸易，致力于加强与亚太地区的联系，以及需要继续参与日益互联的世界。奥巴马表示他对TPP这种高标准贸易协定的支持，声称TPP为美国劳工提供了公平竞争环境，并且在经济活跃和具重大战略意义的亚太地区，增进利益与价值。奥巴马赞扬已经成功与立法机构合作，促使批准的国家领导人。他表示，随着持续参与全球事务，必须要继续设法确立共同目标，保证有助于减少不平等的贸易协定实施。

　　11月20日　亚太经合组织（APEC）第二十四次领导人非正式会议在秘鲁首都利马开幕，包括美国总统奥巴马、中国国家主席习近平在内的21个APEC经济体领导人出席会议。今年APEC会议的主题是"高质量增长和人类发展"，领导人们围绕区域经济一体化、亚太自贸区、互联互通、服务业合作等问题深入交换意见。会议发表首脑宣言。宣言确认，将跨太平洋伙伴关系协定（TPP）和区域全面经济伙伴关系协定（RCEP）一同作为亚太地区实现亚太自由贸易区（FTAAP）的基础。宣言认为，这两个协议都可能为达成更广泛的地区贸易协议即 FTAAP 铺路。

美国总统奥巴马在秘鲁首都利马与加拿大总理特鲁多举行会谈，双方讨论了经贸、反恐、气候变化等问题。

北约代号为"铁剑2016"的多国联合军演在立陶宛开始举行，来自立陶宛、美国、英国等 11 个北约成员国、大约 4000 名官兵参加演习。演习持续到 12 月 3 日。这是北约第三次"铁剑"演习，也是规模最大的一次，过去两年的"铁剑"演习参演人数只有 2000 名左右。

11 月 21 日　美国当选总统特朗普使用在线发布的视频公布他上任后 100 天政策计划大纲，涉及移民、贸易协议以及国防政策等问题。特朗普称，在其上任第一天，就要发布将美国从跨太平洋伙伴关系协定（TPP）中撤出的意向声明，更称 TPP 对美国而言是潜在灾难。"我们将协商公平的双边贸易协议以取代 TPP，这将为美国带来工作和产业机会。"

为期三天的第 27 届中美商贸联委会在美国华盛顿举行。中国国务院副总理汪洋与美国商务部长普里茨克、贸易代表弗罗曼共同主持会议，美国农业部长维尔萨克出席。双方围绕落实中美两国元首共识，就各自关注的重要经贸议题深入交换意见，探讨扩大互利合作的途径。此外，双方还在联委会期间举办了中美企业家圆桌会、中美企业家数字经济研讨会、农业食品伙伴关系研讨会、工商界午餐会等活动和有关数字经济专题讨论。

为期两天的中美执法合作联合联络小组（JLG）第十四次会议在北京开幕。会议就反腐败追逃追赃合作、打击网络犯罪、禁毒等双方关注的执法和司法合作问题交换意见，并规划下一步合作方向。中国外交部、公安部、监察部和美国国务院、司法部、国土安全部等中美相关执法部门代表参加会议。

11 月 22 日　美国太平洋司令部司令哈里斯与菲律宾武装部队总参谋长维萨亚在菲律宾阿吉纳尔多基地举行菲美共同防御委员会-安全合作委员会年度会议。这是杜特尔特上任后，两国首次举行这一旨在规划两国联合军演的会议。菲美在会后发表的联合声明中称，两国将继续持久和稳定的同盟关系，期待在人道主义援助、灾害救援、反恐、网络安全和海事安全等领域保持密切合作。双方签署了 2017 年的双边军事活动协议。2017 年菲律宾将不再继续与美军举行海上"战备与训练合作"和"菲律宾两栖登陆演习"这两项涉及领土防御训练的联合军演，但仍将与美军进行总计 258 次联合训练，总量比 2016 年减少 5 次。菲军方发言人帕迪利亚表示，这 258 次联合训练包括只有几名士兵参加的小型训练。

11 月 23 日　美国当选总统特朗普的过渡团队宣布，南卡罗来纳州州长尼基·黑利被提名为美国驻联合国大使。如果得到国会参议院确认，她将是特朗普至今为止选择的首位女性内阁官员。

美国国防部长卡特发表声明，对韩国和日本签署《军事情报保护协定》表示欢迎，称"韩日通过共享安全情报，将增强对北韩威胁的威慑，并加强它们防卫北韩持续的导弹发射和核试验的能力"。

11 月 24 日　一名美国士兵在叙利亚北部城市安伊萨附近遭遇简易爆炸装置袭击身亡。这是自 2016 年 10 月美国向叙派遣地面部队以来首次有美国士兵在叙丧生。

11 月 26 日　美国总统奥巴马就古巴革命领袖菲德尔·卡斯特罗逝世发表声明，向菲德尔·卡斯特罗的家人表示哀悼，并称历史将会为菲德尔·卡斯特罗对古巴以及世界的影响作出评价。声明中，奥巴马还回顾了古美关系，并表示自己为开启两国关系新篇章付出了努力。

美国当选总统特朗普就古巴革命领袖菲德尔·卡斯特罗逝世发表声明称，"菲德尔·卡斯特罗的遗产为行刑队、盗窃、不堪想象的苦难、贫穷和否定基本人权。""尽管古巴仍是个极权主义群岛国家，我希望今天标志着该国与它忍受已久的恐怖远离了一步，迈向一个其人民理应享有的自由的未来。"不过，特朗普没有重提他在竞选总统期间的立场，即要扭转奥巴马与古巴恢复邦交的政策。特朗普只表明他领导的政府将"竭尽所能确保古巴人民最终能够展开迈向繁荣与自由的路程"。

11 月 28 日　美国当选总统特朗普在推文上说，"如果古巴不愿在古巴人民、美籍古巴裔人及所有美国人民之间，谋求更好的协定，那我就会终止这协定"。对于特朗普的言论，美国白宫发言人厄内斯特回应称，特朗普很难改变一项产生贸易成果、惠及两国人民的政策。"不是发条推文那么简单的事情"。

美国国防部长卡特在华盛顿会见法国国防部长德里安，双方讨论了打击恐怖主义、加强美法同盟、扩大网络和太空领域合作等问题，并签署了军事太空合作协议。

美国国务院发言人约翰·柯比在记者会上表示："我看过有关（韩国）政

治性示威的报道，了解相关内容。国民当然必须拥有因为担心政府而走上街头说话的权利。"这是美国政府高级官员首次公开就要求朴槿惠总统下台运动作出肯定性表态。美国政府此前一直强调，韩国发生崔顺实干政事件，韩美同盟不应受到任何影响。

美国航空公司一架客机降落在古巴首都哈瓦那，这是50多年里美国飞往哈瓦那的首次商业直航。

11月29日 美军中央司令部发布一份调查报告说，美国主导的打击极端组织"伊斯兰国"国际联盟部队在今年9月17日一次空袭中误炸叙利亚政府军是由于一系列人为失误。调查报告指出，国际联盟在执行该次任务前的情报处理环节出现问题，不支持进行空袭行动的证据没有能够向决策者转达。此外，在情报处理初期，国际联盟人员过早对潜在空袭目标进行了不适当的"贴标签"行为，认定目标为"伊斯兰国"武装分子，导致后期情报处理过程中分析结果受到影响。但报告同时指出，遭到轰炸的叙利亚政府军当时没有穿着可明显辨认的军队制服，没有配备旗帜和军队单位标志，因此造成国际联盟对目标的误判。报告强调，没有证据显示国际联盟人员故意违背相关作战程序。

11月30日 美国当选总统特朗普发表声明，提名前高盛集团合伙人史蒂文·努钦担任财政部长，提名华尔街金融家亿万富翁威尔伯·罗斯担任商务部长。努钦现年53岁，曾在高盛集团工作17年。在美国总统选举期间，他担任特朗普竞选委员会的财务主任，帮助特朗普竞选筹款。罗斯现年79岁，以收购破产企业著称。他是特朗普竞选期间的核心经济顾问之一，为特朗普在企业税率改革、扩大基础设施投资及贸易政策等问题上出谋划策。

美国国务卿克里在国务院会见埃及外长修克瑞，双方签署美埃文物保护谅解备忘录。

联合国安理会一致通过2321号决议，强烈谴责朝鲜违反联合国安理会有关决议，无视国际社会的要求，多次进行核试验。决议再次要求朝鲜遵守安理会有关决议，放弃核计划，恢复六方会谈。决议还宣布对朝鲜的煤炭出口设定上限，并禁止朝鲜出口铜、镍、银、锌等矿石，此外朝鲜外交使团的活动也会受到一定限制。

美国中情局局长布伦南在接受英国媒体采访时向美国当选总统特朗普发出警告，称终止伊朗核问题协议将会带来"灾难性后果"，是"愚蠢至极的"。此前在参选期间，特朗普声称要废止伊朗核协议，不过在当选后，他的态度变得更为谨慎，没有公开讨论伊核协议的相关话题。但他所挑选的新任中情局局长人选麦克·蓬佩奥对伊核协议持反对态度。

12月1日　美国当选总统特朗普提名退役海军陆战队四星上将詹姆斯·马蒂斯出任美国国防部长。如果这一提名最终获得批准，那么马蒂斯就将成为半个多世纪以来担任美国防长的最高级别军官。现年 66 岁的马蒂斯曾长期在美海军陆战队服役，参加过海湾战争、阿富汗战争和伊拉克战争。2007 年 9 月至 2013 年 3 月，马蒂斯曾先后担任美军联合作战司令部司令和中央司令部司令，并晋升为四星上将。他于 2013 年 5 月退役，目前在一家美国智库任职。

美国当选总统特朗普在印第安纳波利斯参观一家 Carrier Corp 工厂时表示，"公司离开美国将承担一定后果……"。他说自己在说服一家空调制造商将 1000 个就业岗位留在美国而不是转移到墨西哥，已经取得初步成功。特朗普没有说明公司外迁的后果是什么，但他在竞选期间曾一再表示，他的政府将对那些把工作岗位外迁的美国制造商征收 35% 的进口关税。

美国国会参议院以 99 票赞同，0 票反对通过延长《对伊朗制裁法案》。该延长方案已于上月在众议院通过，下一步将需要美国总统奥巴马签署生效。根据决议，将即将到期的《对伊朗制裁法案》有效期将延长 10 年，至 2026 年底。对此，伊朗政府表示，美国国会延长对伊朗制裁的决定违反伊核协议，伊朗将作出"适当回应"。

12月2日　中国国家主席习近平在北京会见来华出席中美关系研讨会的美国前国务卿基辛格。

美国国会众议院以 375 票对 34 票通过《2017 财政年度国防授权法》。2017 财政年度国防预算为 6190 亿美元。法案首度正式将美台资深军事将领与官员交流的章节写入。参众两院日前协商此法案，最后采用的是参议院第 2943 号法案，其中第 1254 节为"美国与台湾之间高级军事交流"；法案指出，国会意识到国防部应该进行美台之间的高级军事交流计划，目的为改善美台之间军事关系和国防合作。对于美台之间高级军事交流计划，法案明定，每年至少应进行一次，并应在美国和台湾两地进行。法案也明确定义，"高级军事交流"指高级军官和资深国防官员参加的活动，包括演习、专业教育活动或观察机会；"高级军事官员"指部队中现役军官；"资深国防官员"指助理国防部长或以上级别的文职官员。此外，该法案提及台湾的章节还包括对台军售、美国对台政策；法案指出，在每个财政年度结束时，国防部长应向参众两院的军事委员会和外交委员会提交一份报告，列出每项来自台湾的要求，以及在此法案下，本财政年度内所有提供出售给台湾的任何防御武器或服务。法案并要求国防部长与国务卿应共同向国会相关委员会提交一份报告，说明美国已采取的步骤、计划采取的步骤，以及将会依据《与台湾关系法》向台湾提供防御型武器的步骤。

美国财政部宣布，为回应朝鲜进行核试验、发展大规模杀伤性武器项目和持续违反联合国安理会多项决议等行为，美方决定扩大对朝鲜制裁，将朝鲜16个实体和7名个人列入制裁清单。最新制裁措施涉及朝鲜金融、矿产能源、运输和外派劳工等行业，制裁对象包括数名朝鲜官员、朝鲜高丽航空、6家朝鲜金融机构和3家煤炭能源公司等。美方决定冻结被制裁个人和实体在美国司法管辖范围内的资产，禁止他们到美国旅行，并禁止美国公民与上述个人或实体交易。

美国当选总统特朗普与菲律宾总统杜特尔特通电话，谈话进行得"非常愉快、气氛热烈"，特朗普邀请杜特尔特在2017年访问美国。

美国总统奥巴马在白宫会见联合国候任秘书长古特雷斯。

美国国务卿克里在罗马会见俄罗斯外长拉夫罗夫。克里对叙利亚局势，尤其是在阿勒颇对平民的攻击表示严重关注。双方讨论了在叙利亚推进停止敌对行动、运送人道主义援助以及政治过渡前景。

美国国务卿克里在罗马会见意大利外长真蒂洛尼，双方讨论了气候变化、伊朗核协议、利比亚局势、叙利亚局势、打击"伊斯兰国"极端组织等问题。

美国国务卿克里在罗马会见联合国叙利亚问题特使德米斯图拉，讨论叙利亚局势。

12月3日　菲律宾总统杜特尔特发布声明，公开了他与特朗普的电话谈话内容。他说，特朗普赞同我对涉毒人员的做法，并表示我"做的对"。杜特尔特补充说，"我能感受到和特朗普之间的融洽关系，并且他还祝贺我在禁毒战争中取得胜利"。杜特尔特的声明还提道，他邀请特朗普参加明年的菲律宾东盟峰会，后者表示"尽力而为"。同时，杜特尔特还表示向特朗普保证了菲律宾与美国的关系。

12月4日　美国当选总统特朗普发布连串推特，指责中国操纵货币，并在南中国海展示军力。特朗普在推特中写道："中国在让货币贬值（以致美国公司难以同其竞争），对从美国进口的商品征收重税（美国没有向他们征税），或是在南中国海中央建造大规模军事设施的时候，是否问过我们这是否可行？

我不这么认为！"

12月5日　美国国务卿克里在柏林会见德国外长施泰因迈尔。

12月6日　美国当选总统特朗普在北卡罗来纳州费耶特维尔市发表演讲，概述自己的外交政策和军事政策。他指出："我们将停止这场推翻外国政权的竞赛，那些我们一无所知、不应干预的政权。相反，我们必须致力于击败恐怖主义和摧毁'伊斯兰国'，我们会做到。"他强调，会在维护重要的国家安全利益时动用武装部队。他认为，美军现在战线拉得太长。他表示，他会花钱改善美国老化的道路、桥梁和机场，而非花钱打仗。即便如此，特朗普表示希望增加军事开支，承诺寻求国会批准提高国防开支上限。他说："我们不想要一支元气耗尽的军队，我们正在不应该打仗的地方到处打仗。"特朗普指出，美国要巩固传统友谊，寻找新朋友。他说："我们将结束刻板的教条，吸取历史的教训，追求世界的稳定和美国的强大，而'干预和混乱的破坏性循环'政策必须终结。"

美国总统奥巴马视察美军中央司令部所在地，位于佛罗里达州的麦克迪尔空军基地。奥巴马在基地发表演讲阐述自己执政8年来的反恐政策。奥巴马称，恐怖主义的危险将是长期存在的，需要长久的计划、明智的策略来应对。过去几年美国已经重挫了恐怖极端组织，未来还应找到更有效的反恐方式。奥巴马还侧面批评当选总统特朗普试图通过退出伊朗核协议的方式达到打击恐怖主义的目的，以及鼓吹对穆斯林等群体的歧视。

美国国务卿克里在布鲁塞尔出席北约国家部长级会议。北约成员国外长就"加强北约与欧盟合作"的40多项提议，达成了一致。北约的公报说，北约秘书长斯托尔滕贝格和欧盟外交与安全政策高级代表莫盖里尼共同提出42条提议，这些提议旨在落实双方于北约华沙峰会签署的联合声明，涉及北约与欧盟优先合作的7大领域，包括应对混合战争威胁、海上安全行动和网络安全等。

美国国务卿克里与欧盟外交和安全政策高级代表莫盖里尼在布鲁塞尔签署《美国-欧盟后勤相互援助协定》（U. S. -EU Acquisition and Cross-Servicing Agreement，ACSA）。协定旨在加强美国与欧盟在危机应对方面的军事安全合作。

美国国务卿克里在布鲁塞尔会见北约秘书长斯图尔滕贝格。

由中国海军北海舰队导弹护卫舰盐城舰、大庆舰和综合补给舰太湖舰组成的546舰艇编队抵达美国圣迭戈，开始进行为期4天的正式友好访问。

日本首相安倍晋三在官邸与来访的美国国防部长卡特举行会谈，就12月

22 日把日本国内最大规模的美军专用设施"北部训练场"（位于冲绳县东村、国头村）的一部分归还日本达成协议。安倍与卡特就朝鲜核及导弹开发等也交换了意见，确认日美有必要进一步加强合作。"北部训练场"占地约 7800 公顷，部分归还的是其中的 4000 公顷左右。

12 月 7 日　美国当选总统特朗普的发言人贾森·米勒表示，特朗普决定提名艾奥瓦州州长布兰斯塔德为新任驻华大使。今年 70 岁的布兰斯塔德是艾奥瓦政坛"常青树"，也是美国历史上累计任职时间最长的州长。1983 年，他首次当选艾奥瓦州州长，是当时美国最年轻的州长，在这个职位上一直做到 1999 年，2011 年再次出任州长并任职至今。

美国国防部长卡特与日本防卫相稻田朋美在东京举行会谈。双方同意为缩小驻日美军工作人员的对象范围，继续进行工作级磋商，力争尽早得出结论。据《日本经济新闻》报道，日美双方重新确认钓鱼岛问题适用于日美安全保障条约第 5 条。双方还就日美两国为了亚太地区今后的和平与稳定进一步展开合作的方针达成一致。

美国国务卿克里在德国汉堡会见俄罗斯外长拉夫罗夫，双方讨论了推动各方在叙利亚阿勒颇停止敌对行动、向冲突地区叙利亚民众运送人道主义救援物资等问题。

美国国务卿克里在德国汉堡会见哈萨克斯坦、吉尔吉斯斯坦、塔吉克斯坦、乌兹别克斯坦等中亚四国外长，双方讨论了经济联通、地区安全、环境、气候变化等问题。

美国、英国、法国、德国、意大利、加拿大等六国发表联合声明，要求叙利亚政府立刻停止对叙城市阿勒颇的攻击。联合声明称，"受到俄罗斯和伊朗支持的"叙政府军停止战事才能使得联合国向阿勒颇东部民众提供人道主义救援。此外，西方六国已准备好对支持叙政府或以其名义行事的团体和个人采取新的限制措施。

中国国务院国务委员、公安部长郭声琨和美国司法部部长洛蕾塔·林奇、国土安全部部长杰伊·约翰逊在华盛顿共同主持第三次中美打击网络犯罪及相关事项高级别联合对话。对话旨在对网络犯罪或其他恶意网络行为的信息和协助请求进行响应的时效性和质量进行评估，并加强打击网络犯罪、网络保护及其他相关事项的双边务实合作。双方一致认为，对话机制的建立有利于双方沟通交流、加强合作，进一步巩固、发展、延续对话机制，继续加强双方在网络安全领域的合作，符合双方共同利益。

12月8日　美国国会参议院以92票支持、7票反对，通过2017财年国防授权法案。这份新国防授权法案首次包含了允许美国国防高级官员及现役军人访问台湾等美台军事交流的内容。由于美国众议院已投票表决通过，这项法案将递交白宫，由奥巴马定夺是否签署为法律。

美国国防部长卡特在新德里会见印度国防部长帕里卡，双方讨论了双边关系和进一步加强防务合作等问题。

中国国务委员、公安部长郭声琨在华盛顿会见美国总统国家安全事务助理赖斯。赖斯表示，美中关系是世界上最重要的双边关系。美中两国近年来不断推进网络安全和执法合作，取得明显效果，网络安全已从美中关系的摩擦点转化为合作点。希望双方共同努力，巩固现有成果，深化务实合作，推动两国关系持续向前发展。

中国国务委员、公安部长郭声琨在华盛顿会见美国联邦调查局局长科米。科米表示，美国联邦调查局将致力于保持与中国公安部的良好合作关系，愿与中方进一步密切沟通交流，增进战略互信，完善合作机制，深化反恐、打击网络犯罪等领域合作。

美国国务卿克里在德国汉堡出席欧安组织部长级会议并发表讲话。会议讨论了乌克兰局势等问题。

12月9日　美国国防部长卡特在喀布尔会见阿富汗总统加尼。双方讨论了双边关系和阿富汗安全局势。卡特称，美国和国际联盟的伙伴国将继续支持阿富汗军队，美阿战略伙伴关系向世界证明美国一如既往支持阿富汗的主权和安全。

12月10日　美国国务卿克里在巴黎出席由法国、德国和卡塔尔发起的叙利亚问题国际会议，讨论打击"伊斯兰国"极端组织和叙利亚局势。

美国国防部长卡特在巴林首都麦纳麦举行的"麦纳麦对话会"安全高峰论坛上宣布，美国将向叙利亚增派200名士兵，以协助当地武装打击极端组织"伊斯兰国"。新增派的200名士兵包括特种部队、排雷专家和军事顾问等。他们将与已在叙利亚的300名美军士兵会合，协助当地的库尔德武装发动针对"伊斯兰国"的军事行动。

12月11日　特朗普接受福克斯新闻采访时说道："我充分理解'一个中国政策'，可除非我们与中国在包括贸易等其他方面有利益交换，我不懂我们为啥非要被这个政策限制住。"特朗普表示，他是否与台湾领导人通话不由中国决定，"我不希望由中国告诉我怎么做……那是一段不错的通话，为什么其他国家能干预我接一个电话？"特朗普称，蔡英文向他致电恭喜他当选，如果不接会"很失礼"。

美国国防部长卡特在巴格达会见伊拉克总理阿巴迪，双方讨论了解放摩苏尔的战役和打击"伊斯兰国"极端组织等问题。

美国国防部长卡特在埃尔比勒会见伊拉克库尔德地区政府主席巴扎尼，讨论打击"伊斯兰国"极端组织问题。

12 月 12 日 美国当选总统特朗普提名埃克森美孚（Exxon Mobil Corp.）首席执行长雷克斯·蒂勒森为其新政府的国务卿。蒂勒森现年 64 岁，来自得克萨斯州，1975 年大学毕业后进入埃克森美孚工作，迄今任职超过 40 年，拥有丰富的国际谈判经验。一些分析人士认为，蒂勒森一方面缺乏职业外交经验，另一方面被认为与俄罗斯关系密切，在美国政界引发担忧，来自民主、共和两党的不少联邦参议员先前均表示将对提名进行审慎评估。

美国当选总统特朗普发表声明，宣布加里·科恩将担任白宫国家经济委员会主任，成为他的首席经济顾问。现年 56 岁的科恩为高盛集团效力 20 余年，现任高盛集团总裁兼首席运营官。

美国国防部长卡特访问以色列，在特拉维夫附近的一个空军基地与以色列总理内塔尼亚胡、国防部长利伯曼共同庆祝第一批美国洛克希德马丁公司制造的两架下一代 F-35 战机运抵以色列。

12 月 14 日 美联储宣布将联邦基金利率上调至 0.5% 至 0.75%，即加息 25 个基点。这是今年内美联储第一次且是仅有的一次加息。

12 月 15 日 鉴于美国总统奥巴马既未签署也未否决，美国国会众参两院近期通过的延长《对伊朗制裁法案》的决议自动生效。白宫发言人欧内斯特发表声明表示，奥巴马政府认为美国会通过的延长对伊制裁方案是无必要的，但该方案符合伊核协议《共同全面行动计划》，因此奥巴马政府决定让其在未经签署的情况下自动生效。声明表示，这一延长方案不会影响美国政府执行《共同全面行动计划》，美国政府将继续解除对伊制裁。声明称，执行《共同全面行动计划》是美国的一个战略目标，该计划让美国乃至整个世界更加安全。只要伊朗遵守协议内容，美国也将兑现承诺。

美国总统奥巴马接受美国全国公共广播电台（NPR）专访时表示："我认为

这（俄罗斯企图透过黑客干扰美国大选）是毋庸置疑的，当外国政府企图影响我国选举公正性时，我们必须采取行动，也一定会采取行动。至于采取行动的时间和地点由我们自己选择，有一些是明确公开的，有一些则不一定如此。"

美国国防部长卡特在伦敦出席打击"伊斯兰国"极端组织国际联盟国防部长会议并发表讲话。卡特称，虽然国际联盟正在瓦解"伊斯兰国"对摩苏尔和拉卡的控制，联盟在2017年仍应该努力执行打击"伊斯兰国"的计划。

美国就中国对小麦、大米（长粒米和中短粒米）、玉米等三种农产品实施的关税配额管理措施提起世贸组织争端解决机制下的磋商请求，指称中国政府对上述农产品的关税配额管理措施不符合中国加入世贸组织承诺和《1994年关税与贸易总协定》的有关规定。美国贸易代表弗罗曼说："中国的关税配额政策违反了他们的世贸组织承诺，并限制了美国农民向中国客户出口具有价格竞争力的、高质量的谷物。美国将代表种植稻米、小麦和玉米的美国农民，大力展开这起诉讼。"中国商务部条约法律司负责人就此发表谈话，表示中方已经收到美方提出的磋商请求。该负责人指出，关税配额制度是中国加入世贸组织时明确保留的贸易管理方式，小麦、大米、玉米关税配额管理符合中国加入世贸组织承诺和相关世贸规则。

美国国防部一名没有透露身份的官员对路透社表示，中国海军12月15日在南海国际水域扣留了一艘美国的无人水下潜航器。这位官员还称，美国已正式要求中国归还这艘潜航器。美国方面声称，事件发生在菲律宾苏比克湾西北约80公里处的南海海域，正根据国际法进行例行的测量活动。对此，中国国防部发言人杨宇军在回答记者提问时表示，中国海军一艘救生船在南海有关海域发现一具不明装置。为防止该装置对过往船舶的航行安全和人员安全产生危害，中方救生船采取专业和负责任的态度，对该装置进行了识别查证。经核查，该装置为美方无人潜航器。中方决定通过适当方式移交美方。中方与美方一直就此保持沟通。

美国驻菲律宾大使馆说，美国政府援助机构"世纪挑战集团"决定明年起暂缓向菲提供一项总额约4.3亿美元的5年期援助，理由是"严重忧虑"杜特尔特的大规模扫毒行动引发的"法治问题"。

12月16日　美国总统奥巴马在白宫召开2016年的最后一场记者会。奥巴马明确表示，事实证明，俄罗斯人是民主党全国委员会被黑客攻击的幕后黑手，确保今后不再发生同类的事件非常重要，这应该是两党共同的议题，而不应该变成两党斗争的议题。他期望特朗普和其他共和党人能和他一起合作，向俄罗斯对于美国大选的干扰提出抗议，并对此进行独立调查。奥巴马说，针对任何试图影响美国总统大选和美国民主制度的外国政府，美国都必须采取行动。他强调，当美国人忘记自己的定位、放弃了原有的价值观的时候，俄罗斯可以影响、甚至伤害美国。奥巴马说，美中关系在世界经济、国家安全和美国在亚太的存在中有重要的地位。中国在国际事务扮演着越来越重要的角色，世界上应该没有其他双边关系比美中关系更加重要。如果这关系遭到破坏，或是演变成全面冲突，对各方都更为不利，"因此我想他（特朗普）应该对此有所了解比较好"。在中国台湾问题上，奥巴马说，中美两国，包括中国台湾人民在内，已经有一种长期的基本共识，那就是不改变现状。中国台湾以不同于中国大陆的治理方式运作。中国将台湾视为一部分，但也将台湾当作一个有自己运作方式的实体来对待。中国台湾人民也同意只要能保持某种程度上的自治运作，中国台湾不会寻求独立。这个现状虽然对相关各方都不尽如人意，但是维持了和平，并使得中国台湾人民得以发展经济，保持高程度自治。奥巴马还说，对中国来说，台湾问题高度敏感且重要。奥巴马说："一个中国政策是他们国家概念的核心。如果要抛弃这样的相互理解，你必须要先想好可能的后果，因为中国不会像对待其他议题那样来处理台湾问题，他们不会像对待南海问题一样来对待台湾问题，即使我们和中国在南海关系很紧张。这牵涉到他们如何看待自己的核心价值。"奥巴马说，中国在这问题上的反应至关重要，"虽然这并不意味着你非得要遵守过去的一切，但是你必须想清楚并对如何反应他们将采取的行动有所计划"。

美国国务院宣布，大幅提升悬赏捉拿"伊斯兰国"最高头目巴格达迪的赏金，从此前的1000万美元提升至2500万美元。美国务院鼓励任何人提供有关巴格达迪的信息，任何提供其藏身地点、对抓捕行动提供有效信息的人都有资格获得赏金。线人可通过多种方式与美国务院取得联系，全部信息将被严格保密。声明表示，捉拿巴格达迪的赏金出自"正义赏金"项目。该项目于1984年设立，由美国务院外交安全局负责，专门向那些提供恐怖分子信息、阻止国际恐怖活动的人提供赏金。迄今，该项目已向80多人支付了超过1.25亿美元的赏金。

12月18日　美国国务卿克里在利雅得会见沙特国王萨勒曼，双方讨论了叙利亚局势、也门局势、打击"伊斯兰国"极端组织等问题。

12 月 20 日　中美双方经过友好协商，在南海有关海域顺利完成美国无人潜航器的移交工作。

美国国务卿克里在国务院会见印度国家安全秘书道瓦尔。

美国财政部宣布，决定就乌克兰问题继续扩大对俄罗斯制裁，将多名个人和实体列入制裁清单。被列入制裁清单的 7 名俄罗斯个人涉及金融和防务行业，8 个公司涉及建筑、公路和铁路等行业。美财政部表示，除非俄罗斯全面履行明斯克协议规定的义务，防止乌克兰东部地区局势恶化，否则美国不会放松制裁。

美国当选总统特朗普的国家安全事务助理迈克尔·弗林在华盛顿会见韩国外交部第一副部长林圣男和国防部政策室室长柳济昇。弗林称，驻韩美军部署"末段高空区域防御系统（THAAD，萨德）是从韩美同盟层面做出的正确决定，其象征着同盟的稳固"。这是特朗普方面首次发布与部署"萨德"相关的立场。

12 月 21 日　美国当选总统特朗普宣布成立白宫国家贸易委员会，并提名加利福尼亚大学欧文分校经济学和公共政策教授彼得·纳瓦罗担任该委员会主任。特朗普的过渡团队发表声明说，成立国家贸易委员会进一步表明特朗普决心"让美国制造业再次伟大"，并向每位美国人提供"拥有体面工作与薪资的机会"。纳瓦罗将帮助特朗普政府制定缩减贸易逆差、促进经济增长和阻止就业岗位流向海外的贸易政策。声明还说，国家贸易委员会将为总统就贸易谈判的创新策略提供建议，与其他政府部门协调共同评估美国制造业和国防工业的能力，并为美国失业工人提供高技能制造业的就业机会。

日本首相安倍晋三和美国驻日大使卡罗琳·肯尼迪共同宣布，美国将归还位于冲绳美军基地北部训练场约 4000 公顷（约合 40 平方公里）的土地。本次归还是基于 1996 年的日美协议，正式交还的时间为当地时间 22 日零点。这是 1972 年冲绳回归本土后最大规模的归还。

12 月 22 日　美国当选总统特朗普在社交媒体推特上写道，"在世界对核问题醒悟之前"，美国必须大力加强和扩充其核能力。他没有就这一表态做进一步说明。特朗普的发言人贾森·米勒当天在接受媒体采访时，否认特朗普在倡导使用核武器，并称外界不应将这一言论解读成他在提出一项新的政策建议。

12 月 23 日　美国总统奥巴马签署 2017 财年美国"国防授权法"，但他同时对这笔总额达 6187 亿美元的国防预算表示失望。奥巴马说，国会又一次未能实施诸如精简机构、削减管理费用以及推动部队医疗现代化等有意义的改革。国防预算法案本月早些时候在美国参众两院获表决通过，较奥巴马此前提交的版本在多处有所增加。由于该法案草案在国会支持率很高，奥巴马即便行使否决权也很有可能被推翻。奥巴马此前要求给部队涨工资 1.6%，被改为 2.1%；陆军和海军陆战队的扩员人数分别增加了 1.6 万人和 3000 人；基础国防经费比提交版本多了 32 亿美元，战争经费增加 58 亿美元。此外，这份法案还继续限制将古巴关塔那摩监狱的在押人员迁出，这意味着奥巴马在任内关闭这座监狱的希望成为泡影。"国防授权法"的第 1284 节提道，国会认为（sense），五角大楼应推动美、台间高阶军事将领及资深国防官员交流，以改进双方的军事关系与防务合作。

联合国安理会以 14 票赞成、1 票弃权的结果通过决议，重申以色列在巴勒斯坦被占领土上的定居点活动"违反国际法"，敦促以色列停止一切定居点活动。美国投了弃权票。美国常驻联合国代表萨曼莎·鲍尔在弃权后发言时说，由于以色列定居点的建造速度已对两国方案造成威胁，美国因此选择不否决。美国国务卿克里当天在一份声明中说，美国政府长期以来一直相信只有两国方案才能在以色列和巴勒斯坦之间实现公正和持久的和平。他说，目前巴以地区恐怖主义、暴力以及煽动性言论不停，两国方案反对者以史无前例的规模扩建定居点，通过两国方案解决巴以问题面临失败。克里说，尽管美方不完全同意决议的所有内容，但无法"违背公正"而阻碍这一决议的通过。

12 月 26 日　日本首相安倍晋三前往葬有珍珠港袭击战殁者的美国太平洋国家纪念公墓献花。

12 月 27 日　美国总统奥巴马和到访的日本首相安倍共同参观珍珠港亚利桑那号纪念馆，并一同向死者鲜花。在随后讲话中，安倍对珍珠港事件中阵亡的美军战士和其他二战遇难者表示"衷心和永久的哀悼"，但仍然没有道歉。安倍称美日同盟将走向新高度。安倍表示，"美国为日本开辟了战后重回国际社会的道路"，并强调，"对（美国的）善意、向日本人伸出的援手以及巨大的宽容心铭记在心"。安倍就日美同盟指出，"曾激烈交战的日本和美国成为了历史上罕见的坚固的同盟国"。安倍称之为"面向未来的'希望同盟'"，并强调"把我们连在一起的，是宽容心带来的'和解力'"。奥巴马在讲话中表示，"安倍首相此次珍珠港访问是展示和解的历史性行为"，他在对安倍所发表的感言表示感谢的同时，强调美日两国应跨越战争的伤痛，建立坚固的同盟关系。奥巴马还称"美日同盟关系将为防止新的世界大战，强化国际秩序做出贡献"，并强调战后美日两国共同拥有利益和价值，为亚太地区和世界的发展做出了贡献。

12 月 28 日 美军太平洋司令部发布消息称，12 月 3 日至 18 日，美国本土的 3 架 B-52 战略轰炸机被派往亚太地区执行多项任务，其中一架 B-52 与部署在关岛的 B-1B 轰炸机一起在南海上空进行训练。一同参训的还有 7 架空中加油机和宙斯盾驱逐舰。

就美国与以色列在定居点建设问题上的矛盾，美国当选总统特朗普在推特发文称，"不能继续让以色列受到这样的蔑视和不恭敬对待，美国过去是以色列的好友，但不再是了。可怕的伊核协议终结了友谊。要坚强，以色列，1 月 20 日很快就要来了"。

美国国务卿克里在国务院就中东和平问题发表讲话。克里称，两国方案是以色列和巴勒斯坦之间实现公正和持久和平的唯一途径，也是维护美国在这一地区利益的重要途径。克里并解释了美国为何在联合国安理会表决以色列建设定居点问题时投弃权票。

12 月 29 日 美国总统奥巴马宣布，因俄罗斯涉嫌通过网络袭击干预美国总统选举而对俄进行制裁。奥巴马签署总统行政令，对俄罗斯机构和个人的制裁方案进行了详细说明。其中包括：对俄罗斯的五个机构——情报总局（GRU）、联邦安全局（FSB）以及为情报总局的网络黑客行为提供支持的三家公司进行制裁；对 6 位俄罗斯官员进行制裁，包括情报总局的四位官员以及美国财政部指证的非法占有经费和个人信息的俄罗斯黑客；美国国务院还关闭了位于马里兰州和纽约州的两处俄罗斯外交活动场所，并下令让 35 位俄罗斯情报相关人员在 72 小时内离开美国。白宫表示，这些不是所有的制裁方案，奥巴马还会视时间和地点继续采取行动，有些行动将不会告知公众。不久后，奥巴马政府将会向国会呈交一份俄罗斯黑客干扰大选的详细报告。

美国联邦调查局和国土安全部联合发表调查报告，直接指控俄罗斯情报机关干预美国 2016 年举行的大选。这份长达 13 页的报告指出，俄罗斯黑客在 2015 年中通过电邮把恶毒链接发送给 1000 多个美国政府部门和机构的电邮用户，收件人包括美国政府工作人员。过后再侵入电脑网络，盗取大批有关民主党总统候选人希拉里·克林顿的资料，并在美国总统选举前公开，导致她最终败选。被点名涉及网络攻击的有 APT28 与 APT29 等黑客组织，它们分别与俄罗斯情报总局及俄罗斯联邦安全局有关联。联邦调查局和国土安全部表示，俄情报机构这次的活动是长达 10 年针对美国政府和美国人民展开网络攻击的一部分。

12 月 30 日　俄罗斯总统普京表示，俄罗斯不会驱逐美国外交人员。俄方将保留"报复"的权利，审视美国候任总统特朗普的政策。特朗普在社交媒体"推特"上发帖赞赏普京的决定，并说，"我一直知道（普京）很聪明！"

五　2017 年

1 月 3 日　美国当选总统特朗普的过渡团队宣布，特朗普已经提名罗伯特·莱特希泽担任美国贸易代表。莱特希泽现年 69 岁，目前是世达律师事务所合伙人，曾在 20 世纪 80 年代里根执政时期担任副贸易代表。世达律师事务所的网页显示，莱特希泽专攻传统贸易诉讼，并为很多大型公司提供政策咨询和立法举措。数十年来，他担任多起反倾销案律师，且主张国外市场开放。

美国当选总统特朗普在推特发文写道："通用汽车正将墨西哥制造的车款 Chevy Cruze，免税跨过边境运至美国厂商。请在美国制造，不然就支付高额边境税！"

美国当选总统特朗普在社交媒体推特上写道，美国政府不应该继续从关塔那摩监狱"释放"囚犯。他表示，这些人极其危险，不应该允许他们重返战场。

1 月 4 日　联合国新任秘书长古特雷斯与美国当选总统特朗普通电话，双方讨论了联合国与美国的关系问题。

美国当选总统特朗普质疑美国情报界关于俄罗斯通过网络袭击干预美国大选的说法，并认为民主党全国委员会对网络袭击的防范意识"太薄弱了"。他在社交媒体上发文写道："'维基揭秘'的创始人阿桑奇说了，连 14 岁的孩子都能拿到那些邮件，民主党全国委员会也太不小心了吧！而且阿桑奇也说了，那些邮件不是俄罗斯提供的！"

1 月 5 日　美国当选总统特朗普在社交网站发文批评丰田汽车公司，指责这家日本汽车制造商在墨西哥建造工厂来生产卡罗拉（Corolla）轿车的计划。他威胁要对进口卡罗拉汽车征收关税。

美国国务卿克里在国务院召开新闻发布会，回顾过去四年美国外交工作在反恐、伊朗核问题、气候变化等方面的主要成就。克里说，在解决叙利亚危机问题上，美国和俄罗斯等国不是竞争关系，美国支持俄罗斯、土耳其和伊朗就解决叙利亚危机进行沟通，并称美国正帮助促成阿斯塔纳和谈，希望这次和谈能为解决叙利亚危机向前迈出一步。

美国国会参议院军事委员会就美国面临的网络威胁举行听证会。美国国家情报总监克拉珀在会上向国会议员表示，黑客攻击仅是俄罗斯干预美国总统大选的手段之一，俄罗斯还通过传统宣传战、散播虚假信息等途径干预大选。克拉珀在向参议院军事委员会提交的证词中表示，美国面临的国家和经济安全网络威胁正变得更加多样化、复杂和危险，作为一个"全范围网络行动方"，俄罗斯掌握先进的网络项目和复杂技术手段，对美国关键基础设施和网络构成"主要威胁"。克拉珀强调，美国情报部门认为，只有俄罗斯最高级别的官员才能授权发起针对美国总统大选的数据盗窃和泄露行动。此外，俄罗斯还试图利用网络技术手段来影响欧亚地区的公共舆论。未来俄罗斯的网络行动可能被用于收集情报信息，开展一系列行动以达到俄罗斯军事目的和政治目的。

美国国会众议院以 342 票赞成通过决议，谴责联合国安理会通过谴责以色列修建定居点行为的决议，谴责奥巴马政府允许安理会决议通过。109 名民主党众议员投了赞成票，4 名共和党众议员投了反对票。

美国常务副国务卿布林肯在华盛顿与日本外务事务次官杉山晋辅、韩国外交部第一次官林圣男举行美日韩三国副外长会谈，讨论朝鲜核与导弹威胁、半岛局势等问题。布林肯在磋商后的联合记者会上指出，即使是美国政权交接后，采取重视亚太地区的政策仍然符合国家利益。杉山就政权交接后的美国亚洲政策表示"不认为大方向会发生改变"。美日韩副外长级三边磋商始于 2015 年 4 月，本次是第六轮磋商。

美国国务院发布声明，宣布将原"基地"组织头目本·拉登之子哈姆扎·本·拉登列为全球性恐怖分子，并对其实施制裁，冻结美国司法辖区内与他有关的所有财产，并禁止所有美国公民与他有任何交易往来。美国国务院同时宣布对"基地"组织也门分支"阿拉伯半岛'基地'组织"的重要头目易卜拉欣·班纳实施制裁。

隶属美国海军第三舰队的"卡尔·文森"号航母战斗群离开圣迭戈母港，开赴西太平洋。美国海军的声明说，"卡尔·文森"号航母战斗群此行的主要任务是海上安全和战区安全合作，将在西太平洋进行一系列双边演习。

美国国防部宣布，当天共有 4 名关押在古巴关塔那摩监狱的囚犯被转移至沙特阿拉伯。被转移的 4 名囚犯都是也门籍，已经被关押在关塔那摩监狱超过 14 年，但从未被正式起诉。美国国防部在声明中说，"美国感谢沙特阿拉伯王国政府的人道主义举动以及对美国关闭关塔那摩监狱的支持"。

古巴共产党机关报《格拉玛报》报道，来自古巴和美国的两家企业当天签署合同，古巴将向美国出口 80 吨高质量木炭。这是半个多世纪以来古巴首次向美国出口商品。《格拉玛报》透露，即将卸任的美国总统奥巴马绕开国会，动用行政权力特批了这次进口贸易。

美国商务部对进口自中国的双向土工格栅产品发布反倾销反补贴调查终裁备忘录，认定中国所有涉案企业的反倾销税率为 372.81%，反补贴税率为 15.61% 至 152.5%。

1月6日 美国当选总统特朗普在纽约与美国政府情报机构领导人会晤，国家情报总监克拉珀、中情局局长布伦南、国家安全局局长兼美国网络司令部司令罗杰斯和联邦调查局局长科米等人参加了与特朗普的会晤。特朗普在会晤后发表声明表示，他与情报机构领导人进行了建设性会晤和对话，他对情报机构的工作抱有极大的敬意。虽然俄罗斯等国持续试图侵入包括民主党全国委员会在内的美国政府机构、企业和组织的网络基础设施，但网络攻击对美国大选结果没有造成影响，美的投票机没有遭到破坏。特朗普说，黑客也试图侵入美国共和党全国委员会，但该委员会拥有强大的网络防御，黑客未能取得成功。他强调，美国需要积极应对和阻止网络攻击，他将任命一支网络安全团队，责成该团队在其就职后 90 天内提交具体的网络安全计划，保护美国的安全将是他作为总统的首要任务。国家情报总监办公室当天发布了一份关于俄罗斯在美国大选中活动和意图的评估报告。这份报告称，俄罗斯总统普京 2016 年下达了旨在影响美国总统大选的行动，俄罗斯的目标是削弱公众对美国民主进程的信心，诋毁民主党总统候选人希拉里，伤害希拉里的候选资格和潜在总统任期。情报机构分析认为，比起希拉里，普京和俄罗斯政府明显更偏向特朗普。报告说，通过诋毁希拉里，普京和俄罗斯政府试图帮助扩大特朗普的胜选机会，中情局、联邦调查局和国家安全局都认可这一分析结论。国家情报总监办公室在声明中说，情报机构并未就俄方行为对美国大选结果的影响进行评估。

美国当选总统特朗普在社交网站推特上说，为尽快在美国和墨西哥边界建造隔离墙，美国不妨先行垫付费用，但之后墨西哥一定会把钱补给美国。

美国商务部长普里茨克在英国《金融时报》网站刊登的专访文章中说，下一届美国政府应谨慎处理美中贸易关系，避免全球两大经济体陷入贸易战泥潭。普里茨克指出，美国当选总统特朗普有关中国"偷窃美国就业岗位"的指责"过于简单化"，属于零和博弈思维。实际情况并没有那么糟糕，否则不会有那么多美国企业仍希望继续在中国经商。普里茨克警告下一届美国政府，贸易保护主义抬头会对外国企业在美投资产生影响。她说，美国不能想当然地认为未来 4 年美国会成为全球首屈一指的外资投资目的地。普里茨克还批评特朗普在社交媒体推特上向美国通用、福特和日本丰田三大汽车公司施压，阻止它们在墨西哥开设新工厂。她表示，政策制定是一个复杂过程，不能通过新闻头条来制定政策。

被控非法向中国提供"特殊核材料生产技术"的美国华裔核技术工程师何则雄（Allen Szuhsiung Ho）在田纳西州东区联邦法院认罪。这是美国史上第一起涉及中国的核间谍案。

大批美军装备运抵德国北部的不来梅港。此轮军事部署涉及的武器装备包括总共 87 辆坦克、超过 140 辆军用车辆，以及约 4000 名美军人员。英国广播公司报道称，这是 20 多年来最大规模的一次美军人员及装备的运输。

1 月 7 日　美国当选总统特朗普宣布，他决定提名前联邦参议员丹·科茨担任国家情报总监。特朗普白宫过渡团队在声明中说，科茨曾分别任职于国会参议院情报特别委员会和军事委员会，对美国面临的国家安全威胁和应对方案有深刻了解。今年 73 岁的科茨生于密歇根州，先后长期担任印第安纳州联邦众议员和参议员，早年曾在陆军服役。2001—2005 年，他担任美国驻德国大使。

特朗普在社交媒体推特上写道，与俄罗斯保持良好关系是好事，只有"愚蠢"的人才会认为这是一件坏事。他说，当他 1 月 20 日正式上任后，俄罗斯会远比现在更加尊重美国。他还表示美俄两国未来或许能在解决一些全球性问题上进行合作。

在美国情报机构公布了俄罗斯总统普京利用黑客进行网络干扰并帮助特朗普赢得大选后，特朗普在推特上澄清并反驳道："该份报告并没有列出证据证明黑客活动影响了大选的结果！民主党的疏忽才是导致他们服务器被黑的真正原因。"特朗普随后还强调了，民主党全国委员会的邮箱服务器被黑，他们搁不下面子才会编造出大选结果被影响的报告来掩饰他们的尴尬。

参与北约"大西洋决心行动"的首批 250 名美军士兵抵达波兰，以加强北约东部边界安全。作为北约"大西洋决心行动"框架的一部分，这批来自美军装甲部队的士兵开始第一次为期 9 个月的换防，以后将不间断轮换。

1 月 8 日　美国总统奥巴马在美国广播公司新闻节目《本周》中说："我认为事实是，俄罗斯人曾试图进行干扰而且的确进行了干扰。"奥巴马承认他低估了俄罗斯的黑客攻击能力。他敦促当选总统特朗普和国会加强美国的网络安全，防止美国选举再受外国干扰。奥巴马说："我认为重要的是，国会两党与下届政府合作，以确保此类（外国）影响被降到最低。我们必须提醒自己，我们在同一条船上。普京跟我们不在同一条船上。"

被美国当选总统特朗普提名为白宫办公厅主任的赖因斯·普里巴斯称，特朗普已经接受美国情报部门在俄罗斯"黑客门"事件上做出的结论，即俄罗斯通过网络攻击干扰了美国总统大选。普里巴斯还表示，特朗普计划将命令美国情报部门提出相应的处理建议，然后再根据具体的建议，可能"采取行动"。

美国国防部长卡特接受美国全国广播公司采访。卡特表示，美国需要采取强有力但平衡的方式处理与俄罗斯的关系。美国情报机构做了"艰苦"而"谨慎"的工作，做出了"明确无误的"关于俄罗斯黑客干涉美国大选的评估。这一情况给美国总体的对俄战略提出了问题。"这是对我们民主制度的攻击"，"美国人需要极其严肃地对待这件事"。美国的回应不会只限于网络或军事方面，但卡特也强调美国在"我们能够做的领域"与俄罗斯合作的重要性。关于俄罗斯在叙利亚的行动，卡特说，俄罗斯在叙利亚"几乎什么也没做"，而只是使叙利亚内战更难以结束。另外，卡特还表示，朝鲜的核与导弹计划给美国造成了"严重威胁"。

美国得克萨斯州参议员克鲁兹和得克萨斯州州长阿博特在休斯敦会见了过境美国的台湾地区领导人蔡英文。

1月9日 美国当选总统特朗普在纽约特朗普大厦会晤了阿里巴巴集团董事局主席马云，双方主要讨论了如何帮助美国中小企业将美国产品及当地服务通过阿里巴巴平台销往中国和亚洲市场这一问题。

美国国务卿克里在麻省理工学院发表演讲，阐述气候变化、创新和全球未来向清洁能源的过渡问题。

美国贸易代表办公室向国会递交《中国执行世界贸易组织承诺2016年度报告》，在近200页内容中，详细罗列中国入世15年来，对相关承诺的执行情况。报告要求中国在知识产权保护、产业政策、服务贸易、农业、立法与执法透明度等方面履行入世承诺。报告详细罗列中国对贸易相关法律法规的制定、执行以及货品贸易、服务贸易的各项限制或改进，甚至谈及了在贸易过程中出现的贪腐情况。报告认为，虽然中国入世15年来逐渐朝向以市场为导向的经济发展方向，但中美贸易中依然难免分歧。今年应该优先关切的议题包括知识产权保护、中国的产业政策、服务贸易、农业、立法与执法的透明度及法律法规架构共6大项。报告批评了中国在服务贸易、电子支付、互联网产业和影视产业中对外资企业的限制政策；同时批评了中国对出口企业补贴数量大、范围广，宣称中国违反入世承诺的透明和公平竞争原则；以及中国保护知识产权不力的情况。

美国国家情报总监办公室属下研究机构国家情报委员会发表名为《全球趋势：进步的悖论》的报告。该委员会每四年发布全球趋势评估报告，这份由情报机构与学术界人士撰写的报告，对当前至 2035 年的全球政治、社会、经济与科技趋势作出了预测。报告认为，全球经济增长速度放缓，二战后建立起的全球秩序逐渐失序，迅速强势增长的民族主义等因素，导致未来五年冲突风险大增。这一冲突风险不仅将可能发生在美国以外，也可能影响到美国国内，风险程度之高超过冷战结束以后任何时期。报告中写到，上述趋势将以前所未有的速度汇集起来，通过改变权力的性质，损害全球格局的基础，从而使得政府管理和全球合作变得非常困难。报告在结论中勾勒出一批可能使不远的未来变得黯淡并且困难的因素，这些因素包括"越来越具有挑衅性"的俄罗斯和中国、地区冲突、恐怖主义、收入不平等持续增加以及气候变化问题。

美国财政部以践踏人权为名，宣布将 5 名俄罗斯人列入"黑名单"，其中包括俄罗斯总统普京的一名亲密助手——俄罗斯调查委员会主席亚历山大·巴斯特雷金。美国财政部称这项制裁与俄罗斯干预美国大选的指控无关。美国官员称，巴斯特雷金与俄罗斯反腐律师谢尔盖·L. 马格尼茨基 2009 年在拘留期间死亡一案有关。这次的制裁名单还包括 2 名俄罗斯情报官员，这两人被英国当局认定于 2006 年在伦敦毒死了俄罗斯间谍亚历山大·利特维年科。另有 2 名级别较低的俄罗斯官员，美国称这两人帮助掩盖马格尼茨基的死因。

美国国防部官员表示，美国驱逐舰"马汉"号周末曾在霍尔木兹海峡朝四艘伊朗革命卫队的快艇进行警告射击，当时这些伊朗快艇朝"马汉"号高速驶近。美国官员指责，伊朗快艇当时的做法是"不安全且不专业"的。

1 月 10 日 美国总统奥巴马在芝加哥向美国人民发表告别演说。整场演讲主要集中在美国的内政上。外交方面，奥巴马谈到了气候变化和政府在过去 8 年中所采取的步骤：减少对外国石油的依赖，增加可再生能源，签署《巴黎协定》。关于反恐，奥巴马称，"在过去 8 年中，没有外国恐怖组织成功地在美国本土策划和执行袭击"，但他也提道，波士顿、奥兰多等地本土恐怖主义袭击，显示了恐怖主义激进化的危险性。他表示，美国在海外反恐过程中，击毙了包括本·拉登在内的数万名恐怖分子，领导多国联盟与作恶的极端组织

"伊斯兰国"战斗，夺取被其占据的半数"土地"。奥巴马强调，"伊斯兰国"将最终被摧毁，对美国构成威胁的人不可能永远安全。与此同时，奥巴马也表示，保护美国的生活方式不仅仅需要军队。在保持对外部威胁警惕的同时，必须防止自身的价值观被削弱。他表示，这就是为什么他期望结束审讯中使用酷刑，努力关闭关塔那摩监狱，并改革监控法律，保护隐私和公民自由。奥巴马还提到了他其他的外交成就，表示如果 8 年前有人告诉人们，美国将与古巴开启双边关系的新篇章，在不用一枪一炮的情况下就与伊朗达成了核协议，并击毙了"9·11"事件的主脑人物，人们可能不会相信。

美国有线电视新闻网报道称，1 月 6 日美国国家情报总监办公室提交的调查报告中附加了一份秘密文件。文件称，俄罗斯方面在美国大选期间同时掌握不利于特朗普以及希拉里的信息，而俄罗斯黑客只发布了对希拉里以及民主党方面不利的信息，特朗普的却没有被公开。文件还指出，特朗普竞选团队人员与俄罗斯政府的中间人有过持续的交流。有美国官员表示，这表明俄罗斯是有意损害希拉里的选战，并帮助特朗普赢得大选。对于相关报道，美国当选总统特朗普通过其社交媒体回应说，"这是假新闻，是彻头彻尾的政治迫害"。

美国财政部长雅各布·卢在《华尔街日报》网站刊登的专访文章中表示，过去 18 个月中国为捍卫人民币汇率而采取的措施显示，中国并未寻求通过人民币贬值来获取不公平贸易优势。雅各布·卢警告说，即将上任的特朗普政府如果将中国的这一政策等同于通过人民币贬值来获取不公平贸易优势，将是"必然危险"的做法，将影响美中在朝核等地缘政治问题和其他经济议题上的合作。他还警告，特朗普政府和国会共和党议员提议的大规模减税政策将导致美国财政赤字大幅增加，最终拖累美国经济增长。

即将卸任的美国贸易代表弗罗曼在华盛顿国际贸易协会发表演讲。弗罗曼称，退出 TPP 等同于"放弃"美国在亚太区的领导地位，"这会是个巨大的策略性误判"。

美国贸易代表弗罗曼在英国《金融时报》网站刊登的专访文章中说，许多人低估了特朗普威胁对境外生产但产品销回美国市场的企业征收关税的风险。全球 95% 的消费者位于美国境外，如果其他国家效仿特朗普的做法，美国出口商将面临更多贸易壁垒，从长期来看这会伤害而非帮助美国企业。弗罗曼指出，特朗普执政团队和共和党正在酝酿的对进口产品征税的政策可能会在世贸组织面临法律挑战，同时会大幅增加依赖进口零部件的美国企业的生产成本，将美国企业排除在全球供应链之外，而这些供应链对美国企业参与国际竞争至关重要。

美国《防务新闻》报道，一个海军陆战队 F-35B 战斗机中队已经从美国本土转移到日本本州岛山口县美军岩国基地。这是 F-35 战斗机的首次海外部署。

1月11日　美国当选总统特朗普在纽约举行的大选获胜后首次记者会上说："在黑客攻击问题上，我认为是俄罗斯所为，但我同时认为美国一直遭到许多其他国家和个人的黑客攻击。"他同时批评民主党方面未做好抵御黑客攻击的防范措施。

美国候任国务卿雷克斯·蒂勒森在华盛顿出席国会参议院对外关系委员会举行的提名听证会，阐述了他对美国在全球的角色、美俄关系和美中关系等问题的立场。蒂勒森在其书面证词中就美中关系表示，中国在南海建设岛屿并安装军备设施的行为就像俄罗斯吞并克里米亚一样。被问及是否支持对华采取更强硬姿态时，他说："我们必须向中国发出一个清晰的信号：第一，停止岛屿建设。第二，你们进入这些岛屿不会被允许。"但蒂勒森又表示，美国应该承认有关中国的现实。在处理美中关系时，美国应该与"自己看到的（事实）"打交道，而非"与自己的期望"打交道。美国应看到美中关系的积极面。在美俄关系上，蒂勒森说，美国必须对美俄关系保持清醒认识。在减少全球恐怖主义威胁方面，美俄有共同利益，可以开展合作。在有严重分歧的领域，美国应坚定捍卫自己和盟友的利益。在跨太平洋伙伴关系协定（TPP）问题上，蒂勒森与特朗普有立场差异。蒂勒森说，他不反对 TPP，但特朗普曾质疑 TPP 是否符合美国的最佳利益，他对这一点持认同态度。

韩国外交部部长官尹炳世与美国国务卿克里通电话。尹炳世向克里介绍，代行总统职权的韩国国务总理黄教安 1 月 10 日就韩日关系表态，要求各方"克制言行，以避免两国关系恶化"。克里称，美国政府将为改善韩日关系、加强韩美日合作发挥必要作用。

墨西哥总统培尼亚在出席第二十八届外国驻墨大使领事会议时表示，尽管新一届美国政府有许多不同，但主权和国家利益等基本原则是不容商议的，"我们绝不会为美墨边境墙买单，但可以确定的是我们将努力和特朗普以及新一届美国政府保持良好的关系"。

1月12日　美国候任国防部长詹姆斯·马蒂斯出席国会参议院军事委员会举行的提名听证会。他表示，美国必须加强军力以应对不断变化的威胁，也必须提升与盟友的合作水平。当前，美军保持着强大的陆海空军事能力，但需要在网络和空间领域投入更多注意力。在美俄关系上，马蒂斯对俄罗斯持强硬立场，在表示支持特朗普对俄"接触的愿望"同时，指责俄罗斯政府"正在试图打破北大西洋联盟"，在使用核武、遵守国际公约等方面对美国构成潜在危险。尽管美国对与莫斯科的合作保持开放的立场，但两国合作的前景"正在变窄"。马蒂斯说，"我认为世界秩序正在遭受自第二次世界大战以来最为严重的攻击，这种攻击来自于俄罗斯，来自恐怖组织，而且也来自中国在南海的行动"。马蒂斯还就亚太再平衡战略表示，他对于使用"再平衡"或"转向"这样的词感到非常犹豫，因为这些词暗示美国要放弃在其他地区的承诺。他认为，美国在亚太地区的优先事项是合理健全的。就美国在中东和阿富汗政策，马蒂斯把伊朗称为"中东最大的不稳定力量"，认为伊朗地区影响力不断增长，对美国构成越来越大的威胁，美国需要制定遏制伊朗的战略。

美国候任中央情报局局长迈克·蓬佩奥出席国会参议院情报委员会举行的提名听证会。蓬佩奥把俄罗斯、中国与伊朗等并列为美国面对的最大安全挑战。他指责俄罗斯攻占乌克兰、威胁欧洲，在打击"伊斯兰国"组织的过程中"几乎什么也没做"。

美国总统奥巴马发表声明说，美国国土安全部从即刻起终止执行长达20多年的"干脚湿脚"政策，任何试图非法进入美国境内且不符合人道主义救援条件的古巴人将同其他国家的公民一样面临被遣返。奥巴马表示，古巴政府已经同意接收美方遣返的古巴人。按照美国1966年颁布的《古巴调整法案》规定，古巴人在入境美国一年后可获得美国绿卡。美国克林顿政府在1995年与古巴政府取得一致意见后，对该法案进行了修改，在处理古非法移民问题上采取了俗称的"干脚湿脚"政策，即停止接收在海上被美拦截的古巴偷渡者，但继续接收成功踏上美国领土的古巴人。"干脚湿脚"政策一直是美古关系正常化面临的主要障碍之一。古巴一直反对并要求美方废除这一政策，指责该法案鼓励非法移民，有损两国移民合作，美方此前则执意维持。

美国驻华大使鲍卡斯、驻日大使肯尼迪，以及驻新加坡、韩国、新西兰和东盟的大使在一封联合署名的信中说，放弃TPP可能会被未来一代视为"美国选择把它在亚洲地区的领导地位让给其他人，接受较小角色"。这样的结果将让那些赞成"亚洲人管亚洲和国家资本主义人士额手称庆"。6名美国大使说，放弃TPP有损美国作为贸易伙伴和领导者的公信力，对包容性政治、法治和市场经济的支持者，以及美国的国家利益都是灾难性的。

美国贸易代表弗罗曼在新闻发布会上说，美国对中国政府向一些原铝厂商进行补贴感到关切。他说，奥巴马政府多番努力，希望说服中国采取强有力的措施解决铝业产能过剩无果后，就此向世贸组织提出申诉。根据《金融时报》报道，美国声称，通过人为廉价贷款，中国非法补贴其铝业，并导致中国产量和市场份额的扩大以及近年全球价格的下降。美国称，除了低成本贷款外，中国还向其生产企业提供低价煤炭、电力和矾土。

一部分美军通过德国边界进入波兰的奥尔什纳。此次有总计 87 辆主战坦克、144 辆装甲车，以及超过 3000 名美国军事人员被派遣至波兰。美军此次的部署计划是每 9 个月军队轮换的一部分。参加驻军轮换的其他国家有爱沙尼亚、拉脱维亚、立陶宛、罗马尼亚、保加利亚和匈牙利。美国装甲旅还将在波罗的海国家举行军事演习。

1 月 13 日　美国总统奥巴马签署行政命令，宣布将解除部分对苏丹制裁。苏丹在美资产将被"解冻"，美国公民将被允许为苏丹与第三国交易提供便利，而此前禁止美国公民参与苏丹油田服务、油气管道等石油石化交易的禁令也被取消，但针对涉达尔富尔冲突部分人员的定向制裁措施不在取消之列。按照美国财政部的声明，取消制裁的行政命令正式生效至少需要 6 个月，在此期间，苏丹政府需要继续保持目前的积极立场。

《华尔街日报》报道，美国当选总统特朗普在接受该报采访时表示，"（上任后）至少在一段时间之内"，他会保证奥巴马政府上月底因俄罗斯涉嫌通过网络袭击干预美国大选而对其实施的制裁措施"保持原貌"。但他同时暗示，如若俄罗斯在打击恐怖主义行动中"被证明能够提供帮助"，并且可以协助美国达成其他重要目标，他可能会解除"惩罚"。"如果我们相处得不错，如果俄罗斯真的在帮助我们，为什么要对一个正在做好事的人实施制裁呢？"特朗普还表示，他准备在宣誓就职后与俄罗斯总统普京会面，"我很理解他们想要会面，这对于我而言完全没有问题"。当被问及是否会支持数十年一直支撑美中关系的"一个中国"政策时，特朗普说，"一切都在谈判中，包括'一个中国'政策"。特朗普在采访中还表达了对中国货币政策的"不满"，"中国拒绝承认在操作人民币贬值，而改说是'人民币的汇价正在下跌'"。他认为，由于美元强势，令美国企业不能与中国企业竞争，这将害死美国。

美国国务卿克里在河内会见越南总理阮春福。双方讨论了经贸、安全、教育交流等问题。

美国国务卿克里在越南胡志明市技术与教育大学发表题为《美国和越南：持久的伙伴关系》的演讲。克里称，美国要在亚洲推动再平衡，要与越南建设越来越强有力的伙伴关系。美国严肃看待在亚洲的利益。这些利益首先是通过扩大贸易和创新创造可持续经济增长的机会；其次，鼓励地区安全合作，在包括南中国海在内的问题上支持法治，对抗极端主义和核扩散的威胁；再次，推动使用清洁能源，遏制气候变化。最后，鼓励尊重人权。

1月14日　波兰在卢布斯卡省的扎甘军事基地为进驻波兰的美军士兵举行欢迎仪式。波兰总理希德沃、国防部长马切雷维奇和美国驻欧洲陆军司令部副总司令麦圭尔等波美官员和军方将领出席该仪式。希德沃对抵达波兰的美军士兵表示了感谢和慰问。她指出，美军进驻波兰标志着北约华沙峰会达成的决议被切实执行，"但这只是踏出了第一步，波兰政府将会在未来落实更多该峰会所达成的决议"。

1月15日　彭博社报道，美国当选总统特朗普接受德国报纸《图片报》采访时表示，北约组织（NATO）已经过时，预计其他欧盟成员国将继英国之后选择脱离欧盟，他还威胁称拟对计划在墨西哥建厂的宝马汽车征收进口关税。特朗普在采访中预计英国脱离欧盟将大获成功，并把欧盟描绘为德国为了在国际贸易中击败美国、占据主导地位的工具。特朗普说，基于这个原因，他根本不在意欧盟是否会解体。特朗普称，北约组织过时了，首先它是很多年前组建的机构，其次一些成员国没有支付应支付的份额，并且北约组织没有应对恐怖主义。但特朗普又说，"北约对他非常重要"。

美国国务卿克里在巴黎出席中东和平会议。会议发表最终声明，强调与会方重视巴以共同承诺"两个国家"解决方案的重要性，同时声明，在巴以冲突中，不论任何一方采取单方面措施都将不会被认可。

1月16日　日本外相岸田文雄与美国驻日大使卡罗琳·肯尼迪在东京签署补充协定，旨在缩小《日美地位协定》中规定美方拥有优先审判权的"驻日美军工作人员"对象范围。《日美地位协定》于1960年生效，规定执行公务期间的犯罪由美方拥有优先审判权，公务以外也是规定若美方先扣押嫌疑人，到被控之前原则上不把人交给日方。

阿曼外交部宣布，应美国总统奥巴马请求，该国接收了10名来自美军关塔那摩监狱的囚犯。

美国驻古巴大使馆代办杰夫瑞·德劳伦蒂斯和古巴内政部副部长朱利奥·甘达里拉在哈瓦那签署美古双边《执法谅解备忘录》，深化执法合作和信息共享。根据该《备忘录》，美古将继续推进在双方共同关心的诸如打击毒品、洗钱、欺诈、人口贩运和反恐等问题上具体执法方面的对话交流。

大约 300 名美国海军陆战队军人抵达挪威，开始进行为期半年的部署。这批美国军人首先要进行适应冬季环境的训练，包括学习滑雪，随后将于 3 月份在挪威北部地区与挪威和英国部队共同参加代号为"联合维京"的军事演习。半年后，将有另外一批美国海军陆战队军人前来轮换。

1 月 17 日　中国国家主席习近平在瑞士达沃斯会见美国副总统拜登。

美国国务卿克里在瑞士达沃斯会见世界经济论坛执行主席施瓦布。

根据美国总统奥巴马签署的减刑决定，因将机密文件泄露给"维基解密"被判刑 35 年，现已服刑 6 年多的美国军人曼宁，将于 2017 年 5 月 17 日出狱。

立陶宛和美国签订有关美军驻扎立陶宛的《美国驻军地位协定》。根据该协定，美军士兵在立陶宛犯罪将在美国法庭受审。但是双方约定，在某些情况下立陶宛可以对案件行使管辖权。该文件还规定，美国可以使用立陶宛的军事设施，但这些设施的所有权仍将属于立陶宛。两国所签署的文件将在立陶宛议会批准后生效。当天，爱沙尼亚和拉脱维亚也与美国签署了类似的协定。由于担心美国新政府上台后可能会把上述问题推迟到以后的计划中，波罗的海国家和美国的谈判者希望赶在美国当选总统特朗普就职仪式前签署美国驻军协定。

美国司法部宣布，德国最大商业银行德意志银行已同意支付 72 亿美元，与美国司法部就该银行 2006 年至 2007 年不当出售住宅抵押贷款支持证券达成最终和解协议。美国司法部在声明中说，这是美国司法部与单个机构就不当出售住宅抵押贷款支持证券、误导投资者达成的罚金规模最大的和解协议。根据该协议，德银将支付 31 亿美元民事罚款，同时将为一些陷入困境的购房者、借款者和受影响的社区提供 41 亿美元补偿。美国司法部长林奇在声明中表示，德银不只是误导投资者，而且直接导致了国际金融危机，这份协议要求德银为其非法行为和不可靠的贷款业务负责。

1 月 18 日　美国总统奥巴马在白宫举行任期内最后一场记者会。奥巴马表示，在卸任之后，他不会保持沉默。他承诺，只要觉得美国的"核心价值观"受到威胁，他就会站出来说话。关于中东和平问题，奥巴马就特朗普提出把美国驻以色列大使馆从特拉维夫搬至耶路撒冷表示担忧，认为那将导致地区局势紧张，令美国招致国际社会指责。奥巴马说："我认为现状不可持续——对以色列来说很危险，对巴勒斯坦有害，对地区和美国国家安全均有害……对于双方核心和敏感问题采取突然的单方面行动将会产生爆炸性（结果）。"在美俄关系上，奥巴马警告特朗普不要将撤销美国在乌克兰危机后对俄罗斯实施的经济制裁与美俄核裁军谈判挂钩。奥巴马说，如果特朗普能够以严肃的方式重启美俄核裁军谈判，美俄两国在削减各自核武器储备问题上还有很大提升空间。如果能确保不将美国对俄制裁与其他事务混淆在一起，最符合美国的利益，也能很好地维护国际准则。奥巴马说："我想与俄罗斯保持建设性的关系符合美国和全球利益，这始终贯彻我的任期……但公平地说，自（弗拉基米尔）普京再次就任总统以来，流传出一种想法，即无论美国做什么都是对俄罗斯有害的，美俄的'对抗'加剧，这使得美俄关系就像回到冷战时期，变得困难。"

美国副总统拜登出席达沃斯世界经济论坛并发表讲话。

美国候任商务部长威尔伯·罗斯出席美国国会参议院商务、科学和运输委员会举行的提名听证会。罗斯在听证会上表示，关税将成为美国未来与他国进行贸易谈判的手段之一，也将成为美国惩罚违反贸易规则的国家的工具。对于那些不尊重贸易规则的国家，美国要进行严厉的惩罚。对于贸易谈判，罗斯表示，他赞同特朗普的观点，即双边贸易协定的效用大于多边贸易协定。他表示，双边贸易协定更便捷高效，而多边贸易谈判则需要做出很大让步，"跨太平洋伙伴关系协定"的签署便是一个例证。罗斯称，他上台后第一个要对付的是北美自由贸易协定，第二个就是中国。称中国是大型经济体当中"贸易保护主义最严重的"，对进口设置了非常高的关税与非关税壁垒。中国"对于自由贸易说得远比实际做得多，我们希望实现竞争环境的平等，让他们的言行更加一致"。他还称，中国国有企业是个特殊问题，这类企业中有多达 1/3 从未盈利，却导致钢铁和铝等产品的大量倾销。

美国和古巴在华盛顿签署划定两国在东墨西哥湾海上边界的协议。

俄罗斯外交部发言人玛利亚·扎哈罗娃在个人脸书上发布消息称，美国中情局前雇员、"棱镜"监视项目曝光者爱德华·斯诺登在俄居住时限再延长两年。

美国商务部就中国非晶织物、普碳与合金钢板和硫酸铵三起反倾销和反补贴调查作出终裁。其中，非晶织物案反倾销税率为 162.47%，反补贴税率为

48.94%—165.39%；普碳与合金钢板案反倾销税率为68.27%，反补贴税率为251%；硫酸铵案反倾销税率为493.46%，反补贴税率为206.72%。基于倾销幅度和补贴幅度的终裁结果，美国商务部将通知美国海关对中国出口的上述产品征收相应的保证金。根据美国贸易救济政策程序，最终是否征收反倾销税还需另一家联邦机构美国国际贸易委员会作出裁决。按照最新日程，国际贸易委员会将于2017年3月初做出终裁。

1月19日　美国防部发言人彼得·库克在新闻发布会上说，两架美空军B-2轰炸机日前从位于美国密苏里州的怀特曼空军基地起飞，1月18日对"伊斯兰国"在利比亚的大本营北部城市苏尔特的两处训练营实施了"精准打击"。评估结果表明超过80名"伊斯兰国"武装分子被炸死。

1月20日　特朗普在美国首都华盛顿宣誓就职，正式成为美国第45任总统。

后　记

本书最初源自美国所外交研究室主任袁征研究员安排给我的一项工作——编纂美国外交大事记。为了做好这项工作，这些年来我每天登录美国白宫、国务院、国防部等涉外政府部门网站，浏览中美主要媒体网站，把当天发生的美国外交事件编译、整理、记录下来，日积月累，便有了本书的内容。袁征主任在审阅了这些年来的大事记后，鼓励我把大事记整理成书出版。

袁征主任从编纂大事记工作的安排、外交事件的取舍原则、到本书具体出版落实都给予了指导和帮助。美国所副所长倪峰研究员、外交室副主任刘得手研究员、洪源研究员、仇朝兵副研究员、何维保博士、李恒阳博士、王玮博士，以及美国所战略室主任樊吉社研究员、《美国研究》编辑部副主任魏红霞研究员、罗伟清编辑、张超编辑分别在事件查找、线索提供、内容取舍等方面给予了大力支持或指导。

美国研究所所长郑秉文研究员在百忙之中审读本书并为本书作序。美国所原党委书记（现社科院哲学所党委书记）孙海泉老师、美国所党委副书记郭红老师这些年来对我工作上不懈鼓励、生活上细致关心，使我增添了与病魔做斗争、坚持工作的勇气。中国社会科学出版社政治与法律出版中心任明主任为本书的出版做了周到的安排。编者在此深表谢意。

我能够专心整理美国外交大事记，还要感谢我的妻子王珊女士。她在生活上对我无微不至的照顾和鼓励，使我能够克服病痛、安心工作。美国是个全球性大国，每天发生着各种外交事件，整理大事记势必牵扯到事件的取舍、介绍的繁简程度等问题，其中难免会挂一漏万，错漏之处还望读者谅解。

李晓岗

中国社会科学院美国研究所

2017 年 6 月